民法总论授课实录

傅鼎生　著

吴一鸣　整理

RECORD OF LECTURES ON GENERAL PRINCIPLES OF CIVIL LAW

法律出版社
LAW PRESS · CHINA
北京

图书在版编目(CIP)数据

民法总论授课实录 / 傅鼎生著. -- 北京 : 法律出版社, 2023(2023.6 重印)

ISBN 978-7-5197-7400-4

Ⅰ. ①民… Ⅱ. ①傅… Ⅲ. ①民法-总则-中国 Ⅳ. ①D923.1

中国国家版本馆 CIP 数据核字(2023)第 020318 号

民法总论授课实录
MINFA ZONGLUN SHOUKE SHILU

傅鼎生 著

策划编辑 朱 峰
责任编辑 解 锟 金 姗
装帧设计 鲍龙卉

出版发行 法律出版社
编辑统筹 辞书·融出版编辑部
责任校对 王 丰
责任印制 吕亚莉
经　　销 新华书店

开本 710 毫米×1000 毫米 1/16
印张 35.25　**字数** 483 千
版本 2023 年 4 月第 1 版
印次 2023 年 6 月第 2 次印刷
印刷 天津嘉恒印务有限公司

地址:北京市丰台区莲花池西里 7 号(100073)
网址:www.lawpress.com.cn
投稿邮箱:info@lawpress.com.cn
举报盗版邮箱:jbwq@lawpress.com.cn

销售电话:010-83938349
客服电话:010-83938350
咨询电话:010-63939796

书号:ISBN 978-7-5197-7400-4
定价:99.00 元

凡购买本社图书,如有印装错误,我社负责退换。电话:010-83938349

傅鼎生

（1953-2017），华东政法大学教授，博士生导师，曾任华东政法大学民商法学科带头人。生前任中国法学会民法研究会常务理事，上海市法学会民法学研究会副会长、《东方法学》期刊主编，曾担任中国法学期刊研究会副会长，上海市法学会法学期刊研究会副会长、上海市人民政府外聘法律顾问、上海市人大内务司法委员会专家咨询组成员、上海市人民政府行政复议委员会委员、上海市消保委委员等。曾参与《中华人民共和国合同法》起草，担任其中“租赁”“融资租赁”两章撰写的负责人和第一撰稿人。曾获“司法部直属高校先进教师奖”、“宝钢教育基金优秀教师奖”、“优秀教育成果上海市二等奖（5人集体奖）”，“上海市高等学校教学名师奖”等，连续13年被华东政法大学学生评选为“我心目中的最佳教师”。

学得多一些

学得扎实一些

学得巧一些

傅老师给学子的寄语

好老师傅鼎生

什么样的人称得上好老师?

在华政,人们说,像傅鼎生那样,或者就直接说傅鼎生。

我读过傅老师的著述,关于傅老师的故事可以说如雷贯耳,但很遗憾没有听过傅老师的课,甚至没有和傅老师有过直接的交流。

但我还是毅然应允为这本书作序。不仅因为傅老师的故事深深感动了我,而且因为所有说起傅鼎生这个名字的华政人,无不充满感动和敬佩。我们表达对傅老师的敬仰,也是表达对华政园的热爱、对教育理想的追求。

傅老师是学问家,他对民法的热爱是发自内心的。早年家庭条件艰苦,居住空间局促,他竟把书摊在床上跪在床边看书。在坐班车、出差途中,他总会利用碎片化的时间专心阅读专业书籍、修改稿件。后学敬仰傅老师专业造诣深厚、学术功底精纯,殊不知这是千锤百炼造就的。他对于许多法学问题的真知灼见常令同道倾心叹服。华政民法教研室的同事们称呼傅老师为“总裁”,每有问题让他回答,总也难不倒他,他也乐于交流,毫无保留。“总裁”之谓含着十分的敬重和十分的亲近。二十多年前,傅老师主张民法研究应注重法解释学,为华政民商法学科发展指明了方向,今天这一观点越来越多得到民法学同仁的赞许。傅老师逝世后,全国法学界以各种方式表示哀悼,表达了对其学问以及学术思想的广泛认同。

傅老师是师道典范,他用一生谱写了“春蚕到死丝方尽”的动人乐章。在对后辈和学生培养上,他倾心倾力,真正把自己当作蜡烛在燃烧。对新教师,他会认真随堂听课,每一堂课后悉心指教、倾囊相授。对学生,他会毫无保留地将最新研究思路提供给学生撰写论文，他会趴在病床上不顾病痛为学生修改论文，他会在进入手术室之前的最后一刻还在指导学生参加学术比赛。他对课堂、对讲台、对教学的态度，让每一位学生都心生敬仰——某部新法通过恰逢期末，他可以为学生连加十二次课；在手臂骨折的情况下，他能够坚持上完四节课才去医院就医……傅老师永远是华政学生“我心目中的最佳教师”。

傅老师是一个大写的人，有他在的地方，就有凝聚力和向心力。他在不同岗位担任过领导职务，始终坚持“不把自己的利益放进去”，时时事事为他人着想，不计较个人得失。他时刻将学生、同事、后辈和一切需要得到他帮助的人放在心上。他发自内心地关心身边每一个人而毫不声张，以至于许多人过了很长时间才得知曾经得到过他的帮助。他用忘我和善良让身边的人们理解“君子”风范。以世俗的眼光看，傅老师谈不上功业显赫，但他的简朴、豁达和睿智，让他身边的人感受到人性的美，让大家信服并发自内心地追随他的步伐。

在华政人心里，傅鼎生是一个心地光明的人。只有学生好、同事好、学校好，他才安心。为“教书育人”这四个字，他倾注了全部心血，闪耀出无限光辉。他就是华政人心中好老师的模样。

傅老师离我们远去了，但更多的华政人在想念他、纪念他、学习他，想知道傅老师的更多。了解一个老师最好的方式，就是去听他讲一门课。华政建校 70 周年之际，我们编辑出版傅老师给华政本科生讲授民法学总论课程的授课实录，就是希望通过这本授课实录，让傅老师精彩的课堂教学继续滋养他所牵挂的华政学子，让华政学子能够继续沐浴傅老师学者师者的光辉。对我个人来说，当年未能聆听傅老师授课的遗憾也稍得慰藉。

习近平总书记说：“一个人遇到好老师是人生的幸运，一个学校拥有好老师是学校的光荣，一个民族源源不断涌现出一批又一批好老师则是民族的希望。”傅鼎生是华政的光荣，是华政学子的幸运。华政涌现出了许多傅鼎生式的好老师，我希望并相信华政会有更多傅鼎生式的好老师。

这样，“法学教育的东方明珠”才能永远熠熠生辉。

是为序。

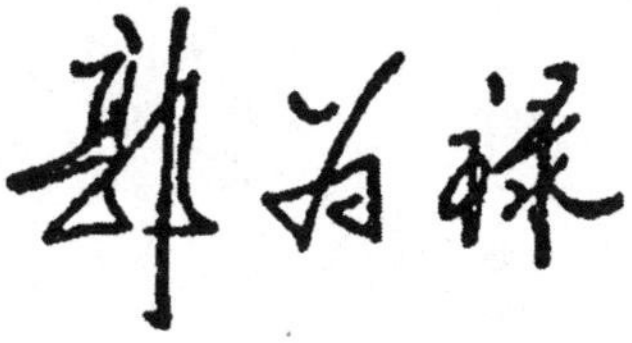

华东政法大学党委书记、教授

二〇二二年十一月十五日

纯粹的人，精彩的课

十月的一晚，一鸣教授来电要我为《民法总论授课实录》一书写个序，我以不善且无能力和资格写序为由婉言相拒，一鸣教授没有多劝多说，但却有其智慧，转手先将刚整理完成的傅老师讲稿电子版发给我，让我先睹为快。拿到该讲稿用了几日翻阅，翻着翻着似乎与傅兄又进入熟悉的交流状态，随即写下些许感想。

读傅兄民法总论讲稿，感受之一是，此书呈现完整，布局合理，逻辑清晰，详略得当。这不由得令我想起往事一件：那是他担任《法学》杂志社常务副主编主持的一次案例研讨会，罗培新教授刚到编辑部任职不久，参与案例研讨并担任记录。当我们讨论案件结束时，培新教授就说，各位休息一下，我记录的法律意见书马上可打印，当众人在赞叹他打字速度惊人时，培新教授却说，关键在于各位表达清晰，尤其是傅老师最后的总结到位。无疑，工作如此高效完成离不开参会者的绝佳配合，但毫不夸张地说，傅兄每次的会后总结发言都是令人期待和推崇的。这既反映了傅兄极好的大局观，也显示了其深厚的理论功底和出色的叙事能力。

感受之二是，此书兼收并蓄，博采众长，深入浅出，举重若轻，将理论与实践紧密结合。说起傅兄学习民法理论与思考民法问题的劲头，熟悉他的人皆知，只要与他相聚，无论是一起吃饭还是游玩，不出三分钟，话题就会被他带入相关案例或理论问题的讨论；凡是有他在的场合，绝大部分是在讨论状态中。更难能可贵的是，他在与年轻学者的交流中亦谦虚好学，有意扶植，在他的影响下，讨论已成为华政民法教研室的一种习惯与风气传承至今。可以说，习民法、思民法已经融入他的血液，成为他的一种生活方式。也正因如此，对于民法的众多问题，他不仅能如数家珍般地列举各家学说，而且能举一反三地提出具有说服力的自己观点；他不仅能生动形象地将来自现实生活的事件案例化，而且能使复杂问题简单化，让人易懂易解！

感受之三是，此书既是教材之作，也是教人之作。民法是权利的宣言书，所谓增强法律意识其实就是普及与提高权利意识。但要注重权利，必须关注人性和常识，敬畏生命和自然，要享受并行使好权利，必须尊重他人独立人格，学会换位思考，以不损害他人利益和公共秩序为前提。正如德国法学家耶林所言，“对于国民施行政治教育的是私法，绝不是公法”，这意味民法学得好坏与否，将潜移默化地影响着每个独立主体的待人接物。傅兄不仅在日常工作学习中将民法精神和原则一以贯之，始终践行，而且还将此化解在讲稿的字里行间，将民法本质以及具体内容通过宏观、中观和微观的不同层面一一展现，充分揭示。真可谓，书与人合一，见字如见人！

此书在一鸣教授及其团队不懈努力和辛勤付出下，不久将与读者见面。此书的内容，尽管是在《民法典》颁布施行前形成，但在把握和理解现有立法的精神与相关制度方面并无违和感。相反，此书不仅可当作法学院学生接触民法的奠基之石，亦适合任何初学民法者作为入门教材。相信此书的出版，不仅是对傅鼎生老师的缅怀，更是民法学界的福音，它将有助于提升各位民法习者对民法总论及其整个体系的认知水准！

华东政法大学教授　张　驰

二〇二二年十月三十日

目　录

第一讲　民法概述

一、民法的概念

由于民法所调整对象的特殊性,决定了民法在调整方法、调整原则方面的统一。进而,关于民法是什么这个问题,我们很自然就可以得出一个结论:民法是调整平等主体之间人身关系和财产关系的法律规范的总和。这里所讲的平等主体包括什么呢?包括自然人、法人和其他组织——又被称为非法人团体(《民法典》中的“非法人组织”)。

既然民法所调整的平等主体包括上述三种,那就会形成(法律关系的)不同组合。第一种组合是自然人与自然人、法人与法人、其他组织与其他组织;第二种组合是自然人与法人、自然人与其他组织;第三种组合是法人与其他组织。我们这里提到的几个(法律关系的)组合都是平等主体之间的人身关系和财产关系。由此,我们就可以把握民法的本质,民法不外乎是调整平等主体的自然人与自然人,法人与法人,其他组织与其他组织,自然人与法人,自然人与其他组织,法人与其他组织之间的人身关系和财产关系的法律规范的总和。

一定要强调这个“总和”。“总和”表明,任何一部法律当中的任何一个规定,只要调整的是平等主体之间的人身关系和财产关系,它就是民事法律规定。此外,我们强调“总和”,意味着我们定义的民法是实质意义上的民法,还是形式意义上的民法?(同学们异口同声:实质意义上的。)是实质意义上的民法。那么形式意义上的民法指的是什么?就是《民法典》,就是一个本子,(这个本子)我们国家有没有?(同学们回答:没有。)我们国家目前没有[1],我们国家一定要制定属于自己的《民法典》。

二、民法典的编纂

(一)历程

新中国成立后不久,我国就开始着手制定《民法典》。其间经过多次波折而未竟其功。那么在历史上,中国有没有过民法典呢?有的。清政府在清末着手制定的"民法典",那个时候称为"大清民律",或者说"大清民法典""大清民法"。在这个法典已形成草案时,清朝政府被推翻,中华民国政府成立。民国政府就接着制定民法典,没过多少年,《中华民国民法典》制定完成,成为国民政府"六法全书"的重要组成部分。

《中华民国民法典》颁行以后,到了1949年,随着国民党政权被推翻,这部"民法典"就只在我国台湾地区使用。于是,我们要制定一部新中国的《民法典》。遗憾的是,新中国的民法典的制定有一个很曲折的过程。直到目前我们国家的这部《民法典》还没有制定出来,但我们一直都在朝这个方向努力。

那么朝这个方向努力,积极制定民法典,我们就要考虑,我们到底要制定一部什么样的《民法典》呢?

(二)民法典的编纂体例

制定一部《民法典》,首先就要考虑体例问题,其次是考虑内容的问题。那么下面我就讲一讲民法典的编纂体例。

1. 罗马式

民法典是一个成文法,就它的体例来说,主要有这样两种模式。

第一种是罗马式的模式。我们首先要注意的是,罗马法本身并不是一部法典,罗马法也是各种各样规范的总和,我们找不到一部名为"罗马法法

[1] 傅老师授课当时,《中华人民共和国民法典》尚未出台,《中华人民共和国民法总则》正在起草中。

典”的成文法。那么我们所说的罗马式指的是什么呢？是一种教科书（体例），举例如盖尤斯的法学教科书，又称为《法学阶梯》。

《法学阶梯》分为四编，第一编是人法。人法是一个主体法，主要规定了要成为一个人必须具备的条件。只有具备了法律规定的条件，才有资格成为“法律意义上的人”。那么你成为“法律意义上的人”之后，所从事的活动才是民事活动，民法调整的就是这部分人从事的活动。

有一点要记住了，罗马时代是两千年前的奴隶社会。中学的教科书告诉我们，在奴隶社会中，奴隶不是人——但更具体来说，奴隶不是人，只是说奴隶不是“法律意义上的人”，但他还是生物学意义上的人，它还是一个“生物人”。从生物人角度来说，奴隶和奴隶主没有区别，只不过生物人当中的奴隶没有法律主体的地位，他不能被称为“民事主体”，没有这种身份。

举个例子，华东政法大学的学生，有华东政法大学的学生身份，其他学生，比如上海工程技术大学的学生，他们就没有华东政法大学的学生身份。那么在当时，你要成为民法的调整对象，你首先要具备一个身份。就好比，你要成为《华东政法大学学生守则》的调整对象，你首先要成为一个华东政法大学的学生。《华东政法大学学生守则》对上海工程技术大学的学生、上海对外经贸大学的学生都是不适用的，它只对华政的学生适用。

如果我们把民法看作《华东政法大学学生守则》，民法首先就要解决一个主体问题——我这个守则是针对谁的？《华东政法大学学生守则》针对的是华政的学生。那么民法针对谁？针对民事主体。民事主体（要解决的核心）问题是什么？就是如何成为民法上的人，就是人法所确定的人。

《法学阶梯》的第二编是物法，物法也就是规制财产关系的法律，主要涉及对财产关系的调整。当然在物法中还包含一部分诉讼的规定。（如果民事主体之间）发生纠纷怎么办？就要通过诉讼来解决纠纷。从这里我们可以发现一个问题，即《法学阶梯》是诸法合一的还是诸法分立的呢？换言之，实体和程序分不分？（同学们回答：不分。）不分。但即使诸法不分，在两千年前能够抽象到这个程度都已经很了不起了。

当然了,民法(作为实体法)不应该把程序法拉进来,应该把程序法分离出去。于是,《法国民法典》虽然借鉴了《法学阶梯》的体例,但与此同时,又将诉讼排除于外。[1]

《法国民法典》的人法编,所规定的内容也无外乎"什么样的人可以取得主体资格?""什么样的主体可以成为民法上的人?"对上述两个问题,法国民法存在明确规定。只不过法国民法是近代民法,与罗马法已相隔一千多年,经过这一千多年,人的文化、意识、理念都发展了,《法国民法典》的条文已经被深深地刻上了法律面前人人平等的理念。那么既然人人平等,就不允许存在有人有身份,有人没有身份的现象。于是法国民法认为,人出生以后就有主体身份,不像罗马法,在罗马法中,并非每个人都有主体身份,奴隶就没有主体身份。而法国民法认为人生而平等,只要你生出来,就有一个主体身份。当然,"出生"也是取得主体身份的一个条件,但相比之下,这个条件更容易达到了,而罗马法时代(要取得主体身份)更难。

那么在罗马法中,取得主体身份要具备什么条件呢?第一,他是奴隶主而不是奴隶,所以奴隶不能成为民法上的人,民法根本无视这个人存在;第二,他必须是家长,而不是家庭的其他成员,比如儿子、女儿、老婆或者是其他人;第三,他必须是罗马人,而不能是外邦人,其他人来到罗马也不能取得主体身份。只有具备了以上三个条件,你才是(罗马)民法上的一个"人"。这样的人(之间),人人平等,也就是说,(罗马民法中的"人人平等"是)局部人之间的人人平等。(罗马)民法解决的是局部人之间的问题。

那么现在法国民法它也解决局部人之间的问题。按照我们刚才的定义,民法是解决全体人还是解决局部人之间的问题?(同学们犹豫不决,迟迟不能作答。)其实也解决局部人之间的问题,就是"平等人"之间的,不过我们所讲的平等是生出来的人都是平等的(所以,近现代民法的"局部"范围远比罗马法广泛)。

---

[1] 《法国民法典》于1804年通过,主体内容分为第一编"人"、第二编"财产及对于所有权的限制"、第三编"取得财产的各种方式"。后在多次修订中,又增加了第四编"担保"及第五编"适用于马约特岛的规定"。

这就是《法国民法典》。第一,有一个人法,要具备人的地位(不同的时代人的法律地位取得条件不一样)。第二,财产以及对所有权的限制。第三,取得财产的方法。那么它一步一步从先讲人、再讲财产,再讲取得财产方法,这就像阶梯一样,我们把这种模式称为罗马的模式。

2. 潘德克顿模式

第二种模式,潘德克顿的模式。"潘德克顿"一词的源头,就是古罗马《国法大全》中的学说汇纂。和法学阶梯一样,潘德克顿也是以罗马法为研究对象的学术成果,称为学说汇纂,是罗马法大全的一部分。它们两个写的都是罗马法的内容,但是编撰方法不一样:前者是阶梯式的编撰,从人到物到诉讼;后者(学说汇纂)不是用阶梯式的方法,他把各种各样的规则罗列以后进行归纳、总结、抽象。

举个例子,就像我们这个班,有很多同学穿着各种不同的衣服,学习成绩也不一样,个人爱好也不一样。那么这个班的班主任怎么来把这些现象表现出来?他可以按照这个班学生的身高进行排队,最矮的排在第一个,最高的排在最后一个。这就是阶梯式的排队,这是一种方法。班主任也可以采用分类的方式,比如按照性别把男生和女生进行分类,然后在男生当中再根据兴趣爱好进行分类,爱好体育的和爱好文学的进行分类,在女生当中也以此标准进行分类。在爱好文学的类别当中,又可以按照某种标准(进一步)分类,比如善于表达的和善于动笔写作的进行分类,爱好体育的也做分类,善于研究体育运动和善于从事体育活动的进行分类,他就这么按照标准分类,以此类推,一直分下去。

潘德克顿式的方法就是通过抽象分类、抽象分类、抽象分类,抽象就是对下面一级的现象进行归纳,分类就是经过抽象以后再把它归类。不断地抽象分类,最后形成一个什么?金字塔,形成一个金字塔。那么金字塔塔端是什么呢?民法的总则部分,因为总则部分是根,是所有的规定都会涉及的东西,它已经抽象出来了。

如民法调整的对象是人身关系和财产关系。人身关系和财产关系又有很多很多，但不管什么样的关系，都必须有一个“人”的存在。为什么？因为民法是调整人与人之间的关系的法律。那么我们就会发现，假如从法律关系角度，对民法进行分类，或者对民法的调整对象进行分类，我们首先可以发现最高的类别：法律关系。这个“法律关系”就是抽象到了一个点上，就像“人”抽象到了一点（一样）。那么人可以分为男的女的，法律关系也可以分类，它分成什么呢？人身权关系……

举个例子。有一户人家，家里老人突然心肌梗塞，儿子打电话给“120”，“120”派一辆车赶到小区。等医护人员上楼用担架把老人抬下楼，他们发现“120”的车子不见了。车子到哪里去了呢？原来这个小区住着一个警官，他要开车去上班，但小区的道路被“120”的车给堵住了，于是他下车跳到“120”车上，把“120”的车开到小区大门以外，给他让个道，自己的车就能开出去了。在他准备把“120”的车子再开回来的过程当中，担架下来了，找不到车，保安说车在门外面，于是“120”司机就跑到了门外面。这个警官说对不起，我正准备把它倒回来，但“120”的驾驶员就不干了，没有我的同意，哪怕你是警官你也是不能动“120”的车的。那么警官说你堵路就不对，堵路我就可以动（你的车）。双方就争执起来了，全然不顾那个病人。（同学们发出惊叹，觉得不可思议。）

病人的家属赶了出来，跪在他们面前，哀求你们不要争了，救人要紧。“120”的司机说我们单位有规定，车子是不能被（擅自）移动的，移动就不（能）开了，那么这个病人怎么办？只能再打电话给“120”，第二辆“120”救护车正在路上。好，（第二辆）“120”救护车果然来了，但是病人被耽误了18分钟时间，送到医院，病人没了。医生说你为什么不早三分钟来，只要能早来三分钟，我们还有抢救机会，三分钟过了，没有抢救机会了。其实何止三分钟，18减3，他至少有15分钟的抢救时间。

现在，病人家属起诉状告“120”，说你“120”的这支队伍不对，你怎么能够去跟警官吵架呢？又状告民警警官，你为什么把人家“120”（的车）开走？

法院立案了，法官说你们来帮我证明这么一个事实：如果按时送到医院，是不是一定能够救活？如果一定能够救活，那么他们就剥夺了你家属的生命，如果不是一定能够救活，凭什么说他们剥夺了你的家属生命？

于是，家属走遍了所有的医科大学，夸张一点地说，连新疆医科大学他都去了，但没有一所医科大学会给他出证明说，心肌梗塞如果及时救治，一定会活。既然得不出这个结论，那（法官）就反推（得出了相反的结论）：他们的行为和你家属的死亡没有内在因果关系。既然没有内在的因果关系，你凭什么说病人的生命权被侵害了呢？

我们发现，法官没有意识到，这里面人身权利的内容包含了很多，它既包括生命权，又包括健康权，而生命权、健康权当中又包含着紧急救助权。我们不能漠视这个案子存在的紧急救助权。

我还可以跟你讲很多相关的案子。

最早的一个案子，出租车司机拒载案。老人中风，家属打车要送她去医院，正好打到了一辆出租车，驾驶员看到老人倒地，就下来帮助一起扶，扶的过程当中，发现老人大小便失禁，（驾驶员）怕污染了自己的车，于是就帮老人打了“120”，但是拒载。然而“120”过来要等很长时间，所以又耽误了救治。于是家属就状告这个出租车司机。还有一个案子，老人坐在公共汽车上，突然倒下，驾驶员对售票员说赶紧拨打“120”。售票员刚刚要拨打“120”，突然想到拨打“120”会产生话费，自己没有买套餐，拨打“110”是不要话费的，赶紧拨打“110”，（同学们窃窃私语：我的天！）“110”一接电话，知道了怎么回事，这个时候“110”再去拨打“120”，又耽搁了时间。还有，一辆长途车，司机发现老人倒在地上，就没去管，直接开着车走掉了，等他吃了饭以后再开车出去的时候，这个老人已经死亡了。那么类似情况有很多啊，但是大家都证明不了内在的因果关系，比如如果这么办了，就一定能够救活他。所以说，法官忽略了一个问题，忽略了人身权关系其实包含非常丰富的内容。

人身权以外，就是财产权了。人身权关系、财产权关系，这是两类（基本的法律关系）。那么人身权关系当中又可以分成不少类，比如刚才我们所讲的生命权、健康权、隐私权、姓名权关系等。财产权关系又包括物权关系、债权关系、知识产权关系、遗产继承关系等。在物权关系当中又包括财产所有权关系、他物权关系。在财产所有权关系当中,又包括自然人个人财产所有权、集体财产所有权、国家财产所有权;在他物权当中还包括用益物权关系、担保物权关系等一系列的关系。

这就是金字塔,这种编撰方法是一种什么样的方法呢?就是不断地抽象、分类、概括,那么这种模式我们把它称为什么?(同学们回答:潘德克顿模式。)潘德克顿模式。我们学的刑法好像也是这么的一种模式,刑法有个总论,总论后面有分论,分论下面涉及每个罪,有侵犯财产罪,侵犯财产罪又包括盗窃罪、抢劫罪等,逐步分类。因为它不是民法,我们不能用民法的模式来给他一个称呼,但是(它们)有一个共同点,就是不断地总分、总分,总分结合。潘德克顿的模式就是总分结合,比较典型的是德国。《德国民法典》有总则,总则的东西就是把各种各样民事法律关系的共同特点都写上去,接着就有分则,有人身权、财产权,德国分(出来的)的叫债权、物权、亲属、继承权。[1]

我们国家民法的立法趋势是按照潘德克顿模式(来立法),为什么呢?因为《民法通则》已经奠定了这个基础。潘德克顿模式,这种模式比较容易被掌握,而且不易被遗漏。

那么好,关于民法典的编撰模式我就讲到这里。

三、民法的本质

下面讲一讲民法的本质。

关于民法的本质,有很多学说。但是通说认为,民法本质可以概括为三句话:第一句话,民法是人法;第二句话,民法是私法;第三句话,民法是权利法。

---

[1] 《德国民法典》于1896年公布,1900年1月1日起生效。该法典分为总则(240条)、债务关系法(613条)、物权(443条)、亲属法(625条)、继承法(464条)五编,计2385条。后迭经修订,实际条文数量有较大变化。《德国民法典》是近代以来第一部单设“总则”编的民法典。

(一)民法是人法

为什么说民法是人法呢？首先我们要解释什么叫人法，接着我们解释为什么(民法)是人法。那么什么叫人法？我给他这样一个定义:把一个“生物学上的人”确定为一个“法律上的人”。谁做的呢？民法做的。刚才不是说了嘛，早在罗马法时代，罗马的民法要解决它的被调整主体是谁(这个问题)。在把“生物上的人”确定为“法律上的人”以后，才能用法律去调整他。只不过，在罗马时期，把一个“生物上的人”确立为“法律上的人”，比较苛刻，它要具备三个条件，这不是文明的体现，要说也只能说是古代文明的体现，不是现代文明的体现。

那么现代文明也要完成一个工作，即确定“我的调整对象是什么”。狗是不是我的调整对象？鲸是不是我的调整对象？东北虎是不是我的调整对象？都不是。我的调整对象是生物上的人。那么既然我要调整的对象是生物上的人，法律必须给生物上的人一个地位，于是他把一个生物上的人确定为一个法律上的人，就是给他一个资格。就像我们的国籍法一样，为什么要给他一个国籍？就是给他一个中国人的资格。你是生物上的人，我给你一个国籍以后，你就成为中国人。

民法倒不是说给你一个国籍，民法承认世界上任何一个人都是我的调整对象，它的范围更宽了。国籍法只是列举某些人是我的调整对象，列举的这些人我保护。民法不是的，民法是说，只要你是生物上的人，我都给予保护。那么我要保护你，必须给你一个资格，这是什么资格呢？人格。所以从这个角度上来说，民法就是人法。民法完成了一件事情，最了不起的一件事，把自然意义上的人确定为一个法律意义上的人。

好，接着我们讨论第二个问题。

“什么叫人法”这个问题已经解决了，即把一个“生物上的人”确定为一个“法律上的人”。为什么要这样做？那么我们首先要看，把他确定为一个法律上的人有什么好处，有什么意义？明白了这个问题，我们就能知道他为什么这么做。

生物上的人千差万别，有男有女、有老有少、有强壮有瘦弱，有刚刚出生的，也有年迈的，每个人的力量是不一样的，每个人的财富也是不一样的，每个人的智商、情商都不一样，所以说生物上的人是不平等的，不一样的。但是法律上的人（是平等的）。

我们怎样去理解法律上的人呢？举个例子，我们的学生证有区别吗？学生证反映的内容有没有区别？其实也看不出什么区别，所谓的区别也就是你取得学生证的时间有所不同。别的其实没有本质区别，学生证反映的地位都是一样的，都是华政的学生。所以从这个角度来说，法律上的人是没有差异的。那么，法律上的人没有差异，反映一个什么问题？人格平等！民法伟大就伟大在，把一个实际上有差异的人确定为一个平等的人，这件事情，民法从其产生的第一天就在做了。

仔细想想，刚才我讲的罗马时期，被民法调整的人是不是都平等？是的！哪怕你是奴隶主，你奴隶主的庄园也会有大小之别，你奴隶主也会有聪明、愚笨之分，你奴隶主也有刚刚发达的，也有已经日落西山的，这个差异是很大的。但是，你一旦成为民法调整的人，还有没有这些差异？那就没有了，（你们的）法律地位是平等的。假如把民法看成阳光，大地上有被阳光照到的地方，也存在没有被阳光照到的地方，凡是被阳光照到的地方都是平等的（那些没被阳光照到的地方也就意味着不受民法的调整）。

所以民法它的一个伟大的意义，核心的意义，就是使人平等。那么他用什么技术手段使人平等？（同学们纷纷作答）对了，把一个“生物上的人”确定为“法律上的人”。我们可以在我国《民法通则》找到一条规则，来，打开《民法通则》，找一个关于民事权利能力的规则，找到了吧？找法条，不要找教科书。找到的同学读一下。（同学读：公民从出生时起到死亡时止，具有民事权利能力，依法享有民事权利，承担民事义务。公民的民事权利能力一律平等。）《民法通则》第 9 条和第 10 条[1]，把它记一下。《民法通则》第 10

[1] 《民法通则》第 9 条和第 10 条分别为《民法典》第 13 条和第 14 条所承继，无实质性变更。《民法典》第 13 条规定：“自然人从出生时起到死亡时止，具有民事权利能力，依法享有民事权利，承担民事义务。”《民法典》第 14 条规定：“自然人的民事权利能力一律平等。”

条讲了,民事权利能力一律平等。你民事权利能力怎么取得的?来到这个世界上——出生的时候——就取得了。什么时候消灭呢?死亡。那就是说,只要你是一个生物上的人,你就有民事权利能力,这就意味着,每个人的民事权利能力一样不一样?(同学们回答:一样。)一样平等。

于是,《民法通则》第9条和第10条就确定了人格平等原则。好,为什么要人格平等?作为本科生是要研究下去。作为柏阿姨[1]、调解干部,可以不要去研究了,你只要知道平等就行了。就像你只要知道锤子能够钉钉子就行了,至于为什么锤子能够钉钉子?这是研究物理学的同学去研究的。所以我们研究法学的同学就必须去研究:为什么要确定人格平等?

好,原因有两条。

第一条,人性使然。人性就是客观规律。我们的所作所为必须符合客观规律。为什么飞机会飞上天?因为它符合客观规律,它仿生物、仿鸟类,遵循自然规则,最终飞上了天。那么客观规律有自然规律,也有社会规律。社会规律有一条:人性。我们往往讲"人心所向",那人心又由什么决定的呢?人性决定的。以前我们批判人文主义,人本主义,错了,人性决定一切。所以说,人格(平等)是人性使然,我们说人格是在讲人人平等。

那么有人较真了,为什么人人平等?资产阶级法学家抛出他们的理由:天赋人权。这是不是理由?(同学们回答:是。)不错,是理由。但这个理由是荒唐的。哪里有天?《国际歌》不是有一句话吗,"从来就没有救世主",那就意味着没有上帝,没有天。你讲天赋人权,唯心主义,理由是荒唐的。那么又有人说了,"生而平等",人生下来就是平等的,所以人要平等。"人生而平等",这个理由听上去很吸引人,其实是一种循环论证,也不怎么靠谱。

刚才是不是下课铃啊?(同学们开心地回答:是的。)好,下课,我们下节课接着说。

---

[1] 傅老师此处提到的"柏阿姨"应为柏万青女士。柏万青为上海市第十五届人民代表大会代表,静安区首席人民调解员,其因参与由上海广播电视台都市频道和上海市司法局联合制作的调解类谈话节目《新老娘舅》并在其中担任调解员而广为人知。

（接着上课）民法的本质首先是人法，为什么说它是人法？因为民法把（自然意义上的）人确定为一个法律上的人，也就是承认每个人都具有人格。人格就是人的法律地位，我们把它称为法律实体，在民法上称为“民事主体”。

那么为什么要把一个人确定为一个民事主体呢？因为（根据民法），每个民事主体都是平等的，没有任何差异（你只有让一个自然意义上的人成为民法中的人，他才能在法律上获得这种平等的法律地位）。那么为什么要使人人平等呢？西方学者对此有不同的看法：有的学者说人人平等是上帝给的，但这是唯心主义；有的学者说人生而平等，这就陷入了循环论证，也没有意义。唯一将这个问题解释清楚的学者，是华东政法大学民法教研室一个已经退休的老师——李锡鹤[1]。我们要把他的名字记下来，（同学们开心地笑起来，同时好奇地相互打听。）他很伟大。

人为什么生而平等？

李锡鹤教授说，人性使然。为什么是人性使然呢？他分析说：人与其他生物根本的区别点，也就是人的本质特征是什么？是人有思维、有思想。人的思维活动产生思想，进而形成人的意志。其他动物诸如狗、猫、猴之类的动物都没有人类的意志，这一点已经被现有的科学证实了。

人有思想、有意志不是随口胡诌的，现代科学已经表明，人的意志是自由、独立的，这是为什么呢？因为任何一个人没有能力把自己的思想、意志强加给他人，使之成为他人的思想、意志。你没法把一个人的脑袋劈开，把自己的想法装到他的脑袋中，或者拿一个注射器，把自己的想法注射到他的脑袋里面。这就是人的意志的本质，这种本质称为人的意志的独立性。独立就意味着自由。我们在座的同学都成年了，即使你们的家长很想把他们

---

[1] 李锡鹤教授，1945 年生于上海，1968 年毕业于中国人民大学哲学系，1995 年调入华东政法学院（现为华东政法大学），现已退休。其著有《民法哲学论稿》（复旦大学出版社 2000 年版）、《民法基本理论若干问题》（人民出版社 2007 年版）、《民法原理论稿》（法律出版社 2009 年版，2012 年版）等著作。关于李锡鹤教授有关人生而平等的阐述，请参阅《民法原理论稿》（2012 年版）第一章第六节“主体之资格——人格”。

的想法变成你们的想法,但如果不是你们发自内心地认同,就算你们孝敬长辈、尊重长辈,也只是表面的顺从,是否听从他们的意见还是由你们自己的思想意志决定的。

每个人都有自己的想法,这就是人的本质特征。也正因为人的思想意志是独立的,所以有很多文学巨著说,世界上最困难的事情就是让自己的想法成为他人的想法,这是做不到的。

好,既然人的思想是自由的,那么这种自由的思想必须被尊重,尊重人的自由思想就是尊重人。因为人区别于其他生物的关键,就在于这个本质性的东西。你必须承认他本质性的东西才能说明你承认他是人。

因为这么一点点进步,全部问题都解决了。比如说,我们长期以来一直强调要以人为本。那么以人为本,这个人到底是什么?有人说,这个人是指大多数人。这个说法没有道理,就算"大多数人"涵盖了99.999%的人,那么还有0.001%的人,难道你就不把0.001%的人当人看吗?这不对。也有人说,以人为本是以弱势群体为本。那么强势的人都不是人了吗?这也是不对的。那么这个人到底是什么呢?于是又有人说,以人为本就是以自然人为本。这是废话,(同学们吃吃地笑)又进行循环论证了。所以,什么是以人为本,一直都没有解释清楚。

那么现在,我们可以从(自由思想)这个角度去论证,以人为本指的是什么?指的就是,以人的自由思想为本,就是你必须尊重他人的自由思想。

那么好,接下来的问题就来了,什么叫尊重人?给他吃得多一点,给他吃得好一点,给他穿得暖一点,是不是叫尊重人?都不是,这些都是肤浅的界定。如果以这个角度来讨论是否尊重人,那么野生动物园的大熊猫最"人"了,(同学们笑)因为它生活条件最好,但从来也没有人说野生动物园的大熊猫最"人"啊,所以我们不能从这个角度来判断是否尊重人。

人之本在哪里?人权。我们设定无障碍通道,如在上海随处可见的盲道,是为了保障人权。保护妇女儿童利益也是为了保障人权。但这些是不是人权最根本的东西呢?不是。这个跟吃得多一点、穿得暖一点没有本质区别。那么“根本”到底是什么？就是把人当人看。但这里的“人”侧重的是人的思想、人的意志（而不是简单的人的温饱）。尊重人的思想、意志，才能真正说把人当人看。为什么？因为人区别于非人最重要的一点就是人有自由的思想、意志。

举一个生活中的小例子。昨天我回家晚了，家里没有饭菜，我老婆说你自己到外面凑合吃一顿。于是我就去麦当劳吃了一个 15 元的套餐。（同学们哄堂大笑）一个 15 元的套餐里有什么呢？（傅老师笑眯眯地问道）有一个双层的汉堡和一杯饮料。这个套餐价格便宜又足以填饱肚子。

在麦当劳用餐时，旁边一对母子在讨论问题，讨论什么问题呢？讨论该报什么学校？很显然，儿子去年没考上大学，今年复读后再次高考，面临学校填报的问题。那位母亲说：我们还是现实一点，你报考的学校要求不能太高。儿子说：现在反正有平行志愿，不要紧。母亲说：就算是平行志愿，你也不能报得太高，职业学校你也填几个，这几个职校也是可以的。

（儿子不乐意了）儿子说：不行，职校就是不去，今年要是考不上大学，大不了再复读一年。（同学们开始议论纷纷）母亲一听就非常恼火，母亲说：你这个孩子怎么这么不懂事，就不听大人的话。去年我要求你怎么做，你就是不那么做，任性不填职校，结果大学没考上，职校也去不了。今年你一定要听老人话。那男孩子突然跳起来了说（因为好像有点揭了他的短一样）：老妈，你没有把我当人看！而当时坐在一旁的我正在考虑什么叫以人为本。（同学们哄堂大笑）

这时他母亲说：谁没把你当人看？母亲开始跟他摆事实、讲道理，说，第一件事情，你要吃麦当劳，我就陪你来吃。你这一餐多丰富啊，你看隔壁小老头，（同学们哄堂大笑）15 块钱就打发了。你又要吃这个，又要吃那个，而且还单点，单点比套餐贵多了。我都满足你了。你再看我，什么都不吃，我就要了一杯白开水，免费的。你以为我不会享受？这是第一件事情。第二件事情，你说你要牛仔裤，“苹果牌”的牛仔裤（有些同学疑惑这个品牌，有些同学说这个牌子的牛仔裤很贵。傅老师说：我也是才知道原来牛仔裤也有苹果牌的,它这个苹果可能不是那个“被咬过一口的苹果”。)178 元;我也穿牛仔裤,从地摊上淘来的,38 元。你还说我不讲理,不把你当人看。

母亲到底有没有把他儿子当人看?(同学们哈哈大笑)对儿子那么好,有没有把他当人看?(同学们答案不一,有说有的,也有说没有。)到底有没有?(同学们还未能形成一致意见)那么标准在哪里?什么才叫把他当人看?他儿子已经成年了,尊重他什么?(有同学说:尊重他的意愿。)尊重他的自由意志、自由想法,才叫作把他当人看,而不是给他吃得多一点,吃得好一点,穿得好一点。那么以这个标准,母亲有没有把儿子当人看?没有。如果换一个(吃穿温饱等物质性)标准,母亲把儿子当人看了吗?母亲把儿子当人看了,但她没把自己当人看(母亲满足了儿子的欲望,而对自己的吃穿用度比较吝啬)。

在这个例子中,母亲想把自己的思想强加给儿子,这种做法就是不把人当人看了。同学们请记住,什么叫把人当人看?尊重他人的思想才叫把人当人看。因为人与其他动物(在动物性上)没有太大的不同,但只有人拥有自由的、独立的思想。

我们来总结一下。人的本质特征是什么?是人有独立的意志。而人的独立意志有什么特点?它是自由的,任何人都不能左右,任何人都不能替代,任何人不能强加。正因为这种自由意志引发了人的行为。(因为)只要人们不满足于想法,他一定会把这种想法付诸行动。刚才这个儿子是不是要把他的想法付诸行动?他的想法就是不填职校,他要把这个想法付诸行动。

那么当人们把自己的想法付诸行动的时候,问题就来了,矛盾也由之产生。人是群居动物,是社会中的人。换种说法,人离不开社会。马克思有一句话,他说人的本质是什么?是社会关系的总和。荀子,大家都很熟悉,战国时期的思想家,他说过一句话,人,力不如牛,走不若马,而牛马为用何也?曰:人能群,彼不能群也。正因为“群”这一点,虽然人没有牛长得壮,没有马跑得快,但却能驾驭役使牛和马。你们看,几千年前的荀子也揭示了,人是群居类动物。

既然人是群居类动物,身处社会中的人就不可能为所欲为,这个道理很清楚。如果每个人都可以为所欲为,我这个课估计一分钟都讲不下去。这个同学要唱歌了,那个同学要喊口号了,又一个同学要打架、要跳广场舞了。(同学们大笑)那我怎么上课?

所以人的想法是一回事,将想法付诸行动又是另一回事。人们知道不能把所有的想法都落实到行动上去,有时候必须割让一部分想法,这叫约束自己。于是社会产生了规则——因为割让想法、约束行动是要有规则的。

规则的创制方式有两种:第一种,一人高高在上来制定规则,大家来服从;第二种,所有人共同来制定一个规则。社会的实践证明,哪种模式更为符合人性啊?(同学们纷纷回答道:第二种。)你看,我凭什么听你的?因为你有一把刀,你最强,所以我只能听你的,这就没有道理(而只有强力)。于是我们选择了第二种,以民主的方式由所有人共同制定规则。

有一本书叫《社会契约论》,它把整个社会看成一个契约,强调了要用第二种模式来形成社会运作的秩序。这是如何演绎出来的呢?首先,人不是孤独的一个人,必须是生活在社会中的人。我们假设一下,当某个空间只有两个人,这两个人中的任何一个人都要受到拘束,是不是?都不能为所欲为。如果其中一个人为所欲为,说我要把对方打死并吃掉,那么只剩下他一个人,还能不能生存下去呢?人是社会中的人,单独一个人是生存不下去的,他也会死亡。他为了不死亡,必须保全另外一个人,而另外一个人也是如此。这就需要有约束。关键是这个约束是谁定的,是你定的还是我定的,还是由双方共同来定?

再推演开去会发现,无论一个空间有100个人,还是只有两个人,原理都是一样的。当一个空间只有两个人,是用契约来解决问题。当一个空间有100个人时,用民约来解决问题。乡村有个村俗,社区有个民约,村俗民约都可以用来调整人与人之间的关系。再扩大,是整个国家,由国家立法来解决问题。无论是整个国家,还是100个人抑或是两个人,处理彼此关系的指导思想是一致的,都是由人们自己来决定,从而产生了社会契约。

如果用民主的方法——社会契约——来解决问题，就必须先解决一个根本的问题，就是平等。人与人地位平等才能形成契约，如果不平等就不可能形成契约。平等就是这样演绎过来的，而这个演绎的过程，被李锡鹤教授发现了。他的理论说，人区别于其他动物的本质特征是有意志、有思想，人的意志、思想是独立的，不能被他人左右，但人又生活在社会中，社会需要秩序和规则。

同济大学有一个 logo，同学们知道吧？是一条船，三个人。三个人划桨的方向是一个还是三个？是一个。这说明什么？这说明，你这条船在汪洋大海中，只有靠共同行为、共同秩序才能走向彼岸，即所谓的同舟共济。这意味有时候人要限制自己的自由，学会服从，而服从和自由必须要有规则，然后大家尊重规则。那么这个规则从哪里来？如果这个规则是由一方高高在上确定，其他人服从即可，那么就不需要平等。封建社会、奴隶社会就是这个样子，你服从强者制定的规则就好了，人与人之间不需要平等。那么如果这个规则不是由一方高高在上制定，而是由所有人来制定，前提就必须是人人平等，这是人性使然。

同学们可能会说，既然平等是人性使然，为什么到了近代民法才有平等的要求，古代就没有呢？错了。罗马法也强调平等，只不过在两千多年前，被民法照耀的地方太小，它不能照到所有自然人（比如没有被照到的奴隶就不能成为民法上的主体，不能享有民法所赋予的平等地位）。那么为什么到近代才承认任何一个自然人都有人格，而古代却不承认呢？这又是另外一个因素决定的——商品经济，它必须和商品经济相关。

人由本性主导一切，但是人类社会要借助经济活动来推动。我们说，共产主义总有一天会实现，能否实现是由经济基础决定的。平等也是，要在商品经济的作用下，才能实现平等。接下来我们谈谈商品经济。

商品经济简言之就是商品交换。中学的政治经济学已经告诉我们，商品交换有两个特征，一个是等价，另一个是有偿。无论是等价还是有偿，必须建立在平等的基础上。假设一下，如果我跟你不平等，想要一支你的钢笔,就责令你给我,这谈不上交换。只有我跟你平等,我才会说你把钢笔卖给我,我愿意花大价钱买,这就有了讨价还价的余地。

马克思说,(我们发现,在市场中)如果 A 要取得 B 的商品——他在这里用的术语是“商品”,而不是“产品”——不是通过暴力,也不是通过强力,而是通过交换;反过来 B 要取得 A 的商品,同样也通过交换。马克思说,我们第一次发现了(商品)交换背后的自由因素。因为任何交换都是自由的——愿买愿卖。如果抛开了自由,那就不叫交换。马克思还说,我们又第一次发现了自由背后的人的法律因素。现在我问你们,马克思所说的自由背后的人的法律因素指的是什么?(同学们集体沉默)是平等因素呀。因为只有平等才能谈自由交换,因为自由交换你才能取得对方的商品,所以马克思说商品经济是平等经济,在商品经济下,人是平等的。

顺着马克思的思路,我们再回过头看罗马时期,就能理解,为什么罗马法中存在平等原则。因为民法要解决商品交换关系。在商品交换过程中,天然有一种要求,就是当事人地位平等。于是民法给当事人以平等地位。所以我们看到,罗马法《法学阶梯》的第一部分就规定了人法,造出一个法律上的人,而且这个法律上的人地位平等。

那么为什么与同时代其他区域相比,罗马法会那么强调平等呢?马克思给出了回答。马克思说,罗马法是简单商品经济时代一部最完备的法典,由此可见,罗马法解决的是什么问题?是商品交换。民法的平等就是为了解决商品交换问题而产生的。这是人性使然,商品经济的特性决定了民法必须要解决平等问题。那么怎么解决平等问题?给人格才能解决平等问题。由此我们可以得出结论,民法是解决人格的法,民法是人法。这里的人不是自然意义上、生物学上的人,而是法律上的人。

(二)民法是私法

好,刚才我们讲了民法的第一个本质,民法是人法。民法的第二个本质,民法是私法。那么什么叫私法?私法就是完全根据(当事人的)自由意志建立法律关系的规则。私法的对立面,叫公法。私法解决横向关系,公法解决纵向关系,强调国家干预。

为了让大家更加清楚私法的含义,我举一个生活中的例子。

一个房地产开发商向政府申请了一块土地用于开发,我们把它称为 A 号地块。过了半年它又申请了一块地,称为 B 号地块,紧贴 A 号地块。大家注意,这两块建设用地的使用权属于这同一个开发商,但这两个地块是彼此独立的,并不是同一宗土地。A 号地块规划的是高档小区,容积率很低,都是别墅。B 号地块根据规划是普通住宅,高层小区。A 号地块在 B 号地块的前面,靠近马路。那么政府为什么这么规划呢？因为按照这种规划,从马路上看过去给人一种由低到高的视觉感受,不那么压抑。当开发商开发两个地块的时候,他先在 B 地块上造好了 B 小区,并开始了销售。这时候他就要解决一个问题,住在 B 小区的居民从哪里进出？因为 B 小区在 A 小区的后面,是不能直接通向马路的,需要绕一条远路,而它的周围有一条河,并且目前河上还没有造桥。现在 B 小区有两条路线可以选择:第一条路线,绕路到大马路上,需要 20 多分钟;第二条路线,因为桥还没造好,自己摆渡过河,(同学们哄笑)显然你不能每天都这么走。

开发商说反正两个小区都是我开发的地块,我就在 A、B 两个小区之间留一个通道,如果从这条通道穿过 A 小区,那就只要 7 分钟就能到达马路。于是开发商就在 A 地块上开了一条通道,在通道两边栽了很多樟树,树上张灯结彩,很漂亮。

很多人看了售楼广告和实景就来买房子。购房者中有一些是律师,知道了 A 区和 B 区是两个独立的地块,就要求开发商写承诺函。于是开发商卖房子给律师的合同上都写了承诺函,答应他们只要买了 B 小区的房就可以使用这个通道。人们买了房之后也确实在使用这个通道。

5 年以后,A 区的房屋建造完成,并销售一空。这时候,A 区业主说,为什么留着这个通道呢？于是 A 区业主们就封堵了通道,在那里种上了树,B 小区的居民就无法再从这个通道通行。B 小区的居民就和 A 小区的居民起了冲突。双方写信到区政府。

B 区的居民说,第一,长期以来(入住后 5 年来),我们一直实际使用这条道路,要尊重历史;第二,房地产开发商的售楼广告里明确有这条通道;第三,某些律师也拿出证据,购房合同里的承诺函也有这条道;第四,在买房之前,开发商承诺造了这条道,现在这条道没了,给我们的生活带来了很大的不方便。区政府说,你们说得对,你们的诉求有合理性。

可是 A 区居民回应说,风能进,雨能进,国王不能进。A 小区现在是私有财产,凭什么我们的私有财产要让出一条道路给别人走?如果有人家里住房紧张,能不能到你区长家里打个地铺呢?区政府一听,觉得 A 小区居民讲得也有道理。于是这个事情就变得很头疼,双方的矛盾一直不能得到解决。

后来有人提议,把 A 小区和 B 小区合并为一个小区,拆除两个小区之间的所有隔墙,这样也就无所谓通道不通道了。于是政府就作出一个行政命令,将 A、B 小区合并。但 A 小区的一个老年人提出行政复议,认为合并小区侵犯私有财产。

现在我问同学们,这个合并是对还是错的?(同学们小声回答:错了。)

是的,合并错了。这是私法关系,国家不能干预。所以在行政复议过程中,这个合并的决定就被撤销了。(下课铃声响起)那么我举这个例子是想说明什么呢?既然 A、B 小区之间的法律关系是私法关系,行政权就不要轻易干预。如果国家一定要干预,必须要有法律依据,依法干预。下课了吗?(同学们回答:嗯。)好,同学们先下课休息一会儿。

(上课铃声响起)好,同学们我们接着上课。

刚才我们说民法是私法。为什么强调民法的私法本质?是想说明,国家公权力不要随意干预私的活动。当然,如果私法活动"出轨"了,比如你买卖的客体是毒品,租赁的客体是枪支弹药,国家当然是要干预的。而刚才这个小区通道的案例,民事主体的行为不存在"出轨"的问题,行政机关干嘛要把两个小区合在一起呢?你的法律依据在哪里呢?不应该这么做。

所以,我们强调民法是私法,是具有积极意义的。它的积极意义在哪里?

第一,承认和尊重私主体的独立人格。刚才的例子中,要不要承认 A 小区和 B 小区居民的独立人格啊?如果要承认的话,那么双方矛盾得由他们自己依法去解决,国家不能随便干预。国家不要总是把自己当作别人的监护人。

第二,承认和尊重私人权利和利益。合并两个小区,B 小区的业主是利益获得者,但 A 小区业主的利益就相应受到了限制。(有同学发出感慨)B 小区的业主为什么不能多走几步路?哪怕多走一小时。如果开发商不想让 B 小区业主多走几步路,那你来提供公共设施呀。

第三,公权力不能直接干预私法关系。

第四,个人之间的权利义务关系来自个人意思。人格权神圣、财产权神圣,私权要受到保护。国家干预私的活动必须要有法律依据。

很多国外投资者投资中国市场,首先问的问题是,中国的投资环境怎么样?投资环境的第一大点,就是国家公权力会不会随意干预私的活动。因为投资者来到中国市场是从事私的活动,如果公权力在干预私的活动方面任意性较大,那么他就不来投资了。

现在国内的很多私营企业也要投资,投资到哪里呢?投资到边远地区、贫困山区。他们也会考虑那里的法治环境完善不完善,当地的县政府、乡政府会不会随意干预私的活动。如果会的话,他就不去投资了。如果不会,他就去投资了,因为民法的精神在这个地方得到了体现。

接下来的问题是,我们要如何界定私法呢?理论界关于私法有各种各样的学说。

第一个,目的说。目的说认为,以保护公益为目的的法律,叫作公法;以保护私益为目的法律,叫作私法。很显然,目的说不能彻底解决问题。因为什么叫公益,什么叫私益,很难界定。比如 A、B 两个小区要不要合并?是公益还是私益?本质上应该是私益,但是对政府来说,这是一个社会问题,涉及社会稳定,这就可能涉及公益了。所以单说公益和私益还是没有解决问题,不能体现民法的技术规则。

第二个,效力说。凡是产生权力义务关系的,为公法;产生平等对立关系的,为私法。换言之,凡是命令与服从的,都是公法;凡是平等权利义务的,都是私法。但是效力说不能解决如何认识国际法的问题。在国际法上,不存在一个国家对另外一个国家的权力问题。因为无论国家大小,每个国家都是平等的。你看,我国一直坚持和平共处五项原则。所以国家与国家之间不存在权力的问题,但是却又存在着国际公法,该如何解释?于是就有了第三种学说。

第三个,主体说。主体说认为,主体一方为国家、公共团体的是公法;双方都为私人的叫作私法。这个学说似乎解决了效力说不能解决的问题,但其实也有问题。国家和国家之间,这是国际公法规范的范围。那么国家和个人呢?国家和个人之间是公法还是私法规制呢?刚才我们举的两个小区的例子涉及土地批租,这是国家和个人之间的关系,按照主体说,这应该属于公法关系,但显然是不对的。所以,虽然这个学说能够解决国际法的问题,但是解决不了国内法的问题。

第四个,统治关系说。该学说认为,有统治和被统治关系的叫公法;没有统治和被统治关系的叫私法。那么国家和国家之间不存在统治和被统治关系,是不是意味着国际公法应该叫私法呢?并不是,国际公法还是叫公法。由此可见,不能说不存在统治和被统治关系的都是私法。这个学说不能妥善回应这个问题,于是有了第五种学说。

第五个,统治主体说。凡是规定统治主体生活关系的——这里所讲的"生活关系"是指统治主体的存在、持续和发展,凡是规定这些内容的法为公法,反之为私法。这个学说解释了适用于国家之间的法的性质问题。按照这个学说,虽然国家和国家之间地位平等,没有纵向关系,但解决它们之间关系的法律也不是私法,为什么?因为强调国与国之间的平等和互助,比如我国主张的和平共处五项原则,关乎国家这个主体的存在、持续和发展。只要是有国家参与,那就是公法。如果不关乎国家的存在、持续和发展,那么它就是私法。但这个学说解释不了国家发放国债的问题,因为在发放国债的关系中,国家和买国债的人之间是一种平等关系,这明显是一个私法问题,但它同时也关乎国家的存在、持续和发展问题,如果按照这个学说,它就应该是一个公法问题,这就形成了解释上的冲突。

于是我们发现,关于私法和公法的划分,不能把国际法放进去。如果把国际法放进去,确实很难划分公法和私法。比如第五种学说,凡是规定统治主体生活关系的为公法,反之是私法。这个学说能够用来解释国际法,但是无法解释国家发放国债的行为。国家如果不发国债,可能就没有足够的公共开支,国将不国,这显然属于统治主体的生活关系,按说这个行为应该属于公法行为,但它恰恰属于私法行为。

再如第四种学说,双方有统治和被统治关系的为公法,反之为私法。如果不考虑国际法,这个说法是成立的。比如税收关系,双方就有统治和被统治关系。你是纳税人,是被统治的一方,国家是统治的一方,国家可以强制纳税人依法交税,这就是一种统治和被统治的关系。所以税法属于公法。同样是国家和个人的关系,发放国债就不存在统治与被统治的关系,你可以买,也可以不买,国家不能强制公民一定要购买国债,进而就不是一个公法关系。但在国家之间,并不存在统治和被统治关系,都是平等的,按照这种学说,国际法就应该被界定为私法,这显然是不对的。所以说这个学说可以解决国内法的区分问题,但完全不能适用于国际法。

还有第三种学说,主体一方为国家、公共团体的为公法,双方都为公民的为私法,这种划分也不科学。就拿刚刚讲到的发放国债的例子,一方主体是国家,但这不是公法领域规制的事。第二种学说,彼此之间有权力义务关系的为公法,平等对立关系的是私法。第二种学说和第五种学说一样,不能解释国际法的问题。

好,通过对这么多学说的评析,最终还是要回到一个问题上,关于公法、私法怎么来认识?

认识公法、私法区分的前提是,不要把国际法放到这个分类框架中来,这个框架只能用来界分国内法。的确,国际法也有国际公法和国际私法,但是它们和我们现在讲的公法、私法是两个不同的概念。国际公法是公法,国际私法并不是私法,国际私法是准据法。这两组概念完全是不同领域的事物,不能混淆。

明确了公法和私法都是在讲国内法,那么怎么来理解公法、私法呢?凡是调整横向关系的都是私法,调整纵向关系的都是公法。很显然,你们觉得民法是调整横向关系还是纵向关系?(同学们回答:横向关系。)所以民法是私法。为什么强调民法的私法属性?强调私法(属性)说明国家不能(随意)干预。如果是公法的话,国家就厉害了,因为国家有干预的强制力。比如国家要征兵了,你说我不愿意当兵,不行;国家要征税了,你说我不愿纳税,不行;国家要征收土地了,你说我不愿被征收,不行;国家要拆迁了,你说我不愿意拆迁,也不行;国家要征用你的房屋了,你说我不愿意被征用,还是不行。因为这些根本就不是私法的问题,而是公法的问题,国家可以强行干预。但民法是私法,是平等主体之间私的法律关系,国家不能随意干预。

(三)民法是权利法

好,前面我们讲民法的第一个本质,民法是人法,它把一个自然意义上的人确认为法律意义上的人,它的功劳就在于让人人平等。进而,平等的人之间建立的法律关系,国家不能轻易干预——这就是民法的第二个本质,民法是私法。

下面我们讲民法的第三个本质,民法是权利法。

民法是权利法想要说明什么呢?

第一,民法以权利为本位。何以见得呢?首先,民法确定人格,也就是《民法通则》的第 9 条[1],开宗明义,规定了权利能力,也就是民事主体享有民事权利,承担民事义务的资格。人的权利能力有什么特性呢?平等。这彰显了人的地位。

第二,法不禁止,就是权。我们上海有一个自贸区,当我们谈到上海自

[1] 该条为《民法典》第 13 条承继,无实质性变更。《民法典》第 13 条规定:“自然人从出生时起到死亡时止,具有民事权利能力,依法享有民事权利,承担民事义务。”

贸区必须知道一个关键词，（这时有同学插话：负面清单）对，负面清单。那么负面清单的理论依据在哪里？就是法不禁止即为权。民法就是负面清单。自贸区有自贸区的负面清单，民法是全世界最大的负面清单。那自贸区的负面清单写了什么呢？就是列举了不能做的事情。这就意味着，没有列在上面的就是可以做的。最初的负面清单有近200条，自贸区经过两年的建设，现在的负面清单只有原来的2/3。[1] 这说明人的自由度是越来越大，还是越来越小？（同学们回答：越来越大。）越来越大。

负面清单之所以有这个名字，是因为列在上面的事情是不能做的事情。没列在上面的事情就是可以做的。民法的理念是，法不禁止就是权，只要没有在法律中明确规定不能做，那就是可以做的。

与负面清单对应的概念是正面清单。正面清单上列举的是可以做的事情，那没列举的事情你能不能做？（同学们回答：不能做。）一般正面清单针对政府、国家。我们要制定权力清单，这个权力的力是力量的力还是利益的利？（同学们回答：力量的力。）是的，正面清单是针对政府的，告诉政府机关，有权力不能任性。为什么不能任性，就是因为有了这张正面清单。一正一负正好说明我们国家在向民主发展。对老百姓来说，他们更在意的是什么清单？（同学们回答：负面清单。）对政府来说，政府遵守的是什么清单？（同学们回答：正面清单。）所以民法是权利法，它是一张负面清单，没有禁止的事情都是可以做的。

第三，民法是权利法，民法的一切制度都是以权利为中心展开的。

第四，民法条文大多数都是授权性规范。我们可以看一看《民法通则》的目录，从“财产所有权和与财产所有权有关的财产权”这个目录中，我们看到的是权利还是义务啊？是权利。还有“债权”“知识产权”“人身权”这些目录，都是从权利角度来讲的，而不是从义务角度来讲。当然你非要从义务角度来讲也不是不可以，但民法不干，民法一定要从权利的角度来讲。

---

[1] 根据《自由贸易试验区外商投资准入特别管理措施（负面清单）（2021年版）》（2022年1月1日起施行），负面清单内条文的数量已进一步减少至27项。

对了,大家知道“七不”规范吗?应当知道吧。在上海你不知道“七不”规范,就当不了好市民啊!(同学们发出笑声)“七不”规范包括哪些内容呢?不乱穿马路、不随地吐痰、不损害公物……(傅老师思索了一下)等等吧。(同学们放声大笑,傅老师也笑了起来)[1]那么“七不”规范是授权性的规范,还是义务性的规范呢?(同学们回答:义务性的规范。)

还有,每个人从小就被要求遵守很多义务性规范。比如,小学一年级开始就要背诵“四要四不要”,比如不迟到早退、不上课讲话、举手要发言,(同学们哄堂大笑)说错了,是发言要举手。而且早期,这些“四要四不要”都印在小学生的作业本的最后一页上,让你时时都能看到。这样久而久之,小朋友的义务意识培养了起来,但是权利意识的培养就欠缺了些。

好,关于民法是权利法这个本质,我们就讲到这里。

归纳一下,民法的本质是什么?是人法,是私法,是权利法。最根本的是哪一点?(同学们齐声回答:人法。)是人法。

---

[1] 傅老师说的“七不”规范诞生于1995年6月1日,当时上海市文明委发出《关于在全市开展“大家从我做起、遵守‘七不’规范活动”的通知》指出,提高市民素质,提高城市文明程度,要从基本素质、基本行为规范抓起,要抓好“突破口”。这个“突破口”就是“七不”,包括不随地吐痰、不乱扔垃圾、不损害公物、不破坏绿化、不乱穿马路、不在公共场所吸烟、不说粗话脏话。推出22年后,上海市文明委于2017年1月10日公布了新“七不”规范,分别是马路不乱穿、车辆不乱停、垃圾不乱扔、宠物不扰邻、餐食不浪费、言语不喧哗、守序不插队。

第二讲　民法的基本原则

一、民法基本原则的学习方法

接下来的内容是民法的基本原则。

民法的基本原则是围绕民法的本质而展开的。正因为民法是人法，是私法，也是权利法，才演绎出（我们现在看到的）民法的基本原则。关于民法的基本原则，我就不逐个讲了，没讲到的请同学们回去自学。现在跟大家说一下自学的方法。

第一，你得知道，《民法通则》规定了几项民法基本原则？你不仅要知道基本原则的数量，你还要知道每个基本原则的内容，比如平等原则、自愿原则、公平原则、等价有偿原则、诚实信用原则、民事权益受保护原则、民事活动守法守德原则等。[1] 你可以说这里有七项原则，也可以说有六项原则或者五项原则，但无论是几项，上面这些原则（的内容）都不能有遗漏。比如你说这里有五项基本原则，他说这里有七项基本原则，你所说的五项基本原则和他说的七项基本原则所涵盖的内容必须是一样的。

第二，你得明确，每一项原则的基本内容是什么？或者基本含义是什么？比如，平等原则的基本含义是什么？平等原则的基本含义是民事主体地位平等——就这一句话，也就是人格平等，权利能力平等。

---

[1] 《民法典》第3~9条规定了民法的基本原则，分别是私权神圣原则（第3条）、平等原则（第4条）、意思自治原则（第5条）、公平原则（第6条）、诚实信用原则（第7条）、公序良俗原则（第8条）、绿色原则（第9条）。

第三,你得知道,基本原则如何实现?比如平等原则在法条中怎么体现的?在案例中怎么运用?你必须找一个或者两个以上的案例来证明。比如平等原则体现在《民法通则》哪一条?(同学们回答:第10条。)远不止第10条,其他(许多)条文都有体现。你们去找,在《合同法》中体现在哪一条,在《继承法》中体现在哪一条,在《婚姻法》中体现在哪一条,多找几条。

第四,原则和原则之间有什么区别?有什么联系?比如平等原则和自愿原则的联系在哪里?区别先不说了,因为两者间的区别相对明显,就讲它们的联系在哪里。有联系的找联系,没有联系的也不要牵强附会。(教室陷入沉默,同学们苦苦思索。)联系在哪里?比如说,平等是前提,没有平等哪来的自愿,是不是?而自愿是目的。我们要平等干嘛?我们要平等就是为了显示自由意志、自由思想。所以就会有这么一个名句,若为自由故,两者皆可抛。为什么会两者皆可抛?因为自由是人性啊。但你怎么样实现人性?没有平等怎么样实现人性?这就是两者之间的联系。

二、诚实信用原则

关于民法的基本原则,别的我就不展开了,这里我主要讲讲诚实信用原则,其他原则你们自己去找相关的书和文章看。

关于诚实信用原则,大家要注意这样几个问题。

第一个问题,如何界定诚实信用原则?

同学们一定要注意,这个原则以"诚实信用"为名,但这四个字的字面含义根本不能反映出作为原则的意思(和丰富内涵)。这里我又要提出一个民法的学习方法——不能望文生义。民法有很多概念,这些概念都是专业概念、专业词语,很难从词的表面意思来反映它的内容,必须通过专业的手段、专业的视角去理解它的内容。

那么诚实信用作为一项原则,它的含义是什么呢?两个平衡。诚实信用并不是老实加守信,而是两个平衡。哪两个平衡?第一个平衡,法律关系当事人之间的利益平衡。比如买卖双方(当事人)的利益平衡;租赁双方,就是出租人和承租人之间的利益平衡;雇佣双方,就是雇主和雇员之间的利益平衡。实现了当事人之间的利益平衡,就形成了一个利益共同体。第二个平衡,即当事人利益和社会利益的平衡。这里面考虑到了社会因素。做到这两个平衡,才能够实现诚实信用。

我们所讲的诚实信用,不等于老实和守信。但做到这两个平衡,老实守信也包含其中了。比如你签订合同,要老老实实告诉合同当事人你自己的真实身份,不要欺上瞒下,不要搞欺诈,这是不是关乎双方利益平衡?是的。是不是关乎当事人和社会利益的平衡?是的。合同签订后,你要按约履行,是不是考虑到双方当事人利益平衡?是的,也关乎整个社会(的利益平衡),因为社会要讲诚信。所以,老实守信不是诚实信用的全部内容,只是诚实信用原则的全部内容之一。

这是第一个问题,诚实信用原则的含义。

第二个问题,诚实信用原则的功能是什么?

诚实信用原则是随着民法的发展而形成。可以说,早期的民法根本没有诚实信用原则,这个原则是慢慢演变发展出来的。那么下面我们就讲讲诚实信用原则的产生过程(来看看它有什么样的功能)。

诚实信用原则最初产生于民法的哪个领域呢?产生于债法。民法调整物权关系、债权关系、人格权关系、身份权关系等,但诚信原则最早产生于债的关系,尤其是债之合同关系。

为什么产生于合同关系呢?因为当事人通过约定的方式来确定权利义务的合同,无论是口头合同还是书面合同,都会有一个缺陷——合同的内容不周延。即便两个人写一份合同,写上1000页,还是会有预想不到的事情出现。此外,无论是口头还是书面的合同,都有第二个缺点,就是合同所用的文字会产生歧义,这是文字本身(的特点)决定的。有一类文字不会产生歧义,这类文字所表达的意思是没有弹性的,是刚性的。比如"18岁"(这个词)就没有歧义,相差一天就不是18岁,这是一个明确的、确切的概念。"5公斤"也没有歧义,这也是一个确切的概念。但还有一些文字是一个模糊概念,比如说常回家看看,这个“常”字,就比较模糊了。再比如说重大误解,什么叫“重大”?比如说情节严重,什么叫“严重”?比如说显失公平,什么叫“显”?比如说善意恶意,什么叫“善”?什么叫“恶”?标准在哪里?这些都是模糊概念,但是签合同又少不了这些模糊概念。当界定这些模糊概念时,合同双方就可能发生争议。A 说 A 有理,B 说 B 有理。这时候,诚实信用原则就起了一个打补丁的作用,用以填补合同的不周延,以及消除合同用语的模糊性。

而其实这两点恰恰也是成文法的软肋和弊端,判例法不存在这个问题。比如作为成文法典范的《法国民法典》,哪怕有 2000 多条,也存在不周延性,而且其中的很多概念是模糊的。所以,诚实信用原则不断发挥补丁的作用,它不仅作为(私人间)合同的补丁,而且成为法条的补丁。当诚实信用原则成为法条补丁的时候,它就不再是债法中的一项原则,而成为民法的基本原则。

现在我们可以看到诚实信用原则的重要功能是什么呢?功能就在于解决法律、合同的不周延性以及概念模糊问题。

三、情势变更原则

下面我讲一下诚实信用原则中的一个具体原则——情事变更原则[1]。这个“事”我们也可以用“势”来替代;这个“更”也可以用迁移的“迁”来替代。有的说情势变更原则,也有的说情势变迁原则,都是一回事。

[1] 《中华人民共和国合同法(草案)》第 5 稿曾就情势变更原则进行了规定,但在正式通过的《合同法》中被删去。2009 年《合同法解释(二)》第 26 条第一次就情势变更原则作出专门规定(也有学说认为 1981 年《中华人民共和国经济合同法》第 27 条也体现了情势变更原则),该条经过修订成为《民法典》第 533 条。《民法典》第 533 条规定:“合同成立后,合同的基础条件发生了当事人在订立合同时无法预见的、不属于商业风险的重大变化,继续履行合同对于当事人一方明显不公平的,受不利影响的当事人可以与对方重新协商;在合理期限内协商不成的,当事人可以请求人民法院或者仲裁机构变更或者解除合同。人民法院或者仲裁机构应当结合案件的实际情况,根据公平原则变更或者解除合同。”相较《合同法解释(二)》第 26 条,《民法典》第 533 条存在三个方面的重要变化。其一,改变了情势变更与不可抗力之间的互斥关系,承认不可抗力也可以导致情势变更;其二,增加了情势变更发生后的重新协商义务;其三,受理情势变更案件的机关除人民法院外,增加了仲裁机构。

那么情势变更原则要解决什么问题呢？我们举个例子，通过这个例子来说明情势变更原则。

甲、乙两人在20世纪60年代签订了一份房屋租赁合同，甲把自己的私有房屋出租给乙，租期多长呢？50年。当时的法律没有关于租赁合同期限的限制，《合同法》出台后对租期就有了限制，租期最长不能超过20年。[1]那么这份合同的租期到什么时候呢？到2010年。合同签订后，乙就搬进了甲的房屋。

谁知道多年后，国家决定实行改革开放，那甲就不干了，为什么？因为改革开放以后房屋涨价了，原来60平方米的房屋租金5块钱，（同学们惊呼）现在4000块钱。5块钱和4000块钱一对比，这是什么概念？5块钱，在60年代可以租1个月，现在只能吃1/3的麦当劳。（同学们想起上节课讲的15块钱麦当劳套餐，哈哈大笑。）所以出租人要求解除合同。

法官问甲，你为什么要解除合同？甲说我没地方住。法官说你现在住着大房子，人家（指乙）居住多困难啊。后来法官了解了前因后果，知道了甲嫌弃现在的租金太低。甲曾经跟承租人提出抬高租金，承租人不愿意。承租人理由很充分，合同必须履行啊，只能等到2010年以后再来讲变更租金的问题。甲说，我每个月收你5元租金，但你要是下水道坏了，我修一下就是500元，我收你的租金还不够我承担维修义务的。甲觉得无法接受以这个价格继续出租，必须解除合同。法官最终从诚实信用原则中衍生出情势变更原则解决了这个问题（当时的法律中还没有情势变更原则），一方面否定了解除合同的请求，另一方面判令按照当时的市价重新调整租金。

好，诚实信用原则是讲两个平衡。你看那个60年代的租赁合同，在当时来说是利益平衡的，但是到了80年代利益平衡不平衡？不平衡，不平衡那就要调整。

诚实信用原则是一个总的原则，是很抽象的，情势变更原则不仅是一项

---

[1] 该规则来自《合同法》第214条，该条为《民法典》第705条承继，无实质性变更。《民法典》第705条规定："租赁期限不得超过二十年。超过二十年的，超过部分无效。租赁期限届满，当事人可以续订租赁合同；但是，约定的租赁期限自续订之日起不得超过二十年。"

原则,也是一项规则,是一种制度。作为规则和制度的情势变更,就有很具体的要件。那么下面我就讲讲作为规则、制度的情势变更原则的成立条件和法律后果。

情势变更原则,它的成立条件是什么?或者说适用条件是什么?

第一,法律关系双方当事人利益不平衡,这个是前提;第二,法律关系双方当事人在建立该法律关系的时候,利益是平衡的,而现在利益不平衡;第三,这种利益的不平衡因情势变更所致,而不是签约的失误导致的。如果是签约的失误导致,那么按照签约的失误来解决问题。情势变更场合,签约当时没有失误,是符合诚实信用的,只是因为情势变更而导致利益失衡。

现在我们来看看刚才所举的例子是否符合这三点。第一,到了 20 世纪 80 年代,租金还是 5 块钱,利益平衡不平衡?不平衡,修一块玻璃都不止 5 块钱。第二,这种利益不平衡是不是在签合同之时就存在了?不是,20 世纪 60 年代是平衡的。第三,不平衡是什么原因造成的?是改革开放导致的。改革开放不再搞计划经济,所以房价涨了。第四,情势的变更,在签订合同的时候,或者说在建立法律关系的时候,是不能预知的情况。由此可见,市场风险算不算情势变更?(同学们意见不一)不算。例如我买卖股票,买了以后股价大跌,我主张情势变更,买的股票不算,可不可以啊?(同学们回答:不可以。)不可以,因为这属于正常的市场风险。

只有具备上述条件,才能成立情势变更。成立情势变更以后产生什么后果呢?我们下次课再讲。

好,今天就讲到这里,下课。(同学们纷纷鼓掌)

(上课)上一课我们讲到诚实信用原则,诚实信用原则下面又派生出一个情势变更原则。我们举过一个例子,20 世纪 60 年代,甲把自己将近 60 平方米的房屋出租给乙,每个月的租金人民币 5 块钱,租期 50 年。到了 80 年代,甲不愿意出租了,要收回房屋,理由是什么?自己住房紧张。法官一看,甲的住房根本不紧张,但法官知道甲收回房屋的目的是什么,是因为租金实在是太便宜了。于是法官就引导他变更租金。那么租金能不能变呢?从道理上讲,合同如同法律。合同约定,租金每月5块钱,是你们双方的合意。合同又约定,租期50年,你要变更可以,等再过几十年。租期结束后再来变更,你现在变更不符合约定。但是法官并未拘泥于此,法官通过情势变更原则,提高了甲乙之间的租金,他们之间的矛盾也就随之解决了。

那么我们再讲第二个案子。2003年,甲到房产市场上买了一套房子,房屋价格每平方米6000元。到了2010年,这个房屋的价格,每平方米变成16,000元。那么出卖房屋的人心里不好受了,原来6000元,现在16,000元,整整涨了1万元。房屋面积200平方米,1平方米1万元,200平方米,出卖房屋的人就损失了200万元。于是出卖房屋的人向法院申请,要求根据情势变更原则,提高房价。如果你们是法官,会不会运用情势变更来解决这个问题?(同学们回答:不会。)

为什么不会?(教室里响起了嗡嗡的讨论声)这个价格是不是情势变更所致的?(同学们回答:是的。)是的,物价上涨了,情势变更了,但这种情势的变更能不能被预期呢?(同学们回答:能。)可以被预期,所以他不能根据情势变更原则要求调整房价。

再举个例子,还是房屋。有人在2008年从开发商那里买了一套房屋,每平方米16,000元。到了2009年,政府限购了。听说过"限购"没有?(同学们回答:听说过。)好,政府推出限购政策后,导致开发商再按照每平方米16,000元的价格卖房,房屋卖不出去了。于是开发商(把房屋的价格)降到了每平方米13,000元。这么一降价,原来买房屋的那些人一看,我每平方米16,000元买进来,一年不到怎么掉到13,000元了。于是打官司告到法院,要求法院根据情势变更原则,重新调整房价,调整到每平方米13,000元。这种情况下能不能适用情势变更原则?(同学们意见不一,有的说能,有的说不能。)

我们还是按照情势变更原则的这四个构成要件进行判断。合同在订立的时候,双方的利益平衡不平衡?(同学们回答:平衡。)当时的房价就是多少?每平方米16,000元。现在平衡不平衡?(同学们回答:不平衡。)现在多少？每平方米13,000元。这种不平衡是什么原因造成的？政府的宏观调控。那么政府宏观调控能不能被认为是情势变更？可以吗？（同学们回答：可以的。）那么政府的宏观调控能不能被预见呢？（同学们回答：不能。）如果是不能的，那就属于情势变更，适用情势变更原则；如果可以被预见的，那就不能适用情势变更原则。到底能还是不能（被预见）？回答是能。因为政府的功能（之一）就是调控市场，政府在不断地调控市场，所以说政府调控房价是可以被预见的，既然可以被预见，那就不能适用情势变更原则。

（有同学提问：第一个案子为什么能适用？）

第一个案子中，改革开放能不能被预见？（一个女同学说：大势所趋也可以被预见。旁边一个男同学连声赞叹：牛！牛！牛！）改革开放连邓小平都没有想到啊，粉碎了四人帮，才可能有改革开放。但在20世纪60年代，这一切谁能想到呢。所以第一个案子，因为改革开放而带来的租金的剧烈变动，属于不可预见，适用情势变更。

假如政府宏观调控可以作为情势变更的依据，想想会发生什么问题。由于房价调控的时候，房价跌了，所以国内原来有不少搞调控的地区都放弃了调控，现在只剩下上海、北京、广州、三亚这四个地方还在调控。那些放弃调控措施的城市，房价又开始回暖。假如政府的宏观调控可以作为情势变更的依据，开发商就会主张情势变更，要求将合同订立时比较低的房价变更为现在上涨后的房价，显然这样的做法不能被接受。对此，法院普遍认为政府调控房价是可预期的（不能适用情势变更原则）。

好，现在出现了什么现象呢？买了房屋的人看到房价跌了，起诉要求降价，法院判决驳回诉讼请求。于是买了房屋的人找到开发商，把开发商的样板房都拆了，不允许开发商跌价。这些人的做法是不讲道理的。买了房屋后价格跌了，你不允许开发商跌价（卖其余的房屋），那房屋（买了以后）涨价了，你要不要让开发商通过情势变更来变更一下价格（提价）呢？其实，房屋的价格并不是控制在开发商手里，就算开发商一套房子也不再卖了，你现在出售自己的房屋也只能跌价卖，其中的差价难道还能找开发商要吗？好，其他的我们就不说了。

那么为什么要用情势变更原则来解决这样一些问题呢？目的就是坚持和维护两个平衡。关于民法的基本原则，我们就讲到这里。

第三讲　民事法律关系

下面我们讲民事法律关系。

上节课,我跟大家讲了很多关系,比如买卖、租赁、信用的变更、土地批租等。这些都是法律关系,但这些法律关系并不全是民事法律关系。那属于民事法律关系的到底是哪些?要解决这个问题,我们首先要理解民事法律关系的定义。

一、民事法律关系的特征

关于民事法律关系的定义,因为时间关系我就不念了。我们看一下这个定义,根据这个定义,我们可以归纳出民事法律关系有如下几个特征:

第一,它是人与人之间的关系。譬如房屋买卖,房屋买卖涉及的关系不是房和人之间的关系,是出卖人和买受人之间的关系。损害赔偿涉及的关系也不是人和物之间的关系。尽管我砸碎的是你的玻璃杯,但它引起的赔偿关系不是我和玻璃杯的关系,是我和你这个玻璃杯主人的关系。我把你家里养的羊给杀了,引发的并不是我跟你的羊的关系,是我跟你(这个)羊的主人之间的关系。

有的民事法律关系,它是一种静态的民事法律关系。比如说所有权。我买了一套房子,我对房屋有支配权。这里的民事法律关系从外观上看似乎是房屋的主人与房屋之间的关系。但实际上,它并非房屋的主人与房屋之间的关系,而是房屋的主人与房屋主人以外的一切人的关系。

举个类似的例子。我拥有这个杯子,这个杯子的主人是我傅鼎生,那么关于这个杯子所涉及的民事法律关系是谁跟谁之间的关系呢？一个是我，另外一个是你们，你们在座的一切人，包括全世界的人，我和全世界的一切人形成什么权利义务关系呢？对我来说我有权支配这个杯子，除我以外的一切人，都有义务不影响我对杯子的支配。这就意味着，我可以拿这个杯子，但你们（未经我的许可）不能拿这个杯子，这就形成了权利义务关系。这种关系是我和我以外的一切人之间的关系。

因此讲到底，法律关系都是人与人之间的关系，这是第一个特征。

第二，这种人与人之间的关系由法律区分（和界定）。人与人之间的关系多了去了，有的是道义上的关系，这种道德关系不存在法律依据，法律对其不做调整。还记得吗？我讲过一个好意施惠的例子，在这个例子中，（当事人的约定）没有法律拘束力，所以年轻小伙子坐过站了，老人赔不赔？（同学们回答：不赔。）但这个老人该不该受道德谴责？该，你既然答应别人的，你要做到。但这不是我们这里所讲的法律关系。

今天早上我从长宁校区到松江校区来上课。我们学校是有班车的，坐7：15 班车来到这里，可以赶上我们 9：50 的课，如果坐下一趟班车就赶不上了。当然 7：15 来，8：20 到，我 9：50 上课，还有很长一段闲扯的时间。昨天我的一个朋友问我，你明天去不去松江，我说去啊，他说他也到松江，可以捎我一程。我说你什么时候发车？他说八点钟发车，我想如果八点发车，就算路上堵一堵，最迟 9：30 就能到松江校区，一个半小时，（虽然比坐班车的时间稍微长一点）但我就用不着起那么早了，于是我就和他说定了。结果到了今天早上 8：00，死活不见他人影，（同学们笑）打电话问他，他说，哎呀，对不起我忘了，那今天我就不去松江了。我想你说说容易，你说不去松江就不去了，那我怎么办呢？（同学们大笑）我的校车不是开走了吗？打车要很多钱，坐地铁七转八转是肯定也赶不上了。没办法，为了保证上课不迟到，只能忍痛割爱花 150 块钱，打车来松江。（同学们叹息）我正琢磨着，想听听大家意见，假如我回去找他索赔 150 块钱，胜算有多少？（同学们回答：零，没有胜算。）没有胜算意味着什么？我跟他之间只有什么关系？（同学们回答：道义上的关系。)道义上的关系。我可以谴责他吗?(同学们回答:可以。)但是不能打官司告他。因为我跟他没有民事法律关系。

第三,这种法律关系是由民法调整的。公民纳税是不是法律关系?是不是人与人之间的关系?(同学们回答:是。)国家机关是不是人?我们的国家机关也是人,我们所讲的人是法律上的人,不是生物上的人。法律上的人,是具有主体地位的人,那么税务机关是不是法律上的人?(同学们回答:是。)纳税人是不是法律上的人?(同学们回答:是。)是不是人与人之间的关系?(同学们回答:是。)有没有法律拘束力?(同学们一开始回答:没有。随即改口:有!有!有!)谁敢偷税漏税,是吧?它的法律拘束力强着呢。但这是不是由民法调整?(同学们回答:不是。)不是,那就不是民事法律关系。

第四,以民事权利义务为内容。既然民事法律关系是由民法来调整,那么它一定是以民事权利、民事义务为内容。

这就是民事法律关系的四个特点。

我们学习民事法律关系,要把握这四个特点。其中最关键的是两个方面:第一,它区别于道义关系;第二,它区别于纵向法律关系,比如行政法律关系。

好,关于民事法律关系的概念和特点,我们就讲到这里。

二、民事法律关系的要素

下面讲民事法律关系的要素。

一个法律关系,由数个因素组成。组成民事法律关系的这几种因素,我们把它称为要素。一篇记叙文要有几个要素?小学老师告诉我们,要有三要素:时间、地点、人物。如果讲三要素,就是这三个,那如果讲四要素,还需要加一个什么要素呢?是事件。有时间,有地点,有人物,以及事件。人吃饭是一个事,人睡觉是个事,人犯罪是个事,人学雷锋也是个事,总得有个事件。

民事法律关系也存在三要素说、四要素说。不管有几要素,民事法律关系总是要有基本因素，少了任何一个基本因素都不构成民事法律关系。

民事法律关系的基本要素是三个，是哪三个呢？第一个是主体，因为民事法律关系是人与人之间的关系，人就是主体。第二个，客体。第三个，内容。主体、客体、内容三个要素构成了民事法律关系。

我们以后分析案子、解决问题，首先面临的就是分析法律关系，分析任何一个案子都从这一点出发。如果你接到一个案子，需要运用民法知识来解决，你首先要考虑这个民事法律关系的三个要素，你需要找出其中的主体在哪里？客体在哪里？内容在哪里？这样就可以找到解决问题的大致方向了。（下课铃声响起）下课铃响了，那先休息。

（一）民事法律关系的主体

好，下面我们继续讲民事法律关系的主体。

民事法律关系具备三个要素，其中一个要素是主体，主体指的是什么？主体就是法律上的人，享有权利，承担义务的人。

黑格尔在他的法哲学理论中强调，能够成为民事主体的人，必须具备三点。

第一点，意志，他有思想、有理念。一个自然意义上的人有没有思想，有没有理念？有的。一条狗有没有思想和理念？没有，它至少没有人类的思想理念。一头牛、一棵树，也没有人类的思想和理念。所以说，只要成为民事法律关系的主体，你不能是狗，也不能是棵树，也不能是一头牛。

第二点，他要有一个外部识别，要看得到、摸得着，要能被人感知到。毛泽东思想是思想，马克思主义也是思想，黑格尔的理念也是思想，但是随着毛泽东的死亡，马克思的死亡，黑格尔的死亡，它们的外部识别还有没有？没有了。因此你不能用马克思主义作为一个民事法律关系的主体，因为作为一个法律实体，你必须能够被外部看到，你必须找到一个载体。

第三点，要给这个有思想、有载体的对象赋予法律上的人格。你没有赋予其法律上的人格，也不能成为一个人。我们这里所讲的人是法律上的人，比如生物人有思想，生物人有载体，我们把一个生物意义上的人确定为一个法律上的人,就是给他一个人格。同学们还记得《民法通则》关于赋予人格的条文在第几条?上节课找过的,同学们再找一遍。在《民法通则》第几条?(同学们翻书,并回应道:第9条。)法律上人的资格,我们《民法通则》把它称为权利能力。权利能力反映在第几条?(同学们回答:第9条。)第9条规定了,生物上的人出生以后,法律就给他一个人格,一直到死亡,他都有人格。那么按照黑格尔的这种说法,我们就可以得出一个结论,一个生物上的人能不能成为民事法律关系的主体?(同学们纷纷回答:能!)他有思想有载体,法律又赋予资格,那么就可以成为民事法律关系的主体。

那一个单位呢?比如华东政法大学这个单位,能不能成为民事法律关系的主体呢?首先要看这个单位有没有思想,有没有理念,有没有意志。我们说人的思想产生于人脑,但是可以和人脑分离,可以独立存在。马克思主义产生于马克思,毛泽东思想产生于毛泽东,现在马克思去世了,毛泽东也去世了,他们的思想还在不在?(同学们的回答声此起彼伏:在!)在,所以它可以分离。但是如果把马克思主义、毛泽东思想这样一个想法附着在一个载体上,这个载体就是一个组织。这样一来它就具备两个条件了,第一个条件是有思想、有意志、有理念,它具备了;第二个条件是有载体,它也具备了。那么接下来就看法律给不给它人格了。如果法律给它人格,它就是一个民事法律关系主体。

现在我们回到华东政法大学,华东政法大学有没有思想,有没有意志,有没有理念?有。到哪里去找?到华东政法大学章程中去找。为什么要建立华东政法大学?华东政法大学为什么要持续?华东政法大学为什么要发展?都在它的章程中反映出来了。那么华东政法大学有没有一个外部实存?(同学们回答:有。)它的名称——华东政法大学——就是一个外部实存,我们都能够感知这所学校的存在。接着就看法律是不是把它当人看?华东政法大学是一个事业法人,这个事业法人就意味着法律给了它一个人格。这样一来,华东政法大学具备了这三个条件。那么华东政法大学是不是民法上的人?(同学们纷纷回答:是的。)以此类推,比如江南造船厂,造船企业，它有思想吧？有，章程就是它的思想；它有没有外观？有没有外部实存？有没有载体？有，这个企业法人就是外观，就是外部实存；法律有没有给它一个人格？有，法人的人格。于是，江南造船厂它虽不是生物上的人，但它是法律拟制出来的人。

在西方一些国家，甚至可以把财产拟制为一个人。比如诺贝尔奖金。诺贝尔奖金就是一个人，诺贝尔活着的时候说他要把奖金捐献出来用于全世界的科学发展事业，于是诺贝尔的想法与诺贝尔本身就分离出来了，他把这个想法附着在这个奖金上面，于是（这个奖金）有思想了，这个思想就是诺贝尔的想法；也有载体，这个载体就是一笔奖金；（继而）法律赋予了这笔奖金一个人格，给它一个基金的人格。因此这个财产也是民法上的人，我们把这个民法上的人称为财团法人，财团法人它就是一个财产。那么以此类推，宋庆龄基金也是，法学教育基金也是，它们的想法都源于自然人，但是与自然人分离；他们把这个想法都附着在一笔财产上，并且给它一个人格，它就是民法上的人。千万不要以为民法上的人只是生物人，民法上的人可以是一个组织拟制而成，或者将一个财产拟制为一个主体。

现在我们讨论一个跟我们生活学习最相关的，华东政法大学 1401 班（是不是民法上的人）？1401 班有没有思想？有没有意志？有没有理念？（同学们齐声道：有！）就是这个班级有章程，是不是？（同学们回答：是！）那么这个班级的章程谁来制定呢？（同学们议论纷纷，给出了不同的答案。）班主任？班长？看来你们都被奴役惯了（笑声），班长怎么能替代每一个同学呢？班主任怎么能替代每一个同学呢？这个章程的制定要不要全班举手？（同学们回答：要！）那你们怎么说是班主任或者班长呢？这个章程应该来自全班成员的意志。全班成员的意志与成员本身分离出来了，成为一个班的意志。1401 班有没有外部实存？（同学们回答：有。）班级的名称——1401 班——就是它的外部实存。法律有没有给它确立一个法律上的人格？（教室响起嗡嗡声，同学们莫衷一是。）没有，法律没有确定这个班可以成为法律上的人。于是我们可以得出结论了，1401 班是不是“人”？不是“人”，但不能说成员不是人(笑声),成员是不是人?(同学们笑着说:是。)成员是法律上的人,是哪一条给他的?《民法通则》第9条。但是《民法通则》没有说1401班可以成为一个人。那么《民法通则》有没有说华东政法大学是一个人?(同学们回答:说了。)《民法通则》给了华东政法大学法人的资格,而你只要是法人,你就有资格享有权利。

好,那么就可以得出这样一个结论,民事主体有哪些类型呢?第一,自然人,在座的每一位。第二,法人,包括华东政法大学,这是事业单位法人;包括江南造船厂,这是企业单位法人;也包括国家机关法人,比如教育部、上海市教委等。第三,非法人团体,但这是有争议的。有的人认为,非法人团体不能成为法律上的人,也有的人认为非法人团体可以成为法律上的人。既然有争议,那么我为什么又把它写到PPT上去呢?我的理由来自法条,《合同法》第2条[1]说,本法所称的合同是指谁和谁签订的啊?自然人、法人以及其他组织,他们相互之间签订的。那么《合同法》第2条规定的其他组织就是自然人、法人以外的其他组织,这就是非法人组织,法律允许这类组织签合同。既然它可以签合同,它能不能够成为主体,承担义务?可以,也就是说它也是一个权利义务的主体。但是记住,尽管《合同法》是这么写的,理论上还是有争议的。[2]

国家也是主体。当我们说到国家所有权,这所有权是谁的?是国家的。所以国家也是民事主体。上次我在讲课的时候讲到土地批租,讲到了国家;讲到国债发行,也讲到国家了,这个国家是作为民事主体的身份存在,所以国家也是民法上的人。

除此之外,民法上的人也可以用其他标准进行分类。分类标准不同,分类的结果是不一样的。比如人以性别来分,男人、女人;人以年龄来分,老

---

[1] 《合同法》第2条第1款规定:“本法所称合同是平等主体的自然人、法人、其他组织之间设立、变更、终止民事权利义务关系的协议。”该款为《民法典》第464条第1款(“合同是民事主体之间设立、变更、终止民事法律关系的协议。”)承继,但后者未将“自然人、法人、其他组织”一一列明,而是统称为“民事主体”。

[2] 《民法典》总则编第四章已对非法人组织进行了专章规定,在法典中明确了其民事主体地位。

人、中年人、青年人，还有幼儿、少年；人以健康来分，可以分为健康人和病人。那么民法上的人，从它的外观形式来分，可以分为自然人、法人、非法人团体、国家；还可以从权利义务角度来分，分为权利人和义务人。关于主体，我们就讲到这里。

（二）民事法律关系的客体

下面讲民事法律关系的客体。

民事法律关系的客体是权利义务所共同指向的对象。民法上的权利和民法上的义务是一个事物的两个方面，你的权利就是我的义务，所以就不存在有权利而没有义务，反过来说，也不存在有义务而没有权利的情况。那么权利指向的是什么，义务指向的也就是什么。我们把权利指向的问号（指授课 PPT 中的问号）和义务指向的问号称为什么？（有同学回答道：客体。）对，记住，权利和义务所共同指向的这个问号就是客体。

好，下面我们就讨论客体。

客体可以是物。比如财产所有权，财产所有权肯定是针对一个动产或者不动产而言。我们假设这个财产的所有权是一套房屋（的所有权），那这个问号指的是什么？房屋。那么作为财产所有权（客体）的房屋，它必须具备如下几个特点：第一，客观性；第二，效用性，要能用；第三，可支配性，人的能力可以支配它；第四，稀缺性；第五，合法性。

我们假设这个物用空气来替代，那么空气是不是物？（同学们齐声回答：是。）那么空气能不能成为民事法律关系的客体？第一，空气有没有客观性？（同学们回答：有。）第二，空气有没有效用性？（同学们纷纷回答：有。）你至少可以助燃吧。第三，空气有没有可支配性？（在这一点上同学们未达成一致意见。）也有，我们把空气装在一个瓶里面，在雾霾天里面拿出来呼吸，（笑声）也可以在雾霾天将装在桶里面的（清洁的）空气拿出来卖。第四，有没有稀缺性？（同学们有些犹豫，有的同学认为没有。）（通常情况下）空气没有稀缺性，因此就不能把它作为民事法律关系的客体。

再举几个类似的案子，海水能不能成为客体？从物的角度来分析，假如海水同时具备这几个特点，海水也可以成为民事法律关系的客体。我们这里所讲的海水是在洋面上的海水，不是取出来的或者装在桶里面的海水。第一，有没有客观性？（同学们回答：有。）第二，有没有效用性？（同学们回答：有。）第三，有没有可支配性？（同学们回答：有。）把海水拿过来当然可以支配。第四，有没有稀缺性？（同学们齐声答：没有。）没有稀缺性，那就不能把它作为民事法律关系的客体。

有同学会问了，我们为什么要把这些物作为民事法律关系的客体呢？道理很简单，是为了解决争端和争议。如果不是为了解决争端，或者就此不可能发生争议，法律是没有用处的。如果制定一个法律，而又用不上，这种闲置的法律是没有意义的。现在有没有发生为空气而战，为海水而战的事情？（部分同学回答：有。）你们给我举个例子，不要凭想象啊，哪些国家为了空气而打架啊？（同学们各抒己见："现在没有不代表未来没有。""海水也可能会被污染啊。"……）现在不代表未来，我们法律是针对现实的，未来是科幻小说的问题，也许你打游戏打多了哈，科幻的问题我们不谈，法律虽然应该适度超前，但不会超前到科幻的问题上。从这个角度看，海水、空气因为没有争端，就不把它作为一个客体来对待。（有同学提问：全球变暖算不算一个争端？空气的温度也是属于空气的一个属性。）那我们有没有因为全球变暖而去争夺空气，发生争端的情况？全球变暖是个气候问题，怎么解决这个问题会有争议，但这不是为了争夺空气而发生的争端，如果不是围绕一个物的争夺而发生的争端，就不算我们现在说的争端。

大家要懂得这里面的原理，我们已经是一年级下[1]了，要明白法律是用来干什么的。法律是用来解决争端的，解决争端意味着法律最基本的功能，定分止争，这个"分"不是纷争的"纷"，而是名分的"分"，确定名分而阻止争斗。为什么要定分止争呢？是因为，世界上可支配的物质是有限的，人们对物质的追求欲望是无限的，有限的资源和无限的追求就是一种矛盾。

[1] 当时华东政法大学法学专业的"民法学总论"课程都放在第 2 学期开设，所以傅老师才有"一年级下"之说。自 2022 级开始，华东政法大学法学专业的"民法学总论"课程都被提前到第 1 学期开设。

人类在解决这个矛盾的时候,往往通过争斗、战争。我要这块地,你也要这块地,大家都要这块地;我要这个海洋下面的资源,你也要海洋下面的资源,大家为了解决争端而打架。但是打架不是解决问题的方法,必须通过法律。于是法律要划定这个(资源)是你的还是我的,以此来解决争端。划定就是定分,定名分,通过定名分来解决争端。

那么在什么情况下要定名分?资源有限、稀缺的情况下要定名分。如果资源无限,定名分有什么意义?你全部拿去好了,因为资源无限,我还可以用其他的。因此对于无限的资源,就不存在定名分(的问题)。

关于法律的定分止争(功能),早在2000多年前商鞅就想到了。商鞅在《商君书》当中有这么一句话,他说,一兔走,百人逐之——一只兔子疾跑,百人追逐。他得出的结论是什么呢?非以兔可分以为百,由名之未定也。就是说不是兔子可以被分成100份,而是因为100个人追的兔子没有主。接着他又说,夫卖兔者满市,而盗不敢取,由名分已定也——在市场上很多人拿着兔子在叫卖,但是没有人去争抢,原因是什么呢?因为名分已经定了,既然名分定了,就没有了争斗。于是得出一个结论:故名分未定,尧、舜、禹、汤且皆如鹜而逐之;名分已定,贪盗不取。他想说明一个什么问题?定名分的重要性。

其实定名分的重要性,不用我国大思想家商鞅来说,孩子们都知道。小学一年级的孩子来到课桌面前,这个想多占一点(桌面),那个想多占一点(桌面),于是他们合计一下,画了一个"三八线"。(同学们笑)画线的目的是什么?定名分。定名分解决什么问题啊?减少矛盾。所以小学一年级的同学都知道定分止争,为什么要定分止争?因为资源有限。如果课桌无限大,这两个孩子要不要去定名分?不需要。所以凡是涉及物的支配,它就要求客观性、效用性、可支配性、稀缺性。

再举个例子,太阳能不能成为民法上的客体?太阳是不是一种物?是。有没有客观性?(同学们回答:有。)没有效用性?(同学们再次响应道:有。)有没有可支配性?(同学们回答:没有。)未来先不去管它,未来或许有一天它可以被支配了,那它也可以成为民事法律关系的客体,但现在它不具有可支配性。有没有稀缺性?(同学们回答:有。)因为不具有可支配性,它就不是民事法律关系客体。所以说,围绕太阳本身不存在需要解决的民事纠纷。那么以此类推,月球、火星等,当不具有可支配性的情况下,它都不能成为民事法律关系的客体。

还有一个,淫秽物品,比如淫秽小说,有没有客观性?(同学们回答:有。)有没有效用性?(同学们依旧回答道:有。)有没有可支配性?(同学们回答:有。)拿来阅读就是支配。有没有稀缺性?(同学们愣了一下,突然哄堂大笑,纷纷说:有。)有没有适法性?(同学们回答:没有。)法律说,即便这个东西符合物的特征,(因其违法,)也不许拥有,那么它就不能成为民法上的物,不能成为民事法律关系的客体。

那么智力成果是不是也具备这些特点呢?(同学们一致认为具备。)智力成果也应当具备这些特点,比如某项专利有没有客观性呢?(同学们不假思索答:有。)这个技术有没有效用性?(同学们一递一答:有。)有效用性,假如没有效用性,也不能称其为专利技术。可不可以被支配?(同学们回答:可以。)稀缺吗?(同学们应声:稀缺。)比如某个智力成果,2×2=4 这个公式是不是智力成果?(同学们回答:是。)是不是稀缺?(同学们齐声回答:不是。)所以这个智力成果,它就不能成为一个民法上的物(客体)。

物、智力成果有上述特点,但是行为(这种客体)的特性就要从别的角度来考察了。“行为”不去讨论他的客观性、效用性、可支配性、稀缺性等。人身利益也不是从这些角度去考虑的,因为人身利益本身就是客观的、有效用的、可支配的。所以,我们说民事法律关系客体的特点,如果是物和智力成果,它就有前述这些特性,如果是行为或者人身利益,你就不要从这几个角度去评价。

好,关于民事法律关系的客体,刚才我们讲了所有权的客体,或者是动产,或者是不动产,可以统称为物。专利权的客体,它是一项智力成果。债权的客体是什么呢?行为。那么债权的客体是什么样的行为呢?给付行为。记住，这就要求大家死记硬背了：物权的客体，是动产、不动产，是物，当然也包括权利，这以后会讲的；知识产权的客体是智力成果；债权的客体是给付。

举一个例子，甲欠乙 10 万元的购房款，那么甲对乙有没有义务？有义务，应向乙依约支付 10 万元。乙对甲有没有权利？有权利，有权受领这个 10 万元的购房款。但是他们的客体不是 10 万元本身，他们的客体是权利义务所指向的事物，即给付行为。甲有义务为给付，乙有权利受领给付。在这里，"给付"就是双方权利义务所指向的对象。那我们为什么只讲给付不讲受领呢？因为讲受领就是讲给付，受领的（反面）就是"给付"。

这个是罗马法发现的。罗马法最初说法律关系的客体是一个物，是人对具备这些条件的物的支配。（后来这个观念发生了改变。）大家想，当甲有义务给乙 10 万块钱的时候，能不能认为甲是乙的客体呢？（同学们回答：不可以。）人能不能成为客体啊？（大家又答：不能。）为什么人不能成为客体？因为人是平等的，（一个人）不能成为另外一个人的支配对象。当然，在罗马时期，奴隶是可以成为客体的，这是奴隶主的权利（客体）。但同时我们不要忘了，奴隶是不是民事法律关系主体啊？（同学们纷纷答道：不是。）第一，奴隶有没有理念？（同学们回答：有。）第二，有没有载体？（同学们回答：有。）第三，有没有人格？（同学们此起彼伏地回答：没有。）对了，奴隶少了一个特点，没有人格，所以他不是主体。而罗马法所调整的主体，一定是具备第三个要素的，得有人格。既然如此，罗马法视野下的民事法律关系的主体，包括不包括奴隶？（同学们异口同声：不包括。）既然不包括（奴隶），奴隶不是（法律上的）人，那么在具有主体资格的人之间，在民事法律关系中，一个人能不能成为另外一个人的客体？（同学们一致表示：不能。）。既然人不能成为另外一个人的客体，那么这个客体是什么呢？是给付行为，给付行为是一个债权的客体。

还有一个客体是人身利益。这里的人身利益指的是人身权（的客体）。这里的主体是人，本人和本人以外的一切人。这里的客体是什么？我的人身利益，我的生命利益，我的健康利益，这是别人不能侵犯的，所以它成了一个客体。

关于民事法律关系的客体，我们就讲到这里。

（三）民事法律关系的内容

下面我们讲民事法律关系的内容。民事法律关系的内容就是民事权利和民事义务。关于民事权利和民事义务我们后面会详细地讲，现在先简单说一说。粗浅地来讲，什么叫权利呢？可以为一定行为、不为一定行为的（自由），这个叫权利；我可以做、我能够做，这个叫权利。什么叫义务呢？我必须做、我应当做，叫作义务。所以我们看法条，凡是用“可以”，就是权利。凡是用“应当”或者“必须”，就是义务。有的时候我们的法条用了一个“得”，这个“得”要看语境了。因为有时候读“得”（dé），读“得”（dé）的话是权利还是义务？（同学们回答：权利。）有的时候读“得”（děi），读“得”（děi）的那就是（同学们抢着回答：义务。）义务。要记住，这个字在法条上一般不读“得”（děi），都读“得”（dé）。假如从语境看不出“得”（děi）字，我们搞不清楚是“得”（dé）还是“得”（děi），就把它当成“得”（dé）来看待。除非语境是“得”（děi），那就是义务。好，民事法律关系的内容就是权利和义务。

先下课休息一下吧！

练　习

民事法律关系要素的界定

法律关系有三要素，主体、客体和内容，内容就是权利和义务。下面我们举一个例子，大家分析一下。在这个例子当中存在几个法律关系，在这些法律关系当中，主体、客体和内容各是什么？

小张某天到超市买了一辆自行车，骑车过程中车链掉了，于是到修理店修理，修完以后继续骑车，然而轮胎又炸了，（同学们笑）小张想了一下，觉得再花钱修理犯不着，所以准备去退货。不过现在小张要去上班，他总不能扛着车去上班，于是他把车寄存在寄放站，转乘公交车上班去了。案子到这里结束，上班的问题不用考虑。

现在分析小张到超市买车，到修理铺修车，到寄放站寄放车，坐公共汽车上班，这么四个行为，这里面涉及多少民事法律关系？每个法律关系的主体、客体和内容分别是什么？

第一个法律关系是什么？（同学们大声答：买车。）对，买车，这是买卖关系。买卖关系的主体是谁？（同学们纷纷答：小张和超市）对，主体是小张和超市。客体是什么？（有同学答：给自行车，有同学答：给付行为，还有别的回答）我给大家几个选择，客体是小张本人，（同学笑）有没有同意的？（同学齐答：没有。）客体是自行车，有没有同意的？（同学齐答：没有。）客体是钱，有没有同意的？（同学齐答：没有。）客体是给付，有没有同意的？同意的举手。（同学们纷纷举手）对了，买卖形成债权债务关系，客体是给付。给付是什么？是行为还是物？（同学齐答：行为。）权利和义务是什么？权利就是小张有权要求超市给车，超市有权要求小张给钱。好，这是一个法律关系，我们厘清了。

第二个法律关系是什么？（同学齐答：修车。）是修车。主体是谁？（同学齐答：小张和修理店。）对，客体是什么？是行为、物、智力成果还是人身利益？（同学齐答：行为。）是行为，尽管修的是车，但和前面（的法律关系）一样，客体是行为。内容是什么？小张有权要求修理铺实施修理行为，修理铺有权要求小张给钱。

第三个法律关系是寄放关系，寄放关系就是保管关系。保管关系的主体是谁？（同学们纷纷答：小张和保管人。）对，是小张和保管人，也就是寄放站。客体也是给付，这个保管行为是一种给付。给付是行为还是物啊？行为。内容是什么？小张有权要求保管人保管车，保管人有权要求小张给保管费。

第四个法律关系是运送关系。主体是谁？（同学齐答：小张和公交公司。）对，是小张和公交公司，注意不是15路公交车，（同学们笑）15路车不是一个人，公交公司才是一个人（法人）。客体是什么啊？行为、物还是人身？（同学齐答：行为。）对，是行为，不是物，也不是人身。提供服务的行为，是给付。给付的内容是什么？小张有权要求公交公司把它安全地送到目的地，公交公司有权要求小张给一块钱。

还有吗？认为还有的举手。（同学们迟疑）还有一个大家都没有注意到，原来这辆车是谁的？超市的。现在这辆车是谁的？小张的。小张有没有对这辆车享有所有权？（同学们回答：有。）有，他在买卖之前有没有所有权？（同学们应声：没有。）买卖以后有没有所有权？（同学应声：有。）这不是新的法律关系发生了吗？（同学们发出恍然大悟的声音）所有权关系就忘啦？那么在所有权的关系当中，主体是谁？（同学齐答：小张。）没错，小张是主体，但你们只找了一方，还有一方是谁？（同学们回答：超市。）错了，小张和超市之间是买卖关系。（同学们开始七嘴八舌地回答，其中有个女生大声说：除小张以外的所有人。）对，小张以外的任何人，这就不只是全国人民了，而是全世界人民。所有权的主体是小张，另一方是小张以外的一切人。客体是什么？（同学们回答：车。）车是物还是行为？（同学们回答：物。）内容是什么？小张有权支配车。全世界人民有什么义务？（同学们回答：不得妨碍小张支配车。）对，有不干预小张对车的支配的义务。好，所有权关系也说清楚了。记住这个案例，会对你们以后学习有帮助。

那么在这些法律关系当中，有没有找出它们的区别呢？比如所有权关系中的主体和前四种关系中的主体有什么不一样？（有同学答：特定和不特定的区别。）所有权关系中的义务主体是谁的？是全世界人，小张包不包括？（同学们回答：不包括。）不包括，所以是小张以外的全世界人。这说明所有权关系的义务主体是特定的还是不特定？（同学们回答：不特定的。）不特定的。而前四种法律关系，买卖、修理、保管和运送，它们的权利义务关系的主体都是特定的。权利主体是特定的，这跟所有权关系没有区别。义务主体特定不特定？（同学们回答：特定。）也是特定的。刚才案子中买卖关系的义务主体是谁？超市，这是特定的。修理中的义务主体是谁啊？某个修理铺，也是特定的。保管关系中的义务主体是谁啊？某个寄放站，也是特定的。运送关系中的主体是谁啊？某个公交公司，譬如松江公交，也是特定的。可见债之关系的义务主体具有特定性，这跟所有权关系不同。

客体有没有不同？客体也有不同，所有权关系的客体是物，其他四个债权关系的客体都是行为。四个债权关系的客体虽然都是行为，即标的都是行为，标的物有没有不同？（同学们回答：有。）买卖关系的标的物是什么？（同学们回答：自行车。）自行车。修理的标的物是什么？修理服务。保管关系提供的是什么？保管服务。运送关系提供的是什么？运送服务。

三、民事法律事实

（一）概念

接下去我们开始讲法律事实，这个知识点很重要。

民事法律关系在不断地发生、变更和消灭，我们要讨论的问题是什么呢？是引起民事法律关系发生、变更和消灭的原因。我们把这个原因称为法律事实。

刚才我们说了，引起买卖关系的原因是什么？买卖交易行为。引起修理关系的原因是什么？修理交易行为。引起保管关系的原因是什么？保管交易行为。这些都是合同行为：买卖合同、运输合同、保管合同、修理合同。有了这些行为才有这些关系。

那么引起所有权关系的法律事实是什么呢？交付自行车。假如现在仅建立买卖关系，约定1个月之后再把车交给你，所有权关系有没有变更？没有。所以交付自行车是引起所有权关系变更的法律事实。

刚才我们讲了五种法律关系，每个法律关系的发生都有原因。我们把这个原因叫作什么呢？法律事实。

好，我们现在给法律事实下个定义。法律事实指的是依据法律能够引起民事法律关系发生、变更和消灭的客观状况。往后我们讲民事法律关系的发生、变更和消灭，就简称为民事法律关系的变动。同样，往后我们讲权利的发生、变更和消灭,也简称为权利的变动。这些是学界通用的术语。好,权利的变动必须由一个原因引发,这个引发权利变动的原因,我们把它称为法律事实。

(二)特点

下面我们讲法律事实的特点。

第一,它是客观的。回顾一下刚才讲的五种关系是不是客观的?买卖、保管、修理、交付,包括乘公交车都是客观存在的。

第二,能产生法律后果。法律后果即权利义务关系。只要是法律事实,就能产生权利义务关系。他们的这些权利义务关系是不是自主的?(同学们回答:是的。)没人强迫小张到超市去买自行车,小张完全可以到路边摊去买,所以这是自主的。

第三,后果的法定性。为什么会发生这个后果呢?因为有法律的预先设定。法律设定了条件,你具备这个条件就给你对应的后果。比如你具备了合同这个条件,我给你合同的法律后果。还记不记得第一堂课有位同学问,为什么要义务自主呢?(什么情况下当事人要承担义务)民法不是有规定的吗?同学们要注意,民法规定只是说你具备了这些条件,我给你后果而已。但要不要具备这些条件,通常取决于你自己。你具备了这些条件,相应的后果就找上门来了。这就是义务自主。但你具备了这些条件,又说不要相应的后果,那就不行,因为条件具备,后果就发生,这就是后果的法定性。在法律中,构成要件和法律效果总是相伴而生,民法是这样,刑法其实也是这样。

(三)法律事实与法律后果的联系

现在我们要讨论的是法律事实和法律后果之间的联系。我们先讲两种现象。

第一种现象,摩擦发热。这是中学物理课上的知识,摩擦会发热。问大家,摩擦是不是必然会发热?(有同学答:不一定。)是一定的,读了大学,中学课程忘记了?摩擦一定会发热。那么摩擦是发热的充分条件还是必要条件？（同学们回答：充分条件）。是不是必要条件呢？是不是只能由摩擦来发热？（同学们回答：不是。）所以摩擦不是发热的必要条件。

第二种现象，满18周岁成年[1]，这是法律设定的。18周岁是不是成年的必要条件？（同学们回答：是。）有个孩子11岁，十分聪明，智商看上去像35岁，你说他成年了没有？（同学们回答：没有。）所以满18周岁是成年的必要条件。花粉交配以后才能够结果，花粉的交配是不是结果的必要条件？（同学们回答：是。）但是现在又发现有种植物不用花粉，它也会结果，那（授粉）就不再是（结果的）必要条件了。

好，回到法律事实和法律后果。我们讲的法律后果就是权利的变动，就是法律关系的变动，法律事实一定会引发法律后果，就像摩擦会产生热一样。（同学们笑起来，因为傅老师把“热”的读音发成了“日”，经过同学们的纠正，傅老师又说了一遍：就像摩擦会生热一样。）那么法律后果是不是必须要由法律事实来引发呢？一定的，没有法律事实就不可能有法律后果。这就像成年，一定要满18周岁。我们把两个条件结合在一起，法律事实和法律后果的关系就是充要条件。这句话要死死地记住：法律事实是法律后果的充要条件。

好，这节课就讲到这里。（教室响起掌声）

案例分析

肉身佛像案

接下来我们要讲一种学习方法。

我们整个社会无时无刻不在发生值得被人们关注的新的现象、新的问题。想要研究这些问题，就需要我们到图书馆去查找资料。为了锻炼大家查找资料、研究社会热点的能力，今天我要讲一个关于肉身菩萨，也称为肉身佛像的例子，同学们回去要自己思考。

---

[1] 《民法典》第17条规定：“十八周岁以上的自然人为成年人。不满十八周岁的自然人为未成年人。”

肉身菩萨，其实本来只是一个木乃伊，在它外面包了一层金，使得这种菩萨看起来像是金子做的；或者是在木乃伊外面包了一层土，通过对泥土的处理，使得它变成了一尊菩萨。但是它和一般的菩萨不一样，一般泥做的菩萨里面都是泥，而这尊泥塑的菩萨里面有一具什么？（同学们回答：尸体。）对，是一具尸体。

好，今天我们就讲这个故事。

昨天，新闻报道说，3 月 17 日荷兰某个博物馆展出图片上的一尊肉身菩萨，或者说肉身佛像。这尊肉身菩萨无论是外观还是材质，都与 20 年前，也就是 1995 年，在福建某个地方被盗窃的佛像一模一样。这就引发了一个问题，如果确实是 1995 年福建的那尊（被盗）佛像，那么中国政府就有责任把这尊佛像取回来，请回来。但是中国政府可以援引什么文件去请回来呢？在保护文物方面有两个国际公约可以援引——这里给你们布置第一个任务，要求你们课下去了解一下有关保护文物的两个国际公约是什么。

5 年前，圆明园 12 喷泉上面的两尊兽首，在国外被发现了。于是中国政府通过援引国际公约，实施了追回文物的行为。那么这次，中国政府也要通过法律途径来追回中国的文物，但是与此同时，就会面临以下几个法律上的问题。

第一个问题，荷兰是不是这个国际公约的成员方？如果是这个国际公约的成员方，那么公约会对他产生约束力；如果荷兰不是国际公约的成员方，公约就约束不了他。那么你们回去查，为什么国际公约仅对成员方产生约束力，对非成员国不能产生约束？只要你愿意去查，你就会获得很多知识，并以此为依据写文章了。我们有很多创新项目，很多同学不知道怎么去找创新项目的选题，其实你们就可以从社会热点、课堂案例里面去找。

第二个问题，肉身菩萨是不是文物？因为只有文物受《文物保护法》保护，如果不是文物，是一般的动产，一般的物，它就不受《文物保护法》保护。那么你查《文物保护法》和这两个国际公约，对于文物是怎么规定的呢？我为什么说要大家思考它是不是文物呢？因为这一尊肉身菩萨的矛盾点在于,从外表来看,它就是一个泥塑的(物);但是通过磁共振显像、CT 显像,我们看这幅图,我们看到它又是尸体。像这种肉身佛像的种类有很多,(傅老师在播放 PPT)它们的共性都是里面藏了一具尸体。那么从不同的角度来分析,它们到底是遗骸呢,还是文物呢?如果是遗骸,那就不能按照《文物保护法》来解决;如果是文物,那就可以用《文物保护法》来解决。如果肉身菩萨是遗骸,遗骸是不是民法上的物?如果是民法上的物,那么该怎么处置?处置的权利又归属于谁?如果肉身菩萨是文物,文物当然是民法上的物,那么此时这个物归属于谁?谁有支配权、支配地位?这些都需要大家去思考,尽管我们还没讲到(这些知识点),但你们可以先主动查阅起来。

由此及彼带出另外一个问题,舍利子——就是僧人火化以后的骨灰的某一段结晶——在民法上、宗教上都是什么地位呢?同学们先回去从民法角度来考虑一下,研究一下这些问题,今天就先不给结论了,等到两周以后我再给大家一个结论。

好,关于学习方法我们先讲到这里。希望同学们能带着问题去查资料,带着问题去研究社会热点问题。

前面我们讲了,法律关系不断地在发生、变更、消灭,我们把法律关系的发生、变更、消灭统称为法律关系的变动。那么法律关系由什么来使它变动呢?法律事实。法律事实和法律关系变动有什么联系呢?上节课讲了,前者是后者的充分条件,也是后者的必要条件。那么我想说明什么呢?只要有法律事实,就一定会有法律关系的变动。法律关系的变动非以法律事实来引发不可,没有法律事实就不可能有法律关系的变动。找出了这么样一个因果联系,法院审判思路就清楚多了。

我举个例子,原告状告被告,要求被告给他 100 万。你们是法官,你们首先想到的是什么?(同学们异口同声道:凭什么。)对,你凭什么?这里的"凭什么"指的就是,有什么法律事实?你说被告要给你 100 万,说明被告有义务给原告 100 万,进而说明你们之间有权利义务关系。假设原告有权利要求被告给 100 万的话,那么原告是权利人,被告是义务人。那么这个权利义务关系凭什么发生呢？于是原告回答说，因为他向我借了100万。“借”这个行为是不是法律事实？（同学们应声：是。）是的。

但这时，被告在法庭上说，对，我是向他借了100万，但我现在可以不还了。“不还”就意味着什么？意味着被告没有这个义务，或者至少有不履行的权利。说明原来的法律关系发生变化了没有？发生了。这时，法官首先想到的是什么？又是一句“凭什么”。那么被告可能会说，我已经把钱还掉了。还钱就是债务清偿，这是不是法律事实？（同学们应声：是的。）被告也可能说，原告不要我还钱了，免除了我的债务。债务免除是不是法律事实？（同学们应声：是的。）被告还有可能说，原告30年来从来没有问被告要过钱，这是不是法律事实？（同学们应声：是的。）这也是法律事实，就是“时的经过”。

前面我们讲肉身菩萨或者肉身佛像，按照荷兰的法律，它有20年的取得时效制度：就是这个东西到我手上以后，经过20年公然、和平、持续的占有，一直没人问我要，那就变成我的了。这就是取得时效制度，核心要件是“时的经过”。当然，取得时效是有条件的，你们去看看它应当具备什么条件，如果是你抢来的东西，经过20年也不能时效取得。关于取得时效制度要求具备什么条件，今天我就不详细展开了，同学们可以去自学。我在这里只说“时的经过”。

假如在外交过程中，就肉身佛像归还的问题，中国政府跟荷兰政府说，你们应当把财产还给中国政府或者中国的某个个人。这一行为说明中国政府首先认定中国和荷兰之间有法律关系存在：荷兰有归还佛像的义务，中国有请求荷兰归还佛像的权利。但是荷兰方面可能会认为，自己占有佛像是法律事实，中国政府又凭什么要求荷兰政府归还呢？此时，中国政府就要证明这个佛像就是1995年福建丢失的佛像，所有权是中国的，即使荷兰现在占有了，中国要求返还所有物，也是天经地义的。如果荷兰政府坚持不还，那么中国政府也可以问荷兰政府“凭什么”？此时，荷兰政府可能会说，佛像是我们买来的，并且我们不知道这个佛像是小偷偷来的；或者20年的取得时效已经过了,我们有权取得佛像的所有权。无论是买卖,还是时的经过,都是法律事实。

总而言之,法律关系的变动必须有法律事实,法院审判的时候也必须关注法律事实。

(四)分类

那么法律事实到底有哪些呢?下面我们讲法律事实的分类。

法律事实可以分两大类,一类是自然事实,另一类是(人的)行为。自然事实又包括两种,一种是状态,另一种是事件。

1. 自然事实

(1)状态

基于某种状态可能会产生一定的权利义务关系。以占有为例。假如你占有了一个动产,法律就会给你一个后果,即你占有动产的客观现象会受到法律保护。

下面我们举一个(不动产占有的)例子。甲把房屋出租给乙,租期5年,当甲把房屋交给乙,乙入住以后,甲去美国读书了。甲在美国期间,丙来到甲出租的房屋前面,搭建一个违章建筑,影响了乙的通风采光。现在乙状告丙要求丙排除妨碍。丙说你有什么资格要求我排除妨碍,甲都没有发话,你有本事让甲来告我,这个房屋又不是你的,你凭什么资格来告?

在这个案子当中,乙凭什么资格来告丙呢?你看,乙入住了这个房屋,就形成了对房屋的占有。需要注意的是,入住房屋这个行为并不是一个法律事实,对房屋的占有这个状态才是一个法律事实。乙凭借占有这个法律事实,可以状告丙。《物权法》第245条[1]规定,占有人对财产的占有受到法律保护,其他人不能妨碍占有人占有财产,以及对占有物的使用。现在丙妨碍了占有人对财产的占有,所以乙可以状告丙。乙凭什么可以状告丙,就

[1] 《物权法》第245条第1款规定:“占有的不动产或者动产被侵占的,占有人有权请求返还原物;对妨害占有的行为,占有人有权请求排除妨害或者消除危险;因侵占或者妨害造成损害的,占有人有权请求损害赔偿。”该条为《民法典》第462条第1款承继,无实质性变更。

凭乙是占有人。占有这个法律事实形成了法律关系,即占有的这样一个“现象”受法律保护,任何人不得侵害占有人的占有和使用。现在丙侵害了没有? 侵害了,所以乙就可以要求丙排除妨碍。

当然,在这个例子中,引发法律关系(的法律事实),还有一个丙的加害行为:搭建违章建筑。但是搭建违章建筑是行为,我们这里不去讨论,我们先讨论自然现象。

现在把上面的例子改一下。假如甲和乙签订一份房屋租赁合同,租期5年,交房的日期是在6个月以后。谁知道合同签订后的第二周甲走了,第三周丙来搭违章建筑,乙看自己租的房屋显然要被他侵害了,心想,我以后住进去就没有采光通风了,现在得赶紧把他赶走。于是乙就打官司状告丙。但是乙有没有权利打官司状告丙? (同学们回答:没有。)为什么? 房屋是谁的? (同学们回答:甲的。)乙有没有占有? (同学们回答:没有。)因为乙没有任何基础要求丙走人,所以乙只能举报,举报到城管,让城管来拆违建,(同学笑)而不是以自己权利受到侵害为由请求丙拆除违章建筑。

我们的权益救济途径很多,我们今天只讲民法的。等到你们本科4年毕业以后,你们会知道这里有一个“权利束”,为了救济自己的利益或者权利,你有很多途径可以走,通过民法救济不是唯一的途径。

(2)事件

好,上面讲的是状态,下面我们讲事件。这里的事件是指客观自然的事件,比如地震,是不是事件? 是。海啸是不是事件? 也是。果实分离是不是事件? 也是。原来的苹果是挂在树上的,现在掉下来了,这也是事件。

不同专业的人员对苹果掉下来的现象,会从不同的专业眼光看问题。牛顿就看出了什么? 万有引力,多伟大。民法学家看出了什么? 是所有权的取得(问题)——掉下来的苹果到底是谁的,是吧? 原来挂在树上的苹果,它是苹果树的一个组成部分,苹果树是谁的,果实也是谁的。现在掉下来了,分离了,那么果实是谁的? 这就是民法的另外一个课题了。我们把掉下来的苹果叫作孳息,从原物和孳息这个角度来讨论问题,原物是谁的,孳息就是谁的。现在我们不讨论原物和孳息(的归属问题),先讲述“事件”这类民事法律事实。

事件可以细分为三种。

第一种情况,外形事件。即从外观可以发现的事件。比如出生,这就是外形事件。人的出生会和父母产生监护关系。前几天有一个案子,一个20岁的女孩在厕所里面生下小孩,把脐带剪掉后人走了,婴儿就被扔在了厕所里面。好心的清洁工阿姨发现后马上报警了,并对这个婴儿进行了简单处理,最后这个婴儿得救了。有人认为,这个女孩涉嫌遗弃罪。为什么她会涉嫌遗弃罪呢？因为基于出生这个法律事实,父母和小孩就建立了什么关系？(同学们回答:建立了抚养关系。)抚养关系,父母有抚养(未成年)子女的义务。现在母亲把她扔在厕所里面走了,她有没有履行抚养义务？没有。没有履行抚养义务,而且情节严重,因为会威胁到孩子的生命啊,所以触及了刑法,(可能)构成遗弃罪。我们理一下其中的逻辑关系:为什么会构成遗弃罪？因为未履行抚养义务情节严重。为什么有抚养义务？基于出生这个法律事实。

死亡呢？死亡也是外形事件,会带来相应的继承关系。下课有同学问,因为继承产生的权利义务关系,权利主体是谁？义务主体是谁？比如某人死了,他的子女可以接受继承,也可以放弃继承。这时义务主体是谁？义务主体是不是死者？不可能是。因为人死了以后,没有主体资格了,他还是不是法律上的人？不是法律上的人了。如果人死后还是法律上的人,那么盗窃肉身菩萨变成抢人了,绑架罪了。(笑声)因为肉身菩萨不是法律上的人,所以我们没说它被绑架,是吧？既然它不再是法律上的人了,它也不可能成为权利主体或者义务主体了。那么在死亡这一外形事件引发的权利义务关系中,义务主体是谁？继承人以外的一切人——不要去干扰、妨碍他对继承权的行使或者放弃的自由。因此死亡会引发一系列的权利义务关系,这也是一个法律事实。

成年也是一个外形事件。子女成年后会使父母与子女之间的抚养关系消灭。成年了,爸爸妈妈会说,成年了啊,以后我不管你了,他们讲的不管只是法律上可以不管,其实他们内心还在管。反过来成年以后,子女你要不要管父母了?(同学们回答:要。)要,有赡养父母的义务了,这就是成年会带来的一个后果。

精神疾病。如果一个人得了精神疾病,需不需要被监护?(同学们回答:需要。)要不要被照管?要的,这个照管是法律上的照管,即形成监护关系。病好了以后还要不要照管?不要,因此照管关系也就消灭了。

生死不明。生死不明也会引发权利义务关系。去年[1] 3 月 8 号,马航 370 航班失踪了,上面的乘客生死不明,由此引发了一系列问题。比如乘客的孩子由谁来照管?乘客的财产由谁来监管?乘客的亲属有没有权利要求宣告乘客死亡?是吧?这些都是(失踪)带来的一系列问题。所以生死不明也会形成权利义务关系。

比如我国民法中有一个宣告死亡制度。这个制度全世界都有。宣告死亡的前提条件就是生死不明。假如你明明知道一个人活着,在天津做生意,却在上海申请宣告他死亡,可不可以?或者换一个问法,明明知道一个人已经死了,再宣告他死亡,有没有必要?(同学们回答:没有必要。)没必要。因此,只有在什么情况下才能宣告他死亡?生死不明。生死不明是宣告死亡的一个前提条件,只有满足了这个条件才可能启动宣告死亡的法定程序。

这些都是外形事件。

第二种情况,内心事件。即知和不知。比如中国的肉身菩萨或者佛像被倒卖到荷兰的博物馆,如果荷兰明明知道是偷盗来的,却还是把它买下来了,这说明他知还是不知?(同学们应声:知。)如果知,那他就不能取得肉身菩萨的所有权,即使是占有 100 年也不能取得所有权;如果不知,也只有在不知时,他才能够取得所有权。举个例子,(此时下课铃声响起)假如张三有一本民法书,借给李四,李四有没有权利把这本民法书卖给王五?(同学们回答:没有。)但李四却把它卖给王五了,王五不知道李四卖的书是张三的,于

[1] 指 2014 年。

是他买下了这本书也付了钱。按照《物权法》第106条[1]，王五取得所有权。因为在无权处分的场合，买受人知情还是不知情发生的法效果是不一样的：如果买受人知道对方出售的是别人的所有物，买受人不能取得所有权；只有当买受人不知道对方实施无权处分时，他才能取得所有权——荷兰民法也是这么规定的。

好，先休息一下。

（继续上课）善意、恶意产生的法（律）效果是不一样的，刚才要求大家找的《物权法》第106条，讲的就是"善意取得"。善意要求什么呢？不仅要求你不知道，而且要求你不应当知道——这些都属于内心事件。不同的内心事件会带来不同的后果，刚才所讲的两个例子就说明了这一点。

第三种情况，第三人的行为。这个"行为"不是法律关系当事人的行为，而是法律关系当事人以外的第三人的行为，但这一行为能导致法律关系当事人之间的权利义务关系产生变动，我们也把它作为一个"事件"来对待。如果是法律关系当事人的行为（导致权利义务关系变动的），我们则把它作为"行为"来对待。

2. 行为

下面我们讲法律关系当事人的行为。

行为包括三类，第一合法行为，第二违法行为，第三无过错但应承担责任的行为。其实这种分类是违反逻辑的，因为如果从合法性角度来分析的话，一个行为不是合法行为就是违法行为。所以我们上述所讲的分类不是从逻辑思维角度切入，而是从法律后果这个角度切入的。法律上既有合法行为，也有违法行为，但还有一种行为不讨论是否合法，只要实施了这个行为，当事人就得承担责任，即无过错应当承担责任。比如在高速公路上开车，撞了人了，不管你是否合法开车，你都要承担责任。只要你撞了人就要

---

[1] 依《物权法》第106条规定，除法律另有规定外，在无权处分场合，受让人符合善意取得的构成要件时，取得该不动产或者动产的所有权或其他物权。该条为《民法典》第311条承继，无实质性变更。

“买单”，无过错也须承担责任，除非被撞的人碰瓷或者自寻短见。

(1)合法行为

下面我们先讲合法行为。合法行为又可以分成四种行为：表示行为、事实行为、裁判行为和行政行为。

①表示行为

表示行为又可以分两个大类，一类表示内心知道或不知道的行为，叫作表知行为；另一类是表意行为，即表达想法的行为。

第一大类，表知行为。把内心知或者不知的情况告诉你，就叫作表知行为。表知行为又包括观念通知和告知事实。

我们先分析一下什么叫观念通知。所谓观念通知就是告诉对方，我知道某一个客观事实。那么这里面不仅有告知客观事实的成分，也有我对事物认识的成分，即我认识到某一个客观事实。

下面举个例子。甲欠乙 100 万元，到了归还日期了，甲没有归还（乙也一直未向甲催讨欠款）。根据我国法律规定，如果这种事实状态持续满 3 年[1]的话，乙再去向甲要钱时，甲可以拒绝还钱。这种规则或制度我们称为消灭时效制度。刚才所讲的肉身佛像的例子，也面临这样一个问题：如果别人占有肉身佛像持续 20 年，你一直不去问他要，那么这尊肉身佛像就归别人了。那么这种时效我们称作什么时效？（同学们应道：取得时效。）取得时效。我们国家目前没有规定取得时效，但并不意味着我国以后不会规定取得时效。[2]

我们国家目前有消灭时效制度，意味着你有权利要赶紧去行使，不能躺在权利上睡大觉。如果你有权利却不去行使，躺在上面睡觉最多睡几年？3 年。3 年以后就没有资格去行使权利了。

---

[1] 《民法通则》第 135 条规定：“向人民法院请求保护民事权利的诉讼时效期间为二年，法律另有规定的除外。”《民法总则》（2007 年）第 188 条将普通诉讼时效期间修改为 3 年，《民法典》第 188 条承继之。本课程授课时《民法总则》尚未生效，故此处傅老师的原话为“2 年”。为方便阅读，若无特别说明，本书中普通诉讼时效全部改为现行法规定的 3 年。

[2] 目前《民法典》仍未规定取得时效制度。

好，再回到刚才这个案子，甲欠乙 100 万元，说明乙对甲有债权。乙行使了没有？（同学们回答：没有。）他最多躺几年？（同学们回答：3 年。）在 3 年的最后一天，甲和乙相遇了。（同学们发出了似有所悟的笑声）甲原来一直躲着乙，却在最后一天碰到了，甲这时实在是不好意思，于是对乙说，对不起，欠你的 100 万至今没有还。甲就讲了这么一句话。那么甲的这句话，有没有说明甲意识到自己欠乙 100 万元？（同学们回答：有。）有没有把自己意识到了这样一个客观事实告诉乙？（同学们回答：有。）有，这就是观念通知，我意识到了某个客观事实，并把我意识到的客观事实告诉给你。

那么这样一个观念通知完成后，后果就是时效再加 3 年。[1]（同学们大呼意外）甲回到家，跟自己的儿子说，今天我碰到乙，3 年前我欠他钱，躲着他不好意思，今天我碰到了，没办法，算算时间今天也是 3 年的最后一天了。儿子问，你跟他讲什么？甲说，我就讲了刚才这个话。他儿子华政学法律的，（同学们哄笑）听了甲的回答说，如果你不说这句话，明天乙就无权问你要钱了，你说了这句话就不一样了，还要 3 年时间（乙才无权向你要钱）。甲说，这怎么行啊，能不能赖掉？（甲能不能赖掉）这要看有没有证据了是吧？好，不扯远了，我们还是要讲道德，欠钱要还。（同学们温暖地笑）华政的同学不仅讲法律，也要讲道德是吧？欠钱要还。我举这个例子只是想说明，承认会使法律关系发生变动，使得原来快要经过的诉讼时效重新起算，再来 3 年。

好的，那么主张某一客观事实存在也是一个表知行为。假如现在甲欠乙 100 万，乙和甲碰到了，甲想起在出来之前，儿子告诉他千万不要承认欠钱的事情，（同学们笑）于是就打哈哈讲其他事情。这个时候乙却跟甲说，你知道吧？你还欠我 100 万。虽然乙没问他要钱，但乙的这句话说明乙对甲有

---

[1] 在比较法上，“债务承认”这种观念通知会导致诉讼时效的中断。我国《民法通则》就此未作明确规定，其第 140 条中的表述是当事人“同意履行义务”。《民法总则》第 195 条以及《民法典》第 195 条的表述均为义务人“同意履行义务”。在法律适用上，“同意履行义务”能否涵盖“债务承认”，换言之，债务人承认债务能否被推定为其有同意履行义务之意，一直存在争议。从傅老师的授课来看，其应持肯定说。

100万元债权。这是不是客观事实？好，那么这句话有什么作用呢？甲回去问他儿子，这句话代表什么？儿子说，糟了。（同学们大笑）这句话代表的是他主张自己的权利。既然他主张权利了，那么法律上的效果，也会发生时效中断，再来一个3年的时效期间。

表知行为的另一种形式是告知事实。告知事实，即告知、通知对方相关事实状况。告知事实也会发生法律后果。同学们可以到《合同法》中去检索一下，有几个有关通知的法条？每个法条中的“通知”代表什么意思？你们会发现，不同的通知代表的情况不同，你们可以尝试归类。其中有一种通知就是将某种事实告知对方，进而发生相应的法（律）效果。

你们把不同的通知归归类，接下来你就可以写一篇关于“《合同法》中的通知”的文章了。《合同法》有几十个有关通知的法条，你们可以搜索一下，以前要翻着法条一个个找，现在你们在电脑上用关键词一搜就搜出来了，更方便了。

顺带提一句，刚才有个同学问了我一个问题。我上一节课讲过一个“得”（dé），一个“得”（děi），是不是？法律上不会用“得”（děi）的（老百姓在日常生活中会用）。那么“得”（dé）代表的是什么？权利还是义务？（同学们回答：权利。）那位同学说，我搜过了，《民法通则》里没有（你说的那种）“得”（dé）字。我说，你搜的（范围）太小了。我猜测，他（的搜索方法）有两种可能，一个是《民法通则》一句一句读下来——这是了不得的——发现没有（权利意义的）“得”（dé）字；还有一种可能就是（在电脑中）把“得”（dé）字（作为关键词）搜索一下，一秒钟就可以出结果。在这里，我倒不希望他是一秒钟就把结果搜出来的。

第二大类，表意行为。表意行为，它又可以包括如下几个类型：表情行为、意思表示、法律行为和意思通知。

第一类表意行为是表情行为。表情行为，或情之表示，即感情的流露。感情的流露可能就是一个法律事实，我们举两个例子。

第一个例子是关于《婚姻法》的。我国《婚姻法》规定，婚姻自由包括两个自由:结婚自由和离婚自由。但是离婚自由并不意味着你想离婚就离婚,那变成“杯水主义”[1]了。离婚自由有一个底线,即感情彻底破裂才能够离婚,法院判决准离的标准就是看感情有没有破裂。那么感情破裂的依据是什么?随着最高人民法院《婚姻法解释(三)》的颁行,判断夫妻感情确已破裂的情形增加到7种,再加一个“其他情形”,“其他情形”就是个兜底条款。在这些情形中,有一种情况就是家庭暴力。还有一种情况是“包二奶”,当然条文不是直接写“包二奶”,(同学们笑)写的是不忠诚、夫妻不忠等类似表述。

那么现在女方状告男方要离婚,法官问理由是什么?如何感情破裂的?要求女方讲讲具体的情况。女方就说,男方家庭暴力。(家庭暴力)应当属于准予离婚的情形。但在法庭上,丈夫表示忏悔并要痛改前非,这个时候妻子动心了,有宽恕的表示。最高人民法院说,尽管你符合这7条,但是在诉讼过程中,如果提出离婚的一方对另一方表示宽恕的,法院就可以判不离。

宽恕是一个法律事实,是情之表示,不需要在家里合计合谋做好思想准备后再表示,而是感情的流露。感情表示会使本应判决离婚的情形,最后判决不离,这是一个例子。

第二个例子,我国《继承法》规定,虽然你是法定继承人,但是符合下列条件之一的,你将丧失继承权。[2] 哪些条件呢?第一,故意杀害被继承人。你都去故意杀害被继承人了,还想取得遗产?没门。第二,为了争夺遗产而杀害其他继承人。如果哥哥为了争夺、垄断遗产,把弟弟给杀了,也会丧失继承权。第三,伪造、篡改遗嘱,情节严重的,这也会丧失继承权。第四,虐待或者遗弃被继承人,情节严重的。假如你对你母亲非常不好,现在又想继

[1] “杯水主义”亦称“一杯水主义”,产生于俄国社会主义革命胜利初期,认为在共产主义社会,满足性和恋爱的需要就像喝水那样简单和平常。

[2] 《继承法》第7条规定了四种丧失继承权的情形,《民法典》第1125条在此基础上增加了一种继承权丧失的情形,即“以欺诈、胁迫手段迫使或者妨碍被继承人设立、变更或者撤回遗嘱,情节严重。”根据《民法典》第1125条第2款的规定,当存在此种情形以及傅老师说到的第三、第四种情形,若继承人确有悔改表现,被继承人表示宽恕或者事后在遗嘱中将其列为继承人的,该继承人不丧失继承权。

承母亲的遗产,没门。好,关于第四点,最高人民法院的司法解释进一步规定,虐待、遗弃被继承人情节严重,应当丧失继承权,但是如果被继承人生前对他有宽恕表示,再加上虐待人有悔改表示的,那么不管他以前的情节多恶劣,也不丧失继承权。[1] 这里的宽恕就是感情表示。

大家看,感情表示可以使原本丧失继承权的继承人不丧失继承权,或者原本应当判决离婚的,结果判决他们不离婚,这就是法律关系的变动(因为改变了权利义务行进的轨道)。(导致法律关系)变动的法律事实是什么?感情的表示。但是同学们要注意,感情表示只在这两种情况下才能作为法律事实,其他感情表示都不会作为法律事实。比如痛苦,痛苦的感情表示就没有什么法律后果。我们经常会在电视上看到,某个当官的因为贪污罪被判有期徒刑 18 年,不管他哭得有多惨,不管这种感情表示是不是真实的情感流露,会不会影响判决结果?(同学们应声:不会。)不会。能够影响权利义务关系变动情况的表示就上述的两种,没有第三种,不可以类推。

第二类表意行为就是意思表示,即内心追求某种法律后果的表示,我们以后会专门讲这个问题。现在大家先思考一下,签合同是不是内心追求的?(同学们回答:是的。)登记结婚是不是内心追求的?(同学们回答:是的。)立遗嘱是不是内心追求的?(同学们回答:是的。)好,凡是内心追求某种后果的表示,我们都可以称为意思表示。因此,意思表示当然是一个法律事实,因为大量法律后果都是因为意思表示而产生的。

第三类表意行为是法律行为。法律行为是意思表示的进一步。虽然有的意思表示直接就是法律行为,比如立遗嘱,它既是意思表示又是一个法律行为,但是有的意思表示不能直接成为法律行为,例如签合同之前,向对方提出进货的要约是不是意思表示?是。但是不是法律行为?(同学们回答:不是。)不是,因为还要看人家愿不愿意卖给你了。如果对方说,同意,那么这才有了法律行为,因为它有了一个合意。(我对一个人说)给我 100 万现

[1] 根据《继承法意见》第 13 条规定,继承人虐待被继承人情节严重的,或者遗弃被继承人的,如以后确有悔改表现,而且被虐待人、被遗弃人生前又表示宽恕,可不确认其丧失继承权。该规定为《民法典》第 1125 条第 2 款承继。

金,是不是意思表示?(同学们回答:是。)是不是法律行为?(同学们回答:不是。)不是,要看人家愿不愿意给你了。如果这也是法律行为的话,那么一旦我对你说“给我 100 万”,你就有义务给我 100 万,那就糟了,那我可以到处跟人家说(这句话)了。

总结一下,有的意思表示直接就是法律行为了,但是仅限于哪一类法律行为?单方的法律行为。有的意思表示它不能成为法律行为,主要是双方法律行为,因为双方的法律行为需要双方要达成合意。

第四类表意行为是意思通知。意思表示和意思通知不是一回事。意思表示是追求某个后果,意思通知只是把想法告诉你。我们还是看这个案子,甲欠乙 100 万,3 年的最后一天,甲和乙相遇了。乙对甲说,欠我的钱至今不还,该还了。这和前面例子中乙对甲说,“甲你要知道你还欠我 100 万”,有没有区别?(同学们回答:有。)前面的例子中乙讲的是什么?是有(欠钱)这么一个事。现在讲的是什么意思?是要还钱了,这是一个请求。

请求有两种,一种是诉讼上的请求,打官司,原告告被告;另一种是诉讼外的请求,我们又把它称为催告,比如把自己(希望对方还钱)的想法告诉对方。现在乙把这种还钱的想法告诉甲,有没有在追求法律后果?(同学们回答:有。)没有!(课堂响起疑惑的声音)如果你认为有,那他追求的是什么法律后果?(同学们回答:还钱啊。)还钱?我们讲的法律后果是权利义务关系(的变动)。还钱是什么权利义务关系?既然到了民法课堂要有民法的语言和意识。还钱产生什么法律后果?任何法律后果都要和权利义务有关系的,他在追求什么权利?(同学们回答:债权债务关系。)没讲这句话之前有没有?(同学们回答:有。)已经有了还要追求吗?(有同学问:他要是不追求,他为什么要说这句话?)不追求为什么说这句话?我们说追求法律后果,并不是单纯地表达一个愿望,或者换一种说法,并非希望产生某种结果就一定是在追求“法律后果”。举个例子,甲看到乙跟他说,你明天早上叫醒我行吗?这叫不叫追求?(同学们回答:叫。)这算不算追求法律后果?(同学们回答:不算。)我们说好意施惠是不是法律后果?(同学们回答:不是。)不能把追求的后果都认定为法律后果。甲碰到丙说,你帮我后背挠挠痒。他追求了没有?(同学们回答:追求了。)那有没有法律后果呢?(同学们回答:没有。)除非甲和丙遇到以后,甲说我要跟你签订一份“挠痒合同”,(同学们哈哈大笑)那才算追求法律后果。但生活中一般不会有这种合同,他只是追求对方的好意施惠,他没有在追求任何法律后果。所以不要说追求一个后果就一定是追求法律后果。在这个例子中,催债带来的法律效果恰恰没有包含在这句催债的话中。

意思表示强调的是追求法律后果的想法的外部表露,意思通知只是把内心想法告诉他。那么现在内心想法是要他还钱,把这个想法告诉他,这种情况只能把它称为意思通知,而不能称为意思表示。那么这种意思通知会带来什么后果呢?时效中断,3 年时效重新来过。这个时效中断的效果是债权人追求的吗?债权人可能都不知道诉讼时效是什么,他只是想要债务人早点还钱。当然时效中断这个效果是符合债权人利益的,但他在请求债务人还钱的话里并不包含对这个效果的追求。好,综上,3 年(诉讼)时效的重新起算可以基于什么?可以基于观念通知,既包括债务人的观念通知——承认债务,也包括债权人的观念通知——提醒债务人要认识到还欠钱的这么一个客观事实;同时,也可以基于意思通知,也就是催告,使时效重新起算。

我举这些例子,你去琢磨琢磨,讲这么多的理论,想说明导致权利义务关系变动的事实是什么?有的是观念通知,有的是意思通知,有的是意思表示,有的是法律行为。这一切无非就是表知行为或表意行为,我们一定要把表知行为和表意行为仔细区分,记到脑子里面。

好,以上讲的都是表示行为,表示行为会导致(相应的)法律后果。

②事实行为

下面我们讲第二种合法行为——事实行为,事实行为也会产生法律后果。那么事实行为和表示行为有什么区别呢?它的区别就在于,事实行为产生的结果是法律给你的,不考虑你的想法,只考虑你的行为,即有这个行为就一定给你这样一个结果。但对于表示行为来说,它要考虑你内心有没有这个想法。

那么既然表示行为要考虑你内心有没有这个想法,我们就会碰到这样一个问题:一个精神病患者有没有表示行为?(同学们回答:有。)没有。(同学们发出困惑的声音)你们又回到民法以外的世界了,精神病患者说我肚子饿了,他通过这个行为表示了他的想法,但精神病患者肚子饿的表示会不会带来民法上的权利义务关系变动呢?(同学们回答:不会。)我们这里所讲的表示行为都必须是法律事实框架下的表示行为。所以说一个精神病患者有没有表示行为?没有,即使他有所表示,也不会让它发生(法律上的)后果。这是为了保护未成年人……不对,(同学们笑)为了保护精神病人的利益。未成年人也是啊,一个5岁的孩子,他可以通过他的行为有所表示,但这不是法律事实意义上的表示行为。

作为法律事实的表示行为,要有两个要素,第一个要素是心素,他要有内心的想法,而且法律规定他必须具备意思能力。刚才我们讲了,精神病患者有没有意思能力?(同学们回答:没有。)6岁孩子有没有意思能力?(同学们回答:没有。)作为法律事实的表示行为,其实施者必须要有意思能力。在这里,我们一定要把非民法的行为和民法的行为区分开来。精神病患者痛了,他会讲痛了,痒了他会讲痒了,他这个意思能力有没有?(同学们回答:有。)狗也有这种意思能力,你打狗,狗会到处跑叫,狗痒了,它会在沙子上去蹭一蹭。但这都不是民法上作为法律事实的表示行为,因为表示行为有一个要素,就是心素,而拥有心素的前提是(行为人)必须要具备意思能力。

表示行为的第二个要素是体素。体素必须要有外观表达,光存在脑子里面的想法是不能产生法律后果的。比如,甲碰到乙,乙脑子里在想,甲欠我的钱该还了,他是有想法的,而且乙是正常的成年人,他具备不具备这个心素啊?(同学们回答:具备。)那么体素有没有?(同学们回答:没有。)没有,因为他始终没讲出来。如果乙去法院起诉,法官问,你跟他说了没有?

他说,没说,我当时就是想了。法官就说,想管什么用啊?没说就没用。他说我说了,法官问,说给谁听呢?乙说,说给我爸听的。有没有用?(同学们回答:没有。)一定要说给谁听啊?(同学们回答:当事人。)对,一定要说给债务人听。他说我讲了,我讲给我的同学,讲给我的老师,讲给我认识的所有人,告诉他们这个人欠我钱,我就是要向他要回来,这个债权我不会放弃的。但是当这个人真的来到你面前,你又不说了,那你有没有体素?(同学们回答:没有。)

好,表示行为要求心素和体素,而事实行为呢,只要求体素,不要求心素。根据体素这样一个事实,法律一定给你后果,这叫作事实行为。这么讲太抽象了,举两个例子。

第一个例子,就拿上节课讲过的一个例子来说。假如某人在路上捡到一分钱,法律给他后果了没有?(同学们回答:给了。)法律给的后果是什么?(将拾得物)归还失主的义务。捡到一分钱的行为是什么?是事实行为。那么此时,不管他内心是怎么想的,是想做好事将一分钱交给警察叔叔也好,还是想将这一分钱据为己有也好,法律给他的后果都是一样的,就是归还义务。不管他怎么想,都有这个后果。那么思考一下,如果是精神病人捡到这一分钱,有没有这个法律后果?(同学们回答:有。)为什么?体素足以导致这个后果,是不是?要求不要求心素啊?(同学们回答:不要求。)局级干部捡到一分钱,有没有这个后果?也有这个后果。未成年孩子捡到一分钱,有没有这个后果?有,因为事实行为只要求体素,不要求心素。

再举个例子。在非禁渔区钓鱼,法律规定谁钓到了,谁就取得鱼的所有权。因为这些鱼是无主的,不是人家家里养的,或是鱼塘里养的鱼。我们学校靠近广富林遗址[1]的校门是什么门……是北门?(同学们回答:北门。)

---

[1] 广富林遗址位于华东政法大学松江校区正北方,与华政松江校区隔广富林路相望。广富林遗址面积约15万平方米,是上海历年发掘规模最大、出土文物最为丰富的考古遗址,填补了长江下游新石器时代晚期文化谱系的空白。广富林遗址的发现获得了"广富林文化"的考古学命名,广富林文化分三层:上层为春秋战国时期的吴越文化层,中层为夏商时代的马桥文化,下层为新石器时代的良渚文化层。2013年,广富林遗址被国务院公布为第七批全国重点文物保护单位。

北门旁边有座桥，这座桥上有很多人在钓鱼，他们把一根竹竿伸到桥下面去钓鱼。这条河是通校内外的，河里面有很多鱼，这些鱼有没有主人？（同学纷纷回答：没有。）这里是不是禁钓的地方？也不是。华东政法大学图书馆前面有一个塘，或者湖，有点诗意的叫湖，再有点诗意给它一个什么名称……未名湖？（同学们说：玉泊湖。）哦，玉泊湖。玉泊湖里面有很多鱼，有的鱼至少一尺半，多大的鱼啊！那么这里可不可以钓鱼？不可以钓。那我们现在说的是非禁渔区，在河道里。根据法律，在非禁渔区，谁钓到鱼，鱼的所有权就是谁的。那么从钓到鱼这一刹那，垂钓者就取得了所有权，法律关系变动了没有？（同学们回答：变动了。）什么原因造成的？（同学们回答：钓鱼。）钓鱼这个行为是什么行为？（同学们回答：事实行为。）对，事实行为。那么这时要分析了，有成年人钓鱼，也有未成年人钓鱼，成年人钓鱼当然是能取得所有权的，未成年人钓鱼，他能不能取得所有权？（同学们回答：能。）为什么呢？（法律）有没有要求他有心素啊？（同学们回答：不要求。）不要求。有的人钓鱼是为了吃鱼，追求的就是所有权；有的人钓鱼是为了健身，钓上来以后把鱼钩子拔掉，把鱼扔回河里，再钓。那么好，这里面有两拨人，有的是为了所有权来钓鱼的，有的不是为了所有权来钓鱼的，但是不管他们的追求是什么，鱼钓上了以后所有权归谁？（同学们回答：钓到鱼的人。）那么这说明了什么呢？事实行为要求不要求心素？（同学们回答：不要求心素。）

（下课铃响起）好，先休息一下。

好，刚才我们讲了事实行为。那么事实行为和表示行为的区别在哪里呢？表示行为要求心素和体素，事实行为只要求体素。由于表示行为要求具有心素，所以当事人必须具备意思能力，事实行为则没有这个要求。事实行为和表示行为的共同点是什么？行为实施以后会使权利义务关系（产生）变动。

下面再举个例子，有一部电影，老片子，老掉牙的片子，你们的爸爸妈妈可能会知道，你们就不一定知道了。改革开放初期，引进了一部日本的侦探电影叫作《追捕》。（有同学轻声说：看过。）这里面主角高仓健，今年过世了，他在里面扮演了一个检察官的角色。检察官受冤枉,被追捕,被迫四处逃亡,但同时他还要收集自己没有犯罪的证据。某一天,他逃到一个深山老林,突然看到一只棕熊在追杀一个女孩,女孩是由一个很著名的演员叫真由美饰演的。这时高仓健就认为,到了该我两肋插刀的时候了,于是举枪对着棕熊的脑门打过去,救下了女孩。电影翻拍自《涉过愤怒的河》这个小说,书里面说,根据日本的法律,虽然高仓健原本无罪,但是杀了棕熊他就有罪了,因为棕熊是野生动物,受国家法律保护,所以不管出于什么原因,谁杀它谁就犯罪。我们现在假设一下,假如杀棕熊不构成犯罪,棕熊不受日本的野生动物保护法的保护,棕熊就跟黄鼠狼一样,你能抓住它它就属于你的了,那么高仓健杀了棕熊就取得了什么?棕熊的所有权,价值连城的熊皮、熊掌、熊胆就都是他的了。但是高仓健是不是为了取得棕熊的所有权而杀棕熊的呢?(同学们回答:不是。)是为了什么(而杀棕熊)?(同学们回答:救人。)假如棕熊不是保护对象,那么不管是为了救人,还是为了取得所有权(而杀了它),棕熊的所有权都应当归谁啊?归高仓健。所以高仓健杀棕熊的行为在民法上属于什么行为?不要告诉我是救人行为啊,是什么行为?(同学们回答:是事实行为。)基于事实行为取得棕熊的所有权。好,关于事实行为我们就讲到这里。

③裁判行为

下面我们讲裁判行为,即法院的判决,它也会导致权利义务关系的变动。

举个例子,夫妻共有 100 万,离婚了,法院判丈夫拿 50 万,妻子拿 50 万。原来是这 100 万是夫妻共有的,现在不再共有了,法律关系变动了没有?变动了。这就是裁判行为这个法律事实导致的。

④行政行为

行政行为有的也会发生权利义务关系变动。举个例子,国家财政机构每年拨付给华东政法大学教学经费几千万,拨下来那一刻所有权就移转了,(法律关系)变动了没有?(同学们回答:变动了。)什么行为造成的?(同学们回答:行政行为。)国土局划拨松江土地800亩,给华东政法大学办校,土地使用权取得了没有?(同学们回答:取得了。)(法律关系)变动了没有?(同学们回答:变动了。)什么原因造成的?(同学们回答:行政行为。)国土局的划拨,也即行政行为。

(2)违法行为

下面我们讲第二大类(行为)——违法行为。违法行为有侵权行为、违约行为、缔约过失行为、失权行为。

第一,打架骂人、毁坏财物都是侵权行为。所以打人致人伤害的要赔偿损失;骂人影响到他人名誉权的,要进行精神损害赔偿;毁坏财物的也要赔偿损失。这些赔偿都会导致权利义务变动。这个变动是基于什么?侵权行为(这个法律事实)。

第二,违反合同的行为,即违约行为,也会产生法律后果,即承担违约责任,比如支付违约金。

第三,缔约过失的行为。缔约过失行为指的是在缔约中不诚信的行为,并导致他人的损失,比如缔约中的欺骗,就是一种缔约过失行为,它会导致合同因被撤销而无效,进而导致相对人的损失。缔约过失我们将来在债法课中会详细讲。

第四,失权行为。刚才我们举过一个例子,继承法规定了四种情形,都会导致丧失继承权的后果。[1] 比如说(为了争夺遗产而)故意杀害其他继承人,在这里,造成其他继承人死亡的行为属于侵权行为,需要赔偿。但是此时继承权的丧失,比如张三为了争夺父母的遗产而杀害他的哥哥,从而失去了对其父母遗产的继承权,这个继承权的丧失还是基于侵权行为吗?不是,是基于失权行为。如果他杀害了他的哥哥,却不是为了争夺遗产,那么虽然他杀死哥哥的行为还是侵权行为,还是要赔偿,但会不会影响他继承父母的财产?(同学们回答:不会。)不会。由此可见,侵权行为与失权行为是

[1] 《继承法》第7条规定了四种丧失继承权的情形,《民法典》第1125条对此予以承继,并在此基础上增加了一种继承权丧失的情形,即"以欺诈、胁迫手段迫使或者妨碍被继承人设立、变更或者撤回遗嘱,情节严重。"

两个概念。

(3)无过错但应承担责任的行为

最后,无过错但应承担责任的行为,一开始就讲过了,在这里就不多说了。

关于法律事实的分类我们就讲到这里。

练　习

有关法律事实的识别

在讲法律事实的事实构成之前,我们先厘清几个问题。

上次课我讲了小张星期天买车的例子,还记得吗?就是小张买了一辆自行车,链子掉了,拿去修理这个例子。这里面有很多法律关系。现在我问几个问题,你们告诉我引发每个法律关系的法律事实是什么?

第一个问题,形成买卖关系的法律事实是什么?是事件还是行为?(同学们一开始不敢回答,傅老师又追问了一遍,同学们才回答道:行为。)是哪一类行为?合法行为还是违法行为?(同学们回答:合法行为。)是合法行为中的表知行为还是表意行为?(同学们议论纷纷,回答不一。)怎么会都是呢?

好,现在我讲民法的学习方法之三,你们对于民法中每一个概念的认识,千万不能望文生义,要知道这个概念的基本内涵。比如,表示行为,它分为表知行为和表意行为。表知行为包括观念通知、告知事实,并不是只要从文字意义上理解为表达知道的行为都叫表知行为。表意行为只包括表情行为、意思表示、法律行为和意思通知这几种,除此之外都不再是表意行为。

那么现在小张建立买卖关系是基于哪一种行为?(同学们回答:表示行为。)对,表示行为的哪一种?(同学们回答:表意行为。)对,表意行为中的哪一种?(同学们回答:意思表示。)对,它是意思表示,但是意思表示能不能产生买卖关系?(同学们回答:不能。)那么产生买卖关系的表意行为是什么?(同学们回答:法律行为。)对,所以更准确来说,这里是法律行为。

我们现在研究的是法律事实,法律事实是权利义务关系变动的什么条件?充要条件。假如小张说,我要买一辆自行车,是不是必然导致权利义务关系的变动?(同学们回答:不是。)我们讲的权利义务关系变动就是买卖关系的发生,是什么引发买卖关系的发生?(同学们回答:买卖行为。)买卖行为是一个人的行为还是两个人的行为?(同学们回答:两个人的行为。)对,那么这应当是什么行为?(同学们回答:法律行为。)只能是法律行为。

所以千万不要望文生义,每个词的意思都不一样。

好,现在我们讲第二个问题。小张取得了对自行车的所有权后,也就形成了一个所有权关系,在所有权关系当中,权利人是谁?(同学们回答:小张。)义务人是谁?(同学们回答:除了小张以外不特定的一切人。)那么引起所有权关系的法律事实是什么?(此时没有同学敢说出自己的答案)你们肯定会讲错,但是讲错也不要紧,如果真的讲错了,我会纠正,你们讲讲自己认为的答案?(有同学回答:表知行为。)是买卖加交付——买卖合同和交付自行车的结合。交付是一个人的行为还是两个人的行为?(同学们回答:两个人的行为。)对,有一个人给,有一个人拿——给付加受领嘛。光有买卖合同不发生所有权的转移,光有交付而没有买卖合同,也不发生所有权的转移,买卖合同加交付自行车的行为才发生所有权的转移。买卖是双方的法律行为,那么交付是不是双方的法律行为呢?也是。所以在这个例子中,所有权关系的产生是基于法律行为。所有权的产生有可能是基于法律行为,也可能基于其他的原因,比如农民种地(产出农产品)也会产生所有权。但是今天我们先不讲所有权的产生,我们先分析这个例子。

第三个问题,引发修车关系的法律事实是什么?(同学们回答:法律行为。)什么法律行为?修车合同。如果只是小张单方面跟修理铺说你来帮我修车,对方有没有义务(帮你修车)?(同学们回答:没有。)只有对方同意帮你修——与你订立了修车合同这个承揽合同以后,才有义务帮你修。

第四个问题,小张把自行车寄存在寄放站,这里产生了一个保管合同,引发这个法律关系的也是法律行为。

第五个问题，小张最后乘公交车去上班，乘车是不是法律行为？乘车有没有合同？（同学们回答：有。）我要乘车，对方能不能不让我乘？（同学们议论纷纷，没有给出统一回答。）不可以，因为我们乘的是公交车，不同于乘私家车，这是一种强制缔约。就如同你到公立医院里去看病，医生说，我不替你看病，可以吗？不可以，这也是强制缔约。凡是公共事业都适用强制缔约。只不过强制缔约也是缔约，是一种双方的法律行为，也就等于是双方的合意。

下面我再举个例子，这是一个真实的案例，看看大家如何判断。

小明骑了一辆自行车，前面走着一个老太太，他认为老太太不应当走在自行车车道，应当走人行道，于是骑到老太太旁边，推了老太太一把，说，这不是你该走的地方。在运动中推搡别人，这个力是很大的。老太太被小明一推，仰面倒地，脑袋撞在石头上，蛛网膜下腔出血，不治身亡。

那么老太太过世以后会带来什么法律后果？第一个法律后果，老太太的继承人继承她的遗产；第二个法律后果，因为小明的侵权行为，老太太的家庭成员有权要求小明赔偿损失。下面问大家，引发继承关系的法律事实是什么？（同学们回答：老太太的死亡。）包不包括违法行为？（同学们回答：不包括。）

好，这个案子先搁一下，我们换一个案子讨论。小明肝癌晚期，受不了肝癌的折磨，服毒自杀了，小明的亲属因此继承小明的别墅一套。在这个案件里，引起继承关系的法律事实是行为还是事件？（同学们回答：事件。）包括不包括行为？（同学们回答：不包括。）我们可不可以这么推理：没有自杀哪来的死亡？没有死亡哪来的继承？因此是自杀引起的继承关系？（针对傅老师的推理，同学们议论纷纷）我们先看法律后果是什么？（同学们回答：继承。）引起继承关系的充要条件是什么？（同学们回答：死亡。）自杀是不是充要条件？（同学们回答：不是。）自杀也未必导致死亡，是不是？因此，死亡才是充要条件，才是引起继承关系发生的法律事实。

好，那么回到刚才讨论的案例，引起继承关系的法律事实是什么？（同学们回答:死亡。)跟小明的行为有没有关系?(同学们回答:没有关系。)没有关系,因为这个行为不是继承的充要条件。那么,引起赔偿关系的法律事实是什么?(同学们回答:违法行为。)对,违法行为。同学们一定要记住,事实与后果之间要具备充要联系。

如果不要求事实与后果之间具备充要联系,那么现实生活中引发后果的事实就太多了。就比如在刚才那个案子中,你要是说,没有小明的推搡老太太怎么会死亡?那我也可以说,没有老太太走上马路,小明又怎么会推她一把呢?这些事实的确跟继承都有联系,但都没有达到充要条件的程度。因此,我们研究这些问题时,必须得记住,法律事实要与法律后果有充要关系。

好,下面回答下课时同学提的一个问题。他说,有这么一个案子,损害后果的发生是由多方原因造成的。比如在一个游泳馆内,一个 76 岁的老人下游泳池游泳,心肌梗塞死掉了。现在问,老人自己有没有过错?有过错,你 70 岁的老人如果有心脏病,怎么能去游泳呢?那么游泳馆有没有过错呢?游泳馆也有过错。根据相关规定,游泳馆必须配有医务人员,虽然游泳馆的救生员是及时把他救起来了,但是医生没有到,所以游泳馆也有过错。

因此,这两个行为都是损害后果的发生原因。一个行为是游泳馆的侵权行为;另一个行为是老人的行为,但它不是侵权行为,而是过失行为,这种过失行为也会造成后果。所以,在这个例子里,损害应该由老人和游泳馆共同承担。

既然侵权损害赔偿责任的产生必须是侵权行为和损害后果有因果联系,那么现在碰到一个问题,如果医生到场了,是不是一定能够救活老人?(同学们回答:不一定。)但是医生到场有救活的可能性吗?(同学们回答:有。)那么这个可能性有多大?关于这个问题,再过一个学期,你们就会学到一个知识点,叫作“比例因果关系”——就是它的原因力占多少比例,占 90%的要承担 90%的责任,占 10%的只承担 10%的责任。那么这个比例因果关系中的比例谁来认定呢?要技术部门、医疗鉴定部门来认定,老人经过抢救救活的可能性有多大,是90%还是10%。

(五)法律事实的构成

1. 概念

好,关于法律事实的分类,我们就讲到这里,下面讲法律事实的构成。

不是所有的法律后果都是由一个事实引发的,有些法律后果需要几个法律事实结合在一起才能引发,我们把这种结合称为事实构成。

举个例子,遗嘱继承这一法律后果,必须要有两个法律事实相结合才能引发。一个法律事实是死亡,另一个法律事实是立遗嘱。立遗嘱是什么行为?法律行为。于是我们就可以给事实构成下定义,它是指引起法律关系发生、变更、消灭的数个法律事实的结合。

2. 特征

那么它有什么特征呢?第一,它是数个法律事实;第二,它就产生一个变动,记住不是产生两个变动,就一个变动;第三,这个变动必须几个事实结合在一起才能够发生,不结合在一起就不能发生变动。

3. 类型

事实构成(的类型)包括行为与事件的结合、行为与行为的结合、事件与事件的结合。像刚才举的关于遗嘱继承的例子就是行为与事件的结合,即"立遗嘱"这个行为加上"死亡"这一事件。

还有行为与行为的结合。就拿我刚才举的一个例子,华政松江校区的土地一共是1100亩,国土局划拨800亩,还有300亩是花钱买来的。那么这300亩是在市场上竞拍过来的,还是根据国家指令性计划买来的?很显然,不可能是在市场上买的,要是这300亩土地是直接从市场上买来的,很可能都与华政这个地方脱离了,是吧?这300亩土地是华政校区的一个组成部分,取得这300亩土地的使用权需要具备两个因素:第一个因素是国家下达的指令;第二个因素是你签合同、花钱购买的行为。下达指令是行政行为,签合同是民事法律行为,下达指令和签合同的结合,即行政行为和法律行为的结合,(华政)才取得了300亩土地的使用权。那另外800亩土地的使用权又是怎么取得的？因行政行为取得的，只有这一个行为。

还有事件与事件的结合，也可能会构成一个法律事实。还是举一个刚才我们讲过的例子——肉身菩萨，或者肉身佛像的例子。在追回肉身菩萨的过程中，我们可能会遇到一个不利因素——按照荷兰的民法，肉身菩萨可能依据取得时效制度而被取得所有权。根据取得时效制度（取得物权）要求具备如下两个事实，第一个是占有，第二个是时间——时的经过。二者结合在一起，就会产生取得所有权的后果。这就是事件与事件的结合（构成一个法律事实）。

在分析具体法律问题时，我们不需要去讨论行为与事件怎么构成、行为与行为怎么构成、事件与事件怎么构成。我们只要关注一点：法律关系的变动由法律事实引发，这些法律事实有可能是单一的法律事实，也有可能是几个法律关系的结合。如果碰到几个法律关系的结合，我们不要感到奇怪，把它理解为事实构成就行了。

好，现在我们再回过头来，总结一下法律事实有哪些特征。

第一，法律事实是一个客观情况。非禁渔区垂钓是不是客观现象？占有是不是客观现象？国家下达指令是不是客观现象？签合同是不是客观现象？人死亡、出生是不是客观现象？这些都是客观现象，法律事实首先是一个客观现象。

第二，这种客观现象一定会产生法律后果，揭示了这二者之间的什么关系？充要关系——后果一定是由法律事实引发的。

第三，不是所有的客观事实都会产生后果，客观事实和后果的连接点是法律的规定，即法律没有规定就不会产生后果。天下雨了，天放晴了，会不会发生（法律）后果？（同学们回答：不会。）但有时我们也可以通过约定使其产生法律后果。比如，甲、乙两个人签订合同，约定如果天下雨了，甲就把防雨油布租给乙，如果天没有下雨就不租给乙。那么这种情况下“天下雨”是不是法律事实？（同学们回答：是的。）之所以成为法律事实，是因为法律的规定还是当事人的约定？其实还是基于法律的规定。同学们可能会有疑问,这明明是当事人约定的,怎么又是法律规定的呢?这是因为,当事人是根据法律规定——《合同法》第 45 条规定的"附条件的合同"[1]来约定的。我们任何约定都要依据法律的规定,超出法律规定的约定是无效的。比如私人买卖枪支弹药、买卖毒品的约定,是不是超出了法律规定的约定?(同学们回答:是。)有效无效?(同学们回答:无效。)所以我们的约定也是按照法律规定来定的。再如地震、山洪暴发、山体滑坡,这些都是法律事实,它们带不带来法律后果?(同学们回答:不带来。)不带来。假如我们在保险合同中约定,如果发生地震了,你要赔偿我多少钱,那地震是不是法律事实?(同学们回答:是的。)

综上,法律事实的特征包括:首先它是一个客观现象;其次要产生后果;最后,之所以客观现象能产生后果,是因为有法律的明确规定,这种规定可以延伸到当事人依据法律而为的约定。比如某人在太阳底下看报,是不是客观现象?(同学们回答:是。)有没有产生法律后果?(同学们回答:没有。)那么我们约定,假如你在太阳底下看报,我给你 100 万,那现在我要不要给你 100 万?(同学们回答:要。)因此这时候你在太阳底下看报就会成为一个法律事实。当然,"附条件的合同"不能是赌博,赌博是无效的,违反了法律规定。

好,关于法律事实我们就先讲到这里。

---

[1] 《合同法》第 45 条对附条件的合同进行了规定。该条为《民法典》第 158、159 条所承继,但适用对象从"合同"扩大到"民事法律行为",除非依其性质不得附条件。

第四讲 民事权利和民事义务

我们学了法律关系和法律事实。但是关于“法律关系的内容”，我们没有展开讲。所以下面我们要详细讲一讲法律关系的内容。法律关系以什么为内容？(同学们回答：权利和义务。)对，以权利义务为内容。

一、民事权利的含义

我们先讲权利。比如财产所有权。还是以我们前面讲过的小明买自行车的故事为例。假如小明买了一辆自行车，那他对这辆自行车就享有财产所有权，这就是权利。那么财产所有权的内容是什么呢？占有自行车，使用自行车并在此过程中获得收益，他也可以处分自行车——如把自行车毁了，送了，卖了。所以说，所有权的内容是占有，使用，处分所有物。假如小明和商店建立了买卖关系，那么买卖关系的内容是什么呢？小明有权要求商店给车，商店有权要求小明给钱，这就是他们之间买卖法律关系的内容，这些内容都叫作民事权利。

民事权利种类不同，内容不同。仅小明这个例子就会涉及物权、债权。债权里面又涉及买卖之债、承揽之债、保管之债和运送之债，每一个债的内容都不一样。那么它们有没有什么共性呢？它们的本质区别在哪里呢？

(下课铃响了)下星期我们再讲。下课，谢谢大家！(同学们鼓掌)

(开始上课)这一章节我们要讲的内容极其重要。前面说到过，民法是人法，那么为什么要确定人的资格？是为了(使其获得)享有权利(的资格)，所以民法又是个权利法。

上节课我们曾经举过例子,小张到商店买一辆车,进而取得了这辆车的物权。物权指的是对物的支配权,这就是民事权利。那么什么叫支配呢?占有,使用,收益,处分,叫支配。那么只有占有的权利,没有权进行收益,处分,叫不叫支配?也叫支配。只有权处分而没有权占有,使用,收益,叫不叫支配?还是叫支配。

因为支配表现为四种形式,完整的所有权拥有四种形式的支配权能,但有些权利只有其中一种(支配)形式,比如抵押权。我把房屋抵押给银行,银行对我的房屋有没有支配权呢?有,但银行不能占有这个房屋。我(把房屋)抵押给银行,房屋还是由我居住,银行也不能使用我的房屋,更不能取得房屋使用过程中的收益。比如我把房屋租给别人,银行能不能拿租金?对不起,不能。那么银行的支配权表现在什么地方?表现在,如果债务到期而我没有按时还债,银行可以向法院申请把我的房屋卖了(并从卖得的价款中优先获得清偿)。原本卖房屋的支配权在我这里,一旦我(把房屋)抵押给银行,卖房屋的支配权就到银行那里去了。所以说,并非全面掌控占有、使用、收益、处分这四种权能才是支配权。全面掌控确实是支配权,掌控其中一种也叫支配权。

好,这个理论你们可以用以解释什么呢?还记得我们讲过的肉身佛像的例子吗?它是不是可支配的对象?它属于物还是非物?当然今天我们不展开讲肉身佛像的例子,只是提醒大家一下可从这个角度思考。

我们今天要讲什么呢?讲民事权利。支配权是民事权利的一种,那么民事权利的内容是什么呢?以前我们就讲过,民事权利的内容就是行为人可以为一定行为、不为一定行为(的自由)。

我们在民事法律关系内容当中讲了,民事权利(的内容)是什么?第一,为一定行为;第二,不为一定行为;第三,请求他人为一定行为;第四,请求他人不为一定行为。

民事权利这些内容具有强制性。我为一定行为,别人不能妨碍我。如果别人妨碍我,我可以通过诉讼的途径除去他们的妨碍。我不为一定行为,别人也不能强制我。别人强制我为一定行为,我也可以通过诉讼途径除却妨碍。我请求他人为一定行为,他必须为,他人不为,我可以通过诉讼途径(请求其为一定行为)。我请求他人不为一定行为,若他人不配合,我同样可以通过诉讼途径来得到救济。权利具有强制性,换言之,它具有法律上的力量。

所以说,如果我们给民事权利下个定义,民事权利是什么呢?民事权利就是民事主体为一定行为,不为一定行为,请求他人为一定行为,请求他人不为一定行为的法律上的……什么?(同学们陷入思索)力量!这说明了权利的强制性。这种力量不是道义上的力量,而是法律上的力量。这就是民事权利。

举个例子,张三欠李四100万元,李四就有权要求张三还钱,如果张三不给,李四可以打官司状告张三。法院会判张三履行义务,这就是法律上的力量。

好意施惠的承诺还记得吗?张三答应第二天送我到松江,第二天我找到他对他说,你答应了今天送我到松江去,你必须实施这个行为。如果他不干,你能不能通过诉讼要求法院强制他干?(同学们回答:不能。)对,不能,因为你对承诺好意施惠的人,有没有民事权利?(同学们回答:没有。)没有!没有民事权利就没有法律上的力量。

民事权利还包括“为一定行为”。我有一支钢笔,我可以使用它,这就是为一定行为。我使用我这支钢笔,不受他人干扰,这也是一个法律上的力量。所以民事权利就是一个自己自由行为的法律保障。

二、民事权利的本质

那么民事权利的本质是什么呢?教科书列举了多种观点,我把这些观点简要介绍一下。

第一种观点,萨维尼[1]的观点:民事权利是按照(当事人)自己自由意志进行行为的法律界限。按照自由意志进行活动的法律界限,这就是民事权利。那么按照萨维尼的说法,每个人都有意思的自由,并且都想落实到行动上,但是当你落实到行动上,必须有一个界限,你不能为所欲为,这个界限就是权利——这是萨维尼的意思说。

第二种观点,耶林[2]的观点,利益说。耶林同样是一个德国学者,他认为,民事权利的本质是利益,任何一种权利都表现为一种利益,行使权利就是逐利。比如张三买一辆自行车,看起来是对自行车行使权利,实际上是取得自行车所有权的利益。李四把钱借给张三,对张三享有100万元的债权,这个债权看起来是李四有权请求张三还钱,但实际上就是为了取回利益。所以任何一种权利,本质都是一种利益,比如物权表现为对物的支配利益,债权表现为请求他人为给付的利益,知识产权表现为对智力成果的利益,继承权表现为取得遗产的利益。

第三种观点,折中说,即意思利益折中说。意思利益折中说它要强调的是什么呢?如果光讲意志而不讲利益,就缺乏了行使权利的目的——我行使权利干嘛?我不就是为了取得利益吗?如果光讲利益,不讲意志,又缺乏行为自由的范畴。于是有学者认为,必须把利益和意思两者结合起来。

第四种观点,叫作法力说。法力说想强调的是,权利是一种法律上的力量。权利的本质是什么?就是强制性。离开了强制性,就谈不上权利(的存在)。于是有学者把权利的本质揭示为法律上的力量。

意思说、利益说、折中说和法力说,是四种具有代表性的学说。当然还有很多别的学说,但没有这四种学说典型。目前,我们的教科书比较多的是

---

[1] 弗里德里希·卡尔·冯·萨维尼(Friedrich Carl von Savigny,1779—1861),德国伟大的法学家,历史法学派的代表人物,其在《论立法与法学的当代使命》中系统阐述了德国历史法学派的基本观点,并认为德意志当时的民法学术能力尚未达到制定理想法典的程度,也没有足以支撑一部统一法典的社会历史基础。重要著作还包括《当代罗马法体系》(8卷)、《论占有》、《作为当代罗马法之部分的债法》等。

[2] 鲁道夫·冯·耶林(Rudolf von Jhering,1818—1892),德国伟大的法学家,新功利主义(目的)法学派的创始人,其提出的缔约过失理论被誉为法学上的发现,其最广为人知的著述即《为权利而斗争》。

同意法力说,但我并不这么认为。

接下来说我个人的观点。期中考试,你按照教科书来回答得100分,你按照我的回答也得100分。(笑声、掌声)

我认为,比较权利本质的四种学说,萨维尼的意思说最科学。为什么?

首先讲法力说。法力说只是揭示了权利的一个特征,权利当然是法律上的力量,如果离开了法律上的力量,这个权利就没有意义,没必要去讨论。其实无论是权利,还是权力,它都是一种法律上的力量。权利是横向关系的,权力是纵向关系的,它们反映了纵横两个方面的法律上的力量。我们允许某人为一定行为,不为一定行为,允许某人请求他人为一定行为,不为一定行为,不能单纯用道德来约束,必须上升为法律的约束。权利需要通过法治,离开了强制力就谈不上是权利了,这是(权利)一个最基本的特征,而法力说只是揭示了权利的基本特征,并没有揭示权利的本质,所以法力说是不能成立的。

接着是利益说。利益说(看上去)是可以成立的,但如果利益说成立,整个民法体系就应当根据利益来编排,整个民事制度应当根据利益来构建。但事实并非如此。我们的民法体系不是根据利益来编排的,我们的民法制度也不是根据利益来构建——而是根据行为。法律是什么?法律最基本的作用就是用来规范行为的。小学一年级的学生就知道“四要四不要”,(同学们笑)比如不迟到早退,不随地吐痰。这是针对行为还是针对别的什么?(同学们回答:行为。)行为。上课发言要先举手,这是针对什么?行为。法律规范(人的)行为是为了规范秩序。因为人是社会中的人,只要进入社会就必须建立秩序。

我曾经讲过,倘若地球上只有一个人,是不要求秩序的,他爱干什么就干什么。倘若整个社会只有两个人,也不需要秩序——弱肉强食嘛。整个社会有三个人的时候,就要讲秩序了。你一个人未必打得过其他两个人,是不是?那这个秩序是怎么建立的,通过专制的方法来建立,还是通过民主的方法建立?这个问题关乎我们的选择。但在选择之前,我们仍然要强调秩序,因为人类社会离不开秩序,秩序必须要规范人的行为。那么整个法律都是用来规范什么的?是规范利益还是规范行为?(同学们纷纷答:规范行为。)规范行为。所以我们说,法就是为了定分止争。

虽然这个分是名分,这个分涉及利益,但仔细想想,如果利益无穷多,也就不需要定名分了。比如阳光,普照大地,什么都能够照到,谁去争它?不必去争它。同样,空气无穷多,也不必去争。但假如利益有限,那就要定名分。看起来定的是利益,实际上定的依然是行为——什么行为呢?你不能无度地行为。因为利益通过行为来实现,你不能通过无度的行为(来实现利益),你行为得是有节制的。比如排放污染物,你不能无度地去排放。一定范围内的污染你可以去排,因为整个世界它就是个生物体,它可以自我净化。但是超过一定限度,它就没有能力自我净化了,所以就要对你的行为进行规范。所以,无论是法律,还是民法,都是从行为角度(来对主体进行规范的)。那么权利恰恰也是从行为角度来规范的。所以说,萨维尼从行为角度来揭示权利的本质要比从利益角度来揭示权利的本质,更为科学,更为直接。

整个(法)体系都是从行为角度去规范的,所以说四种学说看起来都对,但是比较一下,萨维尼更为科学。当我们揭示意思说更为科学的时候,就当然地排除了折中说。最无能的就是折中说了。(同学们笑)我把所有的东西加在一起,搞一盘什锦菜,就解决问题了?解决不了问题。

那么萨维尼的意思说是怎么形成的呢?萨维尼说,人都有思想,都有意志,并且希望把自己的思想与意志落实到行动上——这些我们都讲过。但是人是社会中的人,如果每个人都想把自己的意志、思想落实到行动上,这社会将失去秩序,反过来说,人又离不开他人生活,如果只剩下一个人他就会死亡,人类就会灭绝。那么为了人类的生存与发展,人类找到一个途径:克制自己。克制自己,就是找到一个行为的限度。那么你克制到什么程度呢?这个度就是法律,这个度就是权利。所以权利是行为的限度,权利是自由的限度。所以任何自由都是有限度的,萨维尼从根本上解释了权利就是自由。因此,可以为一定行为就是自由,不为一定行为也是自由,请求他人为一定行为是自由,请求他人不为一定行为还是自由——萨维尼就是从自由的角度揭示了权利的本质。

好,从这里开始,我们应当按照萨维尼的思路来认识民法了。权利就是自由的限度,义务是什么?不自由——不自由的限度,也是一个行为限度。

讲到这里,我想到了西游记的一段故事。唐僧师徒走到深山老林,肚子饿极了,但是四处又找不到有人烟的地方。孙悟空说,我回花果山拿一些果品给大家吃吃,但是临走时候发现这里妖气十足,为了保护唐僧的安全,就在唐僧坐禅的地方画了一个什么?(同学们窃窃私语:圈儿。)画了一个圈。圈就是限度,唐僧自由的限度。唐僧你想活吗?你只要不走出这个圈,你的人身安全就能得到保障。那么圈内的空间,就是唐僧的权利了。但是唐僧不服气,硬是走出了这个圈,结果被白骨精给逮了。这证明越了权,就会受到制裁。改革开放之初,你们还小,哦,你们还没有出生,(同学们一片嬉笑)那是1978年,现在你们是"90后"。有一首歌描写改革开放,非常动听,歌词写得很好,其中有一句话的是,中国有一位老人(同学们一边笑一边跟着齐声念道:在中国的南海边画了一个圈儿。)在中国的南海边画了一个圈。圈的里面是什么?权利。你想,在这个圈外,你要是从一个地方买些物资再贩卖到另外一个地方,在当时可能会构成犯罪、构成投机倒把,但在那个圈内,这么做是受到鼓励的。一开始这个圈仅限于深圳特区,但后来这个圈越来越大,大到了全中国了。这(个圈)说明了什么呢?权利的界限。所以说萨维尼揭示了一个问题,权利是有界限的,而权利的界限就是行为的界限。

好,关于权利的本质,我们就讲到这里。

三、民事权利的内容

那么下面我们讲讲权利的内容。权利的内容呢,有本体性权利、救济性权利、处分性权利,本体性权能、救济性权能、处分性权能和保全性权能——这是我归纳出来的,你们要是查书是查不到的。这种归纳是很抽象的,我现在先不详细讲。就一项权利而言,有几个主要的内容——也被称为权能。

那么怎样理解权能这个概念呢?可以从权利的效力角度去认识。何为权利的效力呢?就是我可以为什么行为。举个例子,张三有一辆自行车,小张之前不是买了一辆自行车吗?我们就针对这辆自行车展开说。小张有一辆自行车意味着他对自行车享有所有权,那么所有权包含什么内容呢?

首先我们要考察本体性的内容,(所有权)本体性的内容就是支配所有物,表现为小张可以占有所有物,使用所有物,出租所有物并从中收取租金,甚至是把所有物砸了——因为这是他的东西,可以随意处置。小张也可以把这辆自行车分解了,不要自行车,只要自行车的两个轱辘或者三脚架,将其安装在其他的设施设备上。那么小张能不能分解自行车以取得其中的零部件?可以。因为这也是所有权的权能,这个权能叫处分权能。

(此时下课铃声响起)好,先下课休息一下。

就债权而言,基本的权能就是接受给付的权利。再举个例子,张三向李四借了一支钢笔,李五是李四的孪生兄弟,张三还钢笔的时候,错把李五当成了李四,李五也接受了这支钢笔。那么现在问,李四有没有受领给付的权利?(同学们迟疑地回答:有。)李五有没有受领给付的权利?(同学们齐声回答:没有。)没有。因为李五他没有债权,也就没有这个最基本的权利。为什么李四有这个权利呢?因为李四对张三有债权。李五对张三没有债权。没有债权,也就没有最基本的权利:接受给付。

所以权利它都有一个最基本的内容,我们将其认定为是本体性的权利。本体性权利可以揭示权利的性质,比如物权的本体性权利是占有、使用、收益、处分,债权的本体性权利是受领给付。它们的本体性权利一样不一样?(同学们应声:不一样。)不一样。这个不一样就意味着权利性质的不同,一个是物权,一个是债权;也可以由此来区分权利的类别,一个是绝对权,一个是相对权。

下面我们讲第二个权能,救济性权能。权利(的实现)有赖于义务人的自觉行为,只有义务人自觉履行义务了,权利人的权利才能够实现。但这个社会并不是人人都是自觉的,要是有人不自觉怎么办？此时,权利的救济权能就发生功效了。还拿张三举例子。张三(小张)对自行车享有占有、使用、收益、处分的权利,这是所有权最基本的权能。现在,李四未经张三允许骑走了自行车。这时张三对所有权的行使是不是受到阻碍了？此时法律应当给他一个救济性权能,他可以请求李四返还自行车。这个请求的依据是什么？就是所有权中所包含的救济性权能。

再举一个例子,刚才同学问,业主向银行借了100万,业主就是不还,银行有没有权利把业主的房屋给卖掉？(有同学回答“有”,也有同学回答“没有”。)没有这样的权利。(有些同学表示诧异)为什么呢？银行拥有的是债权,债权的本体性权能是接受给付,由于银行面临的业主并不是人人守法的,有些业主就是要赖不给钱,法律就要给银行一种救济性权能,即请求业主归还100万元,仅此而已(并不能自己去卖业主的房屋)。当然,这种请求业主归还100万元的权利有强制力,你业主不归还,法院会强制把你的房屋拍卖,卖成金钱来还给银行。所以权利要得到保护,一定会有一个救济性的权能。

第三个权能,处分性权能。有些权利是可以转让的,有些权利是不能转让的;有些权利是可以抛弃,有些权利是不能抛弃——可以转让、抛弃也就意味着可以处分。只要权利可以处分的,它就有处分性权能。比如,房屋是我的,我把房屋的所有权转让给别人,那就是在处分权利。

第四个权能,保全。为了保障权利的实现,法律又给权利一种保全的权能。但是我们现在只要知道有保全的权能就够了,具体保全的方式我们以后会学到。

我先举两个例子,你们通过两个例子来认识保全,这两个例子下学期、再下个学期[1]我们会详细谈,现在只是举例而已。

假如业主把房屋抵押给银行,向银行借了500万元,银行对业主的房屋

[1] 傅老师这里提到的“下学期”“再下个学期”的课程应是“物权法学”和“债权法学”。“物权法学”的授课实录已经于2017年整理出版,但可惜的是,到目前为止,我们没能找到傅老师给本科生讲授“债权法学”的完整录音。

不享有所有权,但是享有抵押权。现在这个业主要把房屋给拆了,一拆会不会影响银行的利益?(同学们回答:会。)万一你还不了钱,我要拍卖你的房屋,那房屋呢?拆了,银行的抵押权就实现不了了。在这种情况下,银行就可以禁止业主去拆这个房屋,保全自己的抵押权能够得到实现——这就是保全。如果在银行还没有发现的时候,业主已经把房屋拆了,银行还可以要求业主拿其他财产来担保,用其他财产、其他的房屋来抵押,这个也是对抵押权的保全。[1]

我们再举一个例子。A 借给 B 100 万元,B 到期应当归还 A 100 万元,然而 B 就是不还。但是 B 有一件古玩,这件古玩值 100 万元,A 可以通过救济性权能向法院起诉,请求法院把 B 的古玩拍卖掉,换成金钱归还 A。B 也意识到 A 有这个救济性权能,于是 B 干脆就把这价值 100 万元的古玩送给了 C。(有同学惊呼:啊,他为什么要这么干?)一旦送给 C 了,到时候 A 问 B 要钱,B 可以说:“要钱没有,要命一条”。法院能不能执行 C 的古玩呢?不能,因为 C 不欠 A 的钱。立法者考虑到了这种可能性,就给了 A 一种保全性的权能,即 A 有权撤销 B、C 的赠与古玩的行为[2]。一旦撤销,B 赠送古玩的行为有效无效?(同学们回答:无效。)无效。既然赠送古玩的行为无效,C 还能不能取得古玩的所有权?不能取得。由此可见,撤销的目的就是保障 A 的债权的实现。那么这种保障权利实现的措施或者效力,我们就把它称为保全性的权能。

所以一项权利有四项基本权能,我们又称为功效、功能,我们也可以把它称为效用、效力——这些都是一个层面的意思。

---

[1] 《民法典》第 408 条规定:“抵押人的行为足以使抵押财产价值减少的,抵押权人有权请求抵押人停止其行为;抵押财产价值减少的,抵押权人有权请求恢复抵押财产的价值,或者提供与减少的价值相应的担保。抵押人不恢复抵押财产的价值,也不提供担保的,抵押权人有权请求债务人提前清偿债务。”本条承继自《物权法》第 193 条,无实质性变更。

[2] 《民法典》第 538 条规定:“债务人以放弃其债权、放弃债权担保、无偿转让财产等方式无偿处分财产权益,或者恶意延长其到期债权的履行期限,影响债权人的债权实现的,债权人可以请求人民法院撤销债务人的行为。”本条承继自《合同法》第 74 条第 1 款及《合同法解释(二)》第 18 条,无实质性变更。

四、民事权利的分类

下面我们讲权利的分类，这是一个难点。

根据不同的划分标准，可以把一个事物分成不同的类型，这是一种思维方式。课间有同学问我，你讲民事法律关系主体时，你的 PPT 上写了"自然人、法人；权利主体、义务主体"，到底怎么回事？实际上，我这是用不同的法律标准对民事主体做的分类。分号前面是一个标准，分号后面是另一个标准。分号前面是以主体的形态作为标准。如果是华东政法大学，它属于什么性质的主体？法人。如果是华东政法大学的学生，是属于什么性质的主体？（同学们回答：自然人。）自然人——这是以主体的形态作为划分标准。分号后面是从权利义务的角度来对民事法律关系主体进行了分类，可以分为权利主体、义务主体——你是承担义务的人，那你被称为义务主体；你是享有权利的人，你就被称为权利主体。

这就像对人进行分类。我们可以用年龄进行分类，把人分为老、中、青。我们也可以按照性别进行分类，把人分为男人、女人。现在我们在座的女学生，既可以按照分类归入女性行列，又可以归入哪个类别？老、中、青中的什么？青。你们既是青年人，又是女性。同理，对于权利，我们也可以从不同的标准进行分类。

下面先讲第一个分类标准——基于主体来分类。

（一）基于主体的分类

1. 专属权和非专属权

按照主体分类呢，有身份权和非身份权，专属权和非专属权。

区分身份权、非身份权关键看权利跟主体有没有捆绑性？即这个权利能不能转让或继承。不是所有的权利都可以转让或者继承的。比如姓名权可不可以转让？鲁迅的姓名权可不可以转让？不可以！鲁迅的姓名权可不可以继承？不可以！不能转让、不能继承的（权利），它属于专属权。可以转让、可以继承的（权利）叫作非专属权。

比如张三对自行车的权利叫作什么权？所有权。这个所有权可不可以转让？可以。可不可以继承？可以。张三死了自行车归他儿子了，是不是？那么好，所有权是专属权还是非专属权？（同学们回答：非专属权。）非专属权。姓名权是专属权还是非专属权？（同学们回答：专属权。）专属权。换言之，专属权与主体捆绑，非专属权与主体可以分离的。好，这是（权利的）一种分类。

2. 身份权和非身份权

第二种分类，身份权和非身份权。

身份权它也具有捆绑性，而非身份权，有的有捆绑性，有的没有。例如夫妻之间的配偶权，他是不是身份权？（同学们回答：是的。）是的。那么配偶权能不能转让？（同学们开始讨论，不一会儿就笑了起来。）配偶权要是能转让，就变成笑话了，是不是？你要是觉得跟自己的配偶无法继续共同生活，可以离婚，但你不能转让。

父母子女关系中也有身份权，那么父母子女间的身份权能不能转让？（同学们回答：不能转让。）不可以转让。比如一个老人的儿子对老人有赡养义务，而这个老人是个百万富翁，他不需要儿子赡养。于是这个老人对另外一个穷困的老人说，我把对儿子的赡养请求权免费转让给你，往后你问我儿子要赡养费，这样可以吗？不可以。因为这个权利建立在身份基础上，没有这种身份就没有这个权利，除非你把自己的儿子交给那个贫困老人收养——但收养的对象又必须是未成年人，成年人是不能被收养的，贫困的老人无法收养百万富翁的儿子。

好，以上是按照主体对权利进行了划分。

3. 绝对权和相对权

下面我们讲权利的第三个分类，即以权利所及的对象范围作为划分标准，可将权利分为绝对权、相对权。

我们继续以张三买车为例。张三买了一辆自行车，他取得了自行车的所有权，那么这个所有权的义务主体是谁？（同学们回答：张三以外的一切人。)对的,张三以外的一切人。权利总是针对某个人,那么张三这个所有权针对的对象是谁?(同学们纷纷作答)对了,就是张三以外的一切人!好,凡是权利所针对的对象是一切人或者不特定的人,我们就把这样的权利称为绝对权。所有权是绝对权,所有物权都是绝对权。

我们举个物权中的抵押权的例子。业主把房屋抵押给银行,银行对业主的房屋享有抵押权,它的抵押权的权利对象是谁?业主吗?认为是业主的举手。(部分同学举手)认为是包括业主在内的一切人,举手。(部分同学举手)还有第三种说法吗?(同学们笑)没有了。答案是包括业主在内的一切人。也就是说,包括业主在内的一切人都不能妨碍它。所以任何一种物权都是绝对权,请同学们牢记这一点。所有权是物权中的一种,那所有权是不是绝对权?当然是绝对权。抵押权是物权的一种,抵押权是不是绝对权?(同学们回答:是的。)也是。顺着这个逻辑,反之,如果权利所及的对象——无论权能还是权利都是针对义务人的——这个权利的义务人是特定的某一个、某几个、某一群,那这个权利就叫作相对权。

前面我们讲了,业主向银行借钱,银行对业主有没有债权?有。银行的这个权利讲的是欠债要还,而不是讲抵押权。就“欠债要还”的债权,这个权利及于的对象是谁?业主。包括不包括我们在座的人?(同学们齐声答:不包括。)不包括。所以这种权利我们称为什么?相对权。

请大家记住,绝对权和相对权有两个区别。

第一个区别,义务主体的特定性和不特定性。凡义务主体是特定的,我们称它为相对权还是绝对权?(同学们回答:相对权。)相对权。凡义务主体是不特定的,我们称它为什么权?(同学们回答:绝对权。)绝对权,这是第一个区别标准。

第二个区别,就义务人所负担的义务而言,如果是相对权,它包括作为、不作为,如果是绝对权,仅仅指不作为。我们说物权的义务主体是谁?(录音中同学 A 大声回答:动产和不动产。马上有同学纠正她:你说的是客体。同学 A 噗嗤一笑:哦,是的。)所有人以外的谁?(同学们回答:一切人。)一切人。那这“一切人”所负担的义务是什么？不要妨碍别人行使权利，即不作为。（物权的义务人）有没有义务帮助权利人行使权利？没有。你不会开拖拉机，我有没有义务帮你开？你不会使用 iPhone，我有没有义务帮你使用 iPhone？（同学们笑）没有。这就是不作为义务。与之相对，相对权的义务主体（所负担的义务），包括作为、不作为，更多的是作为。如（向银行借钱的）业主的义务是什么？还钱。还钱是作为还是不作为？（同学们回答：作为。）作为。回到我们曾经讲过的小张到商店买一辆自行车的例子，就买卖问题上，小张对商店享有什么权？相对权还是绝对权？（同学们迟疑地回答：相对权。）相对权。拿到自行车以后，小张对这辆车的权利是什么权？（同学们肯定地回答：绝对权。）小张拿车子到修理铺去修理，他对修理铺的权利是相对权还是绝对权？（同学们回答：相对权。）相对权。他到寄存处去寄存，他对寄存处的权利是相对权还是绝对权？（同学们回答：相对权。）相对权。他坐公共汽车，他对公交公司的权利是什么权？（同学们回答：相对权。）相对权。

好，关于绝对权和相对权，我就讲到这里。千万不要望文生义，什么绝对权是绝对的，相对权是相对的，这么说毫无意义。一定要记准确了，绝对权的义务主体是不特定的一切人，相对权的义务主体是特定的某个人或者某一群人。

（二）基于权利内容的分类

好，我们下面以权利的本体性内容——就是最基本的内容——作为标准，可以将权利分为人格权、身份权、物权、债权、知识产权、继承权、社员权、能权。

接下来我们逐一展开。

1. 人格权

人格权，先不去讲它的定义，先讲内容。哪些是人格权？第一，生命权、健康权、身体权都是人格权。那么这些人格权是绝对权还是相对权？（同学们回答：绝对权。）绝对权。第二，自由权，行动自由也是人格权。自由权是绝对权还是相对权？（同学们回答：绝对权。）绝对权。例如，你要绑架我，非法拘禁我,那是不可以的。第三,那些标识性的权利,可以将自己与他人区别的权利,如姓名权、肖像权。这些权利是绝对权还是相对权?(同学们回答:绝对权。)第四,反映精神价值的权利,如隐私权、名誉权。这些权利都是……(同学们回答:绝对权。)

2. 身份权

那么身份权包括什么呢?第一,荣誉权,民事主体和荣誉之间的关系。第二,配偶权,民事主体和配偶之间的关系。第三,亲属权,他和父母子女之间的关系。第四,监护权,有些人虽然不具有配偶身份或者亲属身份,他却有监护身份,比如某些情况下,居民委员会或者民政部门对一个未成年人享有监护权利,那么这种监护权人是未成年人的什么亲属吗?什么都不是,就是一个监护权人。那么好,我问大家,身份权是绝对权还是相对权?(同学们议论纷纷,莫衷一是。)任何人都是他的义务主体吗?

配偶权是针对谁呢?(同学们回答:配偶。)配偶权里面有一个忠诚义务——不要有"小三"。这个"不要有小三"的忠诚义务,是针对配偶的还是针对别人的?(同学们回答:配偶。)配偶的。最近有一个新闻,某地有一个公安局局长,有9个私生子,(同学们惊呼不可思议)那么至少他有若干的"小三"。那同学们,站在你们角度,这一行为有没有侵害了你的配偶权?没有。大家明白了吧?你可以谴责这一行为,但并未侵害你的配偶权,而他的老婆可以说该行为侵害了自己的配偶权。后来这9个私生子经过司法鉴定,真正属于他的只有3个。(同学们哄堂大笑)但是在这个过程中,他对这9个"私生子"都进行了抚养。于是民法问题就来了,他能不能请求返还不当得利——对于不属于他的孩子,在法律上他没有抚养的义务,他白养了别人的孩子能不能要求返还不当得利?(这个问题)回去思考,也可以回去跟爸爸妈妈讨论这个问题,(同学们再次发出笑声)但不要说是老师说的。

3. 物权和债权

好,下面该是物权了,物权还要讲吗?不要讲了吧,物权的基本内容是什么?是对特定物的占有、使用、收益、处分,所有权拥有所有这些权能,其他物权拥有其中的一项或几项权能。物权是什么权？（同学们回答：绝对权。）绝对权。

还有债权，债权的基本内容是什么？受领他人给付，这是债权的基本内容。我们把它称为绝对权还是相对权？相对权。

4. 知识产权

知识产权是对智力成果的支配，它包括使用、收益、处分——因为智力成果是无形物，没办法进行占有。比如，我可以使用我发明的技术，我可以把我发明的技术让别人使用，从而得到收益；我也可以将发明的技术束之高阁。这就是知识产权，即对智力成果的支配。那么对智力成果的支配是绝对权还是相对权？（同学们回答：绝对权。）绝对权。

任何支配权都是绝对权。支配人身的人格权是绝对权还是相对权？（同学们回答：绝对权。）支配物的权利是绝对权还是相对权？绝对权。支配智力成果的权利也是绝对权。

5. 继承权

继承权意味着有权继承被继承人的遗产，这是绝对权还是相对权？（同学们回答：相对权。）义务主体是谁？（同学们议论纷纷）人死了以后能不能成为义务主体？人死了以后就不再是人了，不能成为义务主体。关于继承权，我们没有必要去讨论它是绝对权还是相对权，不是每个权利都可以装到绝对权或者相对权的口袋里。但如果有的同学一定要说它是绝对权，是从什么（角度）进行论证呢？从权利的不可侵害性（角度）。继承权能不能侵害？当然不能侵害。但这里讲的不可侵害性是从行为自由的角度来论述它的绝对权（的属性），而不是从继承权这个角度。[1]

6. 社员权

接下来是社员权，社员就是成员。现在我问几个问题，公司是一个团体，是个组织，公司的成员是下列人员（中的哪一个），你们做一个选择：A 是

[1] 关于权利的不可侵害性与权利分类关系的进一步阐述，请参见本书附录一课堂答疑中的“关于绝对权和权利的不可侵性”。

股东;B 是全体员工;C 是高管,高级管理人员,包括董事会的董事、监事会的监事、总经理、总会计师等;D 是法定代表人。认为 A 的举手(停顿),认为 B 的举手(停顿),认为 C 的举手(停顿),认为 D 的举手(停顿)。有没有同学认为有其他的可能? 答案是 A! 公司的成员是股东。股东组织了一个公司团体,所以股东有股权,股权我们就把它称为社员权。

换一个容易理解的例子,法学会,你们有了解过吗?(教室传来嗡嗡声)哦,看起来不是很熟悉。(同学们哈哈笑)学生会,这个应该比较熟悉吧?(同学们频频点头)学生会的成员是谁呢? A 是全体学生;B 是华东政法大学的师生;C 是学生会的高级管理人员,比如学生会主席,某个部的部长;D 是学生会的主席。那么学生会这个团体,这个组织的成员是谁呢?(同学们各种回答)是 A,全体学生。学生会是全体学生的组织呢? 还是高级管理人员的组织? 你们到现在(进大学)读书读了半年多了吧? 你们有没有加入过学生会呀? 去查查学生会的章程就知道(上述答案)了,说明你们对学生会还不够了解。(同学们笑)

再讲个我们熟悉的。班级我们都熟悉吧?(同学们频频点头)班级是一个组织,它的成员包括:A 全班的同学;B 全班同学加班主任老师,或者叫辅导员老师;C 班委会干部;D 班长。那么班级的成员是 A、B、C、D 选项中的哪一个? 什么? 班长? 班干部? 又错了。班级的决议谁作出来的? 全班同学作出来的还是班干部们作出来的?(同学们开始讨论)班会的资金哪儿来的? 班费你们交不交? 你们既然交班费,怎么会一点权利都没有啊? 班级作决议的时候轮不到你们举手表决吗? 好吧,班干部是老师点名点出来的,还是你们自己选出来的? 老师点出来的? 班长是班干部选出来的,还是全体同学选出来的?

原来华东政法大学民商法教研室的一个老师,现在离开了民商法教研室,到上海律师协会当会长去了。[1] 那律师协会的会长是谁选出来的呢?

---

[1] 傅老师说的这个老师就是盛雷鸣律师,其于 1995 年至 2008 年任华东政法大学民商法教研室教师,2011 年至 2015 年任上海市律师协会会长、党委副书记,现任中华全国律师协会副会长。

是由上海市全体律师派代表选出来的。但是律师协会的成员不是代表,它的成员是全体律师。那这些成员有什么权利呢?议事决策权——会长怎么产生?由这些成员来决定。

有一年发生了一件事,律师协会的会长和副会长想连任三届——但是章程规定,律师协会的会长最多只能连任两届,就像美国总统那样。如果想连任三届就要修改章程,于是几个领导干部没有经过全体同意就把章程给修改了。修改以后的章程有效无效?(同学们回答:无效。)对,无效,因为没有经过全体大会同意。于是他们不得不再拿到全体大会去讨论,但马上就被否决了,章程修改不成。这意味着什么?律师协会的会员就是成员,成员有表决权、议事权、决策权。但与此同时他们有没有义务?有,缴纳会费就是他们的义务。

那么这些权利我们称为社员权。

好,现在问,社员权是绝对权还是相对权?(教室传来嗡嗡声)是绝对权。如果别人妨碍我行使该权利——比如司法局领导能够妨碍我行使选举权和被选举权吗?不能。律师协会的领导干部能不能未经我们同意擅自修改或变更章程呢?也不能,否则就妨碍了我的权利的行使。

7. 能权

最后我们讲个能权。(此时下课铃声响起)能权就是一种资格,是一种自由、自由权。那么它和人格权中的自由权有什么区别呢?它是一个特定的自由权,具有特定性。好,关于以内容作为划分标准的分类,我们就讲到这里,休息一下。

(三)基于权利作用的分类

好,我们继续。如果以权利的作用为标准对权利进行分类,可以将权利分为支配权、请求权、形成权、期待权、抗辩权。当然,我们还可以说,还有一个受领权,教科书都把这个给忽略了。(要记住)是受领,不是领受,你可以把它理解为接受或领受,但我们还是用民法的标准表述“受领”。如果你写小说,你可以写“接受”或“领受”,但是你写民法论文,就必须写“受领”,因为“受领”是专业术语。

1. 支配权

先讲什么叫支配权，人对物的支配，人对智力成果的支配，人对人身的支配，都叫支配。物权是不是支配权？（同学们回答：是。）是。人格权是不是支配权？（同学们回答：是。）是。知识产权是不是支配权？（同学们齐声答：是。）是。

2. 请求权

请求权是什么呢？请求他人为给付，叫请求权。我的物被你拿走了，我要求你返还给我，是不是请求权？（同学们回答：是。）你欠我100万没还给我，我要求你偿还100万是不是请求权？（同学们回答：是。）是的。我卖房屋给你，你应当付款，你没有付款，我要求你付款是不是请求权？（同学们回答：是。）是的。

请求他人为给付的权利叫请求权，支配特定对象的权利叫支配权。那么支配特定对象的权利是对人的还是对对象的？（同学们略有迟疑地回答道：对对象的。）是对对象的。对象如果是个动产，那是对物的还是对人的？（同学们一致表示是对物的）对物的。请求他人为给付的权利是对人的还是对物的？（同学们回答：对人的。）对人的。

3. 形成权

形成权是什么样的权利呢？（同学们纷纷开始讨论，莫衷一是。）权利一旦行使，就会形成法律关系的变动。换言之，权利行使即会引起法律关系变动的权利叫做形成权。举几个例子，你们把这些例子都记下来。

第一个例子：两人签订一份买卖合同，一方严重违约了，那么另一方享有合同解除权。解除权一旦行使，买卖关系还有没有？没有了。行使解除权会不会发生法律关系变动？会。那么解除权叫什么权？（同学们回答：形成权。）形成权。这是一个例子。

第二个例子：你欠我100万，我欠你100万，你欠我的是100万的租金，我欠你的是100万的货款，那么我们还要不要给来给去？（同学们都认为不要)不要。于是一方说,咱们两两抵销了,因此这里就有一个抵销权——注意不要写成消费的“消”。抵销权行使之前你欠我100万,我也欠你100万,抵销权行使以后你还欠我钱吗?(同学们应声:不欠。)不欠。我还欠你钱吗?(同学们回答:不欠。)不欠。原来存在的两个欠钱的法律关系,现在都不欠钱了,法律关系变动了没有?变动了。那么抵销权是什么权?(同学们应声:形成权。)形成权。

第三个例子:我没有委托他帮我卖房子,他自说自话,代理我卖房子,这个代理是有权的还是无权的?无权代理。但是法律规定,无权代理一旦经过追认就变为有权代理了。假如我在美国,你擅自代我在上海把房屋卖掉了,属于无权代理。这时你打个电话给我说,昨天我已经把你房屋卖掉了,我说,很好,(课堂响起一片笑声)正因为你把房屋卖掉了,帮我规避了损失,因为今天房价跌了。那么我在电话里表示了同意,这个同意是不是追认?(同学们纷纷回答:是。)由于我对你无权代理的行为进行了追认,所以原来效力待定的行为变成了有效行为,此时有没有发生法律关系变动?(同学们回答:有。)有。那么,对无权代理的追认权是不是形成权?(同学们齐声答:是。)是形成权。

再举个例子:重大误解的撤销。我原本想买一块纯金的手表,但我误解了,把镀金的手表当作纯金的手表买下来了,回家以后才发现搞错了。法律规定这种情况我可以撤销,于是我撤销了买手表的行为,这就是重大误解的撤销。法律规定我享有撤销权,如果我不行使撤销权,那么买卖成立,如果我行使撤销权,那么买卖无效。(撤销权的行使)有没有推翻已经有效的法律行为的效力?有。所以撤销权是什么权?(同学们回答:形成权。)形成权。

我刚才讲的那个例子还记得吗?A和B之间有债权债务关系,B把股票送给C,A知道后行使撤销权把B的赠与行为撤销了,是不是用的形成权的概念?是的。所以,撤销权也是一种形成权。

形成权还包括选择债权的选择权。举个例子,这个例子是一部电影教给我的,这部电影是改革开放以后从我国台湾地区引进的一部电影,名字叫

《汪洋中的一条船》，主角是谁来着？（同学们回答：秦汉。）对，秦汉。（同学们哈哈大笑）秦汉在电影中扮演的大学生是台大的高才生。这位台大的高才生双脚畸形了，但秦汉演得很好，看不出演员的腿实际上是完好的。

这位台大的高才生很刻苦勤奋，被很多女孩子追求。有一天一个台大法科的女孩子在校园里找到了秦汉，她问秦汉一个法律问题，她说，老师今天讲的选择债权的选择权是什么意思？秦汉就跟她说，假如甲和乙签订了买卖合同，约定乙给甲一笔钱，甲有义务给乙 3 头羊或 30 只鸡或 3000 个鸡蛋，让乙在 3 头羊、30 只鸡和 3000 个鸡蛋当中选一项。也就等于说，乙享有债权，这个债权是 3 头羊的债权，30 只鸡的债权或者 3000 个鸡蛋的债权，乙只能选一个，选定了以后就不能再选其他的了。

现在如果你是乙，你选什么呢？不论你选什么，这种情况下选择权在你这里。反过来，假设是出卖人有选择权，也就是说，出卖人可以给你 3 头羊，也可以给你 30 只鸡，也可以给你 3000 个鸡蛋。这种情况下，买受人就不享有选择权。

这个例子解释了这么一个现象：在选择权行使之前，这个债是选择之债，到底是 3 头羊、30 只鸡还是 3000 个鸡蛋（是不确定的）。选择以后这个债就成了一个简单之债。那么选择之债变成简单之债，是谁来变的？是有人行使选择权来变的。这个选择权有没有引起法律关系的变动？（同学们回答：有。）把什么法律关系变成什么法律关系？把选择之债变成了什么之债？（同学们争着答道：简单之债。）简单之债。那么选择权是不是形成权？（同学们回答：是。）

同学们说你扯得太远了，不要老讲我没有出生之前的秦汉，你能不能讲现在的例子？好，那么现在秦汉到超市里面买一个电炉，（同学们哄堂大笑）回到家里使用，结果电炉爆炸了。这个时候《消费者权益保护法》说，你秦汉可以要求商家退货，也可以要求商家更换一个电炉，还可以要求商家把坏掉的电炉修好。因此包修、包退、包换就是个选择之债，那么选择权属于谁？秦汉自我得意，认为选择权就是消费者的，于是要求商家退货。商家说我好不容易做了一个生意，我不退，我只能给你换，或者我帮你修。秦汉说：凭什么？商家说：选择权在我们商家手上。那么选择权到底在哪里？如果是在消费者手上，消费者有“三包”的选择权；如果在商家的手上，商家享有如何“三包”的选择权。秦汉说，在台湾，选择权都在我们消费者手上。商家说，对，但对于我们的合同而言，（选择权）是在商家手上。如果确如商家所言，他们之间的地位就倒置了，凡是产品有瑕疵的，由商家来决定是退是换还是修。于是秦汉跑到我们班上来，找到我们的学生，问我们选择权到底在哪里？同学们想一想，根据《消费者权益保护法》规定，选择权在谁手里？（同学们回答：消费者。）在消费者手上。那么商家行为有效还是无效？无效。这就是选择权。

好，我们讲了多少个形成权了？（同学们纷纷开始讨论）数一下，五个。第一个什么权？解除权。第二个什么权？抵销权。第三个什么权？追认权。第四个什么权？撤销权。第五个什么权？选择权。这五个权利都有一个共性，即权利人一旦行使权利，就会发生权利义务关系的变化，那么这种权利是什么？（同学们纷纷答道：形成权。）形成权还有很多，你们以后会逐渐学到的。

4. 期待权

下面我们讲期待权。对于这个概念，大家不要望文生义。先举个例子。以后我们讲的制度越来越多了，我们讲得也越来越细了，你们仅仅通过概念去评判制度的内容是做不到的，只能通过一个个案例来认识这些制度，认识这些概念。以后我每讲一个概念，都会跟进一个例子，你们把这个例子记下来，回去以后，根据这个例子来思考这个概念的含义。

好，下面先讲期待权的例子。甲、乙两人签订一份买卖合同，合同中增加了一个附款，上面有一句话，“如果甲新产品试制成功，则甲向乙购买原材料 1000 吨”。那么言下之意，如果新产品试制不成功，这 1000 吨的原材料还要不要？（同学们回答：不要。）不要。如果这个买卖合同和其他买卖合同一样，没有附带任何条件，那么合同签下来，乙有义务给甲 1000 吨，甲有义务给乙钱。但是这是一个附条件的买卖合同,在条件还不确定的时候,乙有没有义务给甲 1000 吨?(同学们都表示没有)没有。甲有没有义务给乙钱?(同学们回答:没有。)也没有。这是一个例子。

再举一个例子。司法考试的应试者和另外一个自然人签订一个房屋租赁合同,租赁合同上面写,如果应试者通过了当年的司法考试,出租人把房屋租给应试者。那么如果应试者没有通过,还要不要租给他?不要。强租给他可不可以?不可以。通过了租不租?必须租。

那么我们拿这两个案子比较一下,前面是个买卖,后面是个租赁,这两个案子都有一个共同点,买卖的效力和租赁的效力取决于某种条件的成就——买卖取决于新产品试制成功不成功,租赁取决于考试通过不通过。因此可以说,在这两个例子中,买卖的权利义务和租赁的权利义务都是一种处于期待状态的权利义务,他们双方所享有的权利就是期待权。

我们换两个案例,假如买卖不带条件,租赁也不带条件,合同签订以后有没有权利?(同学们回答:有。)有。买卖有买卖的权利,我有权要求对方给付标的物,对方有权要求我支付价款;租赁有租赁的权利,我有权要求对方提供房屋,对方有权要求我支付租金。这个情况下我们需不需要等待条件成熟?不需要。所以这种权利比较期待权而言,可以称为既得权,既得利益。因此与期待权相对的权利是既得权。

概念自己去背,下面我讲期待权的几个特点。第一,权利需要未来的条件成就才能够发生,换言之,权利是否发生取决于未来的条件成就与否。第二,权利正在向未来条件成就的方向发展,这就意味着未来的条件有成就的可能。如果说未来的条件不可能成就,永远期待不了,那么就不可能叫期待权。换言之,期待权的第二个特征就是具有可期待性。比如说权利成就的条件是新产品试制成功,而他试制的新产品是永动机,那么永动机有没有可能成就?没有。之所以这种权利不能被称为期待权,是因为永动机永远不可能试制成功,条件永远不可能成就。第三,权利可以成为交易的客体,这意味着期待权是可以转让的,也是可以继承的。如果这个权利根本就不能转让,也不叫期待权。这第三个特征意味着权利已经初步形成但还没有完全形成,即处于初步形成向完全形成的发展过程中。具备这三个特征,我们把它称为期待权。如果期待成熟的权利是物权,我们把它称为物权期待权;如果期待成熟的权利是债权,我们把它称为债权期待权。换言之,期待权可以分为物权期待权和债权期待权。好,关于期待权我们就讲到这里了。

5. 抗辩权

接下来我们来讲抗辩权。抗辩权是指拒绝履行义务的权利。如何理解拒绝履行义务的权利呢?我们先举个例子:A、B 两人签订一份货物买卖合同,合同约定 A 应于 3 月 18 日交货,B 应于 3 月 28 日付款。现在是 3 月 30 日,A 没有交货,却要求 B 付款。

第一个问题,B 有没有付款义务?(课堂响起嗡嗡声)认为有的举手,(部分同学举手)认为没有的举手。(部分同学举手)认为"有"的同学是对的,而认为"没有"的同学就不是通过法律的思维方法来考虑问题,单纯凭感情、凭想象认为,A 不给 B 货,B 当然没有义务给钱。但是法律的思维方法认为,判断 B 有没有义务,需要查找法条。同学们去找一找与这个例子有关的法条,双方订立的合同是不是受法律保护?(同学们纷纷表示肯定)现在合同约定 B 应当在 3 月 28 日给 A 钱,但合同有没有约定如果 A 不交货,B 就没有了交钱的义务?(同学们回答:没有。)但如果 A 不交货,却让 B 给钱,公道不公道?不公道。所以说认为 B 没有义务给钱的人是从不公道角度来分析这个问题的。但公道不公道不是一个法律技术,如果大家抛开法律技术,只讲公道,那法律就难以发挥作用了。

那么这种情况下不公道怎么办?于是法律又为 B 增加了一项拒绝履行义务的权利——A 不给 B 货,B 也可以不给 A 钱。但是,B 有没有义务?(同学们纷纷回答:有。)有没有权利不履行义务?(同学们继续回答:有。)所以认为 B 没有义务是不对的。B 的不履行义务的权利叫什么权?抗辩权。(此时下课铃声响起)好,今天就到这里,下次课再说,好,谢谢。(课堂响起一片掌声)

案例分析

肉身佛像案(续)

(开始上课)几周前我曾经给大家留了一个肉身佛像的案例,在座的同学做了案例分析没有?怎么做的案例分析?如果同学们能坚持每一个案例都去查找资料,都去分析,4 年以后,做这件事的同学和没有做这件事的同学,距离会拉得很远。为什么?这就是积累的力量,积累总是无声无息地进行。(同学们纷纷点头)我们说当医生的人需要积累,学法律的人也需要积累。医生通过日积月累地研究病例,才能一看到这个症状,就告诉我们该用什么药,该用什么治疗手段,最后会达到什么效果。学法律也是这样。法律上的一些文字有时你很难看明白,即使字都认识,语义都明白,也不知道它在讲什么。为什么?这就是成文法的一个缺陷。(同学们开始讨论,一名同学问道:什么缺陷?)

成文法要把很多具体的事情抽象出来,抽象成一个条文,这个条文往往只有几十个字。而初学法律的人很难从这一个法条中看到那么多事,所以就算给你一部法律,你也看不懂。如果你在平时学习的时候,习惯于针对某一个案件,去对照对应的法律规定,那么你就能够体会到法律规定的含义是什么,法的精神在哪里。这样积累下去,会有很大好处。我现在不管你查了没有,看了没有,先把我的观点讲一下。

我首先提出一个问题,肉身菩萨、肉身佛像到底是什么?它算不算一个物呢?(有同学答:这是个文物。)如果它根本就不是物,也就不是一个文物。首先我们看它是不是物?它是物。那么它是一种什么性质的物呢?和桌子、椅子不一样,它属于遗骸、尸体这一类性质的物。遗骸这一类物,不管在哪个国家都规定了是不能交易的,是不允许转让的。那么把这个物界定为尸体、骨灰、遗骸这一类物又有什么意义呢?既然这些物不能转让,为什么要把它作为民法上的物呢?因为民法需要确认谁来处置这个物。

那么尸体也罢,遗骸也罢,谁去处置它呢?南汇法院有一个案子,一个人死了,他的儿子和配偶都要处置他的骨灰。儿子的处置方法是将骨灰撒到大海,配偶处置的方式是将骨灰放进墓葬。在发生分歧的情况下,如果你把它当做物来看待,那么就可以找到有权处置骨灰的对象;如果你不把它当作物来看待,那么谁有权处置骨灰就是一个悬而未决的事情。现在根据法律规定,骨灰是一个物,近亲属有权处理。那么近亲属有谁?(同学们纷纷回答:儿子。)儿子。配偶是不是?(同学们再次响应道:是。)也是。虽然两个近亲属都有权处置,但是必须两个人达成合意。在达成合意前,他们两个都不能处置,只能将骨灰放在骨灰房里,或者将骨灰按照公序良俗暂且搁在某个地方,等待两人最后协商决定如何处置。

那么这说明什么?这说明把遗骸当作一个物(就可以进行处置)。那么把遗骸当作物可以处置,是不是允许随意处置、任意处置呢?并不是,遗骸在处置方面是有很多限制的。

好,既然已经明确这里的遗骸是物了,那么遗骸是不是文物呢?很多同学说《文物保护法》第几条对文物作了什么规定,有些学者对文物又作了什么界定,最后根据法律的规定和学者的界定得出遗骸符合文物的概念。我在这只讲结论,你们回去再去查,《文物保护法》有关于什么是文物的规定的,根据这一规定,可以认定,肉身菩萨也好,佛像也好,具备了文物的基本特点。

这一规定提出文物首先是个物,第二具有人文精神,第三具有历史性。肉身佛像具备这三个条件,所以肉身菩萨就是文物,属于《文物保护法》规范的范畴。根据我们国家的《文物保护法》,如果是地下的文物,那么归国家所有;如果不是地下的文物,而是地面上的文物,那么原来是谁的就归谁(所有)。也就是说失窃之前是谁的就归谁(所有)。如果失窃之前是一个庙宇的(文物),庙宇可以来主张这个权利。

第三个问题,现在肉身佛像跑到荷兰去了,权利人能不能到荷兰去主张这个权利?这时候要考虑荷兰的民法。我们要考虑这个物是不是归荷兰某一个组织或者某一个自然人所有。如果是,那么所有权的发生依据是什么,是买来的?是捡来的?还是根据其他法律制度得到的?如果这个佛像是二十年前遗失的，那么很显然不是买来的就是偷来的或者抢来的，不可能来源于其他途径。第一个，如果是买来的，他是怎么买来的呢？向谁买来的？买的人知道不知道这是一个肉身佛像？现有证据表明他是知道的。既然他明知这是个肉身佛像，那么他的买卖行为是不是违法的？（同学们开始窃窃私语）那就是违法的。因为这种肉身佛像虽然是文物，但同时也是遗骸，遗骸是禁止移转，禁止交易的，因此通过买卖取得所有权是不能成立的。第二个，如果是抢来的、偷来的、捡来的，也都不可能取得所有权。第三个，是不是可以根据（其他规则比如）取得时效取得所有权？根据荷兰的民法规定，取得时效要具备如下几个条件。首先，他必须是公然取得的，现在的事实可以证明他是公然取得的。其次，他必须是和平取得的，这点也可以被证明，因为他是在某个市场买来的。最后，他必须是没有过错的，即主观上是善意的。而肉身佛像是不能交易的，在案例中当事人又明知这是一个肉身佛像，所以他主观上不是善意的，因此也就不能根据取得时效取得所有权。

最后一个问题，无论是否取得所有权，两个国际公约都规定可以进行追索——在该案中肉身佛像是可以进行追索的。于是接下来我们要确定两个国际公约对荷兰目前发生不发生效力——目前还没发生效力。至于国际公约对一个国家发生效力要具备什么条件，同学回去自己查。讲到这里，情况基本厘清，我要问的问题也都已经交代了。

那么最后的结局是什么呢？最后的结局是，虽然不能根据国际公约要回这个佛像，但是我们还可以通过其他正义的途径，（同学们陷入沉思）比如外交的途径，指出他们取得佛像不当之处；又如，通过民法的途径。既然荷兰的买家没有取得佛像的所有权，佛像的主人仍然可以根据荷兰的法律要回。就像一个中国公民，有一块手表遗失了，被人家捡到，又转移到荷兰。如果所有的过程都不是善意的，都是恶意的，即便这块手表在荷兰，他也可以通过诉讼途径把这块手表拿回来，而不一定要通过国际公约。因为任何物权都受到法律保护，它不仅受到中国的法律保护，也受到荷兰的法律保护，道理是一样的。

案例分析

代驾司机撞人案

今天我们拿出一个案子,大家回去思考,两周后给出结论。当然我不一定在课堂上要求大家回答这个问题,还是要求大家练,每一堂课都有一到两个案例,上课的时候再穿插一些案例,你们把这些案例全部记下来,回去搜集资料,找到对应的答案。按照这个方法进行学习,一个学期民法读下来,你积累的知识是很深厚的。如果每个学期都这么积累,每门课都这么积累,4 年以后,下这个功夫的同学和没下这个功夫的同学是大不一样的。

好,下面讲一个最近媒体报道的案例:"e 代驾"。酒驾入刑后,通过对酒驾进行严厉追究,酒后驾驶的人少了很多。那么有些驾驶员、私家车车主喝了酒以后,车子又不能开回去怎么办?(有同学回答:找代驾啊。)于是代驾公司应运而生。北京有一家代驾公司叫作"e 代驾"。e 指的是什么?顾名思义指的是网络。那么"e 代驾"的运作模式是什么样的呢?"e 代驾"接受任何一个客户的要求,这一点类似于滴滴打车。酒后的驾驶员或者车主,他没能力把车开回去了,可以用短信或者微信,发信息给"e 代驾"——我们把这个人称为客户,客户把信息发给"e 代驾"后,"e 代驾"会就近给客户找一个驾驶员(开车主的车送他回去)。

我们学校对面有一个小区,小区里面有个"e 代驾"的驾驶员。有一天"e 代驾"就跟他说,华政有个客户,你帮他把车开到某个地方。驾驶员就踏着一个滑板车(同学们齐声欢笑)过来了。他不能开车过来,因为如果开车过来他那辆车怎么办?既然就住在华政对面,他于是踏着个滑板车就过来了。驾驶员将客户送到目的地后还需要通过坐地铁,坐公交回来。但从目的地到地铁站和公交站,中间有一段距离什么交通工具都没有,于是驾驶员就用自己的滑板车唰地一下滑了过去。(同学们笑)我曾经遇到过一个"e 代驾"的驾驶员,他曾经从陆家嘴出发,将客户送到佘山。送到以后,("e 代驾"的驾驶员)需要从佘山返回,佘山附近有 9 号线,但是佘山山脚下到佘山站还有很长一段距离,他没有办法,只能踏着滑板车滑到了佘山站。(同学们笑)当他到达9号线以后,地铁站工作人员说9号线已经结束营运了,于是驾驶员又踏着滑板车滑了整整一夜。(同学们不住地叹息)他不能上高架桥,又不能走隧道,那怎么办?找轮渡,深更半夜的轮渡两小时一班,(渡轮到岸了)再踏滑板车(回家),那很辛苦的。

好,现在我们讲最近的这个案子。在案例中,客户发信息给"e代驾"寻求服务,"e代驾"请了一个驾驶员为客户提供服务,驾驶员车子开到一半撞到一个受害人。经过交警处理,认定交通事故中开车的一方是全责,受害人无责。那么就发生问题了,这个责任该由谁来承担呢?(同学们开始讨论)有观点说这个责任该由驾驶员承担,既然开车一方全责,那么驾驶员一定是违章驾驶;也有观点说应当由车主来承担,因为是车主的车撞人;还有观点说应当由"e代驾"来承担,因为驾驶员是"e代驾"派出来的,就像华东政法大学派员工去干活,在干活的过程中员工致人损害,首先由华东政法大学来赔,因此这种观点说,首先应当由"e代驾"来进行赔偿。但是现在三个人都不愿承担责任。

首先车主说,我是一个接受服务的人,我已经被酒灌得神志不清了。我没有办法监督你的驾驶员,我信赖你的驾驶员,掏钱买你的服务,所以你出事之后没有道理让我来"买单",否则代驾的替代作用在哪里?驾驶员说,我只是"e代驾"的一个员工,虽然是我的失误导致受害人遭受损害,但是我是在执行职务过程中导致的损害,对外的责任应当由单位来承担。至于单位对我做什么处理,开除也罢,扣奖金也罢,那是单位跟我的事情。驾驶员还举了一个例子,比如公交公司驾驶员在开公交车的过程当中撞人了,首先应当由公交公司来赔,然后公交公司再追究司机的责任,司机对外是不会承担赔偿责任的。最后"e代驾"说,我是最无关的一个人。我就好像滴滴打车这个软件,只是一个帮助客户打车的信息平台。假如我为客户联系了一辆出租车,现在出租车撞人了,你不去找出租车,你怎么来找我这个给你打车的呢?或者说我给你(联系)打车充其量是个红娘,我就是一个婚姻介绍所,客户说要找个男朋友,于是婚姻介绍所给她介绍了一个,后来两个人也结婚了。结果现在因为家庭暴力闹离婚了,来找我算账,(笑声)那么我是最无辜的,我只是中介,只是信息媒介,你没有理由要求我来承担责任。

既然现在三方都说自己没有责任,受害人怎么办?受害人说既然交警说你们是全责,就应该你们为我"买单"。交警说的是车方全责,那么这个车方指的是车主还是"e代驾"还是驾驶员?你们回去查,回去分析,现行的法律能不能规范这种"e代驾"(模式下的交通事故)?如果不能规范,你们认为要创设何种规范来对这种情况进行规范?如果能够规范,怎么来解决这个问题?两周以后给结论,好不好?

好,上节课我们讲到的是权利,现在我们回到上节课的问题。

讲到抗辩权,还记得吗?抗辩权是什么,(有同学在下面回答道:拒绝履行义务的权利。)是拒绝履行义务的权利。好,为了讲清楚这个问题,我们首先讲抗辩。什么叫抗辩?被请求人对抗请求人的请求叫抗辩,把这个点记下来。你让我做一件事,不做那就是抗辩;你要我还钱,不还那就是抗辩。抗辩有时表现在诉讼中,那就是被告对抗原告的诉讼请求。抗辩有时表现在仲裁活动中,也即被申请人对抗申请人的仲裁请求。但是抗辩有的时候既不表现在诉讼中,也不表现在仲裁活动中,而是表现在这两个领域以外。比如张三欠李四100万,李四找到张三说,你欠的钱该还了,张三也可能会抗辩(拒绝还钱)。这种情况下的抗辩表现为被请求人对抗请求人的请求。抗辩在仲裁和诉讼当中又被称为答辩,比如你起诉要我给付,我拒绝给付。但是这种答辩仅限于针对给付请求的答辩,因为答辩还有确认的答辩。[1]

(1)权利否定之抗辩

答辩有两种。第一种,我们把它称为权利否定之答辩或者抗辩。顾名思义,是指否定请求人权利的存在的抗辩。举个例子,张三欠李四100万,李四已经把钱转到张三的账户里面了,由于张三还没有去检索今天账户上有

[1] 原话如此。傅老师的意思应该是,在确认之诉中也存在答辩,但此时答辩所针对的就不是给付请求。而作为抗辩的答辩,所针对的是给付之请求。

没有多的钱，所以也就没有发现李四已经还钱了。这天张三碰到李四就说你欠我的100万该还了，你怎么不还？李四说我就是不还，因为我已经还了。还了，说明李四还欠不欠张三钱？不欠了。既然李四不欠张三钱，张三还凭什么请求李四还钱呢？李四的这种抗辩就被称为权利否定之抗辩。

那么权利否定（之抗辩）有如下三种情形。

①权利自始未发生

第一种情形，权利自始未发生。举个例子：A企业和B企业签订一份借款合同，合同约定A企业于5月3日向B企业提供1000万元借款，B企业于10月3日归还A企业本金加利息。合同是今天4月9日签的。然而等到5月3日（应该提供借款）那天，B企业没看到A企业把1000万元打过来，因此到了5月4日，B企业要求A企业给1000万元。这个时候B企业是请求人，A企业可以抗辩说，根据最高人民法院的司法解释，企业之间不允许相互借钱，企业之间相互借钱的合同是无效的。[1] 既然这份合同是无效的，就算是5月3日已经到了，你也没有权利要求我给你钱。那么A企业的抗辩是不是权利否定的抗辩？B企业有没有债权？（同学们迟疑地回答：有。）没有。违法的债权也能主张吗？（同学们陷入沉思）

为了说明这个问题，我举个例子，你们想想。甲乙两人签订一个嫖娼的合同（嬉笑声），说今天晚上你到我这来，现在今天晚上人家不来了，甲打官司告乙违反合同义务，那么乙有没有合同义务？（同学们这次很统一地回答道：没有。）没有。

本案也是如此，如果B企业告A企业违约，5月3日到了都不交付1000万元，要判断A企业有没有违约，先要看这个合同是否有效，那这个合同是

[1] 根据《最高人民法院关于审理联营合同纠纷案件若干问题的解答》[法（经）发〔1990〕27号]第4点第2项规定、《最高人民法院关于对企业间借贷合同借款方逾期不归还借款的应如何处理的批复》（法复〔1996〕15号），以及中国人民银行《贷款通则》（1996年2号）第61条规定，长期以来，司法实务中对于企业之间的借贷合同一概认定其违法而无效。这种情况在《民间借贷解释（2015）》（2015年9月1日起施行，2020年8月18日第一次修正，2020年12月23日第二次修正）出台后被彻底改变。依该解释第11条（现第10条），企业之间为生产、经营需要而订立的借贷合同，若无其他无效事由，为有效合同。

有效的还是无效的?(同学们争着答道:无效的。)无效的。因为最高人民法院司法解释规定企业之间不允许相互借贷。既然不允许企业之间相互借贷,B 企业对 A 企业有没有债权?(同学们回答:没有。)这个“没有”是一开始就没有,还是原来有而现在没有了?(同学们纷纷回答:是一开始就没有。)是一开始就没有,所以是权利自始不能发生效力。既然权利都没有,B 企业凭什么要求 A 企业给钱呢?因此 A 企业就可以否定 B 企业要求给钱的请求,A 企业否定的前提是 B 企业没有这个权利。因为有权利才能有请求,没有权利的请求相当于无本之木。

②权利业已消灭

第二种情形,权利业已消灭。我有没有讲过权利业已消灭的例子呀?(课堂传来嗡嗡声)刚才一开始的例子就是权利业已消灭(的例子)。“业已消灭”是指权利曾经有过,但现在已经没有了。

举个例子,这是个真实的案例:张三向李四借了 30 万元并且写了一张借条,注意这是两个自然人之间的借款,是有效的。等还款时间到了,张三提出要李四和自己到银行去,把自己银行账上的钱打到李四的账上去。李四却和张三说不要转账,自己要的是现金。张三说要现金也必须去银行先把钱取出来才能交给李四。于是两个人就跑到工商银行的 ATM 去取钱,30 万在 ATM 上取不出来,于是张三就跑到业务窗口去取了 30 万交给李四。既然张三已经将 30 万还给李四了,李四自然也应当将借条还给张三。于是债主李四就把借条还给借款人张三,张三把自己写的借条撕掉,往纸篓里面一扔,走了。李四和张三说:“你先去忙吧,我还有一点事情要办。”张三同意了就先走了。那李四有什么事情要办呢?李四把纸篓里面的碎纸全部捡回去,又把碎纸粘合在一起,粘成了完整的借条。

现在李四和张三打官司了,声称自己借给张三的 30 万到现在还没还。张三反驳说已经还了,并且借条早就被自己撕了。李四则反驳道:“借条撕了是吧?你凭什么证明你已经撕了?你看借条都在我这里。”李四解释说借条之所以有粘过的痕迹,是因为自己的儿子不小心把借条撕掉了,现在李四把借条又粘合在一起了,但是李四的儿子小又不能作证。如果张三撕了(借条),那(借条)一定在张三这里,李四撕了的才在李四这里。法官一看李四是有借条的,除此之外还有打款凭证,可以证明确实是李四借给张三 30 万元。张三主张自己已经还掉了,没有还款的凭证是因为李四当时要的是现金,不是转账。那么谁可以证明张三已经交付了现金?银行可以来证明,但是银行工作人员却说:“我们不知道这件事。”后来法院去调了一下监控,发现他们站的地方刚巧能够被监控拍到,整个还款过程全部被监控拍下来了。(课堂传来如释重负的叹息)最后,当然是李四输掉了官司。

那么这个案例里面张三的抗辩是不是权利否定之抗辩?(同学们纷纷回答:是。)这个权利否定是权利自始没有发生过,还是权利业已消灭?(同学们回答:业已消灭。)业已消灭。

③权利未到期

第三个,权利未到期。李四向张三借钱 30 万,借期 1 年。虽然 1 年借期还没有到,但是现在张三有迫切的需要——因为现在股市狂涨,张三看白酒昨天涨到了 4000 点,有人说之后会涨到 13,000 点,4000 点到 13,000 点有很大一段的升值空间。张三想到自己的股票从 2000 年到现在徘徊了十多年,好不容易可以靠这次机会翻身了,却没有买股票的钱。于是张三就想到李四向自己借了 30 万元,就找到李四说:“我可以不要你利息,但是钱你现在就得还给我了。”

李四心想,你知道想拿这个钱去买股票,难道我不知道用这个钱去买股票吗?于是李四可以抗辩。那么李四的抗辩,是权利自始未发生吗?(同学们回答:不是。)不是,权利还在。是不是权利已经消灭了?也不是。那这个抗辩是什么?张三是有权利的,但是权利未到期,未到期指的是权利未到行使期。权利行使是有行使时间的,权利未到行使时间是对权利行使的否定。

权利否定之抗辩中的“权利否定”既包括没有权利的权利否定,也包括权利行使的否定。权利行使的否定就是指权利未到行使期。

权利否定之抗辩的权利叫不叫抗辩权?(同学们迟疑地回答:叫。)不叫。学习民法绝对不能望文生义,这是个重要的学习方法,反复强调好多遍了,不能因为我有权抗辩,就把它作为抗辩权,有权抗辩和抗辩权不是一个概念。

刚才我们讲的三个例子,权利没有发生,当事人有没有权利抗辩?(同学们回答:有。)有。权利已经结束,当事人有没有权利抗辩?(同学们回答:有。)有。权利还没到行使期,当事人有没有权利抗辩?(同学们回答:有。)也有。但是它们不叫抗辩权,有权抗辩和抗辩权不是一个概念。

(2)抗辩权

那么抗辩权是什么?这就是抗辩的第二种,就是拒绝履行义务的权利。顾名思义,对方有没有权利?(同学们回答:有。)自己有没有义务?(同学们回答:有)对方权利消灭了没有?(同学们回答:没有。)对方权利是不是未到行使时间?到了没有?(同学们回答:到了。)到了。到了也可以不履行义务,那么这就叫拒绝履行义务的权利,也叫抗辩权。那么拒绝履行义务的权利,它表现为什么呢?我举若干个例子解释一下,(下课铃声响起)好,下节课来讲这个问题。

(继续上课)拒绝履行义务的权利有哪些呢?举个例子,出卖人和买受人签订一份买卖合同,买卖的标的物是一本民法书。今天,也就是 4 月 9 日签订的合同,约定了出卖人应于 5 月 3 日交书,买受人于 5 月 4 日给钱。5 月 3 日到了,出卖人没有把书交给买受人。5 月 4 日到了,买受人也不愿给钱,因为他认为,既然你都没有把书给我,也就没有权利向我主张要钱。于是到了 5 月 6 日,出卖人打官司状告买受人说,你欠我的书款现在还没给,我要求你给付书款。

现在有几个问题。第一,出卖人有没有权利要求买受人给付书款?(同学们异口同声:有。)买受人有没有义务给付书款?(同学们回答:有。)我国《合同法》第 67 条[1]规定了,如果出卖人没有把标的物交给买受人,买受人

---

[1] 《合同法》第 67 条规定:“当事人互负债务,有先后履行顺序,先履行一方未履行的,后履行一方有权拒绝其履行要求。先履行一方履行债务不符合约定的,后履行一方有权拒绝其相应的履行要求。”该条为《民法典》第 526 条承继,无实质性变更。

是可以拒绝付款的,买受人拒绝付款的权利就是我刚才所讲的抗辩权。抗辩权是什么意思啊?(同学们响应道:拒绝履行义务的权利。)抗辩权是拒绝履行义务的权利。

那么这时候买受人有没有(付款的)义务?(同学们迟疑地回答:有。)义务消灭了吗?(同学们回答:没有消灭。)没有消灭。义务是不是没有到履行期?也不是。买受人该不该付款?该付款。但是法条又说了,买受人没有拿到书就可以不付款,买受人的这种权利就叫作抗辩权。

那么这种抗辩权有什么效力呢?并不是永远不付款,而是现在不付款。那么什么时候才付款呢?出卖人什么时候把书给买受人了,买受人什么时候付款。这是一个例子。随着时间的推移,以后这种例子会越来越多。同学们先把法律条文记一下,《合同法》第66、67、68条规定的都属于拒绝履行义务的权利,[1]回去查查法条。

下面再举一个例子。我们说请求权都有行使时间,如果权利的行使时间到了,权利人还不去行使权利,那么法律认为这种权利就没有保护的必要了。于是我们将这种制度称为消灭时效制度。前面曾经讲过,我们国家消灭时效制度的时效期限是3年,还记得吗?(同学们齐声答:记得。)下面我们就举一个消灭时效的案例。

出借人借给借用人100万元人民币,约定3个月以后归还。3个月到了,借用人并没有归还100万。此后,出借人因为不好意思也没有再问借用人要过钱。一晃三年半过去了,这时候出借人想到了借钱这回事,于是出借人打官司去问借用人要这100万元。

第一个问题,借用人有没有归还100万元的义务?(同学们回答:有。)有。但3年诉讼时效期限经过后,借用人可以不向出借人还钱——这就是拒绝履行义务的权利。从此以后,出借人再问借用人要,借用人都可以不给钱了。那么这一种是拒绝履行义务的抗辩,还是权利否定的抗辩?(同学们回

[1]《合同法》第66条为《民法典》第525条承继,《合同法》第68条为《民法典》第527条承继,均无实质性变更。

答:拒绝履行义务的抗辩。)那么这种抗辩产生什么后果?后果就是借用人可以永远不给钱了。在前面的案例中我们也讲过拒绝履行义务的抗辩,但其后果不是永远不给钱了,只是现在不给钱——出卖人什么时候给货,买受人就什么时候给钱。

通过上面两个案例,我们发现拒绝履行义务的抗辩可以分两种。第一种是阻却的抗辩,也可以称为延迟的抗辩,目的在于阻却权利人现在行使权利。比如买书这个案例,因为我要等到你给书了再给你钱,所以我会拒绝现在给你钱,但不代表我永远不会给你钱;第二种,我们把它称为灭却的抗辩,在这种情况下,你的权利依然有,但是我可以永远不履行义务。

所以抗辩权指的是拒绝履行义务的权利,分为阻却的抗辩(也称延迟的抗辩)和灭却的抗辩。前者享有的是拒绝现在履行义务的权利,但等条件具备后依然要履行义务。而后者则享有永远都不再履行义务的权利。注意这两者的差别。

小结一下,抗辩分为两种。第一种就是我们刚刚讲的抗辩权——拒绝履行义务的权利(又可以分为两小类);第二种就是上节课所讲的抗辩——权利否定的抗辩。这两种抗辩都属于有权抗辩,但有权抗辩未必就是抗辩权,抗辩权只是其中的一种。

现在问大家几个问题,这些问题你们应该是复习过的。第一个例子,权利根本没有发生过,有人却要来主张权利。被主张方有没有权利抗辩?(同学们回答:有。)有。第二个例子,权利曾经有过,但是因为义务已经履行完毕了或者已经被免除了,所以现在权利已经消灭了,曾经的权利人还来主张权利,被主张方有没有权利抗辩?(同学们回答:有。)有。第三个例子,权利没有到期,权利人却去主张权利,对方有没有权利抗辩?(同学们回答:有。)有。第四个例子,权利已经过时效了,权利人还在主张权利,被主张方有没有权利抗辩?(同学们回答:有。)有权利抗辩。

我们举了四种例子,这四个人是不是都有权抗辩?(同学们回答:是的。)是的。那么其中有几种是依据抗辩权来抗辩的?(同学们迟疑地回答:

一种。)哪一种？就是最后一种。那是不是就可以得出一个结论:有权抗辩的未必就是抗辩权？(同学们回答:是。)反过来有抗辩权的是不是一定属于有权抗辩？(同学们回答:是。)是的。男人是人,女人是人,人包括男人女人。反过来说就是,不是所有的人都是男人,但所有的男人都是人。人和男人、女人之间是包含关系(抗辩和抗辩权之间也是包含关系)。

(3)抗辩权的功能

现在我要讲一讲抗辩权的立法意图了,下面进入民法的技术方法的讲解。民法的每一项规定都是有立法意图的。我们讲过法律的逻辑是目标法则,所谓目标法则就是先设定一个目标,再确定条件,再给你一个后果。那么现在从抗辩权的目标法则来说,它要建立的目标是什么呢？我们先把抗辩分成两点,来看看立法意图是什么。

第一点是,如果当事人基于权利否定之抗辩进行抗辩,当事人可以不主张,不援引(法律)条款,法官也不会因此判决当事人败诉。

举个案例,原告的权利未到期却起诉要求被告还钱,被告觉得原告不讲道理,就不来应诉。那么,是不是被告不来应诉,这个案子法官就判不下去了？不会的,法官还是可以判下去的,因为民事诉讼中有一个规则叫作缺席审判:原告到庭了,被告没到庭,法官(事先早就)把开庭通知书、传票等都交给被告了,被告还是无故缺席,法院可以进行缺席审判。所以,被告缺席并不会导致法官无法开庭。

于是法院开始审理了。法官说,原告讲讲你的诉讼请求。原告说要求对方给付 1000 万元。法官继续问道,凭什么要求被告给付 1000 万元？原告回答说,被告借了自己钱。法官又问,还款期到了没有？原告回答,没有到。法官追问道,没有到期你为什么要求被告支付 1000 万元？原告如实回答,因为股票涨了,(同学们笑)我着急用钱,所以我要求他给付 1000 万元。那么这个时候,如果你们是法官,你们会怎么判？会不会判原告胜诉？(同学们回答:不会。)认为该判原告胜诉的举手。(只有少数几个同学举手,傅老师对着一个举手的同学说)你说说看,凭什么认为应该判原告胜诉？(同学答:

因为被告没有抗辩）因为被告没有抗辩，所以就应当判决被告败诉，原告胜诉吗？我刚才不是讲了吗，这种情况被告不来抗辩会影响法院的判决吗？（同学们回答：不会。）不管被告来还是不来，法院都会按照既有的事实和法律来判决，所以即使被告不到庭，不来抗辩，法官同样会判被告胜诉。因为权利否定之抗辩不需要被告提出，法官在查明案情后都会按照既有的事实和法律进行判决。

假如按照刚才那位同学的逻辑，认为应该判原告胜诉的话，我们推演一下，看看接下来会发生些什么。假如张三根本不欠我钱，我一纸诉状将张三告到法院去，要求张三还我 1000 万元。张三说，我不理你，我不出庭。这种情况下法院能不能开庭？（同学们回答：可以。）可以。法官问原告，诉讼请求是什么？原告回答，请求被告还 1000 万元。法官继续问道，为什么要求被告还 1000 万元？原告说，我想要 1000 万元。（同学们哈哈大笑）原告有没有请求权基础？（同学们回答：没有。）没有。原告想要 1000 万就得给他 1000 万吗？那么好，被告又不来抗辩，法官该怎么判？（如果按照刚才的逻辑）有人也许会说，谁让被告不来抗辩的？被告不来抗辩就应当给原告 1000 万元。能这么判吗？（同学们回答：不能这么判。）不能这么判。

同样的例子，原告曾经借给被告 1000 万元，实际上被告早就将这笔钱还了，只是原告没有去看账户，并不知道被告已经还了这笔钱。现在原告一纸诉状将被告告到了法院，要求被告还自己 1000 万，被告在开庭那天没有出庭。原告的老婆知道这件事就发短信和原告说："哎呀，钱早就到账了。"原告这时候才发现被告已经把钱还给了自己。

即使是这样，法官还是要缺席审判的。于是法官问原告诉讼请求是什么，原告回答说，要求归还 1000 万。法官继续问，你的理由是什么？原告回答说，我曾经借给他 1000 万，他没有还给我，但是我老婆刚刚发了个短信和我说钱已经到账了。那么这个时候法官能不能说因为被告没来抗辩就判他败诉？让他还给原告 1000 万？常识告诉我们可不可以？（同学们纷纷回答：不可以。）不可以。没有的事情怎么可以判它有呢？

由此我们就可以得出结论，权利否定之抗辩不因被请求人或者被申请人不来抗辩而受影响。

但是拒绝履行义务的抗辩却完全不一样，这就是我们要讲的第二点。在拒绝履行义务的抗辩场合，如果被主张方不来抗辩，就判被主张方败诉；如果被主张方来抗辩了，就判被主张方胜诉。

举个例子，原告借钱给被告1000万，原告对被告的1000万债权早就到期并且可以行使了，但是原告在债权到期5年以来一直没有行使，却在5年后的现在想起来了，于是原告赶紧去问被告要这1000万。被告就想，我刚刚读过皮毛的法律，学过“皮毛法”，（同学们哈哈笑）法律告诉我诉讼时效期限是3年，原告你5年都没有问我要，时效期间早就过了，我不用理他，不去法院。这种情况下法院能不能缺席审判？（同学们回答：能。）能。法官问原告诉讼请求是什么？原告回答说，要求被告还1000万。法官继续问原告，凭什么问他要？原告回答，被告借了我1000万，借条有，打款的凭证也有。法官继续追问道，你有没有问被告要过钱？没有。法院继续问道，从还款期届满到现在你起诉，中间过了多少年了？原告回答，5年了。5年之间你问过被告要钱没有？原告回答，没有。被告答应过给你钱没有？原告回答，也没有。那这5年期间你为什么不问被告要钱，有没有什么不可抗力？原告回答，都没有。

那么按照法律规定，时效届满了没有？（同学们回答：届满了。）时效期间几年？（同学们回答：3年。）3年。时效已经届满了，被告可不可以不给钱？（同学们回答：可以。）可以。但是被告有没有出来抗辩？没有，正是因为被告没有出来抗辩，法院才会判被告还钱。假如被告到庭并且抗辩了，法院会驳回原告的诉讼请求。

这个判决给了被告一个很大的教训。于是被告提起上诉，这时候他一定会到庭了。被告到庭说，我现在要抗辩，法律规定的时效期间是3年，现在原告5年都不履行权利，自己要进行抗辩拒绝还钱。那么二审法院会怎么判呢？二审法院说，晚了，谁让你一审不来，你二审不能再抗辩了。[1] 为什么二审不能再抗辩？因为如果二审可以再进行抗辩的话，那么（二审也可以不来，等）再审好了，再审也可以抗辩，这就没完没了了。因此，被告如果一审没有抗辩，想在二审期间再抗辩的话，抗辩的机会已经过去了，被告已经没有资格抗辩了，他应当给钱。

由此可见，拒绝履行义务的抗辩，如果被请求人不进行抗辩，会对被请求人作出有利的判决还是不利的判决？（同学们回答：不利的。）不利的判决。如果被请求人进行了抗辩呢？会对被请求人作出有利的判决还是不利的判决？（同学们回答：有利的。）有利的判决。为什么？因为行使抗辩权会产生两种后果。第一种后果，在《合同法》第 66、67、68 条中规定的，义务现在可以不履行；第二种后果，在《民法通则》中规定的，时效期间届满后进行抗辩，同样可以不履行义务。再总结一下，抗辩有两种，第一种是权利否定之抗辩，第二种是拒绝履行义务的抗辩。那么我们今天讲的抗辩权指的是第二种。第二种抗辩权必须行使（才能够产生抗辩的效果）。

从这个意义上，其实抗辩权也是一种形成权，只有行使抗辩权才会改变权利义务关系。如果你不行使抗辩权，权利义务关系不改变，你是不是还要给钱？（同学们回答：要给钱。）要给钱。如果你行使抗辩权改变了权利义务关系，你还要不要给钱？不要，或者至少现在不要给钱了。好，关于抗辩权我们就讲到这里。

6. 受领权

前面我们讲了支配权、请求权、形成权、期待权、抗辩权，我们最后讲一个受领权。受领权又被称为给付受领权，就是指接受给付的权利。这个权利书上没有写，是我上课加出来的。

举个例子。A 同学到食堂花 15 块钱买了一份盒饭，食堂拿了钱以后，给

[1] 《时效规定（2020）》第 3 条规定："当事人在一审期间未提出诉讼时效抗辩，在二审期间提出的，人民法院不予支持，但其基于新的证据能够证明对方当事人的请求权已过诉讼时效期间的情形除外。当事人未按照前款规定提出诉讼时效抗辩，以诉讼时效期间届满为由申请再审或者提出再审抗辩的，人民法院不予支持。"原为《时效规定（2008）》第 4 条。

了A同学一份15块钱的盒饭,A同学有没有接受给付的权利?(同学们回答:有。)有。如果A同学刷了卡,给了钱以后,在食堂的炊事员去打菜、打饭的过程中,A同学感觉到一口痰上来了,文明的A同学马上去厕所吐痰。(同学们笑)后面一个B同学也来这个窗口买盒饭,食堂的炊事员记性没那么好,于是把15块钱的盒饭交给B同学了,B同学就拿了。等到A同学回来以后,食堂炊事员才发现自己搞错了,于是跟B同学说,你把饭菜拿过来。B同学说,凭什么让我拿过来?炊事员说,你没有给钱。B同学说,我没有问你要过,盒饭是你主动愿意给我的。

那么现在好了,常识告诉我们,B同学(的理由)一定是不对的,你要么把盒饭还给别人,要么把15块钱给食堂,是吧?(同学们回答:是。)那么法理依据在哪里呢?法理依据在于,在这个法律关系当中,A同学有没有给付受领权?(同学们回答:有。)B同学有没有给付受领权?(同学们回答:没有。)所以,B同学没有给付受领权却接受别人的给付叫作"不当得利",即没有法律上的依据而获得了利益。所以给付受领权很重要。好,关于权利作用的分类,我们就讲到这里。下面我们开始讲基于权利相互关系的分类。

(四)基于权利相互关系的分类

1. 原权和救济权

基于权利相互关系的不同,可以将权利分为原权和救济权。举个例子,每个人都有人格权,人格权是绝对权还是相对权?(同学们回答:绝对权。)绝对权。人格权包括生命权、健康权、身体权等。现在某人被打伤了,他的人格权受到了侵害。那么对受侵害的权利要不要给予救济?(同学们回答:要。)要。法律规定受侵害者可以请求打人者赔偿。那么损害赔偿请求权是一种什么权?救济权。人格权是一种什么权?原权。

再举个例子,我有iPhone手机一台,被小偷偷了,小偷把它卖到黑市,没了。现在小偷被抓住了,我有没有权利要求小偷赔偿?(同学们回答:有。)我要求小偷赔偿的权利叫什么权利?(同学们回答:救济权。)对应的原权利是对手机的什么权?(同学们回答:所有权。)所有权。

原权利和救济权之间的关系就是如此,至于定义,同学们自己看书。

2. 主权利和从权利

基于权利之间的相互关系还可以将权利进行另一种分类,分为主权利和从权利。房屋的业主为了买房与银行签订了一个借贷合同,向银行借 500 万。银行借给业主钱需要有人为业主提供担保,于是房地产开发商为业主提供担保,与银行签订了一份保证合同。合同表明,如果业主不还钱,开发商来还。于是我们将银行对业主的权利称为主权利,将银行对开发商的权利称为从权利。

那么这个主从关系有什么意义呢?主从关系的意义就在于从权利与主权利共命运,这个命运是法律上的命运。这意味着,如果主权利消灭了,从权利也消灭;主权利变更了,从权利也随之变更。如果主权利是无效的或者不成立的,从权利可以成立吗?(同学们回答:不成立。)也不会成立。好,假如现在业主按期还款了,主权利消灭了,银行还能不能要求开发商承担保证责任?(同学们回答:不可以。)不可以。

换个例子,如果业主买的房在汶川某个镇,由于汶川发生了地震,业主买的房子被地震给毁了。银行基于恻隐之心,考虑到由于地震,业主那么多钱都没了,银行与其捐钱给别人,不如直接免除业主的还款义务。但是银行免除了业主的还款义务,却忘记免除开发商担保的义务,那么银行可不可以仍然要求开发商还这笔钱?(同学们回答:不可以。)为什么不可以?因为这是主从关系,主权利都没了,哪来的从权利呢?

把这个例子换一下,假如银行和业主说,你原来借了我 500 万,给你打个折扣吧,500 万的本金要还,利息就不用给了。那么现在假如业主还不上钱,银行能不能要求开发商给 500 万的本金加上利息啊?(同学们回答:不能。)银行只能要求开发商给多少呢?(同学们回答:500 万。)500 万(本金)。利息能不能要求给?不能。主权利变更了,从权利也变更了。

好,关于权利的分类,我们就讲到这里。

学习方法

关于权利分类的标准

在学习过程当中要注意方法，我们的权利是根据不同角度来分类的。所以说我们在分析权利的时候，一定要把握权利的划分标准。举个例子，根据逻辑常识，人可以分男人和女人；人又可以分得胃癌的人和没有得胃癌的人。男人和女人是按照染色体为标准来划分的，得胃癌的人和没有得胃癌的人是根据有没有得病为标准来进行划分的。那能不能说得胃癌的人都是男的，未得胃癌的人都是女的？（同学们齐声答：不可以。）不可以，为什么？划分标准不一样。

现在拿第二种分类——绝对权、相对权——来进一步说明。有些权利能够显现权利本体，就是通过权利的名称就能够显示权利的内容，比如人格权、身份权、物权、债权。而支配权、请求权、形成权，这些根据权利作用来进行划分的权利类型能不能（从其名称）显现出权利本体呢？不能显现权利本体。那么我们能不能问这样的问题：支配权到底是绝对权还是相对权？不能。能不能问：请求权到底是绝对权还是相对权？也不能。不要看到一个权利，就认为都可以跟绝对权、相对权相关。同理，我们能不能问：支配权是物权还是债权？请求权是物权还是债权？（同学们回答：不能。）都不能这么问，因为权利可以从多个维度来划分，你要是这么问，就是把不同维度上的事物放在一起讨论，会造成维度错乱。

同样的道理，能不能问：得胃癌的人是男人或者女人？（同学们回答：不能。）不能这么问。得胃癌的人与不得胃癌的人是从得病不得病角度来划分的，男人与女人是从染色体的角度划分的。他们划分的角度是不同的，所以不要把这些权利串起来。（同学们频频点头）很多初学者一看到这些权利，比如支配权、请求权、抗辩权、期待权，就认为是从权利内容角度进行的划分，但事实上并非如此，人格权、身份权这些权利才是从权利内容角度去区分的。原权利与救济权同样也不是从权利内容角度去区分的，而是从权利相互关系角度来考虑的。

好,接着我们思考一个问题,人身权是原权利还是救济权?(同学们议论纷纷)其实这个问题本身就是错误的。人身权相对什么权是原权、救济权?如果相对损害赔偿的权利,人身权就是原权。如果没有对应一个法律关系,你凭什么说它是救济权还是原权利?那如果问人身权是主权利还是从权利?能得出结论吗?(同学们回答:不能。)也不能。因为只有把两个权利放在一起,才可以区分主权利、从权利。这就像一个40岁的男子,你说他是父亲还是儿子?回答这个问题前首先要明确你是针对谁的。针对这名男子的父亲来说他是儿子,针对这名男子的儿子来说他是父亲。不要看到年龄就认为他是父亲了,如果这个40岁的男子根本还没有结过婚,没生过孩子,你凭什么说他是父亲呢?

所以就"基于权利相互关系"进行的权利分类,只有在两个权利相互关系成立的时候才能确定它是原权利还是救济权、主权利还是从权利。比如合同上的权利是债权,违反合同的违约责任所产生的权利也是债权,把合同权利和违约责任所产生的权利进行比较,会发现合同权利是原权利,违约责任反映的权利是什么?(同学们回答:救济权。)救济权。只有将两者放在一起才能够知道哪个是原权利,哪个是救济权。好,下面问:物权、债权是主权利还是从权利?能回答吗?(同学们回答:不能回答。)不能回答。如果开发商和银行之间是保证关系,银行对开发商有没有债权?(同学们回答:有。)有。但是至于它是主权利还是从权利,只有将银行基于保证关系享有的债权和基于借款关系享有的债权放在一起,才能够区分哪个权利是从权利,哪个权利是主权利。

所以我们讲了那么多权利,同学们一定要明确每一个权利是和什么分类标准结合在一起的。如果离开了分类标准,你就会被这么多权利的概念绕进去。所以学民法一定要保持头脑的清醒。

五、权利的竞合

(一)含义

权利的分类我们就讲到这里,下面我们讲权利的竞合。权利竞合的定义我不说了,PPT、教科书上都会写得很清楚。我先举一个例子,大家一定要把这个例子记下来。

假设甲到……我们学校附近那个游乐场叫什么?(同学们笑着回答:欢乐谷。)哦,到欢乐谷去游玩,买了一张 300 元的门票,欢乐谷门票到底多少钱我也不知道,假设就是 300 元。甲刚踏上楼梯,游乐设施发生故障,转盘转掉了,(同学们议论纷纷:好像这就是昨天的新闻啊。)甲因此遭受了如下三种损失。第一,甲的一件价值 1000 元的外套破损了。第二,甲的肋骨被撞断了三根,花费医疗费 2 万元。第三,肋骨被撞断以后还有一个损失——精神损失,假设就是 1 万元。在我们国家,精神损失是应当赔偿的对吧?(同学们回答:是。)现在甲的损失加起来多少?300 加 1000 加 20,000 加 10,000,甲一共损失 33,300,是不是?(有同学问:为什么门票还算?)要算的。他花 300 买一张门票要干嘛?(同学们说:玩啊。)玩到了没有?(同学们笑起来)没有。甲的履行利益受到损害了。我们换一个例子想一想,你花 15 块钱买一个盒饭,盒饭上面爬了三个蟑螂,(同学们哄堂大笑)你敢不敢吃。你说你损失了没有?如果都(认为)没有损失那我们都给你放蟑螂好了。换句话说,他要是解除合同,可不可以拿回门票费?(同学们回答:可以。)假如甲花了 300 元门票,走进去了,欢乐谷说今天所有的游乐设施都停运,甲可不可以要求退门票?有人说,门都走进去了还怎么能退门票?(同学们笑)很多人就是这么以为,门票门票,就是进门的票?其实不是这个意思,甲花 300 元买门票其实是要求欢乐谷提供游园服务的,甲现在进来有没有享受到游园服务?甲不仅没有享受到游园服务还受到摧残了,(同学们叹息)三根肋骨被撞断了。(此时下课铃声响起)好,我们先讲到这里,下课。

(继续上课)上一节课我们讲到,甲在过生日那天,去欢乐谷游玩。欢乐谷给了他一个特殊的“礼物”——由于游乐设施发生故障,甲价值 1000 元的衣服被撕破了,肋骨被打断了三根,精神上也遭受了极大的痛苦。另外,购买门票的 300 块钱是不是也打水漂了?(同学们应声:是。)

甲的原权利受到侵害了吗?(同学们回答:受到侵害了。)既然原权利受到侵害,那么要不要对原权利进行救济呢?(同学们回答:要救济。)要救济意味着他能不能要求欢乐谷赔偿自己300元、1000元、1万元、2万元的各项损失呢?(同学们纷纷答:能。)

好,现在我问大家一个问题,要求赔偿300元是救济权,那么这一项救济权对应的原权利是什么?(同学们纷纷开始讨论)甲和欢乐谷建立了合同关系,享有债权,是不是?甲给了欢乐谷300块钱,欢乐谷应当为甲提供服务,但是欢乐谷提供服务了没有?(同学们回答:没有。)那么要不要对甲的权利进行救济?就像你给了食堂15块钱,食堂没有给你盒饭而是给你三只蟑螂,(同学们哈哈大笑)这种情况下要不要对你的权利进行救济呢?要的,食堂要么给你换一盒饭,要么退给你15块钱。这里的原权利就是你对食堂的债权,是不是?(同学们齐声答道:是。)同样地,甲要求欢乐谷赔偿300元的这一项救济权对应的原权利就是甲对欢乐谷的合同债权。

那么要求赔偿1000元衣服(的损失)对应的原权利是什么?(一位同学问道:1000元的衣服,是西装吗?课堂上响起一片笑声。)嗯,一般到欢乐谷不会穿西装的哈,那就算是夹克衫吧。那这里的原权利就是夹克衫的所有权,对吧?

那么要求赔偿2万元对应的原权利是什么?(同学们窃窃私语,有同学在下面问道:2万元对应的是什么来着?旁边的同学回答道:排骨,不对,是肋骨。)(傅老师听到同学的讨论后,笑了笑,继续问道)2万元对应的是排骨吗?(同学们哈哈大笑)请求赔偿2万元对应的原权利是不是健康权?(同学们回答:是。)是健康权。1万元对应的原权利是什么?是精神健康吧,精神健康对应的同样是健康权。

所以,要求赔偿300元、1000元、1万元、2万元的这些救济权,他们对应的原权利或者是债权,或者是物权,或者是人身权中的人格权。

好,那么甲应当通过什么路径要求欢乐谷赔偿自己的损失呢?

第一,甲可以追究欢乐谷的违约责任。欢乐谷有什么义务?甲付给欢乐谷300块钱,欢乐谷应当为甲提供相应的300块钱的服务,现在欢乐谷没有为甲提供服务,那么欢乐谷就违约了。

第二,欢乐谷还有一项义务,那就是安全保障义务,欢乐谷有没有这个义务?(同学们纷纷开始讨论)比如欢乐谷说,我这里是一个风险地,游客进来后被他人杀死,我是不负责的。有没有这样的欢乐谷啊?(同学们回答:没有。)没有。欢乐谷对游客有一个安全保障义务。

一个老太太到麦当劳就餐,滑了一跤,为什么滑了一跤呢?是因为麦当劳餐厅的地面没有拖干净,潮湿得很,就摔跤了。对了,昨天《新民晚报》报道一个消息,说有一个地铁站让乘客走上了红地毯,那么地铁站为什么会让乘客走红地毯呢?为了显示很有钱吗?(同学们笑)不是,地铁站是为了防止乘客滑倒,是为了保障乘客的安全。

其实我也享受过红地毯待遇。(同学们窃窃私语,有同学好奇地问道:是什么样的红地毯待遇?)若干年前,我在明法楼,就是教学楼,摔了一跤。因为地很滑,脚底一滑,手一撑,结果骨头断了。(同学们发出惊呼)第二天,全校的教学场所都铺上了红地毯,(同学们笑了起来)红地毯不是为我铺的,因为我已经摔倒过了,红地毯是为了保障师生的安全而铺的。你们可以问问其他老师有没有这回事。

那么学校铺红地毯是它的义务吗?(同学们回答:是。)什么义务?(同学们回答:安全保障义务。)安全保障义务,无论是对老师还是学生,学校都有安全保障义务。我们学校有很多河道、很多湖,凡是河道、湖旁边都种植了很多冬青树,这仅仅是为了美化景观吗?不是。学校把河道和湖围起来是怕路人掉下去。学校还在周围插上很多警示牌,上面写着"注意安全",这是为了展示书法吗?不是,这些都是学校在履行安全保障义务。

欢乐谷同样也要履行安全保障义务,在这个案例中,欢乐谷履行了安全保障义务吗?没有。甲的三根肋骨都断了,你能说欢乐谷履行了安全保障义务吗?(同学们回答:不能。)不能,欢乐谷违反了安全保障义务。因此,甲除了可以追究欢乐谷的违约责任外,也可以追究欢乐谷的侵权责任。为什么可以追究欢乐谷的侵权责任呢？我国《侵权责任法》规定，[1]公共场所的主人对进入公共场所的任何一个人都负有安全保障义务，即使你没有和公共场所的主人签合同，公共场所的主人（或者管理人）也要负安全保障义务。

下面再举一个例子，也跟麦当劳有关。一个北京老太太，5 月 1 日到麦当劳去上厕所。5 月 1 日那天人很多，就厕的人又不文明，有一个小男孩，憋不住了，进了厕所就（在地上）小便。小男孩其实不应该进女厕所，但母亲还是把他带进女厕所去小便了。小男孩出来之后，老太太也进了这间厕所，她不知道地面那么潮湿，滑了一跤，摔伤了。

老太太状告麦当劳，要求麦当劳赔偿损失。麦当劳的律师抗辩说，这个老太太根本就不是来就餐的，如果你来就餐，买我麦当劳的食品，那么你就是我的客户，我对我的客户才有安全保障义务，而你只是单纯来蹭厕所的，（同学们苦笑）那我对你就没有安全保障义务。

法官在法庭调查环节问老太太，你去麦当劳是干嘛的？老太太说是去上厕所的。法官又继续问道，上厕所之前，你有没有购买麦当劳的食品？老太太回答说没有。那你有没有看麦当劳的广告牌？麦当劳不是有很多广告牌嘛，老太太说看了一眼。法官继续问，你看了一眼（广告牌）是不是想买？（同学们忍不住笑起来）如果老太太想买，那她也是一个潜在的缔约方嘛。结果老太太说不想。法官问，那你为什么要看招牌？老太太说，我看见带图片的东西就想要看一下。（同学们笑）这个麦当劳的厕所不是在麦当劳里面，而是在麦当劳隔壁。法官问老太太，你有没有进过麦当劳？老太太说，我没有进麦当劳，而是直接从外面进了厕所。这样问下来，老太太的目的很明确，就是为了上厕所。老太太是不是麦当劳的客户或者潜在的客户？（同学们回答：不是。）不是，老太太去麦当劳纯粹就是为了上厕所。

法官问到这儿，麦当劳的律师说，听到没有，老太太纯粹是为了上厕所，

[1] 《侵权责任法》第 37 条第 1 款规定了公共场所管理人的安全保障义务，该规则为《民法典》第 1198 条第 1 款（“宾馆、商场、银行、车站、机场、体育场馆、娱乐场所等经营场所、公共场所的经营者、管理者或者群众性活动的组织者，未尽到安全保障义务，造成他人损害的，应当承担侵权责任。”）所承继。

既然是纯粹的上厕所,那她就不是我合同的保护对象,我对她就没有安全保障义务。我们没有人推她,她摔了是她自己的事情。

那么法院最终是怎么判决的呢?法院判决认为,根据《侵权责任法》的规定,不管老太太是不是麦当劳的客户,只要她进入你管理的公共场所,你对她就有安全保障义务。案例中的这个厕所是不是麦当劳管理的?是的,那么只要老太太进入了这个场所,麦当劳对老太太就有安全保障义务。

就像华东政法大学的厕所,是为华东政法大学的师生员工提供服务的。我们马路对面不是有一个广富林文化遗址嘛,有两个游客打算去广富林参观,到了这个地方发现还没开门,周围其他地方没有厕所,于是就骗过了华东政法大学的保安,进入了华政来找厕所。华东政法大学能不能说,这两个人我不管?不能。只要他进入了华政的范围,你都有安全保障义务。

好,既然公共场所的管理人对于进入公共场所的人负有安全保障义务,这个甲也可以根据《侵权责任法》要求欢乐谷赔偿损失,是不是?(同学们应声:是。)

我们进一步思考。安全保障义务对应的是什么权利?(同学们纷纷开始讨论)欢乐谷的安全保障义务是不是对应进入园区的人的权利?欢乐谷是不是对进入园区的人负有安全保障义务?(同学们应声:是。)这个安全保障义务来自什么?来自两部法律,一个是合同法,另一个是侵权责任法。相应地,当事人就有两个权利,一个是合同法给他的权利,另一个是侵权责任法给他的权利。这两个权利是不是具有同一个目标?(同学们回答:是。)这个目标就是确保人身和财产安全不受侵害。所以甲有两个受安全保障的权利,这两个权利都有相同的目标,权利的行使产生的也是同一后果,那就是得到安全保障。如果你未能使我的安全得到保障,那你就得赔偿我遭受的损失。

同学们还要注意的一点是,上述两个权利,一旦其中的一个权利得以行使,另一个权利也就因目的的实现而消灭。这是什么意思呢?假如根据合同法就能够实现救济,使自己遭受的人身、财产损害得到赔偿,他能不能根据侵权责任法再来一遍？能不能因为他有两个权利，就可以拿两份赔偿，进行两次救济？（同学们迟疑地回答：不可以。）为什么不可以？同学们注意，这里存在法条竞合——合同法和侵权责任法都可以管这个事情，类似的这种情形我们称为法条竞合。

那么法条为什么会竞合呢？既然合同法都已经规定了，侵权责任法为什么还要规定相同的事项呢？这是因为，成文法有一个天生的缺陷，那就是高度抽象，条文的内容一旦高度抽象，难免就会发生交叉。交叉部分就会重叠，重叠的部分就是竞合。所以竞合是怎么产生的？同一个法律事实可能会产生两种不同的法律后果，但这两个法律后果的目标都是一样的。在我们上面讲的案例中，法律事实是什么？是欢乐谷造成游客甲损害，只有这一个法律事实。但这个法律事实会触发不同的法律后果，分别是侵权法上的后果和合同法上的后果。如果这两种后果都是为了同一个目标，那么他只能主张一种后果，这种情形我们称为竞合。

我们继续分析这个案子。甲根据合同法可以获得哪些赔偿呢？300 块钱是可以获得赔偿的，1000 元也是可以获得赔偿的，2 万元也是可以获得赔偿的，但 1 万元的精神损失是不能得到赔偿的。为什么呢？因为根据我国合同法，违约赔偿不赔偿精神损失。换言之，如果甲要援引合同法的规定作为依据，精神损失是不能得到赔偿的，[1] 因此甲肯定不会援引合同法作为依据了。

---

[1] 《民法典》颁行前，虽然有相当文献的反对，并有不少裁判的呼应，但主流学说及裁判一直坚持《合同法》第 113 条所规定的"损失"不包含"精神损害"，故精神损害赔偿不在违约损害赔偿范围之内。这一立场，在 2010 年《旅游纠纷司法解释》第 21 条中得到了强化，该条规定："旅游者提起违约之诉，主张精神损害赔偿的，人民法院应告知其变更为侵权之诉；旅游者仍坚持提起违约之诉的，对于其精神损害赔偿的主张，人民法院不予支持。"《民法典》就违约与精神损害赔偿的关系作出了明确回应。《民法典》第 996 条规定："因当事人一方的违约行为，损害对方人格权并造成严重精神损害，受损害方选择请求其承担违约责任的，不影响受损害方请求精神损害赔偿。"（《旅游纠纷司法解释》第 21 条在 2020 年进行的司法解释修正中被删除。）但《民法典》第 996 条将违约损害的对象限定于"人格权"，也就意味着，如果违约行为损害的是具体人格权以外的人格利益，是否能够依本条获得精神损害赔偿，就成了一个问题。此外，也有观点认为，本条并非承认了在违约之诉中能够主张精神损害赔偿，而只是明确了，当事人在主张违约责任后，尚得另行提起侵权之诉，请求获得精神损害赔偿。关于《民法典》第 996 条的意义、不足及解决方案，推荐阅读杨代雄主编：《袖珍民法典评注》，中国民主法制出版社 2022 年版，第 866~871 页。

那(为了得到精神损害赔偿)他要援引什么作为请求赔偿的依据呢?援引侵权责任法的规定。我们再按照侵权责任法的规定为依据来分析一下这个问题:甲提出的要求赔偿精神损失的诉讼请求是可以得到支持的,1000 元的衣服破损造成的损害赔偿也是可以得到支持的,2 万元的人身伤害赔偿请求权也是可以得到支持的。但是 300 元的履行利益能不能得到支持?侵权责任法上有没有规定违约责任?没有,这 300 元的履行利益跟侵权责任法没关系,所以以侵权责任法为依据,这部分请求无法得到支持。

现在我们用学术语言总结一下,甲的损失有哪些?

第一是履行利益的损失。履行利益损失指的是,我给你 300 块钱,你应当(按约履行)为我提供 300 块钱服务,现在你没有为我提供 300 块钱的服务,我就因此蒙受了损失。同样地,去食堂买盒饭,我给你 15 块钱,我应当得到什么?(同学们回答:盒饭。)你应当给我 15 块钱的盒饭,你却给了我三只蟑螂,这是不是履行利益的损失?(同学们应声:是。)

第二是固有利益的损失。固有利益的损失是指我原本就有的一个利益,现在却遭受了损失。对甲而言,服装是不是他自己的?(同学们应声:是。)是不是固有利益?(同学们应声:是。)甲的身体是不是他自己的?是不是应当保护?这是不是甲固有的利益?甲的精神是不是他自己的?现在你把他弄残了,是不是固有利益损失呢?(同学们应声:是。)固有利益损失又包括两种,一种是精神的损失,这是无形的;另一种是有形的损失,比如服装的损失、身体的损害。有形的损失和无形的精神损失,这些都叫作固有利益损失。

那么好,根据合同法,甲可以获得履行利益损失的赔偿,也可以获得一部分固有利益损失的赔偿。精神损失这种无形的损失,我们国家目前根据合同法不能得到赔偿。如果根据侵权责任法,甲的哪些损害可以获得赔偿?(同学们回答:固有利益损失。)对的,侵权责任法赔偿的都是固有利益的损失。侵权责任法能不能赔偿履行利益的损失?(同学们回答:不能。)

我们再仔细看,(傅老师指着板书)假如现在甲已经按照侵权责任法获得了这些赔偿（指固有利益部分），他还能不能再按照合同法获得（300 元）这部分赔偿呢？（同学们回答：不可以。）为什么不可以？是可以的。损害赔偿强调填平原则。打个比方，我的损失就相当于被挖了一个坑，你的救济就是要把我的坑填满，现在甲被挖坑了没有？挖了。按照侵权责任法进行赔偿后，他的损失填满了没有？没有（还差 300 元），所以他按照合同法继续填。那么反过来，如果按照合同法，他的大部分损失可以获得赔偿，但赔不赔偿精神损失？（同学们应声：不赔。）那么他可不可以接着起诉，要求按照侵权法来赔？可以。为什么？（部分同学迟疑地回答：要填平。）对的，要填平！但他能不能另行起诉要求获得重复赔偿呢？（同学们应声：不能。）

现在我们再来看竞合的定义就清楚了。

（傅老师指着 PPT 说）“数个权利具有同一目标”（要素一）。刚才欢乐谷的案子中甲有哪两个权利？第一个权利是追究违约责任的权利，第二个权利是追究侵权责任的权利。有没有同一个目标？（同学们回答：有。）你们说在哪些方面是同一目标？请求赔偿 1000 元是不是同一目标？（同学们回答：是。）请求赔偿 2 万元是不是同一目标？（同学们回答：是。）请求赔偿 300 元是不是同一目标？（有些同学答：是。）到底是还是不是？（这次同学们齐声答：不是。）不是同一目标。300 元是合同法上的目标（不是侵权法上的目标）。请求赔偿 1 万元是不是同一目标？也不是，这个赔偿请求权只是侵权法上的目标（不是合同法上的目标）。好，请求赔偿 1000 元与请求赔偿 2 万元这两个都属于（主张违约责任或侵权责任的）同一目标。

“各权利之行使发生同一后果”（要素二）。选择追究违约责任，这 1000 元、2 万元的赔偿能不能拿到？（同学们回答：能。）选择追究侵权责任，这 1000 元、2 万元的赔偿能不能拿到？（同学们回答：能。）无论是行使合同法上的权利，抑或是侵权法上的权利，都可以获得这些赔偿。换言之，行使不同的权利，得到同一后果。

“行使其中一个权利，另外一个权利便会消灭”（要素三）。这意味着，（傅老师指着板书说）如果你已经按照合同法获得了这部分赔偿，就不能再按照侵权责任法要求赔偿这部分。同样地，你如果已经按照侵权责任法获得了这部分赔偿，也不能再按照合同法要求赔偿这部分。

满足以上三个要素，我们就称为竞合。

竞合包括完全的竞合与部分的竞合。举个（完全竞合的）例子，假设欢乐谷说，国庆节这一天对公众免费开放，或者国庆节那天对华政的同学免费开放，（同学们哈哈大笑）于是国庆节那天有个华政同学去了欢乐谷。他有没有付300元？（同学们应声：没有。）结果游玩的时候设备发生了故障，这位同学的衣服被撕破了，还好人没有受到伤害。既然人没有受到伤害，那有没有精神损害？（同学们回答：没有。）但是他说这件衣服是我女朋友给我的定情信物，现在定情信物损坏了，对我来说也是一个“精神损害”。（同学们哈哈大笑）那么这个“精神损害”该不该赔呢？原来的司法解释规定是可以赔的，但是现在侵权责任法规定不能赔，[1]因为如果规定可以赔，就会面临一个界定上的困难，即“哪些物的毁损可以获得精神损害赔偿？”如果定情信物的毁损可以请求精神损害赔偿，我养的宠物受到侵害致死要不要赔偿精神损失？（同学们开始讨论）那就更要赔了。如果宠物要赔，一个祖传的物件要不要赔？

关于财产损害能否引发精神损害赔偿，这个问题我们今天先不展开。我们还是回到欢乐谷的例子。假如这件衣服并不是什么定情信物，这位同学免费进入欢乐谷，衣服被利物扯破了，损失就是1000元，根据合同法他能

[1]《精神损害解释（2001）》第4条规定：“具有人格象征意义的特定纪念物品，因侵权行为而永久性灭失或者毁损，物品所有人以侵权为由，向人民法院起诉请求赔偿精神损害的，人民法院应当依法予以受理。”2009年颁布的《侵权责任法》第22条就精神损害赔偿作了一般性规定（“侵害他人人身权益，造成他人严重精神损害的，被侵权人可以请求精神损害赔偿。”）。依该条文义，只有在侵害“人身权益”场合，方得请求精神损害赔偿，“财产权益”不在其列。整部《侵权责任法》也未就侵害财产权益能否主张精神损害赔偿作出特别规定。事实上，《侵权责任法》生效后，就侵害财产权益能否引发精神损害赔偿这一问题，存在较大争议。否定说认为，《侵权责任法》没有规定可以请求赔偿即意味着对《精神损害解释（2001）》第4条的否定。肯定者认为，《侵权责任法》生效后，《精神损害解释（2001）》并未失效，故该司法解释第4条仍构成《侵权责任法》的特别规定，可以继续适用。对于这一问题，《民法典》第1183条规定：“侵害自然人人身权益造成严重精神损害的，被侵权人有权请求精神损害赔偿。因故意或者重大过失侵害自然人具有人身意义的特定物造成严重精神损害的，被侵权人有权请求精神损害赔偿。”

得到多少赔偿？1000元。无偿合同中也是有合同义务的。比如你送给同学一个油炸馒头，有偿还是无偿的呢？（同学们回答：无偿的。）但是这个馒头是用地沟油炸出来的。你明知道地沟油对人体健康有危害，还把这样的馒头送给同学吃。同学吃了拉肚子，能不能说因为你送给同学的馒头是没收钱的，是无偿的，所以同学拉肚子跟你没关系，你不承担责任，能不能这么说？（同学们纷纷回答道：不能。）不能这么说。

我们回到欢乐谷的例子，哪怕这位华政的同学进入欢乐谷是免费的、无偿的，欢乐谷也要承担1000元的责任，因为欢乐谷违约了。同时欢乐谷也侵权了，因为它作为公共场所的经营者和管理者，没有尽到安全保障义务。换言之，不管是基于违约责任，还是基于侵权责任，这位同学都能拿到并且只能拿到1000元的赔偿。如果这位同学追究欢乐谷的违约责任，获得了1000元赔偿，还能不能根据侵权责任法的规定再要求赔1000元？（同学们回答：不能。）因为这两者的目的完全重合。当然有时候主张违约责任和主张侵权责任的目的并不完全重合，仅有部分交叉，此时就可以要对方赔偿不交叉的那一部分。

以上就是权利竞合我要讲的主要内容。关于权利竞合的三个学说、权利竞合的立法例、权利竞合的后果，这些内容我就不说了，请同学们回去自学。

（二）权利竞合与权利聚合的区别

但是这里要区别一下权利的竞合与权利的聚合。它们的区别在哪里呢？权利竞合中，当事人可以基于不同的规范主张权利，但目标完全相同，而在权利聚合中，目标则是不一样的。

刚才我们说了，追究违约责任的请求权适用的是填平原则，追究侵权责任适用的也是填平原则，这意味着同一损失只进行一次赔偿，违约责任与侵权责任的目标是一样的，这是权利竞合。权利聚合中，目标是不一样的，下面我们举一个权利聚合的例子。

谢晋知道吗？（同学们开始窃窃私语）谢晋是著名导演，浙江绍兴上虞人,他的妻子叫徐大雯。有一次谢晋回到上虞,去参加春晖中学 100 年庆典活动,晚上住在旅馆里面,因突发心源性心脏病而不幸去世。那么另外有个人,名叫宋祖德,是位网络名人,雅号宋大嘴。谢晋死后,宋大嘴就发表了博客,说谢晋是因为嫖娼才死亡的,那天晚上有两位女性性工作者住在他那里,谢晋在这个过程中心脏吃不消了才死亡的。他还说,死有很多方法,但不要学习谢晋的死法。他还说,谢晋和刘晓庆有一腿,谢晋有一个儿子是和刘晓庆生的(谢晋曾经导演过一部非常著名的电影《芙蓉镇》,里面的女主角就是刘晓庆演的)。很多媒体对宋祖德的文章进行了转载,造成了恶劣影响。

于是谢晋的遗孀徐大雯就状告宋祖德,说他名誉侵权,编造子虚乌有的东西污蔑死者。宋祖德在法庭上提出如下抗辩。第一,人死了没有名誉,因此就构不成侵权。第二,我根本没有说过这些话——但是徐大雯拿出了很多宋祖德在网上发表言论的证据,法院看了之后认为宋祖德确实发表过这些言论。

最终法院判决认为,人死了以后还是有名誉的,遂判决如下:第一,停止侵害,不允许再传播这些言论;第二,赔礼道歉;第三,恢复名誉,你在什么场合下发布这些信息的,你就在什么场合来恢复名誉,考虑到你在纸质媒体上也发布过这些信息,那你必须再登报恢复名誉;第四,消除影响;第五,赔偿损失,因为你的这个行为给徐大雯带来了精神损害,判赔精神损害抚慰金 20 万元,以及其他的经济损失将近 9 万元。

这五项判决结果是根据原告徐大雯提出的诉讼请求作出的。那么原告提出五项诉讼请求,说明徐大雯有五项权利,这五项权利都是基于同一个事实发生的,也就是诋毁谢晋名誉这个事实。那么这一个事实所产生的五项权利是不是重叠的?(同学们回答:不重叠。)停止侵害、赔礼道歉、消除影响、恢复名誉以及赔偿损失相互之间不重叠。我们把一个法律事实产生多个权利,而多个权利并不重叠的现象称为权利聚合。相反地,如果一个法律事实产生多个权利,而多个权利的目标完全相同,我们便称为权利的竞合。

权利竞合与权利聚合存在共同点。第一个共同点,都是由一个法律事实引发的。比如甲到欢乐谷游玩受到伤害,是一个法律事实。宋祖德在网上发表不当言论,这也是一个法律事实。第二个共同点,这个法律事实产生多个权利,比如甲到欢乐谷游玩受到伤害的法律事实产生几项权利?两项权利。宋祖德在网上发表不当言论产生几项权利?五项权利。好,这是他们的共同点。那它们的不同点在哪里呢?聚合所产生的多项权利的目标是不同的;竞合所产生的多项权利目标是相同的。由于权利竞合情况下,权利目标是相同的,那么这两项权利你就只能行使其中一项。权利聚合的情况下,由于多项权利的目标是不同的,那么五项权利就都可以行使。

下面我举一些例子,大家来判断一下是属于权利竞合还是权利聚合。

第一个例子。一群幼儿园的小朋友来到上海野生动物园春游,出于安全考虑,小朋友们坐在汽车里进入野生动物园。车子开到猛兽区的时候,熄火了,驾驶员就出来修引擎。两个老虎一看,马上冲上去撕咬驾驶员,驾驶员没有两三分钟就被咬死了。(同学们惊呼)老虎是想吃人还是想干啥?不是想吃人,老虎认为有人侵入它的领地,本能地正当防卫。(同学们苦笑)现在驾驶员的亲属状告野生动物园,要求赔偿损失。那么法律依据是什么?首先是依据合同法的规定。驾驶员与野生动物园之间有没有合同关系呢?驾驶员进野生动物园也是要收门票的,也是有合同关系的。在这个合同关系中,野生动物园也有安全保障义务,比如设立警示标志等,现在野生动物园没有尽到安全保障义务,家属有权要求赔偿。其次还可以依据侵权责任法告野生动物园侵权,因为野生动物园作为场所主人,没有尽到安全保障义务。那么这是属于竞合,还是属于聚合?(同学们回答:竞合)这属于竞合。但这个案件中也存在着聚合的现象。哪方面是聚合?基于合同法,家属能否获得精神损害赔偿?(同学们回答:不能。)如果按照侵权责任法,门票损失赔不赔?(同学们回答:不赔。)所以,关于请求精神损害赔偿和门票损失属于什么?聚合。所以这个案子中的权利部分竞合,部分聚合,重叠部分竞合,未重叠部分聚合。

第二个例子。上海有一家四星级的银河宾馆,好几年前,一个 23 岁的广东客入住了这家宾馆,她的家族生意做得很大,非常有钱。她入住的时候,后面尾随着一个抢劫犯,抢劫犯到银河宾馆把这个女孩子杀了,并且抢走了很多钱。现在女孩子的母亲状告银河宾馆,说银河宾馆没有尽到安全保障义务,理由是什么呢?第一个理由,这个抢劫犯一看就贼眉鼠眼,形迹可疑。第二个理由,抢劫犯在酒店大堂东张西望,来回徘徊了将近半小时,监控录像都拍下来了。第三个理由,抢劫犯坐电梯从 1 楼坐到被害人入住的 19 楼,又从 19 楼坐到 1 楼,短时间内上下了好几趟,估计抢劫犯当时在作心理斗争到底是抢还是不抢。电梯也有监控,把这些都拍下来了。但银河宾馆为什么没有发现这个抢劫犯?只有两种解释,第一种解释是,银河宾馆的工作人员根本没看监控,如果没看有没有过错?(同学们回答:有。)第二种解释是,你看了没理会他,如果没理会有没有过错?(同学们回答:有。)也就是说银河宾馆横竖都是有过错的,既然是有过错的,就意味着你没有尽到安全保障义务。虽然被害人是别人杀的,别人赔得起别人赔,但是这个抢劫犯被判死刑并被执行,没有赔偿能力,银河宾馆就要承担相应的赔偿责任。在这个案件中,被害人的家属要求银河宾馆赔偿,可以基于侵权责任法,也可以基于合同法,这种情况叫作聚合还是竞合呢?如果不考虑精神损害赔偿,是竞合还是聚合?(同学们回答:竞合。)是竞合。如果考虑精神损害赔偿,是竞合还是聚合?那就带有部分聚合了。

第三个例子。一个华裔英国人,到云都浴场去洗澡,洗澡票很贵,因为里面都是高档设施。谁知道英国人躺在澡堂里面触电身亡了——因为澡堂太高级,各种设施都要用电。现在他的家属能不能要求澡堂承担赔偿责任?可不可以根据合同法请求赔偿?(同学们应声:可以。)可不可以根据侵权责任法请求赔偿?(同学们应声:可以。)那么这就产生了竞合。好,关于权利的竞合我们就讲到这里。

六、权利的行使

现在我们讲权利的行使。讲的内容越来越难了,再难我们也要学下去,我们今天讲的知识点很多,大家回去要及时复习巩固。但是放心,每讲一个概念我都会跟进一个例子,你们必须把这个例子记下来。

(一)民事权利的行使

1. 含义

什么叫权利行使呢?即依照权利的内容实施相应的行为。

比如所有权的行使。所有权的内容是什么?对所有物进行占有、使用、收益、处分。假如这支粉笔是我的,我拿了这支粉笔,有没有行使所有权?行使了。我在黑板上写字,有没有行使所有权?行使了。我把它卖给别人,有没有行使所有权?行使了。我把它租给别人获取租金,有没有行使所有权?行使了。

按照权利的内容来实施行为叫作权利的行使。

权利的行使不同于权利的处分。所有权的内容不是包括占有、使用、收益、处分嘛,但所有权内容中的占有、使用、收益、处分和权利的处分有没有区别呢?有区别的。

所有权(内容中)的处分是对所有物的处置。处分有两种,一种是事实上的处分,另一种是法律上的处分。事实上的处分指的是决定物的事实命运。比如包子吃下去后,包子没有了,这是事实上的处分。汽油燃烧掉了,汽油没有了,这也是事实上的处分。把三层楼的房屋改造成五层楼的房屋,也是事实上的处分,因为房屋从根本上发生了变化。把三层楼的房屋改造成平房,也是事实上的处分。原来厕所在东面,现在厕所移到西面去了,处分了没有?处分了。这些都叫什么?(同学们齐声答:事实上的处分。)

法律上的处分是指不改变物的物理状态,只改变物的法律命运。比如我把房屋的所有权转移给别人,无论是卖还是送,房屋改变了没有?(同学们应声:没有。)主人改变了没有?(同学们应声:改变了。)这就叫法律上的处分。

举个例子你们判断一下。前几天我们去看望一位老师,这位老师的孩子刚刚满月,同志之间相互关心,喜事大家都沾一点,于是就到农村去探望这位年轻的妈妈。这位老师的母亲很客气，说，你们是城市里来的，我们农村的鸡都是散养的，城市里根本吃不到。于是把家里养的两只鸡，一只宰了给孩子的妈妈催奶，另一只送给我们，让我们带回来。现在问，她有没有处分两只鸡？（同学们应声：有。）有没有事实上的处分？（同学们应声：有。）哪一只？（同学们应声：宰了的那只。）对。有没有法律上的处分？（同学们应声：有。）哪一只？（同学们应声：送了的那只。）对。

（此时下课铃声响起）好，今天就到这里，下课。（课堂响起一片掌声）

案例分析

烈士陵园被围案

我讲一个案例，一所学校的中学生到烈士陵园去凭吊烈士，但这个烈士陵园又在一个公园的包围之中，所以想要凭吊烈士就必须买公园的门票。但是中学生认为，国家行政法规——国务院颁布的《烈士褒扬条例》规定，[1]烈士陵园是免费对外开放的，是不允许收费的，于是向上级机关写信质疑这个现象。公园请的律师站出来说，进入公园要收费，但是通过公园进入烈士陵园（不再另外收费），是免费的。你可以跟公园协商免费还是不免费，但是决定权在公园。律师又说，到烈士陵园去凭吊，不能以损害公园的利益为前提。（那么中学生和律师谁说得对呢？）

我现在把结论告诉大家。第一，国务院的规定是一个上位法，上海市或者其他省市的规定不能与上位法的规定相抵触。也许世纪公园的收费标准、世纪公园与烈士陵园的区域划分都是根据上海市的规定作出来的，也许律师也可以以此为据，抗辩称世纪公园的做法有法可依。但是我们要注意到法的位阶。国务院《烈士褒扬条例》明确规定，凡是烈士纪念点都应当免费向公众开放。这里所谓的公众是指不特定的任何人，而不是只有三人以上才算“众”。一人算不算“众”？一人也算“众”。法学上所讲的“众”和我

[1]　国务院《烈士褒扬条例》第28条规定：“烈士纪念设施应当免费向社会开放。烈士纪念设施保护单位应当健全管理工作规范，维护纪念烈士活动的秩序，提高管理和服务水平。”

们生活中的“众”不是一个层面的，向公众开放在法学领域指的是向不特定的任何人开放。既然向不特定的任何人开放，那么不特定的一人进来，你也得为他开放，而且这里的开放指的是免费开放。现在公园把烈士纪念点围起来了，如果围起来之后继续免费开放，那你是对的；如果你围起来后（通过公园）要收费，那么就跟上位法相抵触了。当下位法跟上位法相抵触时，下位法的规定是无效的。因此公园收费虽然有依据，但是这一依据有效无效？（同学们回答：无效。）无效。

至于律师说的，进公园是有偿的，进入公园后到纪念点是无偿的，这就是在狡辩了。如果按照这个说法，世界上就会多出来许多无偿的行为。比如我说本教室无偿提供期中考试用纸，但是进教室要收5元一张的门票，看上去考试用纸是无偿的，其实是变相的收费。道理是一样的。

世纪公园是可以被垄断、独占的区域，但是烈士纪念点这个区域，是任何单位、任何组织、任何个人都不能垄断，不能独占的。因此中学生说，我们又不是想到你公园来，我们仅为凭吊而来，你世纪公园完全可以把围墙朝后挪，这样我们进烈士纪念点就不用必须经过世纪公园了。公园反驳说，围墙朝后挪不现实，我们现在应当按照法律来解决这件事情，法律不会强制世纪公园把围墙往后挪。中学生回应道，根据法律规定你也应当这么做——既然你没有权利控制烈士纪念点这块地，那么你有义务把这个地腾出来。也就是说，你本身控制烈士纪念点的行为就是违法的，你的收费行为更是违法的。烈士纪念点可以增加公园的人文色彩，公园也可以把烈士凭吊地点作为一个景点，但是这么做是有前提的，你不能影响公众的利益，更不能违反法律法规。

也有同学说，照理公园就不应当建在烈士凭吊地点的旁边。根据《烈士褒扬条例》的规定，凭吊、祭奠烈士的地点不能喧哗，不能吵闹。因为这是一个庄严肃穆的地方，这是对烈士忠魂的尊重，是对每一个老百姓的尊重，也是对我们事业的尊重和信仰。比如，你（在旁边）建一个迪斯科舞厅，天天吵吵闹闹，怎么能体现对它的尊重呢？虽然确实有这么一个规定，但是这个学生说公园就不能建在这里,倒是有点绝对了。公园可以建在这里,但是它必须有个警示,比如(离烈士凭吊点)50米开外就不能有喧哗声,不能在这个范围内嬉戏打闹等。比如鲁迅公园里有鲁迅的纪念馆,鲁迅的纪念馆周围就不能有碰碰车、过山车,因为纪念馆必须营造出符合其建造宗旨的气氛来。同学们想想,如果一群阿姨天天在鲁迅公园的鲁迅纪念馆旁边跳广场舞,小苹果唱了一遍又一遍,(同学们哈哈大笑)别人受得了吗?公园可以建在烈士纪念点旁边,但是必须保持肃静。

这个案例的核心点是,如果上位法和下位法存在争议,该如何解决。如果我们把这个问题解决了,那么下面一系列问题就都解决了。根据上位法,公园有的仅仅是一个义务,而不是权利,因此公园无权决定是否允许一般公众到那里去凭吊。好,关于这个问题我们就讲到这里。

案例分析

漫展门票案

今天我出一个题目,大家回去思考。这个案例来自我们班上一个同学发给我的一个短信。这位同学说,现在某一个组织要进行一个动漫展,比如葫芦娃、变形金刚、黑猫警长之类的主题展。(同学们哈哈大笑)这是我女儿小的时候我带她去看的东西,我说的这些动漫人物,现在大家都不知道了吧?(同学们回答:知道。)我平时工作很忙,虽然对动漫感兴趣,但还没有感兴趣到非得买一张门票去看的程度。这位同学说的这个动漫展呢,在展出之前是通过广告进行宣传的,广告的内容就是说有一个我非常关注的人物会参加动漫展,所以我就是因为看到这个人物会来,才买了一张漫展门票——比如说周杰伦来要来,我是因为周杰伦会来这个动漫展才去买的门票。换言之,我买门票不是冲着动漫去的,而是冲着周杰伦去的。可当我兴冲冲地要进场见周杰伦的时候,漫展发布公告说周杰伦很忙不来了。这个同学要问我的问题就是,案例中的情况下,我的权利是不是受到侵害了?如果受到侵害了,那么我应该如何来维护自己的权利呢?同学们先回去查阅相关的法条和资料，自己思考，这个结论我要晚一点向大家揭晓，我们上半年的课程会在讲到法律行为的时候再讲这个问题，但是你们可以先积累起来。

下面我们继续讲民事权利的行使。

一定要注意，民事权利的行使和民事权利的处分不是一个概念。民事权利的行使是指按照权利的内容进行一定的行为，而民事权利的处分则是决定权利在法律上的命运。两只老母鸡的故事还记得吗？（同学们回答：记得。）老太太买了两只老母鸡，一个杀了，另一个送人了。杀了吃是什么性质的处分？（同学们肯定地回答道：事实上的处分。）送人是什么性质的处分？（同学们继续答道：法律上的处分。）我们说权利的处分指的是事实上的处分还是法律上的处分？（同学们开始窃窃私语）是法律上的处分。老太太把鸡送人，看起来是在处分这只鸡，但是事实上，老太太在这里处分的不是这只鸡，而是自己的权利。因为鸡没有发生（物理上的）变化，但是这只鸡的归属权却发生了变化，这就是权利的处分。

权利的行使是一个大的概念，权利的处分只是权利行使中的一小项。举个例子，比如说所有权，权利人可以占有、使用、收益、处分（所有物），权利的处分只是占有、使用、收益、处分中的一种。处分又可以进一步分为事实上的处分和法律上的处分，但是权利的处分仅指法律上的处分，例子中的老太太将鸡送给别人就是指法律上的处分。权利的行使是一个大圆，权利处分只是大圆里的一部分，而不是全部。

2. 权利处分的形态

权利的处分有几种形态呢？同学们要把下面的内容给记下来。

第一，权利的移转。前面例子中的老太太把鸡送人，是不是权利的移转？（同学们齐声答道：是。）老太太把鸡送了人，她对鸡还有权利吗？没有了。你们举个例子，除了送鸡还有什么情况也属于权利的移转？（同学们纷纷开始讨论）买卖是不是意在权利的移转？（同学们回答：是。）是的。

第二，权利的变更。权利移转是换主人，也就是权利主体发生变化。在权利变更的场合，主人不变，但是权利的内容发生变化。比如说，原来有一块工业用地，法律规定工业用地的建设用地使用权年限是 50 年，但是现在这块土地变为居住用地，法律规定其使用年限为 70 年[1]——这既是权利期限的变更，也是权利性质的变更。

第三，在权利上设定负担。例如，A 向银行借钱 500 万元，银行问他拿什么来担保？A 说我有一套房屋值 700 万，拿这套房屋来抵押。拿房屋来抵押意味着什么呢？（课堂上响起一阵嗡嗡声）拿房屋来抵押意味着在房屋的所有权上设定一个抵押权，即在权利上设立负担。

第四，权利的抛弃。我有一块手表，现在我不要了，扔了，手表有没有受到影响？（同学们回答：没有。）手表的主人还有没有？没有了，手表一旦被抛弃了，就变成无主物了。权利抛弃和权利移转不一样，权利移转的场合，手表没有受到影响，手表的主人也还在，只不过现在的主人不再是原来的主人，而是新取得手表权利的主人。既然物权可以抛弃，那么债权可不可以抛弃？（同学们回答：可以。）债权也是可以抛弃的。你欠我 5 块钱，但是现在我说不用你还了，债务免除了，这种情况下债权是不是抛弃了？（同学们回答：是。）你还有义务还吗？（同学们齐声回答道：没有。）这就是权利的抛弃。知识产权也可以抛弃。唯一不能抛弃的是什么？人格权、身份权，人身权不能抛弃。你爸爸跟你说，我作为你父亲的权利我不要了，能不能这样说？（同学们回答：不能。）

好，总结一下，权利的处分可以分为四种，分别是权利的移转、权利的变更、在权利上设定负担、权利的抛弃。就是这四种，没有第五种。

（二）权利的行使与权利的主张

下面我们讲一讲权利的行使和权利的主张的区别。

大家思考一下，权利的主张是在什么情况下才发生的？（同学们陷入沉

[1] 《中华人民共和国城镇国有土地使用权出让和转让暂行条例》（2020 年 11 月 29 日修订）第 12 条规定："土地使用权出让最高年限按下列用途确定：（一）居住用地七十年；（二）工业用地五十年；（三）教育、科技、文化、卫生、体育用地五十年；（四）商业、旅游、娱乐用地四十年；（五）综合或者其他用地五十年。"

思)当就有没有权利发生争议的时候,或者说对权利归属于谁发生争议的时候(才发生权利的主张)。比如,一个人过来对你说,某项权利归属于他,或者说你没有某项权利,这种情况就叫权利的主张。举个例子,同一套房屋,张三说是张三的,李四说是李四的,他们在主张权利还是在行使权利?(同学们齐声答:主张权利。)主张权利。同样的一套房屋,关于房屋上是否存在的抵押权,所有权人说抵押权根本就没有成立,银行说抵押权已经成立了,他们在主张权利还是在行使权利?(同学们回答:主张权利。)也就是说,当对权利存在与否、权利的归属发生争议的时候,其中一方坚持认为权利存在并坚持自己享有权利,这就叫作权利的主张。

权利的主张和权利的行使不是一回事。不行使权利(可能)会发生时效期间届满的问题,不主张权利则不会。时效期间还记得吗?比如普通诉讼时效期间,我们国家规定的是 3 年,如果你 3 年内不行使权利,时效期间一旦届满,对方就会获得时效抗辩权。如果你 3 年内不主张权利,对方会不会获得时效抗辩权?(同学们回答:不会。)如果你 3 年内没有处分权利,对方会不会获得时效抗辩权?并不会。时效期间是限制你及时行使权利并获得法院支持的期限,并没有说是限制你及时主张权利的期限。

下面举个例子,张三一直住在李四的房屋中,10 年后,李四从国外回来,说这个房是我的而不是你的,房屋虽然登记在你张三的名下,但实际上登记是错误的。假如确实存在登记错误,那么这种情况下,房屋应当归谁?归李四。但是张三说,10 多年了你都不来主张自己的权利,现在时效已经届满,你无权主张对房屋的权利了。现在问大家一个问题,李四 10 年来没有说这个房屋是自己的,10 年后才来说是自己的,他的权利是不是因(诉讼)时效届满而消灭了?(同学们陷入沉思)没有。为什么没有?李四是在主张权利还是在行使权利?主张权利。主张权利受不受时效期间限制?(同学们回答:不受。)我们一定要把权利行使和权利主张区分开来,权利的行使是受时效限制的,而权利的主张是不受时效限制的,这一点需要大家注意。

(三)权利行使方法

下面我们讲一讲权利行使的方法。权利行使的方法有很多种,我们首先根据权利的第三种分类,对权利行使的方法来进行归类。

第一,支配权。支配权的行使一般情况下不要求有意思表示,占有手机涉及不涉及意思表示?(同学们开始窃窃私语)我们说有意思表示指的是向别人为表示——我吃饭用不着向别人为表示,我穿衣服也用不着向别人为表示,我用手机,看书也用不着向别人为表示。所以支配权的行使是通过实际行为、事实行为来行使的,不要求有意思表示。但是支配权中有一项内容是需要意思表示的,是哪一项呢?支配权包括什么?除了占有、使用、收益,还有处分。其中处分要不要向别人为意思表示?(同学们纷纷开始讨论)动动脑筋,处分有两种,一种是事实上的处分,事实上的处分要不要向别人为意思表示?(同学们回答:不要。)比如把自己养的鸡杀掉了,需不需要向别人为意思表示?需不需要别人同意?(同学们回答:不需要。)事实上的处分不需要向别人为意思表示。另一种处分是法律上的处分,比如把鸡送给别人要不要向别人为意思表示?把鸡卖给别人要不要向别人为意思表示?(同学们齐声回答道:要。)法律上的处分要求向别人为意思表示。所以支配权中只有处分权利需要有意思表示,其他都不要求有意思表示。

第二,请求权。请求权的行使需不需要通过表示的方法进行?你欠我200万,该还了,要不要表示?要的。催告属于意思通知,需要以表示的方式来进行。

第三,形成权。形成权的行使需不需要表意行为?我们讲了那么多形成权,同学们举一个例子给我听听。(有同学回答道:追认。)追认是不是需要意思表示?(同学们回答:需要。)抵销是不是需要意思表示?(同学们回答:需要。)合同解除是不是需要意思表示?(同学们回答:需要。)这些都是需要的。形成权有两种行使方法,一种是在诉讼中行使,即通过打官司来行使,比如(债的保全中的)撤销权就必须通过诉讼的方式行使。另一种是通过诉讼外的方式来行使,比如解除权、追认权、选择权就不需要通过打官司来行使。但无论是通过诉讼的方式来行使还是通过诉讼外的方式来行使,形成权的行使都需要有意思表示。

第四，期待权。和支配权、形成权、请求权不一样，期待权讲的是一种期待状态中的权利，这一点和既得权不同。那么没有既得权，期待权如何来行使？通过处分来行使。我能不能把期待权转让给别人？（同学们没有反应）期待权有哪些特征？我跟同学们讲过，期待权的一个重要特征就是可以成为交易的客体。既然期待权可以成为交易的客体，那么期待权能不能转让？（同学们回答：可以。）行使期待权的唯一方法就是转让，转让是不是需要意思表示？转让是不是处分？处分（权利）是不是需要意思表示？是的。所以行使期待权需要意思表示。

第五，抗辩权的行使要不要意思表示？（同学们回答：要。）什么叫抗辩权？拒绝履行义务的权利。向谁拒绝？向请求人拒绝。

现在我们归纳一下，大家记住这个归纳，有的权利行使需要通过表意行为来进行，有的权利行使不需要通过表意行为进行。谁能够举一个不需要通过表意行为行使权利的例子？（同学们开始讨论）举个例子，我看我的书，是不是在行使对书的支配权？我跟人家表达什么意思了吗？没有。凡行使权利需要通过表意行为进行的，行为人一定要有相应的行为能力。那么6岁的娃娃能不能行使请求权？能不能行使形成权？能不能行使期待权？能不能行使抗辩权？都不能，这些权利的行使都需要通过表意行为进行，6岁的娃娃属于无民事行为能力人，不能行使这些权利。那么6岁的娃娃能不能行使支配权呢？回答这个问题就要看支配权是不是需要通过表意方式来行使。如果他要把这栋房子送给别人了，他能不能行使（这个支配权）？不能，因为这个权利的行使需要表意行为，没有相应的民事行为能力就不能够行使这项权利。（下课铃声响起）如果是他要吃奶糕，吃饭，看连环画，玩玩具，可不可以？可以。其实这也是在行使权利，那么这种情况下他是通过表意行为的方式来行使权利，还是非表意行为的方式来行使权利？（同学们齐声回答：非表意行为。）这个权利的行使就不需要表意行为，即使6岁的娃娃没有行为能力，也能够行使这项权利。

因此，从这个角度来考虑权利行使的方式会发现，有的权利行使需要表意行为,有的权利行使不需要表意行为。凡是需要表意行为的,行为人一定要有行为能力。不需要表意行为的,可以不要求行为人一定要有行为能力。掌握这个知识点,考试变来变去,最后考的还是这个问题。

(四)权利行使的限制

下面我们讲权利行使的限制。

权利是有边界的,有的边界很清楚,比如鸡是你的,但鸭不是你的,权利的边界清楚不清楚?(同学们肯定地回答:清楚。)你可以杀自己的鸡,但能不能杀别人的鸭?(同学们回答:不能。)你可以把家里的鸡送给别人,能不能把别人的鸭送给别人?(同学们回答:不能。)这里的权利界限很清楚,界限清楚的权利是有限制的。有的权利界限比较模糊,但是界限模糊的权利也是有限制的。在成文法国家,法律规范具有抽象性,因此就一定会有模糊区域。

1. 实质上的限制

那么现在我们要讲的是如何把握模糊区域。权利行使的限制有一类是实质上的限制,这些实质上的限制在本质上就是一个模糊区。比如"不能滥用权利"这个限制。由于权利的界限一旦模糊,人们就不清楚权利的界限具体在哪里,就容易滥用权利,于是法律强调不能滥用权利。这里的"不能滥用权利"就是对权利行使的实质上的限制,可是这个实质上的限制本身就是模糊的,这个界限本身就很难搞清楚。

举个例子,曾经在日本发生了一个案子,儿子在盂兰盆节(类似于中国的清明节)那天到墓地去凭吊亡故的母亲。但是日本的土地是私有的,母亲的墓地是其配偶私有的。这个案子中,母亲的配偶不是儿子的亲生父亲,当初儿子又反对母亲改嫁,因此儿子跟母亲的配偶始终不和。后来母亲去世了,母亲的配偶把她葬在自己家族的墓地里面。盂兰盆节这天,儿子要去凭吊亡故的母亲,但是母亲的配偶不让儿子进入墓地,他说,墓地是自己私人所有的,凡是要进入我的私人领地,一定要经过我同意。他还说,英国有一句法谚,"风可进,雨可进,国王不可进",哪怕天皇要进来,我也可以拦住他,更不要说你了。

现在儿子打官司状告母亲的配偶，要他停止阻拦自己凭吊母亲的行为。儿子说，我的凭吊权、悼念权、祭奠权被侵害了，我有权要求他停止侵害行为。那么法院怎么判呢？法院判儿子胜诉。理由是什么？法院的理由是说，这个土地虽然是母亲的配偶的，你虽然有维护自己领地的权利，但你行使这样一个权利，不得影响别人正常的凭吊和祭奠活动。现在你权利的行使影响别人正常的凭吊和祭奠活动了，你的行为就是滥用权利。从这个案子可以发现，虽然从物权的外观而言，界限很清楚，这是你的土地，未经许可不得进入你的土地的范围。但是现在即便是你的土地，你在行使所有权的时候也要受到限制，这就是权利不得滥用。[1]

权利不得滥用和行使权利不得违反公序良俗其实是一个问题的两个方面。继父这种行使土地所有权的行为有没有违背公序良俗？（同学们回答：违背了。）什么叫作违背公序良俗？你不让儿子来凭吊自己的母亲是不是违背了公序良俗？在这个案例中，滥用权利的行为同时也违背了公序良俗。

同样在日本还有一个例子。日本有很多矿泉的泉源，日本一个铁路局想在火车站旁边设一个矿泉的洗澡堂，在这里搞度假村，往来旅客闲暇之际可以到这个洗澡堂泡一泡矿泉。但是火车站旁边没有矿泉的泉源。泉源在哪里呢？在离火车站两公里开外的地方。要想把泉水引过来到洗澡堂的池里面，需要铺设管道，而铺设管道的路线要经过一处私人的荒山。现在荒山的主人说，没有经过我的同意你是不能铺设管道的。火车站说我花钱买你的土地使用权，你让我把管道通过去。主人说，不行，我不要你的臭钱。于是火车站就打官司，状告荒山的主人。

车站说，你自己又不用，还不让别人用，这是权利的滥用，于是请求法院判决自己有权使用。法院判决火车站赢了，地主输了。地主不服气，他说“风可进，雨可进，国王不能进”，这个理念在我们日本还适用不适用？法官

[1] 有关祭奠纠纷的裁判及评析，参见孙维飞：《祭奠纠纷的类案研究》，载《交大法学》2012年第1期。

说,这个理念虽然在日本完全适用,但是当对土地的利用和土地的归属发生矛盾的时候,我们应当重利用,而不是重归属。你有本事你自己用,你自己不用还禁止别人用,是对整个社会资源的一种浪费,于是就直接判地主不得滥用权利。

当然,并不是所有的不得滥用权利都是跟公序良俗结合起来的,比如第二个案例(就不是)。综上,对权利(行使的)实质上的限制包括不能滥用权利,也包括不能违反公序良俗,还包括不能违反诚实信用,这个诚实信用(在这里)我就不再讲了。

2. 时间上的限制

除了实质上的限制,(权利的行使)还有时间上的限制。我们讲过诉讼时效期间,未来还要讲除斥期间、约定期间,还有权利失效制度的限制,这些都是时间上的限制。

有的时间上的限制很刚性,比如普通诉讼时效期间是 3 年,除斥期间大多是 1 年,当事人不能随意变更这些期间的长短。约定期间也很刚性,我约定几年就是几年,也不能够随意变更。但有的期间具有一定的弹性,弹性的期间也是一种限制。

我们举个例子,A 单位和 B 个人签订一份雇佣合同,约定 A 单位雇 B5 年。合同上面写得很清楚,如果 B 个人实施了 A、B、C、D 任何一个行为,A 单位都可以解除这份雇佣合同。有一次 B 个人实施了 A、B 两个行为,那么他就等着老板炒他鱿鱼,而老板并没有炒他鱿鱼,还让他在这个岗位上继续工作。过了 1 年多,老板把他炒鱿鱼了。

那么 B 认为自己做得好好的,努力纠正以前的错误,老板开除他的依据在哪里?老板说依据就是 1 年多以前你做了 A、B 两件事情,根据我们的合同,你做其中任何一件事情我就可以炒(你)鱿鱼,现在你做了两件事情,我当然可以炒你鱿鱼。那么 B 说你为什么不早炒(我)鱿鱼呢?(同学们笑)为什么 1 年以后才来炒鱿鱼?B 不服,于是打官司要求法院确认老板没有炒(他)鱿鱼的权利,也就是没有解除权。

那么要求确认没有解除权是权利的行使还是权利的主张？（同学们回答：权利的主张。）对，权利的主张，大家很聪明。这是一个确认之诉。与之相对，行使权利的诉讼叫给付之诉。比如你欠我 100 万该还了，我起诉要求你还 100 万，这是确认之诉还是给付之诉？（同学们回答：给付之诉。）现在 B 起诉不是请求给付，而是请求确认 A 公司没有解除合同的权利。

法官问，A 公司你凭什么炒他鱿鱼？A 公司拿出了合同来。根据合同，老板有没有权利炒他鱿鱼？（同学们回答：有。）但最后法院判老板败诉，员工胜诉。理由是什么呢？权利失效制度。法院说，你有权利应当及时行使，虽然法律没有说你必须在 3 天内行使还（是）1 个月内行使[1]，但是你那么长一段时间内没有行使，在 1 年以后才行使，会给人家一种不再行使解除权的外观。虽然你没有说我不行使解除权，但是你的实际行动已经告诉别人，你将不再行使解除权。根据诚实信用原则，你不能出尔反尔。由此法官通过判决创造了一个制度，权利失效制度。权利失效制度指的是什么呢？权利人有权利，但在合理的时间内没有去行使，如果超越合理期间继续行使有悖于诚实信用，权利就消灭了，不能再行使了。那么这里的合理期间就是一个弹性的期间。

3. 顺位上的限制

权利的行使除了有时间上的限制，还有顺位上的限制。有的权利行使是需要排队的，这个排队就是顺位上的限制。比如 A 先后向工商银行、农业银行、中国银行借钱。而 A 仅剩的财产就是这套房屋了，不可能同时清偿三笔债务，那怎么办？就像企业一样，企业剩下这些财产（如果资不抵债）就破产了。那么现在这个房屋是三个银行平均分得呢？还是先分给工商银行呢？先要看这个房屋抵押了没有。假如这套房屋只抵押给了工商银行，工

---

[1] 关于解除权行使的具体期限，当时的法律并无一般性规定，故有此说。这一问题在《民法典》中得到了解决。《民法典》第 564 条规定："法律规定或者当事人约定解除权行使期限，期限届满当事人不行使的，该权利消灭。法律没有规定或者当事人没有约定解除权行使期限，自解除权人知道或者应当知道解除事由之日起一年内不行使，或者经对方催告后在合理期限内不行使的，该权利消灭。"

商银行就这套房屋的变价有优先受偿权,那么工商银行排队排第一,农业银行和中国银行并列第二。这就是顺位上的限制。

我们再举一个先取特权的例子。一个企业破产了,它有多笔债务。第一笔债务是欠供应商货款500万。因为这个企业搞房地产开发,从供应商处购买了建造房屋的原材料。第二笔债务是欠员工工资500万。第三笔债务是欠税款500万。第四笔债务是欠银行贷款500万,但银行贷款是有房产抵押的。一共欠2000万,但是现在房地产开发商只有价值1000万的资产,包括500万的房产再加500万的其他财产,不能满足2000万的需求,那么要不要排队?(同学们回答:要排队。)这种情况下谁的债权排第一?(同学们纷纷开始讨论)银行排第一,因为银行有房产抵押,有优先受偿权,这就是物权的优先权。谁排在第二?拖欠员工的工资、医疗补助、养老金等排第二,它是先取特权。谁排第三?税务部门,最后轮到什么?一般债权。如果支付完工人工资后没钱了,也就不用交税了,一般债权更加得不到清偿。好,关于权利的行使,我们就讲到这里。

七、民事权利的维护

下面我们讲权利的维护。权利的维护是指权利受侵害以后的救济。如果权利受到侵害或者有可能受到侵害,权利人应当站出来维护自己的权利,即维护自己权利的前提是权利受侵害。权利受侵害可分为三种类型。第一类是违约行为,又被称为债的不履行行为。严格来说,用债的不履行行为要比违约行为这种说法更好,但是我国《民法通则》用的是违约行为。比如签了一份合同,一方不履行合同义务,这就是违约。欠钱不还也是违约行为。第二类是侵权行为,比如打人骂人。第三类是缔约过失行为,签合同的过程中进行诈骗就属于缔约过失行为(的一种)。这三种行为都会导致权利受侵害,当权利受到侵害的时候就需要有救济。

救济有两种途径,第一种是公力救济,即通过诉讼的方法来维护自己的权利,通俗地讲就是打官司。第二种是自力救济,顾名思义,不是通过法院打官司来维护自己的权利，而是用自己的力量来维护自己的权利，用自己的拳头来维护自己权利。

（一）自卫行为

好，下面我们就讲自力救济中的两种。

一种自卫行为，用拳头来自卫，这里所讲的自卫行为仅限于正当防卫、紧急避险。关于正当防卫、紧急避险这两个制度（的基本含义），民法制度跟刑法制度是一样的，我们把这个内容交给刑法老师去讲。如果大家回去自学的话，要明确以下三项内容：第一，正当防卫的概念、性质、特征；第二，成立要件；第三，正当防卫的后果以及防卫过当的后果。正当防卫在刑法上的后果是不为罪，民法上的后果是不属于侵权行为。那么如果防卫过当呢？刑法上的后果要构成犯罪，民法上的后果要承担民事责任，即侵权责任。比如别人想伤害你，你却把别人给打死了，你的出发点是不是正当防卫？（同学们应声：是。）但是防卫过当了没有？过当了。超过部分你就得承担民事责任，刑法上超过部分也是要入刑的。

同样地，紧急避险也要求掌握这些内容：概念、性质、特征、成立要件以及紧急避险的后果。刑法上的后果是不构成犯罪，民法上的后果是不承担民事责任，不属于侵权行为。虽然紧急避险以牺牲他人的利益为前提，但却是为了保护更大的合法权益而进行的，因此不属于侵权行为。那么紧急避险也可能超过必要的限度，刑法上的后果是会构成犯罪，民法上的后果则是承担赔偿责任。比如船搁浅了，船上有两批货物，一批是黄金，另一批是水泥。这时候要想把船从搁浅状态当中脱离出来，必须减轻船的重量，于是需要把装载的货物扔掉一点。你是扔黄金还是扔水泥？（同学们齐声回答道：水泥。）扔水泥，以牺牲小的来保全大的，这叫紧急避险。那么水泥扔掉 5 吨就够了，船已经起来了。他却越扔越厉害，越扔越起劲，把所有的水泥全部扔掉了，是不是超过必要的限度？（同学们齐声回答：是的。）那么好，超出部分要不要赔？（同学们回答：要赔。）

好，民法上紧急避险的后果还有一条，是刑法上没有的，大家记下来，因为刑法老师不会讲这个。如果险情是由加害人造成的,所有的损失由加害人来赔偿。如果险情因不可抗力等(自然原因)造成的,比如龙卷风把船吹到浅滩上搁浅了,那么损失由全体获益人分担。[1]

还是刚才那个例子,如果水泥的主人是张三,黄金的主人是李四。把张三的5吨水泥扔掉了,从而李四的黄金得救了。那么现在张三对李四说你要赔偿我,李四实施侵权行为没有?(同学们回答:没有。)李四说我又没有实施侵权行为,你凭什么要求我来赔?同学们思考一下要不要赔?(同学们回答:要。)不要赔(课堂传来困惑的声音),因为李四没有实施侵权行为。那么需不需要补偿呢?要的。怎么补偿呢?大家算一下,你扔掉了5吨水泥,剩下的20吨水泥也得救了,因此民法上的要求是,按照所获利益的比例分担损失即可。好,正当防卫、紧急避险,我们把它们统称为自卫行为。

下面举个例子,通过这个例子再去看看我们刚才要求大家自学掌握的性质、特征、构成要件(掌握了没有)。

有一个雨天,一个强盗闯进了古玩商店。因为当时下暴雨,所以古玩商店没有客人,但有个营业员。这个强盗拿了一把刀顶在营业员的腰间,说把当天的营业款给我。营业员说当天没有营业款,下雨天没有客人哪来的营业款。强盗就要求营业员把最值钱的古玩拿出来,营业员说我也不懂哪个值钱哪个不值钱。强盗继续说道,你再装糊涂我一刀捅进去了。营业员连忙说我来帮你拿、我来帮你拿。强盗说,你快点拿,你不要故意拖延时间。营业员回答说有些东西我拿不到。其实这个时候,店里面是有一个顾客的,强盗进来的时候,顾客在一根很粗的柱子旁边,在灯下面看古玩的细节,强盗没有看到这个柱子背后有一个人。

强盗抢劫的这一幕都被这位顾客看在眼里,顾客旁边有一个很大的花瓶,他急中生智,抡起花瓶对着强盗一脑门砸下去。因为强盗不知道旁边还有一个人,完全没有防备,于是被砸昏了,顾客拨打了“110”,警察把强盗给

---

[1] 《民法典》第182条规定:“因紧急避险造成损害的,由引起险情发生的人承担民事责任。危险由自然原因引起的,紧急避险人不承担民事责任,可以给予适当补偿。紧急避险采取措施不当或者超过必要的限度,造成不应有的损害的,紧急避险人应当承担适当的民事责任。”

逮住了。

强盗被砸成了脑震荡,花费医疗费若干。那么现在强盗的损失,顾客要不要赔?(同学们回答:不要。)为什么?因为是正当防卫。正当防卫的构成要件有哪些?第一,加害行为正在进行中。进行了没有?(同学们回答:进行了。)第二,若不及时采取措施,有可能遭受损害。第三,防卫阻却加害行为的实施。打昏了是不是阻却?(同学们回答:是。)阻却了。并且没有超过必要的限度。有没有把他打死?(同学们齐声回答:没有。)没有超过必要的限度。就算打死了估计也不构成防卫过当,因为抢劫罪一般不用考虑防卫限度问题。好,结论是,顾客的行为构成正当防卫,不需要对强盗的损失进行赔偿。

现在古玩店老板出来说话了,他说我所有的古玩都是假的,强盗拿几个无所谓,就是这个花瓶价值连城,(同学们哈哈大笑)所以要求顾客赔花瓶。那么顾客要不要赔花瓶?(同学们回答:不要。)为什么?是正当防卫吗?他拿花瓶砸强盗是为了保护老板的利益吗?不是。他对老板有没有正当防卫?没有。他实施了一个什么行为?紧急避险,避险避什么险?人身伤害的危险。那么人身有价无价?无价的。老板说,员工又不值几个钱,10 个员工也比不上我 1 个花瓶。你能这么说吗?(同学们回答:不能。)不能这么说,人身无价。所以顾客的行为属于紧急避险,这是针对谁的?针对老板的、受害人的。同时又属于正当防卫,这是针对谁的?针对强盗、加害人的。那么险情又是谁造成呢?强盗造成的,因此老板可以找谁赔偿?找强盗赔偿。

紧急避险构成要件搞清楚了吧?险情正在发生,若不采取措施有受害的可能,采取措施能阻却险情发生,而且采取措施恰当。接着我们再讲一个例子,根据这个例子我们来判断(当事人的行为)是不是自卫行为。

前几年媒体报道了一个新闻,说是某地一个检察官,这个检察官还是研究生毕业的,有多年的办案经验。一天他被一伙强盗绑架,那么强盗绑架检察官干嘛呢?让他做坏事。强盗拿一把刀对着检察官,命令他强奸一个女大学生。(同学们惊呼,还有同学说:这个刑法课上也讲到过。)强盗问检察官你强奸不强奸?不强奸我就捅死你。也就是说,强盗准备拉检察官入伙,入伙就要投名状,于是强迫他实施这样一个强奸行为。检察官想了想觉得生命重要,姑娘我对不起你了,于是强奸了女大学生,强盗用摄像机拍下了整个过程。这个强盗认为拿到了投名状,就把检察官给放了。并且和检察官说,以后我们犯事到你手上,你要帮一把,有什么信息要及时告诉我们,因为你是我们的团伙一员了。谁知道这个检察官离开这个地方以后,马上到公安机关去投案自首了,这帮强盗被逮住了。

好,现在就思考一下这个问题,检察官犯罪了没有?是不是正当防卫?(有部分同学迟疑地回答:是。)是正当防卫?女大学生加害了他吗?如果你认为是正当防卫,那么你就把防卫对象搞错了。强盗要绑架你,你却对女大学生实施加害行为?到底是不是正当防卫?(同学们回答:不是。)那是不是紧急避险?(同学们回答:是。)唉,大家考虑人身有价无价?(同学们齐声回答:无价。)无价。所以说紧急避险不得以人格作为客体,不得以人身作为牺牲对象。(同学们发出恍然大悟的声音)那如果强盗要求检察官说,你骂她几句,我放你,这种情况下能不能构成紧急避险?也不能。当然,你只是骂几句,对方可能会原谅你,但在法律上不能说你骂她几句可以认定为紧急避险。紧急避险是以牺牲财产利益来保全更大的财产利益。但是法律有没有说可以以牺牲人格利益来保全更大的财产利益?或者以牺牲人格利益来保全更大的人格利益?(同学们纷纷回答:没有。)没有。虽然在文艺作品中经常会有这种艰难的选择,比如《唐山大地震》这个电影,面对两个孩子只能救一个的抉择时,母亲到底救谁。但这个绝对不是紧急避险,人格利益不是简单的选择题的问题。

因此,正当防卫可以针对对方的人身,紧急避险能不能针对对方的人身或者其他人的人身?不允许。所以检察官就是构成犯罪。其实这个案子我刚才还没有讲全。(有同学说:把人杀了。)这个检察官交了投名状以后,这帮强盗感觉好像还不够,于是要求检察官把女大学生杀了。检查官说不是你死,就是我死,对不起,我把你杀了。杀了以后检察官到公安局去投案自首。同样,无论是强奸也罢,杀人也罢,都不属于紧急避险。当时确实有人讨论过,检察官到底是构成紧急避险还是正当防卫?(教室里传来同学们嘈杂的讨论声)同学们可以去搜一下网上的资料。这是我们讲的自卫行为。同学们把这些典型案例记下来。

(二)自助行为

接下来我们讲自助行为。先举个例子,有一部电视连续剧叫作《新龙门客栈》,大家看过没有?(课堂上响起嗡嗡声,有几位同学回答道:没有。)大意知道吗?(同学们回答:不知道。)那我告诉大家。在一个遥远的沙漠里面,有一个客栈,周围方圆几百公里没有人烟,往来的人必须要在客栈里面过夜吃东西。现在有一个人在客栈里面用了一份餐,嘴一抹直接走人了,根本没有买单。餐馆老板说你不能走人,你必须买单。那人说买什么单,你这个餐也不好,还有两个苍蝇,我不让你赔就已经好了。老板为了维护自己的权利,于是把他值钱的大皮袄给扣押了。

第一个问题,老板扣押他的皮袄是否属于侵权行为?第二个问题,假如这个人身上没有值钱的东西,老板就把人给拘了,你不能走,你写信给你老婆,给你儿子,给你亲戚,让他们把钱寄过来,什么时候寄过来,我什么时候把你放出来。那么拘人行为是不是侵权行为?如果这个人比较强壮,他心想你要拘束我的人身,你要扣我的大皮袄,没门,我给你来点武力。老板说,你来武力,我来个比你更厉害的。他派出来两个伙计,一下就把他制服了。于是引发了第三个问题,两个伙计打人的行为是不是侵权行为?(同学们回答:是。)那如果这人是开了一辆吉普来的,他很狡猾,一听到老板让他买单,上街就要开车跑,老板早就料到这一点,提前派人把汽车轮胎捅了两个窟窿。(同学们哈哈大笑)这就带来第四个问题,老板破坏轮胎的行为是不是侵权行为?(同学们回答:是。)正确答案是都不是,(同学们发出疑惑的声音)因为这些行为都是自助行为。

我们根据这个故事,得出自助行为的含义是什么?当你的权利正在受到侵害的时候，这个例子里欠钱不还是不是受到侵害？（同学们应声：是。）又不能及时获得公力救济，这里的公力指的是什么？（同学们回答：法律。）国家机器，军队、警察、法院，这也是我刚才特意把背景设立在新龙门客栈这么一个场合的原因。如果饭店就在公安局旁边，老板能不能这么做？（同学们回答：不能。）但是在新龙门客栈，老板就可以这么做了，因为在新龙门客栈，不能及时获得公力救济，如果老板不及时采取措施，损害就发生了。假如你放他走，你还找得到他吗？找不到他了。这个时候可以采取的措施有四种：第一种，扣押他人财产，财产必须和吃饭的价格相当，他只吃了一块大饼，价值 3 分钱，扣押他的大皮袄对不对？（同学们回答：不对。）第二种，拘束他人人身，如果没有财产可以扣押的，拘束人身也可以。第三种，如果在扣押财产和拘束人身的过程当中受到阻碍，可以排除阻碍。这几个字文绉绉的，其实所谓排除阻碍指的是什么？就是前面讲的把人家打趴下来。（同学们哄堂大笑）第四种，破坏财产，破坏的必须是跟救济有关的财产。如果我把你的大皮袄扯一个洞，有意义吗？没有意义。但是把轮胎戳一个洞是有意义，因为这跟救济有关。实施这些行为以后，必须紧接着用公力救济的方法接续。如果我把你的人身拘束了，一关就是两三年，那不行。拘束人身后必须马上报警，也就是让公力救济来接替私力救济。这种制度我们称为自助行为制度。

德国民法、法国民法都有这么一个制度，我国目前没有自助制度，[1]所以你们回答得都对了。（教室里一阵骚动，有同学叹息：歪打正着了。）2009 年在起草《侵权责任法》的时候，曾经有一稿把自助行为制度写上去了，但是到了人大讨论的时候又把这条给删掉了。人大代表说，这样社会秩序不就乱了吗？我们要相信人民警察，我们宁可加强警力，也不要设立自助行为制

[1]　《民法典》增补了这个制度。《民法典》第 1177 条规定："合法权益受到侵害，情况紧迫且不能及时获得国家机关保护，不立即采取措施将使其合法权益受到难以弥补的损害的，受害人可以在保护自己合法权益的必要范围内采取扣留侵权人的财物等合理措施；但是，应当立即请求有关国家机关处理。受害人采取的措施不当造成他人损害的，应当承担侵权责任。"需要注意的是，本条位于《民法典》侵权责任编的"一般规定"这一章，而正当防卫和紧急避险制度被规定在《民法典》总则编的"民事责任"这一章。

度。那个时候西方在反恐,中国也有些不稳定因素,所以《侵权责任法》最终没有规定这个制度。

好几年的司法考试都出过自助行为的题目。如果在司法考试中,你们的回答就都错了,因为从理论上讲,自助行为制度是合理的。下面我讲几个司法考试的题目。

一个人到了远离城市的餐馆去就餐,这个人吃完了就要走人。这个餐馆老板就把他值钱的皮包给扣住了,说,你不给钱就甭想把皮包拿回去。现在题目问,这是不是一个侵权行为? 你会怎么回答? 按照法学理论来解决这个问题,标准答案应当是“不是”。

接着我们假设老板知道被扣皮包的人就是本地的某某某,还把他的皮包扣下来了,这种扣包的行为是不是侵权行为? (同学们回答:是。)为什么? 因为老板可以用其他方法来救济。前面不是讲了吗? (采取)自助行为要满足“若不采取措施,损害不能得到救济”(这个要件)。现在你不采取(扣包这个)措施,你的权利也可以得到救济,因为你知道他就是本地的某某人,这不符合自助行为的要件。

第二年又出了一个题目,题目说这个想要逃单的人身份信息全都不知道,身上也没有值钱的东西,老板就把他逮起来了。这是不是侵权呢? (同学们回答:不是。)标准答案就是“不是”。

还有一次,出了这么一个题目,这个人吃完饭没付钱就走了,老板也没有采取任何的救济措施,懂法律的人问他,为什么不当场用自助行为的方式把他限制起来。老板一听,说,哎呀我傻了,当时没想到这一点。过了几天,这个人又来吃饭,这次吃饭是买单了的,但是上次吃饭的钱还是没有付清,于是老板就说,上次你欠的钱没有付,我要把你限制起来——这是不行的,因为不符合“正在实施”这个要求,自助行为必须是针对当时正在实施的行为进行的,老板的行为不符合这一要求,因此不能构成自助行为。

关于自助行为我们就讲到这里。

八、民事义务

下面我们讲民事义务。民事义务是一种拘束,具有如下三个特征:第一,民事义务表现为一定的行为,包括作为和不作为;第二,民事义务受法律强制,这种拘束不是道义上的拘束,而是法律上的拘束;第三,民事义务来源于法定或者约定。

(一)积极义务和消极义务

从作为、不作为角度,可以把民事义务分成积极义务和消极义务,比如"常回家看看"是积极义务还是消极义务?(同学们回答:积极义务。)"不打人骂人"是积极义务还是消极义务?(同学们回答:消极义务。)对。

(二)约定义务和法定义务

从义务来源的角度,民事义务可以分为约定义务和法定义务。前面我们讲的这两个义务是约定义务还是法定义务?常回家看看是约定义务还是法定义务?(同学们回答:法定义务。)不打人骂人是约定义务还是法定义务?(同学们回答:法定义务。)合同中约定的才叫约定义务,借钱要还是约定义务还是法定义务?(同学们开始窃窃私语)借钱是约定借钱的吧?那么还钱也是约定的,所以借钱要还就是约定的义务。

(三)明示义务和默示义务

义务还可以分为明示义务与默示义务,在约定义务当中明确表示的义务是明示义务,反之叫作默示义务。以沉默的方法来表示义务必须要有法律明文规定,[1]法律没有明文规定的,不能用沉默的方法来表示义务。举个例子,甲跟乙说,从今天起你得天天帮我打饭,这是我们的一个约定义务。乙不好意思说不同意,但也没说同意,一声未吭。那我们能说这个义务成立吗?(同学们纷纷回答:不能。)不能成立,因为法律没有规定说这种情况下

---

[1] 依《民法典》第140条第2款规定,沉默若要产生意思表示的效果,除有法律明确规定外,也可以基于当事人的约定或交易习惯。

你保持沉默,“天天帮我打饭”就可以成为你的一项义务。因此沉默作为法律行为的表达方式,必须有法律的明文规定(或者当事人的约定或交易习惯)。

(四)一般义务和附随义务

义务还可以分为一般义务和附随义务。关于附随义务今天我们不详细讲了,我们下学期、再下个学期讲债法的时候会讲附随义务。这里先举一个附随义务的例子。病人到医院看病,医院的义务就是为病人检查、治疗。病人在医院中离不开挂号、配药、付款。因为病人身体不好,很容易滑跤,于是医院就在病人的活动场所铺上了红地毯,在走道上、厕所里架设扶手栏杆以及其他的无障碍设施。医院的这些行为是做好事还是在履行义务?(同学们回答:履行义务。)但是给病人看病并不包括这种(非治疗的)义务,这个义务是如何产生的?附随出来的。法律虽然没有规定,合同也没约定,但这项义务是根据诚实信用原则派生出来的。根据这个例子,我们可以给附随义务下个定义:法律没有规定,合同没有约定,根据诚实信用原则由一般义务派生出来的一项义务,我们称为附随义务。(下课铃声响起)好,有关附随义务的特征、效力,我们再下个学期会讲,现在知道这个概念就行了。大家休息一下。

停止侵害,排除妨碍,消除危险,返还财产,恢复原状,修理、重作、更换,赔偿损失,支付违约金,消除影响、恢复名誉,赔礼道歉,我们把它们称为十大民事责任。如果你不履行义务,就会带来十大民事责任。这十大民事责任不一定全部都要承担,有时候是承担其中的一种责任,有的时候承担其中的几种责任。比如欠钱不还,会不会引起停止侵害、排除妨害(的责任)?不会,欠钱不还一般会引起什么责任?(有同学回答:返还财产。)不是返还财产,是赔偿损失、支付违约金这两个责任。

刚才有同学问了我一个比较有代表性的问题。他说,甲借给乙 5 块钱,当甲把钱交给乙以后,(钱的)所有权就移转了。也就是说,现在这个钱的所有权是甲的还是乙的?乙的。如果乙不还,乙应不应当承担返还原物的责任？不承担(因为所有权就是乙自己的)。那么应该追究乙什么责任呢？违约责任,赔偿5块钱以及这5块钱所产生的利息。如果甲乙之间有违约金条款,那么乙就按照违约金条款来承担责任。如果甲借给乙的是一台手机,那么这里有没有发生手机所有权的转移？(同学们回答:没有。)没有转移。借钱的场合,钱的所有权会转移,借手机的场合,(手机的)所有权不转移。如果借手机所有权也会转移的话,那么大家都不敢借东西了,因为一旦把东西借给别人,所有权就是别人的了。既然(手机的)所有权没有转移,如果乙不履行债务(归还手机),甲就有权请求乙承担返还原物的责任。好,这些责任都是不履行义务产生的责任。

还有一种义务我们称为“不真正义务”。举几个例子大家就明白了。比如我想要投保,与保险公司签订了保险合同,将来要是发生了保险事故,保险公司就会为我提供保险(向我支付保险金)。保险合同中会有这么一条——法律也是这么规定的——一旦发生了保险事故,投保人、被保险人应当积极采取措施,防止损害扩大。比如你投的是火灾险,火灾发生了,你至少打个火警电话,让大家来救火,同时自己也采取适当的救火措施。但如果投保人、被保险人不履行积极救助的义务,他说,管他呢,让他烧,你们都不要动,反正我是投了保的。他这样做会带来什么后果呢？他自己当然不需要赔偿损失或者承担什么责任,但是法律规定,如果他不采取积极措施而导致损失的扩大,就这部分扩大的损失,保险公司可以不赔。这种(积极减损的)义务就叫作不真正义务,它也是义务的一种:不会带来责任,但是会带来不利的后果。

再举个例子。甲有一批货,送到了乙手上。乙说,我又没有买你的货,你送过来干嘛？于是乙就把它扔在一边,心想,反正不是我买的货,我不用保管。最后这批货被偷走了。在这个例子中,乙其实有一个义务——虽然货物不是他买的,但是他应当妥善保管,如果他不履行保管义务而导致了损失,他也是要赔偿的。这是一个真正的义务还是不真正义务？这是一个真正的义务,因为违反以后会带来赔偿责任。

再来一个例子。假设甲、乙两人签订了一份合同,因为甲违约造成了乙的损失,根据合同法,甲要不要赔?要赔,甲要承担赔偿的责任。那么甲违约所违反的是不是真正义务?是。合同法同时还规定,此时乙应当采取积极措施防止损害扩大。乙如果可以采取积极措施防止损害扩大而没有采取,就扩大部分的损失,即便是甲违约带来的,甲也不需要就扩大部分的损失承担赔偿责任。[1] 这种(防止损害扩大的)义务也是不真正义务。

再如,甲为乙的养鸭场提供饲料,饲料质量不合格,鸭子吃了饲料会拉肚子。现在(乙收到饲料后)已经投放了一部分饲料,导致鸭子拉肚子了。但是乙想,管他呢,继续投放。那么就接下来扩大部分的损失,甲还要不要赔?不要赔了,因为此时乙有义务防止损害的扩大。

假如甲提供的饲料就是这么多,(一次性)全部给乙的鸭吃了,乙的鸭子吃了饲料就开始拉肚子了。这时,乙应当请兽医来解决鸭拉肚子的问题,防止损害扩大。但是乙说,管他呢,我不请兽医,让它们拉肚子拉死算了。(同学们哈哈大笑)你看,本来能够避免的损失没有避免,造成了损失的扩大,就这部分扩大的损失,甲要不要赔?不赔了。因为防止损害扩大是乙的一项义务,这个义务我们把它称为什么?不真正义务。

关于义务我们就讲到这里。

九、责任

下面我们讲讲民法上"责任"的不同含义。"责任"一词在不同的领域、不同的文件、不同的法条、不同的语境下,代表着不同的意思。一般来说,民法上的责任主要有如下四种意思——其实除了这四种意思以外还有别的意思,我们后面再说。

(一)职责

责任的第一种含义是"职责"。比如工作职责,(傅老师把"职责"的发音

[1] 《合同法》第119条第1款规定:"当事人一方违约后,对方应当采取适当措施防止损失的扩大;没有采取适当措施致使损失扩大的,不得就扩大的损失要求赔偿。"该款为《民法典》第591条第1款承继,无实质性变更。

读成了“智责”，被同学们笑着纠正。）你要尽责，尽的是什么责任？工作职责。这种场合的责任指的是不是合同中的一项义务？不是。比如《民法通则》规定，监护人有监护责任，这里讲的监护责任其实是监护人的职责——监护人应当看管好被监护人，这是他的职责，这是一种义务（但不是合同约定的义务）。

（二）债务

责任的第二种含义是“债务”。比如《票据法》第4条明确规定，本法所称票据责任就是票据债务[1]，因此这个责任就表现为债务。如果这个责任表现在监护中，它是债务还是职责？职责。如果这个责任表现在票据中，它是债务还是职责？债务，他没有什么职责。

（三）债的履行保障

责任的第三种含义是“债的履行保障”。比如我欠你一笔钱，我必须要有足够的能力来保障你能从我这里把钱要回去，从而实现你的债权——这种情况也叫责任。下面就债的履行保障展开讲一下。

早期罗马，债的履行通过什么来保障呢？通过人格来保障。人格是什么含义？一个人必须具有主体身份、主体地位才能有人格，没有主体地位的人没有人格。在罗马时期，受民法调整的对象必须具有主体地位，但是不是每一个自然人都有主体地位？（同学们应声：不是。）不是。只有一部分人有主体地位。假如甲、乙都是有主体地位的人，他们签订一份买卖合同，约定甲买乙的货物，那么甲有义务付款，这个义务我们就把它称为债务。那么用什么来保障债务履行呢？除非一手交钱一手交货，不然甲把货拿走了却没有付款怎么办？因此法律与社会都要解决这个问题：债务人以后不还钱怎么办？

罗马时期的法律为了解决债权人的后顾之忧，规定用债务人的人格来担保债权人的债权实现。如果甲到时候不履行债务，甲的人格就消灭

[1]《票据法》第4条第5款规定：“本法所称票据责任，是指票据债务人向持票人支付票据金额的义务。”

了——他就失去了主体身份,沦为乙的奴隶。他此时虽然还是生物上的人,但已经不是法律上的人了。罗马是一个奴隶社会,在奴隶制国家,奴隶有没有人格?(同学们回答:没有。)是不是法律上的人?(同学们回答:不是。)不是。既然甲已经不是法律上的人了,乙就可以把他杀了,卖了或者永久使唤他。虽然法律允许乙把奴隶杀了,但是乙没有那么傻,去杀一个人干嘛?人杀多了不是好事,对他也没有帮助。因此他会选择杀了甲,卖了甲,还是永久使唤甲?作为乙,他一定会选择第二种或者三种方式,因为这样一来,他的经济利益就得到了保障。

这种制度在罗马早期被称为"债务奴隶制",目的就在于确保债的履行。有了这项制度,甲就会意识到,他一定得还钱。因为如果他不还钱,他就会沦为一个奴隶,到时候他的前途就只有三个——如果乙心情好一点,就会把他当工具使唤,或者把他卖掉;如果乙心情不好,就有可能要了他的命。要他的命算不算杀人?不算杀人,因为此时甲已经丧失人格了。所以在这种(预期所带来的)压力下,甲一定会还钱。

这就是一种责任,即人格责任。这是一种债的保障,用甲的人格来担保甲履行(债务)。但是这种"债务奴隶制"是非常残酷的,所以到了罗马后期,就是法律昌明时期,查士丁尼皇帝就开始变法,废除了这项制度。但与此同时,原来的问题依然存在:甲不履行债务怎么办?甲用什么来保障(他履行债务)?用甲拥有的一切财产来担保甲履行债务。假如原来甲欠乙 10 万元的金钱债务,现在甲拿不出货币来清偿,乙就可以把甲的房屋给没收了,用房屋来抵债;或者把甲的牛羊给没收了,用牛羊来抵债。但还能不能用人来抵债?不能。这就是财产责任制代替了债务奴隶制。

那么这个财产包括哪些呢?包括甲的一切财产,即用甲的一切财产来担保甲的债务的履行,担保乙的债权的实现。我们把甲拥有的一切财产称为责任财产——这是责任,不是债务,甲用一切财产来担保是责任。债务是什么?就是甲用他的责任财产来清偿的那个债。

下面换一个例子考考大家。A 花 10 万块钱买 B 的房屋,钱交了,但是 B

没有把房屋过户给 A,却把这个房屋卖给了 C,并把房屋过户登记到了 C 的名下,A 还拿得到房屋吗?(同学们回答:拿不到。)拿不到。在罗马法律昌明时期之前用什么来抵债?用人来抵债。但根据法律昌明时期的罗马法,法院会执行 B 的动产来抵债——用他的牛羊来抵债,也会用他的土地来抵债。那么现在问两个问题,B 的债务是什么?B 的债务是给付房屋。B 的责任是什么?他所有的财产都是 B 的责任(财产)。这里的“责任”就是责任财产,是债的履行的保障。

如果用债务人一切的责任(财产)来保障债的履行,我们把它称为无限责任;如果用债务人某一部分责任(财产)来担保债的履行,我们把它称为有限责任。那么刚才我们讲的两个例子,体现的责任是有限责任还是无限责任?(同学们莫衷一是)

好,同学们看,B 对 A 的债务是给付房屋,但此时 B 已将房屋的所有权转移给了 C(于是 B 对 A 的债务就转化为损害赔偿之债)。如果 B 用土地、牛羊等所有的财产来向 A 担保(这个)债的履行,这是有限责任还是无限责任?无限责任。前面讲的例子中说,甲欠乙 10 万元,甲的债务是给钱,但是与此同时,他要用自己的土地、房屋、牛羊等一切财产来保障债务履行,这也是无限责任。什么是有限责任呢?如果合同中写得很清楚,B 不给房屋,B 就以他的牛羊“为限”来担保(这就是有限责任)。不过,要是 B 的牛羊不像房屋那么值钱呢?那 A 就倒霉了,因为有限责任只需要拿一部分财产来担保(其余的财产不构成债务履行的担保)。不过一般人没有那么傻,对吧?他会说,部分财产的履行担保我不干,你必须承担无限责任。

关于当事人是否应当承担无限责任,法律是怎么规定的呢?当事人有约定的按照约定;当事人没有约定的,法律规定任何一个债务人都得承担无限责任,即任何一个债务人都得拿自己的一切财产来担保债务履行。《公司法》规定了投资者的有限责任和公司的无限责任——投资者以投资额为限来承担责任,公司对外承担无限责任。

举个例子,以后我们也会讲到这个问题。甲、乙两人各出资 25 万,总计资本50万,成立一家公司。现在公司与第三人进行交易,欠第三人100万。公司有资产多少?(同学们回答:50万。)50万。面对第三人的债务,公司承担的是有限责任还是无限责任?(同学们回答:无限责任。)无限责任,公司必须拿一切财产来承担责任。但是现在公司拿一切财产能不能承担全部100万的债务?(同学们回答:不能。)不能。公司承担不了债务怎么办?公司可以宣告破产,不再承担另外50万的债务。那么对于甲、乙来说,假如他们除了把各自的25万投入公司以外,在银行的存款还有100万,他们要不要拿自己的银行存款来帮忙还债?(同学们回答:不用。)不用。所以投资者对公司的债务承担的是有限责任还是无限责任?(同学们回答:有限责任。)有限责任。以什么为限?(同学们回答:投资额为限。)投资额为限。

现在我们把上面那个例子改一下,假设甲、乙两人成立的是一家合伙企业而不是公司,其他情况不变。合伙企业应当承担有限责任还是无限责任?无限责任。任何债务人都要(对自己的债务)承担无限责任,除非当事人另有约定或者法律另有规定,所以合伙企业也应当承担无限责任。那么法律又说了,合伙人对合伙企业的债务(也要)承担无限责任。[1] 现在合伙企业欠第三人100万,合伙企业(拿出所有的企业资产后)还欠50万还不清,第三人能不能就另外50万找甲、乙来算账?(同学们回答:可以。)为什么可以?因为合伙人——也就是投资者——对合伙企业的债务承担的是有限责任还是无限责任?(同学们回答:无限责任。)无限责任。

从上面的例子中可以看到,我们这里讲的是责任、保障,而不是债务。根据法律规则,任何债务人都得承担无限责任。你看,公司承担有限责任还是无限责任?(同学们回答:无限责任。)合伙企业承担有限责任还是无限责任?(同学们回答:无限责任。)只要是债务人都得承担无限责任,除非法律另有规定。

---

[1] 《合伙企业法》第2条第2款规定:"普通合伙企业由普通合伙人组成,合伙人对合伙企业债务承担无限连带责任。本法对普通合伙人承担责任的形式有特别规定的,从其规定。"

那么法律另有规定是什么呢？法律只规定了一条，继承。[1] 它说，继承人对被继承人的债务承担有限责任。比如，被继承人是父亲，继承人是儿子，第三人是债权人，被继承人欠第三人 100 万元。被继承人留下的唯一财产是房屋一套，估价 80 万元。父亲活着的时候，应当承担无限责任还是有限责任？（同学们回答：无限。）无限责任。父亲的责任财产是多少？（同学们回答：80 万。）用责任财产来抵债抵不完，是不是？假如现在债务的履行期限到来，父亲拿出 80 万元用于清偿后，身无分文了，剩下的 20 万还要不要还？还要接着还。虽然他现在没有钱了，但将来如果有了钱，还要接着归还未清偿的 20 万。假如现在有自然人破产制度，这个父亲拿出 80 万后身无分文了，他可以申请个人破产，如果法院同意其破产，那么尚未清偿的 20 万的债务也就消灭了，即使这个父亲几年后又有钱了，这 20 万也是不用还的。如果是那样的话，债务人的责任就成了有限责任。但目前我们还没有自然人破产制度，自然人要对自身债务承担无限责任。[2]

回到刚才的例子，现在债的履行期限尚未到来，债务人（父亲）就死亡了。父亲的遗产归谁来继承？（同学们回答：儿子。）这个 80 万（的房产）是谁的？儿子的。父亲的债务谁来继承？（同学们回答：儿子。）也是儿子。现在儿子成了债务人，变成儿子欠第三人 100 万。那么儿子对父亲（留给他）的 100 万债务承担的是有限责任还是无限责任？（同学们回答：有限责任。）

---

[1] 《合伙企业法》第 2 条第 3 款规定："有限合伙企业由普通合伙人和有限合伙人组成，普通合伙人对合伙企业债务承担无限连带责任，有限合伙人以其认缴的出资额为限对合伙企业债务承担责任。"虽然依该条，普通合伙人所承担的是有限责任，但该债务并非合伙人自身的债务，而是合伙企业的债务。傅老师这里讲的有限责任是指债务人对"自身债务"承担的有限责任。就此而言，的确只有在继承的场合才存在这种债务人的有限责任。当然，关于继承场合，继承人是否继承取得了被继承人的债务从而使之成为自身的债务，学说上有不同解释，比较法上也有不同做法，这就是另外一个问题了。关于有限合伙企业的规定，参见《合伙企业法》第三章。

[2] 目前虽无全国性法律法规就自然人破产制度进行规定，但深圳已制定我国首部个人破产法规《深圳经济特区个人破产条例》，并于 2021 年 3 月 1 日正式实施。同日，全国首家个人破产事务管理机构——深圳市破产事务管理署挂牌成立，其发布的《深圳市个人破产管理人名册管理办法（试行）》，于 2022 年 9 月 1 日正式施行。此外，浙江省高级人民法院于 2020 年 12 月 2 日发布《浙江法院个人债务集中清理（类个人破产）工作指引（试行）》，江苏省高级人民法院于 2021 年 12 月 7 日发布《关于开展"与个人破产制度功能相当试点"工作中若干问题的解答》。

有限责任。假如儿子自己的存款还有 100 万,现在第三人说,你父亲欠我 100 万,剩下的 20 万用你的存款来还。儿子说,父亲留给我的遗产就是 80 万,我就给你 80 万,另外 20 万不给。第三人说,不行,既然你继承了父亲的遗产,那么你要还清他的债务。如果两个人打起官司来,谁赢?儿子赢。为什么?儿子以继承所得为限,即继承人以继承所得为限,对被继承人的债务承担责任。[1] 既然以继承所得为限(承担责任),那么这个是有限责任还是无限责任?(同学们回答:有限责任。)有限责任。好,法律规定就只有这一种情况,没有第二种。

虽然除了法律规定以外,当事人也可以约定有限责任,但是在现实中,当事人约定(债务人承担)有限责任很罕见。一个理性的债权人会不会和债务人约定有限责任?比如我向你借 100 万,但是以我身上的一套西装(价值)为限来承担责任。到时候我还不清 100 万就拿西装来抵债。西装有 100 万的吗?至少我没见过。那你会不会跟我做这样的约定?不会。

我们讲到公司,都会讲有限责任公司。但要注意,有限责任公司是公司承担有限责任还是公司的投资者承担有限责任?(同学们回答:投资者。)投资者,投资者以投资为限(承担有限责任)。如果是无限责任公司,指的是投资者承担无限责任,还是公司承担无限责任?指的也是投资者要对公司的债务承担无限责任。因为公司作为债务人,始终要承担无限责任。

好,这是责任的第三种含义,具有担保的意蕴。

(四)不履行义务的后果

责任的第四种含义,就是我们刚才所讲的,不履行义务的后果。

由上可见,在不同的场合,责任代表了不同的意思。

上面我们讲的责任都是民法范围内的责任,这里我顺便和大家讲一下另一种责任,举证责任。虽然你们还没有学到,但是这里先简单讲一下。民

[1] 《民法典》第 1161 条第 1 款规定:"继承人以所得遗产实际价值为限清偿被继承人依法应当缴纳的税款和债务。超过遗产实际价值部分,继承人自愿偿还的不在此限。"该款承继自《继承法》第 33 条,无实质性变更。

事诉讼法中有一种责任叫举证责任，规定了“谁主张，谁举证”。这里的“主张”指的是主张某个事实。你主张某个事实，你来证明；他主张某个事实，他来证明——这是证明义务。举证就是拿出证据来。加在一起就是“谁主张，谁举证”。这里落实的是举证责任，“责任”在这时既不是职责，也不是债务，也不是履行义务的担保，也不是不履行义务的后果，而是一个证明义务，跟前面四种民法中的“责任”的含义不一样。

好，关于责任我们就讲到这里。

第五讲　民事法律关系主体

我们讲了法律关系的概念、特征，讲了法律关系的三个要素，讲了法律事实，又具体讲了权利、义务，讲了义务的担保。下面我们开始讲民事法律关系的主体。民事法律关系的主体包括哪些？自然人、法人以及有的时候作为特殊主体的国家。

一、自然人

（一）权利能力

先从自然人讲起。自然人他要成为民事法律关系的主体，必须要具备什么？人格。人格指的是什么？权利能力。权利能力指的是什么？它的定义是：参加到法律关系当中，享有权利、承担义务的资格。奴隶社会的奴隶有没有人格？（同学们回答：没有。）有没有权利能力？没有。但是随着人类文明朝着现代发展，任何一个生物上的人都会有什么？权利能力。那么权利能力是谁给的？法律给的。

（二）出生与死亡

《民法通则》第 9 条规定，每个人都有权利能力。[1] 人的权利能力从什么时候产生？（同学们回答：出生。）出生。到什么时候结束？（同学们回答：死亡。）死亡。

好，下面讨论什么叫出生。法学意义上的出生和医学意义上的出生不

---

[1] 该条为《民法典》第 13 条承继，无实质性变更。

是一码事。有这么一个故事,在一个妇婴保健院里,有很多产妇在那里待产。这时有一个护士问,23 号床生了没有?另一个护士说,生了。她又问,男的还是女的?另一个护士说,死的。(教室里传来叹息声)那么对于护士来说,娩出一个死胎算不算出生?(同学们回答:算。)算。但是如果生下来就死了,法学上不认为这是出生,法学上认为出生必须具备两个要件。第一,与母体分离。23 号床的胎儿与母体分离了没有?分离了。第二,保有生命,那么现在与母体分离的那个胎儿有没有生命?(同学们回答:没有。)没有生命,不具备第二个要件,所以不能算(法学上的)出生。

那么如何算与母体分离?这里面又要涉及几种学说。"部分产出说"认为,只要头出来了,就算与母体分离;"阵痛说"认为,只要开始阵痛,"哎哟,痛了痛了",(同学们笑)也算是出生;还有"脐带断裂说",剪断脐带才是出生。但是我们国家不采用以上三种学说,只要胎儿与母体分离了,哪怕脐带还在——一般来说会很快把脐带剪掉——把孩子双腿一拎,屁股一打,看看哭了没有,只要哭了,就算作出生。如果孩子憋了一口气没活过来,打屁股也没反应,那就不算出生。

这些学说的存在不是因为法学家为了追求逻辑上的圆满,而是因为出生和没有出生的法律后果是不一样的。

我们举个例子。胎儿丙的父亲甲、母亲乙各自拥有财产 100 万,父亲甲在胎儿娩出之前遇车祸死亡,留下遗腹子,就是这个胎儿丙。胎儿丙还有个爷爷丁,也就是甲的父亲。在这种情况下,假如娩出的胎儿是死胎也算出生的话,甲的 100 万的遗产,由谁来继承?丁(甲的父亲)、乙(甲的配偶)、丙(甲的孩子)继承。如果不认定为出生的话,那么甲的遗产由谁来继承?由丁和乙继承(丙不能继承)——继承份额就不一样了。问题还不止于此。如果娩出的胎儿是死胎也算出生的话,毕竟这个孩子现在是死的,那就只能解释为"先出生,旋即死亡",这么一来,胎儿丙会先继承父亲的 1/3 的遗产,然后这部分继承过来的遗产旋即成为丙自己的遗产,又会被其母亲乙所继承。这样一来,从最终的效果上看,母亲乙就能取得父亲甲 2/3 的财产,而祖父丁只能取得1/3。如果娩出的胎儿是死胎就不算出生的话，母亲乙和祖父丁就各自继承甲1/2的遗产。所以为了避免产生不同的后果，依现行法，娩出时是死胎的不算出生。

接着我们来讲死亡。死亡有两种，一种是自然死亡，另一种是宣告死亡。宣告死亡我们暂不讨论，以后会专门讲。现在只讲自然死亡。

什么叫自然死亡，又有不同的观点。一种观点叫生命的绝对消灭——没有心跳、没有呼吸、新陈代谢停止，只有这样才叫自然死亡。另一种是西方很多国家采纳的制度：脑死亡制度。脑死亡是不可逆转的，他没有神志了，如同一个植物人，甚至比植物人的情况更严重。在这种情况下，虽然他还有呼吸和心跳，在法律上也认定他死亡了。

我们国家目前没有脑死亡制度。但是脑死亡制度（在特定场合）有它的好处，好处在哪里呢？假如一个人脑死亡了，那么根据脑死亡制度就可以认定这个人已死亡，如果此时这个人的机体还在运作，可以把他的肝取出来移植，把他的其他器官取出来移植。如果判定死亡的标准是没有呼吸、没有心跳，在他脑死亡的时候，他的器官能不能取出来？不能，不然就变成活体移植了，是不允许的。

当然脑死亡制度也有缺陷，需要法律的不断完善。美国有一个州就出现了一个关于脑死亡的案子。一个女人被判定为脑死亡了，但是在检查过程中，发现她怀了一个胎儿，胎儿还活着。虽然法律上她已经被认定为死亡了，但是要不要终止她的生物生命呢？社会学上都认为绝对不能终止她的生物生命，因为她身体里还孕育着一个新生命呢！新生命在日长夜大，怀胎十月以后要分娩了，剖腹产分娩会诞生出一个很好的婴儿。如果你终止了她的生命，那这个世界上就彻底没有这个婴儿了。可是法律都已经可以判定她死亡了，为什么不终止她的生命呢？她到底死了没有呢？她又能不能被判定为死亡呢？假如婴儿出生了，它是活人生的还是死人生的呢？（面对这一连串的问题，同学们议论纷纷。）最后一个问题，假如婴儿出来了，接下来要不要终止母体的生命？（大家开始讨论，本节课程结束。）

案例分析

代驾司机撞人案(续)

(开始上课)几周前我给同学们留了一个案子让大家回去思考,今天我们就先来分析一下这个案子。首先大概回顾一下这个案件的事实。

有一个叫张三的驾驶员,因为喝了酒不能开车,于是通过"e代驾"请了一位代驾司机,但是在开车回家的途中张三的车撞到了人。公安机关认定张三的车全责,需要向对方赔偿损害。那么损害赔偿应该落实到谁的头上呢?张三认为,车不是我开的,我不该承担责任;"e代驾"认为,我也不该承担责任,我是中介方;"e代驾"派出的驾驶员认为,既然"e代驾"都不承担责任,自然没有道理让他一个雇员来承担责任。所以这几方都认为自己不应该承担责任。那么谁应当承担责任呢?现在我先讲一下这个案件的分析思路,大家回去也可以进一步思考。

在这个案子中,争议的第一点是什么呢?是"e代驾"和张三之间到底是什么关系?"e代驾"说它的角色跟房屋中介是一样的,但张三不认同这一说法。(因为你们还没有学到,所以)这里我们要稍微介绍一下中介的法律属性。中介从事的是居间行为。居间行为有两种,提供信息或者提供媒介服务,居间商可以只从事其中一种,也可以两种都做。

第一种行为,提供信息。比如现在我想叫一碗面,但是错过了午饭时间,不知道哪个食堂还能提供面食。于是我就到中介公司问:"你能不能给我提供这么一个信息?"中介公司说:"可以,但你得给我钱。"于是我给中介公司一块钱买这个信息。他说:"二食堂二楼,它24小时都营业。你可以去那里。"(同学们纷纷笑,有同学说,哈哈,二食堂二楼,还真是24小时营业。)[1]好,于是我就去了那里,吃到了一碗面。再如,我听说华政的食堂曾经卖过焖肉面,但是最近好像不供应了。于是我又跑到中介去询问,中介又

[1]　华政的二食堂没有二楼。

收了我一块钱,给我了信息。他说:“焖肉面老板上个学期在这里,但这个学期到工技大[1]去做了。你可以到工技大三食堂去吃焖肉面。”于是我到工技大三食堂吃到了一碗焖肉面。

第二种行为,媒介。我就举一个婚姻的例子。单身男性要找女朋友,单身女性也要找男朋友,但他们彼此又不认识,信息不对称,于是跑到“相约星期六”[2]去了。(同学们哄堂大笑)“相约星期六”就把他们撮合在了一起。你看,他们通过媒介找到了心仪的对象。那么居间商与双方之间分别订立的合同就是一个居间合同。

刚才举的例子都是单纯地提供信息或者媒介服务。有的时候,居间商既提供信息,又提供媒介服务。

好,结合刚才的例子可以发现,如果居间行为是提供信息,这个合同是谁和谁签订的呢?是居间商与客户签订的。焖肉面那个例子,有关信息的提供,我是和工技大签订合同,还是和居间商签订合同?居间商。同样地,二食堂那个例子,我也是同居间商签订合同。

如果居间行为是提供媒介服务,这个居间合同是谁跟谁订立的呢?例如,我要买一台电脑,但不知道哪个电脑公司好,而电脑公司要销售一台电脑,但不知道客户在哪里。于是居间商牵着我的手,(同学们偷偷笑,起哄。)找到电脑公司,不是在一起,而是谈买电脑。那么居间商为什么把我的手牵过去呢?因为我跟居间商有合同。同样地,电脑供应商这么多,为什么居间商带我找到这个电脑供应商呢?因为这个电脑供应商跟居间商也有合同。我和居间商签合同,电脑供应商也和它签合同,居间商两头赚钱。那么,我有没有跟电脑供应商签订(居间)合同呢?没有。如果最后我跟电脑供应商达成交易,我会跟它签订买卖合同,但不是居间合同。同理,婚姻媒介的例子中,最后去结婚登记的当然是男女双方,但他们找婚姻中介这个介绍人的时候,肯定是各自跟婚姻中介订立了合同。

---

[1] 即上海工程技术大学,其松江校区坐落于华东政法大学松江校区东侧,隔龙源路相望。

[2] “相约星期六”是在上海东方电视台播出的一档婚恋交友节目,1998 年首播,是国内较早期的电视婚恋交友节目,前后开办时间长达 20 年,许多主持人通过这个节目广为人知。

好,法律关系我们搞清楚了。无论提供信息还是提供媒介,都是客户和居间商签订合同。签的是什么合同呢?签的是介绍合同——前者签的是提供信息的合同,后者就是介绍你去跟某个符合你需求的人缔约。

回到“e代驾”这个案件。“e代驾”认为,客户——就是喝醉酒的张三,与自己签订的是一个提供信息的居间合同,即通过“e代驾”供给的信息,最后找到了驾驶员。张三认为,自己并没有拿到这个信息,只是平台最后派了个人过来而已。“e代驾”说,即便没有给你信息,我也是一个媒介,我提供的是媒介服务,我跟驾驶员、客户之间均有合同关系,最后你们双方通过我的媒介服务,签订了代驾合同。

这个案件中,驾驶员确实是拿出了一份代驾合同给客户签,但是这份合同落款处盖的是谁的章呢?是“e代驾”的章。由此可以证明,驾驶员是代理“e代驾”和张三签订了一份代驾合同。和张三订立合同的人是“e代驾”。那么谁有义务为张三提供代驾服务?是驾驶员还是“e代驾”?是“e代驾”。为什么?合同当事人是谁?(同学们回答:e代驾。)对,驾驶员是以“e代驾”的名义订的合同,他并不是合同关系的当事人,在订立合同过程中,驾驶员只是一个代理人。从这个角度来说,“e代驾”认为自己只是中介商的观点成立不成立啊?(同学们马上回答:不成立。)

所以“e代驾”就是合同当事人,合同义务也应该由“e代驾”来履行。那么驾驶员起什么作用呢?驾驶员充其量是履行辅助人,帮助“e代驾”履行义务。

同理,你们考到华东政法大学,学校为你们提供教育服务,你说这个牌子(指校牌)搬到这里来,能不能为你提供教学服务?不能,必须要有一个活生生的老师来为你们提供教学服务。所以现在我来了,那么这是我个人在为大家提供教育服务呢,还是华东政法大学在为你们提供教育服务呢?是华东政法大学。

又如,你到饭馆吃饭,营业员端一碗面上来,你能说给你提供服务的是营业员,而不是饭馆吗?不能这么说。因为任何一个法人都是一个单位,单位都是一个虚拟的主体，必须要有自然人来亲力亲为。

再打个比方，我生病了，到松江的上海市第一人民医院去看病，为我主刀的是一个自然人，但是提供医疗服务的，你们觉得是一个自然人，还是医院？（同学们回答：医院。）你在和医院签订合同还是和开刀医生在签订合同？（大家又答：医院。）哪个医生给你开刀你都不一定知道，因为你上麻醉了。（同学们哈哈大笑）所以，不能认为上海市第一人民医院是中介商。如果你认为第一人民医院是中介商，它的服务就是给你介绍了一个好的医生，那你实际上就是和医生建立了一个医疗关系的合同。这意味着，一旦出现医疗事故，你只能请求医生赔偿，而不能请求医院赔偿，因为你和医院之间只有居间合同，而没有医疗合同。

所以，如果“e 代驾”的说法能够成立，那任何单位都成了中介商。这样一来，华东政法大学也是中介商，把我和你们撮合在一起，然后在你我之间建立教学服务关系——但事实并非如此，应当是华东政法大学直接和你们产生法律关系。

所以第一个问题，“e 代驾”作为一个雇佣单位来讲，它称自己为“中介商”的说法不成立。它的说法能不能成立，核心看什么？核心要看这个合同是谁和谁签的。如果这个合同是驾驶员（以自己的名义）和客户签订的，那可以说“e 代驾”是中介；如果这份合同是“e 代驾”和客户签的，驾驶员代理“e 代驾”缔约，那么“e 代驾”就不能说自己是中介商。

这个跟滴滴打车有点不太一样。比方说，我要去上海市第一人民医院，找不到车，就在滴滴打车软件上下了个单。滴滴打车平台找了一个出租车驾驶员说，龙源路 555 号华东政法大学门口有一个人在等你，你开车过去吧。现在我上车了，我跟谁签的合同？我是和司机所在的出租车公司签订的合同，还是和滴滴打车平台签订的合同？是和出租车公司。所以说滴滴打车平台是什么？是一个中介商。

好，第一个问题解决了。虽然我们不能排除“e 代驾”也搞过中介活动，但不能因为它曾经搞过中介活动，或者它现在也在搞中介活动，就认为它的一切活动都是中介活动。我曾经讲到过保姆市场上存在的两种经营模式。有一种是保姆中介公司,这种公司逢年过节它都会很热闹,因为很多保姆都回家过年去了,东家找不到保姆,于是都来中介公司找保姆。中介公司找到了保姆会通知你,你可以直接与保姆签订合同。保姆市场上还有一种叫家政服务公司,它会为东家派出一个保姆。这两者有区别吗?(同学们应声:有。)前者是什么?(同学们回答:中介。)是中介。后者是什么?后者就是一个直接为你提供保姆的公司。那么既然是一个公司在为你提供服务,是不是需要这个公司跑到你家里来?当然不是,而是公司派了一个员工,就是符合你要求的保姆,到你家来。但即便如此,和你订立合同的是这个保姆,还是家政服务公司?是家政服务公司。这跟前面的保姆中介公司的例子不一样。

好,第一个问题解决了,马上就迎来第二个问题。既然客户张三是跟公司签的合同,现在公司派过来的驾驶员违章驾驶出了问题了,公司要承担责任吗?要的,这是法人的替代责任。就像公交公司驾驶员开车过程当中撞了人,受害者找谁?找驾驶员还是找公交公司?找公交公司。冰海沉船了,乘客们找谁?找航运公司还是船长?当然找航运公司,船长自己都在沉船事故中去世了。

现在受害人找到了"e代驾"要求赔偿,"e代驾"又找个理由说,我不用承担赔偿责任,应该由驾驶员来承担责任,因为我跟驾驶员之间是合作关系。

"e代驾"和驾驶员之间确实有份合同。"e代驾"说,这是一份合作合同。怎么合作的呢?"e代驾"为驾驶员提供信息,驾驶员以"e代驾"的名义为客户提供服务。这里面"e代驾"做了两件事:第一,提供信息;第二,提供名义。什么叫提供名义呢?你看我只能以华东政法大学的名义给你们上课,我不能以工程技术大学的名义给你们上课,因为工技大没有给过我这个授权。同理,"e代驾"给司机授权了,他可以以"e代驾"的名义跟客户签合同。这个名义很重要,就好比如果我没有华东政法大学的名义,你们不会来听我课的,因为就算是听了,也不算是修了华东政法大学的学分。

好。代驾司机的义务是什么呢?如果拿到钱,就要分30%给“e代驾”,代驾司机可以保留70%。

这么看下来好像“e代驾”和司机之间确实存在合作关系。但是,“合作”不是定性,任何一份合同都是合作。买卖是不是合作?也是合作。合伙是不是合作?也是合作。运输是不是合作?也是合作。任何一份合同都需要合意,合意就是一种合作。所以,“合作”并不是合同的一个性质,光说“合作”并不能确定合同的性质和种类。

那么,这个协议到底是什么性质的合同呢?是合伙合同还是雇佣合同?合伙和雇佣的本质区别在哪里?本质区别就是,双方是不是共担风险、共享收益。如果双方共担风险、共享收益,那就是合伙。如果不存在这种关系,那就是雇佣。“e代驾”和驾驶员之间的这份合同,不存在共担风险、共享收益的约定。因此,两者之间就是雇佣关系,这份合同就是雇佣合同:我为你干活,赚来的钱,我拿70%,你拿30%。

这样,第二个问题也解决了。该问题的关键在于明确,他们之间到底是合伙关系的还是雇佣关系。区别合伙和雇佣的关键在于,是否存在共担风险、共享收益的权利义务安排。既然不存在,那就是雇佣。既然是雇佣,那么在雇佣过程当中,如果雇员造成他人损害,应当由雇主来承担责任。如果雇员有过错的,雇主对内可以向雇员追责,但对外首先是雇主承担责任。

于是,这个案子最后应当由谁来承担责任?(同学们异口同声回答:e代驾。)对,应该由“e代驾”来承担责任。

好,“e代驾”的案子我就分析到这里。

下面我们接着上节课的内容,继续讲自然人。

前面我们讲了,自然人的权利能力就是自然人的法律人格。那么,为什么要给自然人以法律人格?为什么要确立自然人的法律人格?大家说说看。(有同学答:为了确立法律地位。)那么确定法律地位的目的是什么?(有同学答:可以受法律保护。)受到法律保护?那野生动物是不是也受到法律保护啊？物权是不是也受到法律保护啊？（所以不是“受到法律保护”这个原因）那到底是什么原因？每个自然人都有生物属性，都是生物上的人，为什么民法就把生物上的人确定为法律上的人呢？因为只有确定为法律上的人，他才能够享有权利和承担义务，他才能够成为权利义务的承载者。如果不具有“法律上的人”这个地位，他就不能享有权利或者承担义务。

我曾经举过例子，比如我们这个班是不是法律上的人？（同学们回答：不是！）不是法律上的人，所以我们班没办法打官司，没法成为原告或者被告。我们这个班也没办法签合同，不能享有合同上的权利或者承担合同上的义务。你要是在合同当事人一栏写上“某某班级”，到时候你不还钱，债权人找谁去要啊？所以，只有法律上的人才能够成为权利义务的承载者。奴隶社会中的奴隶，他是不是法律上的人？不是。于是奴隶不能作为权利义务的承载者，他只能作为一个工具。

又如，在中国的封建社会，妇女不是一个完整的人。我们说她不是一个完整的人，是从法律层面说的，还是从生物层面说的？（同学们回答：法律。）是从法律层面说的。为什么说她不是个完整的人？别的不说，只要看看她人生中非常重要的一件事——结婚——她能不能自己做主？不由她做主。她不能自主地形成婚姻中的法律关系，因为她不是完整的法律上的人。新中国成立后，男女平等了，女性对于自己的婚姻可以做主了，再没有什么父母之命、媒妁之言了，她就成了完整的法律上的人。

好，我们明确了，给自然人以法律人格，确立其为民事主体，就是要赋予其权利义务承载者的地位。接下来还有一个根本问题，这个权利义务的承载者的内容有没有差别？效力有没有高低？（同学们回答：没有。）为什么？（同学们齐回答：因为他们是平等主体。）对，我们给他们民法上的人格，目的就是要给他们平等的法律地位。生物上的人有强有弱，但是对于法律上的人来说，他们的民事权利能力的内容没有差别，民事权利能力的效力没有高低。所有生物上的人，只要我给了你民事权利能力，你们都是一样的，你们都是平等的。

所以确定自然人的民事权利能力就是确定其人格，确定人格的根本目的是实现平等。与此同时，也确立了一个权利义务的承载者。那么只要是权利义务的承载者，就可以进行民事活动。进行民事活动的目的是什么？就是为了实现权利、承担义务。

好，关于自然人的权利能力，始于出生、终于死亡的问题，我们就讲到这里。

（三）胎儿利益的保护

接下来我们再来看胎儿。

胎儿是妊娠后未出生的儿体。出生强调的是与母体分离，并且分离的时候是活体。虽然胎儿没有与母体分离，但是胎儿要不要保护？上节课我们举过一个例子，说明胎儿需要保护。

1. 不同的保护模式

那么对胎儿的保护，各国的保护方式是不一样的。我们国家是怎么保护的？我们认为胎儿不是人，所以没有给胎儿权利能力——这里讲的是我国认为胎儿不是法律上的人，没有说一定不是生物上的人。既然胎儿不是法律上的人，就没有给胎儿权利能力。[1]

很多国家认为胎儿是有权利能力的，那么这意味着胎儿是不是法律上的人？是的。但这些国家在认定胎儿有权利能力的同时，又认为他的权利能力是附条件的。只不过，有的认为所附的是停止条件，有的认为所附的是解除条件。

附停止条件是什么意思呢？胎儿在母亲腹中，怀胎十月，这是个界限，（傅老师一边说一边在黑板上画示意图）界限意味着出生，意味着与母体分离，箭头表示保有生命。权利能力附停止条件意味着，胎儿以出生为条件，享有权利义务。意思就是，如果胎儿出生了，怀胎这段时间都是人，有权利

[1] 《民法通则》对于胎儿利益保护，未设规定。《继承法》第28条设立特留份规则，对于胎儿的继承利益予以有限保护。《民法总则》第16条对于胎儿利益的保护作出较为全面的规定，并最终成为《民法典》第16条，“涉及遗产继承、接受赠与等胎儿利益保护的，胎儿视为具有民事权利能力。但是，胎儿娩出时为死体的，其民事权利能力自始不存在”。

能力。如果胎儿娩出时是死胎,虽然与母体分离,但由于是死胎,所以前面这段时间是没有权利能力的。这就是附停止条件的权利能力,条件就是出生,即活着娩出。也就是说,怀胎期间,我不认为你有权利能力。但是一旦出生,我认为你怀胎过程中也有权利能力,具有溯及力,溯及到整个怀胎期间都有权利能力的。这就是附停止条件的权利能力,停止条件就是出生。

那么,附解除条件的权利能力又是什么意思呢?它的意思就是,胎儿的权利能力自怀胎之初就有了,一旦怀孕,胎儿就是法律上的人了。如果胎儿娩出时是活体,权利能力从始至终不受影响;但如果胎儿与母体分离时是死胎,那么之前所认定的权利能力全部被解除掉。这就是附解除条件的权利能力。

那么无论是附停止条件的还是附解除条件的权利能力,总的意思是一样的,都是以出生为条件。如果没有出生,没有活着娩出,就无法取得权利能力。两者在技术上的差异是什么?有的是先给你人格,最后收回;有的是出生后给你人格,但能溯及怀孕期间。好,现在问大家,哪一种情况是先给你人格,如果没有出生就收回?(同学们回答:附解除条件。)哪一种是后给你人格,如果出生就溯及到一开始?(同学们又答:附停止条件。)

我们国家认为,这段时间(指怀孕期间)你没有权利能力。那么我们国家为什么不给你权利能力呢?这跟法律上的人的观念有关。法律意义上的人来自生物意义上的人,通过赋予生物意义上的人以法律上的人格,最终实现所有的人在法律地位上的平等。可是胎儿都不是生物意义上的人,凭什么给它们法律人格呢?你连法律人格的载体都没有,我没办法给你这个人格。但这里可能还隐藏着另外一个理由,跟计划生育有关。如果按照附解除条件的权利能力处理,在这段时间能打胎吗?不能,因为你打掉的是一个民事主体。如果按照附停止条件的权利能力处理,在这段时间能打胎吗?也不能,因为如果不打掉,将来很可能活着出生,他的权利能力将溯及怀孕之初,那你现在打掉的还是一个民事主体。当然,如果将来计划生育政策发生调整,我们的理解可能也会发生改变。所以,每个国家立法的发展总是和这个国家主导的立法政策是同步的。

好,关于胎儿的权利能力,介绍了两种制度。我国认为胎儿没有权利能力,有些国家认为胎儿有权利能力,做法又有两种:一种是先给权利能力后收回,这种做法叫作什么?附解除条件的权利能力。第二种是附停止条件的权利能力,即先不给,待出生以后再溯及既往地给你权利能力。但不管哪一种做法,他们所讲的权利能力都是附条件的。条件是什么?是活着出生。

2. 需要保护的利益

我们国家认为,怀胎期间,胎儿没有权利能力,但这个胎儿要不要保护呢?这个问题必须要解决。我们国家在具体的做法上,认为胎儿的利益要保护。

涉及胎儿具体哪方面的利益需要保护,各国做法又不一样了。先谈谈我们国家的做法。我们国家胎儿利益保护表现在如下几个方面。

第一,继承利益与受遗赠的利益一定要保护。举个例子,胎儿的父亲在怀胎期间遇车祸死亡了,他是一个行人,开车的对方全责。胎儿父亲死后留下一笔遗产,价值 100 万。如果认为胎儿不是人,没有人格,他的利益也得不到保护,这个遗产胎儿有没有权利继承?没有。那么如果认为胎儿有权利能力,这笔遗产他有没有权利继承?有!

刚才举的是一个继承的案子,现在我们举一个遗赠的案子。胎儿的叔叔得了一种绝症,于是他立了一份遗嘱。在遗嘱中,他说:“我肯定是等不到我的小侄子出生了,所以我现在就要立下遗嘱,在我死后把我的房产送给他。”遗嘱立完没过多久,这个叔叔病入膏肓,去世了。在采“附条件的权利能力”的各个国家当中,还没有降生的小侄子有没有受遗赠权?(同学们此起彼伏地回答:有。)在我们国家,(案例中的小侄子)有没有受遗赠权?也有。我们虽然不讲权利能力,但在我们国家,胎儿利益也要保护。

刚刚讲的两个例子,你们都记下来。第一个例子告诉我们,胎儿的继承利益得到保护,第二个例子讲胎儿的受遗赠利益得到保护。这都属于第一类需要保护的利益。

第二类需要保护的利益是赔偿利益——我们国家的赔偿利益仅限于抚

养费的赔偿。还记得刚才讲的第一个例子吗？如果胎儿的父亲遭遇车祸死亡了，这个胎儿出生后，应当靠谁来抚养？（同学们回答：母亲。）如果父亲没有出车祸，应当由谁来抚养他？（同学们不假思索：还有他爸爸。）对，母亲和父亲。现在父亲遇车祸死亡了，他就得不到父亲的抚养了。考虑到这个因素，加害人要赔偿损失，即赔偿胎儿出生以后的抚养费。

在很多事故中，这笔赔偿费赔的就是抚养费，但它是赔偿（给在世的）自然人的。比如，一个人车祸死亡，他有一个3岁的孩子，现在这个孩子所依赖的父亲的抚养费没了，谁应当来“买单”？加害人来“买单”。那么，现在不是3岁的孩子，而是3个月的胎儿，加害人要不要为他的行为“买单”？（同学们应声：要。）（此时下课铃声响起）加害人一样要“买单”，即便这是一个胎儿。

（继续上课）好，细分一下，我们国家对胎儿利益的保护表现为三个方面：第一个方面是接受遗产，就是继承；第二个方面是受遗赠；第三个方面是抚养费的赔偿。

那么我们再看看其他国家，例如法国、德国，它们对胎儿的利益保护包括什么呢？也有继承、受遗赠、赔偿，但是他们的赔偿不限于抚养费的赔偿。胎儿还在母亲腹中时受到的人身伤害也能得到赔偿。（同学们惊讶，窃窃私语。）那么还在母亲腹中怎么会有人身伤害呢？比如环境污染。（同学们恍然大悟：哦~）胎儿娩出的时候哑巴了。为什么会哑巴？是因为环境污染造成的。这是不是人身伤害？要不要赔？也要赔，由污染方赔。如果胎儿娩出的时候，得重病了，一种稀奇古怪的重病，比如血癌。如果能够证明是因为怀胎过程中（由于外界）污染造成的血癌，要不要赔？也要赔。这笔钱不是赔给父母的，（同学们纷纷抢答：是赔孩子的。）对，是赔给胎儿——现在是婴儿——自身的。我们国家没有这方面的规定，我们国家的赔偿仅限于抚养费。其实以前在德国、法国，这笔赔偿也仅限于抚养费，后来德国把这个立法改了，原因在于，你既然认为胎儿是人，人就有人体，人体受到伤害就应该予以赔偿。

现在以南京鼓楼区人民法院曾受理过的一个案子为例。有一个怀孕已经7个月的孕妇,在小区的花园里面散步,突然被一个年轻人驾驶的摩托车撞倒,把胎儿撞出来了。(大家议论纷纷:天呐,早产啊这是。)胎儿早产,先天不足,而且这一下还把胎儿给撞伤了。撞的行为在前,胎儿娩出在后,所以撞的是婴儿还是胎儿?(同学们回答:胎儿。)好,现在这一家三口作为原告起诉摩托车驾驶员。

原告一是母亲。她说,我在小区里散步被撞了,我是受害者。原告二(底下有同学说:小孩子。)是婴儿。他说虽然我出生以后没有被撞,但是我在母亲的肚子里面被撞了。撞了以后,导致我早产。早产,那就是先天不足,以后疾病连连,而且我的内脏也被撞伤,所以我也要求赔偿。原告三是父亲。父亲说,撞在儿子身上,痛在我心里。父亲要求获得精神损害赔偿。

这个案件中,有这样几个问题要解决。母亲的赔偿该不该支持?(同学们齐声答:该。)该支持。父亲的赔偿该不该支持?(同学们议论纷纷,先是说“不该”的声音响些,后又有同学大声说:当然该!)没有法律依据,驳回。(刚刚说“该”的同学们疑惑不已。)因为,如果你支持了父亲的赔偿请求,父亲的父亲也可以要求,他可以说:“撞的是我的孙子。”(大家恍然大悟,笑了起来。)那么父亲还有母亲、祖母什么的都能请求赔吗?还有,父亲的哥哥也要求赔偿怎么办?那就没边没际了。

好,接下来就是胎儿——现在是婴儿——的诉求。回答我,根据德国法律能不能支持?(同学们回答:能。)根据法国能不能?(同学们抢答:也能。)根据我们国家法律的规定能不能支持?不能支持。[1] 所以,不同国家对于胎儿利益保护的范围并不一致。还有一些国家,比如瑞士,胎儿利益的保护跟自然人的利益保护范围是一样的。就是说,一个娩出的婴儿应该有多少利益,胎儿就也享有多少利益。

所以,胎儿保护范围的立法模式有哪些?第一种是抽象的一般规定,就是全部保护。但虽然叫作“全部保护”,实际上并不可能全部保护,比如胎儿

[1] 在《民法总则》生效前,本案中婴儿的诉讼请求缺乏直接的法条依据,但如果这个案件发生在《民法总则》生效后,该婴儿得依《民法总则》第16条(现《民法典》第16条)获得赔偿。

连姓名都没有，自然不会存在姓名的保护。这个我们先不管。采用概括主义对胎儿利益进行保护的，比较典型的国家就是刚才我们讲的瑞士。第二种是个别保护。德国、法国采用的就是个别保护模式，也就是具体规定需要保护的利益，而不是进行抽象规定。我们国家也采用个别保护模式。

好，以上我们讲的是胎儿利益保护。我们之所以会讲到胎儿利益保护，跟权利能力制度有关。因为权利能力"始于出生，终于死亡"，胎儿还没有出生，要不要保护？要保护。其他国家胎儿有没有权利能力？有权利能力。其他国家给他的权利能力设不设条件？设定条件，或者延缓条件，或者解除条件。

既然说到了权利能力，顺便提一下比较法上的一个共同做法，就是婚姻的权利能力并不始于出生；同样地，劳动的权利能力也不始于出生。我们去查一下，劳动的权利能力始于几岁？（有同学答：16 周岁。）婚姻呢？（同学们回答：女 20 岁，男 22 岁。）婚姻的权利能力起点男女有区别。

（四）死者遗存保护

那么人死了以后，还有没有权利能力？刚才我们怎么讲？"始于出生，终于死亡。"人死了以后有没有权利能力？（同学们回答：没有。）没有。但人死了以后有没有遗存呢？有的。人死了以后有两大类遗存，第一类是物质上的遗存，比如尸体、骨灰，还有我们讲的什么舍利子。第二类遗存是精神上的遗存，比如死者的名誉、荣誉、姓名、肖像、隐私等……但是这些遗存是不是死者的权利（客体）？（有同学抢答：不一定。）要考虑。

1. 物质性遗存

首先，这些遗存要不要保护？一定要保护。这不是社会一般理念，而是人类文明的表现。上几堂课下课以后，有同学问我一个问题。他说他们那个地方有一个人民医院，把一些死了的小孩就当垃圾一样处理。医院说人都死了，把这些东西（指死去的孩子）当作一般的废物遗弃掉（就可以了）。我相信他说的话是真的，为什么？因为我看过一篇报道，（此时上课铃声响起）在华东地区的某个省份，有一年发洪水，河面上漂浮了大量的胎儿、婴儿的尸体。（同学们低叹）那么为什么发洪水，会有胎儿、婴儿的尸体呢？是不是胎儿、婴儿到河道里面去玩了？不是。原来附近有家人民医院，人民医院把死亡的婴儿，还有死亡的娩出的胎儿——家属也就不要了——就把它埋下去了，埋到哪里？河堤旁边，在河堤旁边挖一个坑把它埋下去，草草了事。（同学们在底下窃窃私语，搜索案件。）因为埋得太浅，河水一冲，浮土被冲走，这些尸体就浮出来了。

当时大家批评人民医院，说你这个做法太不环保了。（同学们觉得很可笑，不能理解批评医院的角度。）这个省的水资源很缺乏，这个城市的人要喝水，但是水里面却浮了那么多尸体，这像话吗？医院赶紧出来抗辩，在报纸上发布声明，说："我这么做有法律依据的。根据卫生部的某个规定，医疗垃圾可以把它埋下去。"（同学们重复着"医疗垃圾"这四个字，极为不解。）

"医疗垃圾"，听明白了吧？比如到医院里面包扎，用过的纱布就是医疗垃圾；到医院去挖一个脓疮，脓疮挖出去就是医疗垃圾；到医院去截肢，截掉的肢体也叫医疗垃圾。（底下又小声议论起来）到医院去进行肿瘤切除，切除掉的肿瘤，不管良性还是恶性，医院都会把它们作为医疗垃圾。所以在医院看来，那些死去的婴儿，跟切下来的肢体一样，也是医疗垃圾。你看，这就是没有学过民法的表现。（同学们终于笑了出来）这里就涉及对人的尊重。（死去的）婴儿，即便他很小，父母对他没有感情，一走了之，但能否因为父母一走了之，医院就把他当作医疗垃圾来对待，这样可不可以？（同学们坚定地回答：不可以！）

这就是死者遗存，死者的遗存不能把它作为垃圾来对待。死者遗存首先是物质遗存，比如说他的尸体。尸体这个物质遗存谁来处置？亲属来处置。亲属现在不要了，交由医院来处置，医院就要以人道的方法、不违背公序良俗的方式来处置。要么火化，要么深埋。现在人民医院以处理医疗垃圾的方法来处理，把它当成一团纱布来处理，把它当作一团什么脓来处理，这个是不是人道的方法？不人道。有些批评的人其实也不是站在人道主义角度来批评，他们的理由是医院的行为污染了水资源，说我喝的水脏了，讲的是环保的问题。所以人们的观念、意识要提升，还有很长的路要走。我们以后再也不要说这是医疗垃圾了。有一次我给卫生系统讲课,他们都说这是医疗垃圾,我说这是人类的遗骸、尸体,必须以人道的方法来处置。

那么,尸体能不能作为交易对象啊?不能。有一个新闻,说有个19岁的孩子去世了,他的父母当场作出决定,遗体捐献。遗体捐献是可以的,虽然遗体捐献也涉及对自然人物质性遗存的处分,但这是无偿行为,不是交易,没有说我把遗体卖给你要多少钱。

2. 精神性遗存

好,下面我们讲精神遗存。死者的名誉、荣誉,肯定要保护,这是显而易见的事。两千多年前我们就存在对死者精神遗存的保护,全世界各国也都有对精神遗存的保护。共产党是先进文化的代表,比如追认某人为中国共产党党员,他既不能行使党员的权利,也不能按时交党费,为什么还要追认他为党员呢,这就是给他一种精神遗存,给他死后的荣誉,这也说明人死了并不是万事皆休,有一些东西依然重要,听明白我的意思吗?所以说不管什么阶级、什么党派,古今中外都认为精神遗存的保护很重要。

但是对于精神遗存进行保护的理论根据是什么?难中之难,到现在还没有一个像样的解释。所以今天的课题——大家注意,不再是案例啊——大家拿回去考虑的是精神遗存保护的理论根据,希望你们在这个学期结束之前能够有个结论。我们可以对此进行交流。

关于这个问题我先不说答案,你们回去自己思考。我先可以告诉大家现在学术上的几种观点。

第一种观点认为,这是自然人民事权利的延伸。死者有没有荣誉权、名誉权、姓名权、肖像权、隐私权等这样一些权利呢?有,它可以延伸到死后。但这个"延伸说"解决不了一个问题:既然自然人已经死亡,连权利能力都没有了,连享有权利的资格都消灭了,又哪来的权利?这个延伸过去的权利无从依托。

第二种观点认为,这是遗属的权利,不是死者的权利,而是死者家属的权利。为什么说是死者家属的权利呢?如果一人参军,全家光荣,那么诋毁死者的名誉,全家就会感到羞辱,所以说这是全家人的名誉。诋毁死者,侵害的是死者亲属的权利。但是这个说法也有问题。为什么？你看雷锋叔叔有没有亲属？（同学们不知该怎么回答）雷锋叔叔不是孤儿嘛？哪有亲属，你看你们连这个常识都没有。（大家笑起来）假如现在有人诋毁雷锋的名誉，滥用雷锋的肖像，但他没有亲属，就不能得到保护吗？既然人人平等，为什么普通人能够得到保护，他反而不能得到保护，就因为他没有亲属吗？这个没道理嘛。

我现在讲的并不是空穴来风。北京有一家保险公司的大堂里面挂着一幅巨像，本来应该是雷锋站在军车旁边的一个肖像，但是这家公司把军车的图案截掉了，只剩雷锋的脸，旁边给他配了一个女子的肖像，乍一看像一张结婚照，而这个女子是这家保险公司的形象代言人。（底下学生努力憋住笑声）上面写了一行字："全心全意为人民服务是某某保险公司的宗旨。"为雷锋拍这张照的摄影师当时还活着，现在已经过世了，他气坏了，"我的摄影作品被你篡改了，你不能这样随意改编我的作品，改成这个样子像什么话！"要求保险公司把这幅画撤下来，否则就要起诉。这个公司最终是把画撤下来了。但是，假如摄影师没有说这番话，没有要求保险公司把画撤下了，保险公司的做法就合法了吗？恐怕也不合法。关键是，什么理由？如果说保险公司的行为侵犯了雷锋的肖像权和名誉权，但是雷锋早已去世，没有了权利能力，他哪来的名誉权、肖像权？如果说保险公司侵害了雷锋家属的权利，但雷锋又没有家属。

第三种观点认为，这是死者权利的延伸与家属权利的结合。那么根据刚才的讨论，既然前面两个说法不成立，第三种观点应该也不成立。

第四种观点认为，死者的精神遗存是一种法益，是法律所保护的利益。这种观点有种掩耳盗铃的感觉。这种说法只是回避了"权利"二字，不把精神遗存当作一种权利而已。因为讲到权利就一定要讲权利能力，而死者又没有权利能力。第四种观点讲法益，不讲权利，其实就是在回避这个矛盾，回避关于权利能力的讨论。那么我们为什么要讲权利能力呢？我们讲权利能力是为了讲承载者，就是说谁来承载这个权利。那么法益要不要承载者？

也要的呀。那么法益的承载者到底是什么？其实还是回避不了这个问题。所以“法益说”也难以成立。

于是就有了第五种观点，人格权继承。有人继承就继承，要是无人继承就归国家。这种观点问题很大。大家说，人格权能不能继承？（同学们回答：不能。）它是一种专属权还是非专属权？（大家齐回答：专属权。）对了，人格权根本不能继承。

那么，保护（精神遗存）的理论依据到底在哪里？这个问题很重要，因为现实中有很多与此相关的案子。你们听过盖叫天这个名字吗？（教室里传来嗡嗡声）你们只知道秦汉，不知道盖叫天。盖叫天是一个著名京剧演员，武生。武松打虎知道吧？（同学们似有所悟，哦，知道知道。）盖叫天是武松打虎中武松形象的塑造者。我们现在烙印在脑子里的武松形象不是源于小说，小说只是（文字）描写，你脑子里的这个形象是图像，这个图像是盖叫天根据小说描写扮演出来的。盖叫天名气极大，我们脑子里武松打虎的形象就是他。

有一年，上海有份报纸用 1/4 的版面做了一则保健品的广告，广告上的画是盖叫天打虎的肖像。还配了一行文字，“吃了我的××药，保你打死大老虎。”盖叫天的晚辈很生气，把下列人员作为被告告上去了：第一，保健品公司；第二，报社；第三，广告商，就是广告公司。告他们侵犯盖叫天的肖像权和名誉权。那么三个被告的代理律师抗辩说，盖叫天早就过世了，人死了就没有权利能力，没有权利能力也就没有这些权利。

我们想一想，人死了以后到底有没有这些权利？如果有，它的法理依据又在哪里？类似的还有鲁迅的肖像权、姓名权的案子，有十几个，但是那么多的案子没有一个胜诉的，为什么？其中一个很重要的理由是，鲁迅早就去世了，人死了哪来的肖像权，哪来的姓名权？所以没有一个胜诉的，不少案子是调解结案的，不少是撤诉的。

有一年，上海有一个工艺品厂塑造了一个鲁迅的水晶雕像。鲁迅的儿子告上法庭，说工厂没有经过亲属的同意，凭什么制作鲁迅的水晶雕像呢？

说侵犯了鲁迅的肖像权。对方也提出来,鲁迅没有肖像权啊,人死了以后哪来的肖像权?最后法院调解,说工艺品厂以后不要再造了,同时送三个(鲁迅的水晶雕像)给鲁迅的儿子吧。(同学们笑)

东北有一个教二人转的艺术学校,起名为鲁迅艺术学校。鲁迅的儿子又告,说怎么能把鲁迅的名字用上去呢,这不是侵犯姓名权吗?对方说,鲁迅死了他还有姓名权吗?延安时期还有鲁迅艺术学院呢,说明人死了以后就没有什么姓名权了。最后法院没同意原告的请求。

那么鲁迅的儿子也着急了——现在他的儿子也过世了——因为如果这个理由成立的话,大家都可以随便使用鲁迅的姓名了。

鲁迅是绍兴人,绍兴产酒,绍兴有一家酒厂想把鲁迅注册成绍兴花雕的商标,这家酒厂赶紧到商标局去注册商标“鲁迅牌绍兴黄酒”。最后商标的申请被驳回了,为什么驳回?商标局说用鲁迅这个名字注册商标,有悖公序良俗。鲁迅已经成为民族魂了,酒厂怎么能够拿民族魂作为商标呢?那么鲁迅儿子听到以后,说有你这句话就放心了,叫工商局作出一个书面决定。

好,所有这些大家可以回去思考,要解决的问题就是:精神遗存肯定要保护,但理由和依据在哪里?你们再去查查,如果保护,有没有时间上的限制?有没有范围上的限制?有没有内容上的限制?比如,我们现在批评秦始皇,骂秦始皇,算不算侵害秦始皇的名誉?

(五)自然人的行为能力

好,下面我们要讲自然人的行为能力。

1.行为能力与意思能力

自然人的权利能力是自然人的法律人格,不过,大家千万不要以为自然人的行为能力是活动能力。不是,它是法律地位,也是法律资格。是一种什么资格呢?即用自己的行为为自己设定义务的资格。我们不是说民法(的精髓)四个字,哪四个字还记得吗?“义务自主”。义务自主也不是每个人都可以的。比如说,孩子不懂事,你也让他义务自主,你不是损害他(的利益)了吗?好,这个自主就是行为能力。记住这个概念,就是民事主体以自己的行为为自己设定义务的资格。

需要说明的是，行为能力和意思能力不是一个概念。所谓意思能力就是指民事主体意识到自己在做什么，并且意识到自己某个行为所产生的后果。听明白吗？而行为能力是资格，是用自己的行为为自己设定义务的资格。所以，行为能力必须以有意思能力为前提，有行为能力就必须有意思能力。意思能力是行为能力的必要条件。但是反过来，有意思能力是不是一定有行为能力？不一定，为什么呢？意思能力是个别的，是具体的，我们在判断的时候要做个别考量；而行为能力是一般的，是抽象的。

我们说这个人有没有意思能力，是说这个人对这件事情有没有意思能力；我们说这个人有没有行为能力，是说这个人对一切事情有没有行为能力。听明白我的意思吗？问这个人对这件事情有没有意思能力，他是个别的还是一般的？（同学们回答：个别的。）问这个人有没有行为能力，是指一切行为还是某个行为？（大家又答：一切行为。）所以一个是针对具体的、个别的；一个是针对抽象的、一般的。

就意思能力而言，每一个自然人千差万别。但就行为能力而言，只要你符合法定标准，具有了行为能力，那你们的行为能力的内容是没有差别的。任何一个自然人，你再傻，再聪明，都只有两个标准：一个是年龄标准，另一个是精神标准。只要你精神正常，你达到法定年龄就有行为能力，哪怕你很傻，（同学们笑）也有行为能力，听明白我的意思吗？如果没有达到法定年龄，就算你很聪明，比如少年大学生，我也认为你没有完全的行为能力。

但意思能力不一样。举个例子，有一次我在赶班车的路上，有一个同学问我一个问题，他说先占——我们之前不是讲过先占吗——需要有两个要素，哪两个要素？大家忘记啦？一个是体素，还记得吗？（同学们：哦~）体素是什么？就是占有呀，比如东西握在你手上。还有一个是什么？（同学们回答：心素。）是心素。心素是什么？心素就是意思，这个心素就是说我把占有的物当作自己的东西来看。我不是为你保管的，我也不是临时管理的，而是把它当成自己的东西。同学们坐在华东政法大学林荫道上的凳子上，看起来你有一个占据这个凳子的体素,但是你有没有这个心素?没有。你是临时坐坐,还是把它作为自己的东西来占有?(同学们回答:临时坐坐。)

好,那么这个同学开始发问了,他说孩子能不能先占?这就要考虑各个国家的法律规定了。如果法律规定先占这个心素要求行为人有行为能力的,那么孩子就不能先占。如果法律规定先占这个心素要求行为人有意思能力的,那么孩子能不能先占?(同学们回答:能。)

我们举个例子,大家都知道钓鱼,钓鱼就是先占。从钓鱼这个例子来说,法律有没有要求自然人年满18周岁才能钓鱼?没有这种要求吧。那么对于一个6岁的孩子来说,他把鱼钓上来了,有没有体素?(同学们回答:有。)有没有心素?(有同学答:有,也有的回答:没有。)6岁的孩子还不懂事,他是否具备意思能力的心素?(有位同学大声说:具备。)你们应该都经历过(6岁的时光),都体会过(那个年龄段的感受)。小朋友们两三岁的时候就会抢东西,争夺玩具了,这种行为就体现了心素。大家都知道小松鼠在秋天的时候把松果子埋在地底下,伪装起来不让别人看到。它们(在埋松果时)有没有心素?有呀。松鼠尚且都有这种"心素",3岁的小朋友就没有这种心素了吗?

我们讲的这个心素,实际上只需要具备意思能力就可以。任何人都有这样的意思能力,而不必以具备行为能力为前提。意思能力是针对某一件具体的事情(而言),在做这件事情时知道自己在做什么(就足够了),而不要求一定具备行为能力。

2. 行为能力的种类

好,具备意思能力是具备行为能力的前提,但是有了意思能力未必有行为能力。不过今天我们不讲意思能力,讲行为能力。有无意思能力,要结合行为人具体的年龄阶段和具体的事情来判断;但有无行为能力就有固定的判断标准——拥有完全行为能力需要具备两个条件:第一,年满18周岁;第二,精神正常。特别要注意的是,还有一种情形是"视为完全行为能力",要具备如下三个条件:第一,年满16周岁;第二,以劳动所得作为主要生活来源;第三,精神正常。[1] 记住,这个“主要生活来源”,必须是劳动所得,而不是赠与所得。并且这个劳动所得是持续的,即通过劳动拥有持续的收入。

比如,16 岁的村民甲已经开始打工了,有一次他买了一张彩票,你说他(在买彩票时)有没有行为能力?(底下同学们有些犹豫,后回答:有。)我们把他视为完全行为能力人,因为他同时具备三个条件:第一个,年满 16 周岁;第二个,打工,(以自己的劳动所得养活自己);第三个,精神正常。但是他买了张彩票,一刮发现中奖 500 万,以后可以坐吃利息,不用再干活了。(同学们羡慕地笑)那么我们说到 17 岁的时候,他还能不能继续被视为有完全行为能力?他满足了第一个条件吗?(同学们回答:满足了。)满足了第二个条件吗?(同学们回答:没有。)他不是中了 500 万,足够以后的开支了吗,为什么不满足?因为我们讲的是持续的劳动收入,这 500 万是以前的钱,而不是现在和未来的劳动收入。所以说,一个精神正常的人年满 18 周岁,成为完全行为能力人,这种情况是不可逆转的;但是“视为完全行为能力”(可以因为持续的劳动收入等因素的缺失)而不再被视为拥有完全行为能力。

好,记住完全行为能力需要的两个条件。第一,年满 18 周岁;第二个条件是什么?(同学们回答:精神正常。)“视为完全行为能力”要满足三个条件:第一,年满 16 周岁;第二,劳动所得作为主要生活来源;第三,精神正常。大家记住,一定要加上“视为”两个字。

限制行为能力也是两个条件。第一个条件,10 岁以上的未成年人[2],千万不要写成“10 周岁以上、18 周岁以下”,因为民法中“以上”“以下”的数字包括本数。[3] 比如说完全行为能力(的自然人)要求 18 周岁以上,这里的“以上”包括 18 岁吗?包括。所以,假如我们把限制行为能力人的年龄写

[1] 《民法典》第 18 条第 2 款规定:“十六周岁以上的未成年人,以自己的劳动收入为主要生活来源的,视为完全民事行为能力人。”该款承继自《民法通则》第 11 条第 2 款,无实质性变更。

[2] 依《民法通则》第 12 条第 1 款,未成年的限制行为能力人的年龄起点为 10 周岁。《民法总则》第 19 条将这一起点下调至 8 周岁,《民法典》第 19 条承继。傅老师授课时《民法总则》尚未颁布,故有此说。

[3] 《民法典》第 1259 条规定:“民法所称的‘以上’、‘以下’、‘以内’、‘届满’,包括本数;所称的‘不满’、‘超过’、‘以外’,不包括本数。”本条承继自《民法通则》第 155 条,仅增加“超过”一词,其余无变化。

成“10周岁以上、18周岁以下”，18周岁的人也成了限制行为能力人了。但你可以说“10周岁以上、18周岁以下的未成年人”，因为“未成年人”显然是未满18周岁的人。“未成年人”这个限制一加上去就对了。第二个条件，精神正常。除了10周岁以上的未成年人，还有一种限制行为能力人是精神不正常的成年人。[1] 精神不正常有两种：不能完全辨认和不能辨认。这是两个概念，不能辨认是完全不能辨认；不能完全辨认是只能辨认一部分。这两种精神病人中，只有后一种——不能完全辨认自己行为的成年精神病人——属于限制行为能力人。如果这个成年的精神病人完全不能辨认自己的行为，就属于接下来我们要讲的无行为能力人。

第三种行为能力是无民事行为能力，未满10周岁的是一种，[2]完全不能辨认（自己行为的）是第二种。当事人只要具有其中一种情形就属于无行为能力人。

3. 行为能力的意义

下面我们来讲一讲行为能力在民法中的意义。

有行为能力的人能做些什么？有完全行为能力的人，可以行使完整的权利，同时也具备了承担责任的能力。那么他会有什么样的责任呢？比如造成他人损害要进行赔偿，这就是他的责任。无民事行为能力人也就没有责任能力，也就不能为自己设定义务。

限制民事行为能力人可以做些什么呢？这是最复杂的。

第一，与自己年龄智力相仿的行为可以做。比如16岁的孩子买一本10块钱的数学书，这个买卖行为他可以做；但如果是买一幢房屋，即使他很有钱，也不可以，因为（这个行为）与他的年龄（智力）不相符合。

第二，在监护人同意的情况下可以做一些行为，这个同意包括两种，事

---

[1] 除不满法定年龄外，《民法通则》和《民通意见》将无行为能力人和限制行为能力人的范围限制于成年的精神病人（包括痴呆症人）。依《民法总则》第21条、第22条，成年人只要不能辨认或不能完全辨认自己的行为，即为无行为能力人或限制性为能力人，而不论其是否为精神病人。

[2] 依《民法通则》第12条第2款，不满10周岁的未成年人是无民事行为能力人。《民法总则》第20条将这一上限改为“不满8周岁”，《民法典》第20条承继之。傅老师授课时《民法总则》尚未颁布，故有此说。

先同意以及事后追认。

第三,可以进行纯获利益的行为。大家注意,这里的“纯获利益”怎么界定?举个例子,张三有一套房屋要卖给李四,李四刚满 10 岁,房屋的价值是 1000 万,只需要李四出 500 万,对李四来说获利大不大?(同学们应声:大!)那么 1000 万的房子才卖你 500 万,净赚 500 万,这样的行为是不是纯获利益?(同学们议论纷纷)记住,我们所讲的纯获利益不是指经济上的利益,如果从经济的角度来看,花 500 万买一套 1000 万的房子肯定是纯获利益(的行为)。我们讲的“纯获利益”是纯获法律上的利益。那么如何界定“纯获”法律上的利益呢?只有权利,没有对价义务。

有同学下课时来问我,什么叫“对待给付”?给大家布置一个任务,你们先回去看什么是“对待给付”,今天我们提到的“对价”,也需要回去看。下节课我来解答这个问题,把这两个概念厘清。

刚刚我们提到“纯获利益”指的是只有权利,没有对价义务,下面举个例子。张三是一个成年人,李四是一个 10 岁的孩子,一个限制行为能力人。现在张三和李四签订一份合同,合同内容是张三送一台电脑给李四,并且两人约定,从今往后李四不能打游戏了。(底下有同学自动代入李四,难以接受这个条件,说:这不是义务么?)(假定)李四签了(这个合同),合同是有效还是无效,还是效力待定?也就是说,这个属不属于纯获利益的行为?大家回去思考一下。

第二个例子,还是一样的背景条件,张三是个成年人,李四是刚满 10 岁的孩子,两个人签订一份赠与合同。这个合同上写着:第一条,张三把一台电脑送给李四。第二条,李四不能用这台电脑打游戏。那么这份合同有效无效?还是效力待定?本质上,我们还是要回答这是不是纯获利益的行为。

好,刚才我们讲了无民事行为能力人不能为自己设定义务,但是现实生活中往往有无民事行为能力人这样做。在最高人民法院关于《民法通则》的司法解释中有一个条文,[1]大体含义是:无民事行为能力人、限制民事行

[1]　参见《民通意见》第 6 条。根据最高人民法院《关于废止部分司法解释及相关规范性文件的决定》(法释〔2020〕16 号),该司法解释已于 2020 年被废止。

为能力人,接受赠与——大家记下来——接受奖励,接受报酬的,相对人不能以对方没有完全行为能力而主张该行为无效。法条虽然没有说这个行为有效,但是从相反的角度去解释,这个行为是有效还是无效?(同学们回答:有效。)所以说,无民事行为能力的人接受报酬的行为有效、接受奖励的行为有效,还有接受赠予的行为也有效。[1] 好,关于行为能力,我们就讲到这里。

(六)住所

下面我们讲自然人的住所。

首先要明确的是,确定住所很重要,重要在哪里呢?(有同学小声猜测:涉外案件时会涉及?)我们知道,是否应该服兵役是按照住所来确定的。但这是不是民法上的事情?(同学们回答:不是。)诉讼程序上,原则上按照被告住所地确定管辖法院,但这也不是民法上的问题。法院送达要根据住所来确定,这同样不是民法上的问题。

民法上与住所有关的问题有哪些呢?第一个,民法上的法律文件的送达;第二个,宣告失踪和宣告死亡制度。

好,既然住所这么重要,那么怎么确定住所在哪里?大家记住,从这几个标准来判断就很简单。

第一,自然人以他的户籍所在地为住所。[2] 比如说,我户口在上海,住所地就在上海;我户口在北京,住所地就在北京。大家注意,我们的户口地址不仅仅精确到省、直辖市,还精确到地区、街道、门牌号。一个人的户口在上海市松江区龙源路 555 号[3],那么住所地就是龙源路 555 号;如果户口在上海市长宁区万航渡路 1575 号[4],那么住所地就是万航渡路 1575 号。总结一下,自然人以他的户籍所在地为住所地,这是一条原则。

---

[1] 《民法典》第 144 条规定:“无民事行为能力人实施的民事法律行为无效。”依此,即使无民事行为能力人实施的是纯获利益的行为,该行为亦无效。

[2] 《民法典》第 25 条规定:“自然人以户籍登记或者其他有效身份登记记载的居所为住所;经常居所与住所不一致的,经常居所视为住所。”

[3] 该门牌地址为华东政法大学松江校区。

[4] 该门牌地址为华东政法大学长宁校区。

第二,如果户籍所在地与经常居住地不一致,怎么办？以经常居住地为住所。

那么第三个问题来了,如何来界定经常居住地呢？连续居住1年以上的地方叫经常居住地。大家注意,必须连续居住,断断续续不行。但是也有例外——生病住院的情况除外。你说住所在华东医院？那不可以。肿瘤医院？也不可以。住院住得再久,医院也不会成为经常居住地。

问一个问题,一个人有户籍所在地,但是(他离开户籍所在地后)在北京住了8个月,在南京住了6个月,在上海住了10个月,在杭州又住了11个月,现在他的住所在哪里？还是户籍所在地,因为没有一个地方是连续居住满1年的。如果他先后在上海住了1年多,在北京也住了1年多,在南京也住了1年多,他的住所在哪儿？(同学们抢着回答:最后一个。)大家说对了,最后一个连续居住1年以上的地方。

好,关于住所,我们就讲到这里。

(七)监护

下面呢,我们开始讲监护。关于监护的定义,我不念了。

1. 法定监护

我们从监护的设立开始讲。监护的设立有两种,法定监护和委托监护。第一种,法定监护。我们看《民法通则》第16、17条。先说第16条,未成年人的父母是未成年人的监护人,如果父母死亡,没有监护能力,由其他人作为监护人,这里的"其他人"包括谁？祖父母、外祖父母、成年的兄姐和其他近亲属,这就是法定监护。(此时下课铃响起)第17条是针对精神病人的,精神病人的监护人是谁？首先是配偶。没有配偶,由谁来监护？父母、成年子女。那么如果父母、子女也没有,可以由谁来监护？其他近亲属,或者朋友。这是对精神病人的监护。

现在我问大家一个问题,如果这个精神病人是未成年人,是按照第16条还是第17条进行监护？(同学们大声回答:第16条。)只要是未成年人,都按照第16条进行监护,因为第17条一定是指什么？是成年的精神病人。

好，我们先休息一下。

（继续上课）还有一个概念是间歇性精神病人。比如说，一到傍晚5点就发病，但是只有这一段时间发精神病，其他时间都没有问题。也有一些人，油菜花开的时候他发病了，（笑声）但油菜花谢了以后，他又好了。我们把这样的人叫作间歇性精神病人。那么同学就问，间歇性精神病人可不可以被认为是精神病人？大家注意，我们民法上鉴定一个人是不是精神病人，不是为了给他用药，而是为了解决发病时他实施的法律行为有没有效力的问题，来确定这段时间他需不需要监护。

那么好，从这个角度来说，间歇性精神病人，我们不能说他有（完全的民事）行为能力。也就是说，要看这个精神病人实施行为的时候病发了没有。如果发病了，说明他是无民事行为能力人，他的行为无效；如果没有发病，就仍然有民事行为能力，他的行为效力不受影响。换言之，间歇性精神病人实施行为的时候，有没有行为能力，要从（行为时）有没有发病这个角度来考虑，进而决定其行为的效力。所以，我们不能笼统地说间歇性精神病人有没有行为能力，我们需要从间歇性精神病人做出的行为那一刻来判断他有没有行为能力。

间歇性精神病人在发病期间当然需要监护。我们国家虽然用“精神病人”这个表述，但是现在一些非精神性疾病，比如说老年痴呆，发病比例越来越高。显然，老年痴呆者不是精神病人，但是老年痴呆者实施的行为有效无效？最高人民法院关于《民法通则》有一个司法解释，其中规定：这里的精神病人包括痴呆者。[1] 有的同学可能会觉得，精神病人和痴呆者使用的精神药物都不同，怎么会存在包含关系呢。我想请大家注意，千万不要从医学角度来看，我们要从法学角度。在医学角度上，（这两种人）需要讨论用药的区别，但是法学关注的是，痴呆人实施行为的效力如何，讨论其有没有行为能

[1] 《民通意见》第5条规定：“精神病人（包括痴呆症人）如果没有判断能力和自我保护能力，不知其行为后果的，可以认定为不能辨认自己行为的人；……”由于《民法典》将需要监护的成年人的范围从“精神病人”扩大到所有“无民事行为能力或者限制民事行为能力的成年人”，所以《民法典》颁布后，该条没有出现在《民法典》配套的司法解释中。

力。在法学角度上，老年痴呆者的法律地位等同于精神病人。

好，我们继续讲监护。首先是法定监护，法定监护规定在《民法通则》第16、17条(参考《民法典》第27、28条)，这两条都有两款或两款以上。比如第16条第1款规定，未成年人的父母是未成年人的监护人，第2款中规定，若父母死亡，或父母没有监护能力，由其他有监护资格并且有监护能力的人来监护，比如说由祖父母、外祖父母，成年的兄、姐，或其他亲朋好友来监护。如果这些人都不想当监护人，或者说这些人都争着当监护人，怎么办？有一点请大家注意，有监护资格的人未必就是监护人。那么该从这些人当中选择谁来做监护人呢？这就需要居民委员会或村民委员会的指定。

举个例子，孩子的父母死了，孩子的祖父母、外祖父母都说："这个孩子我们要。"他们都想当监护人，而且他们都有监护资格和监护能力。你说居委会该怎么指定呢？[1] 他能不能这样指定，这个孩子一三五跟祖父母，二四六跟外祖父母。(大家笑起来，认为这样的划分很滑稽。)万一祖父母在西藏，外祖父母在海南岛(同学们爆笑)怎么办？于是居民委员会或者村民委员会结合具体事实，从最有利于被监护人利益出发，最后指定，由祖父母当监护人。这就出现了指定监护。如果祖父母都不在了，但有(成年的)兄、姐，哥哥想当监护人，姐姐也想当监护人，也必须要由村委会或者居委会指定。

前面讲的是一种积极现象，还有消极现象——谁都不想管了，祖父母、外祖父母、哥哥、姐姐谁都不想管了，居委会也要指定(一个监护人)，这个也是指定监护。

那么对于指定的结果，其他有监护资格的人可能会不服。海南岛的祖父母认为："你不让我们监护，孩子到西藏去了，太苦了。"而西藏的外祖父母说："海南岛多热啊，别早死了。"(同学们都笑了起来，窃窃私语。)双方都认

---

[1] 《民法典》第31条第1款、第2款规定："对监护人的确定有争议的，由被监护人住所地的居民委员会、村民委员会或者民政部门指定监护人，有关当事人对指定不服的，可以向人民法院申请指定监护人；有关当事人也可以直接向人民法院申请指定监护人。居民委员会、村民委员会、民政部门或者人民法院应当尊重被监护人的真实意愿，按照最有利于被监护人的原则在依法具有监护资格的人中指定监护人。"

为居委会的指定错误。如果都对这个指定不服气,可以由人民法院来裁决。[1]

2. 委托监护

根据法定监护或者指定监护已经成为监护人,这个监护人还可以委托他人监护。举个例子,孩子在江西南昌市,孩子的父母在新疆,但是新疆的父母不可能天天来到江西南昌,于是父母就委托在江西南昌的一个亲属来监护自己的孩子,这叫委托监护。再如精神病人住院了,他的亲属不可能也跟着住院,这时亲属委托谁来监护呢?委托医院来监护。这也是一个委托监护。所以委托监护是监护人委托别人来代行监护职责,原来的监护人依然是监护人,接受委托履行监护职责的人本身不是监护人,既不是法定监护人,也不是指定监护人。[2]

3. 监护人的职责

下面我们讲监护人的职责——就是监护人有哪些义务。这个职责包括四个方面:第一,保护被监护人的生命健康;第二,照顾被监护人的生活;第三,对被监护人进行管教;第四,保护和管理被监护人的财产以及代理被监护人进行民事活动或者民事诉讼。

4. 监护的终止

最后我们讲一下监护的终止。监护关系会终止,PPT 上讲了四条。(第一条,被监护人具备了完全行为能力;第二条,被监护人或监护人死亡;第三条,监护人丧失行为能力)[3]我主要想讲的是第四条:监护人被撤销监护

[1] 《民通意见》第 16 条规定:“对于担任监护人有争议的,应当按照民法通则第十六条第三款或者第十七条第二款的规定,由有关组织予以指定。未经指定而向人民法院起诉的,人民法院不予受理。”但《民法典》第 31 条第 1 款对此作出相反规定,依此,对于担任监护人有争议的,当事人可以直接向人民法院申请指定监护人,无须经过有关组织或相关部门指定这一前置程序。

[2] 关于委托监护场合的责任承担,《民法典》第 1189 条规定:“无民事行为能力人、限制民事行为能力人造成他人损害,监护人将监护职责委托给他人的,监护人应当承担侵权责任;受托人有过错的,承担相应的责任。”

[3] 此处录音不清,根据傅老师的 PPT 对该部分内容进行了补充。依《民法典》第 39 条第 1 款规定,监护关系终止的事由包括:(1)被监护人取得或者恢复完全民事行为能力;(2)监护人丧失监护能力;(3)被监护人或者监护人死亡;(4)人民法院认定监护关系终止的其他情形。

资格。

我们有时会看到媒体报道,一个母亲很坏,把年幼的儿子都打死了。那么,为什么要等到儿子被打死再披露呢,当母亲打儿子的情形已经很严重的时候,亲属或其他有监护资格的人完全可以起诉到法院,要求撤销这个母亲的监护资格,防患于未然。

前几天报纸报道一则新闻。有一个19岁的女孩子——当然成年了——在厕所里面生下一个婴儿,(大家窃窃私语,搜索相关新闻。)她把这个婴儿遗弃在厕所就走人了。民政部门把这个弃婴抱过来了,那么该怎么办?

首先,这个婴儿的监护人是谁?(同学们回答:父母。)好,是父母。父亲是谁找不到,但是母亲是谁知道吧?(大家点头)就是这个19岁的姑娘,所以应该由她来监护她的儿子。

但是现在她跑掉了,遗弃了自己的儿子,这样一来就找不到监护人了,这个孩子连个户口都没人帮他报了,怎么办?为了解决这个问题,第一步就是要确定监护资格——需要民政部门去起诉,撤销这个19岁姑娘的监护资格。撤销后,这个婴儿就没有了监护人了,可以由其他有监护资格的人来监护,其中就包括民政部门。[1] 也就是说,如果找得到(这个婴儿的)其他亲属,可以由这些亲属来担任监护人,如果找不到亲属,也找不到其他有监护资格的人了,就由民政部门来监护。无论谁作为他的监护人,都要给这个婴儿上户口,让他受教育,让他享受应有的权利。

(八)宣告失踪

1. 制度功能

下面我们讲宣告失踪、宣告死亡制度。

马航失联事件知道吗?过去多少年了?(同学们掰着手指算)马航上的乘客现在在哪里?(底下有同学说:不知道。)有没有证据说他们已经死亡?(大家都摇头,说:没有。)但是失踪了吗?(同学们一起回答:失踪了。)所以

---

[1] 《民法典》第32条规定:“没有依法具有监护资格的人的,监护人由民政部门担任,也可以由具备履行监护职责条件的被监护人住所地的居民委员会、村民委员会担任。”

对于这些人,我们可以采取什么措施?那就是宣告失踪。

宣告失踪的目的在于为失踪人指定财产代管人。马航上的乘客有很多财产,这个财产谁来管呢?需要有代管人来管。那么谁当他的代管人呢?确定财产代管人的前提必须是已经宣告他失踪,如果不满足这一条件,就没有人有资格代管。比如他有房屋要出租,他没有来,谁也不能出租;他有债权要收回,他没有来,谁也没权利去收回;他有债务要履行,他没有来,谁也没有义务去履行。那么要解决这些权利义务关系怎么办?这个人已经失踪了,没办法亲自处理他的法律关系了。但是失踪人还没有死(他的主体地位并没有消灭),没有他的意志,没有人有资格自动成为他的管理人。因此,干脆先(通过一定程序)解决他失踪的问题,宣告他失踪了,同时由法院确定一位管理人,授权管理人来管理他的房子、债权、债务。

2. 要件及法律效果

那么由谁来宣告失踪呢?人民法院。法院来宣告(失踪必须)要满足如下几个条件。

第一,自然人离开最后的居住地后没有音讯。要注意的是,“最后居住地”不仅限于住所,住所必须是固定所在地,或者经常居住地。但“最后居住地”可不可以是医院啊?(一部分同学答:可以。)可不可以是旅馆?(大家答:可以。)可不可以是朋友家里?(同学们抢答:可以。)都可以。总结来说,就是要求自然人离开最后居住地,且没有音讯了。

第二,这种没有音讯的状态持续且达到一定的时间。

第三,有利害关系的人提出申请。谁是他的利害关系人?配偶、父母、子女、兄弟、姐妹等近亲属,还有债权人、债务人等,总之必须是与其有权利义务关系的人,其他不算。

第四,法院公告。这里要注意,没有音讯(的状态)必须持续一定的时间。这个时间是 2 年。下落不明满 2 年后,法院(才能去发布)公告,公告查找失踪人的时间是 3 个月。3 个月以后,仍然没有音讯,这个时候就可以确定失踪。那么确定失踪以后,法院会作出一个判决,一方面宣告该自然人为失踪人,另一方面会决定这个失踪人的财产由谁来代管。

假如法院刚刚作出判决,失踪人就回来了,那就要撤销(宣告失踪的判决)。那么如何撤销?(必须满足以下两个条件。)第一,必须以失踪人重新出现,或者知道他在什么地方为前提,这包括知道(失踪人的)下落或者死亡的事实。第二,由失踪人或者失踪人的利害关系人来申请(撤销)。

如果宣告失踪的判决被撤销,其效力如何呢?财产代管人(的资格)就消灭了,就不能再管理了。(代管资格)消灭以后就要进行财产移交,代管人要向失踪人报告这段时间内是怎么帮你管理财产的。

(九)宣告死亡

下面我们讲宣告死亡制度。

1. 制度功能

我们刚才讲,宣告失踪解决代管(财产)的问题;而宣告死亡解决(主体)资格问题,因为被宣告死亡后,被宣告人的权利能力消灭(主体资格消灭),和自然死亡产生相同的(法律)后果,即继承发生、夫妻关系消灭等,这些(法律)后果都(和自然死亡)是一样的。

2. 要件及法律效果

接下来我们就来讲一讲宣告死亡的要件,这个比较复杂。

第一个要件,自然人离开最后居住地后没有音讯。大家注意,这里不是指住所,千万不要把最后居住地和住所搞混了。这里的"最后居住地"包不包括医院?(有同学答:不包括。)包括的,一样的道理,也包括旅馆等。

第二个要件,没有音讯达到一定的时间。这里"达到一定的时间",一般情形下是4年;因意外事件而下落不明的情形,需要达到2年。马航算不算意外事件?(同学们应声:算。)那么在马航(事件中,宣告乘客死亡)就需要满足2年(的时间期限)。但是,如果因意外事件下落不明,经有关机关证明不能生存的,就不需要满足2年的时限。马航是不是属于经有关机关证明不能生还的?理论上可以证明,但是,现在还没有哪个机关敢去做这个证明。尤其是关于马航这个飞机为什么失灵,以及飞机到底落在了哪里,这些(失事细节)都不知道。所以如果有人想要申请宣告航班上乘客死亡,仍然需要从下落不明之日起经过2年,而不是马上就可以申请。大家记住,宣告死亡需要满足的失踪时长一般是4年,意外事件2年,意外事件中失踪且有关机关证明(无生还希望的)不受时间的限制。

还要注意的是,如果在战争期间下落不明,且按照4年来计算(失踪时长),那么这个“4年”的起算点也很重要。在一般的宣告死亡案件中,以失踪人离开最后居住地的时间为起算点,但在战争期间下落不明的,是自战争结束之日起开始计算。类似地,因意外事件下落不明的,自意外事件发生之时开始起算。

第三个要件,经利害关系人申请。但这里的利害关系人提出申请有顺序限制,如果前一个顺序的申请人不申请,后一个顺序的申请人就没有资格申请。这里所说的(利害关系人)的顺序有四个:第一顺序是配偶;第二顺序是父母、子女;第三顺序是成年的兄弟姐妹;第四顺序是其他有民事权利义务关系的人。[1]

最后一个要件是法院公告查找。法院公告查找的时间是1年。大家算算,一般情况下加起来一共是几年?5年。因为一般情况下(下落不明)4年以后才能提出申请,再加上法院查找公告的1年时间,至少经过5年时间才能宣布一个自然人死亡。但是因意外事件下落不明,且经有关机关能够证明不能生还,虽然没有失踪时长的要求,但是仍然有(公告)查找时间的要求。(公告)查找多长时间?3个月。

司法考试往往捉弄你一下,他说因意外事件下落不明,公告查找的时间是1年还是3个月?(同学们大声回答:1年!)对了,1年。只有因意外事件下落不明,且经有关机关证明不能生还的,(公告)查找时间才是3个月。

---

[1] 这一规则来自于《民通意见》第25条。《民法总则》第47条实际上已经取消了宣告死亡案件中申请人的顺序限制,《民法典总则编解释》第16条对此予以进一步明确。

好，满足了上面四个条件，可以宣告死亡了。[1] 法院在宣告（一个自然人）死亡以后，它的效果与自然死亡的效果是相同的。“相同”什么意思呢？就是说继承可以开始，可以吧？（底下同学们窃窃私语）到底可不可以？（同学们这回坚定地回答：可以。）婚姻关系消灭了没有？消灭了。意味着配偶能不能再婚？可以。父母子女关系消灭了没有？消灭了。具有人身属性的债权债务关系也消灭了。

但是要注意，它毕竟是法律的拟制。比如，在上海，法院判决宣告某人死亡，（但其实他还活着，）还在青海做生意，你能不能说，这个人是没有权利能力的人，因此他所做的生意无效？（同学们回答：不能。）不能。所以法律规定，被宣告死亡的人有行为能力的，不能以他被宣告死亡为由，认为其所实施的行为无效。但也因为宣告死亡是法律的推定，而往往发生这种情况，上午松江法院庄严地宣告某某人死亡，下午他居然回来了。（教室里一片笑声）那怎么办？（这时候）就需要（法院对死亡宣告）进行撤销。

3. 宣告死亡判决的撤销及法律效果

进入撤销程序必须具备如下条件：第一，被宣告死亡的人生还或者明确其下落。这个下落包括生存或死亡的事实[2]，这是实体上的条件。第二，程序上的条件，有人申请撤销死亡宣告。这个申请可以是被宣告死亡的人自己来申请，也可以是利害关系人来申请。

好，下面我们讲（撤销宣告死亡判决的）效力，大家一定要把这部分内容一字不落地背下来。第一，根据继承法——这个“法”字千万不要漏掉——而取得的财产，原物存在的返还原物，原物不存在的给予适当补偿。第二，

[1] 依《民通意见》第 36 条的规定，被宣告死亡的人，判决宣告之日为其死亡的日期。《民法总则》第 48 条将“判决宣告之日”修改为“宣告死亡的判决作出之日”，若因意外事件下落不明宣告死亡的，意外事件发生之日视为其死亡的日期。《民法典》第 48 条承继之。

[2] 因为被宣告死亡的人实际死亡的时间完全可能与宣告死亡的判决所确定的时间不一致，而不同的死亡时间会对许多的权利义务产生重大影响。

配偶未婚的,原婚姻关系自然恢复。[1] (有同学发出惊叹)第三,子女未被他人收养的,父母子女之间的关系自动恢复。子女已经被他人收养的,与原父母之间的关系会不会自动恢复?不会。

好,关于宣告死亡的知识点,我们就讲到这里。下面举一些例子,大家要把例子记住。

第一个例子。甲失踪,乙是甲的儿子,乙向法院申请宣告甲死亡。法院认为符合条件,就作出判决,宣告甲死亡。判决作完了,乙有没有权利继承甲的遗产?(同学们纷纷答:有。)甲的遗产里有一把小提琴,于是乙就把这把它送给学小提琴的女友丙,告诉丙:“这把小提琴非常珍贵。”但丙说:“我已经有小提琴了,我不需要多一把小提琴,再说这是死者的小提琴。”于是丙就把这把小提琴转赠给丁了。过了一年,甲回来了,发现财产都被儿子败光了,又了解到小提琴还在丁手上。

首先,(甲到法院去)撤销(了自己的死亡宣告)。随后,他要求丁返还小提琴。问题是:丁有没有义务返还小提琴?(底下议论纷纷,没有得出统一结论。)那么好,认为有义务的同学举手。(陆陆续续有小部分同学举起了手)认为没有义务的同学举手。(这回举手的人多了)好,大多数人都认为没有义务。没有义务的理由在哪里?(有同学小声说:《继承法》。)对了,(请求返还原物的前提是)“根据《继承法》取得”的财产。丁取得该把小提琴是不是基于《继承法》?(同学们大声回答:不是!)那么丁是根据什么法?物权法、合同法,是不是?小提琴是丙送给他的,而不是继承得到的。那么假如丙没有把小提琴没有送给丁,甲能不能要求丙返还?(同学们回答:不能。)对,也不能。丙也是根据合同法、物权法取得的,不是根据继承法。那么假如乙继承这把小提琴后没有送给丙,还在乙那里,甲能不能要求乙返还?(同学们应声:能。)因为乙这把小提琴是怎么取得的?继承。

---

[1] 依《民通意见》第 37 条的规定,死亡宣告被撤销后,只要被宣告死亡者的配偶未再婚,婚姻关系自动恢复。但《民法典》第 51 条增加了一种婚姻关系不能自动恢复的情形,依该条,“死亡宣告被撤销的,婚姻关系自撤销之日自行恢复,但是,其配偶再婚或向婚姻登记机关书面声明不愿意恢复的除外”。

好，现在小提琴在丁手里，甲不能要求丁返还。那么原物还存不存在？（有同学答：存在。）这里需要稍微说明一下，原物不存在有两种：原物的绝对消灭和原物的相对消灭。现在讲的是绝对消灭还是相对消灭啊？（同学们回答：相对消灭。）对，小提琴虽然还在，但相对于乙而言，他还有没有所有权？已经没有了。所以现在原物已经不在乙的手里，甲又不能请求丁返还，甲就有权要求乙进行适当补偿。

好，再举个例子。还是甲，被宣告死亡了。甲有两个儿子，乙是长子，丙是次子。（傅老师在黑板上画出本案涉及的人物关系如图1）

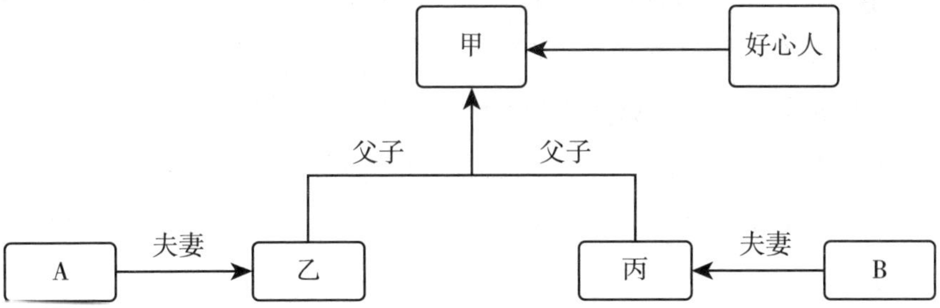

图1 人物关系图

乙的媳妇是A，丙的媳妇是B。这时候继承关系发生了吗？（同学们应声：发生了。）甲留有300万元的银行存折，丙提出平分这300万，乙不同意。为什么呢？乙说："父亲只不过离家出走了，根本就没有死。我并不同意你申请宣告死亡，但你一定要申请我也没辙。"大家说这句话对不对？乙不同意申请，丙可不可以申请宣告死亡？（同学们回答：可以。）可以的。正是这个原因，甲被宣告死亡了。但乙对丙说："你申请父亲死亡，就是为了分遗产。你如果现在就要分遗产，我就把这一切背后的原因都说出去。"丙没有办法，只好问乙什么时候（才能分割甲的财产）。乙回答："等到确切知道父亲的死亡信息并为他办理好后事之后，再分。"

这是2001年的事情，法院在这一年宣告甲死亡。到了2005年，长子乙遇车祸死亡。大家记住这些背景信息。

2007年，甲的朋友从青海写了一封信给A、丙和B，信上写："你们的父亲突发脑溢血,赶紧来青海看望他!他已经表示原谅你们了。”于是这几个人到青海去了,这才知道,原来甲有一段时间精神分裂,1990 年就跑到了青海。到了那里举目无亲,被青海的一个好心人收留了。经过很长时间,忽然有一天,甲好起来了,也记起以前的事情了。他告诉好心人说,自己原来家在上海,家里有两个儿子和两个儿媳妇,等等。他觉得这两个儿子对他不好,一气之下就想离家出走,后来自己也不知道怎么回事(流浪到了青海)。那么现在好了,神志清醒了,知道自己这么长时间是被这个好心人收留了,对他很感激,于是就对好心人说:“我曾经在上海有 300 万银行存款,现在应该不止 300 万了,因为银行存款有利息的。我要给你 100 万,我已经写在遗嘱里面了。”好心人说,我不要,你不会死的,先把你的家找到再说。于是这个好心人通过公安部门找(甲的家庭信息),很快公安部门说有信息啦,结果甲一高兴,啪,脑血管爆炸了。(教室里的同学都惊呆了)于是好心人赶紧写信给丙,让他们赶紧来青海。但是他们到后不久,甲因抢救无效于 2007 年 12 月 12 日死亡了。

案子讲到这里,我们发现甲有两个死亡时间点,宣告死亡是哪个时间点?(同学们回答:2001 年。)实际死亡是哪个时间点?(同学们又答:2007 年。)

好,等到后事办完,丙就找到嫂子 A,说:“哥哥曾经说过,等爸爸后事办完了,就分这 300 万。”那么怎么分呢?大家产生了分歧。丙认为 300 万应该分成三份,A 一份,丙一份,B 一份。(同学们沉默了一会儿,突然心领神会地笑了起来。)A 认为,300 万应该分成两份,长子、次子每一房各 150 万。

那么到底应该分成三份呢,还是分成两份呢?于是他们就产生了争执,分别去咨询律师。丙和 B 咨询律师,律师问甲什么时候死的,回答说是 2007 年 12 月 12 日死亡的。既然是 2007 年死亡的,那哥哥乙有没有继承权?(同学们答:没有,人都死了。)嫂子有没有继承权?(大家犹豫了一下)原则上是没有的,根据《继承法》的规定,配偶、父母、子女是有继承权的,丧偶儿媳只有对公婆尽到主要赡养义务的才能成为继承人[1],而本案不存在这种情

[1] 《继承法》第 12 条规定:“丧偶儿媳对公、婆,丧偶女婿对岳父、岳母,尽了主要赡养义务的,作为第一顺序继承人。”该条为《民法典》第 1129 条承继,无实质性变更。

形。那么根据律师的答复,300 万应分给谁?(底下异口同声:丙。)A 也去咨询律师了,A 告诉律师,2001 年甲就被宣告死亡了,A 认为宣告死亡的时间就是甲死亡的时间。按照这个时间,乙有没有继承权?(同学们回答:有。)丙有没有继承权?(同学们又答:有。)每个人分多少?150 万。

现在两个律师反馈来的结论不一样,问题的焦点在哪里?(同学们抢答:死亡时间。)对,是不是死亡时间很重要?(大家纷纷点头)如果根据不同的死亡时间来确定法律效果,讲得都对;但如果只能以一个时点作为死亡时间,总有一个对、一个错。那么死亡时间应该确定为哪一个点?(同学们议论纷纷,一开始都说是 07 年,但之后又开始犹豫了。)07 年?01 年?到底是哪一年?(大家还是没有讨论出一个统一的答案)好,认为 01 年的举手。(有部分同学举起了手)好,(赞同)01 年的同学手不要放下啊,我来看一看。如果认为甲是 01 年死亡的,07 年(他因脑溢血过世)算不算是死亡?(有人回答:算,是自然死亡。)对,是自然死亡,自然死亡会有效果吗?一个人能不能死两遍?(大家摇头,似懂非懂。此时有一同学回答:01 年的死亡宣告没有撤销。)没有撤销就意味着第二次死亡不发生效力吗?

好,这是第一个问题。第二个问题是,如果认为甲是 01 年死亡,甲的遗嘱有效无效?(大家笑了起来,随即开始了讨论。)

好,我来回答。就此种情形,我国的法律和司法解释是这样回答的:如果宣告死亡的时间和实际死亡的时间不一致——那肯定是不会一致的,否则也太巧了——宣告死亡的效力继续,记住了,效力是指什么?婚姻关系的消灭,继承关系发生。本案中的甲本来也没有婚姻关系,那就可以只讨论继承关系。继承关系发生,那么这个继承关系是什么时候开始发生的?从 2001 年(开始发生),150 万给乙,还有 150 万给丙,这是第一句话。

第二句话,关于宣告死亡的效力和被宣告死亡的人所实施的民事法律行为的效力。被宣告死亡的人所实施的民事法律行为的效力,(在这个案子中)指的是(甲)2001 年以后所实施行为的效力,还是 2001 年以前?(同学们回答:以后。)被宣告死亡的人,在被宣告死亡后所实施的法律行为(与宣告死亡的）效力不一致的，按照（被宣告死亡后实施的）法律行为发生效力。那么（甲被宣告死亡后行为的效力与宣告死亡的效果）一致不一致？（同学们应声：不一致。）他立遗嘱（的效力与宣告死亡后自然发生的继承效力）是不一致的。既然不一致，按照遗嘱的效力还是按照宣告死亡的效力？按照遗嘱的效力。

为什么按照遗嘱的效力？看看我们 PPT 的第一句话："但是被宣告死亡人有行为能力的，其所实施的行为原则有效。"现在甲有没有行为能力？（同学们回答：有。）立的遗嘱有效无效？（同学们回答：有效。）那么他这个行为的效力和宣告死亡的效力"打架"了，产生不一致的地方，按照法律行为产生效力。如果没有不一致的地方，宣告死亡的效力还继续发生吗？仍然继续发生。

那么按照这个逻辑，300 万该怎么分呢？按照法律行为的效力，首先应该拿出 100 万（给好心人）吧？[1]（同学们频频点头）剩下是多少？200 万。就这 200 万遗产的继承，甲的死亡时间是按照 01 年，还是按照 07 年确定？（同学们异口同声：01 年。）所以谁有资格拿到 100 万？（同学们回答：乙。）丙有没有权拿到 100 万？（同学们又答：也有。）也有。

大家把这个案子记住了。

再举个例子，A 被宣告死亡，其配偶 B 改嫁了，（此时下课铃声响起）改嫁后 B 的再婚配偶又死亡了。再婚配偶死亡后，A 又回来了。A、B 之间已经消灭的婚姻关系，还恢复吗？（大家猛摇头）不恢复，因为 B 已经结过婚了。

好，关于宣告死亡制度，我们今天就讲到这里。今天的课就到此结束了，下节课我们讲合伙。好，下课。

（教室里掌声雷动）

[1]《继承法》第 25 条第 2 款规定："受遗赠人应当在知道受遗赠后两个月内，作出接受或者放弃受遗赠的表示。到期没有表示的，视为放弃受遗赠。"《民法典》第 1124 条第 2 款承继之，无实质性变更。从傅老师对这个案例的分析来看，这个好心人应该在知道受遗赠后两个月内作出了接受遗赠的表示。

二、合伙

（开始上课）下面我们讲合伙。我们越往后学习，民法的难度越来越高了。民法靠自学是很难学成的。（同学们偷笑）为什么呢？因为我们现在没有一本像样的用来自学的民法教科书。（大家又笑）尽管我也编著了两本自学法律的教科书，但是相关主管部门要求我把字数缩了又缩，为什么呢？因为这本书不能太厚。如果书太厚了，自学者看到这个厚度就怕了，不来自学了。所以这本书必须很薄，那这也带来一个问题：浓缩又浓缩，浓缩了以后就没办法看懂了。（同学们频频点头，赞同老师的话。）

我说的"厚"不是要加很多内容，而要充实很多的案例。通过一个案例来分析一项制度。（这样一本书）尽管看起来很厚，其实读起来很轻松的。就比如说，同学们虽然看一场电影要两个小时，但是看完很轻松。为什么？因为电影在讲一个故事。学民法制度离不开案例的解析。但是现在没有一本完全通过案例来解析民法制度的书。所以说学民法很难自学。同学们就算背了（法条）也没用，因为没有老师的讲解，很难理解法条的意思。

基于以上理由，随着我们学习民法不断深入，大家要记住我在课上讲的每一个案件。

（一）合伙的特征

我们先讲一个案例，通过这个案例来解释什么叫合伙。

甲、乙、丙三人，各出资 5 万，共同成立一家小卖部，进行商品交易。在这种情况下，小卖部就是一个组织，我称为合伙组织。（那么这个合伙组织）是由哪些人合起来的呢？甲、乙、丙。小卖部又雇了三个员工 A、B、C。现在问大家一个问题：小卖部组织的成员是 3 个人还是 6 个人？（同学们回答：3 个人。）如果是 3 个人，是甲乙丙还是 ABC？（同学们又回答：甲乙丙。）很好！从合伙这个角度，这个组织就只有甲乙丙三个人。如果我们不从民法角度讨论问题，从一个单位的角度来看（可能会有不同回答）。等大家工作以后，生活中会有人问你这样的问题："诶，你在哪个单位工作的啊？"本案例中的

ABC 就可以回答:“我在小卖部工作。”那么在这个意义上,这个单位的成员有几个?(同学们齐答:6 个。)但是,这个不是民法学所讨论的问题。从合伙层面讨论问题,就把 ABC 淘汰了,因为这 3 个人是受甲乙丙雇佣的 3 个人。

从这个案子我们得出“合伙”这个概念指的是什么?两个以上的自然人按照协议,各自提供资金(如刚才的例子),有的时候也可以提供实物——比如我出钱,你出房屋,有的时候也可以提供技术——比如开一个小饭馆,我出钱、你掌勺,有的时候还可以提供其他劳务等。这些合伙人共同经营、共同劳动。

合伙组织指的是小卖部,而不是甲乙丙。小卖部有几个特征:首先,小卖部的资金源于合伙人,合伙人共同出资,共同经营,共同劳动,共享收益。小卖部原本有 15 万,1 年过去后,经过年终盘点,小卖部现有 20 万,如果留下 2 万作为备用金、公积金或者公益金,剩下还有 3 万块钱。那么这 3 万块钱谁来分?甲乙丙三人分,这就叫“共享收益”。

其次,合伙人之间共担责任。有一次,甲乙丙进货时上当了,进了假酒,卖出去以后,小村庄里面买了这些假酒喝的人全部倒地,花了医疗费 20 万元。小卖部的资产只有 15 万,但是要赔医药费 20 万元,够不够?(同学们摇头:不够。)不够,由谁来“买单”?甲乙丙,因为他们共担责任。

所以合伙的第一个特征就是共同出资、共同经营、共同劳动、共享收益、共担责任。

大家还记得我们上次讲的“e 代驾”的案例吗?[1] (同学们慢慢回想)在这个案例中,“e 代驾”称其跟员工是合作关系,签了一种合同。他们之间的关系到底是什么?合作经营、雇用还是合伙?“e 代驾”想要通过证明是合伙来减轻责任,那就要说明其和员工之间存在共同出资、共同经营、共同劳动的事实。

第一,共同出资,“e 代驾”出资,其员工也可以通过劳务、技术的方式出资。第二,共同经营,“e 代驾”找客户,驾驶员开车到目的地。第三,他们共

[1] 参见本书第五讲“自然人”部分关于代驾司机撞人案的分析。

同劳动,找客户属于劳动,开车同样也是劳动。(这三个事实都可能得到证明,)但是,“e 代驾”和驾驶员之间存不存在“共享收益、共担责任”的关系呢？这就没有了。我们所说的共享收益是把任务完成,收了钱,刨去成本以后,分配红利,分配利润,而不是发工资。现在“e 代驾”和驾驶员之间签的合同上面写的是“工资、报酬”之类的。换句话来说,假如“e 代驾”亏本了,驾驶员要不要分摊呢？我们来设想一下,“e 代驾”营业需要租房子,需要固定资产,成本已经投进去了,但是接到的单子很少——假如就只有今天这一单。假如驾驶员和“e 代驾”之间是“共享收益、共担责任”的关系,这个驾驶员会不会有工资？(同学们回答:不会。)不会,因为成本很高,但就赚了这一单,收入减去成本还是亏了。(同学们纷纷点头)既然是亏的,如果驾驶员和“e 代驾”之间是合伙关系,驾驶员就不应当享有收益。但如果这个驾驶员还是拿到了工资,就说明他不担风险,也不共享收益(进而说明他和“e 代驾”之间不是合伙关系)。

换一种情况。假如“e 代驾”和驾驶员的合同里约定,每一单的收入双方三七开——驾驶员拿七,“e 代驾”拿三。并且,假如“e 代驾”的营业成本很低很低,比如是营业收入的 0.1%,远远低于他分到的 30%。在这种情况下,“e 代驾”肯定没有亏损。好,假如是这样,驾驶员和“e 代驾”之间的关系是不是合伙？(同学们回答:不是。)为什么不是合伙？因为合伙(中的“共享收益”)是收入减掉成本,剩下的利润按照出资比例来分配。但是根据刚才我们说的合同,驾驶员和公司之间不是按照出资比例来分配利润,而是营业收入中驾驶员直接拿走 70%,剩下的 30%归“e 代驾”,你“e 代驾”的营业成本再低、利润再高,跟驾驶员有关吗？没有关系。同样,如果营业成本变高了,亏损了,也跟驾驶员没有关系。既然利润和亏损都跟驾驶员没有关系,驾驶员和“e 代驾”之间就不属于合伙。因为在合伙中,利润和亏损必须和每一个合伙人直接相关。这是第一个特征。

第二个特征,甲乙丙的内部关系可以按照合同约定(处理)。三人可以约定各出资 1/3,收益也按照这个比例分配。有的时候也可以约定不按出资比例(分配收益),比如甲出资50%,乙出资25%,丙出资25%,但在分配收益时各拿1/3。换言之,约定出资少的反而拿得多了,出资多的反而拿得少了,可不可以?可以的,只要出资人彼此愿意就行了。

好,内部关系按照约定(处理),那么外部关系呢?合伙的外部关系就是合伙人对外的责任。我们刚才讲到小卖部卖出了一批假酒,导致喝了假酒的村民倒下来了,欠村民20万医药费,但是小卖部资产只有15万。用15万来抵债,还差5万。刚才大家说,差的5万要求甲乙丙来还,就是要求甲乙丙对合伙组织的外债承担无限责任——任何一个债务人对外债都要承担无限责任。小卖部对外债承担无限责任,这是可以理解的,而现在投资者对投资实体的外债也承担无限责任,这就是合伙了,合伙就是要承担无限责任。

现在我们把案例改一下。背景还是甲乙丙各出资5万,成立一个小卖部,这次小卖部在工商部门登记为法人,资产15万。现在法人因为卖假酒致他人损害,欠外债5万——就是损害产生了20万,用15万资产来抵债还不够,还欠5万——此时甲乙丙要不要对尚欠的5万承担连带责任?(同学们回答:不要。)对的,为什么?因为(法人的)投资者对法人的外债承担什么责任?(同学们异口同声答:有限责任。)有限责任。

现在一比较,结论就出来了:合伙人对合伙组织的外债承担无限责任,而投资者对法人的外债承担有限责任。当然,法人本身(对自身债务)还是要承担无限责任的。

好,现在我们讨论下一个问题。现在受害人根据(法律关于)合伙的规定找到甲,要求甲乙丙给5万。但是甲说:“我没有钱。”乙一看到这种情况,跑得人影都看不到了,只有丙在。丙能否以其只承担5万的1/3为由抗辩?这种抗辩成立不成立?(同学们回答:不成立。)为什么不成立?因为他们内部存在什么?连带责任。大家一定要注意,内部的合伙人对外承担连带责任。

总结一下,合伙有如下三个特征:第一个特征,共同出资,共同经营,共同劳动,共享收益,共担责任。第二个特征,合伙的内部关系按照合同来确定。第三个特征,(合伙人)对合伙组织的外债承担无限连带责任。

(二)合伙的分类

下面我们讲讲合伙的分类。

1. 显名合伙和隐名合伙

首先,合伙可以分为显名合伙和隐名合伙。甲乙丙出资成立一个小卖部,并为小卖部进行了工商登记,如果工商登记中的投资者姓名是甲乙丙,那么甲乙丙就叫作显名投资者。而事实上,甲的财产从哪来的呢?并不完全来自他个人的财产,其中一部分来自丁、戊这两个主体,其中丁拿出1万给甲,戊也拿出1万给甲,甲拿出3万,合起来凑了5万,和乙丙成立了一个小卖部。在工商登记的过程中,只登记甲、乙、丙这三个人为是合伙人,没有登记丁和戊,但实际上丁和戊是不是合伙人呢?是,因为他们也共同出资。于此场合,丁和戊是隐名合伙,甲乙丙是显名合伙。

隐名合伙和显名合伙的区别我们之后介绍,现在先来看看隐名合伙人和显名合伙人之间的关系。

刚才我们讲了,甲的5万投资中,丁和戊两人各出资1万,那么当甲把钱投资到了小卖部,小卖部的财产归谁?归甲乙丙三个人共有。但是丁和戊明明拿了2万出来,怎么这笔钱又不归这两个人共有了呢?这是因为,丁、戊隐名投资的时候,一旦这笔投资款交给了甲,甲又投入小卖部后,丁和戊就这笔钱不再享有所有权了。

虽然丁和戊失去了这笔财产的所有权,但这两个人对甲享有债权,这个债权具体表现在哪里呢?如果甲分红了,分到5000元,这5000元按照他们三个人出资比例进行分红。甲、丁、戊这三个人出资时的比例分别是60%、20%和20%,因此对这5000元的分红,甲也应该按照出资比例给丁、戊各20%。所以丁拿到1000,戊拿1000,甲拿3000。

这就是丁、戊和甲之间的债权债务关系。丁、戊对甲来说享有债权,甲对丁、戊来说是(承担)什么?债务。双方形成债权债务的关系。如果小卖部在经营中亏光了,还欠了不少外债,这些债务需不需要丁、戊继续还?不需要,因为他们以投资额为限承担有限责任。

2. 项目合伙和合伙企业

第二种分类,项目合伙和合伙企业。如果我们合伙做一个项目,等到这个项目结束,我们的合伙也随之结束,这种合伙就叫作项目合伙。

举个例子,春天到了,蚕豆正在上市,城市的居民很喜欢吃蚕豆,同时农村里的农民收获了大量的蚕豆,却没有销售的渠道。

这里给大家补充一点生活常识。蚕豆是一种很坚韧的植物,即使环境再恶劣,也能生长。我在农村待了十几年,看到过的最坚强的几种植物是哪些呢?其中一个是南瓜,无论是房前还是屋后,无论是在硬邦邦的土地上,还是在杂草丛生的土地上,一锄头铲下去,播下三个南瓜籽,然后把土盖上,再不理它了,就算根本不给南瓜苗浇水、施肥,到收获季节,都会结出一个一个磨盘大的南瓜。

还有大豆、黄豆、蚕豆也是,很好养活。不管在多么贫瘠的土壤里,一铲子下去,播三五颗黄豆或者蚕豆,把土盖上,你出差去玩,两三个月回来它会结出累累硕果。所以,我们种南瓜这类好养活的农作物不会在正规的土地上去播种,一般都是在边边角角房前屋后,因为你只要撒种子,它总是会有收获的。

同样的道理,我们种蚕豆也不会在一个方方正正的土地上种,而是在田埂上,(田埂)知道吧?(大家有些迷茫)就是田里的通道,它不是梯形吗?(傅老师一边说一边在黑板上画示意图)在田埂上……这里是要走人的,你不能在这里面种。……在这个地方,挖一铲子下去,把蚕豆种子埋在这里,它自己会发芽长出来。田埂很长,有几十里路,每隔一公尺或者两公尺,铲一把下去,撒一把种子,就算不管,蚕豆也会疯长,而且长得很好,到时候去收就行了。

好,到蚕豆丰收的时节,当地每家农户自己都种了蚕豆,他们彼此之间是不会买卖蚕豆的,因为连自己家的蚕豆都卖不掉。于是城市里的三个合伙人甲乙丙,商量每个人出资 5 万,雇一辆卡车去农村走一趟,以 10 块钱 20

斤的价格把农村的蚕豆全部收过来。蚕豆“贱”吧——哦不能用这个词(同学们笑)——10块钱可以买20斤,但是一旦运到城市去售卖,可以卖到10块钱5斤。这就赚钱了。但是这个季节一过,蚕豆没了,这个生意就做不了了。那么我们把这种合伙称为项目合伙。甲乙丙三人有没有必要到工商行政管理部门,去注册登记一家专门卖蚕豆的合伙企业?没有必要,当年就跑这一次,等到明年蚕豆又出来了,再来搞一次。这样的合伙就叫项目合伙。

与之相对,还有一种稳定的、持久的经营活动,就是合伙企业。我们刚才讲小卖部的例子里,小卖部属于什么?合伙企业。

区分项目合伙和合伙企业有什么意义呢?法律适用不一样。项目合伙和合伙企业都适用《民法通则》中有关合伙的规定。《民法通则》中有关合伙的规定,刚才我们已经都讲过了。合伙企业在此之外还适用《合伙企业法》。那么项目合伙可不可以适用《合伙企业法》?不可以,因为项目合伙不是一个企业,不适用《合伙企业法》,这就是两者法律适用的不同。那么法律适用具体怎么不一样?这是回家作业,你们回去了解一下。

从《合伙企业法》的角度来说,合伙企业包括普通合伙企业、特殊的普通合伙企业和有限合伙企业。其中,普通合伙企业的特征和《民法通则》所讲的那些合伙的一般特征是一样的。特殊的普通合伙企业有一个特点,即合伙企业在经营过程当中,有些合伙人承担有限责任(《合伙企业法》第57条)。但是有限合伙企业中,有些合伙人承担的也是有限责任(《合伙企业法》第2条第3款)。既然这两者的特点都是部分合伙人承担有限责任,特殊的普通合伙企业与有限合伙企业又有什么区别?区别就是:合伙人承担有限责任的条件是不一样的。我们课堂上讲到这里就行了。同学们下课可以去查一下相关的规定,了解一下具体内容,好不好?如果有不懂的,下节课再来问。

(三)合伙的内部关系和外部关系

1. 内部关系

好,下面我们讲合伙的内部关系。

刚才我们讲到,合伙的内部按照(合伙)合同来确定权利义务关系。那么签订有合伙合同,自然有约定的按照约定,但没有具体约定怎么办?如果没有,我们就要去查法条是如何规定内部关系的,这也是一个合同法的问题。

第一,出资。合伙合同一定涉及出资。有的是等额出资,有的是差额出资,一言以概之,就是要按照约定来出资。

第二,经营。假如合伙合同当中没有经营性的条款,根据法律规定,就应当共同经营。通常而言,一份合伙合同中不会约定任何事都要大家来一起来决定,因为这是不现实的,一定会有分工。还是以卖蚕豆为例,比如说甲负责到农民处收购蚕豆,乙负责在城市销售蚕豆,丙负责跑运输、组织运输,把收购来的蚕豆都运到城市,三人之间产生了分工。但分工归分工,甲乙丙三人之间还是属于共同经营。也就是说,甲在收购蚕豆的过程当中,乙丙对其有监督权;乙在销售蚕豆的过程当中,甲丙对其有监督权;丙在跑运输过程中,甲乙对其有监督权。丙不能为了自己的利益搞关联交易,以高价把这单生意交给自家的运输公司做,这是不行的。再次重申:共同经营、共同劳动。

第三,收益按照约定来分配。合伙合同往往会约定收益按照出资比例分配,但是如果没有约定怎么办?也是按照出资,出资多的多拿,出资少的少拿。债务也同样按照约定。刚才我们所讲的例子里,小卖部欠外债 20 万,用 15 万抵扣以后还差 5 万,这里 5 万的债务偿还(如何在内部进行分摊)就要按照约定。如果没有约定,就按照出资比例分摊。但是也会有这样的情况,出资比例搞不清楚,比如说某个合伙人以劳动出资的,那么他的劳动占整个合伙资本的比例是多少?可能就搞不清楚了。按照司法解释的规定,在这种情况下,如果这个合伙曾经分配过盈余的,就按照曾经的盈余分配比例来分摊债务。曾经根本就没有分配过盈余怎么办?均摊。[1] 这就是合

[1] 《民通意见》第 48 条规定:"只提供技术性劳务,不提供资金、实物的合伙人,对于合伙经营的亏损额,对外也应当承担连带责任;对内则应当按照协议约定的债务承担比例或者技术性劳务折抵的出资比例承担;协议未规定债务承担比例或者出资比例的,可以按照约定的或者合伙人实际的盈余分配比例承担;没有盈余分配比例的,按照其余合伙人平均投资比例承担。"

伙内部的关系。

第二块内部关系是内部产权关系。小卖部有很多资产，甲乙丙共同出资15万，需要添置一些经营的必需品，比如家具、电脑、点钞机，同时也要增添磅秤，还有一些零零碎碎、坛坛罐罐的都要添。原来三个人共同出资的15万现金，现在变成价值15万的固定资产，那么这些固定资产归谁呢？属于合伙人共有。这里的“共有”到底是属于什么性质的共有呢？下学期“物权法”的课程里，我们会讲这种“共有”属于共同共有。[1] 共有有两种，一种是共同共有，另一种是按份共有。合伙的共有属于共同共有，共同共有的一个特点就是不能转让共有份额，而按份共有可以转让份额。如果是共同共有，其中一个共有人提出来，我不和你共有了，我换一个人来和你共有，这是法律不允许的。

那么请同学们回答我一个问题，为什么不允许共同共有人转让共有份额？我们刚刚提到，按份共有可以转让份额，我可以换一个人和你共有。但是共同共有为什么不可以换一个人一起共有？比如甲乙丙三个人共同共有，现在乙说：“我不和你们共有了，我让别人和你们共有。”为什么不可以？（同学们小声讨论，有人猜测：是不是因为新加入进来的共有人和其他共有人不熟悉？）这是因为，合伙基于人合的因素，甲乙丙三个人谈得来才合伙，这就是人合。而这种人合带来一定的身份上的联系，形成了身份关系。

我们之前在讲身份权的时候，讲到身份权能不能转让？（同学们迅速回答：不能。）对，因为它也有人合因素。比如，夫妻两人是不是具有身份关系？（同学们应声：是。）这种身份关系从人合的角度上来说是达到登峰造极的程度了吧，属于高度人合。那么在这种高度人合下，如果允许夫妻两人的权利可以转让给第三人，那第三人根本就不用插足了，（大家偷偷笑起来）你堂而皇之地转让就好了。正因为不能堂而皇之地转让，所以他要见缝插针，所以这是违法的。这说明，基于人合所形成的权利是不能转让的，因为已经形成了身份关系。（此时下课铃响起）

---

[1] 参见傅鼎生：《傅鼎生讲物权法》，上海人民出版社2017年版，第155~158页。

同样地,合伙也是基于玩得来、关系好、相互信赖,基于这种因素几个人合在一起,带来身份上的联系,所以法律尊重这种联系,因此合伙产生的共同共有不能转让。如果纯粹是财产关系,那可以转让;而带有身份关系的就不能转让。我们把合伙的财产确定为不能转让的共同财产,就是因为它是建立在人合的基础上的。

第三块内部关系——大家注意,我们还在讲内部关系。经营活动由合伙人共同经营、决定,但是合伙人有执行和监督的权利,合伙人也可以推举某一个合伙人为负责人。比如甲乙丙可以推举甲为小店经理,但是尽管甲是经理,甲乙丙三人仍然是平等主体,对小店的经营活动,乙和丙有没有监督权?(同学们应声:有。)对了,有监督权的,不是甲一个人可以说了算的。因为经验告诉我们,不可能事事、时时都由三个人开个讨论会来决定,这是做不到的,有时必须一个人做出决定。那么在一个人做决定的时候,其他的两个人可以监督,这里的监督也是两人共同决定的。

2. 外部关系

我们之前讲的都是内部关系,下面讲合伙的外部关系。从合伙的外部而言,大家要注意了,任何一个合伙人对外签的一份合同,全体都要负责,为什么?因为外部人员不知道合伙内部是怎么分工的。所以回到合伙的内部,任何一个人对外签的合同,全体合伙人都共同承担责任。

回到刚才我们讲的项目合伙,就是买卖蚕豆。假如在买卖蚕豆那个合伙中,甲的任务是采购,乙的任务是销售,丙的任务是运输。有一次正好下雨,采购量不足,丙负责运输的卡车只装了一半,这对于运输来说是一个大忌,因为同样跑一趟车,载重100%还是载重50%,运输成本是一样的。所以大家知道为什么高速公路超载的很多了吧?现在丙开到一半,看到路边也有人在种蚕豆,于是下车问对方蚕豆卖不卖,对方说卖的,于是丙自作主张买了半车。但是我们刚刚讲了,丙不是负责采购的,他是跑运输的,现在他自作主张搞起了采购。然而丙采购来的蚕豆品种和要求的不一样,这下就亏大了,因为他用同样的钱买来了次等的蚕豆。

于是，甲乙向卖方提出抗辩，说，我们合伙人有一个决议，决定甲负责采购，乙负责销售，丙负责运输，也就意味着丙没有采购权。现在丙向村民购买蚕豆，属于无权运作。既然是无权运作，丙和农民之间签订的买卖合同对整个合伙组织不发生关系，所以卖方应该去找丙，而不要找合伙组织。甲乙的抗辩理由成立不成立？（有一同学大声回答：不成立！）不成立，为什么？因为，任何一个合伙人对外签的合同，全体合伙人“买单”。这就是合伙组织外部效力的第一个要点。

第二个，合伙人对合伙的外债承担无限连带责任，我上一节课和大家提到过，不再赘述。

第三个，合伙人之一承担了全部债务以后，有权向其他合伙人追偿。刚才我们讲过一个例子，债权人找不到甲乙，只找到丙，丙给了 5 万以后，有没有权利要求乙给？（同学们纷纷点头）要求乙给多少？5 万的 1/3。有没有权利要求甲给？（同学们又点头，说：也有！）也有权要求甲给。也就是说，甲和乙应当（向丙）各偿还 5 万的 1/3。现在的问题是，他们两个对丙来说承担不承担连带责任？（教室响起嗡嗡声）大家继续看下去，合伙人之一承担了全部债务之后，有权向其他合伙人求偿，即丙有权向甲和乙求偿。那么求偿之债是连带之债还是按份之债？（有同学答：按份之债。）换一个问法，甲乙对于求偿的内容承担不承担连带责任？（同学们没有反应）来，我们假设一下，如果承担连带责任会有什么样的后果，如果不承担连带责任又如何？

我们刚才讲的例子说，甲乙都没有钱，甲没钱是彻底没钱，乙是一下子跑掉了，没法找他要钱。现在丙还了 5 万以后——丙太不容易了是吧——乙又回来了，这时丙能不能向乙求偿，问他要 5 万的 1/3？（同学们点头）有没有权利向甲求偿，也问他要 1/3？（同学们点头）但是丙找到甲的时候，甲说：“要钱没有，要命一条。”（同学们笑起来）那他可不可以要求乙承担 5 万的 2/3？丙是这样想的，甲乙你们两个人全部跑掉，由我一个人“买单”，我的求偿权应该有连带性质。大家觉得丙的话有没有道理？（同学们摇头：没有，连带的不是求偿权。）丙说得不对，外部有连带，但是内部关系不再连带，求偿之债属于按份之债。

于是乙就说了:“我只管我自己的1/3,另外的1/3你自己找甲要。”但是刚才我们讲,甲实在是没有清偿能力了,或者更极端一点,甲死了——我们假设甲死了,也没有留下一分遗产——这部分财产损失(指甲应当承担的1/3份额的债务)应该由谁来承担?让丙一个人来承受好像太过分了;但如果让乙来承担这个损失,法律依据又在哪里?好,大家看法条,法条说了,如果合伙人之一没有清偿能力,其他合伙人按比例分担。这里的“比例”不是指原来的投资比例,而是按他们两个人之间(现在)的出资比例,是不是各50%?(同学们点头)因此,对甲没有还的债——5万的1/3——在此基础上要再来一个什么?(大家答:1/2。)对了,再来一个1/2,乙丙两个人根据这个比例来分担甲的债务(份额)。

好,这就是外部关系,大家一定要把这个例子记住。如果把规则和例子一起记忆,就永远不会忘记了。

(四)入伙

下面我们讲入伙。假如甲乙丙三个合伙人成立了一个小卖部,现在小卖部做得不错,这时来了一个第三人A,说:“我也要加入投资,我也拿出5万。”A拿出了5万,现在小卖部的资产变成了20万。A加入进来叫作入伙。

我们接着讲入伙的条件和入伙的后果。入伙按约定办理,如果没有约定,一定要全体合伙人同意。为什么要求全体合伙人同意?(同学们迅速接上:因为人合!)(此时下课铃响起)假设A跟丙关系好,跟甲乙不好,如果甲乙不同意A加入,A就无法加入,因为人合的原因。

入伙人对于入伙前的合伙债务,以及入伙后的合伙债务承担无限连带责任。什么意思呢?如果A压根不知道此前小卖部进过一批假酒,拿出5万入伙后才发现假酒的事。并且,如果小卖部欠的外债不是20万而是25万,那么A能不能这样抗辩,说损失是在入伙之前造成的,因此债权人求偿时只能找甲乙丙,而不能找A?这种抗辩理由成立不成立?(同学们异口同声:不成立!)入伙的人在入伙前有义务看看他们以前有没有欠债,如果这个合伙组织以前欠债太多,入伙者投钱进去无疑是飞蛾扑火。记住,入伙人对入伙以前的债也要承担无限连带责任。对于入伙以后的债务当然承担无限连带责任,我们就不多解释了。

(五)退伙

下面我们讲退伙。生活中,夫妻都可以离婚,合伙人退伙更没有问题。讲退伙,我们还是拿甲乙丙成立的小卖部来举例。比如说,甲乙丙三人合伙,其中甲乙是夫妻,现在甲乙离婚了——你们想,都离婚了还合伙干嘛?——于是想退伙了。我们刚刚说入伙按照约定办理,对于退伙,如果合伙合同没有约定,应当准许。为什么可以准许?夫妻能够离婚,合伙人就可以退伙。因为既然是人合的因素,合不了了那就退。但是大家注意,因退伙给其他合伙人带来的损失,应当赔偿,这是第一个要点。

第二个,退伙的后果。退伙人对退伙以前的合伙债务承担无限连带责任,但是对其退伙后所产生的债务还要不要担责?(同学们回答:不要!)如果小卖部卖假酒是退伙以后的事情,退伙人要不要承担责任?不要。如果小卖部卖假酒是退伙以前的事情,退伙后,村民和小卖部打官司,找到他,退伙人能不能以其已经退伙为由抗辩?村民该不该找他?(同学们斩钉截铁:该!)为什么?因为这个事情发生在退伙以前。

好,退伙应当进行清算。当时甲乙丙每人出资 5 万,共 15 万,等小卖部经营了一两年以后,小卖部总资产有可能增长到了 25 万,也有可能亏到只剩 5 万,所以要清算,等清算以后再(对剩余财产)进行分割。

好,关于入伙、退伙,我们就讲到这里。注意了,合伙只涉及入伙、退伙,不存在合伙地位、权利的转让,理由是什么?(同学们抢答:因为人合。)对了,人合的因素。“合”不在一起,合伙人可以跑掉,但是不能换人;能“合”在一起,可以加入新的合伙人。假如一定要转让,比如甲乙丙三人合伙,其中乙一定要把合伙的地位转让给第三人 A,甲丙也同意,那采取什么方式?入伙和退伙。可以先入伙后退伙,也可以先退伙后入伙——这两种方式都可以,但绝对不能转让合伙地位。

(六)隐名合伙

好。回过头来,我们讲隐名合伙。

前面我们讲的规则都是显名合伙的规则,接下来我们讲讲隐名合伙。还记得我们之前举的例子吗?甲乙丙成立了一个小卖部,其中有一部分资金源于丁和戊,但是丁戊这两个人没有进行工商登记,但是我们把丁、戊也看作合伙人。这种合伙我们称为“隐名合伙”。

隐名合伙和显名合伙有什么区别?第一,合伙人的地位和名称。隐名合伙是不彰显的。不彰显在哪里?工商登记文件当中,不对隐名合伙人进行公示。但是显名合伙人的名称和地位都经过公示。一个(指隐名合伙人)没有公示,另一个(指显名合伙人)有公示,这是一个区别。

第二,隐名合伙人不能从事合伙事务的管理。为什么?如果隐名合伙人也从事合伙事务的管理,别人和你建立法律关系时知不知道你是合伙人?(大家纷纷摇头)不知道。所以隐名合伙人不能从事(合伙的)经营管理。

第三,隐名合伙人对于合伙的外债承担有限责任,而显名合伙人对合伙的外债承担无限责任。这里的“有限”,其限度在哪里呢?以出资额为限。现在丁出资多少钱?(同学们回答:1 万。)戊出资多少钱?(同学们继续答:1 万。)所以在这个例子里,他们以 1 万的出资额为限承担责任。

第四,合伙的财产为显名合伙人共同共有,而不属于隐名合伙人。这就意味着,隐名合伙人出资以后,其出资财产的所有权移转了没有?(大家小声讨论)移转了,移转到谁手上?显名合伙人手上,成为显名合伙人的共同财产。那么隐名合伙人手中剩下的是什么?债权债务。隐名合伙人对显名合伙人享有债权,显名合伙人对隐名合伙人负有债务。如果合伙组织亏了,显名合伙人要不要(向隐名合伙人)还债(以弥补隐名合伙人的投资损失)?(同学们陷入思考,犹豫许久没有得出结论。)不用还债。

合伙组织经营亏损,把隐名合伙人的投资亏掉了,显名合伙人无须还债,因为隐名合伙人对于合伙组织的亏损要不要承担责任?(同学们大声回答:要!)要的,只不过隐名合伙人以出资额为限承担责任。他不是没有责任,只不过承担的是有限责任,他就以这部分投资额为限,来承担对应的责任。

显名合伙人需不需要承担足额返还隐名合伙人投资额的义务?比如,你投资了1块钱,我有没有义务要还给你1块钱?没有,因为这里没有给付义务。但是如果有盈余,有没有给付义务?要不要还债(指向隐名合伙人分配盈余)?要的,因为隐名合伙人也参与了投资。

好,关于显名合伙和隐名合伙的区别,我们就讲到这里。

《合伙企业法》中有一个有限合伙企业,合伙人中一部分是显名合伙人,一部分是隐名合伙人。大家感兴趣可以下课找找相关信息。好,关于合伙我们就讲到这里。

三、个体工商户和农村承包户

关于个体工商户和农村承包户的问题,请大家下课自己看教科书,我就不仔细展开讲了。我国《民法通则》中有两个"户",一个是"个体工商户",另一个是"农村承包户"。因为时间有限,我现在只能跟大家讲几个核心问题。

第一个,无论是个体工商户还是农村承包户,都是以户为单位。以户为单位可以表现为一户内只有一个自然人,也可以表现为一户内有若干自然人。

举个例子,夫妻双方共同到工商部门登记一个个体工商户,那么这个工商户下面有几个自然人?2个。又如农村三代同堂承包一块土地,家庭里一共有10个人,那么这个户下有几个自然人?10个。此外,也有可能出现这样的情况,一对夫妻,丈夫登记一个个体户,妻子在医院里面当医生。那么这个时候个体工商户——也叫户——是1个人还是2个人?(同学们回答:一个人。)对了,因为个体工商户以户为单位,这个户下有几个人完全看工商营业执照,看工商登记,登记是几个人就是几个人。

农村承包户也是如此。一户内具体的人数要看承包的这个户下面有几个人,有可能一个户下面有 10 个人,也有可能只有 1 个人。比如,张三光棍一个,他也要分田,那么这个户下面就只有他一个。

第二个,我们要关注对外责任。个体工商户、农村承包户可以以户的名义对外从事民事活动,个体工商户的经营者或者农村承包户的承包者对个体工商户、农村承包户的外债,承担无限连带责任。

第三个,经营者、承包者承担无限连带责任是有前提的。就个体工商户来说(先不说农村承包户),个人经营的,个人承担无限连带责任。因此,谁来承担责任就要看经营主体是谁了。我刚刚讲,经营主体怎么来认定?(同学们抢答:工商局的登记!)对了,看工商登记。

第一个案子中,工商登记为夫妻两人,那么他们两个人承担无限连带责任。

第二个案子中,丈夫搞个人经营,妻子在医院里面当医生,个体工商户登记在丈夫名下,是夫妻两人承担无限连带责任,还是丈夫一人承担无限责任?丈夫一人单独承担,因为我们刚刚讲到,个人经营,个人承担无限责任;家庭经营的,家庭承担无限连带责任。

第一个案子是不是家庭经营的?(同学们犹豫后回答:是。)属于家庭经营,因此家庭承担连带责任。但是有一个情况大家要注意,虽然属于个人经营,但是个人的出资额来自于家庭成员。前面我们说了,虽然丈夫一个人开一个个体工商户,丈夫单独经营买卖,但是他用于经营的钱包括了老婆工资那部分(来自家庭财产),也有儿子的一部分。这种情况下,就要以家庭共同财产为限承担连带责任。

此外,如果个人经营中,尽管出资并非源于家庭财产,但是经营所得由家庭成员共享。这种情况下,也得以家庭财产来承担连带责任。好像有些同学不理解什么是“经营所得由家庭成员共享”。举个例子,丈夫开店,妻子在医院当医生,丈夫开店赚了钱,一起到新马泰,到国外去旅游了。(同学们笑起来,有同学羡慕:我也想出去玩。)这种情况是不是个人所得用于家庭成员分享?(同学们频频点头,豁然开朗。)大家平时想不清楚的时候,要大胆举例子。

好,关于个体工商户、农村承包户我们就讲到这里。我们先讲了两个“户”的概念,又讲了责任承担,大家主要掌握这两个关键点就可以了。

四、法人

下面我们讲法人。

法人是什么?法人是以自己的名义参加民事法律关系,享有权利、承担义务的组织,这就是法人的概念。那么合伙跟法人的区别在哪里?合伙没有独立的人格,法律没有给它独立的法律地位;但是法律给法人以独立的法律地位。[1]

(一)法人的类型

我国《民法通则》确定了法人的法律地位,其中包括哪些法人呢?第一,机关法人;第二,事业单位法人;第三,企业法人;第四,社会团体。[2]

好,现在我问大家几个问题。教育部是不是法人?(同学们回答:是!)它属于什么法人?机关法人。华东政法大学是不是法人?(同学们异口同声:是!)它是什么法人?(同学们又答:事业单位法人。)江南造船总公司是不是法人?(整齐的答声:是!)是什么法人?企业法人。中国法学会是不是法人?(同学们坚定地答:是!)是什么法人?社会团体。中国民法学研究会是不是法人?(这回同学们有些犹豫,但大部分人仍答:是。)对,也是法人,属于社会团体。

好,把现状搞清楚了,我们接着讲例子。早在罗马法时期,就把国库、行政区域、城邦、寺院作为民法上的主体。那么现在,机关法人是不是我国民法上的主体?(先是有人答:不是,又有同学说:当然是,大家都有点犹豫。)大家不要以为教育部不是民法上的主体,教育部有多重身份。在行政法意

---

[1] 《民法典》第57条规定:“法人是具有民事权利能力和民事行为能力,依法独立享有民事权利和承担民事义务的组织。”“具有民事权利能力”即意味着拥有主体地位,享有法律上的人格。

[2] 这些法人类型所涵盖的范围与《民法典》没有本质区别。

义上，教育部和华东政法大学不是平等的，它有权对华东政法大学下达指令，比如华政今年能够招收多少人，能够毕业多少人，应当开什么课等，都是受教育部指导的，这些不是华政单独能决定的。

但就算这样，教育部也需要租房屋，买印刷品，要买电脑吧？教育部要长久开展工作，一定需要财产，那么教育部的财产从哪来的？是买来的——教育部又不能生产这些。所以请同学们回答我，教育部在买卖过程中是不是一个民事主体？（这回同学们确定地答：是民事主体。）同样道理，对于罗马的国库、行政区域、城邦，它们也需要进入民事生活，所以也可以作为民事主体。到了中世纪以后，出现了商事公司——它以营利为目的——这种社团，以及公益性事业团体，它们的数量越来越多。这些公益社团也是民事主体。比如现在的法律教育基金，它就是一个从事公益事业的社会团体，它也是一个法人。

（二）法人的本质

关于法人的本质有几种学说。

第一种学说是“拟制说”，即法人是拟制的。萨维尼、普赫塔、温德沙伊德[1]等主张法人不是真正的生物学上的人，而是拟制的。

第二种学说是“法人否认说”。在“法人否认说”这个学说下，又分成三种观点。第一种观点是无主财产说或者标的财产说（原话如此，疑为“目的财产说”）。这个学说主张法人根本不是人，只是一堆财产。比如甲乙丙成立一家小卖部公司，这家小卖部就是法人。萨维尼认为，这个小卖部不是真正意义上的人，而是法律拟制出来的人。布林兹[2]持不同看法，他认为，法人根本就不是人，法人指的就是这一堆财产，在我们刚刚说的小卖部例子里，法人就是这 15 万，而这个 15 万是没有主的。如果你说这 15 万是甲乙丙三人的财产，但是现在这 15 万已经通过出资从甲乙丙手中出来了，那就成了

[1] 伯恩哈德·温德沙伊德（Bernhard Windscheid，1817—1892），也有译为文德赛，德国著名法学家，潘德克顿学派的集大成者，民法中的请求权概念即由其提出。

[2] 阿洛伊斯·冯·布林兹（Alois von Brinz，1820—1887），德国法学家，也有文献将其译为布林茨，著有四卷本潘德克顿教科书。

无主财产或者目的财产。这个“人”到底是谁？就是这堆财产。布林兹的观点要比上一个(指法人拟制说)更进一步,上一个停留在拟制,布林兹说虽然是拟制,本质上就是财产。把财产当人看,这是“法人否认说”中的一支,就是布林兹的观点。第二种观点是耶林提出的。耶林认为财产本身不能算是人,而是要看谁对财产享受利益。小卖部的例子里,对财产享受利益的是谁？是甲乙丙,所以这三个人是法人的实质主体。耶林也承认法人是拟制的,因为无主财产说都认同法人是法律拟制的人,但他们同时认为,法人根本就不是人,不能把拟制出来的人当作真正的人看。所以真正的人是谁？是甲乙丙,他们是享益者。第三种观点,管理人主体说。宾达[1]说财产总是要有人管的,因此法人的本质是财产的管理人。但是这三种说法,无论说财产是人,还是说受益者是人,抑或是说管理者是人,他们有一个共同的观点,就是,法人本身不是人,真正的“人”另有其人。

第三种学说,法人实在说。法人实在说又分为两派。一派来自基尔克[2],他认为我们所讲的“人”有两种,一种是自然人,另一种是法人。为什么说法人也是人？你看,我们说自然人无非是说他是一个生物体、生命体。生物体、生命体是有机体。我们说自然人、毛毛虫是有机体,是从自然科学角度来看的。如果从社会科学的角度来看,在社会层面,法人也是一个有机体。自然科学把毛毛虫看成有机体,那么社会科学就可以把一个单位看成有机体。大家都听过一句话,叫作家庭是社会的细胞。如果社会是一个组织体,家庭就是其中的一个细胞。但是细胞是生物学、自然科学意义上的概念,家庭怎么会是个细胞呢？我们这么说,显然就是从社会科学的角度来谈论的。所以说,民法上的人不是生物学意义上的人,而是社会科学意义上的人。既然是社会科学意义上的人,就不能局限于生物有机体,应当包括社会有机体。从这个角度上来说,法人就是实在的人。这一派学说被称为有机体说。第二派是法国的学者米秀——有的翻译成米修——无论怎么翻译,

[1]　尤里乌斯·宾达(Julius Binder,1870—1939),德国法学家,也有文献将其译为宾德尔。

[2]　奥托·冯·基尔克(Otto von Gierke,1841—1921),德国法学家,德意志民法典草案的有力批判者,日耳曼法学派的集大成者。

他观点是什么呢？法人是一个组织，并且这个组织是存在的。这一派学说被称为组织体说。这就是法人实在说。

我们来小结一下，每种学说都从不同的角度看待问题。萨维尼从自然物是否存在的角度，认为自然人是一个自然物体，是存在的；而法人不是一个自然物，所以把它拟制成一个人，法人由此在这个意义上而存在。但是拟制的人到底算不算人？第二种学说认为拟制的人不算人。那么如果拟制的人不算人，什么是人呢？至少法人不是人，根据不同学说，法人是一堆财产，或是获益者，或是管理者。第三种学说法人实在说认为，萨维尼把人局限于自然人，这是不对的。我们讲的“人”是社会上的人，既然是社会上的人，就有两种，一种是自然意义上的人，另一种是社会意义上的人。

以上这些观点都有道理，但都不深刻。

那么法人的本质是什么呢？法人是由自然人形成的，这一点各学说都达成了一致。那么自然人形成的是什么呢？一种思想！法人就是一种思想的载体，记住了。（大家立刻在笔记中唰唰写下）法人是由自然人形成，并且与自然人分离，同时为社会认可的一种意志或者思想。本质上说，法人就是一种意志。但光有这个意志还不够，我们还必须找一个载体，这个载体就是组织体。

于是可以得出一个结论，法人是什么？是由自然人产生，与自然人分离，并为社会认可的作为独立意志载体的一个组织体。

好，我们刚刚分析了法人，有许多种法人，不同法人反映的意志不同。比如说，机关法人反映的就是政府的意志，教育部、财政部、工信部，每个部它都有政府的任务，产生政府的意志。

再如，某一个公司，如光明乳业股份有限公司，它的意志在哪里得到体现？章程。章程又是谁写的？股东。有没有与股东分离？（同学们应声：分离了。）股东想出来的章程与股东分离，就成了光明乳业这个公司的意志。又找到一个组织体，法人就是这个意志的组织体。

再举个例子，宋庆龄基金的意志产生于谁？宋庆龄先生。与宋庆龄先生分离了没有？早就分离了，随着宋庆龄基金的产生就分离了，分离以后就不会因为宋庆龄先生去世而消灭。找到组织了没有？找到了，找到了一个组织体。

所以说，法人就是意志的载体。

当然，这种意志的载体不得反社会，必须要得到社会认可。比如恐怖组织，恐怖组织也有意志，也有组织体，也与自然人完成了分离，但是它反人类，不为社会认可，所以我们不承认它是法人。

好，关于法人的概念与本质，我们就讲到这里。

（三）法人的人格

下面我们讲法人的人格。

我们还是用小卖部的例子，甲乙丙各出资 5 万元，成立一个小卖部。现在这个小卖部的身份变了，叫小卖部公司。（同学们笑起来，说：升级了！）对，小卖部公司。对于这个公司，第一，小卖部有限公司是一个组织体，它不是一个生物意义上的人，而是一个组织。第二，小卖部有限公司有意思机关，这个意思机关是什么？股东会。其成员是谁？甲乙丙这三个股东。第三，有执行机关。小卖部有限公司的执行机关是谁？董事会。大家要知道，股东会不可能天天开，可能一年开一次或者两次，如有特别必要可以召开临时会议，那么日常工作交给谁去做？董事会。而且，小卖部还有一个代表机关，法定代表人是谁？董事长。我们就假设甲是董事长，有权对外签合同。

在这个例子里，我们也可以看到合伙和法人的区别。对于合伙来说，每一个合伙人对外签合同都对合伙组织产生效力。但是在法人里，是不是每一个投资者对外签订合同都对小卖部公司产生效力？（同学们回答：不是。）对了，大家记住，只有法定代表人签字，合同才会发生效力。根据我们刚刚的假设，法定代表人是甲，如果现在乙对外签一份合同，小卖部公司要不要承受这个后果？（同学们回答：不要。）又如，丙对外以小卖部公司的名义签订合同，小卖部公司要不要承受后果？（同学们继续答：不要。）现在甲来签合同呢？（同学们点头：这当然要了。）不管法定代表人的行为对公司是否有利,公司都要承担后果,为什么?因为他是这个公司的代表机构。

最后我们还要讲一下章程。章程有两个作用,对内起到了合同的作用,比如法人机关该如何运作要按照章程来办;对外起到了公示的作用,给合同相对方看,交易时到底跟谁签合同呢?章程里面写了法定代表人是谁,就跟谁签合同,这是通过章程的公示实现的。

(四)法人的特征

第一,法人是一个组织。为什么说是一个组织?因为它有意思机关、执行机关、代表机关、章程。

第二,法人有独立财产。(在小卖部公司的例子中,)这个独立财产是15万,并且以这15万承担独立的责任。下面问大家一个问题,法人对自己的外债承担无限责任还是有限责任?(大多数同学答“无限责任”,但还有小部分同学认为是“有限责任”,双方都有些困惑。)当然是无限责任,讲到现在怎么还说有限责任呢?任何一个债务人对自己的外债都承担无限责任,自然人也好,法人也好,对自己的外债都承担无限责任。只有两种情况下承担有限责任。第一种情况,合同约定,但是大家想想,没有人会那么傻,跟你签订一份有限责任的合同,这种合同你在世界上找不到。(同学们在底下偷偷笑起来)所以虽然法律为这个情况留有空间,但是可能性微乎其微,可以忽略不计。同学们有本事去检索一个这样的案件,其中合同约定债务人只承担有限责任,我估计你是找不到的。第二种情况,法定。法定只有一条,而且这一条在我们国家还不是完整的一条。哪一条还记得吧?(同学们茫然,傅老师叹气。)都忘记了,我们都讲过了。哪一条?(终于有同学记起来:是不是继承?)讲个大的方向,存在于哪个领域?我给大家几个选项,民法通则、合同法、婚姻法、继承法?(同学们齐声说:继承法!)对了,继承法。继承人继承遗产的,必须履行被继承人的债务。但是以什么为限呢?(同学们抢答:以继承为限!)以所得遗产为限,这就是有限责任。如果继承人不愿意继承遗产,他有没有义务履行被继承人的义务?(同学们猛摇头)没有义务。偿还被继承人生前欠下的债务的前提是继承人选择继承遗产,但是就算是有偿还义务,也是以所得遗产为限。

好,讲到这里我们可以得出一个结论,债务人承担的是有限责任还是无限责任?(同学们答:无限责任。)只有一种情况是例外,是哪种情况?(同学们疑惑:为什么只有一种?)刚才讲的哪种情况?大家注意,合同(约定承担有限责任的情形)已经被我们忽略不计了。(同学们一齐答:继承。)对,继承的情况。

好,现在再来看这个问题。甲乙丙各出资5万成立一个小卖部有限公司,小卖部公司欠下的钱,其本身承担有限责任还是无限责任?(这回同学们自信地回答:无限责任。)小卖部承担无限责任——大家把这个例子记下来。(大家纷纷动笔。)因此可以得出一个结论,法人对自己的外债承担有限责任还是无限责任?(同学们又答:无限责任。)同学们一定要记住,法人对自己的外债承担无限责任。

我们之前说投资者对法人的外债承担什么责任?(同学们抢答:有限责任。)以什么为限?以出资额为限。这里的出资额指的是已经出资的出资额,还是承诺出资的出资额?(同学们议论纷纷,有人说:总得实际出了钱吧。)是以承诺出资的出资额为准,而不是实际的出资额。

回到小卖部的例子,甲乙丙三人各出资5万元成立一个小卖部公司,注册资本是多少?15万。15万的注册资本金先预缴3万,剩下12万20年以后交。这样的做法可不可以?(大家有些犹豫,有人猜测:可以的吧?)可以的。注册资金15万,实缴资金3万,剩下12万20年以后缴足。现在小卖部公司欠外债20万,这3万的实缴资本不够还。这种情况下,债权人就可以申请宣告公司破产。

公司破产以后,甲乙丙该还多少?(有同学大声回答:每个人还5万!)给大家几个选项:第一,还12万;第二,还17万;第三,不还了;第四,还20万。到底还多少?(同学们一齐回答:12万。)对的,还12万。法人对自己的外债承担无限责任,他欠100万要还100万,欠1000万要还1000万,哪怕资产是0也一定要还,还不掉就宣告破产。

自然人也一样,大家在新闻里看到,有些还不了债的自然人跳楼了,(大家摇头叹息)跳楼就是要把债务消灭掉呀,楼跳下去人死了,生前欠下的债还需要还吗?(同学们齐齐摇头)哪里可以打死人的官司呢?之后就算债务人的儿子要继承财产,那也是以继承所得来清偿债务。债务人本来就因为还不清跳楼,继承所得就更还不清了,(事实上)就是不还了。

类似地,法人也可以跳楼。(同学们苦笑)法人的跳楼有两种:第一种,自己跳;第二种别人帮你跳。法人自己可以宣告破产,比如甲乙丙还不了了,就直接宣告小卖部公司破产。债权人虽然看似实际出资额只有3万,剩下的12万要等到20年才能拿到,但是一旦公司宣告破产,甲乙丙的投资就要加速到期——不是等20年,而是现在就要还——债权人就可以马上拿到这12万。这就意味着法人投资者以投资额为限对法人的外债承担有限责任。大家注意了,这里的投资额指的是实缴注册资金还是认缴注册资金?(同学们回答:认缴注册资金。)去查一查《公司法》第3条,就知道了。

好,那么从刚才我们举的例子可以得出一个结论,法人承担的是无限责任,而不是有限责任。但法人承担的是独立责任,法人的钱由法人自己来还。法人还不了就还不了,会不会连带到投资者?不会。投资者都是很聪明的,就算他有很多资产,他也不会只设立一家公司,他会设五家公司。其中两家公司破产了,仍然还剩下三家公司。这就是在告诉我们,鸡蛋不能放在同一个筐里面。而且,就算所有的公司破产了,老板破产吗?老板不破产。设立法人就是为老板规避风险的。

好,第三个特征,法人有自己的名称住所,这个我们不细说了。比如,华东政法大学有名称,有住所。法人有独立人格,华东政法大学也有法定代表人,可以以自己的名义去运作,可以进行、参加法律关系。这就是法人的人格。

下面我们讲一讲法人的成立要件,这很重要,考试也经常考这个。

(五)法人的成立要件

第一,依法成立,这里的依法成立包括如下两层意思。

首先,要想成立一个组织需要有法律依据,即要合法。组织的宗旨、目的都不能违法,否则是不能成立的。

其次,成为一个组织要有法定程序。即使在法律层面,一个组织满足了成为法人的法定要件,但是行政层面上还要经过法定程序。比如成立一家公司,要去工商部门申请注册,要走法定的注册程序。你不能说法律可以容许我成立一家公司,第二天早上就把公司的牌子挂出来,而不管工商登记,这样是不可以的。

所以“依法成立”要满足两点:首先,组织能不能成立,要有法律依据;其次,这个组织怎样成立也要有法律依据。前者是实体法,后者是程序法。

第二,组织虽然成立了,但还要有独立的财产和经费,所以还要有注册资金。

第三,要有自己的名称、组织机构和场所。场所很重要,早期法人的成立要件中无需场所[1],只要有名称、组织机构就够了。但是大家想想,如果按照这个时期的规定,有名称、有组织机构就可以成立法人,而无需场所,那不是变成皮包公司了吗?所以法人的成立必须要有场所。

第四,要能够独立承担民事责任,也就意味着法人有自己独立的资产并能以自己的资产来还债。

好,具备这四个条件,法人才能成立。

(六)法人的学理分类

下面我们讲学理上对法人的分类。我们前面曾经讲过法人的类型,包括机关法人、事业单位法人、企业法人、社会团体法人等,这是法律上对法人

[1] 《民法通则》第37条第3项中已经规定法人的成立应“有自己的名称、组织机构和场所”。1993年《公司法》第9条第5项及第73条第6项也规定,公司的设立须有“规定的生产经营场所……”该项在2005年《公司法》修订时,被改为“有公司住所”(第23条第5项;第77条第6项,现为《公司法》第76条第6项)。《民法典》延续这一理念,于第58条第2款中规定“法人应当有自己的名称、组织机构、住所、财产或者经费”。

的分类。[1]

下面我们讲学理上的分类。

1. 公法人和私法人

第一个分类标准,公法人和私法人。凡是分担政府统治职能的法人为公法人,所以教育部属于公法人还是私法人?(同学们回答:公法人!)不承担政府统治职能的,属于私法人。

这种分类的意义在哪里呢?

第一,纠纷解决。前者的纠纷解决,即公法人的纠纷解决途径是行政诉讼。如果对教育部的决定、处罚不服,那就以提起行政诉讼的方式解决纠纷。而后者通过民事诉讼,因为当事人双方是平等主体,比如说买卖,是平等主体之间进行的法律行为。如果产生纠纷,可以通过民事诉讼解决。

第二个,强制方面。公法人可以成为征收的强制者,但大家注意,并不是所有的公法人都能成为强制(征收的)主体,只有县级以上人民政府才可以。而私法人必须通过司法强制,比如你欠我债不还,我只能通过法院强制执行你的财产以清偿债务。但是如果是公法人,政府可以直接采取强制措施,把你的房屋给征收了。

第三,侵权责任承担不同,前者是行政赔偿,后者是民事救济。大家一定要把行政赔偿和民事救济区分开,因为行政赔偿额和民事救济额有时候并不是一样的。比如说抓错人了就会产生行政赔偿;判错人了也是通过行政赔偿的途径。行政赔偿与民事赔偿是两套不同的制度,不能混淆。但是,有时候教育部也可以是私法人,因为教育部的职能是多重的。教育部有时候行使公法人的职能,以公法人的身份出现;有时候是以私法人的身份出现。比如,教育部买电脑,这个情形下它是以公法人还是私法人的身份出现?(同学们抢答:私法人。)对。

---

[1] 依《民法典》的规定,法人被分为营利法人、非营利法人和特别法人。营利法人可细分为公司法人和其他企业法人;非营利法人可细分为事业单位法人、社会团体法人和捐助法人;特别法人可细分为机关法人、农村集体经济组织法人、城镇农村的合作经济组织法人和基层群众性自治组织法人。

2. 财团法人和社团法人

第二种分类，财团法人和社团法人。这种法人的划分标准是法人的构成基础。给大家举3个例子。宋庆龄基金是财团法人，诺贝尔基金是财团法人，法律教育基金是财团法人。大家一看到以“基金”命名的，都属于财团法人。当然，有的法人并不以基金命名，但也属于财团法人，比如希望工程。而公司，诸如有限责任公司、股份有限公司都是社团法人。这里需要大家注意，一人独资公司也是社团法人。除了公司是社团法人以外，我们还讲到法学会、民法学研究会也是社团法人。

怎么区分财团法人和社团法人呢？财团法人的成立不是以社员为基础，因为它没有社员，它就是一笔财产。无论是宋庆龄基金、诺贝尔奖、法律教育基金，还是希望工程，它们成立的基础都是一笔资金。而相比之下，社团法人以成员为基础，它一定要有成员。比如我们刚刚提到，公司属于社团法人，那么公司的成员是谁？股东。公司的成员包括不包括公司的在职员工？（同学们摇头：不包括。）再问问大家，法学会的成员是谁？对了，是会员。

作这种区分有什么意义？第一个区别，设立人是否取得了社员资格。如果设立人取得了社员资格，那么这个法人是社团法人还是财团法人？（同学们齐声答：社团法人。）对的。宋庆龄基金的设立人是谁？宋庆龄先生，她有没有社员身份？没有，她只是拿出一笔钱来，按照她的意思成立一个法人，所以宋庆龄基金不能成为社团法人，这是第一个区别。

第二个区别，设立人的数量。社团法人的设立人必须要求2人以上，否则谈不上社团了。但是财团法人的设立人，1人可不可以？可以。2个可不可以？（大家思考中）3个人成立一家法律教育基金可不可以？（同学们迅速回答：可以！）但这3个人是不是社员？不是，这3个人虽然是设立人，但不是社员。需要大家特别注意的是，一人公司。我们现行的《公司法》规定1个人可以设立1个有限公司，[1]虽然这个有限公司法人只有一个成员（股

[1] 参见《公司法》第二章第三节。

东),但依然属于社团法人。

第三个区别,意志。财团法人的意志不在于社员,因为它没有社员。而社团法人的意志在于什么?社员。所以社员结合在一起制定的章程就是他们的意志。并且,社员还可以变更章程,“变更”本身也是他们意志的体现。总之,对于社团法人来说,意志源于社员,意志作用于社员。

第四个区别,法人的变更、合并、分立、解散。我们刚刚提到,社团法人取决于谁的意志?社员的意志。所以社员可以自由决定法人的分立、变更、合并。而财团法人没有社员,也就谈不上什么意志(自然不存在设立人自由决定财团法人分立、变更、解散的问题)。

最后一个区别,财团法人不能成为营利法人。大家想想看,有哪个基金是以营利为目的的吗?没有,都是以公益为目的。而社团法人有两种,一种以营利为目的,另一种不以营利为目的。请大家给我举个例子,以营利为目的的法人有哪些?(同学们快速反应:公司。)不以营利为目的是谁?对了,法学会、民法研究会。

3. 公益法人、营利法人和中间法人

法人还可以分公益法人、营利法人、中间法人。

公益法人不以营利为目的,而是以公益为目的。刚才我们讲的什么法人属于公益法人?(同学们迅速接上:基金。)比如法律教育基金,它是公益法人。那么什么法人是营利法人?公司,因为公司以营利为目的。这个分类里,还有一个中间法人。为什么叫它“中间”?因为你说它是公益吧,它也不是公益;你说它营利为目的,它也不是。比如校友会、同乡会、俱乐部,它不是公益的。再如律师协会,不是公益的吧?因为它不会为律师以外的人服务。但你说它营利吧,它也并不营利。同样,校友会只为校友会成员服务,和公益没有关系。但它们是不是以营利为目的?不是,所以说它们是一个中间法人。

那么我们怎么来区分营利法人和非营利法人?就看是不是存在投资分红。法人都要有资产,意味着公益法人、盈利法人、中间法人也都要有一定资产,这意味着都要有人把资产扔进去(进行运作)。大家注意,只要将这些运作后的资产用于分红的,那就是营利法人。我们再回到小卖部的例子里,甲乙丙三个人各投 5 万成立一个小卖部公司,它的目的,最后是不是用于分红?(同学们应声:是的)对的,用于分红,用于分配的,那它就是营利法人。但是宋庆龄先生把这笔钱扔进去,就算这笔基金越滚越大,她有没有拿到红利?没有,因为公益法人不以分红为目的。

我们再谈律师协会,协会里的律师每年都要交会费,而且会费还不少,5000 块钱 1 年。(同学们惊叹)交进去以后,这些律师协会的成员有没有拿到过分红?你看,年年交,甚至有的人交了 40 年了,资产那么大,也有不少盈利,要求分红,可不可以?不可以,因为它没有资格分红。

所以说,以能否分红为标准,可以区分营利法人和非营利法人。那么公益法人和中间法人都属于非营利法人。为什么?因为它不参加分配。

好,下面我们举一个例子,宋庆龄基金。如果基金会用这笔基金买股票,到时候股票分红了;又或者基金会用这笔基金去炒房地产,炒房地产得到收益了;再如,宋庆龄基金拿这笔基金去开厂,开很多厂——厂开办过程当中会盈利。现在问:宋庆龄基金到底是营利还是非营利法人?(同学们争先恐后答:还是非营利。)它不是也拿来营利吗?炒股票有盈利,房地产有盈利,开厂有盈利,不都是产生盈利了吗?(同学们接上:没有分红!)对的,基金会虽然拿到了盈利,但是它拿到的钱没有用于分红。宋庆龄先生分到一分钱没有?没有。所以还是看(盈利)分配与否来区分营利法人和公益法人。

好,我们说公益法人可以有营业收入,这里的"营业收入"指的是法人的营业收入,还是法人投资者的营业收入?(同学们回答:法人的营业收入。)对,法人的营业收入。就像宋庆龄基金会,宋庆龄先生本人是拿不到收入的。

之前我们提到,财团法人无社员。比如宋庆龄基金有没有股东?没有,所以财团法人性质上不得为营利法人。如果宋庆龄基金要办营利法人,该怎么办？只要把基金的一部分拿出来投资，成立一个公司就行了。那么这个公司属于社团法人还是财团法人？（同学们自信地答：社团法人。）这个法人是营利法人还是非营利法人？营利法人。但基金本身不是营利法人，这个关系同学们要搞清楚。

再举个例子，华东政法大学搞了一个小卖部，华东政法大学本身是不是营利法人？（同学们纷纷摇头，当然不是。）华东政法大学是谁开办的？国家开办的。我们不是总是说“国立华东政法大学”吗，那么国家能不能从华东政法大学分红？不可以。华东政法大学开个小卖部——这个小卖部现在没有了，以前有——小卖部有盈利，这个盈利交给谁？（同学们回答：给学校。）交给华政，因为华政是投资者。那么华政需不需要再交给教育部？不交了，而是作为学校内部的教育经费。但是，我们现在有规定，事业单位不能搞营利。[1] 所以现在华政的小卖部是谁开办的？别人开办的，不是华政自己的了。

（七）法人的权利能力

下面我们讲法人的权利能力。这一部分很重要，而且考试也经常考。我们在讲自然人的时候，讲到权利能力就是资格。《民法通则》第 9 条说的是自然人的权利能力，那么法人的权利能力表现在《民法通则》第几条，请同学回去查一下。[2]

自然人的民事权利能力始于出生，终于死亡，那么法人的权利能力从什么时候开始？始于法人成立，而终于法人终止，或法人消灭。法人在成立到消灭这段时间内有人格。它的人格表现为什么？权利能力。法人有（法律）地位，这个地位就是权利能力。

下面我们讲一讲法人权利能力与自然人权利能力的区别。

---

[1] 参见《国务院办公厅关于印发分类推进事业单位改革配套文件的通知》（国办发〔2011〕37 号）中《关于事业单位分类的意见》对“公益二类事业单位”的规定，即“承担高等教育、非营利医疗等公益服务……的事业单位……按照国家确定的公益目标和相关标准开展活动，在确保公益目标的前提下，可依据相关法律法规提供与主业相关的服务，收益的使用按国家有关规定执行”。

[2] 参见《民法通则》第 36 条，该条为《民法典》第 57、59 条所承继，无实质性变更。

第一,“成立到终止”的条件和自然人的不一样,起止时间和自然人的也不一样,这个我们讲过了。

第二,范围上的不同。有三个方面。

首先,性质上的限制。自然人有人身权,法人也有人身权,但是法人不具有自然人生命意义上的人身权。比如,自然人有生命权、健康权,法人有没有?没有,但是有些人身权法人也是有的。比如,自然人有姓名权,法人有名称权;法人虽然没有隐私权,但是有商业秘密权;法人虽然没有名誉权——因为法人没有名誉——但是法人有商誉权,这个商誉权反映在《反不正当竞争法》。[1] 法人还有受遗赠权。[2] 除此之外,法人也可以担任指定监护人,比如民政部门就可以担任孤儿的监护人。[3]

其次,法律上的限制。讲到这一点,我们就要看法条了。比如《担保法》第 8 条规定,国家机关不能作为保证人,这就是法律上的限制。那么企业法人能不能作为保证人呢?是可以的。再如,学校、幼儿园、医院等以公益为目的的事业单位以及社团法人不能作为保证人,但是营利单位可以作为保证人,这是法条上面写的。[4]

最后,目的上的限制。法人有自己的生存目的,每个法人的目的不一样,它的权利能力也不一样。华东政法大学的目的就是教育与科研,华东政法大学能不能炒房地产?(同学们笑起来,答:不能。)这就是目的上的限制。又如,上海绿地集团是一个房地产公司,它可以炒房地产,建房地产,卖房地产。但是绿地集团能不能招生(办学)?不能。因为它不懂怎么搞教育活动,所以每个法人的目的是不一样的。

第三,法人的(权利能力的)差异性(大于自然人)。不同的法人,其权利能力的范围不一样。通过上面我们所讲述的范围、性质、法律以及目的上的

[1] 参见《反不正当竞争法》第 11、23 条。

[2] 参见《继承法》第 16 条第 3 款,该款为《民法典》第 1133 条第 3 款所承继,无实质性变更。

[3] 参见《民法通则》第 16 条第 4 款,该款与《民法通则》第 17 条第 3 款一并为《民法典》第 32 条所承继,均明确民政部门可以担任监护人。

[4] 参见《担保法》第 8 条和第 9 条,该两条为《民法典》第 683 条所承继,无实质性变更。

区别,可以得出,法人间权利能力范围的差异性,和自然人间权利能力范围的差异性相比,有很大的区别。不同的自然人,他们的权利能力范围大体是一样的,除了两点区别:第一,结婚。达到法定婚龄有结婚的权利能力;没有达到法定婚龄就没有结婚的权利能力。第二,劳动。达到法定劳动年龄的有劳动的权利能力,没有达到就没有。但法人就不一样,每个法人(的权利能力的范围)各不相同。

(八)法人的行为能力

下面我们讲法人的行为能力。

自然人的行为能力是以自己的行为为自己设定义务的资格;法人的行为能力也是以自己的行为为自己设定义务的资格。这点非常重要,也是考试的要点。

法人的行为能力和自然人的行为能力相比较,有什么特点?

第一,(法人的行为能力)始于成立终于消灭,和其权利能力同步。但是自然人的行为能力是不是和权利能力同步的?不是。我们知道,小婴儿自出生就有权利能力,但他出生时有没有行为能力?没有。

第二,权利能力的范围。就法人而言,有多大的权利能力就有多大的行为能力,权利能力和行为能力是一致的。但是自然人的行为能力和权利能力不一致。

第三,实现。法人是组织,作为一个组织,它怎么来实施行为?必须要有(自然)人来帮它实施行为,于是法人就必须找一个法定代表人。比如,国家要找一个主席,学校要找一个校长,公司要找一个董事长。对内他们都是首脑,对外他们都是法人的代表。主席代表国家对外签合同——当然这里的“合同”不叫合同了,叫协定,或者国际公约等。校长对外签合同,董事长对外签合同,他们都是作为法人的代表对外为法律行为。

(九)法人的侵权能力

下面我们讲讲法人的侵权能力。

法人也会侵权。法人对外交易通过法定代表人来进行,但法人的侵权不一定是法定代表人造成的。法人对其代表人或者工作人员在执行职务中的侵权行为要承担责任。[1] 大家注意,这里法人承担责任(的行为)扩大到了工作人员(的行为)。比如说,15 路公交车驾驶员在驾车过程中撞了人,这位驾驶员是不是公交公司的法定代表人?(同学们回答:不是。)但是他驾车撞了人,公交公司要不要承担赔偿责任?要。所以说无论是法人的法定代表人还是法人的工作人员在执行职务中侵权了,法人都得承担责任。这叫作雇主的替代责任,或者说用人单位的替代责任,也是法人的侵权能力。但有一个前提,侵权行为是要在执行职务过程中产生的,法人才承担责任。假如 15 路车的驾驶员下班后把别人打成了轻伤,公交公司要不要承担责任?不要,因为此时这个驾驶员不是在执行职务。

综上,法人的侵权能力必须同时具备如下几个条件:第一,行为主体必须是法人代表机关或者法人的工作人员。第二,必须是职务行为(造成)。第三,符合侵权责任的构成要件。假如不构成侵权——比如说法警执行枪决——就无须为此承担责任,因为它是合法的行为。好,关于法人的侵权能力,我们就讲到这里。下面我讲几个例子。

第一个,雇主责任——刚才我们讲过的,哪个例子是雇主责任?(同学们此起彼伏:15 路公交车。)

第二个,产品责任。产品责任是指法人工作人员生产出来的产品质量不合格,致人损害,由法人承担责任,而不是由工作人员承担责任。我还记得,有一年我们吃的汉堡包里面的鸡都是过期的,(同学们震惊)这个侵权责任就由单位来承担。

第三个,环境污染责任。比如,松江有很多小的造纸厂,这些厂家在生产的过程中造成了环境污染,这个不是员工的责任,而是工厂的责任。

第四个,物主责任。物主责任指的是什么呢?比如违章建筑物倒塌了,这个建筑是法人的,就由法人来承担责任。又如,法人养了一条狗,狗出去

[1] 至于法人对外承担赔偿责任后,能否向工作人员追偿,《民法通则》和《侵权责任法》均未明确。《民法典》第 1191 条第 1 款对此作出明确规定,若工作人员对于损害的发生具有故意或重大过失,则用人单位可在承担侵权责任后向其追偿。

咬人了,由法人来承担责任。不知道大家有没有注意到,我们学校里有一条很凶悍的狗,(大家纷纷笑起来,心领神会)人们不敢接近。养这条狗要它干嘛?保卫。但是这条狗天天被铁链子拴在那,我问你为什么拴在那里?(同学们笑倒,说:狗怎么知道自己为什么被拴着。)我问的是养狗的人为什么把它拴在那里。(同学们使劲憋笑)养狗的人说,如果它咬人了,学校要承担责任,这是校长叮嘱的,所以把它拴在这里。我说你把狗都拴在那里了,那如果真来了个盗贼也解决不了问题。他说,盗贼来了狗叫两声吓吓人也是好的。我说,好吧。(同学们笑)

(十)法人的设立、变更和消灭

下面我们讲法人的设立、变更和消灭。

关于法人的设立、变更和消灭采用什么模式,我就简单给大家介绍一下。有自由主义、特许主义、行政许可主义、准则主义,还有强制设立主义。

自由主义产生的历史背景是比较早期的历史阶段,在十五六世纪。那个时候法人的设立非常自由,想设立什么样的法人就可以设立什么样的法人,国家不管,政府也不管,我们称为自由主义。但这种做法会在实践中带来一些混乱。

所以后来就有了特许主义。特许主义指法人的成立必须要经过政府批准。而且,这里的“政府批准”实际上指的是封建时期皇室的批准。

再往后,行政许可主义。那时近代法人出现了,意味着法人的成立要经过行政许可。比如说如果要设立一家银行、医院或者一间学校,要通过行政的审查批准(才可以),没有行政许可就不能设立。

至于准则主义,指的是法律设定一定的条件,只要满足这个条件就可以成为法人,行政机关不做实质审查,只审查形式要件是否满足。比如设立一家不是特许的公司——我们还是举小卖部的例子——就按照准则主义。但如果要设立一家饮食店,就要通过卫生部门的特许;如果要设立一家证券公司,要经过中国人民银行的特许。换言之,设立的公司不涉及特许范畴的,只要符合了形式条件就可以成立,这就是准则主义。

最后一种，强制设立主义。强制设立主义就是国家规定，某种行业或某种情况下自然人不能从事该范围内的活动，如果要从事，就必须通过设立法人来从事。（此时下课铃响起）这就叫强制设立主义。

好，关于法人设立的模式我们就讲到这里。今天的课到此结束，下节课我们讲法人的变更。好，下课。（教室内掌声雷动）

（开始上课）同学们早！（同学们精神饱满地回答：早！）

上节课我们讲到法人的设立。根据规定，并不是每个法人的设立都要经过许可，但是有些关乎国计民生的法人的设立一定要经过许可。比如金融类（法人），你如果要开办一个银行，一定要经过中国人民银行许可；你如果要设立一个从事金融活动的证券公司，也一定要经过中国人民银行的许可。大家要记住中国人民银行的性质，它是国家行政机关，不是一个商业机构。尽管它也叫“银行”，但是它担负着特定国家行政管理的职能。还有，如果你要设立药业、医疗类的法人，那一定要经过卫生和计划生育委员会[1]的批准。总而言之，并不是所有法人的设立，都需要行政许可，只有某些特殊法人的设立必须经过许可才可以成立。大多数法人的设立并不要求许可，只要具备了形式上的条件，经过工商行政管理部门的形式审查，就可以获得法人资格。类似地，社会团体具备一定的条件后，经过民政机关的形式审查，也可以设立一个法人。采用这种模式设立法人的，我们把它称为准则主义。

我们国家还有事业单位法人，事业单位法人是按照国家机关创设的事业单位的制度法规来进行管理，比如教育部根据《教育法》确定学校和（其他教育）机构的设立和管理。这些学校和机构就是事业单位法人。还有一种是国家机关法人，国家机关法人是根据国家的有关编制来设置的机关，由编制委来确定（设立）流程。

---

[1] 国家卫生和计划生育委员会于2013年3月在原中华人民共和国卫生部、人口和计划生育委员会基础上整合组建而成。2018年3月，第十三届全国人民代表大会第一次会议批准国务院机构改革方案，组建设立中华人民共和国国家卫生健康委员会（经常被简称为“卫健委”）作为国务院组成部门，不再保留国家卫生和计划生育委员会。

好,关于法人的设立,我们就讲到这里。接下来我们讲法人的变更。

法人的变更有两种形态,一种是组织形式的变更,另一种是内容的变更。

首先我们讲组织形式的变更。诸如有限责任公司变成股份有限公司,这就属于组织形式的变更。那么组织形式的变更需要办理什么手续呢?变更后的法人的设立需要办理什么手续,拟变更的法人也要办理这些手续才能完成变更,就是说它的变更和(目标法人的)设立程序是一样的。

第二种是内容的变更,比如法人的章程发生变化。虽然(法人)组织形式变更也会涉及章程的变化,但是法人内容变更的外延要大于组织形式的变更。即使法人的组织形式没变,章程发生变化也属于法人内容的变化。

章程变更主要包括哪些?比如,法人的注册资本的变化。原来(章程记载的注册资本)是 100 万,现在减资成 50 万了;原来是 50 万,现在增资成 100 万了。无论是减资还是增资,法人的注册资金都会发生变化。只要是变化,就要经过一定的程序。

凡是注册资本减资的,第一步,需要经过股东会同意,由股东会作出决议。第二步,要向社会公示,向社会说明增资或减资的具体数额,比如注册资本由 100 万变成 50 万。同时要通知债权人。

为什么要公示、要通知呢?因为债权人原来是冲着你家有 100 万的财产才跟你发生交易的,交易后你的债务还没有履行完毕,家里的财产就从 100 万减到了 50 万,这明显加大了债权人的风险。

我们说法人承担无限责任,投资者以投资额为限对法人的外债承担有限责任。投资额就表现为注册资本,原来的注册资本是 100 万,意味着股东答应以 100 万为限承担有限责任,减资减到了 50 万,意味着只能以 50 万来承担责任。那么减资后,投资者的责任是增加了还是减少了?(同学们若有所思:减少了。)既然投资者(的责任)减少了,也就意味着债权人的风险增加了。原来债权人以为(债务人)还得了钱的,现在减资后可能就还不了钱了,风险也就增加了。注册资本在交易之前减少没有问题,但是交易发生后再变动,尤其是减少,一定要通知债权人。公司的债权人在得到通知后可以介入,反对减资。

此时法人可以怎么办?法人若要实现减资目的,办法有两种。第一,提前还债,把债还清了就没问题。如果不愿意提前还债,还有第二个选择,就是提供担保,而且提供的担保必须能保障债权人的利益不受损害。无论是拿房地产抵押,还是找第三人提供担保,又或者是以老板、投资者的资产提供担保,形式都不重要,只要能保障债权人的利益不受损害即可。如果你既不愿意提前还债,也不愿意提供担保,那是不能减资的。

好,我们已经讲了两步。第一步,通过了股东大会的同意或董事的决议。第二步,完成了公告和通知。这里的公告指的是向社会发出公告,为什么要向社会发出公告呢?因为虽然向债权人发出了通知,但可能还有一些债权人不知道,所以既要通知,又要公告。

接下来是第三步,向其批准部门提出申请。如果是事业单位法人,要向该事业单位法人的批准部门申请;如果是企业法人,就要向工商行政管理部门提出申请。如果(法人)设立采行政许可主义的,还要由行政许可方批准。比如中外合资企业要减资了,一定要经过商务部的同意。原来有批准单位的,要通过原批准单位批准;原来没有批准单位的,由工商行政管理部门批准申请。内容的变更,(包括)增资、减资都适用这一程序。

(十一)法人的合并与分立

好,下面我们讲法人的合并与分立。

1. 模式

法人的合并,顾名思义是两个法人变成一个法人;法人的分立,顾名思义是一个法人变成两个法人。

法人的合并有两种模式。第一种,原来的两个法人都没有了,变成一个新的法人,我们把这种模式称为新设合并。举个例子,以前有过中南政法学院,(同学们一听就明白了,笑起来说:还有中南财经学院。)对,以前也有过中南财经学院,进入2000年以后,中南政法学院和中南财经学院合并了,中南政法学院没有了,中南财经学院也没有了。两所学校(经过合并)变成了中南财经政法大学。(有同学恍然大悟)这叫什么合并?(同学们齐齐回答:新设。)

第二种合并的模式是两个单位合并成一个单位,其中一个单位还在,而另外一个单位没了,那么我们把它叫作吸收合并,说得直接一点叫兼并。举个例子,上海有一所复旦大学,以前还有一所上海第一医科大学。现在复旦大学还在吧?(同学们点头)上海第一医科大学还在吗?(同学们窃窃私语:变成了复旦的医学院?)已经没了。复旦大学和第一医科大学合并,一个没了但是另一个还在,这种合并叫作新设合并还是吸收合并?(同学们抢着回答:吸收合并。)类似地,上海交通大学把第二医科大学并掉了,这也是吸收合并。(同学们小声议论:好喜欢合并医学院哦。)

法人的分立也是有两种。一种是创设的分立,另一种是存续的分立。如果某个单位一分为二,原来的单位没有了,分成两个新的单位,就属于创设的分立;如果某个单位一分为二,原来单位还在,又多出一个单位,就叫存续分立。法人的分立我们就不具体展开了,大家自己去看书。

2. 程序

这里我们要讲的是,法人的合并或分立要经过什么程序?关于法人的合并、分立,除了要完成法人设立时需要经过的程序外,还要增加如下几个程序:第一,合并的数个法人要有股东会决议,也就是说想要合并的 A 法人和 B 法人的股东会都要通过决议。比如有一家证券公司叫作上海申银万国证券股份有限公司,它是两家公司(合并组成的),一家叫上海申银证券公司,还有一家叫上海万国证券公司。这两家公司想要合并成一家公司,都必须具备股东会决议。如果没有股东会的,至少要有董事会决议——至少要有一个决议。

第二,这两家公司必须通知债权人、发出公告——这个程序跟刚才我们讲减资的程序是一样的。这是为什么呢?因为这两家公司合并以后,可能会降低合并后的公司的责任财产。我们举个例子,假如 A 公司有责任财产是 1000 万,B 公司有责任财产是负 1000 万,合并以后新的公司有责任财产是多少?(同学们积极回答:0。)那么如果你是 A 公司的债权人,你会不会反对这两家公司的合并?一定会。但如果你是 B 公司的债权人,你会不会反对合并?(同学们纷纷摇头)他高兴得不得了,是不会反对的。

我们会经常看到这样的新闻,一家负债累累的公司,被另外一家公司吞并、兼并了。根据我们刚刚讲的,吞并、兼并属于什么合并?(同学们抢答:吸收!)对的,吸收合并。吞并、兼并,是小企业做大的一种方式。结果甲企业昨天刚刚把乙企业吞并,第二天债权人就找上门来了。甲企业这时才发现,乙企业之前欠了上亿的债,这个时候甲企业的意见就很大。我何苦合并你呢?我直接购买你的资产就好了。现在一合并,把你的债务也并了过来,平白无故地承受了上亿债务。

所以,合并和减资一样,都会对责任财产产生影响,进而会影响债权人的利益,所以法人的合并也要公告、通知。那么公告、通知以后,债权人可以回应了,债权人会怎么回应?(同学们小声:担保?)对了,要么你提前还债,要么提供担保,总之要把债权人摆平。如果你这两件事情一件都不做,债权人是不会同意你合并的。

第三,要求合并……(此处录音不清,疑为"的法人办理变更登记")。

好,法人的合并我们就讲到这里,分立也是如此,我们就不再详细展开了。分立的程序和法人原本设立时需要的程序相同。实际它是一个法人变成两个法人(的过程)。无论两个法人都是新的,还是一个是新的、一个是旧的,都必须有一个创造的过程。所以说它和法人的设立所需的程序一样。除了这些以外,还要有如下几个环节。第一个,股东会或者董事会的决议。第二个,公告和通知,因为这涉及责任财产(的变动)。尽管分立以后(的法人)承担连带责任,也会涉及公告、通知。

3. 后果

接下来一个问题,法人合并、分立以后,会产生什么后果?法人合并、分立以后,组织形式会发生变化。原来的两家单位变成了一家单位,或者原来的一家单位变成了两家单位,但是这不是最关键的,关键在于合并后的法人会吸纳合并前的法人的债权债务——就是说,合并后的法人对合并前的法人的债权债务负责到底,它概括承受合并前的法人的债权债务。比如申银证券公司有债权债务,万国证券公司有债权债务,合并后,申银万国证券公司概括承受这两家公司以前的债权和债务。

合并是概括承受,分立也是。分立后的法人对分立前的(法人的)债务承担连带责任,一家单位变成两家单位了,两家单位对以前的债务承担连带责任。

举个例子,上海大学原本内部有一个法学院,到了2000年以后,上海大学法学院从上海大学分离出去了,变成什么?上海政法学院。(同学们惊讶:还有这事!)上海政法学院离我们不远,[1]那么上海政法学院这个场地以前是做什么用的?原来是上海市政法干部管理学院,这个学院是搞培训的,凡是政法系统、公检法进行培训,都要经过上海政法干部管理学院的培训,所以严格意义上它是个培训机构。

后来这个学院就开始招大专生,但还是叫政法干部管理学院。之后全国政法干部管理学院都不能招生了,那怎么办?于是把招收的这部分学生移到了上海大学,自此上海政法干部管理学院只从事成人教育,也不搞学历教育,单纯是培训机构。那么原来搞学历教育的这部分机构移转到了上海大学,充实了上海大学法学院的实力,以后又从上海大学法学院当中分出了一个部门,成立了上海政法学院。

好,假如上海大学曾经欠了外债,现在一个机构分立出来以后,上海大学还不了外债,债权人找到上海政法学院要求其还债可不可以?(同学们应声:可以。)可以。因为它们承担连带责任,要对债权人负责。

那么法人分立以后,他们享有的债权由分立后的法人内部进行分割。好,关于法人的合并与分立,我们就讲到这里。

---

[1] 现上海政法学院主校区位于上海市青浦区外青松公路7989号,距离华东政法大学松江校区6.5公里左右。

(十二)法人的终止与清算

下面我们讲法人的终止与清算。法人的终止就是法人消灭,法人消灭之前要进行清算,清算一下法人净资产还剩多少。那么清算出来的净资产交给谁呢?交给法人的创办者。比如这个法人是事业单位法人,是由国家机关设立的,那么(净资产)就交给国家机关;如果这个法人是社会团体法人,它的净资产就交给它的成员[1];如果这个法人是企业法人,净资产要交给出资者。如果经过清算,法人没有净资产,平掉了,那就没有刚才的问题了。如果法人是负资产,那还要进行破产清算,需要进入破产程序。

好,关于法人的终止与法人的清算,我们就讲到这里。

五、无权利能力之社团与财团

(一)无权利能力之社团

1. 性质及主要类型

下面我们讲无权利能力之社团和无权利能力之财团。无权利能力之社团也罢,无权利能力之财团也罢,这两者在法律文件上都体现为“其他”这一类。[2] 比如依《合同法》第 2 条,该法所称合同是法人、自然人和其他组织相互之间签订的合同。“其他组织”在学理上又被称为非法人团体。那么为什么法条文件上不讲“非法人团体”,要讲“其他组织”呢?因为怕引起歧义。如果法条上写,“本法所称合同是非法人团体所签订的合同”,可能会有老百姓误解成非法团体也可以签合同了。我们今天所讲的无权利能力之社团和无权利能力之财团其实就是“非法人团体”。

现在有一个核心问题:非法人团体是不是人?理论上来说,这个问题没有讨论的必要,因为非法人团体没有权利能力,既然它没有权利能力,就没

[1] 《民法典》第 95 条就公益法人终止后剩余财产的处理作了一个特别规定,依该条的规定,“为公益目的成立的非营利法人终止时,不得向出资人、设立人或者会员分配剩余财产。剩余财产应当按照法人章程的规定或者权力机构的决议用于公益目的;无法按照法人章程的规定或者权力机构的决议处理的,由主管机关主持转给宗旨相同或者相近的法人,并向社会公告”。

[2] 关于无权利能力之社团和无权利能力之财团之规范,在《民法典》中集中体现在总则编第四章“非法人组织”。

有人格,没有人格就不是人。大家注意,我们讲的“人”首先是法律上的人。非法人团体首先不是生物上的人,而是一个组织;其次它又不是法律上的人,所以(从逻辑上说)非法人团体不能成为主体。

但是无论是立法还是现实生活,又或者司法实践中,都承认非法人团体的存在,还给他们签订合同的机会。刚才我们讲,依《合同法》第 2 条,该法所称合同包括非法人团体与非法人团体签订的合同,非法人团体与法人签订的合同,非法人团体与自然人签订的合同。既然这三者之间互相可以签订合同,就(意味着非法人团体)能够享有权利,负担义务。当我们思考非法人团体是不是“人”这个问题时,首先就看它能不能享有权利,能不能承担义务。那么现在它既可以享有权利,也可以承担义务(自然属于民法中的“人”)。这是我们讲的第一个问题。

第二个问题,非法人团体能不能作为诉讼主体?我国《民事诉讼法》规定非法人组织可以作为原告,也可以作为被告,还可以作为第三人,即非法人团体可以作为诉讼主体,享有权利,承担义务。[1]

既然非法人团体有这些特征,它不是“人”又是什么呢?虽然法律上并不承认非法人团体是“人”,虽然非法人团体名义上不是“人”,但在实践中却被当作“人”来看待。大家会说,这不是矛盾吗?确实,这是我们法律上的一个漏洞,而且不仅仅是中国法律的漏洞,而是世界各国立法的一个漏洞。你要么干脆承认非法人团体拥有法律上的“人”的地位,但是现在的法律既不认为非法人团体属于法律上的“人”,而事实上又给了它法律上的“人”的地位,和其他“人”一样,享有权利,负担义务。

那么我先给出我的结论,从理论上来说,非法人团体不是“人”。接下来我们来分析这两个问题:第一,为什么说非法人团体不是人;第二,对于非法人团体作为主体产生的后果,谁来承担,怎么承担。

首先我们界定什么叫无权利能力之社团。之前在“法人的分类”一章节

---

[1] 《民事诉讼法》第 51 条第 1 款规定:“公民、法人和其他组织可以作为民事诉讼的当事人。”《民事诉讼法》第 122 条第 1 项规定,“起诉必须符合下列条件:(一)原告是与本案有直接利害关系的公民、法人和其他组织”。

里给大家讲过,法人可以分成两种,一种是社团法人,另一种是财团法人。社团法人以人为基础建立一个团体,比如我们所说的小区业主团体——以小区业主为基础成立一个团体,但小区业主团体不是法人。再如合伙企业,两个以上合伙人成立一个团体,但法律没有赋予合伙企业法人的地位。

这一类社团主要有哪些表现形式呢?第一,我们刚刚提到的,小区业主团体。第二,合伙企业。第三,无法人资格的市场。大家千万不要把市场仅仅看作一个场地。最初的市场确实是一个场地,人们都跑到这个场地来做买卖,我们把它称为自由贸易市场、农副产品市场、水产市场等。但是随着人越来越多,这个场地就逐渐人格化了,开始有了经营者。有人经营后就会有两种模式:一种是法人,这个市场成为了法人,比如上海证券交易所,它是不是市场?是不是法人?(同学们犹豫:应该是法人。)对了,是法人。再比如期货交易所、上海粮油期货交易所,这是不是市场?是市场。是不是法人?也是法人。但是,不是所有的市场都有法人资格,有些市场虽然不具有法人资格,但它是一个组织——比如铜川路水产贸易市场——对于这种没有法人资格的市场组织,我们就把它称为非法人社团。第四,分公司。分公司与总公司相对。大家一定要记住总公司的分公司和母公司的子公司这两者法律地位上的区别。我们刚才也讲过,母公司的子公司具有独立法人资格,而分公司没有独立法人资格。分公司没有独立法人资格,它能不能签合同?注意,(分公司)没有独立法人资格也能签合同。再问问大家,(分公司)没有独立法人资格能不能打官司?同样也能打官司。我们把这样的组织称为无权利能力之社团,属于“其他组织”中的非法人团体。

好,比较典型的就是这四个,我们再来回顾一下:第一种是我们所说的业主团体。第二种是合伙企业。第三种是什么?(同学们自动接上:无法人资格的市场)。第四种是什么?(同学们回答:分公司。)

除此以外,个体工商户也可以被认为是非法人组织。当然,非法人组织还不止这些。那么非法人组织有些什么共同的特点?第一,它没有法人的地位。第二,它是一个社会组织。第三,这个社会组织可以以自身名义从事民事活动,比如订立合同。(既然)有权从事民事活动,就必定也有权享有权利,负担义务。第四,可以以自身名义起诉应诉,就是我们说的做原告,做被告。第五,最终的责任由创设组织的人来承担,这是因为非法人团体没有法人资格,所以创设组织的人承担的不是有限责任,而是无限责任。

下面,我们讲一讲这些组织的内部关系和外部关系。

2. 内部关系

内部关系上,准用社团法人的规定。之前给大家讲过,社团法人内部有章程,那么非法人组织也要有章程;社团法人内部有组织机构,要有治理机制,非法人组织同理。我举两个例子:第一个,业主团体有业主规约,业主规约就是章程。第二个例子,合伙企业有合伙企业的章程。可以看到,无论是业主团体还是合伙企业,都有章程,只是表现形式不一样。

那么业主团体有没有组织机构?有。第一,权力机构。大家知道业主团体的最高权力机构是什么吗?是业主大会,业主大会既是权力机构,又是决策机构。对于合伙来说,合伙人会议是最高决策机构。第二,执行机构。在权力机构作出决定后,要由执行机构来执行。业主团体的执行机构是业主委员会,合伙组织的执行机构是合伙人。第三,对外代表机构。业主团体的对外代表机构是业主委员会的主任;对于合伙企业,合伙中的任何一个合伙人都可以对外代表。第四,监督机构。社会团体要有监督机构,比如业主团体有监事会,合伙可能没有(监事会),但是监督机构都是存在的。

由此可见,只要是组织,就一定会有章程;只要是组织,就一定要有组织机构。组织机构包括决策机构、执行机构、代表机构、监督机构。

举一个贴近大家生活的例子,方便大家理解。比如我们华东政法大学1401班,这个班一定会有班级章程,一定会有班级的组织机构,如班级大会是最高权力机构,班委会是执行机构,班长是代表机构,往往我们这个班没有监督机构,因为大家信任班长。(同学们笑)但是(班级)有没有监督机构不重要,重要的是一定有权力机构、执行机构、代表机构。法人一定有这三个机构,非法人团体也有这三个机构。(非法人团体)这个三个机构的规则,准用法人的规定。[1]

3. 外部关系

外部关系上，分权利和义务两个方面来说明。第一，权利为全体成员共同享有。比如，业主委员会对外签订了一个物业服务合同，从名义上看，这个合同的内容由业主团体承受，但实际上是由全体社员共有。

第二，义务由谁来负担？这里的义务分为两种：负担行为所生的义务和侵权行为所生的义务。我们先讲第一种，负担行为所生的义务——比如欠外债还不了的，由谁承担赔偿责任呢，就此有不同观点。

第一种观点认为，由社团与行为人承担连带责任。这种说法肯定是不科学的，因为社团本身就不是一个法人，只有法人才能承担独立的财产责任。非法人团体不属于法人，没办法承担独立的财产责任。所以这种说法不科学。

第二种观点认为，全体社员共同承担。这个说法认为，如果产生了债务，属于全体社员的共同债务，并且以社团财产来担保，而各社员以会费或负担金为限来承担责任。这是什么意思？就是说，如果社团有财产的，首先由社团财产来担保，但最终由社员来承担责任，这里社员承担的是有限责任还是无限责任？（同学们回答：有限责任。）有限责任，以会费为限，或者以负担金为限。这也不科学，为什么？如果认可了这种说法，等于把非法人团体看成一个有限责任公司了，但它实际上不是一个有限责任公司，因为非法人团体没有独立财产，你让社员承担有限责任就没有法律上的依据。

第三种观点认为，以社团财产为限承担责任，对于善意第三人，社员承担连带责任。什么意思呢？对方如果明明知道你是非法人团体、无权利能力之社团，明明知道你没有法人资格，也来跟你签订合同，那么这个时候社员就不“买单”了。因为你明知社团没有法人资格，社团的财产有可能不够还，交易是存在风险的。明知有风险，却仍然订立合同，这不是自甘风险吗？

---

[1] 依《民法典》第108条的规定，非法人组织除适用第一编第四章非法人组织的规定外，还可以参照适用《民法典》第一编第三章第一节的有关规定。

在这种情况下，法人成员承担有限责任还是无限责任？（同学们迅速答：有限责任。）对了，对方明明知道你没有法人资格（还与你交易），此时社团的成员就承担有限责任。比如说一个班，以班的名义搞活动，对方如果明知道是以班的名义搞活动，就不能要求班级里的成员来承担责任，他只能以班费支付能力的范围为限请求对方来承担。另一种情况，相对人不知道和他交易的是非法人团体，以为（对方）是法人。非法人团体和法人团体只有一个外在区别：是否具有法人资格。而这个外在区别有时并非一目了然，相对人很可能就把一个非法人团体当作了法人。那么在这种情况下，社员就要承担无限责任。换言之，这个非法人团体对外交往的过程中（产生的债务），如果没有能力清偿的，由社员来承担无限责任。

那么对方凭什么知道或者应当知道？最直接的是看营业执照。营业执照有两种，第一种是“企业法人营业执照”，第二种执照上面只写了“营业执照”。如果上面写的是“企业法人营业执照”，这是一个法人；如果上面写的是“营业执照”，这就是一个非法人社团、无权利能力之社团。这时，相对人做交易，一看就知道你是无权利能力之社团，这时谁来承担责任？是企业自身，还是企业背后的开办者来承担责任？（有同学抢答：当然是企业自身。）当然，如果法律另有规定，还是要按法律规定的来。

那么这里的“法律规定”指的是哪些内容？比如合伙人承担无限责任。哪怕合伙人成立了合伙企业，并且对方知道交易的对象是合伙企业，谁来承担责任？合伙人承担无限连带责任，还是合伙企业承担责任？（同学们迅速答：合伙人。）这种情况下，法律明确规定还是由合伙人承担责任。[1] 总公司和分公司也是同样的道理，分公司对外的债务，总公司承担无限责任。有明确规定的按照规定，没有规定的就看对方是善意还是恶意，这是第三种观点。

第四种观点我没有写在 PPT 上。按照这种观点，不管前提、背景如何，

[1] 特殊的普通合伙企业除外，依《合伙企业法》第 57 条，该种合伙企业中因一个合伙人故意或重大过失造成合伙企业债务的，其他合伙人以其在合伙企业中的财产份额为限承担责任。

都由成员承担无限责任。这样一来,我们刚刚讲的善意恶意就不在考量范围内了,不管你知道还是不知道,都得由成员承担无限责任。我个人认为,第四种责任(模式)比较好,因为这样就可以让开办者承担一个较高的风险。否则的话,开办者想要开办一个非法人团体,(如果)只让他承担有限责任,这就意味着,就算造成了债务,承担的责任也不会很重。而第四种模式的意义在哪里?大家看,社会现实需要无权利能力社团之存在,所以我们允许它成立。但它毕竟没有权利能力,(名义上)尽管它可以享有权利,承担义务,但(实际上)享有权利,承担义务的人是谁?实际上,社团是代开办者享有权利,承担义务。就是说,真正意义上享有权利,承担义务的人是开办者,而不是这个社团。社团的社会功能只在于便利交易,最终的责任人员应当是开办者。这样一来,无权利能力社团的法律地位就讲通了,它不是"人",真正的人是谁?是开办者。它成立是为了干嘛?为了满足市场的需要,满足交易(便利)的需要。但是本质上无权利能力之社团还不是"人",所以无论是因法律行为所产生的债务,还是因侵权而产生的债务,都应该由开办者来承担。

第二种义务,侵权行为所生的义务,比如一幢房屋倒塌了,造成他人损害,这种情形下,社员承担有限责任还是无限责任?社员承担无限责任。

好,我们来小结一下。非法人团体、无权利能力之社团对外形成的债务有两种:一种是因法律行为而发生的债务,另一种是因侵权行为而发生的法定之债。对于法定之债如何承担,意见比较统一,即成员承担无限责任,因为这个团体不是法人。对于因法律行为所发生的意定之债如何承担,有不同看法,我的观点是,依然由全体成员承担无限责任。

好,关于无权利能力之社团,我们就讲到这里。

归纳一下。第一,无权利能力之社团是"其他组织"的一种,或者非法人团体的一种。第二,它可以享有权利,承担义务,可以进行民事活动。第三,可以起诉,应诉,进行诉讼活动。第四,最终享有权利的人,是开办者;最终承担义务的人,也是开办者。开办者对无权利能力之社团的行为承担无限责任，由此区别于法人。

(二)无权利能力之财团

下面我们讲无权利能力之财团。(同学们纷纷翻书)

法人可以分成社团法人和财团法人，比如宋庆龄基金、诺贝尔奖金是财团法人，法律教育基金、希望工程也是财团法人。这些财团都有法人资格。我们学校也有很多基金，我们学校有毅石律师事务所投资的毅石基金，有绿地公司的绿地基金，有弘法公司的弘法基金，红、黄、蓝、白、黑，都有的。(同学们笑)但是，我们学校的红、黄、蓝、白、黑这些基金都没有法人资格。那能不能认为这些基金属于“其他组织”呢？也可以这么说，因为这些基金都是无权利能力之财团，而无权利能力之财团属于非法人组织(其他组织)。其(与无权利能力之社团)所不同的，在于其不是以成员为构成要素，而是以财产为要素。所以，无权利能力之财团的含义是，以供一定目的使用之财产为中心而营运的非法人组织。

1. 内部关系

在内部关系上，这个财产谁来管？财产管理人来管理这个财产。比如华东政法大学的这些基金，就是华政来管理。那么华东政法大学管这个财产，有没有好处？没有好处。因为这不是华政的财产，华政是自愿管理这份财产的。当然，说完全没有一点好处也有点绝对，相关的工作人员可以获取相应的劳动报酬，但华政自身是绝对不拿这个报酬的。

2. 外部关系

在外部关系上，财产管理人以管理的财产为限承担责任，这是个有限责任。为什么无权利能力之财团对外承担有限责任呢？因为它，比如华政管理的基金，不是以营利为目的，基金的设立者不存在分红，基金只是说有人把钱拿出来，此后这个人再也不管基金了，基金捐献者和基金财产是隔断的。因此，当基金终止后，这个基金财产会不会返还？比如宋庆龄基金——假如这个基金终止了，这个法人终止了——要不要把这笔钱还给宋庆龄先生的家人？不还了，基金不存在返还的问题。因为这个基金和宋庆龄先生彻底分离了。在这一点上,它跟社团完全不同。

总结一下,无论是意定之债还是法定之债,无权利能力之财团都只承担有限责任。如果管理人有过错的话,管理人要承担责任。

好,关于非法人团体我们就讲到这里。总结一下无权利能力之财团的三个特点:第一,它是一个组织,但不是法人。第二,它是财团组织,而不是社团组织,区别于社团法人,区别于无权利能力之社团。第三,承担有限责任。

第六讲　民法中的物

下面我们讲民法中的物。

一、特点

民法中的“物”指的是人身以外，能被支配，能够独立为一体，并且有效用、稀缺的有体物。

物是各种学科研究的对象，法学研究它，哲学研究它，物理学研究它，化学研究它，医学也研究它。每个学科视野下“物”的定义是不一样的。哲学会说，“世界是物质的”，（同学们会心一笑）一切都是物质，这就与法学对物的理解不一样。即便就法学而言，刑法学和民法学对物的看法也不一样。

“物”在民法学视野中，有什么特点呢？

第一，不包括人的身体。这一点区别于哲学中对物的定义，哲学语境下的人也是物，但是民法学视野下人就不能作为物。人不能作为物，为什么？大家想想看，人是支配对象的支配者，还是受支配者？在民法眼中你人是支配者还是受支配者？（同学们齐声答：支配者。）支配者。物是什么？物是受支配的对象。如果人也可以成为物，就会出现人与人的不平等——一个人支配另外一个人，这是不允许的。所以人不能作为物。但是，与人体分离的部分可以作为物。比如说剪掉的头发、老了脱落的牙齿、小孩换下的乳牙等，这些都可以作为物。再比如摘掉的一个肿瘤，截掉的一个坏死的脚或者手臂，取出的肝脏也是物，分离的血液等都可以成为物。与人体分离的部分都可以成为物。人死后的尸体，也就是遗体，也可以成为物。不过，这些物尽管可以处置,但对它们的处置不能违背公序良俗。买卖血液、买卖心脏、买卖器官,这些都不允许,除非是捐献。

第二,民法上的物必须能够为人所支配,支配不了的是物理学上的物,而不是民法上的物。比如火星,物理学把它看作物,它是天体的一种,但是民法学就不能把火星看成物,为什么?因为它无法为人所支配。能支配的才是物,支配不了的不是物。(有同学悄声说:既然不是物,那是什么?)

第三,独立成为一体且有效用。独立意味着有一个自己的单元。比如一畦一畦的田,尽管田地连片,但是在交易上可以分成一畦两畦——北方叫一垄一垄。(有北方同学恍然大悟)山尽管也连为一体,但单位上可以分为一座一座,因此它也可以作为物。同样的道理,电池有一节一节,也可以成为独立的物。

除独立外,物还要有效用,没有效用的尽管在物理学上是物,哲学上是物,化学上也是物,但是在民法学上不是物。比如说,垃圾没有效用,大家有没有听说为垃圾而打架,而争斗的?不会有。但是从另外一个角度说,垃圾不过是没有发现它的使用价值,一旦它的使用价值被发现,它就是宝了。当垃圾成为"宝",它就是物。

第四,稀缺性。如果一种东西实在是太多了,没有人会为获取它来争斗,那就不是民法上的物。大家有没有听说过有人犯了盗窃罪是为了盗窃海水?(大家笑起来)没有,为什么?海水不稀缺。大家有没有听说过盗窃空气的?(同学们议论纷纷:怎么会盗窃空气?)没有吧,因为空气不稀缺。只有当某一个事物具有稀缺性,它才能成为民法上的物。

第五,有体性。民法上的物为有体物,它不包含权利,但它可以包括磁,因为磁可以被占有;包括电,电也可以被人占有;包括热能,热能也可以被占有。我们这里讲的有体性,关注点在于可不可以被占有。只有能够被占有的,才能够成为民法上的物。为什么要以占有为基础呢?因为占有是支配的前提,如果你连占有都无法做到,谈什么支配呢?

好,为什么民法上的物要具有上述五个特点?下面我从法律的本质这一角度来进行解释。

问大家,法律是干嘛的?我们首先要回答这个问题(有同学猜测:解决纠纷?)。我们看待问题要从本源出发。法的本质是什么?规范人的行为。为什么说法的本质是规范人的行为呢?因为人的意志是自由的——我之前给大家讲过——人的思想是自由的,讲过吗?(同学们频频点头)人有意志自由,总是希望付诸于自己的行为。

好,当你把你的想法付诸行动时,人类本身的特点就可能对你形成阻力。我们常说,人是社会中的人,是群居动物。既然是群居动物,人就不能为所欲为。人希望自由,"若为自由故,二者皆可抛"。但是人又是群居动物,能不能为所欲为?能不能绝对自由?不能。既然不能绝对自由,就需要通过某种方式来规范,来约束。通过什么来规范?通过法律来规范。当然也可以通过暴力来规范,通过某个人的意志来规范。大家有没有听过那句话"朕即法律"?就是说,君主的意志就是法。但这不是文明的体现。我们现在生活在文明社会,文明社会就要通过法律来规范。所以法律最终是规范人的行为的。

法律之所以要规范人的行为,还有另外一个原因,就是社会资源是有限的,而人们对资源的追求欲望是无限的。有限的资源和无限的欲望构成了一对矛盾。那么怎么来解决这对矛盾呢?最初,人们不是通过孔融让梨的方法,而是通过争斗的方法来解决问题。你抢我,我抢你,大家抢来抢去。但是无休止的争斗会影响人类的发展,于是要有一种更妥当的方式来解决争斗,这个妥当的方式就是通过法律来解决争斗,通过法律来确定资源的名分。这个资源是你的,我不会来动用它;这个资源是他的,你也不要去动它。法律的目的就是定分止争,通过规范行为来制止争斗,来解决有限资源和无限欲望的冲突。

我们回顾一下我们小时候,刚读小学一年级、二年级的时候,两个人合用一张课桌,有没有发生过争斗?(同学们故意说:没有!)没有?都是独桌?多数人是争斗的,没有争斗是个别的。后来解决了没有?解决了。通过什么方法解决的？往往是在桌子中央画一条线，管它叫“三八线”，（同学们笑倒）就像韩国和朝鲜一样管它叫“三八线”，画一条线干嘛？（有同学积极答：互不干扰。）我的地方就这些，你的地方就那些，名分定了没有？定了。定了名分还打吗？不打了。大家看看，连小学生都知道定分止争的原理，连八九岁的孩子都懂。其实啊，连狗都懂的（同学们笑），狗撒尿干嘛？确定名分，所到之处撒一泡尿，让其他狗知道这个地方是我的领地，你不要来了，也是定分止争。

那么好，民法上的物的特点完全符合法律定分止争的目的。

第一，我们先看物为什么不包括人的身体，不含人？因为人不是支配的对象，你不能去支配他人的身体，而你自己的身体是你这个主体的构成要素，在主体范围之内。

第二，为什么物要为人的能力所支配？如果不为人的能力所支配，会不会打架？有没有纠纷？大家想想看，古往今来有没有人为了争夺太阳而打仗？没有吧？只听说为了争夺土地而打仗。五千年来的战争，许多是为了土地而战，到现在还没有消停过，为什么？因为土地是人类有能力支配的。人类早期没有听说为了海洋而打仗，因为（当时的人类）支配不了海洋。但是随着科技进步，人类逐渐可以支配海洋，所以发生了一场场争夺海洋的战争。同学们现在有没有听说为了火星而打仗？没有。等到将来有一天，人的能力能够控制火星了，就一定会有关于争夺火星的斗争。正因为有了支配的要求，才有民法的用武之地。民法本质上是解决争斗的，没有争斗就无须动用民法，没有争斗就无须动用法律。

第三，为什么要独立一体？独立一体就是要明确支配的界限。界限不明，你怎么来定名分？只有界限明确，独立一体，我们才能够接着定名分。小学生都懂得一张桌子一分为二，界限很清楚，可以定名分。老师给的桌子界限是不清楚的，没有画线，小学生自己动手一分为二，这条线就是一个界限，让权利支配的范围自成一体。

为什么还要有效用呢？因为人们只会为了有用的东西而打架，有谁看到两个市民为了一堆狗屎在打架的?(同学们大笑)两个农民打架有可能的,为什么?因为这可以做肥料。两个市民不大会为了一堆狗屎去打架。(大家又笑起来)所以若要成为民法上的物,需要有效用。

第四,为什么要有稀缺性呢?因为如果没有稀缺性,自然也不会有争斗。比如空气多了,就没有必要为了空气去争斗了。定分是为了止争,没有争斗要定分干嘛?你要用海水是吧?你想用多少就用多少。你要用空气是吧?你想用多少用多少。没有必要去定分。但任何物一旦稀缺了,也许是它本身就稀缺,也许是从不稀缺变得稀缺,那就需要定分,否则可能会产生争斗。比如向大气层排放二氧化碳气体,以前排放得不多,大气层有净化能力,可以自我修复漏洞。但是现在不行了,随着生产技术的提高,碳的排放量越来越多,而大气层的自我净化能力并没有提升,所以在这个公式里,一个是定量、恒量,一个是增量,增到一定程度,恒量的东西变得稀缺了,所以碳排放的问题就要(通过法律来)限制它。此外,为什么要强调物的有体性?也是跟支配紧密相连。

所以,民法上的"物"的这些特征都围绕着四个字,哪四个字?(同学们齐回答:定分止争。)前两个字是前提,能够定分;后面两个字是目的,为了止争。如果没有争斗,不需要民法,它不会成为民法上的物;如果不能够定分,也不需要民法,它不能成为民法上的物。

好,关于民法上的物的概念和特点,我们就讲到这里。

二、物的分类

(一)动产和不动产

下面讲物的分类。

民法上的物可以分成动产和不动产。简单地说,动产是能够移动而不损害其价值的,不动产是不能移动或者会因移动而损害其价值的。房屋是动产还是不动产?(同学们回答:不动产。)桌子、椅子是动产。在建工程是动产还是不动产?(同学们议论纷纷,满脸疑惑:正在建的房子?)在建工程也属于不动产,为什么把它作为不动产?在建工程还没有建设完成,但它有没有经济价值?如果有经济价值。是不是固定在土地上?(同学们点头)是的,所以它属于不动产。如果这个工程没有任何经济价值,那么我们可以把它拆掉,拆下来的建筑材料属于动产。

我们区分动产和不动产的意义何在?

第一,(权利)公示手段不同。物权需要公示,我对某个物享有权利一定要公示,这样能够明确物权的归属和边界。那么动产以占有作为(权利)公示手段,不动产以登记作为(权利)公示手段。这是区分动产和不动产的第一个意义。

第二,物权变动方式不同。你的物权变成我的物权,你的房屋变成我的房屋,你的手表变成我的手表,都属于物权变动。如果物权变动的原因是法律行为——我们上几节课给大家讲过法律事实——法律事实是法律关系变动的原因,假如这个法律事实是法律行为,物权因法律行为而变动,动产物权要通过交付来完成变动,不动产物权需要通过登记来完成变动,除非法律另有规定。

概括一下,区分动产和不动产的意义主要是两个。第一个是公示手段不同,物权的公示手段,前者是占有,后者是登记。第二个是因法律行为而变动物权的要素不同,前者是交付,后者是登记。

今年3月1日《不动产登记暂行条例》[1]开始施行,全国的不动产纳入统一登记。为什么要建立全国统一的不动产登记制度呢?目的是公示,房屋上面有没有他项权利,在登记簿上一目了然。如果我们想查询某房屋的产权人,就可以到登记部门去查,而且查询费用很便宜,花20块钱就可以查到。相对来说,动产的权利公示就比较简单,比如你要知道这个钢笔是谁的,就看谁拿着这支钢笔,占有是动产物权的公示方式,占有人可以被推定为物权人。

---

[1] 《不动产登记暂行条例》由国务院于2014年11月24日发布,自2015年3月1日起施行。该暂行条例实现了不动产登记机构、登记簿册、登记依据和信息平台的四统一,对于规范登记行为、保障交易安全、维护权利人合法权益具有重要意义。

（二）单一物、合成物和集合物

下面我们讲单一物、合成物、集合物。

定义就先不说了，我们直接来看例子。日常生活中常见的单一物，比如一只杯子、一块毛巾、一根水管，都是单一物。合成物呢？比如汽车是由各种各样的零部件合成的，所以汽车是合成物。再有，集合物，比如一群羊，我们就把这一群羊称为集合物。

那么做这样一个分类的意义是什么呢？

如果交易的对象是单一物，该物的质量要是不合格，就直接更换一个单一物。如果交易的对象是合成物，这个物有一个零部件质量不合格，我们就不一定要更换整个物，只要更换其中瑕疵的零部件可能就够了。所以区分单一物和合成物是跟交易有关的，集合物亦是。集合物其实原本是数个物，但为了交易的便利，就把这数个物集合在一起，看成是一个物来进行交易。比如转让一群羊，总共100只，这其实是100个单一物，但我们需不需要因此而订立一百个买卖合同呢？不需要，直接把这一群羊作为一个交易对象、一个计量单位、一个"物"，订立一个买卖合同就行了。转让一群牛、一群鸭、一捆棉纱也是同样的道理。这里的一群羊、一群牛、一群鸭、一捆棉纱都是集合物。

大家看到了，民法上任何分类都是有目的的。民法上对物的分类绝不是为了逻辑的满足和理论的圆满，而是与实际问题的解决存在紧密联系。所以我们在学习分类的时候一定要有一个明确的问题导向。好，这个我们不多说了。

（三）融通物和不融通物

下面我们讲融通物和不融通物。

其实这个分类还可以分得更细，即分为融通物、不融通物、限制融通物这三类。所有的融通物，流转不受限制，比如手机是融通物，它的买卖不受限制。不融通物意味着这个物不能进入市场，不能作为交易对象。比如在我们国家，土地（所有权）是不能进行交易的，土地是禁止流转的，所以土地的所有权在我们国家属于不融通物。还有像上海市图书馆,这是公用物,不能流转。再如南浦大桥,属于基础设施,也是不能流转的。还有像卢沟桥,虽然不是当地政府建造的,但是也不能流转,因为这是公共物。还有一些物,比如淫秽物品、反动物品、枪支弹药等,都是法律禁止其流转的。这些都属于不融通物。

限制融通物指的是什么呢?这些物可以在某个单位、某个群体内流转,但不能在这个范围之外流转,不能流转到其他市场。比如黄金,到目前为止,政府限制一个自然人把黄金流转到另外一个自然人,但黄金可以从一个有资质的单位流转到一个自然人,也可以从一个自然人流转到一个有资质的单位。[1]

好,我们为什么要做这种区分?主要目的在于确定法律行为的效力。如果法律行为的标的物是融通物,无论是买卖还是赠与,只要不存在其他违法情形,都是有效的。但如果法律行为的标的物是不融通物,无论买卖还是赠与,都是无效的。比如你买卖或赠与一块土地的所有权,买卖或赠与枪支弹药,都是无效的。如果法律行为的标的物是限制融通物,那么在某些主体之间从事这个行为是有效的,在某些主体之间从事这个行为将是无效的。所以,将物分成融通物、不融通物和限制融通物,主要跟法律行为的效力有关。

(四)消耗物和不消耗物

下面我们讲消耗物和不消耗物。

物经过一次使用就消耗完毕了,我们把它称为消耗物;物经过一次使用而不会消耗完毕,我们把它称为不消耗物。举个例子,矿泉水喝了,大米吃了,汽油燃烧了,就没了。那么我们把矿泉水、大米、汽油这样的物叫作什么物?(同学们回答:消耗物。)大家拿手机打一次电话,手机还存在吧?骑上

---

[1] 《中华人民共和国金银管理条例》第8条规定:“金银的收购,统一由中国人民银行办理。除经中国人民银行许可、委托的以外,任何单位和个人不得收购金银。”该条例第12条规定:“个人出售金银,必须卖给中国人民银行。”

自行车跑一圈,自行车还在吧?汽车开上一天,汽车还在的吧?钢笔用了一天,钢笔还在吧?这些都还在,所以我们把手机、自行车、汽车、钢笔这些物叫作什么物?不消耗物。那么区分消耗物和不消耗物的意义何在?主要跟借贷有关。

借贷包括两种,一种是使用借贷,另一种是消费借贷,使用借贷民间又把它称为借用。如果在消耗物上设定借贷,一般来说设定使用借贷还是消费借贷?(同学们齐回答:消费借贷。)

比如我问你借了5块钱买一个东西,东西买了,5块钱也花完了。在这里,这5块钱是消耗物,这个借贷是消费借贷。但也不排除在特定情况下,消耗物可以成为使用借贷的标的物,用于陈列、展出等。比如我手上没钱,来,借我5块钱让我展现一下我有钱。(同学们纷纷笑起来)同学们看,在这个例子中我问你借5块钱是不是为了花这个钱、为了消费?不是,而是为了炫耀一下我有5块钱,展示完了我就还给你。这时候5块钱还是消耗物,但这个借贷却是使用借贷。当然话说回来,在一般情况下,消耗物之上成立的借贷通常是消费借贷。需要注意的是,在不消耗物上设立借贷,只能设立使用借贷,会不会有消费借贷?不会。(此时下课铃声响起)

好,大家先休息一下。

(五)替代物和不替代物

(继续上课)好,下面我们讲替代物和不替代物。

根据物是否具有替代性,我们可以把物分为替代物和不替代物。有些物是能够替代的,有些物是不能替代的。那么怎样来区分替代物和不替代物呢?有两种标准。先说第一种标准,客观标准。客观标准是指,假如物有独立的品格,即独立的物理特性,且这种物理特性一般不能用度量衡来计量,该物就属于不可替代物。以房屋为例,房屋有独立的特征,它是不能替代的,一幢房屋毁了以后就不再有原来的房屋了(就算在原址上盖一幢一模一样的房屋,也不是原来那幢房屋了),这叫客观上不可替代物,这是它的物理属性告诉我们的。又比如字画,无论是名人字画还是非名人字画,(就算)

同一个人画了两张画也是不一样的，一个人写了两幅字也总是不一样，所以字画就是不可替代物。

与之相反，可替代物的物理品格是相同的，它们往往（可以）用度量衡来计量，比如一斤大米、一桶水。那么类似于大米、水、水果等，它们在物理上没有特定性，我们就称为可替代物。不替代物有独立品格，不能替代，可替代物无独立品格，可替代，这是客观标准。再问大家一个问题，金钱是可替代物还是不可替代物？（同学们齐回答：可替代。）那么假如说，在纸币上签了一个字——尽管签这个是不对的——那这张纸币是可替代物还是不可替代物？对了，就变成就不可替代物了。

我们区分替代物和不可替代物干嘛用？同样跟使用借贷和消费借贷的区别有关。一般来说，在替代物上设立的借贷往往是什么借贷？消费借贷还是使用借贷？大多是消费借贷。大米是可替代物，借给你，构成消费借贷，还的时候还数量、品质一样的大米即可。使用借贷中的借贷物，它是可替代物还是不可替代物？（同学们不假思索回答：不可替代。）。手机是不可替代的，如果这个手机存在独特的品格，那它是不可替代的。当然，如果你的手机没有类似的独立品格，那还是可替代物。

除了客观标准之外，可替代物和不可替代物还有第二个区分标准，就是主观上的区分标准。某些物在客观上是可替代的，但由于某些主观因素使之成为不可替代物，这叫主观上的不可替代。

前面我们举了一个手机的例子，手机（尤其是新手机）从物理角度是可替代的。但如果是旧手机，只要还可以用，你天天爱护这个手机，摩擦这个手机，摩擦的程度跟别人的手机就不一样了（那就成了不可替代物）。这个就是刚才说的物理形态上的独特性。顺便再举一个例子，大家知道手钏是什么吧？（手钏就是）一个一个圆形的木头珠子连起来，大家知道吗，现在的老板都要有手钏，但是我们这些不当老板的就没有手钏，（同学们笑）凡是带手钏的都是老板。（同学们嬉笑）一个橄榄核做的手钏，是可替代物还是不可替代物？（同学们回答：可替代物。）是的，可替代物。但是这个人带着一条橄榄核的手钏,天天抚摸,不仅用手掌,还用脸上的油,(同学们震惊,笑起来:有点恶心。)有时候用背上的油来抚摸它,(同学们吸气)用来开背。抚摸30年了之后,这条手钏的光泽度就不一样了(同学们自发接话:油亮油亮的。)。这个手钏原来买进来的时候是20多块钱,抚摸了30年以后可以卖2万块钱。(同学们惊叹起来)大家不知道了吧,你手钏要养啊,2万块钱很正常的。

那么好,这样一条经过主人长期抚摸后的手钏,从物理上它能否被替代?也不能替代,因为在客观上,它和其他的手钏是不一样的。这个跟前面说的旧手机一样,都是客观上的不可替代。

下面就给大家举个主观上不可替代物的例子。有一天我到新华书店买书,书店里有一个柜台可以买U盘。我正好看到有个家长带着女儿去买U盘,女儿说:“我要挑选一个”,营业员同意了。(小姑娘)挑好了型号,但是同一个型号还会有不同颜色,那么继续挑。挑中了某种颜色后,店员拿出了20个同样颜色的(供继续挑选),最后小姑娘从中挑出一个,交给店员买单。家长要刷卡付款,但是店员说:“对不起,今天我们的机器故障,刷不了。”刷不了卡,家长身边也没带现金,怎么办呢?营业员说:“那这样,你回去拿钱,拿来以后我再把U盘给你。”这时候,那小女孩叫起来了:“不行,万一U盘被别人买走了怎么办?”营业员觉得很不可思议,说:“这个U盘想买一万个都有的,别人总不至于把这种U盘全部买光吧?”那女儿就说:“我要的就是这个U盘。”营业员又问:“这个U盘和你挑剩下的那些在型号上、颜色上有什么区别?”小女孩告诉他,不管你营业员觉得有没有区别,我就是要这个。于是小姑娘要求营业员把这个U盘搁在一边,不要和其他同类型、同颜色的U盘混在一起,等拿钱回来以后,再来拿这个U盘。在这个例子中,这个U盘对于小姑娘来说是有特殊性的,这种特殊性是基于主观因素而产生的。

那么假如说,营业员没有按照小姑娘说的那样做,就要把这个U盘和其他同型号、同颜色的混放在一起,等她来拿的时候把另外一个U盘搁在那里——料想她也认不出来,这样做可以吗?(同学们偷偷笑起来)那是违法的,而且违反道德。这位营业员没有学过民法,我真想给他上一门课,(同学们大笑)告诉他,这个U盘已经构成了主观上的不可替代物。

又比如,大家到商店里去买自行车,自行车本身是可替代物还是不可替代物?(同学们答:可替代。)你挑了一辆,我也搞不清楚你为什么要挑这一个,但是既然你挑中了这一辆,就说明这辆和其他的自行车肯定是不一样的。再举一个例子,卖手机,营业员拿3个(一模一样的)手机让你挑,你挑了其中一个,这个手机在物理性质上是可替代的,但加上个人的主观因素,使得这个被挑选出来的手机具有了不可替代性。再问大家,老奶奶到水果店挑了5个苹果,挑出来的苹果是可替代物还是不可替代物?(同学们争着回答:不可替代。)这个情形中让这5个苹果成为不可替代物的是客观标准还是主观标准?对了,是用主观标准来衡量的。

无论是意定的、主观上的不可替代,还是客观上的不可替代,不可替代物在借贷关系的适用上,与可替代物是有区别的。

(六)特定物和种类物

下面我们讲特定物和种类物。实际上,特定物和种类物的划分标准与替代物和不可替代物的划分标准是一样的,只是换一种说法而已。特定物就是不可替代的,种类物就是可替代的,所以它们的法律效果、区分意义也是一样的。

那么既然都一样,为什么在可替代物、不可替代物这一个分类外,还要再加一个特定物和种类物的分类呢?大家注意,法律语言不同,法律意蕴就有差别。比如当我们说到所有权的客体,我们往往会说所有权的客体是所有物,而这个所有物就是指特定物,(权利人)可以在这个特定物上行使支配权,但是我们不会说这个是可替代物还是不可替代物。

特定物、种类物这组分类与可替代物、不可替代物这组分类,是存在差异的。后者的着眼点只在于物能否被替代。而特定物和种类物这一分类,尤其是特定物,它不仅表明这个物不可替代,而且表明这个物和其他物的区别,即这个物可以成为某个权利的客体,比如所有权的客体就是特定物。

《物权法》第 2 条第 3 款规定,“本法所称物权,是指权利人依法对特定的物享有直接支配和排他的权利”,[1]这就明确了,物权是指对某“一个”物的支配,而不是指对某“一类”物的支配。很明显,它的视角不是看你可替代或者不可替代,尽管区分的结果等同于可替代物和不可替代物。所以,“特定物/种类物”和“可替代物/不可替代物”这两组分类的区别不在于区分结果的不同,而在于区分视角的不同。

好,关于特定物和种类物,我们就讲到这里。下面讲可分物和不可分物。

(七)可分物和不可分物

1. 区分标准

可分物与不可分物的区分标准,就在于物能否分割。那么物到底能不能分割?也有两种标准。第一种标准,看物理上能不能分割。物理上不能分割的,叫作不可分物;能分割的,叫作可分割物。那么怎么来认定在物理上是“能分割”还是“不能分割”呢?分割以后改变物的属性的,叫不可分物;分割以后不改变物的属性的,叫可分物。比如一头牛,你分割以后,物理属性改变了没有?(同学们点头)改变了,变成了牛肉,不再是牛了。(同学们哈哈大笑)所以牛是可分割物还是不可分割物?(同学们应声:不可分。)不可分。大家注意,这里我们讲的“一头牛”不是指一头牛的牛肉,是一头活的耕牛,这头耕牛是可分还是不可分?不可分。如果是一头牛的牛肉呢?可分。

第二种标准。在(按照物理标准的)可分物中再进行细分,如果物的分割虽然不改变物理性质,却改变了价值,同样属于不可分物。举个例子,100 克黄金分割成两块 50 克黄金,你说它的物理属性变了没有?(同学们有些犹疑,没有形成统一意见。)当然没有变,那么价格、价值变了没有?(同学们七嘴八舌,有说“没变”的,也有人怀疑,“切割了肯定会变的吧?”)谁说变了?我们假设一块 100 克的黄金价值 100 块——当然现实肯定不是这样——切

[1] 该款被《民法典》第 114 条第 2 款所承继,无实质性变更。

成两个 50 克也是 100 块。如果把一盎司黄金变为两个 0.5 盎司的黄金，加起来总价值还是不变的。所以再问一次，黄金是可分物还是不可分物？（这回同学们齐声回答：可分物！）

好，换一个例子。刚才说了黄金，现在来说钻石。钻石分开以后，一克拉的钻石分成两个 0.5 克拉的钻石，性质变了没有？（同学们摇头）性质没有发生改变，分成了两块都还是钻石。不像牛，牛分开以后变成牛肉了。那么价值变了没有？（同学们应声：变了。）变了，我们说钻石越大越值钱，是不是？所以钻石是可分物还是不可分物？不可分物。

好，现在我们知道了，判断这个物是否可分，要满足两个标准。第一个标准是物理标准，如果一个物在物理上是可分的，就要进一步检视是否同时满足第二个标准，就是价值标准。如果（根据）物理标准得出的结论是不可分物，就没有进一步检视价值标准的必要了，就直接属于不可分物。只有按照物理标准评判属于可分物的情况下，才有检视价格标准的必要。

2. 区分的意义

我们刚刚讨论了可分物和不可分物的辨别标准，大家有没有想过，我们为什么要将物区分为可分物和不可分物？肯定不仅仅是为了学理上的研究。做这种区分，是因为可分物和不可分物，在交易上是有区别的。

比如说，在不可分物上所设立的债，我们往往把它确定为不可分之债。举个例子，甲乙两人共有一头牛，把它卖给丙，这三人间就形成了债权债务关系。甲乙两人有没有债务？（同学们犹豫着不敢回答）有债务，有交牛的债务。丙有没有债务？（同学们迅速接上：给钱的债务。）好，交牛的债务（的标的物）是可分物还是不可分物？不可分物，因为牛是不可分物，所以现在这个债务也是不可分债务。对于这个不可分债务，甲和乙承担什么责任呢？连带责任，甲有义务把整头牛交给丙，乙也有义务把整头牛交给丙。如果甲不给，乙给；乙不给，甲给，这就是连带债务。

回过去讲丙对甲、乙的债务。丙对甲、乙的债务反过来就是甲、乙对丙的债权，那么丙的义务是给钱，而钱是可分的——我们刚刚讨论过，在可分物上设定的债为可分之债,对于可分之债的承担,有约定按约定,没有约定的话,甲可以要求丙给50%的价款,乙也可以要求丙给50%的价款。

我们换一个例子,刚才是甲、乙卖一头牛给丙,现在换成A卖一头牛给B、C。A对B、C的债务是一个人对两个人的债务。B、C两个人对A的债权是什么?对了,要求A给牛。B的债权是什么?要求A给牛。C的债权是什么?也是要求A给牛。牛是可分的还是不可分的?(同学们应声:不可分。)不可分。刚刚我们举过例子,在不可分物上设定的债务是不可分债务,现在道理也是一样的,在不可分物上设定的债权也是不可分债权。这个不可分债权是什么意思呢?B、C这两个人必须同时到场,A的给牛(行为)才算完成义务。如果A只给了B,就没有完成对C的义务的履行,C的债权没有实现,C可以要求重新给过,所以B、C必须同时到场(A的交付行为才构成适格的清偿)。大家要注意,这里不叫连带债权,因为性质不符合。大家想,如果是连带债权的话,A向B、C中的任何一个人交付牛,都意味着另一个人的债权得到了实现,A的交付义务就算履行完毕。但我们刚刚提到,A要向B、C两人同时交付才算履行完成。因此,这种情况不叫连带债权,而是叫不可分债权。再看B、C对A的债务的性质,他们的债务是给钱,我们刚刚提到,钱是可分还是不可分的?对了,可分的。可分物上设立的是可分债务,可分债务就是按份债务。什么意思?如果这个牛是100块钱,B给了50块钱,但C找理由不给,A能不能要求B再多给50块钱,把C的那部分也给了?(同学们有些犹豫)不可以。但是在给牛问题上,如果A只对B交付牛,C还能不能要求A再给一次?这是可以的,因为它是不可分债权。

所以,于不可分债权场合,债权的实现、债权的行使都必须两个债权人,或者数个债权人同时到场。现实中存在这样的案例,义务人向其中一个权利人履行了义务,另外一个权利人说你还没给我履行,义务人很委屈,说:"我已经给了第一个权利人了",另一个权利人说:"但是他已经跑掉了,我的损失怎么办?"在这种情况下,虽然义务人已经向一个权利人履行了债务,但这是不可分债权,案件中第一个权利人已经跑掉了,第二个权利人的损失需要得到填补。

好,回到我们最初的问题,我们把物分为可分物和不可分物在交易上有什么意义呢?如果数人共有一个物,并且这个物可分,那么(在分割共有物时)就可以对这个(共有)物进行实物分割。反之,如果物不可分,就不能进行实物分割。那么,如果不能进行实物分割,应该怎么处理?

举个例子,大家把例子给记下来就记住规则了。夫妻两人共同拥有一套房屋,房屋是不可分的,这里的不可分是物理上不可分还是价值上不可分?(同学们回答:价值上。)(傅老师叹气)什么价值上,物理上房屋怎么分呢?(同学们想明白了,笑起来。)房屋属于物理上的不可分。现在夫妻离婚了,房屋是不是夫妻共有财产?(同学们点头)既然属于共同财产,就要对这个共有物进行分割。那么不可分物能不能进行实物分割?(同学们答:不能分。)是的,不可分物上不能进行实物分割,只有可分物上才可以进行实物分割。

假如这对夫妻离婚时,他们的共有财产有两个,一个是房屋,另一个是大米。(同学们忍不住笑起来)两个人把家翻了一遍,在米缸里找到200斤大米,离婚了要不要对这200斤大米进行分割?(同学们回答:要。)大米很好处理,实物分割,一人拿100斤走就行。接下来是房屋,房屋不能进行实物分割,那怎么办呢?(教室里议论纷纷)注意,有两种方法,一种是作价补偿,另一种是变价分割。我们先来看第一种,作价补偿——房屋归我,钱归你;或者房屋归你,钱归我。先把房子拿到市场上评估一下值多少钱——假如是200万——你把房屋给我,我给你100万,或者房屋归你,你给我100万。第二种变价分割是什么意思呢?房屋(双方)都不要了,卖了,卖成金钱,金钱就是可分的,大家就来分卖房所得的价金。那么在什么情况下要卖房?第一种情况,大家都想要房屋,又不能达成一致意见,就只好卖房屋。第二种情况,大家都不要房屋,那也只能卖房屋。第三种情况,关于房屋价格的评估大家都不满意,既然不满意就没办法确定补偿的价格,那么拿到市场上拍卖就是最合理的,而且夫妻双方也可以参加拍卖。有些离婚诉讼中,夫妻两个都想要房屋,双方竞相在法庭上出价:我出 100 万,你出 105 万;你出 105 万,我出 120 万你要不要?我出 123 万……(教室里笑声阵阵)直接把法庭弄得像拍卖现场。关于可分物和不可分物我们就讲到这里。

(八)主物和从物

下面我们来讲主物与从物。

两物存在主从关系的,我们把其中一个叫作主物,另一个叫作从物。能做此种区分的前提是,这两个物有关联性,就是说,(两个物)有主从关系的才有分的必要。如果这两个物根本不存在关联性,没有主从关系,就无须区分主物和从物了。比如对于房屋来说,车库就是和它相关联的物。

那怎么来区分哪个物是主物,哪个物是从物呢?我们只需要界定从物的特性,具备这些特性的就是从物,不具备这些特性的就是主物,除非两个物之间本来也不存在从物和主物的关系。

1. 从物的特性

第一个特性,从物是一个独立物,而不是物的组成部分。好,现在我们判断一下,我们教室的窗户是物的组成部分,还是一个独立物?(同学们七嘴八舌,回答各异。)是组成部分。我们教室的窗帘是物的组成部分,还是一个独立物?(同学们回答:独立物。)它是一个独立物,不是组成部分。

第二个特性,从物对主物的利用起辅助作用,从物的功能在于辅助主物的功能。举教科书上经常用的两个例子。第一个,马和鞍。鞍是不是马的组成部分?不是。但鞍用来干嘛?骑马时用的,离开了马,鞍就没有用,所以鞍的功能附属于马的功能。第二个例子,锁和钥匙。钥匙独立于锁,钥匙的功能是解决锁的问题,一把锁离不开钥匙,所以我们把钥匙看成锁的从物。还有教科书举了小提琴盒和小提琴的例子,小提琴盒独立于小提琴,但离开了小提琴,这个小提琴盒也没用处,最多是作为饭盒,(教室里哄堂大笑)其实作书包也可以,但是还是做饭盒更适合。所以这个小提琴盒对于小提琴的使用具有辅助功能,是独立物,是从物。

第三个特性,始终起辅助作用,而不是一时一刻地起辅助作用。比如机油——就是润滑油——对机械来说,无论是缝纫机还是汽车,它是一时地起辅助作用,因为油一旦消耗掉就没有了,再用另外一瓶机油也不是原来的机油了,所以它是起一时的辅助作用。所以说从物要首先是不消耗物,因为只有不消耗物才能始终起作用。比如我们刚刚举的例子,钥匙不是消耗物,它始终起到一个开锁的作用。

第四个特性,不存在交易习惯上的例外。如果前面三个特点都满足了,但是交易习惯上不把它认为是从物的,也不属于从物。也就是说,从物的认定还要经过交易习惯的检验。如果交易习惯不认为是从物,那就不是从物。

下面举个例子,大家有没有听说过白铁烟囱?(同学们疑惑:这是什么?)大家都没有这个概念,那么我举一个你们都知道的例子,动画片《白雪公主》里面,白雪公主和七个小矮人住在深山老林的小木屋里,那个时候的小木屋取暖不是用空调的,也没有暖气设备,而是在屋子中间架一个炉子,这个炉子就叫作生铁炉,在炉子里放柴火燃烧。烧柴火会释放一氧化碳,如果不通风,七个小矮人和白雪公主都会死掉。(笑声)所以必须要安装一个白铁烟囱,把废气从烟囱管道排到室外。

生铁炉和白铁烟囱是两个独立的物,炉是一个物,烟囱是一个物,这两个物在商场上都有售卖。我们从客观来评价,烟囱是不是独立于炉的一个独立物?(同学们齐回答:是!)烟囱是不是对炉子起辅助作用?(同学们继续答:对。)没有烟囱炉子能不能用?不能用,因为没有这个烟囱,小矮人要死掉的呀。(同学们又笑)第三个,是不是始终起到辅助作用?(同学们应声:是。)还有一个要素我刚刚忘记讲了,两个物——主物和从物须为同一个主体所有,这个很关键。现在生铁炉和白铁烟囱都在一个商场里边销售,为同一个主体所有——但是现在的大城市一般是见不到这种炉子了,大家如果去过农村里的生产资料公司,还可以见到这种炉子,因为农村需要大量的暖棚种蔬菜,这些蔬菜要保温,于是到了大冬天都需要生铁炉来维持温度。之所以不用电炉、空调设备,是出于成本的考虑——为了种一些蔬菜开空调,蔬菜得多少钱一斤啊,老百姓会买不起的——你们没有实际经验可能不了解这些农村的习惯。以上这些条件白铁烟囱都满足,但是根据交易习惯,白铁烟囱不是生铁炉的从物。因为交易习惯不认为它是从物,那就不能把它当作从物。

再举一个例子,老式的机械手表,不是新式的电子表,也不是现在的昂贵的手表,比如上海牌手表、宝石牌手表[1]——其实这些手表仍然在市场上买卖。现在讨论的是,这种老式的机械手表和表带之间的关系。老式的机械手表是一个物,表带又是一个物。我之所以不讲电子表,是因为对于电子表来说,表带是自带的,是手表的一个组成部分,没什么好讨论的。

那么好,我们可以判断,若要被认定为是从物需要满足以下四个要求:第一,两个物。第二,起辅助作用。第三,始终起辅助作用。第四,表和表带属于同一个商店所有。虽然手表和表带满足这些要求,但是,交易习惯不认为表带是从物。换句话说,你买表买的就是表,你想要表带,还要另外花钱买。

2. 区分的意义

我们区分主物、从物的民法价值何在?价值就在于,从物与主物共命运。这个"命运"指的是法律上的命运,即从物、主物共法律命运。具体来说,主物所有权移转了,从物所有权也跟着移转;主物使用权移转了,从物的使用权也跟着移转。比如你买一把锁,商店给了一把锁,但没有给钥匙。等回到家,发现没有钥匙,返回找商家理论:"你怎么不给我钥匙?"商家这时候说:"给你可以,但你得多掏钱买钥匙。"这样讲有没有道理?(同学们齐声:没有。)理论依据在哪里?法条依据在哪里?(同学们七嘴八舌地回答)钥匙应当是锁的什么物啊?(同学们答:从物!)钥匙与锁共法律命运,因此锁所有权移转了,钥匙的所有权要不要移转?(同学们应声:要。)要!

你们不要说例子是我杜撰出来的,下面这个还真不是。有一年五一劳动节,华东政法大学长宁校区的研究生们到公园里面去划船,体验一下"让我们荡起双桨"的感觉。(同学们大笑)湖边有人在租船,一条船每小时80

[1] 经检索,发现有"宝石花"牌手表,未见有"宝石"牌手表,疑为口误。

块钱,4 个同学一合计,每人出 20 块钱租了一条船,谁知道登上船以后发现没有桨。(教室里笑声阵阵)于是跑去找船主问:“桨怎么没了?”(傅老师把“桨”字的读音发成了“酱”,同学们嘻嘻哈哈地模仿傅老师说话,傅老师发觉后改了过来。)那么桨没有怎么办呢?船主说,桨是要另租的,一个桨 10 块钱,那么四个桨 40 块钱——租一个还不行,必须四个一起租。同学们一算,这样下来每小时就要花 120 块钱,超出了他们的预算,这几个人就去找船主(有同学说:毕竟都是华政学法的。)其中有一个民法学得特别好的,他说桨是船的从物,(同学们开始笑)他耐心地和船主分析,桨独立于船,并且桨起到推进船的作用,而且始终推进船,而且桨和船是一家人家的,(此时下课铃响起)并且交易习惯上,桨和船可以分离吗?不可以。所以说,你租船给我,就得把桨一并交给我。船主听完,说你哪来的。同学们回答:“华东政法大学。”(同学们又大笑起来,拼命鼓起掌来。)于是这个事情就解决了。

好,今天的课就上到这里。(教室里掌声雷动)

(九)原物和孳息

(开始上课)好,我们现在讲原物和孳息。

原物是产生收益的物,原物又称为母物。比如母牛生下了牛仔,牛仔是孳息,母牛就是原物,是母物。孳息是原物所产生的收益。孳息有两种,一种是天然孳息,另一种是法定孳息。

1. 天然孳息

天然孳息有两个特点。第一个特点,它是由原物产生的收益;第二个特点,与原物相分离。比如说,苹果树上结的果子能不能被认为是孳息?不能。因为没有分离,果树上的果子是果树的一个组成部分,当我们把果子摘下来以后,果子与果树分离了,就成为孳息。分离以前,该收益是原物的组成部分。

从这个角度我们分析,下面都是孳息。母牛身上挤出来的奶,是不是母牛所产生的收益?是的。挤出的奶与奶牛分离了吧?分离了。分离以前牛奶是不是母牛的一个组成部分?是的。母鸡下的蛋,是不是天然孳息?是的。苹果树上摘下的果子,是不是天然孳息?是的。农民到了收割季节,把水稻从稻田里面割了下来,那么割下来水稻是不是天然孳息?是的,是土地的孳息。原本它是不是土地的组成部分?它是不是和土地结合在一起?是的。现在与土地分离,构成孳息。还有,从煤矿里挖出的煤是不是煤矿的孳息?是的。当然,从物理学、生物学或者植物学这个角度来观察,煤和土地中的庄稼不是同一种东西。但从法学的观念上进行分析,煤矿和长出水稻的土地一样,就是母物,从煤矿里面分离出来的煤,和收割下来的水稻一样,因为已经和煤矿分离,构成天然孳息。

刚才下课以后有同学说农民到山上砍柴,砍下来的柴是不是树的孳息?那就要看你怎么砍的。如果你是掠夺性地、破坏性地砍柴,那就不是孳息,你只不过把原物破坏了。这就好比为了吃一个羊腿,把活生生的羊去掉一条腿,让它成为三条腿的羊,那么这条羊腿是不是羊的孳息?不是,只是羊的一部分而已,因为没有和它的生长属性结合起来。当然农民没有那么傻,农民砍国家的柴也好,砍自留地上、自留山上的柴也好,他的砍柴是剪枝意义上的砍柴。是因为这个树枝的存在没有必要了才把它砍掉,而不是说见树就砍——见树就砍那就不能说是孳息了。具有保养性质的去砍,并且砍下来的树枝具有经济价值,这个时候可以把它叫作孳息。

好,天然孳息我们就讲到这里,因为很简单,我不再详细展开,其余的内容你们看看教科书。

2. 法定孳息

除了天然孳息以外,还有法定孳息。法定孳息理解起来就没那么简单,我先举几个例子。到银行存款,到期取款的时候,除了本金,还有利息,利息就是法定孳息。把房屋出租给别人收取租金,租金是法定孳息。把专利许可给他人使用,不是卖给别人,只是许可给别人使用,别人支付的许可费用,那是法定孳息。

好,这三个典型的例子,它们有着共同的特征,大家看 PPT。

第一个特征,(法定孳息是)因法律关系所产生的收益。比如第一个例子是因为存款关系所产生的收益,第二个例子是因为租赁关系所产生的收益,第三个例子是因为专利许可合同产生的收益。

第二个特征,收益是原物使用的对价。对价是什么?我曾经跟大家讲过,对价就是代价,在这里就是使用对方原物的一个代价。比如我把钱存到银行,银行会不会使用我的钱?会。银行拿我的钱去干嘛?它又去借给别人。比如我存 100 块钱在银行,银行把这 100 块钱借给人家,问人家收 6 块钱的贷款利息,给我 3 块钱的存款利息,中间 3 块钱的差价就是银行赚的钱。如果你把 100 块钱放在银行,银行说我一分钱都不会用,银行(的行为)就变成保管了,保管你是要给银行保管费的。但现在银行是要向你付利息的,所以银行一定会使用你的钱。所以说,利息是银行因为使用你本金所支付的代价。

租金的例子中,租金是不是承租人使用你的房屋所给的代价?如果我把房屋交给别人保管,是他给我钱还是我给他钱?比如 A 将房屋交给 B 保管,应当是 A 给 B 钱。现在不是 A 将房屋交给 B 保管,而是将房屋的使用权交给 B。所以应该是 B 给 A 钱,这笔钱就是使用的代价。

专利许可的例子中,我的专利交给你使用,你给我许可费也是使用专利的对价。

第三个特征,收益取得人可以请求原物使用的人返还原物或者原物的同种类物。在存款的例子中谁是收益取得人?存款人。谁是原物使用人?银行。那么存款人有没有权利要求银行返还原物或者原物同种类物?(同学们应声:有。)那么存款是返还原物还是同种类物啊?同种类物。100 块钱已经用掉了,他还给你的是同种类物。

那么刚才在租赁合同当中,谁是收益取得人呢?是房东。房东可以要求房客返还什么?房屋。房屋是原物吧?(同学们应声:是的。)

在专利许可使用的例子中,谁是收益取得人呢?是专利权人。他找谁返还专利?找使用人返还。

第四个特征,原物不限于有体物。在第一个例子中,原物是不是物?货币是不是物？是物。第二个例子中，原物是不是物？是物。第三个例子中原物是什么？这个就不是物了，是专利权，是个看不到的权利。

上面三个例子中都具备法定孳息的四个特征。也就是说，只要是法定孳息，都要具备这四个特征。下面我们讲两个例子，你们看看是不是法定孳息。

张三到彩票市场买了一张 2 块钱的体育彩票，中奖 100 万，那这 100 万是不是彩票的孳息？（少数同学犹豫地回答：是。）不要马上就作答，衡量一下。

首先，100 万奖金是不是法律关系所产生的收益？是的。

其次，这收益是不是原物使用的对价？（同学们应声：不是。）使用你 2 块钱，应当给你 100 万，是不是这个意思？（同学们应声：不是。）不是。那么 2 块钱的对价在哪里？显然不是使用，而是交换。我给你 2 块钱，你给我什么？一次机会，一次中奖的机会。只不过我运气好，中了 100 万。有一次一个老师刚发了工资，到南京路，心血来潮，买了 2000 块钱的彩票，他的运气不怎么好，刮开后中了一堆椅子。（同学们笑）后来他舍不得扔，拢一拢带回来，一把 5 块钱卖给人家。回到我们这个例子，这里的 100 万元不是使用 2 块钱的对价。

最后，收益取得人可不可以要求使用人返还原物或者同种类物？张三能不能要求卖彩票的把 2 块钱还给他？（同学们应声：不能。）所以说，彩票所产生的 100 万元是不是法定孳息？不是。你们要对照刚才我们说的这些特点来进行解答。

再举个例子。股票产生的股息或者分红是不是法定孳息？（同学们七嘴八舌）我们还是先看是否具备孳息的特征。第一，是不是法律关系的收益？（同学们应声：是。）第二，是不是因为用了你的钱而支付的对价？（同学们应声：是。）那就不是了。你们想，对价是不是必须支付的？（同学们应声：是）但红利是不是必须付的？不一定啊。利息是一定要支付的，红利不一定付。所以才说，股市有风险，入市须谨慎。如果你买了一个公司的股票，这个公司破产了,很可能你一分钱都拿不回来,它(给你)的股利不是使用你投资资金的对价,所以股利不是法定孳息。第三,收益取得人——就是股东——能不能要求返还原物？不可以。你买了一个公司的股票,就是投资,你可以把股票卖给别人,但能不能要求公司把这个投资还给你？不可以,如果这样做就是抽逃资金,严重的会构成犯罪。所以,股票所生股利,所生股息,都不是法定孳息。

最后举个例子,乌木。乌木是不是土地的孳息？(有同学答:是的。)如果乌木是土地的孳息,它应该属于天然孳息还是法定孳息？(同学们回答:天然孳息。)好,我问大家,首先,乌木是不是土地所产生的收益？(有同学答:是的。)土地生得出乌木吗？土地可以长出大树,可以长出庄稼,能不能长出乌木？(同学们七嘴八舌)其次,乌木是从土地中分离出来的吗？要注意,乌木不是矿物。矿物是土地的组成部分,如果乌木属于矿物,那么它是从土地中分离出来的。但是实际上,乌木是怎么产生的？是原来的一棵树倒了,与土地分离了,埋到土地中而产生的。这棵树倒是土地的孳息,但是乌木能不能就此成为土地的组成部分呢？不能。如果能的话,假如土地中埋了一枚金戒指,这个金戒指是不是土地的组成部分啊？土地中埋了100块钱,这100块钱是不是土地的组成部分啊？金戒指和100块钱是不是土地的孳息？都不是。所以乌木也不能认为是土地的孳息。好,关于原物和孳息我们就讲到这里。

3. 区分的意义

那么我们区分原物和孳息有什么用呢？解决一个法律问题,原物所有权移转了,孳息的取得权也移转。这意味着,孳息的取得权归原物所有人。谁有权取得孳息？原物所有人。比如这个原物——鸡——是张三的,鸡下的蛋是谁的？(同学们回答:张三的。)张三把这只鸡卖给了李四,刚刚把鸡交给李四,2秒钟以后下了一个蛋,(同学们笑)张三说这个蛋是我的,我卖鸡不卖蛋。那么这个蛋到底是张三的还是李四的？(同学们回答:李四的。)为什么是李四的？鸡的所有权转移了没有？转移了。原物的所有权转移了,孳息的取得权也随之转移。

再举个例子。张三和李四就这只鸡签订了买卖合同,在交付鸡之前,下了一个蛋。李四说,我们合同都签订了,我买下了这只鸡,现在这个鸡下了个蛋,这个蛋应当是我的。现在问,这个鸡蛋是出卖人的还是买受人的?谁有取得权?我们刚说了,原物归谁,孳息的取得权也归谁。鸡没有交给对方的时候,所有权转移了没有?(同学们回答:没有。)那么这个蛋谁取得啊?(同学们回答:出卖人。)出卖人取得。所以,分析原物和孳息,核心问题是确定孳息的取得权。

下课以后有同学问了我一个问题,跟质押的效力有关,这个问题提得太早了,下学期的物权法课会详细讲。不过既然同学问了,我就现在解答一下。质押是什么?我向你借钱,你说拿什么来质押?拿母鸡来质押,我把母鸡交给了对方。质押期间,母鸡下了一个蛋,那么现在问,质押权人对这个母鸡有没有质权?有的。对鸡蛋有没有质权?(同学们回答:没有。)也是有的。根据法律,质权的效力,及于质物以及质物产生的孳息,所以质权人对这个蛋也有质权。

但质押不移转所有权。鸡的所有权是谁的?出质人的还是质权人的?出质人的。那么鸡蛋的所有权是谁的,比如出质人是个人,质权人是银行,这个鸡蛋是个人的还是银行的?个人的。所以,前面说的法律规定只是解决质权的效力范围问题,但不解决所有权的归属。鸡蛋所有权的归属仍然按照孳息归属的规则来处理。好,这个例子就讲到这里。

三、作为客体的权利

权利的客体除了“物”和“行为”以外,还包括“权利”。比如,我们将“权利”质押出去,由此成立的质权的客体就是“权利”。

举个例子。A 向 B 借款 100 万元,B 说你拿什么东西来担保?A 说,拿古玩来担保,于是 A 把价值 150 万元的古玩交给 B 用作质押。如果 A 不按约还款,B 有权将这个古玩拿到市场拍卖。假如拍卖卖得 150 万元,B 的 100

万元的借款本息可以从这150万元中优先受偿,剩余部分退还给A。在这个例子中,B对A的古玩享有质权。B的质权的客体是什么?(同学们回答:古玩。)是古玩,古玩是什么?物。

现在稍微变一下。假如A对C享有价值150万元的债权,A又向B借了100万元——明明A对C有债权,为什么还要向B借100万元?因为A对C的150万元债权还未到期,如果债权到期,C把钱还给了A,A就不用向B借钱了。现在借款还未到期,而A又急着用钱,于是就向B借100万元。那么B说,你拿什么来担保?A说,我用对C的债权拿来担保,于是A将对C的债权质押给B。这意味着,A到期不还债,B有权问C要钱,因为B在A对C的债权上有一个质权。根据法律规定,B有权问C要钱,C给了B 150万元,B扣下A应偿还的借款本息,余款还给A。那么在这个例子当中,B对A的什么享有质权?(同学们应声:债权。)那么这个权利(质权)的客体是什么?是债权,也就是权利。所以权利的客体常见的是"物",但有时也会是"行为"和"权利"。我们在以后的学习过程中,这些知识慢慢会充实和熟悉起来,在这里我先说这么多。

四、货币

再回到物这种客体。有一种特殊的物叫货币,也是一种权利的客体。比如说A和B签订了一份买卖合同,据此,A有义务向B给付货币,相应地,B对A的权利是要求给钱,这个权利的客体是什么?货币。那么货币是一种什么性质的物呢?货币就是用来替代的一般等价物。

政治经济学告诉我们,早期的交易是等量劳动的交易。凭什么我的一只苹果能和你交换两个梨,而不是交换一个梨?马克思说,因为一个苹果的价值等于两个梨的价值。那么又如何判断两者的价值相等呢?因为,生产一个苹果需要1小时,生产两个梨也需要1小时。所以,拿一个苹果换两个梨,体现了等量劳动的交换。这是价值问题。

但是价值在交换过程中,又要受到市场因素的调整。如果今年苹果大丰收,而梨的产量很少,那么在这种情况下,尽管生产一个苹果的时间还是等于生产两个梨的时间,但很有可能一个梨反过来可以换两个苹果。这是价格问题,价格是根据市场供求关系来决定的。

但不管怎么样,最初的交换就是实物跟实物交换。但是这个交换进行起来很麻烦。比如,我想要第三方的一个鸡蛋,而他又不需要我的苹果,他要的是草莓,那我就得先把苹果换成草莓。但那个手里有草莓的可能并不要我的苹果,他要的是梨,那我就还得先把苹果换成梨,再用梨换来草莓,最后才能用草莓换来鸡蛋。

为了简化交易流程,人们于是找到了一个需求比较普遍的物作为一般等价物,比如羊,先把自己的东西换成羊,然后再用羊去换取自己需要的东西。但时间长了,这种一般等价物使用起来也不方便,比如你要交换的物品是半头羊的价值怎么办?你又不能把羊一劈为二。于是货币就应运而生,作为一般等价物的替代物。

但是不同于羊、梨这类既有使用价值,又有交换价值的物,货币这个物的特点在于,它只有交换价值,没有别的使用价值。只有一种法定货币有使用价值,比如中国人民银行发行的纪念币,它可以用来欣赏,收藏,同时也可以成为交易的对象。

货币作为一般等价物的替代物,可以参与市场交易,进入市场流通。它可以比照种类物来对待,可以比照可替代物来对待,可以比照消耗物来对待,也可以比照原物来对待——因为货币可以基于特定法律关系产生利息(孳息)。货币的本质可以从这些角度去考虑。

五、有价证券

权利的客体除了货币外,还可以包括各种各样的有价证券。

例如,A 向 B 借 100 万元,B 问 A 拿什么做担保?这回 A 手上正好有一张面值 150 万元的国库券。这个国库券还没到期,而 A 等不到国库券到期,现在他急着要筹钱支付医药费,那么 A 就可以把这个国库券质押给 B,从 B

那里借到 100 万元。此时 B 有两项权利,一项是对 A 的债权,另一项是在国库券上的质权,这个质权的客体是国库券,即有价证券。所以说有价证券可以成为权利的客体。有价证券可以交易,它也可以成为交易的客体。

（一）设权证券和证权证券

那么有价证券有什么特点？第一个特点是能够证明权利。在刚才的例子中,债券、国库券能够证明什么权利呢？证明 A 对国家的权利,你国家欠我 150 万元。如果这个债券是企业发的,比如延中实业股份有限公司发的,那么 A 对延中实业股份有限公司享有债权。第二个特点是可以流通,可以在证券市场上进行交易。

刚才说有价证券的第一个特点是反映、证明一定的权利,比如刚才我们讲的国库券可以证明对国家的权利,企业债券可以证明对企业的权利。而有的有价证券不仅仅是权利的证明,它就是权利本身,这就是票据——包括支票、本票、汇票三种,它们是创设了一种债权。

举个例子,张三到房产公司去购买价值 500 万元的房屋,他总不见得捧着 500 万元的现金到房产中心去吧——当然他也可以通过转账的方式支付房款,但他并没有这么做,而是签发了一张支票,即创设了一个支票债权。

房产公司本来对张三有 500 万元的房屋价款债权,现在收了张三一张支票,对于房产公司来讲,手上并没有增加现金,银行账户中也没有增加金额,因为支票也不过是一个债权。换言之,房产公司只是把手里的债权形式换了一下。这对它来说有什么意义呢？意义就在于,原来的债权没有流通功能,而支票债权可以高速流通——房产公司可以直接用这张支票来支付自己欠他人的债务,而且收到这张支票的后手无须考虑你前手到底是基于什么关系（获得这张支票）,只要看到这张有效的支票就可以接受,并继续进行后续的流通。因为支票在功能上和货币一样,它能够高速流通,发挥支付功能。像这种有价证券,它就直接代表了权利。

在本质上,有价证券和货币具有共通性,货币也直接代表了权利。我们现在手上拿着 100 元的货币,就代表了你对中国人民银行的 100 元的债权。

综上,有价证券有两种,一种是仅仅起到证明作用的有价证券,我们称为证权证券;另一种是代表权利的有价证券——它不但证明权利的存在,还代表着权利,我们称为创设权利的有价证券,即设权证券。所以有价证券可以分为设权证券和证权证券。

(二)记名证券和不记名证券

从另外一个角度去划分,有价证券又可以分成记名的有价证券和不记名的有价证券。

比如我们买一张国债,有可能是记名的,比如券面上记载着债权人的名字"傅鼎生";也可能是不记名的,上面什么名字都没有。区分记名的有价证券和不记名的有价证券,有什么意义呢?意义在于,记名的有价证券你要行使权利,必须要由记名的权利人自己去行使。比如我买了一张国库券,上面的权利人记载着"傅鼎生",那么如果要兑换就只有我自己去,别人不能拿着这张国库券去兑换,除非我授权给他,把身份证也交给他。这就类似于银行给我签发一张存款单,存款单是记名的,户名上记载着"傅鼎生"三个字,提款的时候只能是傅鼎生去提款,别人无权去提款,这就是记名的存款单。

那么还有一种存款单是不记名的。这种存款单叫作定活两便存款单,它兼有定期存款和活期存款的优势。如果是纯粹的定期存款,存款利率比活期高,但是不能随时提取,如果要在存款期满之前提取,银行只按照活期利率支付利息。活期存款支取比较方便,但利率很低。而定活两便的存款单,不仅没有存款期限的限制,随时可以支取,而且存的时间越长,利率就越高。比如已经存了200天,就按照半年期定期存款利率的一定比例支付利息,如果已经存了400天,就按照1年期定期存款利率的一定比例支付利息。也就是说,定活两便存款单的利率是浮动的,虽然比同样的定期存款利率要稍微低一些,但比活期利率高,而且支取自由。

这种定活两便存款单往往是不记名的,上面写着"不记名、不挂失"。既然不记名,任何人拿到这张定活两便存款单都可以去取款。就像电影票,电影开场前我把电影票弄丢了,任何人只要捡到这张电影票都可以进去看电影,是一样的道理。这就是不记名有价证券。

好,记名的有价证券行使权利要权利人本人行使,或者经过本人的授权。不记名的有价证券就不需要权利人本人去。换言之,记名有价证券行使权利时要亮明身份,它与身份挂钩,不记名有价证券行使权利时只要展示证券就行了。学术上把展示证券称为提示证券。比如我有一张定活两便的存款单,我到银行去取款,我只要把这张存款单给对方就可以了。

那么记名有价证券怎么转让呢?背书转让。上节课有人问什么叫背书?背书就是在有价证券背面上书写名字。那怎么书写呢?我写"我傅鼎生愿意把这张有价证券转让给张鼎生",张鼎生去提款的时候,只要亮明他自己的身份就行了。如果我愿意把这张有价证券质押给张鼎生,那就在这张有价证券背后记载"质押"字样。

不记名的有价证券转让就不用背书,只要交付有价证券即可。比如我有一张定活两便存款单,再过一天就存款满 1 年了。如果明天去取款,银行就会按照 1 年期定期存款的一定比例向我付息;如果今天去取款,银行会按照半年期定期存款的一定比例向我付息。相差一天,利息差很多。但我今天就急等钱用,怎么办呢?我可以把这张定活两便存款单卖给别人,比如张三,在计算利息时比半年期的多一些,比 1 年期的少一些,这样对于我和张三来说都是合算的。由于定活两便存款单是不记名有价证券,转让的时候连背书都不用,所以直接交付给张三就可以了。第二天张三可以拿着这张存款单直接去银行取现。

所以,有价证券有单纯证明权利的有价证券,也有创设权利的有价证券——创设权利的有价证券就代表了权利;有价证券既有记名的,也有不记名的。

(三)债权证券和股权证券

从有价证券所反映的权利内容来看,有价证券可以是债权性的有价证券,比如债券、票据、提单。

提单是什么意思呢?比如,A 企业有一批罐头要卖给俄罗斯 B 企业,于是A企业与远洋公司签订一份合同,把这批罐头装船,由远洋公司用集装箱把这些罐头运到俄罗斯。

运输过程当中有一个装船的环节,就是把这批罐子装到船上。装船以后,船长就签发了一张提货的证明,并把这张提货的证明交给A企业。接着,A企业就把这张提货的证明背书转让给俄罗斯的B企业,俄罗斯的B企业可以凭这张提货的证明,把罐头取回来。那么这个提货的证明就是提单。

提单有什么作用呢?第一个作用,它能够用来证明A企业和船运公司的运输合同。第二个作用,它证明船方已经拿到了货,已经装船了。第三个作用,船方担保一定要把货交给收货人。提单也可以转让,俄罗斯的B公司说,其实这批罐头并不是我自己用,而是要转卖赚差价的,那么俄罗斯的B企业也可以将提单转让给俄罗斯的C企业。

除了提单以外,还有一种单证叫作仓单。A企业生产出来罐头,自己没有仓库,于是他找了个仓储公司,把这个罐头放在仓储公司储存起来,仓储公司也给了它一张提货单。那么仓储公司给它的提货单想要说明什么?

第一,A企业和仓储公司有这么一份保管合同。这就像我们上火车之前行李太多了,把行李交给小件行李寄放站一样。同学们现在生活越来越好,出行无须带那么多东西,带现金,甚至带卡就行了。现在可能连卡也不要带了,只要有支付宝,带着手机就行了。那么假如你真的带着东西的话,火车还没有开,你想在这座城市转一圈怎么办?你可以把东西放到寄放站。你把东西寄放进去,对方会给你一张单证,这张单证就是提货单。第二,提货单既证明你跟寄放站之间存在保管合同,又证明寄放站收到你的货,需要担保一件事,就是只要你拿出这张提货单,寄放站就会把你寄存的行李交给你。当然这种提货单不是船长签发的,是仓库的管理员签发的。这种单证,我们就把它叫作仓单,也是债权凭证的一种。

好,债权凭证我们讲了几个了?第一,债券;第二,票据,包括支票、本票、汇票;第三,提单;第四,仓单。除此之外,还有不少债权凭证,没办法列举穷尽了,比如电影票、观看球赛的球票、观看戏剧的戏票等,都是债权凭证。这些票,比如电影票,证明你对电影院有权利,同时电影院也担保会放电影给你看。

刚才我们讲的有价证券都是债权凭证。除此以外,还有一种有价证券叫股权凭证,比如股票,能够证明你股东的身份。但是不同于过去有纸化的股票,现在股票都是无纸化的。但是现在这张纸本身变得很值钱——你拿去古玩市场可能会发现,这张纸上的股权倒不值几个钱,但这张纸的价值可能会是股权价值的 100 倍。比如你现在还拥有一张延中实业公司签发的股票,这张股票的面额可能是 1 块钱,交易价格至少 1 万块钱,因为它的价值不是体现为股权的价值,而是体现为它的收藏价值,因为纸质的股票到今天已经非常稀有了。

好,关于权利的客体,我们就讲到这里。我讲那么多就是想要告诉大家,权利的客体不仅仅是物,它还包括行为、智力成果、货币、有价证券等。

第七讲　民事法律行为

下面我们讲民事法律行为。

同学们还记得吗，我在讲民事法律关系的时候讲到，任何一个民事法律关系的变动，总是由一个东西来引发的。这个东西叫什么？（同学们回答：法律事实。）法律事实。法律事实是法律关系变动的什么？（同学们回答：充要条件。）对，充要条件。那么在众多的法律事实当中，最常见的就是“行为”。在众多的“行为”当中，最典型的就是我们今天讲的“民事法律行为”。

为什么这么说？因为大量的民事法律关系的变动，都是由民事法律行为引发的。我曾经跟大家讲过一个例子，小张到商店买了一辆自行车，车坏了，到修理部去修理，又坏了，到寄存处去寄存，然后坐公交去上班。这里发生了大量民事法律关系的变动，引起变动的因素都是行为。

大家看，买车是不是行为？成立修理合同是不是行为？成立保管合同是不是行为？成立运输合同是不是行为？都是，合同都是行为。那么这辆车的所有权又是怎么取得呢？是在买卖合同的基础上通过交付取得的，这又是一个行为。不像钓鱼，钓鱼虽然也是行为，但钓鱼是事实行为。而刚才讲到的都是法律行为。大家看到没有，随便举一个生活中的例子，里面导致法律关系变动的原因，大量的都是法律行为。

除此以外，民法讲意思自治，用老百姓的话就是自找麻烦，或者义务自主。意思自治的典型表现，就是法律行为。所以法律行为在民法中起着举足轻重的作用，具有核心地位。

一、民事法律行为定义

下面我们就开始讲什么叫民事法律行为。

记一下民事法律行为的定义。民事法律行为是指,行为人旨在设立、变更、消灭民事权利义务关系的合法行为。“设立、变更、消灭”统称变动,所以你也可以说民事法律行为旨在变动民事法律关系。

由定义可见,民事法律行为具有如下三个特征。

第一,以意思表示为要素——这是法律行为的目的。关于什么叫意思表示,待会儿我会说。任何法律行为都有目的,都有意思表示。由此可见,没有意思能力的人,能不能进行民事法律行为?(同学们应声:不能。)不能。不让他进行民事法律行为,出发点是为了保护他的利益还是保护社会的利益?是为了保护他的利益,为了维护未成年人、精神病人、某些老年人的利益,这跟社会利益没有关系。

第二,民事法律行为必然发生权利的变动,而这个权利的变动是行为人所追求的。理解这个特征需要记住两点。第一点,一定会发生权利变动,即民事法律行为是权利变动的充分条件;第二点,这个变动是行为人所希望的、所追求的。换句话说,不发生权利变动的,不是法律行为。比如说喝茶看报,有没有变动权利?没有,所以不是民事法律行为。有些行为虽然能够发生权利变动,但这个变动不是行为人追求的,也不是民事法律行为。比如因为把人打伤了,把人骂死了,(同学们笑)最后都是需要承担责任的。这种情况下有没有权利变动啊?(同学们应声:有。)再比如你把人家东西给损坏了,你就要赔偿,赔偿也是权利变动。那以上这些行为是不是法律行为?不是,因为这不是行为人追求的。所以说,民事法律行为一定发生权利变动,而这个权利的变动一定是行为人所追求的后果。

现在我们回顾一下以前讲过的法律事实——承认和催告,还记得吗?债权人 A 和债务人 B,有价值 100 万元的债权债务关系,再过一天,诉讼时效就满 3 年。如果这一天过去了,A 再去问 B 要钱,B 有没有抗辩权?(同学们应声：有。）。这个抗辩是永久的抗辩还是一时的抗辩？（同学们应声：永久的。）永久的抗辩，永远都可以不给。但就在最后那一天，B 正巧碰到了 A，B 就对 A 说，对不起，我欠你的钱到现在没有还，我自己都感觉到不好意思了，我一定想办法还上。这句话就是承认了我欠你的钱的事实，这句话也表明 B 意识到了自己欠 A 钱的客观事实。“承认”这个行为导致的后果是 3 年的时效重新起算。[1] 本来 2 天以后 A 问 B 要钱，B 可以抗辩，但是现在，2 天以后 A 再问 B 要钱，B 还能不能抗辩？（同学们应声：不能。）不能了。

好，这个承认会不会带来法律后果？会，时效重新来过是不是权利发生变动了？（同学们应声：是。）那么这个后果是不是 B 所追求的呢？不是。他并没有去追求诉讼时效重新起算这个后果。所以，我们将承认定性为观念通知，而不是法律行为，因为他并没有追求新增 3 年诉讼时效这个效果。

好，我们进一步分析，如果反过来，A 催告 B——时效的最后一天，B 没有去清偿债务，A 气不过，欠了那么久还不还钱，于是上门讨债去。但是 A 压根没有想到自己催告一次会增加 3 年的诉讼时效。问，一旦催告，诉讼时效期间变动了没有？（同学们应声：变动了。）变动了，重新计算 3 年。大家看，A 催告有没有导致权利义务关系的变动？（同学们应声：有。）有。那么 A 有没有为了让权利义务关系发生变动而去催告的想法呢？没有。意思表示的内容就是变动权利义务关系，但是 A 并没有中断时效的想法，也就没有中断时效的意思表示。虽然时效确实中断了，但这并不是行为人所追求的后果。所以，我们不认为催告是意思表示，也不认为是法律行为。我们把催告定性为什么？意思通知。意思通知是一个表意行为，观念通知是一个表知行为，它们都在向外传递着某种意思，但是都和意思表示不一样。

现在有人问，如果 A 是专业律师，他发现时效进行到最后一天，若再不采取救济措施，第二天就完了。于是这个专业律师 A，就以中断时效为目的

---

[1] 在比较法上，“债务承认”这种观念通知会导致诉讼时效的中断。我国《民法通则》就此未作明确规定，其第 140 条中的表述是当事人“同意履行义务”。《民法总则》第 195 条以及《民法典》第 195 条的表述均为义务人“同意履行义务”。在法律适用上，“同意履行义务”能否涵盖“债务承认”，换言之，债务人承认债务能否被推定为其有同意履行义务之意，一直存在争议。

去催告 B。发不发生时效中断的后果？（同学们应声：发生。）那么这个专业律师的行为是不是民事法律行为？（下课铃声响起）（同学们回答：是。）仍然不是。（同学们发出诧异的声音）否则民事法律行为就因人而异了。懂法的人去催告是民事法律行为，不懂法的人去催告不是民事法律行为。而且也没办法判断你内心是怎么想的。

为什么专业律师（的行为）符合这些特征，也不把它认为是民事法律行为呢？这里要注意一个问题，法律效果的发生需要满足一定的要件。这学期学刑法了没有？刑法有没有讲犯罪构成？犯罪构成是不是构成犯罪的必要条件？同样的道理，我们说民事法律行为以意思表示为要件，而催告行为不以意思表示为要件——这也是法律行为和事实行为的区别。所以，催告所产生的诉讼时效中断的后果，并不以意思表示为要件。我曾经讲过，事实行为怎么界定？要从与法律行为的比较中来进行界定。事实行为不要求以意思表示为要件，而法律行为一定要以意思表示为要件，这是两者最关键的区别。

好，下面我们举个钓鱼的例子。现在有很多人去钓鱼。钓鱼的人有两种，一种只是为了玩玩，他们把鱼钓上来是不是为了吃鱼？不是，他们就是为了享受过程中的乐趣。那么，这个人有没有追求取得鱼的所有权的后果？没有。还有一种人是为了改善伙食去钓鱼的，即钓鱼是为了吃鱼，要吃到鱼必须取得鱼的所有权。那么这些人有没有追求（取得鱼的所有权）？（同学们应声：有。）有追求。根据民法，不管你有追求也好，没有追求也罢，这条鱼谁钓上来的就归谁。那么我们能不能说，为了吃鱼、为了取得鱼的所有权而钓鱼的行为就是法律行为？不能，不能因为你有取得所有权这个想法，就说这是法律行为。否则的话，对于追求取得所有权的人来说是法律行为，对于没有这种追求的人来说就不是法律行为，那就没办法评价了。

再如，捡到一分钱，找不到失主归还，于是就交给了警察叔叔——这是《民法通则》的规定，也是《物权法》的规定[1]——拾得遗失物应当归还，“拾

[1]　《民法通则》第 79 条第 2 款及《物权法》第 109～113 条规定了遗失物拾得人的权利义务，现规定在《民法典》第 314～318 条，无实质性变更。

得遗失物”是一个行为,“应当归还”是一个后果。这个后果是债法上的后果,即你有义务归还。现在问,拾得遗失物的行为有没有发生权利变动的后果?(有同学零星地答:没有。)没有吗?地上有一分钱,我看到了,但我没去捡,你也看到了,你去捡了。你捡了以后有没有产生归还义务?(同学们应声:有。)没有捡一分钱的有没有归还义务?(同学们应声:没有。)无论对于谁,你不捡没有义务,你捡了就有义务,说明这个捡的人的权利义务关系变动了没有?变动了。这个变动是什么原因造成的?就是你捡钱的这个行为。

我们进一步思考。在刚才的例子中,一个成年人捡到这一分钱有归还的义务,那假如是一个5岁的小孩捡到了一分钱,有没有这个义务?也有,不管是谁捡到,都有这个义务。

好,那么现在你能不能说,成年人捡到一分钱的行为是法律行为,2岁孩子捡到一分钱的行为不是法律行为?不能。为什么?捡到东西产生归还义务这个后果,要不要以意思表示为要件?不需要。所以拾得遗失物的行为不是法律行为。

催告和债务承认都有两种情形。一种是我为了诉讼时效中断去催告/承认它;另一种是不知道诉讼时效的规定,就催告/承认了。但是,不管你是否是为了中断诉讼时效而去催告/承认,只要你做了这些行为,都会带来同样的法律后果。所以这些行为都不属于法律行为。

法律行为和事实行为的根本区别是什么?就是要不要以意思表示为要素。法律行为以意思表示为要素,事实行为不以意思表示为要素。在前面讲到的事实行为中,就算你有意思表示,这些行为依然不是法律行为,而是事实行为——因为这个行为产生的法律后果,根本就不需要意思表示。

所以,我们强调法律行为以意思表示为要素,目的就在于解决第二个问题,产生的后果是意思表示中的后果,是行为人追求的(后果)。

第三,合法性。关于法律行为是不是合法(行为),我国法律和其他国家的法律不尽相同。我国《民法通则》要求法律行为是合法的[1],其他国家没

---

[1] 《民法通则》第54条规定:“民事法律行为是公民或者法人设立、变更、终止民事权利和民事义务的合法行为。”

有这个要求。

理论上也有两种观点。第一种观点，要求法律行为必须合法。第二种观点，不要求法律行为必须合法。那么要求合法也罢，不要求合法也罢，对法律行为的效力来说，理论上没有很大差异，这只是个逻辑思维方式问题。我们来分析一下。

认为法律行为不以合法为要件，主要有这样几个理由。先说第一个理由。法律行为包括有效的法律行为、无效的法律行为和未生效的法律行为。(傅老师在黑板上画结构图)未生效的法律行为我们今天先不讲。如果法律行为以“合法”为要件，意味着法律行为一定是合法的。而根据法律，导致法律行为无效有很多种原因，其中之一就是“不合法”。这样一来，大家会发现，如果将“合法”作为法律行为的要素，则法律行为天然是合法的，那就不会存在因不合法而无效的法律行为。像“因违法而无效的法律行为”这种说法就不应该存在，因为按照定义，法律行为天然都是合法有效的。这就产生了逻辑矛盾。

正因如此，主张前面说到的第二种观点的学者认为，应该将“合法性”从法律行为的要素中剔除出去，法律行为可以有多种效力状态，而不必然是合法的。但是这样一来，应该把“合法性”这一要素装在哪里呢？装在“有效的法律行为”当中。作为一个“有效的法律行为”，当然应该是“合法”的。换言之，把“合法性”从法律行为的构成中剔除出来，能够解决前面说到的逻辑矛盾。

那么我国的《民法通则》是怎么规定的呢？它不是按照刚才说的这个逻辑安排的，它创造了一个叫民事行为的概念。法律行为只是民事行为的一种，指的是那些合法的行为。那么不满足合法条件的叫什么呢？叫作无效的民事行为。除了无效的民事行为之外，还有没有其他的民事行为呢？有的，比如未生效的民事行为。那么未生效的民事行为到底算不算法律行为？按照《民法通则》的逻辑体系就不能这么说了，因为既然法律行为就是指有效的民事行为，未生效的行为肯定就不能算是法律行为，连“未生效的法律行为”这种表达都是不对的。

在《民法通则》中,还有一种民事行为叫作可撤销的民事行为[1],按照刚才说的逻辑,这种表述显然也不正确。

这样一来,“民事行为”成了一个上位概念,它可以涵盖无效行为,未生效的行为,可撤销的行为,以及民事法律行为。其中的民事法律行为是民事行为的一种,而且天然就是合法有效的。

大家比较黑板上两个结构会发现,其实这两个结构没有本质区别。(傅老师分别指着两个结构图说)这个结构是将“法律行为”作为上位概念,其中包括有效的、无效的、未生效的等。这个结构是将“民事行为”作为上位概念,也包括有效的、无效的、未生效的等。只是在这个结构中,有效的行为有一个专门的名字,叫作民事法律行为。我们认为,后面这个结构,也就是《民法通则》的这个结构不如前面这个结构简洁清晰,因为增加了民事行为这个概念,并没有多解决什么问题,反而增加了理解的负担。

那么这是主张不应将“合法性”作为法律行为要素的第一个理由。

第二个理由是,我们在讨论合同效力的时候,会将合同分为有效的合同、无效的合同、可撤销的合同、未生效的合同等。我们在这样讨论的时候,很自然,没有觉得哪里有不对的地方。但一旦把这个跟《民法通则》中的法律行为联系在一起,就会发现一个问题。因为《民法通则》规定的法律行为仅指合法有效的,这样一来就会出现这种结果,即有效的合同是法律行为,无效的合同是民事行为,而不是法律行为。那么合同到底是法律行为还是民事行为呢?这又陷入了逻辑困境。延伸开去我们会发现,遗嘱也面临这个问题——有效的遗嘱是法律行为,无效的遗嘱不是法律行为。

所以,持第二种观点的学说就认为,不要这么麻烦了,干脆就不要民事行为这个概念了,不要再把民事法律行为作为民事行为中有效的那一类,应该把“合法性”从法律行为的要素中剔除掉,让法律行为成为一个中性术语,

---

[1] 傅老师的原话是“可变更、可撤销的民事行为”。但《民法总则》在“民事法律行为的效力”一章中已经取消了可变更行为,《民法典》承继之。为便于阅读,若无特别指明,在本书中,傅老师原话中的“可变更、可撤销民事行为”或“可变更、可撤销法律行为”一律改为“可撤销民事行为”或“可撤销法律行为”。

取代民事行为这个概念,直接说有效的法律行为、无效的法律行为、可撤销的法律行为就好了。这样,有效的合同对应有效的法律行为,无效的合同对应无效的法律行为,有效的遗嘱对应有效的法律行为,无效的遗嘱对应无效的法律行为。一切都清清楚楚。

第三个理由认为,民事行为,顾名思义就是指能够产生民法上后果的行为。而产生民法后果的行为不一定要以意思表示为要素。捡到东西要还也叫民事行为,无因管理也叫民事行为,不当得利也叫民事行为,因为它们都产生了民法上的后果,但这些行为明显与法律行为存在重大区别。把它们和法律行为放在一起作为一个大类,完全没有意义。有意义的做法是,将那些以意思表示为要素的行为归作一类,将那些不以意思表示为要素的行为归作另一类。前一类是法律行为,后一类叫作事实行为。法律行为是不是合法有效并不要紧,无效的法律行为也是法律行为。只不过在讨论法律行为时,都要考虑行为人的行为能力、意思表示真实与否等问题,而在讨论事实行为的场合完全不需要考虑这些问题。

好,以上是那些主张"合法性"不应成为法律行为要素的学说所持的主要理由。

那么,坚持法律行为应具备合法性的学说的理由又是什么呢?

一个重要的理由是,这是中国的创造——其他国家和地区没有这种说法,这是改革开放的成果,体现中国的特色。现在这个争论还在进行。其实通过我们刚才这么一讲,大家也清楚,这样的中国创造、这样的中国特色,还有没有必要存在?没有必要存在了。现在正面临着《民法典》的起草,这个争论还在。其实《民法典》都要起草了,还有什么好争的呢?30 年前我们不懂,我们可以强调这是中国特色,可以在法律中这样规定。30 年以后我们懂了,我们就要利用制定《民法典》的机会把它纠正过来。[1] 现在不愿意纠正

[1] 这个问题在《民法总则》第 133 条中已经得到解决,该条最终成为《民法典》第 133 条。从《民法典》第 133 条("民事法律行为是民事主体通过意思表示设立、变更、终止民事法律关系的行为。")可见,"合法性"不再是民事法律行为的要件之一,结合《民法典》"民事法律行为"章的其他条文更可清晰发现,民事法律行为已回归其本来面目,即通过意思表示变动民事法律关系之行为。由此,经历艰难跋涉,民事法律行为再次接续民法传统,在中国法中与合法性脱钩而确立其中性术语之品质,即便一法律行为因违法而无效,亦不失其法律行为之归属。《民法典》第 133 条,具正本清源之功!

主要出于两个原因。第一是情结,这是我们自己造出来的东西。第二是惯性——有人说,经过了30年,法官、老百姓都知道这么一个体系,就按照这个体系走下去吧。换言之,已经形成思维习惯了。要我说,法官都是很聪明的,很多是读了研究生出来的,他读研究生的时候就已经像我们现在这样理解这个问题了,未必有所谓的思维习惯,只是他们不说而已。(同学们笑)

不过呢,我们上课还是要按照现行法,尽管"合法性"要件在理论体系上是存在问题的,但是《民法通则》还是要求民事法律行为具备合法性。

好,关于《民法通则》的相关规定,我们就讲到这里。下面我们继续讲法律行为的定义。

二、意思表示

(一)定义

前面我们讲了,法律行为以意思表示为要素,现在我们就要揭示什么叫作意思表示。先讲一个故事,大家听一下。

有一次我旁听一个案子,这个案子的律师见有人在旁听,就来劲了,(同学们笑)开始发挥他的辩才。他是怎么说的呢?我先说说这个案件的事实。

案子的原告是女方,被告是男方,诉讼请求是离婚。根据《婚姻法》的规定,如果双方都同意离婚,就可以去民政部门办理手续协议离婚。但男方不同意离婚,那双方就只能到法院诉讼离婚。

那么法院判离和不离的标准在哪里?感情确已破裂。但是一方说感情已经破裂,另一方会说感情没有破裂。那么怎么来认定感情确已破裂呢?可以看看婚姻的基础如何?婚姻是不是两厢情愿?婚后感情如何?最后看看导致矛盾的激发点是什么?最后综合来判断感情有没有破裂。

现在女方的律师发言了。他说,原被告双方的感情已经彻底破裂,和好无望,请求判决离婚。理由是,结婚之前,双方还不错,是自由恋爱,结果在结婚那一天,男方定了几条规矩。第一,每天晚上,男方没有上床睡觉,女方是不能上床睡觉的。(同学们笑)为什么呢?因为女方要负责把煤气关了、把水关了、把房门关了、把电源拔了。第二,每天早上,女方必须先于男方起床,把早点做好了叫醒男方。(同学们被气笑,议论纷纷)第三,男主外赚钱,女主内操持家务。当时刚结婚,女方想,你大男子主义就大男子主义吧,就让步了。

虽说男主外、女主内,但女方也有工作,是公务员,也要上班。但男方喜欢打麻将,经常找朋友到家里打麻将,一打就打到凌晨一两点。时间一长,女方就受不了了。有一次男方和朋友打麻将到凌晨四点,女方第二天要上班的,于是就对男方说,你们打你们的麻将,我要上床睡觉去了。男方说你怎么能够这样违反规矩呢?当众打了女方一个耳光。(同学们惊呼)

现在原告律师说了,夫妻感情破裂,主要是因为男方封建的夫权思想很重,导致矛盾激化。甚至,当女方有睡觉的意思表示后,招来了什么呢?女方的律师停顿了2秒钟,接着说:"一个耳光,在众人面前的一个耳光!"

现在问大家,想要上床睡觉是不是意思表示?认为是的举手。(个别同学举手)一个、两个。好,认为不是的举手。(少数同学举手,更多的同学则没有表态)大家就把这个问题当作考试中的选择题,必须要选,我们再来一次。(于是又来了一轮表态)好,我们先不说答案,换一个例子。(同学们笑)

在幼儿园,老师对小朋友说,有什么需要提问的请举手。于是有个小朋友举手。老师问是什么事,小朋友说,我要尿尿。(同学们笑)好,问一个问题,"我要尿尿"是不是意思表示?认为是的举手。(部分同学举手)认为不是的举手。(部分同学举手)

很多同学认为不是。好,现在我们看看,什么叫意思表示呢?是指行为人追求一定民事后果——就是权利义务变动——的内心想法的外部表露。"我要尿尿"在追求什么民事后果?"想要上床睡觉"在追求什么民事后果?有没有追求民事后果?都没有。所以,无论是"我要尿尿"还是"想要上床睡觉"都不是意思表示。

我们说,民法框架下的意思表示,不是说把想法表达出来,如果按照这个说法,小孩出生第一天他就哇哇地哭,就能表达出他要吃奶的想法,但这不是意思表示。意思表示指的就是追求权利变动后果的内心的想法的外部表露。

（二）要素

基于意思表示的定义，它一定具有如下几个要素，我逐一来分析一下。

第一，效果意思。效果意思是什么含义呢？追求具体的权利变动的内心想法，也就是说，追求特定民事法律关系发生、变更、消灭的内心想法。“想要上床睡觉”“想要尿尿”并没有在追求权利的变动，不能认为这里有效果意思，进而不属于意思表示。如果我到食堂跟炊事员说，来一份盒饭，有没有效果意思？有，这个效果意思是想吃饭还是想建立买卖关系？（同学们应声：想建立买卖关系。）想建立买卖关系就是想产生特定的民事权利义务变动，这就是效果意思。

第二，表示意思。表示意思又被称为表示意识。表示意思有两个含义。第一个，我意识到我的动作是在干嘛。梦游期间有没有表示意思啊？没有。因为人在梦游期间无论做出什么动作，都意识不到自己在干嘛。第二个，他把内心的想法表达于外部的一个决定。有很多人有一个想法，但最后没有表达出来。有的同学来到华东政法大学，读了一年书，受了党的教育，就写了一份入党申请书。政党在民法上属于社团组织，也就是他要入社，有没有这个效果意思？有。但是他没有把入党申请书递交给党组织，那他有没有表示行为？没有。他是有想法没有行为。那么为什么他迟迟不做出决定呢？因为他认为自己需要找一个合适的时机再提交入党申请书。他说，我现在还不够成熟，成绩还不够好，等到我成熟了，成绩好了，达到入党要求了，我再向党组织递交入党申请书。那说明他有没有表示意思？有没有这个决定？（同学们应声：没有。）没有。这就是表示意思的第二个方面，要有一个将内心想法表达于外的决定。

好，下面举个例子。在证券交易所，旧中国、旧上海的证券交易所，不像现在那么发达，没有电脑、网络，你要买卖证券，没法在家里买卖，得到证券公司填单子，证券公司打个电话到交易所某个席位的黄马甲，黄马甲就开始报价了。黄马甲报价采用打手势的方式,比如这样,(傅老师边说边比划)这个股票买进5手,那个股票卖出3手。

有一次一只股票正在交易的时候,有个交易员伸了一个懒腰,两个手伸出去了,交易平台马上做出反应:买入十手。(同学们哈哈大笑)那么他伸懒腰的行为有没有表示意思?(同学们回答:没有。)没有表示意思,所以就不构成意思表示。如果是意思表示,一定要知道你(自己)在干什么。

再举个例子。前面有个出租车要过来了,我看到一个小孩正在穿马路,我赶紧把手伸出去对着小孩喊,小朋友不要穿马路。好,构不构成扬招?我是把手伸出去了,但我这个行为有没有扬招的表示意思?没有,我只是想阻止小孩不要穿马路。表示意思强调的是,我一定要知道我在表达效果意思。

综上,表示意思有两个要素,第一个要素是要有想法,就是要有效果意思;第二个要素,你有准备把你的想法付诸外部表示的决定。

第三,表示行为。意思表示的第三个要素,要表达出去。现在他把入党申请书递交出去,递交的这个行为就是表示行为。当然这个表示行为当中一定要有表示意思,如果没有表示意思,就不叫表示行为。比如说他把入党申请书交给班上党支部书记,党支部书记是他好朋友,他原本想着让党支部书记把这个申请书的初稿扔掉,结果党支部书记把他的入党申请书交给了学院党委,那他有没有表示行为?有。但是有没有表示意思?没有。那他的行为构不构成意思表示?(同学们应声:不构成。)不构成。

任何一个意思表示都必须有这样三个要素,其中的效果意思和表示行为是意思表示的核心问题,你没有想法就不构成意思表示,有了想法没有表示,没有意义,也不构成意思表示。但是我们往往忽略的是什么?把这两者结合在一起的桥梁,就是表示意思。没有表示意思,也就没有表示行为。

我们经常会看到这种情形,一男一女彼此暗恋,但是谁也没有提出要谈个恋爱,或者一男一女恋爱已久,但是谁也没有提出要结婚。这时男方期待女方先开口,女方期待男方先开口。

好,这些情形下,效果意思有了没有?有没有结婚的效果意思?男方有吧？(同学们应声：有。)女方有没有？(同学们应声：有。)表示行为有没有？没有。为什么没有？因为没有表示意思。

终于有一天，两个人在外面旅游时，天下大雨，两个人在屋檐下躲雨，(同学们心领神会地“哇……”了起来)电视剧里经常看到这样的镜头是吧？女的望着男的说，雨下得好大。男的也望着女的说，是啊，这么大的雨，不知道要下到什么时候。(教室里传来欢声笑语)说完这句话，双方都在期待，期待对方把那句话说出来。一旦有人做出决定表达出来，表示行为就做出来了，意思表示也就完成了。

(三)内心想法与外部表示的不一致

在现实生活中，内心的想法和外部的表示往往是一致的。但是如果出现内心的想法和外部表示不一致的情况，该如何处理？法律对此就要做出回应。

有一年4月30号，五一劳动节前一天，有一家网上销售二手车的公司，在下班之前推出一款二手车。网上销售二手车采用竞价方式。工作人员把二手车性能做了详细说明，相关图片和视频也公开在网上了。这款车的底价是10万元，但是工作人员不知道怎么搞的，写成了10元。有人看到了这个网站上的竞拍底价，就把这个事情传开了。大家觉得这个价格很奇怪，以为是闹着玩的，于是很多人过来围观。

竞拍开始了，有人开始按照规则报价，12！(同学们笑)14！16！18！……你一下，我一下，拍到了144元，大家可能觉得没意思了，就不跟拍了。网上拍卖是自动生成，人可以不在，软件设置好就行了。无人跟拍后，过了一分半钟，第一次落锤，144元一次，(同学们笑)又等一分半钟，144元两次，此时系统提示，有没有更新报价，如果没有的话就要三次落锤了。最后又是1分半钟，144元三次，好，恭喜你，啪，落锤，成交了。然后打出一行文字，请你在五一长假结束的第一天早上9点带好身份证到我们这里来签订合同，办理相关手续。一开始大家以为这是玩的，但在竞价过程中，这个买受人越来越觉得这也许是真的。

劳动节过后的第一天,买受人5点不到就起床了,人家9点上班,他7点就在门口等着了。等了足足两个小时,等人家上班了,他进去办手续,说要以144元买车。人家一听觉得不可思议,你以为是买玩具呢?144元想买车?他拿出交易记录给对方看,对方一看就傻眼了,于是拒绝交货。买方就把对方告到了法院,上海浦东法院受理了这个案子。

浦东法院也犯难了,这个到底怎么处理?作为甲公司来说,内心出价是10万元,外部表露是10块钱,那么到底按照内心的为准,还是按照外部表露的为准?这是留给大家的一个题目,大家思考一下,按照现行法,这个案件应该如何处理。

第二个案子,A单位向银行借款450万元,借款周期6个月,银行说你拿什么来担保,A找到B,请B帮忙,于是B和银行签订了一个保证合同,保证担保的主债权是450元——又忘了写“万”字。谁起草的这份合同呢?是银行起草的,B在上面签了字。有了这份保证合同,A就从银行处借到了450万元。等6个月到了,A单位无力清偿借款债务,于是银行请求B承担担保责任,也就是450万元的本金加利息。B说,我只愿意付450元本金加利息。那么现在的问题就是,B应该按照450元来承担责任呢,还是应该按照450万来承担责任?(有同学回答:450万。)

好,你们讲按照450万来承担责任的依据在哪里?这个案子是在长宁区人民法院审的,审判过程中还有戏剧性的一幕。审判长是华东政法大学一个教研室的老师,兼职到长宁区人民法院当副院长,原告的诉讼代理人是我们一个教研室的老师,被告A的诉讼代理人,也是一个教研室的老师——被告B的诉讼代理人是我。(教室里顿时欢声笑语)审判长和三个代理人,都是法律学院的。我们说我们到这里来开教研室会议来了。

好,我举这两个例子就是想说明,在现实生活中,经常会出现内心的想法和外部的表露不一致的情形。那么当出现这种情形时,怎么处理?对此有几种学说。

在学理上,我们把内心的想法称为内心的效果意思,把外部的表露称为表示上的效果意思。当内心的效果意思和表示上的效果意思一致就没问题,但是如果不一致,那我们采纳内心的效果意思还是表示的效果意思?(很多同学答:表示上的效果意思。)刚才那个担保的案子,有同学说按照450万来承担担保责任,这就不是按照表示的效果来发生效力,而是按照内心的效果意思来发生效力。如果按照表示上的效果意思处理,第一个案子应当以144元成交,第二个案子担保的就是450块钱,是不是?那么不管怎么样,(这么处理)总感觉到不舒服,不踏实。

于是,早在100多年前,德国的法学家就注意到这个问题了。萨维尼主张,当两者不一致的时候,应当采纳内心的效果意思。理由是什么呢?法律行为是私法自治的典型表现。(下课铃声响起)既然是私法自治,就应当按照内心的效果意思来发生效果。这是法律行为的特点。

同一时期的另外一个法学家温德沙伊德认为,如果按照内心的效果意思发生效力,有可能会影响交易安全,因为交易中的相对人并不知道你脑袋里是怎么想的。再说有些人不诚信,明明当时是这样想的,最后因为种种原因改了主意,就说当时不是这么想的,谁也没法证明他当时到底是怎么想的。所以温德沙伊德更加强调表示上的效果意思。

那么究竟哪个观点是正确的呢?我们先下课休息一下。

(课间休息十分钟)

好,回过头来我们继续讲法律行为。

刚才我们讲了,当内心的效果意思和表示上的效果意思不一致时,萨维尼认为,应按照内心的效果意思来确定效力。温德沙伊德认为,应按照表示上的效果意思来确定效力。两种说法都有道理,那么怎么办呢?于是就出现一个折中学说。因为完全按照内心的效果意思来确定效力是不合理的,因为难以保护市场交易安全。那么完全按照表示上的效果意思也不合理,因为无法体现私法自治,所以要兼顾两者,必须采用折中说。

折中说强调的是,以表示上的效果意思为主,但设有例外。也就是说,在民事立法过程中,没有例外的,都按照表示来发生效力,有例外的应设特别规定——这些例外我将来会讲。那么折中说侧重的是解决市场的交易安全问题,还是解决个人意志的问题?侧重的是市场交易安全保护问题。也就是说,当个人利益和整个社会利益相冲突的时候,按照社会利益来,还是按照个人利益来?按照社会利益。这就是民法的一项基本原则——诚实信用原则的体现。诚实信用原则强调两个平衡,一个是法律关系当事人之间的平衡,另外一个是法律关系当事人和整个社会利益之间的平衡。这里强调的是社会利益,这也是民法从个人为本位向社会为本位发展的一个表现。我们以后讲到社会本位的案子还挺多的。

好,现在明确了,当内心的效果意思和表示上的效果意思不一致,我们原则上按照表示上的效果意思确定效力。比如刚才我们讲的第一个案例,起拍价 10 元,我们就按照 10 元起拍价来进行交易,144 元成交,除非法律另有规定。第二个案例,写了 450 元,担保就是 450 元,除非法律另有规定。那么法律有没有另有规定?现在不讲,(同学们笑)留一个悬念,你们也可以课后去查一下法律,看看有没有特别规定。好,关于法律行为的概念特征,我们就讲到这里。关于刚刚提到的"法律另有规定",我下个星期要讲这个问题,这个星期来不及讲了。

三、客观主义之例外

现在我要讲的是法律行为的分类。……当然我们也可以先讲例外,再讲分类。那我们是先讲例外还是先讲分类?(同学们纷纷表示:先讲例外。)好,先讲例外。

(一)非真意表示

先讲例外之一,非真意表示。

如果按照表示上的效果意思发生法律效力,这是不是真实的意思表示?不是。10 块钱起拍价是不是真实意思表示?不是。450 元担保额是不是真实意思表示?不是。这些都是非真意表示。非真意表示有如下几种。

1. 单方虚假行为

一种是,你明明知道非真意表示,还在表达,也就是明确意识到的非真意表示。这属于例外的一种。

法律行为可以分为单方法律行为和多方法律行为。单方的行为,只要一个人作出意思表示就能成立。多方的行为是几个人的意思表示要有合意。比如选班长是单方行为还是多方行为?多方行为。班主任说了算的是单方行为还是多方行为?单方行为。那么非真意表示也有单方行为和多方行为。

我们刚才讲了两个例子,一个是买车,另一个是担保。这两个例子是单方行为还是多方行为?都是多方行为,都是需要双方作出意思表示的签订合同的行为。

举个单方行为的非真意表示的例子。比如说你欠我200万元,我跟你说不要了。这是个债务免除,债务免除是单方行为。[1] 但我其实心里还是想要的,只是嘴上这么说说。(同学们笑)那么嘴上说的和心里想的是不一样的,又是个单方行为,我们把这种行为称为单方虚假行为。单方虚假行为又被称为心中保留。

比如选班长的时候,大家说,我们的班长做得不错,下一届继续让他当班长吧。班长的内心其实是很想继续当的,嘴上却说"我不想当了,让别的同学当吧"。他的这种行为就是"心中保留",也就是"单方虚假行为"。只不过"单方虚假行为"这种说法露骨了些,"心中保留"相对来说更文绉绉一点。(同学们笑)

单方虚假行为有什么效力呢?相对人不知情的,有效。首先要注意,法律行为是一种意思表示,要把意思表示与戏谑区别开来,意思表示不是戏言或者开玩笑。比如我说,哪个同学期末考满分,我送他一套房。大家都知道

---

[1] 关于债务免除究竟为单方行为抑或双方行为,学说上历有争议。《民法典》第575条规定:"债权人免除债务人部分或者全部债务的,债权债务部分或者全部终止,但是债务人在合理期限内拒绝的除外。"该条相较《合同法》第105条,增加了"但是债务人在合理期限内拒绝的除外"这一表述,但这一增加是否明确了债务免除为双方行为,仍有疑问,就此仍未有统一见解。

我在开玩笑,谁都不会当真,这就是戏谑行为。再如我在酒桌上对我的债务人说,你把这杯酒喝了,你欠我的 200 万就一笔勾销,在这个具体的场景中,谁都知道我只是开个玩笑劝个酒,谁都不当真,这也是戏谑行为。但在有些场合,虽然我的内心也没有这种想法,但我说出来的话像真的一样,大家都不觉得我是在开玩笑,那就属于单方虚假行为。比如老班长在一个很正式的场合说我不当了,让别的同学来当,虽然他心里很想当,但其他人不知道,不觉得他在开玩笑,那就不能按照戏谑行为来对待,这属于单方虚假行为。又由于大家不知道他说的不是真的,就不能把它当作无效来看,那么这个行为就是有效的。

但如果相对人知道表意人其实并没有这个意思,那就按照无效处理。我们举个例子。甲欠乙 500 块钱。乙跟甲说,你给我一个面子,我要在别的场合跟你说,我免除你的债务,但你不要把它当真哦,(同学们笑)甲说,不会的。于是在某个场合,乙说,凡是欠我钱的我都免了,然后对着甲说,现在我就免除你 500 块钱的债务。虽然是对甲说的,但是对方知道他讲的这个话是真的还是假的?(同学们应声:假的。)是假的,而且也不是戏言——因为周围的人都不觉得乙是在开玩笑。但甲很清楚乙说的不是真的,所以免除 500 块钱债务的行为有效无效?(同学们回答:无效。)是无效的。

假如我对寝室的同学说,明天我要跟甲说免除他 500 元的债务,但其实我并不想免除,我讲的不是真话,你们帮我做个证。第二天,在一个正式的场合,我跟甲说,你欠我的 500 元一笔勾销了。甲当真了,向我表示了感谢,周围的人也觉得我挺大方的。回过头我跟甲说,我是跟你开玩笑的,其实我并不想免除你的债务,你看,我们寝室的同学都能证明。那么在这个例子中,免除债务的意思表示有效无效呢?(同学们回答:有效。)有效的。因为对方不知道我内心的真实想法。

总结一下,对于单方虚假行为或心中保留,对方知道的,无效,对方不知道也不应知道的,有效。

2. 通谋虚伪表示

那么为什么说他们的行为不是通谋虚伪表示呢？现在我们讲通谋虚伪表示。

通谋虚伪表示是针对多方行为的，比如两个人签订一份假合同，这个在实务中也比较常见。那么签订假合同的双方知不知道这份合同是假的，当然是知道的。这份假合同有没有效？当然是无效的。那为什么当事人还要签订假合同呢？原因很多。比如张三欠李四500万元，李四打算起诉张三要求还钱。张三想，法院如果判下来，我一定会输的，于是他和朋友王五签了一份假合同，把房屋卖给了王五。但跟王五说好了，这个不是真卖，是假卖，到时候你要还给我的。谁知道双方签好了合同，李四却一直没有起诉。这时候张三想，那这个虚假的买卖合同就没有用了，还是废除了好。但当他找到王五的时候，对方却要求他履行合同义务。大家说，这份合同该不该执行？（同学们回答：不该。）不该执行。为什么不该执行？这份合同是不是虚伪表示？是的。虚伪表示是针对单方行为还是针对双方行为的？双方，或者多方。前面讲心中保留是针对单方行为的。通谋的虚伪表示在行为人之间是无效的，所以这份合同不该执行。

需要注意的是，虽然通谋的虚伪表示在行为人之间无效，但是这个无效不能对抗善意第三人。[1] 举个例子。这是一个真实的案件。AB两个人制造了一个债权，A应当向B还款100万元。这么做，可以让B从财务账册上看起来它有很多的资产。但双方都很明确这个合同是假的，也说得很清楚，A并不欠B钱。但现在B弄假成真了。B向银行借款60万元，为了向银行提供担保，他把对A的100万元"债权"质押给了银行。为了让银行相信，他就把合同以及账簿都拿给银行看，银行于是信以为真，就把钱贷给了B，并办理了债权质押手续。借款到期，B无力清偿，银行就要行使质权了，即行使B对A的债权。这时候A拿出一份和B订立的备忘录，说："这里面记录的才

[1] 《日本民法典》第94条、我国台湾地区"民法"第87条均规定通谋虚伪表示无效，但不得以其无效对抗善意第三人。我国《民法典》起草中，曾于草案中设有"通谋虚伪表示无效不得对抗善意第三人"之但书，该但书在正式通过的《民法典》中被删除。

是真的,那个 100 万元的合同是假的,我根本没有欠他 100 万元。”那我们就根据这些事实来分析这个案子。

就 AB 两个人来说,A 欠不欠 B 的钱?(同学们应声:不欠。)如果 B 起诉 A 要求还款,B 能不能胜诉?(同学们回答:不能。)不能胜诉。但现在不是 B 起诉 A 还钱,而是银行行使质权,要求 A 履行与 B 的合同项下的义务,A 要不要给付?要给付,因为银行是善意的。如果我们把事实改一下,假如银行的工作人员在接受质押的时候,明明知道这份合同是假的,为了骗自己的领导,为了能把自己的业绩做大,依然接受了这个质押,现在银行要求 A 给 100 万,A 要不要给?不给。为什么不给?银行在这个过程中是善意的吗?不是善意的。银行的工作人员在这里是银行的代理人,代理人知道合同是假的,就相当于银行知道这份合同是假的,不是善意的。这就是不能对抗善意第三人的含义。

讲到这里,我们是不是已经讲了两个例外了?我们说,意思表示效果的发生,以表示上的效果意思为准,这是原则。但是有例外,我们讲了一个例外是心中保留,另一个例外是通谋虚伪表示。好,继续讲例外。

3. 意思表示错误

刚才讲的是已经意识到的错误,现在讲没有意识到的错误。

前面我们讲的两个案子中,行为人有没有意识到自己的错误?比如那个拍卖的例子中,行为人有没有意识到?我们说有没有意识到,是看行为人在进行意思表示的时候有没有意识到。如果卖方意识到了,会以 10 元起拍吗?(同学们应声:不会。)不会。参加拍卖的人意识到了没有?其实也没有,他以为就是 10 元起拍。那个 450 万元的担保案中,行为人意识到了错误没有?也都没有意识到。没有意识到,我们就把它称为意思表示的错误。《民法通则》没有采用“错误”这个表述,而是采用“重大误解”。那我为什么不用重大误解,而是用错误呢?

错误包括两种,第一种是表示行为上的错误——心里没想错,但表达错了。比如刚才第一个拍卖的案子,卖方心里想错了没有?没有,但是表达的时候表达错了,少打了一个“万”字。第二个担保的案子,行为人心里想错了没有?没有。哪里错了?表达上错了。而重大误解侧重于当事人的内心,其在字面含义上不包括表达上的错误。但“错误”除了可以是内心认识的错误,还包括第二种——表达上的错误,往往表现为笔误、口误等。所以从术语准确性角度,“错误”要比“重大误解”更准确。

我们这里讲的错误一定要很大,错误如果很小就没有意义。(下课铃声响起)那么错误大到什么程度算是很大呢?若不错误,绝不为之。[1] 如果拍卖方意识到自己发布的起拍价是10块钱的话,他会不会加一个“万”字?一定会加的,绝不会出现10块钱的起拍价。

此外,“若不错误,绝不为之”不是从具体的行为人角度来判断的,而是从一般人的角度来判断,即如果把一般人放到行为人的位置,看看是否达到了“若不错误,绝不为之”的程度。假如一个老太太把一分钱看得跟天安门广场一样大,少写一分钱对她来说就是天大的事。但对一般人来说,几百块钱的东西,差一分钱并不是多大的事,那么少写一分钱就不算重大错误。换句话说,重不重大,采用的是一般人标准,人人都以为很重大,才叫重大。好,今天我们讲到这里,下课。(教室内掌声雷动)

(开始上课)上节课我们讲了,法律行为以意思表示为要素。(人)在作意思表示的时候,通常情况下,内心的想法与外部的表露是一致的。但若内心的想法与外部表露不一致,根据法律,原则上要以外部表露为准,发生效力。不过在一些例外情况下,要考虑当事人内心的想法,而不以外部表露为准。这就是折中主义的模式。

那有哪些例外呢?上节课我们讲了“意识的非真意表示”,在意识到的非真意表示中,心中保留、虚伪表示就属于这种例外。在心中保留场合,如果相对人知道你是心中保留,知道你说的是假话,那么它(指意思表示)不发生效力。如果相对人不知道你说的是假话,就按照外部表示发生效力。在

---

[1] 《民法典总则编解释》第19条第1款规定:“行为人对行为的性质、对方当事人或者标的物的品种、质量、规格、价格、数量等产生错误认识,按照通常理解如果不发生该错误认识行为人就不会作出相应意思表示的,人民法院可以认定为民法典第一百四十七条规定的重大误解。”

虚伪表示场合，表示的双方明知对方无真实的意思仍为意思表示，那就不发生效力。因为此时，虚伪表示的当事人彼此都知道我们说的是假话，那就不按照外部表露发生效力。不过，虽然该意思表示在当事人间不发生效力，但不能对抗善意第三人。

好，下面我们讲不知情。前面我们讲的是“内心想法和外部表露不一致”，行为人对此是明知的，但仍然继续这么做。现在我们讲的是，行为人不知道内心想法与外部表露不一致的情形——我们把这个情形称为“错误”。

错误有如下几种形态。

（1）表示行为的错误

一种是表示行为上的错误。我们通常举的例子是笔误，比如，原本我准备支付给你 1 块钱，但是字迹太潦草，把 1 块钱写成了 7 块钱，那就是笔误。

我们上节课举了两个例子，“10 元起拍”是不是笔误？（同学们回答：是。）漏打了一个字，是吧？他根本没想到自己写的竟然是“10 元”，他本想写的是“10 万元”。那么，“450 万元”写成“450 元”是不是笔误？（同学们回答：是的。）也是笔误。这些笔误我们都称之为表示行为上的错误，即，当事人在作意思表示的时候，效果意思没有错，表示意识也有，但是表示行为发生了错误。当然，不能说表示行为上有错误，（意思表示）就可以被推翻，只有重大的表示行为上的错误才能够（成为）推翻（的理由）。

那么什么叫作重大呢？法律的基本判断是：第一，行为人自认为重大；第二，任何人处于行为人的地位，（基于）常识也会感觉到重大。（这是）对“重大”的评价标准。举个例子，有些人很怕辣，给他一碗面，放了点辣，他就感觉辣得受不了了！但是很多人吃了这碗面都没感觉到很辣。那么，就这碗面（是不是辣），是按照个人的评价标准（来确定），还是按照众人的评价标准（来确定）？（同学们回答：众人。）你们上当了！（同学们笑）应当是个人兼顾众人，就是个人加众人。如果他认为辣，但是众人不认为辣，少了一个条件（这碗面就不是辣的）。

反过来，如果个人认为（这碗面）一点都不辣，但是大伙们都认为很辣很辣,那么这碗面到底是辣还是不辣?(同学们回答不一)你们不要离开评价标准来讨论呀,我讲的评价标准是什么标准?个人加众人,两个条件同时具备,才能做出一个准确的判断。关于辣的问题,首先个人要认为辣,其次众人也要认为辣,才能得出辣的结论。前面那个情形,个人认为很辣,众人认为不辣,得出结论是辣还是不辣?(同学们回答:不辣。)不辣!那么现在第二个情形,个人认为不辣,但是众人认为很辣,得出的结论辣还是不辣?(同学们大声回答:辣!)不辣!你们专业一点好吧?(同学们哄堂大笑)你们思维方式要专业一点。我们是学法律的,我们常说“以事实为根据,以法律为准绳”,那么法律就是评价事实的标准嘛。我已经告诉大家关于辣的标准,这个标准就是个人意见加众人意见,那么你就把这两个条件结合起来,对我刚才给的例子进行评价就好了嘛。

好,总结一下。关于表示行为的错误,要达到“重大”的程度方视之为例外。那么什么叫作重大呢?行为人自己感到重大,这是第一个条件;众人也感到重大,这是第二个条件。两个条件同时具备才算是重大。

那么这个重大怎么理解?有没有具体标准?有,这个具体标准是:若不错误,绝不为之。你看在误写的场合,假如我不是弄错的话,我坚决不会写这个字的。我们回顾一下第一个案子,如果(当事人)认识到自己写错了,他会不会添上一个“万”字?(同学们应声:会。)会!一定会填的,绝对不会写10元的。可见,把10万元写成10元,(这里的)错误重大不重大?(同学们回答:重大。)后面一个案子,把450万元写成450元,是不是也符合“若不错误,绝不为之”?(同学们应声:是。)也是若不错误,绝不为之,(所以)也属于很重大。

假如一个人卖东西,他不是卖一大批货,只是卖这一件东西,卖一件特定物,他原本打算出价10.01元,结果写成了10.07元,标价相差6分钱。这里会不会有很多人认为“若不错误,绝不为之”?不会!当然了,行为人有可能觉得这个差价很大,就像老太太把一块钱看得跟人民广场一样大,跟天安门广场一样大(同学们笑)。对他们来说,虽然只是1块钱,也是“若不错误,绝不为之”。但是换了别人呢,大家会不会这么认为?(同学们回答:不会。)不会这么认为,所以说(这个金额或这个差距)不重大。

好,刚才我们讲了错误的第一个类型,就是表示行为上的错误,而且这个错误要达到“重大”的程度。至于什么叫重大?技术规则已经告诉大家了。

(2)内容的错误

第二种是内容的错误,指的是意思表示内容的错误。意思表示往往和法律行为相联系,因为意思表示是法律行为的基本要素。

意思表示内容的错误又分为几种情形。

①对行为性质认识的错误

其一,行为性质的错误。比如将买卖当作赠与,将赠与当作买卖,将租赁当作借用,将借用当作租赁(都属于行为性质的错误)。(一个人对我说)我的摩托车很不错,要不要拿去用用?我以为“拿去用用”是借给我用,于是我说,我要(用)啊!结果第二天他来收租金了。他说,我说的“拿去用用”是租给你去用,而不是借给你。大家看,这里就发生了对行为性质的错认,把租赁当成了借用。反过来,把借用当成租赁(也一样)。租赁和借用的本质区别就是前者有偿而后者无偿。

同样,把买卖当作赠与(也属于行为性质的错误)。(一个人对我说)这支钢笔不错,“给你要不要?”他(心里)想的是“卖给你要不要”,我一听“给你要不要?”以为他问的是“送给你要不要?”那么送给我我当然要的!于是双方一拍即合,“合同”签订了。等到他问我要钱的时候,我说,没说要钱啊!他说,这么贵重的钢笔,怎么会不要钱呢,当然要钱,没说具体金额可以按照市场价格(支付)。那么在这里,双方是不是存在错误?(同学们应声:是的。)什么错误?行为性质的错误。由于法律行为的性质属于法律行为的内容,所以,法律行为性质的错误属于法律行为内容的错误。

②对主体同一性认识的错误

其二,对人(法律主体)的认识错误。对于人的认识错误有两种。第一种,对行为对象的同一性发生认识错误。举个例子,甲、乙两个人是双胞胎,甲是一位知名厨师,乙是一位知名裁缝。现在第三人丙要举办婚礼,要请知名厨师做西点,但他错把乙当作了甲,看错人了,同一性发生了错误。好,现在丙请了一个裁缝回去让他做西点,而这个裁缝也会做西点——聪明人他样样都会一点(同学们笑)——但是他不是名厨师,做出来的西点(就不那么好)。丙对宾客说,我请了甲来帮我做西点。很多人认识甲,就对丙说,你请的根本就不是甲,你请的是乙。这时候丙大呼我上当了,我认错人了。这就是典型的关于(人的)同一性认识的错误,属于法律行为内容错误的一种。

对人的认识错误除了上面讲的同一性认识错误,还有第二种认识错误,即对人的品格、才干、能力方面的认知错误。

比如我想请的是一位有大学本科文凭的人才,但对方只有大专文凭。我误以为他有大学文凭,就把他请了过来。这也是一种对人的认识错误,但在这个场合,我对人的同一性有没有认识错误?有没有把A当作B看待?(同学们回答:没有。)只是就A的才干、能力产生了判断错误。

再比如,我想请一个男生做雇员,结果来了一个假小子。(教室里顿时一片欢声笑语)我把她当作男生了,(我说)就要你了。那么在这个场合,我对这个人的同一性有没有认识错误?没有!我没有把别人错当成这个女孩子,也没有把这个女孩子错认为其他人。只不过,我不知道她是女的,我以为她是男的,于是根据我的录用标准,我把她录用来了。录用以后,只见她直奔女更衣室,这时候我才发现我用错人了!(同学们笑)那么在这个例子中,是对主体同一性的认识错误呢,还是对主体的能力、才干等品质的认识错误?第一个还是第二个?(同学们回答:第二个。)第二种错误就不叫内容的错误,而是叫动机的错误。意思表示的错误必须是针对内容的错误,而不是针对动机的错误。

刚刚我们讲了法律行为认识的错误之一,即主体的认识错误。一定要注意,并非所有与主体有关的认识错误都是内容的错误,必须得是其中的同一性认识错误才算内容的错误,其他都不算内容的错误。

③对标的物同一性认识的错误

其三,对标的物同一性认识的错误。

举个例子。有一个商场的橱窗,里面放着两块表,一块表是纯金的,另一块表是镀金的,但它们的外观是一样的,都金光闪闪。这时候来了一个买表的人,这个人(买东西)不看价格,就看表的外观形状。他看到那块镀金的很不错,就指那块表说:"我要了!"于是买下来,包装、刷卡一系列的程序都完成了。这个买表的回到家里1个月后,才发现卡上的金额怎么扣了那么少呢?再去询问才发现,原来他买的竟然是一块镀金的表!镀金的表,当然便宜了。他想,我怎么会去买一块镀金的表呢?(有同学插话:这不符合我的身份。)我要的是纯金的表!现在他说,我内心想的是(买)纯金表,表达出来的是(买)镀金表(向服务员指的那块表是镀金表),他说我有错(误认识)。现在请同学们思考一下,这是关于标的物同一性认识错误呢?还是关于标的物的质量、品种认识错误?(教室响起一片嗡嗡声)是什么?同一性有没有错?(同学们回答:没有。)

来,我把刚才的故事再讲一下,听好!买表的人来到表店,橱窗里陈列了两块表,一块纯金的,一块镀金的,外观一样,镀金表也很亮。于是买表的人指着这块镀金的表说,这块表我要了。他内心想买的是纯金表,但是指着的却是这块镀金表。请大家思考的是,这里有没有发生标的物同一性的错误?同一性错误的表现是怎样的?就是把A表当成了B表,把两块表搞混了。但在这个例子中,买受人对于标的物的同一性有没有产生认识错误?(同学们迟疑地回答:没有。)没有啊!他点的就是这块表,(同一性)认识错误了没有?没有认识错误,他只是把镀金表当作纯金表来对待而已。这个买表的人固然存在错误,但只是(法律行为)动机的错误,而不是(法律行为)内容的错误。法律行为内容的错误要求对标的物的同一性产生认识错误。

再举个例子。一个人到骡马市场上去买马,但这个买马的人分不清马和骡子。他看电影里面的马都是高头大马,于是,当他看到一匹"高头大骡",(就以为)肯定是马,于是就把这头骡子(当马给)牵走了,跟卖方说,这个牲口我要了！一谈价格，价格很贵（骡比马高那么多，是很罕见的，当然贵！）他也没多想，付了钱就带回老家了。我们松江原来有一个跑马的地方，好像在一个湖对面，现在不知道这个跑马的地方搬到哪里去了。这个买马的牵着骡子来到了跑马场，人们围过来起哄，这里到底是跑马场还是跑骡场？他说，你们在笑什么？大家说，你牵的是个骡啊，骡怎么让人家跑啊？他说，哦，（这）不是马啊！他这时候才知道，原来自己千里迢迢地从河南骡马市场运回来的是一头骡子。

现在就这个人认识上的错误，到底是法律行为内容的错误，还是动机的错误？（同学们各抒己见）你们如何判断？什么是动机，什么是内容？不要用常识来回答。我们已经讲了，关于标的物，只有同一性认识错误才是内容错误。现在关于标的物同一性认识有没有错？（同学们回答：有吧。）他一过去牵的就是这头骡子，他发出的要约就是买这头骡，是不是？（同学们应声：是。）同一性认识错误没有？（同学们回答：没有。）对，没有！只不过他把骡当马看待了，内心想买马，实际上说的（表达的）是骡，所以说这是动机的错误，而不是内容的错误。

我们民法上的错误，不要从目的、动机的角度去讨论，而是要从内容的角度去讨论。那么什么叫内容？第一，法律（行为）性质是内容，所以法律行为性质弄错属于内容错误。第二，相对人的同一性问题是内容问题，而相对人的品质才干等问题是动机问题。所以前者的错误属于内容错误，后者的错误属于动机错误。第三，标的物同一性问题是内容问题，标的物的质量、品质、种类这些问题是动机问题。你们先这么硬记！无论是主体还是标的物，都是从同一性角度（来判断是否存在内容错误）。只要同一性认识没错，那就是没错；只要同一性认识发生了错误，那就是错了，那就是（法律行为）内容的错误。

把刚才那个例子改一下。还是那个人到金表店去买金表，一块镀金表，一块真金表，（两块表外表）一模一样，只是价格不一样。这个买表的人说："要右边的那块真金表。"他没有（认识错误），他跟对方说："你把这块真金表

（他点着这块真金表说）卖给我。”营业员说：“行！”话音刚落，一个抢劫犯冲了进来。为了对付抢劫犯，整个店一片混乱。在混乱之中，不知什么原因，两个表的位置被调换了。最后抢劫犯被抓走了，那个买表的继续买表。（有同学轻声说：好淡定。）因为他始终记得（真金表）是右边的（表），于是把右边的表买了回去。这个是同一性认识错误还是动机的错误？（同学们齐声答：同一性认识错误。）对，是同一性认识错误！

好，法律行为内容的错误，除了我们刚才所讲的性质错误、主体或标的物同一性认识错误以外，还有其他的内容错误，比如履行地点、履行方式（等的错误），也都可以认为是法律行为内容的错误。由于在法律行为内容的错误场合，当事人表达的内容和内心想的不一致，这样的错误必须被推翻，所以行为人有权请求撤销这个行为。

这是意思表示错误的第二类，即内容的错误。

（3）重大的动机错误

第三类错误是重大的动机错误。我们之前讲过，对当事人资格和对物（不是对行为）的性质的认识错误，属于内容的错误还是动机的错误？（同学们答：动机错误。）好，动机错误的法律效果如何，当时我是怎么讲的？回忆一下。记住！动机的错误不属于内容的错误（故原则上不构成法律行为撤销的事由）。但是当这种动机构成交易非常重要的条件——一旦该动机错误，在交易上导致的后果会被认为极不公平，那么这种错误也可以被归入意思表示错误的行列。但要记住，它依旧不是内容的错误，这样的错误被称为重大的动机错误。换言之，只有动机错误的后果严重到一定程度，才成为意思表示错误中的“错误”，进而可以成为意思表示的撤销事由。

回忆一下刚才骡和马的例子，行为人把骡当成马买回去了。但是骡的功效和马的功效完全不一样。骡可以拉犁，可以拖很笨重的东西，马就不行了。但马可以让人骑，跑得很快，骡就没法做到这点。你们有没有听说过跑骡比赛、跑骡场？（同学们笑）不可能有。只不过，虽然骡和马的功效不一样，但它们的长相差不多。行为人误把马当作骡，误把骡当成马都是有可能发生的。这些错误都属于动机错误，但在一般人的观念上，是骡子是马，属于交易中的重要条件，无论是把骡子当成了马，还是把马当成了骡子，都属于重大动机错误，进而属于意思表示错误中的“错误”。

(4)传达的错误

第四种错误是传达的错误。传达行为不是表意人的行为，是传话人的行为。比如我作出一个决定，我要把骡买下来，我让我的助手把我的想法传达给对方。在这个例子中，我是表意人，我的助手是传达人。但现在我的助手把我的意思传错了，传成要把马买下来，这就是传达的错误。传达的错误也属于意思表示错误中的“错误”。[1]

(5)小结

综上所述，错误有四种情形。第一种情形，表示行为的错误。第二种情形，法律行为内容的错误。第三种情形，重大的动机错误。是否重大，就看在交易上是否被认为重要。那么如何认定是否重要呢？也是两个要件：第一，行为人自认为是重要的；第二，众人也认为是重要的。“个人”加“众人”，二者缺一不可，否则不叫交易上的重要。

再举个例子。昨天我到水产市场去买鱼。我老婆叫我买的是胖头鱼，（同学们笑）学名叫作鳙鱼，但是我在水产市场却把白鲢鱼当作鳙鱼买了回来。这两种鱼分别看差别不大，只有放在一起时可以看出差别。但是那一天市场里没有鳙鱼，只有白鲢鱼，那我就没办法看出差别了。于是，我就对鱼的品种产生了认识错误，把鱼缸里的白鲢鱼当作了胖头鱼，我就挑了一条最大的，对店家说：“这条鱼我要了！”回到家里，我老婆说你买错了，你买的是白鲢鱼，不是胖头鱼啊！我这个错误是对法律行为内容的错误，还是对动机的错误？（同学们回答：动机的错误。）

好，既然是动机的错误，那接下来就要判断这个动机错误是否属于重大。如何判断呢？根据前面讲过的两个条件来判断。首先我老婆认为，我

[1] 《民法典总则编解释》第 20 条规定：“行为人以其意思表示存在第三人转达错误为由请求撤销民事法律行为的，适用本解释第十九条的规定。”

们家里是不吃白鲢鱼的,为什么不吃白鲢鱼?因为我们江西老表有一个观念,认为吃了白鲢鱼会“发”的,就像有些上海人认为海鲜吃了以后会“发”一样,有病会发病,有肺炎、发肺炎,有胃炎、发胃炎,有脚气、发脚气,(同学们哈哈大笑)有痔疮、发痔疮。(同学们爆笑,有同学接话:有神经、发神经。)那么老年人有各种潜在的疾病,怎么敢吃白鲢鱼呢?你不是助长他发(病)吗,坚决不要(吃)!尽管(买鱼的)价格是公道的,白鲢鱼是白鲢鱼的价格,鳙鱼是鳙鱼的价格,但价格再公道,我们老两口会不会吃白鲢鱼?不会!若不错误,会不会这么做?绝不为之!

那么好,对我们来说,认为(买错白鲢鱼)在交易上是重要的。但是小区里其他的居民却不这么想,他们觉得吃白鲢鱼有什么关系呢,而且白鲢鱼价格便宜,为什么不吃呢?他们不觉得是重要条件。那么结合前面的标准,我搞错了鳙鱼和白鲢鱼,算不算是重大的动机错误?(同学们回答:不算。)不算。

但假如我们把这个市场搬到江西去,所有的江西老表都会认为“若不错误,绝不为之”。因为对江西老表来说,白鲢鱼是没人要吃的,因为大家认为它会“发”嘛,想发的人去吃,不想发的人不会去吃,(同学们哈哈笑)所以价格低到不能再低了。于是这种情况在江西会认为什么?(同学们回答:重要条件!)对了,如果在江西错把一条白鲢鱼当作了鳙鱼,就属于重大的动机错误。这个要注意!

第四种情形,就是我们刚刚讲过的传达的错误。

记住!错误四种情形,第一种情形要求重大,第三种情形也要求重大。而第二种情形本身已足够(重)大,比如把法律行为性质弄错,把赠与当作买卖本身的错误本身就足够重大了,还有再比如同一性错误,把裁缝当成厨师请回去,本身也足够重大,都不(需)要去讨论重大不重大。第四种情况,其实本身也是重大的,传达中把 A 传成 B 难道不重大吗?但是要记住,如果传达中的错误发生在表示环节,还是按照第一种(情形来判断是否是错误)。以上四种情形都属于意思表示的错误。那么如果真的发生错误了,该怎么办呢?

案例分析

漫展门票案(续)

我曾经举过一个例子,这个案例你们怎么回答的?(同学们纷纷发言)广告上说某某名人一定到场,(于是)你们去买参观票了,实际上某某名人根本就不会到场。这个(广告)行为是什么行为?(同学们回答:是欺诈行为。)要回答这个问题,首先要回答,名人到场(这个因素),在交易上重大不重大?(同学们窃窃私语)我去买票想要交换什么呢?交换参观展览物品的(权利)。换言之,我花钱,对方提供展览物品(让我参观)。而名人到场还是不到场,是不是合同内容?(同学们回答:不是合同内容。)对,不是合同内容。但我为什么会去看展览呢?是因为我要去看名人才去看展览的。那么在这里,"看名人"就是签订这份合同(看展览)的一个动机。进而,如果大家都认为这个动机在交易上很重要,并且一方当事人就此进行了虚假陈述,他就属于欺诈了,我就可以撤销这份合同。如果这个动机在交易上不被认为很重要,就不构成欺诈。

换一种情形,假如对方没有实施欺骗,只是说"有可能"名人会到场,而我误以为名人"一定"会到场,这就是自己的认知上的错误,它也属于动机的错误,而不是属于内容的错误。同样,假如该动机的错误在交易上被认为很重大,也可以构成一个错误。所以,这里的关键是要看"名人到场"这一事实是否构成交易上的重要条件。如果这张票原来是100元钱,因为名人会到场,这张票升值到1000元钱了,在这种情况下,名人没有到场,尽管也是动机的错误,但在交易上会被认为是重大(的动机错误)。如果说名人到场这张票还是100元钱,就不能认为是一个重大(的动机错误)。

在判断动机错误是否属于"重大"的问题上,除了价格因素,还有现实判断——是否所有的老百姓也是这么认识的。有的人,比如追星族,若无(名)人到场,我绝对不会去看这种展览。对于这样的群体,名人是否到场就是一个重要因素。有的人不是追星族,哪怕名人不到场,我也会去看(展览),但如果有名人到场,对我来说积极性会稍微高一点。对于这样的群体,名人是否到场就不是一个重要的因素,就此产生认识错误也不构成重大误解。

所以判断名人到不到场(是否构成重大动机错误),要具体问题具体分析。那么在本案中,这个展览是个动漫展。动漫展览的主要对象,就是年轻人。对于年轻人而言,名人这个因素对他是否去看动漫展起到很大的作用。当然也有一些动漫专家会去看展览,但他们人数不多,不具有代表性。在这里,判断"名人到场"对于看动漫展是否构成重要因素,不应该从动漫专家的角度判断,而应该从年轻人的角度判断。就此而言,在本案中,"名人到场"就是一个重要因素,我们应该从这个角度去分析。好,关于这个案子我们就讲到这里。

下课以后有很多同学就标的的同一性,主体的同一性,提出很多问题,这些问题我先不解答,大家先看看教科书和资料,看完以后下节课我再来解答。你们要学会自己查找资料,自己解决问题,而且我知道,有些(同学)自己已经解答了。

(6)救济

如果法律行为产生错误,该法律行为可撤销。可撤销,指法律行为是可以被推翻的。撤销有两个要求:其一,必须在规定的时间内撤销,这个规定时间是从知道或者应当知道撤销事由之日起 90 日内[1];其二,撤销必须向法院或仲裁机构申请。撤销权是一项形成权,由于其应当通过诉讼或仲裁的方式行使,又被叫作形成诉权。

关于"未意识的非真意表示",我们就讲到这里。

那么现在,我们回到刚才那个"起拍价 10 元"的案子。"起拍价 10 元"的案子是不是构成错误?(同学们应声:是。)是四种错误类型中的哪一种?(同学们回答:第一种。)第一种类型的。是否属于重大?(同学们应声:属于。)属于重大!现在行为人要求法院判对方给付汽车。这个合同已经签订

[1] 傅老师的原话是"1 年内"。但基于重大误解主张撤销的除斥期间,《民法总则》已调整为"三个月",《民法典》第 152 条第 1 项又将之修正为"九十日"。为便于阅读,若无特别指明,在本书中,有关时间的技术性规定,一律按照新法进行相应调整。特此说明。

了是吧,那么法院该不该判对方给付汽车?(教室传来嗡嗡声)认为该判给付汽车的举手,(部分同学举手)认为不该判的举手。(部分同学举手)好,大家都表达了意见,我的结论是:该判。(很多同学发出惊讶的声音)

刚才大家说了,这里的错误属于第一种错误。那么错误的救济途径是什么?向法院申请撤销是不是?撤销是一项什么权?(同学们回答:形成权。)形成(诉)权!现在车的卖方没有向法院申请撤销,法律关系变动了没有?(同学们回答:没有。)没有变动,那么原来的法律关系还存在吗?(同学们回答:存在。)既然存在,现在买方要求卖方给付,卖方有没有义务给付?(同学们异口同声:有!)有的!法院到底怎么判?(同学们回答:给付汽车。)没错!判卖方给付汽车。

现在,原告向浦东法院起诉,要求法院判决卖方给付汽车。刚才我们也分析了,法院应该支持原告的诉讼请求。那么现在卖方该怎么应对呢?卖方是抗辩还是向浦东法院申请撤销呢?(同学们回答:申请撤销。)对!卖方应该马上向浦东新区人民法院提起诉讼,诉讼请求是申请撤销(这份买卖合同)。

我们前面讲了,形成权必须行使才能够变动权利义务关系。现在想要撤销,一定要行使这个撤销权。行使形成权的方式有两种,一种是诉讼外的,另一种是诉讼上的,其中有些形成权必须是诉讼上的——撤销权就是其中一种。本案的当事人若想行使撤销权,必须告到浦东法院去。

如果这个人告到浦东法院去要求撤销,法院就应该终止审理第一个案子。因为第二个案子的审理结果决定了第一个案子的结果。如果第二个案子中,法院判决合同不予撤销的话,第一个案子中原告的诉讼请求就应当得到支持。如果第二个案子中,法院判决合同撤销,第一个案子中原告的诉讼请求就应当被驳回——因为法律行为都没有了。所以,浦东法院受理了第二个案子以后,第一个案子需要暂停进行,中止审理。

那我们就来讨论一下第二个案子,符合不符合我们所讲的表示上的错误?(同学们应声:符合。)重大与否?(同学们回答:重大。)重大!那当事人提出撤销，法院就该判处撤销。一旦撤销，这个合同还有没有？（同学们回答：没有。）没有了！那么，第一个案件中的原告起诉要求被告履行给车的合同义务该不该支持？（同学们回答：不该。）对嘛，不该支持的。（此时下课铃声响起）不过需要说明的是，如果最后法院判撤销，买方可以要求卖方赔偿损失，因为你撤销合同，导致我的权利受到了损害，这个损害正是由于你的过错造成的，应予赔偿。只不过，要求赔偿属于另一个案件，必须另行起诉。待会我们会讲的。

第一个案子解决了，我们再来看第二个案子。

第二个案子还记得吧，450万元那个案子。原告是银行，要求被告（保证人）支付450万元。被告抗辩这不是450万元，是450元。那么现在原告要求被告支付450万元的诉讼请求能否得到支持？（同学们回答：不能。）不能，他接着应该采取什么措施？向法院提起什么？（同学们回答：撤销。）提起撤销吗？（同学们又答：变更。）对！变更！他怎么会向法院提出撤销嘛，如果他向法院提出撤销，（保证人）连450元也不用交了，没有保证了，这成了一个无担保之裸债，就更麻烦了。

比较法上只有撤销制度，没有变更制度，我们国家《民法通则》规定了变更制度。好，现在原告提出变更，想把450元变更为450万元。原告的理由是事实错误。我们来分析一下，行为人（原告）的确产生了错误，但是保证人没有错。保证人说，我是因为看到担保金额只有450元，才签了字。如果是450万这么高的担保金额，我怎么会签字呢？现在原告请求变更，就是要将合意的内容从450元变更为450万元。那双方就这450万元达成了合意有没有？（同学们回答：没有。）没有！没有所以就不能变更。

内心的想法与外部的表露不一致，也就是说没有达成合意——表示上是达成合意了，但是内心没有达成合意。那么这个表示要被去除掉，那就是撤销问题，不存在变更问题。只有双方就另外一个意思达成了合意才叫变更。比如，保证人在法庭上说，我当时就看到你写错了，但我觉得你的想法肯定是450万元，我也同意就450万元与你缔约（觉得笔误不重要，所以就没有指出来)。如果事实是这样,那么就450万元达成合意了没有?(同学们回答:达成了。)达成合意了。表面上有没有达成合意(按照450万元来写合同)?没有,那么按照450万元来变更合意。只不过,在这种情况下,一般人没有那么老实的,就算他当时明明想的是450万元,法庭上也会说,我当时想的就是450元。

好,关于非真意表示错误,我们就讲到这里。

(7)我国法中的重大误解

下面我们讲讲我国的立法。《民法通则》没有“错误”的概念,只有“重大误解”的概念。[1] 法律行为如果是重大误解的,那么就叫作未意识到的“内心想法和外部表示不一致”。那么《民法通则》项下的重大误解,怎么理解?根据最高人民法院的司法解释[2],《民法通则》项下的“重大误解”,第一,必须是对法律行为内容的误解,因此不包括动机(的误解)。第二,必须给行为人带来了较大损失。同时具备这两个条件才叫重大误解。

我国《民法通则》没有规定表示行为上的错误,它是把内容的错误和动机的错误分开来讲。既然没有讲表示行为的错误,那么碰到表示行为的错误怎么来处理?浦东法院碰到这个案子怎么处理?它是类推适用重大误解。刑法上不允许类推适用,但是民法上可以类推适用。

(二)意思表示不自由

好,前面我们讲的是非真意表示,包括两种类型。下面我们讲(意思表示瑕疵的)第二大类——意思表示不自由。

---

[1] 《民法通则》第59条第1款规定:“下列民事行为,一方有权请求人民法院或者仲裁机关予以变更或者撤销:(一)行为人对行为内容有重大误解的……”此后,《合同法》《民法总则》《民法典》均沿用“重大误解”这一概念,而未采用在学说和比较法上比较成熟的“错误”概念。《民法典》第147条规定:“基于重大误解实施的民事法律行为,行为人有权请求人民法院或者仲裁机构予以撤销。”

[2] 《民通意见》第71条规定:“行为人因对行为的性质、对方当事人、标的物的品种、质量、规格和数量等的错误认识,使行为的后果与自己的意思相悖,并造成较大损失的,可以认定为重大误解。”《民法典总则编解释》第19条第1款规定:“行为人对行为的性质、对方当事人或者标的物的品种、质量、规格、价格、数量等产生错误认识,按照通常理解如果不发生该错误认识行为人就不会作出相应意思表示的,人民法院可以认定为民法典第一百四十七条规定的重大误解。”

意思表示不自由包括三类:(1)因欺诈而进行的意思表示;(2)因胁迫而进行的意思表示;(3)显失公平的意思表示。下面我们依次进行讲解。

1. 欺诈

因欺诈而进行的意思表示,必须具备如下几个要点。

第一,行为人(法律行为当事人)有欺诈行为。这个欺诈,可以是积极的欺诈,也可以是消极的欺诈——就是不作为的欺诈。比如明明是一块镀金表,骗对方是纯金表,明明是假酒,骗对方是真酒,这属于积极的欺诈。那么消极的欺诈是什么呢?举个例子,商家出售的商品是个等外品,就是非合格产品,但是商家没有标注其为等外品,买家以为这是合格产品而购买。在这里,商家明知所售商品为等外品,但未向买方进行告知,对事实进行了隐瞒,这就是消极的欺诈。

第二,使相对人产生认识上的错误。也就是,由于行为人的欺诈,导致对方产生了认识上的错误。

第三,行为人要有欺诈的故意。"欺诈的故意"包括两个意思:其一,故意使对方发生认识上的错误;其二,故意让对方跟自己签订合同,也就是故意让对方实施法律行为。这两个故意缺一不可。

第四,因果关系。"因果关系"也包括两个层面,(上课铃声响起)其一,认识上的错误和欺诈行为有因果联系。相对人为什么会发生认识上的错误?就是因为欺诈。其二,认识上的错误和法律行为的实施也有因果联系。这两个层面结合起来可以这么说:正因为你的欺诈导致对方的认识错误,正因为对方的认识错误,导致他和你签订合同。进一步概括就是"因骗而信、因信而为"。

上述四个条件同时具备,我们就称为因欺诈而进行的(法律)行为。

好,下面我们举个例子。2014 年春节,张三结婚,亲朋好友大闹洞房。李四在张三的住所看到了一幅画,张三号称这幅画是名人字画的真迹,跟大家说,我整个(房子)的装修就靠这幅画(才有档次)。实际上这是幅假画,但李四信以为真,过了一年,到了 2015 年春节,李四登门拜访(张三),出高价买这幅画。这幅画虽然是假画,但艺术价值是很高的。张三也忘了李四去年曾经来过,就把画卖给了他。李四买下后,来到字画市场,一鉴定是假的,于是李四向法院诉请撤销。现在问大家,该不该撤销(画的买卖合同)?

该不该撤销(合同)就要考虑以下几个因素。第一,张三有没有欺诈行为?(同学们回答:有。)如果他实施了欺诈行为,什么时候实施的?2014 年实施的还是 2015 年?(同学们回答:2014 年。)2014 年张三主动说这幅画是真画,2015 年(李四买画时)张三保持了沉默,他也忘了 2014 年李四参加过他的婚礼。大家要知道,艺术品市场上不用说明(真假)的,因为买艺术品(是)复杂(的事情),信不信你自己决定。对于张三来说,他也不一定真的弄得清楚这是真画还是假画。他只是 2014 年的时候说这是真画,2015 年什么都没说。第二,有没有错误的认识?(同学们回答:有。)有。李四存在认识上的错误。第三,有没有欺诈的故意?(同学们低声回答不敢确定)欺诈的故意要几个条件?两个。其一,故意使对方产生某种认识,这个有没有?(同学们回答:有。)有的!2014 年婚礼上,张三的确希望大家认为这是真画。其二,故意使对方因错误而签合同,这个有没有?没有。2014 年他没有这个想法,2015 年他也不用说明真假,刚才已经解释了,因为这幅画的艺术品位很高,你李四想买就买,我也不用管你心里是怎么想的。如果李四明确问张三这幅画是不是某个名人的真迹,张三拿不准却告诉对方是真迹,这就会构成欺诈。但现在李四并没有这么问,张三也忘了李四参加过他的婚礼。所以张三构不构成民法上"因欺诈而进行的民事法律行为"?(同学们回答:不构成。)不构成,所以这个买卖合同不能撤销。

需要同学们注意的是,根据我国《民法通则》的规定,因欺诈而进行的民事法律行为,这个欺诈必须来自行为人,即合同的当事人!但是在比较法上,(合同以外的)第三人实施欺诈行为,也可以构成"因欺诈而进行民事法律行为"。那么现在,第三人欺诈能否和当事人欺诈一样构成法律行为的撤销事由呢?立法者正在思考(这个)问题。[1]

---

[1] 《民法典》第 149 条已就该问题作出明确规定,依该条,"第三人实施欺诈行为,使一方在违背真实意思的情况下实施的民事法律行为,对方知道或者应当知道该欺诈行为的,受欺诈方有权请求人民法院或者仲裁机构予以撤销"。

2. 胁迫

因胁迫而进行的意思表示，和欺诈（而进行的意思表示）一样，也是四个要件，只不过具体内容不一样。

第一，要有胁迫行为。什么叫胁迫？即使他人产生心理上的恐惧。造成他人心理上恐惧的行为有很多，比如拿一把刀顶在对方的腰上，恐吓说：你再不签合同，我就捅进去了；或者你再不签合同，我就把你女儿的隐私披露出去；或者，你再不签合同，我把你贪污的事实举报了。这些都会让对方产生恐惧。第二，相对方产生了心理上的恐惧。如果相对方大义凛然，什么都不怕，完全没有恐惧的心理，他就算签了合同也不发生撤销的问题。他一定得因为恐惧而订立合同，这样的合同才能因胁迫而可撤销。第三，要有（造成）恐惧的故意，（造成）恐惧的故意是什么？故意导致对方心理上的恐惧，故意（令其）因心理上的恐惧而签合同，实施法律行为，两个故意都要有。第四，因果关系。也是两个因果关系：因为胁迫而产生恐惧，因为恐惧而实施法律行为。

因胁迫而进行的法律行为，同样是可撤销的。那么同样，我们国家目前没有规定第三人胁迫可以成为法律行为的撤销事由，比较法上有关于对第三人的胁迫的规定。我们的《民法总则》正在起草过程中，将来可能会有类似规定。[1]

好，胁迫、欺诈的后果是什么？它的后果是（法律行为）可撤销，因为行为人内心的想法和外部的表述不一致，这种不一致属于内心不自由的不一致。

那么因胁迫和欺诈所为的法律行为能不能对抗善意第三人呢？这个问题留给大家回去思考，看看比较法上，或者我们国家台湾地区的“民法”中，

[1]《民法典》第150条已就该问题作出明确规定，依该条，“一方或者第三人以胁迫手段，使对方在违背真实意思的情况下实施的民事法律行为，受胁迫方有权请求人民法院或者仲裁机构予以撤销”。

它能不能对抗善意第三人？这是课后的一个作业。[1]

3. 显失公平

下面我们讲第三类，因显失公平而可撤销的民事法律行为。

依最高人民法院的司法解释，关于显失公平的民事行为有两个要件。[2] 第一个，客观要件，不符合等价原则，并且显然不公平。比如房屋的市价每平方米5000元，他卖2万一平米，或者房屋的市价每平米2万，他非要以每平方米5000元购买，显然不公平，而且是客观的。第二个，主观要件。这是指行为当事人利用了自己的优势。这个优势可以包括很多类型，比如法律行为当事人之间存在隶属关系，一方是对方的领导。这个优势也可以是法律行为当事人专业知识上的优势，比如金融类合同的一方是搞金融出身的，另外一方则不是。一个保险公司的业务员向一个老阿姨推销一款保险产品，推销员尽管没有欺诈，但是他利用了自己的专业优势，以及对方的专业知识的不足，签署了一份利益失衡的合同。显失公平的合同必须同时具备上述两个要件。也正因为一方利用了自己的优势，对方的意思表示其实是不自由的。

显失公平的法律行为，也是可撤销的。

下面我们还是回过头接着讲法律行为的概念。我们说了，法律行为以意思表示为要素，那意思表示毕竟是内心的想法，这种内心的想法要通过表示形式表露于外部。在这个过程中，内心的效果意思和外部的表露不一致的情况经常发生。此时究竟以内心的效果意思还是外部表露的意思来发生效力呢？对此我们遵循的是折中主义。什么叫折中主义呢？一般情况下，按照外部表示来确定你的内心效果意思，也就是说按照外部表示来推断内心，而不问你心里到底怎么想的。但在特殊情况下，例外对待。那么哪些是特殊情况？我们介绍了以下几种情况。

---

[1] 我国台湾地区"民法"第92条第3款规定："被诈欺而为之意思表示，其撤销不得以之对抗善意第三人。"

[2] 《民通意见》第72条规定："一方当事人利用优势或者利用对方没有经验，致使双方的权利义务明显违反公平、等价有偿原则的，可以认定为显失公平。"

第一,心中保留。那么心中保留该如何例外对待呢?如果相对人知道你心中保留的,(法律行为)无效;相对人不知道的,按照外部表示发生效力。第二,通谋虚假行为。通谋虚假行为无效,但是能不能对抗善意第三人?不能。换言之,面对善意第三人,还是按照外部表示来发生效力。第三,表示上的错误,重大的可以撤销,不是无效。第四,法律行为内容的错误,内容的错误也是可以撤销。第五,动机的错误,如果错误重大也可以撤销。第六,传达的错误,也是可以撤销。第七,因欺诈而进行的行为,可撤销。第八,因胁迫而进行的行为,可撤销。第九,显失公平的行为,撤销。第十,欺诈、胁迫造成国家利益损失的不是可撤销而是无效。[1]

那么例外就是这几种,而且每一种例外的效果并不完全相同,有的是无效,有的是可撤销,有的无效不能对抗善意第三人,有的无效可以对抗。例外我们就讲到这里。

再归纳一下,法律行为以意思表示为要素,意思表示以效果意思为要素,当内心的效果意思和外部的表露不一致,按照什么(发生效力)?(同学们回答:外部的表露。)外部的表露有没有例外?有。

四、法律行为的分类

下面我们讲法律行为的分类。根据不同的分类标准,法律行为有不同的分类。

(一)单方行为、双方行为和多方行为

第一种分类,单方行为、双方行为和多方行为。如果基于一方意思表示就能够发生效力的,这样的法律行为就叫单方行为。如果双方意思表示达成合意以后,法律行为才能成立和发生效力的,叫双方行为。两方以上的意

[1] 依《合同法》第52条第1项的规定,“一方以欺诈、胁迫的手段订立合同,损害国家利益”的,该合同无效。但这一规则未出现在《民法典》中。一种观点认为,删除这一规则,意味着不再区分欺诈、胁迫损害的利益类型,不管欺诈、胁迫所为的法律行为损害的是国家利益,还是集体、个人的利益,均为可撤销行为。但也有观点认为,欺诈、胁迫所为的法律行为若损害国家利益,应属违背公序良俗的行为,自不必专门规定,仍属无效行为。

思表示合意以后才能成立并发生效力的,叫多方行为。

各举几个例子。债务的免除是单方还是双方?(同学们回答:单方。)单方。[1] 立遗嘱是单方还是多方?(同学们回答:单方。)单方。买卖是双方还是多方?(同学们回答:双方)双方。租赁是双方还是多方?是双方。合伙合同呢?是多方!

好,那么这一种分类的意义是什么呢?就在于明确行为成立的时间。如果是单方行为,行为人的意思表示完成就成立了。双方行为和多方行为要合意以后才能成立。[2]

(二)诺成行为和实践行为

第二种分类,诺成行为和实践行为。什么是诺成行为呢?只要意思表示一致就能成立的,叫作诺成行为。除了意思表示一致以外,还要交付实物或者交付标的物,法律行为才能够成立的,就叫实践行为。实践行为又称为践成行为,与前面的诺成行为相对应。

下面举几个例子,同学们记下来。第一,自然人之间的保管。保管合同是实践行为。[3] 第二,自然人之间的借款行为也是实践行为,是实践合同。[4] 第三,定金合同也是实践合同。[5] 第四,代物清偿行为——什么意思呢?比如A企业欠B企业200万元,A企业没有现金还了,A企业说,我有价值200万元的库存牛仔裤,你赶紧拿走吧,如果你再不拿走,连牛仔裤都没有了,你一分钱都拿不到。B企业说,好吧,算我倒霉,于是两个人签了一份合同,合同的内容是什么呢?用牛仔裤来抵债200万。这个用牛仔裤来抵

---

[1] 关于债务免除究为单方行为抑或双方行为,学说上历有争议。《民法典》第575条规定:“债权人免除债务人部分或者全部债务的,债权债务部分或者全部终止,但是债务人在合理期限内拒绝的除外。”该条相较《合同法》第105条,增加了“但是债务人在合理期限内拒绝的除外”这一表述,但这一增加是否明确了债务免除为双方行为,仍有疑问,就此仍未有统一见解。

[2] 除单方行为、双方行为和多方行为外,《民法典》第134条第2款还规定了决议行为。决议行为也是多数人的行为,但不以意思表示一致为必要。

[3] 《民法典》第890条规定:“保管合同自保管物交付时成立,但是当事人另有约定的除外。”

[4] 《民法典》第679条规定:“自然人之间的借款合同,自贷款人提供借款时成立。”

[5] 《民法典》第586条第1款规定:“当事人可以约定一方向对方给付定金作为债权的担保。定金合同自实际交付定金时成立。”

债200万元的合同,就叫作代物清偿合同,即用替代物清偿债务。那么这个合同签好了,算不算成立呢?不算成立!要等到B企业把牛仔裤拿到手,这合同才算成立。前面提到的保管合同,书面合同签好了,公证机关也公证了,(保管合同)成立没有?没有,要把保管物交给对方才算成立,这是实践合同。民间借款也一样,我问一个人借5块钱,他也答应了,但钱还没给我,(借款合同)合同成立了没有?也没有,钱交到手合同(才)成立。再有,签订一个定金合同,订一桌酒,这桌酒是1000块钱,我要支付200块钱定金,都说好了,但钱还没有打出去了,定金合同成立了没有?没有,要定金打到对方的账户,合同才成立。那么现在我们讲的代物清偿是第四个实践行为,牛仔裤没有到手,(代物清偿)合同不成立,牛仔裤到手,合同成立。

除了上述四种合同,生活中还有一些实践性行为,比如民间的运输。像拉黄包车、踩三轮车等,都是民间运输,但是现在在城市里比较少见。再如泰山的挑山工,把日用品从山脚下挑到山上,这也是民间运输。还有像重庆朝天门码头,这个码头有几百个台阶,有人在码头上只帮你挑行李,从轮船一直挑到马路上,这种"棒棒",我们把他称为脚夫。这些民间运输,也是一个实践性合同,把要运送的东西交给对方,合同方告成立。

好,关于实践行为就是这些,其他的买卖、租赁、金融机构的借款等都是诺成行为。

(三)要式行为和不要式行为

第三种分类,要式行为和不要式行为。法律规定或者当事人约定合同必须具备一定的形式,这种合同叫作要式合同。法律没有规定这个合同要具备什么形式,当事人也没约定需要具备什么形式,这就不属于要式合同。

比如我国《合同法》明确规定,租期超过6个月的租赁合同应当采用书面形式。[1] 那么这就是要式行为。再如我国《继承法》规定,遗嘱必须符合如下几种方式,自书遗嘱、代书遗嘱、录音遗嘱和公证遗嘱,紧急状况的才能

[1] 参见《合同法》第215条。《民法典》第707条承继了此项规定。

立口头遗嘱,这(意味着遗嘱)也是一个要式行为。[1] 那么我们区分要式行为和不要式行为有什么意义呢?就是确定法律行为成立的时间。比如要式合同没有按照法律规定的形式签署的,合同不成立,而如果是不要式合同,只要双方达成合意,合同就成立了。大多数的合同是不要式合同。

(四)有偿行为和无偿行为

第四种分类,有偿行为和无偿行为。什么叫有偿行为?有偿行为指的是双方当事人的给付存在对价关系的法律行为,或者双方当事人有对价给付关系的叫作有偿行为。双方的给付没有对价关系的就是无偿行为。当然,一方有给付、一方没有给付的行为自然也是无偿行为。

"对价"两个字还要不要解释一下?(同学们回答:要的。)对价就是代价,双方的给付互为代价,叫有偿行为。双方的给付不存在互为代价关系,就是无偿行为,比如花5块钱买一杯饮料或者买一瓶矿泉水,那么我得到对方的给付是什么?一杯饮料或一瓶矿泉水。我付出的代价是什么?5块钱。反过来对方得到我的给付是5块钱,对方付出的代价是什么?饮料或矿泉水。这两个行为有没有互为代价?(同学们应声:有。)有互为代价就是有对价,互为对价就是有偿行为。

那么什么叫代价呢?就是交换。石油换粮食是不是互为代价?(同学们应声:是。)也叫互为对价。5块钱买一瓶水,是金钱和水的交换,也是互为代价,形成对价。那么交换的是什么?在我们刚才所举的例子中,我们眼中看到的交换对象是物,但是在法律的视野中,我们着眼的是给付,法律所考虑的是,这里面的给付是否存在交换关系?下面我们举个例子来理解一下。

张三向李四捐赠20万元,不要求李四额外做什么,这是有偿行为还是无偿行为?(同学们回答:无偿行为。)张三有给付吗?(同学们回答:有。)有。李四有没有给付?(同学们回答:没有。)没有。一个有给付,一个没有给付,

---

[1] 在《继承法》的基础上,《民法典》继承编第三章又增加了一种遗嘱形式,即打印遗嘱,故《民法典》规定的遗嘱共包括六种形式,分别是自书遗嘱(第1134条)、代书遗嘱(第1135条)、打印遗嘱(第1136条)、录音录像遗嘱(第1137条)、口头遗嘱(第1138条)和公证遗嘱(第1139条)。

那就是无偿行为。

张三向希望工程捐款20万元,要求希望工程只能将这笔钱用于汶川小学的建造。张三有给付吗?(同学们应声:有。)给了多少?20万元。希望工程有没有给付?(同学们迟疑)汶川小学的建造是不是给付?(同学们回答:是。)是给付。那么,张三的给付和汶川小学的建造有没有对价关系?(同学们迟疑)有没有互为代价?有没有交换?(同学们仍然难以作答)没有对价关系。这只能说明捐赠款项的用途只能用于汶川小学的建造,用途而已。如果对方没有用在汶川小学的建造,要不要承担违约责任?(同学们议论纷纷,意见不一。)不要呀!你可以解除合同,要求对方把钱还给自己,但不存在一方对另一方的违约。你们仔细体会一下。

既然大家感觉那么难,我再讲一个例子,这个例子考验的不是大家的专业水平,而是大家的智商水平。(同学们嘻嘻地笑)A企业与B企业签订一份合同,约定B企业将自己的专有技术有偿许可A企业使用。这项专有技术是保密的,A企业在使用过程中不能泄密。但在A企业的使用过程中,B企业发现,C企业也在使用这项专有技术。B企业认为,这个技术只有我知你知,我没有向C企业披露过,一定是你A企业泄露出去的。于是B企业与A企业取得联系,要求A企业按照合同承担违约责任。A企业说,这是冤枉,我从来没有披露过。B企业说,好,你不承认是吗?你不承认我就打官司,让法院判你承担违约责任。A企业说,你不要告,你要是告了我,不管这个官司我是赢是输,对我的影响总是不好的。但B企业坚持要告。于是A企业说,这样吧,我给你1500万,每年500万,你3年内不要告我,第四年告不告随你。B企业一听就答应了,于是A、B两个企业签订了一份合同,合同的内容是,3年内B企业不状告A企业侵犯B企业的商业秘密,不诉请对方承担关于商业秘密的违约责任,A企业每年向B企业支付500万元,3年总共是1500万元。

A企业在第一年和第二年都给了B企业500万元。到了第3年,B企业有个员工因为盗窃B企业的商业秘密被逮住了,这名员工供述说,他曾经将许可给 A 企业使用的商业秘密卖给了 C 企业,所以 C 企业也在使用。这下真相大白了,原来 C 企业之所以使用 B 企业的专有技术,问题的根源在 B 企业自身,跟 A 企业没有关系。A 企业一想,既然真相大白了,第 3 年的 500 万我就不用给你了。但约定的支付时间到来时,B 企业仍然要求 A 企业支付最后一笔 500 万。A 企业就发火了,你再问我要 500 万,我让你把之前的 1000 万全部吐出来,因为我根本就没有泄露过你的商业秘密。

现在请同学们回答,B 企业有没有权利请求 A 企业支付最后一笔 500 万?(同学们回答:有!)A 有没有权利起诉 B 企业返还已经支付的 1000 万元?(大部分同学答:没有,但也有少数同学答:有。)如果 A 企业有权请求 B 企业返还 1000 万元,那 B 企业就肯定不能请求 A 企业支付最后一笔 500 万了。到底 A 企业有没有权利请求 B 企业返还 1000 万?(同学们开始变得迟疑,各种答案都有。)

好,一点点来(分析)。先讲 B 企业的请求,现在真相已经大白,B 企业状告 A 企业要求他给付最后一笔 500 万,法院该不该支持 B 企业的诉讼请求?认为该的举手!(部分同学举手)认为不该的举手!(又有部分同学举手)反过来再讲 A 企业的请求,A 企业如果状告 B 企业要求他返还 1000 万不当得利,法院该不该支持 A 企业的诉讼请求?认为应该支持的同学请举手?啊,没有?你们有点自相矛盾啊。如果认为不应支持 A 企业的诉讼请求,那么就应该支持 B 企业的诉讼请求了,那为什么刚才还有一半的同学举手认为不该支持 B 企业的诉讼请求呢?如果你不支持 B 企业的诉讼请求,那就应该支持 A 企业的诉讼请求啊,那为什么刚才又没有人举手呢?

好,现在我把结论告诉大家,应当支持 B 企业的诉讼请求,不应当支持 A 企业的诉讼请求。为什么?因为 A 企业花 1500 万购买 B 企业的什么东西?不起诉(侵害商业秘密)!现在 B 企业有没有以此为由起诉 A 企业?没有。他最后起诉的是要求 A 企业履行合同义务,并没有起诉 A 企业侵害商业秘密。既然 B 企业没有以此为由起诉,A 企业就需要按照合同约定来履行。

现在再接着问几个问题,给 1500 万是不是给付?(同学们零星回答:是。)不起诉是不是给付?(更多同学回答:是。)这两种给付是否构成交换?(同学们回答的语气变得肯定:是。)刚才说了,什么是交换,是一个给付获得另外一个给付的代价。那么这个例子中的两种给付有没有对价关系?(同学们应声:有。)这是有偿合同还是无偿合同?(同学们应声:有偿合同。)

大家记住了,有偿合同,双方提供的给付存在对价关系。无偿的合同有两种。其一,一方有给付,一方没有给付;其二,双方的给付不存在对价关系。

这里我要补充两点。第一,有偿合同,虽然双方的给付有对价关系,但是对价并不意味着等价。我花 1000 万购买甲"不抽烟",是不是有偿?(同学们回答:是。)是。甲付出的代价就是不抽烟。甲换来的是什么呢?1000 万元。你可以评价这 1000 万花得值还是不值,但你不能说这 1000 万没有对价,因为对价不以等价为限。这是第一个要注意的!

第二,给付的内容可以是金钱,也可以是实物,还可以是其他。比如刚才例子中的不起诉就是一种给付,不抽烟也是一种给付,甚至还可以是一种机会。我问大家,花 2 块钱买一张彩票,是有偿还是无偿?(同学们回答:有偿。)但是刮开后没有中奖,一分钱回报也没得到,是有偿还是无偿?(同学们回答不一,但仍有同学大声坚持:有偿的。)刮下来一分钱也没有,也是有偿的。对方的给付是什么?就是给你一次中奖的机会,而不是那张纸质的奖券。一次中奖的机会也是对价。

说完了有偿行为和无偿行为的区分标准,那么区分的意义又是什么?

第一,责任大小不同。有偿合同的责任大,无偿合同的责任小。何以见得?我们回去查一下《合同法》,看看赠与合同与买卖合同的瑕疵担保责任各自都是怎么规定的,比较一下就明白了。还可以查《合同法》关于有偿保管与无偿保管的不同规定,以及有偿委托和无偿委托的不同规定。两两比较,就能看出区别:有偿合同中义务人的责任大,无偿合同中义务人的责任小。[1]

---

[1] 傅老师提到的这些《合同法》条文均为《民法典》承继,其中有些仅作了一些文字表述上的变动,有些进行了规则上的调整,但有偿行为和无偿行为在责任(义务)轻重上的区别依然得到了贯彻,并无改变。读者可直接查阅《民法典》的相关条文。

第二,如果是无偿合同,它一定是纯获利的。纯获利益的合同,限制民事行为能力人就可以实施。如果是有偿合同,假如与限制民事行为能力人的年龄、智力不相适应,他就不能独立实施。

好,关于有偿行为和无偿行为的区分标准及区分的意义,我们就讲到这里。

(五)有因行为和无因行为

下面我们讲有因行为和无因行为。这两种行为的区分标准是什么呢?是原因关系对行为有没有影响作用。原因关系对行为有影响作用的,叫作有因行为,否则就是无因行为。那么影响作用指的又是什么呢?指的是,行为的原因会不会影响行为的效力,会影响行为效力的叫有因,不影响行为效力的叫无因。

下面我们举两个例子,大家把案情记下来。

先举一个票据签发的例子。甲购买乙的一套房子,乙是出卖人,甲是买受人,房屋的价格是300万元。为了付款,甲向乙签发了一张金额为300万元的支票。甲为什么要向乙签发300万元的支票呢?因为甲欠乙300万元的购房款。所以在这里,甲签发这张支票是有原因的。

其实任何人只要智力正常,不是在梦游,所作所为都是有原因的。你们为什么会坐在这里听课?一定是有原因的。毛主席说过一句话,世上决没有无缘无故的爱,也没有无缘无故的恨。(同学们笑起来)一切事物皆有因,非常有哲理。

甲为什么签发一张支票,自有其原因。但是从法律角度来看,法律硬是把这个(行为的)原因(与行为)给割裂了,法律不考虑这个原因会对签发支票的行为有什么影响,就这样把两者人为地割裂了。(当行为的)客观上的原因被法律割裂以后,这个行为就成了无因行为。(下课铃声响起)

好,总结一下,任何行为都是有原因的,但有的时候法律刻意将某些行为的原因与行为的效力相割裂,那叫无因行为。如果法律没有把原因割裂掉,那这个行为是有因行为。

先下课休息一下！

好，下面我们继续讲有因行为、无因行为。

前面我们讲了，任何行为要么建立在生活逻辑上，要么建立在交易逻辑上。如果把（行为的）生活逻辑、交易逻辑上升为法律逻辑，那就是有因行为。如果法律说，生活逻辑上的原因或交易逻辑上的原因不被视为（法律上的）原因，没有把这些逻辑上升为法律逻辑，那这个行为就是一个无因行为。这是从法的视角来定义的，法的视角是什么呢？给行为一个后果。

法律说，如果是有因行为，就不能光看这个行为本身，还要看这个（行为的）原因是否成立。如果原因成立与否会影响行为的效力，那（这个行为就）是有因的。如果不管原因是否成立，都不会影响这个行为的效力，那（这个行为）就是无因的。

现在我们以票据签发为例。

票据的签发往往有几种情况。第一种情况，甲欠乙 300 万元，甲向乙签发一张票据。那么按照生活逻辑、交易逻辑，票据的签发是有因还是无因？（同学们回答：有因。）有因。但是《票据法》说，票据的签发虽然在生活中、在交易上是有原因的，但即便在生活中、在交易上没有原因，你签发的票据我也承认其效力。那么这个票据行为是有因行为还是无因行为？（同学们回答：无因行为。）对了，无因行为。

假如法律说，甲乙之间的买卖行为无效会影响到票据行为的效力，那么这个票据行为是有因还是无因？（同学们回答：有因。）有因。如果不影响票据行为的效力呢？（同学们回答：无因。）对，无因！

好，这么讲很抽象，我们举个例子。

假如甲是一个间歇性精神病人。好像最近有一个诺贝尔奖获得者[1]，因车祸去世，大家为他去世感到非常惋惜，因为他在理论上有很大的贡献，

[1] 傅老师在这里提到的诺贝尔奖获得者即美国著名数学家、经济学家、现代博弈论创始人约翰·纳什。1994 年，他和另外两位博弈论学家共同获得了当年的诺贝尔经济学奖。2015 年，纳什夫妇不幸遭遇车祸，双双去世。第 74 届（2002 年）奥斯卡金像奖最佳影片《美丽心灵》就是根据纳什夫妇的经历创作的。

他提出了博弈论,但这个伟大的博弈论的创造者,却是一个间歇性精神病人,患有严重的精神分裂症,(精神状况)有的时候好,有的时候不好,不知道这种极端的精神状况跟他提出伟大的理论之间是否存在联系。(同学们温和地叹息)

好,我们就假设甲是一个间歇性精神病人。甲乙签订一份房屋买卖合同的时候,甲发病了,该买卖合同有效无效?(同学们回答:无效。)无效。但等到甲签发票据给乙的时候,神志很清醒。我们先撇开有因性、无因性,就单独从票据签发角度来说,能不能说这张票据因精神病人签发而无效?(同学们答:不能。)对,不能。好,现在我们把两者结合在一起判断一下。如果票据签发行为是有因的,甲签发票据的行为是有效还是无效?(同学们窃窃私语:是无效的。)到底有效还是无效?(有些同学开始改口说是有效的)是无效的!如果票据签发行为是无因的,甲签发的票据有效无效?(同学们回答:有效。)到底有效无效?(同学们更加坚定地大声回答:有效。)对的,有效。由此可见,法律在判断签发票据行为的效力的时候,如果考虑原因关系的,那就是有因行为,如果不考虑原因关系的,那就是无因行为。换言之,就看原因关系对票据行为的效力有没有直接影响。原因关系对行为的效力没有任何影响的行为叫无因行为,原因关系对行为效力有影响的,就是有因行为。

好,下面再举一个例子。

第二个例子与授权有关,委托授权。甲授权乙去买一套房,那么甲为什么会授权乙去买一套房屋呢?总是有原因的,也许乙是甲的员工,比如何校长[1]授权我去买1000本民法书,他为什么不授权别人要授权我呢,因为我是他的一个员工,这是不是原因?当然是,所以(授权)是有原因的。那么,假如这个原因不成立,会导致授权也不成立,这个授权行为是有因行为还是无因行为?(同学们异口同声:有因行为。)对,是有因行为。假如原因不成

[1] 何勤华,1955年生,北京大学法学博士,华东政法大学法律文明史研究院院长、教授、博士生导师。1999年12月至2007年3月担任华东政法学院院长,2007年3月至2015年6月担任华东政法大学校长。

立,授权行为照样成立,(有同学零星抢答:无因。)这个行为是有因行为还是无因行为?(同学们再次异口同声:无因行为。)对的,无因行为。我们国家法律虽然没有明确说,但实际操作是这样的(按照无因对待)。

假如现在甲授权乙作为代理人帮自己打官司,乙就成了诉讼代理人。这时候,法官就要看你乙有没有资格当诉讼代理人。

假如法官要看两个文件,既要看授权文件,又要看你甲乙之间有没有(基础)关系,那么在法官心目中,授权行为是有因还是无因的?(同学们回答:有因。)有因的。如果法官只看授权文书,不看你甲乙是不是存在什么员工雇佣关系,那么这个(授权行为)是有因还是无因?(同学们回答:无因。)对了,无因。

好,假如说甲到律师事务所签了一份聘请律师的合同,接着甲签发了一张授权乙打官司的授权文书,授权乙如下四个代理权:有权代理提供证据、代理反诉、代理和解、代理法庭上的抗辩。甲在授权文书上写了这四个授权内容。第一次开庭时,甲委托别人去旁听,发现乙话都说不清楚,语无伦次。(甲想)这样哪还行啊,这样下去官司要输掉的。于是甲跟乙解除了这份合同,我不再请你帮我打官司了,我去请丁律师了。但是甲忘了撤回授权。下次开庭时,法院还是通知乙去,因为甲没有跟法院说乙这个人不再代理了,法院当然认为乙还是授权代理人,所以法院通知了乙,反而没有通知甲(因为通知代理人就够了)。于是乙照样到法庭上去代理,并代理甲跟诉讼相对人达成了和解协议。

但是,甲认为这个和解协议对自己很不利,于是甲主张和解协议无效。无效的理由是什么呢?我已经炒了乙的鱿鱼,乙已经不再是我的代理人了,我已经请了丁作为代理人了。既然乙已经不再是我的代理人,那么他无权代理行为无效。现在法院怎么看待这个问题呢?法院说你这个授权文书没有被撤回,我始终认为他是有权代理,因此乙的行为不能被认为是你所说的无权代理。那么甲说,我们解除合同的文书都有,而且经过公证机关公证了,这个合同在开庭之前就解除了。甲认为合同解除了,授权就没有意义了。

那么按照甲的思维模式，授权是有因还是无因的？（同学们回答：有因的。）对，有因的，因为原因关系无效会影响授权的效力，没有原因关系，授权就无效了，乙就不是代理人了。但是在法官的思维模式中，授权行为是有因还是无因的？（同学们回答：无因的。）对的，无因的。

这个例子说明，任何一个行为都是有原因的，就看法律怎么判断。法律认为原因关系会影响行为的效力，那就是有因行为。法律认为原因关系不影响行为的效力，那就是无因行为。那么现实生活中，在我们国家，授权行为是无因的，所以法官的判断是对的。还有，票据行为也是无因的。

在德国，在我国的台湾地区，以及按照德国模式立法的国家和地区，有一个行为叫作物权行为。

先不讲物权行为是什么意思，我们先举一个例子。A 与 B 于 2014 年 1 月 1 日签订一份买卖合同，买卖的货物是一台机器，交付时间是 2015 年 1 月 1 日，间隔 1 年。交付时间到了，A 把机器交给 B，双方达成了转移机器所有权的合意，再加上一个实际交付，转移标的物所有权。那么在德国法上，他们认为这个（转移所有权的）合意行为是物权行为。从生活逻辑上来说，物权行为是建立在一个买卖基础之上的，在这个例子中（物权行为）是不是建立在买卖基础之上呢？（同学们频频点头）没有买卖合同，A 怎么会交机器给 B 呢？只不过，尽管在生活逻辑、交易逻辑上，物权行为建立在买卖基础之上，但即使买卖无效、买卖不存在，或者买卖因欺诈胁迫被撤销，并不影响物权行为的效力。那么现在问，在德国法看来，物权行为是有因的还是无因的？（同学们异口同声：无因的。）对的，无因的。

那么在中国碰到这种情况该如何处理呢？比如买卖双方于 2014 年 1 月 1 日签订机器买卖合同，2015 年 1 月 1 日双方达成机器所有权移转的合意并交付。在中国法律看来，假如买卖不成立、买卖无效、买卖被撤销，这种变动所有权的合意将是无效的，不发生效力。那么，中国这种变动物权的合意行为是有因行为还是无因行为？（同学们纷纷答：有因行为。）没错，就是有因行为嘛。

有因行为和无因行为的区别就在于,原因关系对行为效力会产生影响的叫有因行为;原因关系对行为的效力不发生影响的叫无因行为。在中国,只有两种(行为)是无因行为——委托代理中的授权行为和票据行为,其他都是有因行为。关于有因行为和无因行为,我们就讲到这里。

(六)主行为和从行为

下面我们讲主行为与从行为——两个行为相互有关联,其中一个行为能够主导另外一个行为命运。那么主导的行为叫主行为,被主导的行为叫从行为。

我曾经在讲到主权利、从权利的时候举过一个例子,现在继续用这个例子展开。

甲向银行借款 50 万,银行问谁来担保,乙说我来担保,于是乙跟银行签订一份保证合同。那么甲和银行签订的借款合同是主行为,乙跟银行签订的保证合同是从行为。主行为能不能主导从行为的效力呢?能。主行为如果无效了,保证行为有效无效?(同学们回答:无效。)对,也无效。那么保证行为无效,能不能决定主行为无效的?(同学们回答:不能。)对,不能。记住,从行为不能主导主行为的命运,而主行为却能主导从行为的命运。

(七)独立行为和辅助行为

第七种分类是独立行为和辅助行为。一般的行为都是独立行为,下面我们着重讲辅助行为。

甲是一个未成年人,但已经 17 岁了,他向银行借款 500 万。甲的行为是一个什么性质的行为?有效、无效还是效力待定?(同学们回答:效力待定。)效力待定!你若说它有效吧,他行为能力不合格。因为限制民事行为能力人可以进行三种行为,第一种,与他年龄相仿的(行为)。500 万金额的借款与其年龄相仿不相仿?(同学们纷纷答:不相仿。)第二种,纯获利益。向银行借钱要不要付利息啊?(同学们回答:要。)要付利息,(所以这)不算是纯获利益。第三,经父母同意,那么父母同意了没有?(同学们迟疑地答:不知道。)没有,因为没有明确讲,没有可以证明父母同意的事实(当然不能排除事后同意),所以这种行为叫作效力待定(的行为)。

现在甲的爸爸乙说:“儿子不错! 儿子的行为我认可了,同意了!”那么银行问乙,你儿子跟我签订合同,你怎么办? 乙说:“同意!”那么甲的爸爸乙的行为叫作什么呢? (有几个同学说:追认行为。)我们说甲的行为叫作基本行为,他爸爸的行为叫辅助行为,帮助甲的行为发生效力。好,事后追认是辅助行为,那么事前预先表示同意的行为,是不是还叫辅助行为? (有同学答:不是了。)仍然是的! 是否属于辅助行为与事前还是事后无关。

那么辅助行为本身会不会发生效力? 如果离开了其所辅助的对象,辅助行为会不会发生效力? (同学们回答:不会。)不会,它是帮助其他行为发生效力的,这里的“其他行为”我们就把它称为被辅助行为。

(八)身份行为和财产行为

好,下面我们讲身份行为和财产行为。

我们曾经讲过处分,处分又分为狭义的处分和广义的处分。其中,狭义处分共有四种形态,我们来背一背! (同学们开始闹哄哄地背,但似乎背得都不太准确。)任何狭义的处分都是对权利的处分。根据处分的权利,第一种是转让权,比如我把房屋所有权移转给你。

第二种是在权利上设定负担。比如我把房屋抵押给银行,实际上是我在房屋的所有权上设定了抵押权(负担)。我把花瓶质押给银行,看起来是花瓶上设立了负担,实际上是花瓶的所有权上设立了负担。我把债权质押给银行,就是在债权上设立了负担。这个负担除了可以是抵押权、质押权以外,还可以有其他——比如用益物权——国家有一块土地在松江,国家在这块土地上为华政设立一个建设用地使用权,那么就是在国家土地所有权上设立负担。这是两种处分。好! 第一种(处分)是转让权利,原来权利是我的,现在权利是你的。第二种(处分)是在权利上设定负担,权利仍归属于我。

第三种是什么? 权利内容的变更,比如一个建设用地使用权,它原来的期限是50年,现在变更为70年;原来建设用地使用权是住宅建设用地使用权，现在变更为商业建设用地使用权，或者变更为工业建设用地使用权；一个抵押权，它原来是第一顺位的，现在变成第二顺位，或者原来是第二顺位的，现在变成第一顺位。这些都是权利内容的变更。

第四种，权利的抛弃。我把所有物扔掉了，原来我对这个物、这个动产有所有权，现在没有所有权了。欠我的 100 万，现在一笔勾销不用你还了，免除人家债务也是抛弃的一种。所以，处分行为处分的是权利，处分的是一种关系。

处分权利有处分人身（权利）的，也有处分财产（权利）的。

处分人身（权利）——比如结婚、离婚，是身份行为；再比如收养关系的建立、解除，也是身份行为。

财产行为，就是导致财产关系发生变动的行为。财产行为包括处分行为，比如把房屋处分给别人——在房屋上设定一个负担，改变建设用地使用权的内容，抛弃权利——这都是处分行为。此外，财产行为还有一种，叫作负担行为。负担行为只发生债权债务关系——处分行为会导致权利的变动，而负担行为只是发生债权债务关系，仅此而已。比如甲乙两个人签订买卖合同，发生债权债务关系，债权债务关系（的内容）是什么呢？甲有义务把标的物交付给乙，并转让标的物的所有权，乙有义务把钱给甲，他们发生债权债务关系。因此，负担行为又可以表述为仅发生债法上后果的行为。

（九）债权行为、物权行为和准物权行为

下面我们讲债权行为、物权行为和准物权行为。我们国家的立法中没有这个分类，但在学理上，研究得比较多，争论也比较多，所以我们要来讲一讲。

债权行为、物权行为和准物权行为，这种区分来自德国民法。我国台湾地区“民法”也有。

什么叫债权行为？若某一行为只发生债权债务关系，或者只发生债法上的后果，叫债权行为。什么叫作物权行为？那些会使物权发生转让、在物权上设立一个负担、使物权的内容发生变更或者使物权消灭的行为，都是物

权行为。那么物权行为和处分行为是不是一样的？不一样。物权行为是不是处分行为？是的。反过来，处分行为是不是物权行为？不一定，处分行为的外延比物权行为大一点。

好，我们现在知道了，处分行为是转移"权利"的行为、在"权利"上设定负担的行为、变动"权利"内容的行为、抛弃"权利"的行为；物权行为是转移"物权"的行为、在"物权"上设定负担的行为、变动"物权"内容的行为、抛弃"物权"的行为。是不是(物权行为的范围)更窄一点？(同学们应声：是。)一个抽象，一个具体。处分行为更抽象，物权行为更具体。那么能不能说处分行为可以把物权行为涵盖进去呢？(同学们回答：可以的。)

那么什么叫准物权行为呢？如果一个处分行为所处分的是物权以外的其他权利，我们可以把它称为准物权行为，比如转让债权——假如你欠我100万，我把对你的100万债权转让给第三人，让第三人向你要钱，是不是转让债权的行为啊？转让债权的行为是不是处分行为？(同学们回答：是的。)是处分行为。

我把债权质押给银行，向银行借了100万，这个被用于质押的债权上面就被设定了一个负担，这个行为是不是处分行为？(同学们回答：是。)是的。变更债权内容的行为，抛弃债权——也就是免除债务——的行为，这些都是对债权的处分，我们把这些处分债权的行为称为准物权行为。它们所处分的不是物权，但它们可以类推适用物权的法则，叫作准物权行为。

那么，我们区分债权行为、物权行为和准物权行为的目的何在？目的在于(明确)债权行为发生的后果是债法上的效果；物权行为发生的后果是物权变动；准物权行为的后果是其他权利发生变动。

(十)处分行为和义务行为(负担行为)

下面我们讲一个处分行为和义务行为。在我们国家讲处分行为和义务行为是有意义的。虽然我们国家(的立法)没有(规定)物权行为，但我们国家也有物权变动(的制度)，那些导致物权变动的行为就可以认为是处分行为，那些仅仅设定债权债务关系的行为叫作义务行为。

下面我举个例子。

甲和乙2014年1月1日签订了房屋买卖合同。2015年1月4日,双方达成了物权变动的合意并办理过户登记。2015年5月1日,甲把买卖的房屋交给了乙。仔细琢磨一下,这里有几个行为啊?(有同学悄声答:三个。)第一个行为签订了买卖合同,第二个行为是(物权变动的)合意,第三个行为是登记,第四个行为是交付房屋。现在问,关于第一个行为,在德国看来是债权行为、物权行为还是准物权行为?(有同学怯怯地回答:是债权行为。)签订买卖合同发生什么后果?(教室里响起一片嗡嗡声)谁说能发生所有权变动的后果?我刚才不是说了吗,买卖的后果就是出卖人有义务将标的物交付给买受人,出卖人有义务将所有权移转给买受人,买受人有义务给钱,就是这些后果。签订一个买卖合同,买卖的标的物的所有权就发生转移了吗?(同学们回答:没有。)没有!仅仅产生了这些义务。

那么好,"仅仅发生"的这些义务,都叫债务,仅仅发生债务的行为,我们把它称为债权行为,也可以称为债务行为,都是一个意思。

刚才我讲了,按照德国民法,房屋的所有权什么时候转移的?(同学们纷纷答:登记的时候。)登记!物权变动的合意加上登记才会发生转移。没有登记,所有权不转移。所有权转移不是根据债权行为,而是根据物权行为。因为在德国,物权行为是独立于债权行为以外的无因行为。尽管在生活中,按照逻辑,没有债权行为就不会去登记,但假如当事人基于债权行为办理了过户登记,事后发现债权行为无效,是否会影响所有权过户啊?不影响,所以它(指物权行为)是无因行为。

那么2015年5月交房子又是什么行为?是清偿行为,履行合同的行为。由此合同履行了,原来的债权消灭了。这个行为发生不发生物权变动?不发生。不动产物权变动以登记为要件。我们前几节课不是分析了动产和不动产的区别吗——不动产物权变动以登记为要件,动产物权变动以交付为要件。

现在物权变动的时间节点,是14年1月1日、15年1月4日,还是15年

5月1日，是哪个时间点？（同学们纷纷答：是15年1月4日。）对的，15年1月4日物权变动。那假如14年1月1日的这份合同无效，在德国，物权变动了没有？（同学们回答：也变动。）对，也变动，为什么说也变动呢？（更多同学答：无因行为。）因为它是无因行为，不管买卖合同有效无效（都发生物权变动）。如果这份合同因为重大误解，或者是显失公平，或者是欺诈胁迫，被撤销掉了……假如知道撤销事由是在14年9月1日，提出撤销的时间是15年6月1日，其间有没有超过1年（撤销权行使的除斥期间）？没有。撤销了买卖合同，物权变动受不受到影响？（同学们纷纷答：不影响。）对，不影响，因为这是无因行为。

那么在我们国家，（上例中）导致物权变动的行为是14年1月1号的行为，还是15年1月4号的行为？（有同学答14年的，也有同学答15年的。）应该是15年1月4号，因为我们国家不动产物权变动也要登记——这是我们曾经讲过的知识点，我们学过的知识要巩固，不要把学过的知识扔在一边，只顾学新的知识，新的知识和旧的知识是阶梯性的，新的知识是建立在旧的知识基础上。（此时下课铃声响起）好，今天我们就讲到这里，同学们再见！（掌声）

（开始上课）关于民事法律行为的分类，在之前的课程中我们已经讲了债权行为、物权行为、准物权行为，在处分行为和义务行为（负担行为）这一组分类中，给大家介绍了处分行为。现在我们来复习一下处分行为的相关内容。

处分行为通常可以分为四种情形，哪四种情形大家还记得吗？

第一种情形，权利的转移。举例而言，原来这个房屋是我的，现在我把房屋的所有权通过买卖的方式转让给你，这个房屋的所有权就是你的了。同理，原来这个专利权是我的，现在我把它转让给你，这个专利权就是你的了。

第二种情形，在权利上增加一个“负担”。举例而言，我把房屋抵押出去，就是在这个房屋所有权上增设了一个抵押权；或者我把专利质押给银行，就是在专利权上增设了一个质权。房屋所有权在增设抵押权之后还能移转吗？不能。[1]

第三种情形，权利内容的改变。举例而言，根据地方政府的规划调整，土地性质是会发生变化的，比如一块土地可以由农用地转变为工业用地。而土地使用权性质的改变，实际上也是权利内容的改变。比如，一块地由农用地转变为工业用地，相应地，土地使用权人的权利从农用地使用权转变成建设用地使用权。再比如，即便同样是建设用地，权利的内容也有进一步的细分，比如原来是住宅建设用地，现在变成工业建设用地；原来是工业建设用地，现在变成商业建设用地，这些都属于权利内容的改变。所以，不是说你有一块土地就可以造房子，如果按照规划这块土地只能用来种庄稼（农业用地），那么就不能在其上造房屋（建设用地）；即便可以用来造房屋，如果规定只能用来造工厂（工业建设用地），就不能用来建住宅（住宅建设用地）。这就是（处分的）第三种情形，权利内容的改变。

第四种情形，权利的消灭。例如，我将这个手机扔进垃圾桶，我就放弃了手机的所有权。再比如，放弃专利权，放弃商标权，都会导致权利的消灭。债权有没有被放弃的情形？（同学们回答：有。）也有，这种放弃表现为什么形式？不行使债权。

好，处分行为就是处分权利的行为，以上四个方式都是对权利的处分。

至于义务行为，指的是为自己设定债务的行为。我们之前说过，民法中有广泛适用的“四字真言”，是哪四个字？（同学们回答：义务自主。）对，这里所讲的义务自主就是（当事人得依自己意思）为自己设定债务。比如签订买卖合同为自己设立了债务，签订租赁合同为自己设立了债务，签订赠与合同

---

[1] 关于房屋上增设抵押权后所有权人能否处分房屋的问题，依《物权法》第 191 条，需经抵押权人同意，抵押人方能处分抵押财产。《民法典》第 406 条对此作出调整，依该条，除另有约定外，抵押人转让抵押财产只需提前通知抵押权人即可，而无需取得抵押权人同意。至于该条中规定的“另有约定”究竟具有何种效力，即假如抵押双方特别约定，“抵押人处分抵押财产须经抵押权人同意”，该约定能否对抗抵押财产的买受人，《民法典》并未明确，《民法典担保制度解释》第 43 条对此作出规定，该约定能否发生对抗效力，取决于该约定是否经过登记。在实际效果上，由于《民法典担保制度解释》第 43 条的存在，抵押人处分抵押财产的自由仍然受到重大制约。

为自己设立了债务。记住！为自己设定债务只发生债法上的效力。

刚刚给大家介绍了处分行为和负担行为的定义，那么我们如何辨别、判断这两个行为呢？这和权利的性质有一定关联。下面我们先来回顾一下民事权利的分类。

之前和大家提到，基于权利内容对民事权利进行分类，可以分为继承权、债权、物权、人身权、知识产权等。这些权利内部还可以进行不断细分。以物权为例，根据物的所有人是自己还是他人，可以将物权分为自物权与他物权。自物权就是对自有之物享有的物权，而他物权——顾名思义——是对他人所有的物享有的在占有、使用、收益、或处分的某一方面（或某几方面）进行支配的权利。

我们还可以对他物权再进行细分，根据设立目的是实现物的使用价值还是交换价值，他物权又可以分为担保物权和用益物权。再往下细分，用益物权下面又有很多分类，例如土地承包经营权、建设用地使用权、地役权等。担保物权也有很多分类，有抵押权、质权、留置权，黑板上位置不够了，我不写了。（同学们笑）

处分物权的行为，叫处分行为；处分人身权的行为，也叫处分行为。同学们可能会问，人身权怎么处分？可不可以把别人的人身权转让给我？（同学们回答：不可以。）能不能在人身权上设定负担？我们想一想本质，设定负担有可能最终会导致权利的移转，而刚才也提到，人身权是不能转让的，所以人身权上不能设定负担。那在什么情形下会涉及人身权的处分呢？大家想想看，人身权可不可以被消灭？这里我们要一分为二来看：人身权分为身份权和人格权，身份权可以消灭——给大家举这么几个例子，夫妻离婚，收养关系被解除，这些就是人身权中的身份权的消灭。因此身份权可以建立起来，也可以消灭，这意味着人身权中的身份权是可以处分的。但是相比之下，人格权不能抛弃，不能转让，也不能继承——也就意味着人格权不能被处分。

好，处分身份权的行为也叫处分行为，那么有没有处分知识产权的行为？（同学们回答：有。）刚才我举的例子，专利可不可以转让？（同学们回答：可以。）可以。在专利上设立负担可不可以？（同学们回答：可以。）可以。放弃专利可不可以？（同学们回答：可以。）可以。这都是处分专利权的行为。所以，知识产权也是可以被处分的。

有没有处分债权的行为？（同学们回答：有。）有。我把甲欠我的债转让给第三人乙，这是不是把我对甲的债权处分给乙了？（同学们回答：是的。）所以债权是可以被处分的。

继承权可不可以被处分？继承权不可以转让，不可以设定负担，也不可以变更——继承权不得以这些方式进行处分。那么在什么情形下继承权可以被处分？抛弃继承权行不行？我放弃继承总可以了吧，所以放弃继承权也是一种处分。

综上，民事权利中，有的不能处分，有的可以处分。之前我们说哪些权利是不得处分的？人格权不得被处分——比如姓名权可不可以转让出去？（同学们回答：不可以。）生命权可不可以转让出去？（同学们回答：不能。）不可以。生命权也不存在抵押和变更的问题。生命权可以被放弃吗？不能放弃！自杀也是不被（鼓励和）允许的，所以你帮助他人自杀在民法上依然会构成侵权。除此以外，大部分权利都可以处分，处分这些权利的行为就是处分行为。

现在我们再回到第九个分类，债权行为和物权行为。刚才我们说了，债权行为就是一种负债行为，义务自主嘛，为自己设定债务的行为，只会发生债法上的效果。债务的设定可以是单方的行为，也可以是双方的行为。比如甲乙签订买卖合同，买卖双方各自为自己设立了债务——出卖人为自己设定的是交付标的物并转移所有权的债务；买受人为自己设定的是给付价金的债务。这就是典型的债权行为。与此相对，物权行为就是处分物权的行为。准物权行为，就是指非债权行为中，直接产生物权以外权利变动效果的民事法律行为。

刚刚和大家仔细梳理了债权行为、物权行为、准物权行为这一个分类。

但是在我们国家的立法中没有物权行为。物权行为是德国法的发明创造，德国法认为物权行为是无因的、独立的、抽象的。而我们国家除了台湾地区之外，大陆不承认无因的物权行为的存在，也就等同于不承认物权行为。

在德国有物权行为，相应地，一定有债权行为的存在。然而在我们国家（立法中）没有（明确规定）物权行为，那么还有没有债权行为呢？（同学们回答：有。）也没有债权行为。（同学们发出疑惑的声音）因为物权行为与债权行为是一对概念，彼此共生。没有物权行为这一称呼，也就没有债权行为这一称呼了。那么我们把订立买卖合同这类行为称为什么呢？负担行为、义务行为。与之对应，处分包括物权在内的权利的行为，就叫作处分行为。[1]

（十一）处分行为和管理行为

接下来是处分行为和管理行为。时间关系，管理行为我们就不讨论了，因为它根本不是一个法律行为。

（十二）财产给付行为和非财产给付行为

接下来的一组分类是财产给付行为和非财产给付行为。凡是一切增加他人财产的行为，都叫财产给付行为，比如通过交付把动产的所有权转让给他人。相应地，没有增加他人财产的行为就叫作非财产给付行为，比如我把东西扔了，这就是非财产给付行为，因为扔掉的东西变成了无主物，它不会增加别人的财产。再比如我放弃自己的专利权，那么有没有人因此而取得这个专利权？没有，因为它进入了公有领域，没有增加特定人的财产。

（十三）生前生效行为和死后生效行为

好，我们来说最后一个分类，生前生效的行为和死后生效的行为。除了遗嘱以外，其他行为都是生前生效的行为。遗嘱是什么时候生效的？在被继承人死亡的时候生效。

好，关于民事法律行为的分类我们就讲到这里。

---

[1] 我国的立法是否承认了物权行为，是一个长期存在争议的问题。虽然从法律解释的角度，若不承认物权行为之存在，许多法条的解读会产生矛盾，但即便从《民法典》的文本出发，仍然很难得出“立法者承认了物权行为”这一结论。

五、民事法律行为的成立与生效

下面我们讲民事法律行为的成立与生效。

(一)民事法律行为的成立

首先我们来讨论民事法律行为的成立问题。民事法律行为的成立要满足一定的要件。这里的成立要件分为一般要件和特殊要件。一般要件是所有民事法律行为的成立都应具备的;有些民事法律行为的成立,除了应具备一般要件外,还需要同时满足特殊要件。

一般要件有三个:

(1)主体要件。法律行为要有人的参与。与宠物签订一份合同,这个法律行为成立了没有?没有成立。与菩萨签订一份合同,这个法律行为成立了没有?也没有成立。因为这两个对象都不是法律意义上的主体。

(2)内容要件。法律行为的内容要涉及权利义务的变动,不是处分,就是负担。如果不发生变动,就不属于法律行为。

(3)要有效果意思。民事法律行为不是开玩笑,开玩笑的时候就没有效果意思。我们把开玩笑的行为叫作戏谑,或者说戏言。

除戏谑行为之外,好意施惠(情谊行为)同样不属于法律行为。

有一年司法考试考了这么一个题目,一个老人上火车,看到一个年轻人在打瞌睡,于是老人说小伙子你睡觉吧,到站了我叫你。后来到站的时候,老人自己也睡着了,没有叫醒小伙子。假如年轻人打官司让老人承担违约责任,我们首先要评判,他们两个之间有没有产生法律关系,老人跟年轻人之间的合意是否能认定为合同的成立。

第一,有没有法律上的主体?(同学们回答:有。)有。第二,有没有内容?(有同学答:有。)没有。(同学们表示惊诧)为什么会没有内容?因为老人说这句话的时候根本就没有在追求一个会改变权利义务关系的后果。实际上,老人在说"到站我把你叫醒"这句话时,没有为自己设定一个法律上的义务,没有把双方的讨论、结论、合意看作是一个具有法律拘束力的行为。

老人说这个话，显然没有效果意思。没有效果意思，就不能认为双方之间成立合同，所以老人不需要承担任何法律责任。我们往往把这种行为称为好意施惠的承诺。这个承诺不作数的，法律行为的成立要件要具备效果意思，需要当事人意识到了这个行为有约束力。

好，以上是法律行为成立的一般要件，任何法律行为都必须具备上述要件。

此外，某些法律行为的成立还要具备特殊要件，比如说实践行为必须以交付标的物为成立要件。典型的例如保管行为，必须交付保管物，保管行为才成立。再如民间借用行为，甲向乙借一支钢笔来用，乙答应了，最后又不给了，甲能不能追究乙的违约责任？（同学们回答：不能追究。）为什么不能追究？此时法律行为成立了没有？（同学们回答：没有。）没有，甲拿到钢笔的时候才成立。[1]

除实践行为外，要式行为的成立也需要具备特殊成立要件。要式行为是指法律规定或当事人约定必须要有特定形式的行为，没有符合特定形式则法律行为不成立。举个例子，我国《继承法》规定，订立遗嘱有五种形式，那就不允许有第六种形式出现。[2] 哪五种？第一，书面遗嘱。第二，代书遗嘱，比如请他人代写。第三，录音遗嘱。第四，口授遗嘱，也就是口头遗嘱。其中口头遗嘱不是在任何场合都可以订立的，只有在危急情况下（才可以）订立。比如说潜水员要下水去救某侧翻客轮的客人了，下水之前他想起来，说："班长先听我立个遗嘱，万一我下去之后不幸牺牲，我的房子给某个人。"这个口头遗嘱是有效的。但是等他（成功）上来之后，危急情况消失，口头遗嘱即失效。[3] 最后一种形式的遗嘱是公证遗嘱。那么根据我们国家

[1] 该规则来自《合同法》第 367 条，为《民法典》第 890 条（"保管合同自保管物交付时成立，但是当事人另有约定的除外。"）承继，无实质性变更。

[2] 在《继承法》的基础上，《民法典》继承编第三章又增加了一种遗嘱形式，即打印遗嘱，故《民法典》规定的遗嘱共包括六种形式，分别是自书遗嘱（第 1134 条）、代书遗嘱（第 1135 条）、打印遗嘱（第 1136 条）、录音录像遗嘱（第 1137 条）、口头遗嘱（第 1138 条）和公证遗嘱（第 1139 条）。

[3] 该规则来自《继承法》第 17 条第 5 款，为《民法典》第 1138 条（"遗嘱人在危急情况下，可以立口头遗嘱。口头遗嘱应当有两个以上见证人在场见证。危急情况消除后，遗嘱人能够以书面或者录音录像形式立遗嘱的，所立的口头遗嘱无效。"）承继，无实质性变更。

的《继承法》,遗嘱是要式行为还是不要式行为?(同学们回答:要式行为。)

好,再讨论一个问题,书面遗嘱需要符合什么形式?第一,亲笔书写。第二,手写签名。第三,写上年月日。[1] 现在黄浦法院受理了一个案子,有一个立遗嘱人打印了一份遗嘱,在上面签了名,写上年月日,这份遗嘱成立没有?(有同学答:没有,也有同学答:成立了。)没有成立。因为书面遗嘱要求三个成立要件,它只具备两个要件,"亲笔书写"这个要件不具备,所以没有成立。[2] 长宁法院也受理了一个案子,有个人姓名叫张老三,遗嘱写好了,最后(落款签名处)漏写了姓氏"张",但"老三""年月日"都写了,笔迹都是他的。这份遗嘱成立了没有?(同学们回答:没有。)没有成立,因为姓氏没写上去。徐汇法院也受理过一个案子,内容都是立遗嘱人自己写的,姓名也写上去了,日期只写了"年月",但没有写"日"。大家都证明遗嘱就是他写的。现在问,这份遗嘱成立了没有?(同学们回答:没有。)不成立!这就是法定的要式行为。行为必须符合法定要式才能成立。还有一种要式行为是约定的要式行为,即当事人约定必须采取特定的形式行为才能成立。

好,以上就是民事法律行为成立要件的相关内容。

(二)民事法律行为的生效

下面我们来讲民事法律行为的生效。民事法律行为的生效要件也有两个,一般要件和特殊要件。法律规定特殊要件的,则这种行为(必须)符合法定特殊要件才能生效;法律没有做特殊要求的行为,满足一般要件即可生效。法律行为的一般(生效)要件涉及两个方面。其一,关于法律行为内容的生效要件。其二,关于意思表示的生效要件。我们先来说第一个方面。

1. 一般生效要件之一:关于法律行为内容

什么是法律行为的内容呢?法律行为的性质、法律行为的当事人、标

---

[1] 该规则来自《继承法》第17条第2款,为《民法典》第1134条("自书遗嘱由遗嘱人亲笔书写,签名,注明年、月、日。")承继,无一字更改。

[2] 此处傅老师是按照自书遗嘱的要件来对这个案件进行分析,并得出结论,认为其不具备自书遗嘱的成立要件。若依《民法典》第1136条("打印遗嘱应当有两个以上见证人在场见证。遗嘱人和见证人应当在遗嘱每一页签名,注明年、月、日。")对于打印遗嘱的专门规定,该遗嘱亦不具备特殊成立要件。

的、价格、数量等,这都是法律行为的内容。

关于法律行为内容的生效要件有如下几项:第一,内容必须确定。比如一个合同要成立,内容上最少要确定标的物及其数量。举例而言,甲乙签订一份买卖合同,但合同内容只写了买卖的标的物,比如钢材,没有写买卖的数量。(买卖合同)这个法律行为生效没有?(同学们回答:没有。)没有生效。再比如,甲乙两人签订一份租赁合同,但没有写租什么,法律行为生效了没有?也没有。租赁标的物都没有,不知道你到底要租什么,所以租赁合同不能生效。

第二,内容可能。内容可能是内容不能的相对概念。内容可能的情形太多了,我们无法穷尽。但是内容不能的情形是可以穷尽的。所以我们直接来解决内容不能的问题,排除了内容不能,剩下的情形就是内容可能。

内容不能指的是给付不能。给付不能有四种分类。

第一种分类,客观不能与主观不能。把这个例子记下来,甲欠乙 100 万而不愿意还,这是主观不能还是客观不能?(同学们回答:主观。)主观不能。甲乙签一个房屋买卖合同,甲有义务交付房屋给乙,谁知房屋因为地震垮了,还能交吗?(同学们回答:不能。)再造出来的房屋是原房还是新房?新房。特定物灭失了没有?(同学们回答:灭失了。)灭失了,给付能还是不能?不能!主观不能还是客观不能?(同学们回答:客观。)客观不能。

再举个例子——这是我现编的——"东方之星"轮船上有一个商人,带了 5 幅名人字画,准备到重庆去交给买主。现在船沉了,这个画又是国画,国画在长江水域泡了 8 个多小时,捞起来就成了一堆废纸。现在我们来判断一下,这个国画买卖合同的给付能还是不能?(同学们回答:不能。)不能。是主观不能还是客观不能?(同学们回答:客观不能)客观不能,和商人主观没有关系。

第二种分类,永久不能与一时不能。我欠别人 5 块钱,现在身上没钱,这叫一时不能还是永久不能?(同学们回答:一时不能。)刚才的名人字画的给付不能,是一时不能还是永久不能?(同学们回答:永久不能。)

第三种分类,自始不能与嗣后不能。还拿刚才国画买卖合同举例。头一天晚上 11 点沉船,第二天早上新闻才播出沉船的信息。假如合同当事人于头一天晚上 12 点在酒吧里签下这幅名人字画的买卖合同,卖方说我有一幅名人字画,跟着"东方之星"马上要到重庆来了,我就这幅画跟你签订买卖合同。签约的人知不知道这个字画已经沉到江里了?(同学们回答:不知道。)不知道,他们在第二天早上看新闻才能知道。这个例子中,在合同签订当时,(标的物)还能不能交付?(同学们回答:不能。)不能。那么好,11 点沉船,12 点签约,签约以前就发生了不能给付的意外,这就叫自始不能。

相应地,签约后——不包括签约当时——发生不能的叫作嗣后不能。假如晚上 10 点签了买卖名人字画的合同,晚上 11 点船沉没了,国画尽毁,这叫自始不能还是嗣后不能?(同学们回答:嗣后。)嗣后不能。

最后一个分类,事实不能和法律不能。前面我们讲了那么多例子,无论是买卖字画还是买卖房屋,最后无法交付都是由于客观事实上的原因交付不了,而不是因为法律上的原因,这就是事实不能。现在举个法律不能的例子,买卖毒品在客观上是可以交付的,但是法律上禁止交付。这种因为法律规定而不能给付的,也叫给付不能。这种给付不能称为法律不能。

好,四类给付不能我们都弄懂了,不同的情形会对法律行为的效力产生不同影响。首先明确,凡法律不能的,这个行为有效无效?(同学们回答:无效。)无效。

如果是事实不能,还得具备其他三个要件才能认定行为无效。哪三个要件?第一,自始不能;第二,永久不能;第三,客观不能。加上事实不能一共几个要件?四个,四个要件组合在一起,事实的、自始的、客观的、永久的不能,这样的法律行为无效。

我们举一个典型例子,大家把例子记下来。甲乙两个人签订一份买卖合同,买卖的标的物是太阳。甲有没有能力交付太阳?没有。这是法律禁止他交还是客观上不能交?(同学们回答:客观上不能。)是事实不能还是法律不能?(同学们回答:事实不能。)这是签合同之前不能,还是签合同之后不能？（同学们回答：之前。）之前就不能，并非以前有能力交，现在没有能力交，所以是自始不能。是主观交不了还是客观上没有能力交？（同学们回答：客观。）最后，是现在交不了，明天可以交，还是永远交不了？（同学们回答：永远。）永远交不了。这个法律行为荒唐吧？（同学们笑着回应：荒唐。）有效无效？无效！所以我们说民事法律行为会因为两种内容不能的情形而无效。第一种是法律不能，民事法律行为无效。第二种是在事实不能的情况下，组合了上述四种情况，即自始、永久、客观、事实不能，法律行为无效。

但是新的理论出现了，根据德国新债法的规定，在事实不能的情况下，即使同时符合另外三个要件（自始、永久、客观不能），该法律行为也有效，不能给付就要承担违约责任。为什么德国人会把法律改掉，德国人不是很严谨吗？首先，德国人认为，那些太阳、星星的例子都是学者假想出来的，现实生活中有没有这种情况？没有，一般人不会去买卖太阳。所以这些假设的例子（没有现实意义），这里面有荒唐的地方。

那么，为什么明明自始不能，还要认为它有效呢？因为客观不能是很难判断的，在很多场合，客观不能和主观不能是很难区分的。我前面举的这两个例子看上去很容易识别，是因为我举的是两个极端情形。拒绝履行义务是一个极端，即主观不能。交不了太阳或者交不了已经灭失的物，客观不能，也是一个极端。但大量的情形没有那么极端，而是处在主观不能和客观不能之间的模糊地带，这时候要识别这种情形到底属于客观不能还是主观不能就变得非常困难。

举个例子，和演员签订一份合同，演员当天生病了，不能上台演出，他是主观不能还是客观不能？（同学们回答：客观。）客观不能！但是他的病是自己故意弄出来的，他把自己手指砍掉一个——当然，我讲的例子比较极端了——大家说这是主观不能还是客观不能？这又变成主观不能了。假如他现在是感冒发烧，你说他是主观不能还是客观不能？都不好说。早上这么冷的天，他下河去游泳了，下河游泳一定要注意（保暖），他也没有注意，所以晚上发烧了，那就是主观不能。但是这个人平时身体还不错的，经常冬泳，那又是客观不能了。大家看,事实稍微变一变,到底属于主观不能还是客观不能就很难判断,进而就很难认定法律行为有效还是无效。所以德国人说,不要去判断是主观不能还是客观不能了,(不管是哪种事实不能)一律认定法律行为有效。

这是一个理论的发展,等到我们国家也同意了德国的说法,"内容不能"也就不会再成为民事法律行为无效的事由了。[1] 因为内容不能包括事实不能和法律不能两种,假如事实不能不再影响法律行为的效力,法律不能就直接按照内容违法来处理就行了,因为法律不能其实就是内容违法。这就涉及了法律行为一般生效要件的第三点。

这第三点就是内容合法。同学们一定要关注《合同法》第 52 条第 5 项的内容,[2]需要注意三点。第一,这里的"法"是指全国人大及其常委会制定的法律,及国务院发布的行政法规。第二,这里的"合法"强调的是不违反强制性规定,而不是任意性规定。第三,这里的"合法"所涉及的强制性规定,指的是有关法律行为效力性的强制性规定,而不是指管理性的强制性规定。概言之,(法律行为的)内容合法,有三点需要注意,第一点是立法机构,这关乎法律性质;第二点是强制性规定;第三点是效力性强制性规定。

好,有关民事法律行为内容的生效要件还剩最后一个,也就是第四个要件,内容不得违背公序良俗。违背公序良俗的法律行为无效。四川泸州有一个典型案子。[3] 我们知道,泸州老窖很出名,但泸州的这个案子比泸州老窖更出名。(同学们大笑)

在泸州,有一个男子立了一个遗嘱,说我死后我的一切财产给某某女子,老婆和子女都没有。而某某女子是他包养的"二奶"。男子死后,这个女

---

[1] 《民法典》未规定事实不能会影响法律行为的效力。

[2] 依《合同法》第 52 条第 5 项规定,"违反法律、行政法规的强制性规定"的合同无效。《合同法解释(二)》第 14 条规定,"合同法第五十二条第(五)项规定的'强制性规定',是指效力性强制性规定"。《民法典》第 153 条第 1 款规定,"违反法律、行政法规的强制性规定的民事法律行为无效。但是,该强制性规定不导致该民事法律行为无效的除外"。

[3] 参见张某英诉蒋某芳遗赠纠纷案,四川省泸州市中级人民法院民事判决书,(2001)泸民一终字第 621 号。

子拿了这份遗嘱,找男子的老婆和孩子要遗产,老婆孩子坚决不干。于是女子不得已打官司状告男子的老婆孩子,要求执行这个遗嘱,法院判决遗嘱无效。无效的理由是什么呢?就是遗嘱内容违反公序良俗,他的遗产不给自己的老婆孩子,却给“二奶”,(这)像什么话?不行!

这个判决在全国引发很大争议,有人说,难道一个人把自己的财产留给别人不可以吗?为什么一定要留给老婆孩子?大家来看,这里的争议焦点在于两个(价值)位阶之间的冲突,即处分自由重要还是公序良俗重要?处分自由其实也属于公序良俗的范畴,那么哪个公序良俗更重要?(法律界)沸沸扬扬讨论了半年,二审开庭了。二审的审理在剧场公开进行,在座有几百人旁听,座无虚席。法院当庭宣判,驳回上诉人的上诉请求,维持原判。

显然,二审的判决跟一审的判决是一样的,也认为这个遗嘱违反公序良俗。判词刚一读完,下面坐着的人“哗”地全部站起来了,鼓掌长达两分半钟,雷鸣般的掌声。(同学们大笑)法院就是要(通过这种方式来)检验何为公序良俗,我说了不算,法学家说了也不算,不管谁发表什么文章说了都不算,而是应该让群众来说说这是否违背公序良俗——群众通过大礼堂的掌声做出了回答。我们所说的公序良俗,应当符合社会主义的价值理念、价值观。法院的判决就符合了这一点。

2. 一般生效要件之二:关于意思表示

前面我们讲了法律行为一般生效要件中的第一个,与法律行为内容有关。下面我们来说第二个,与意思表示有关。这里有两点需要注意。

第一点,主体要合格。主体合格分为以下三个角度。

首先,主体要有权利能力。假如我们这个班级去签合同,这个班级有没有权利能力?没有,因为班级并不是一个合格的民事主体,以班级名义订立的合同无效。

其次,主体要有行为能力。比如自然人的行为能力分为无行为能力、限制行为能力和完全行为能力,行为能力有瑕疵,法律行为的效力就会有瑕疵。有关行为能力的问题之前在行为能力的章节已经讲过了,这里我就不详细展开了。

最后,主体要有处分能力。我们如何来界定“处分能力”?其一,处分权利的前提是必须要有处分权,而且不能把别人的权利给处分掉。其二,同学们需要特别注意的是,不是所有的行为都需要行为人具备处分能力,只有处分行为要求(行为人)具备处分能力,负担行为、义务行为对(行为人)的处分能力不作要求。为什么?大家想想看,你都没有实施处分行为,为什么要有处分能力呢?比如手表是张三的,交给你保管,你就这块手表与他人签订了一份买卖合同,这个买卖合同有效无效?(有同学尝试性回答:无效?)张三将一块手表交给我傅鼎生保管,我傅鼎生就张三的手表跟买受人签订一份买卖合同,买卖合同有效无效?(同学们回答:有效。)有效!买卖的效果是什么?买卖效果中包不包括变动手表所有权?(同学们七嘴八舌)怎么会有变动?买卖合同仅仅设定了一个债务!

我曾经举过一个例子,小张和自行车商店签订一个买卖合同,这个买卖合同产生什么权利义务关系?小张有义务给钱,商店有义务给车,并把车的所有权转移给小张。光凭一份买卖合同,小张有没有取得车的所有权?(同学们回答:没有。)没有。买卖合同是一个义务行为,还是一个处分行为?义务行为。买卖合同产生的是一个债权,只发生债权债务关系。既然只发生债权债务关系,干嘛要有处分权呢?所以,即便我卖给买方的手表是张三的手表,我和买方签订的买卖合同也是有效的。

为了加强大家的记忆,我再来举个例子。假设刘德华在上海有一套房屋,现在我就刘德华的这套房屋以自己的名义跟你签订一份买卖合同,你说这份合同有效无效?(有同学弱弱地回答:有效。)胆子大一点!(同学们笑着回答:有效。)这不会违法的,也不违反公序良俗,这个合同是有效的。至于能不能履行,就看我有没有本事了。假如我有本事让刘德华把房屋所有权交给我,我就可以完成交付。如果我没有本事,刘德华始终没有把房屋所有权交给我,我(向你)承担一个什么责任?违约责任。这个买卖合同不是无效的,因为这个买卖合同本身没有动到刘德华的奶酪。我们两个签订合同,他的奶酪完整无损。那如果我假冒刘德华到交易中心,把他的房屋过户登记在你名下,奶酪动了没有?动了!有效无效?(刘德华拒绝追认就)无效。因为我没有处分权,也就是说,我没有动奶酪的权利而去动了别人的奶酪。

总结一下,主体适格有三个条件。第一个条件,权利能力。第二个条件,行为能力。大家记住了,以上两个条件对所有的法律行为都适用。第三个条件,处分能力。(这个)只对什么行为才适用?只对处分行为适用,对负担行为和义务行为适用不适用?(同学们回答:不适用。)不适用。记住这一点。

接着我们来说关于意思表示要件的第二点,符合真意。没有符合真意怎么办?我之前讲过了,不再重复了。没有符合真意,除了另有规定外,都有效吗?(同学们回答:有效。)不符合真意,除了另有规定以外都有效。至于另有规定的情形,我们一会儿再说。

3. 民事法律行为生效的特殊要件:约定或法定

说完了民事法律行为生效的一般要件,下面我们来谈一谈特殊要件。

特殊要件是当事人约定或者法律特别规定的生效要件。比如当事人在合同中约定,“本合同自双方上级机关批准以后生效”。一般的合同(生效)不需要上级机关批准,但既然当事人将“上级机关批准”约定为合同生效要件,那么这份合同就必须满足“上级机关批准”这个要件,才能生效。

也有的合同约定,“本合同必须经双方单位签字加盖章后生效”。现在双方单位在合同文本上盖了章,但法定代表人还没有签字,合同生效了没有?(同学们回答:没有。)没有。必须盖章加签字(才能生效)。倒过来,双方单位的法定代表人在合同文本上签了字,但没有盖章,(合同)生效了没有?也没有。再或者,双方约定“本合同必须双方签字,加上按指印后生效”。一般的合同不会约定捺指印,但是这份合同就是这么写的。要不要捺指印?要,如果没有捺指印,就算双方都签了字,合同也不生效。这都是特殊的生效要件。

特殊的(生效)要件有的是当事人约定的,有的是法律规定的。约定生效要件的情形有太多,就不讲了,我们讲一讲法律规定的情形。

法律规定(的情形体现)在《合同法》第44条第2款。[1] 根据该款,全国人大立法以及国务院的行政法规规定合同需要登记生效的,(合同)要登记后生效;(根据这些规定)合同需要批准生效的,(合同)批准后生效。

我查了一下全国人大的立法和国务院的规定,目前没有一种(合同)需要登记后生效的。[2] 以前有《担保法》,现在也修改了。[3] 有两部法律规定了需要批准生效的合同类型,一个是《中外合作经营企业法》,另一个是《中外合资经营企业法》。这两部法律规定,中外合资经营合同和中外合作经营合同的设立、变更、解除需要外经贸委批准,现在是要商务部批准。[4]

关于法律行为的成立和生效,我们就讲到这里。

复 习

有效力瑕疵的法律行为

下面我们复习一下例外的情形。

(1)非真意表示

前面我们说了,法律行为要生效,意思表示就要真实。那不真实会有什么后果呢?我们来复习一下。

---

[1] 《合同法》第44条第2款规定:"法律、行政法规规定应当办理批准、登记等手续生效的,依照其规定。"

[2] 正因此,《民法典》第502条第2款删去了"登记"二字,将"应当办理批准、登记等手续"改为"应当办理批准等手续"。

[3] 根据《担保法》第41条的规定,以不动产等财产抵押的,"应当办理抵押物登记,抵押合同自登记之日起生效"。该规定混淆了抵押登记和合同效力之间的关系,将抵押合同的效力系于抵押物的登记。《物权法》第15条对此予以澄清,依该条,"当事人之间订立有关设立、变更、转让和消灭不动产物权的合同,除法律另有规定或者合同另有约定外,自合同成立时生效;未办理物权登记的,不影响合同效力"。《民法典》第215条承继之。

[4] 在《中华人民共和国外商投资法》于2020年1月1日施行后,上述两部法律同时废止。中外合作经营合同、中外合资经营合同的订立、变更、解除也不再需要经过批准。而且,随着《外商投资法》规定的5年过渡期结束,中外合资经营合同、中外合作经营合同也将在2025年以后退出历史舞台。

①意识的非真意表示

首先来说说意识的非真意表示。两种情形。第一，心中保留。心中保留的行为有效无效？这要看对方知道不知道。对方知道的，无效；对方不知道的，有效。第二，通谋虚伪表示。通谋虚伪表示有效无效？（同学们齐声回答：无效。）无效，因为双方都知道实情。但是能不能对抗第三人？（同学们齐声回答：不能。）不是不能，要看第三人善意不善意。（同学们不好意思地笑）第三人善意的，不能对抗；第三人不善意的，可以对抗[1]。

②未意识的非真意表示

未意识的非真意表示，也就是意思表示错误。

第一种情形，表示行为的错误。我举过一个例子，拍卖的时候心里想写的是10万元，但打字少打了一个“万”字，这是表示行为上的错误。表示上的重大错误可以撤销，而非无效。撤销需不需要撤销行为？（同学们回答：要。）撤销权是什么性质的权利？形成权。向谁提出撤销？法院或者仲裁机构，直接通知对方是不管用的，必须向法院或者仲裁机构请求撤销。

第二种情形，内容错误。注意是内容错误，而不是动机的错误。（下课铃声响起）譬如有人以为某个小区要动拆迁，想沾动拆迁的光（获得拆迁补偿），于是去那个小区买了很多房屋，谁知道一直不动迁。这属于内容的错误，还是动机的错误？（同学们回答：动机错误。）动机的错误。

内容错误包括对人的同一性的认识错误和对物的同一性的认识错误。上节课，大家问我什么是“同一性的认识错误”，我告诉大家一个判断的方法。我心目中的人是一个具体的人，我表达中的人也是一个具体的人。这两个人若是不一致，那就是关于人的同一性产生了认识错误。比如我把某人错认成了我的儿子，我想要送给儿子送一套房屋，结果表达的对象却是那个人。他并不是我的儿子，但我以为他就是我的儿子。这就是关于儿子的同一性的认识错误，心目中的“他”和表示对象的“他”不一致，就是“同一

[1]《日本民法典》第94条、我国台湾地区“民法”第87条均规定通谋虚伪表示无效，但不得以其无效对抗善意第三人。我国《民法典》起草中，曾于草案中设有“通谋虚伪表示无效不得对抗善意第三人”之但书，该但书在正式通过的《民法典》中被删除。

性”产生了问题。

但是,对于某个人的能力发生认识错误就不是同一性的问题。无论是心目中还是表示(对象)上,对这个人的认识,我都是没有错的(因为还是同一个人)。那么错在哪里呢?我以为他是有博士学位的,谁知道他没有博士学位,人的同一性没有搞错,只是他没有博士学位。这种错误就不是同一性的错误,而是人的资质的错误。人的资质包括人的性别、人的能力、人的学历、人的技能等。

标的物也是一样的道理。两只狗,我心目中的狗和表达出来的狗不一致,那就是同一性认识错误。换一种情形,我心目中的马和表达出来的马是同一匹马,只是我不知道这匹马的身体状况。我以为这是一匹正常的马,把它买了下来,谁知道这匹马得了某种隐性疾病,从外表看不出来。如果我早知道它是病马,我是不会去买的。但我心目中的马和表达中的马是不是同一匹马?是的,那就不属于内容的错误。

第三种情形,对当事人之资质或物之性质认识的(重大)错误。如果关于人的能力、资质,或者关于马的品质问题的认识错误达到了一定的程度,足以影响到交易了,也属于意思表示错误。

第四种情形,传达的错误。我请传达公司传达320万成交的意愿,传达公司传达成了230万成交,一下子低了很多。这是他的错误,我没有说错。但传达上的错误也算是意思表示的错误。

(2)意思表示不自由

接下来是意思表示不自由的问题。因欺诈而进行的法律行为,因胁迫而进行的法律行为,显失公平的法律行为,因乘人之危而进行的法律行为,[1]都

---

[1] 长期以来,显失公平的行为与乘人之危的行为属于两类行为。依《民法通则》第58条第1款第3项,乘人之危的行为属无效行为;依《民法通则》第59条第1款第2项,显失公平的行为属可撤销、可变更行为。至《合同法》,显失公平的行为与乘人之危的行为均属可撤销、可变更行为,但前者规定在《合同法》第54条第1款第2项,后者规定在《合同法》第54条第2款,依然维持二分格局。《民法总则》第151条将乘人之危法律行为并入显失公平法律行为制度之中,并最终成为《民法典》第151条(“一方利用对方处于危困状态、缺乏判断能力等情形,致使民事法律行为成立时显失公平的,受损害方有权请求人民法院或者仲裁机构予以撤销。”)。由此,乘人之危不再成为单独的可撤销事由。

是可撤销的法律行为。

(3)法效果

意思与表示不一致的法效果有两类。其中一类情形是无效,包括心中保留和通谋虚伪表示。还有一类情形是可撤销,包括意思表示错误,以及因胁迫、欺诈、显失公平等所为的意思表示。大家记住了,意思与表示不一致的后果分两类情形,一类是无效的,还有一类是可撤销的。

(4)实证法

好,下面我们来讲我国民法的相关规定。

我国民法并没有规定心中保留和通谋虚假行为是无效的。[1]

我国民法也没有在法条中直接规定意思表示错误,只规定了重大误解。那么什么叫重大误解呢?根据最高人民法院的司法解释,符合以下两个要件就构成重大误解。[2] 第一,误解必须是对法律行为内容的误解。那什么叫法律行为的内容呢?(1)法律行为的性质属于法律行为的内容;(2)法律行为的主体属于法律行为的内容;(3)法律行为的客体属于法律行为的内容;(4)价格、报酬属于法律行为的内容;(5)履行时间;(6)履行地点;(7)履行方式。这些都属于法律行为的内容。昨天我们看的《合同法》第12条[3]的规定,(其中条款所涉)就属于法律行为的内容。第二,有较大的损失。

这就是重大误解的两个要件:第一,内容误解;第二,造成较大损失。关

---

[1] 《民法典》第146条已就通谋虚伪表示作出明确规定,依该条,"行为人与相对人以虚假的意思表示实施的民事法律行为无效。以虚假的意思表示隐藏的民事法律行为的效力,依照有关法律规定处理"。但《民法典》未就单方虚伪表示(心中保留)作出明确规定。

[2] 《民通意见》第71条规定,"行为人因对行为的性质、对方当事人、标的物的品种、质量、规格和数量等的错误认识,使行为的后果与自己的意思相悖,并造成较大损失的,可以认定为重大误解。"《民法典总则编解释》第19条第1款规定,"行为人对行为的性质、对方当事人或者标的物的品种、质量、规格、价格、数量等产生错误认识,按照通常理解如果不发生该错误认识行为人就不会作出相应意思表示的,人民法院可以认定为民法典第一百四十七条规定的重大误解。"

[3] 《合同法》第12条第1款规定:"合同的内容由当事人约定,一般包括以下条款:(一)当事人的名称或者姓名和住所;(二)标的;(三)数量;(四)质量;(五)价款或者报酬;(六)履行期限、地点和方式;(七)违约责任;(八)解决争议的方法。"该款为《民法典》第470条第1款承继,无实质变更。

于同一性错误的问题没有专门规定。我国《民法通则》和《合同法》当中也没有规定表示错误。那浦东这个将10万元起拍价错写成10元的案子怎么判呢？浦东这个案子如果要撤销的话，只能类推适用重大误解，凡是表示上的错误都类推适用重大误解。

我国法律规定因重大误解、欺诈、胁迫、乘人之危、显失公平而进行的民事法律行为，都是可撤销的。即我国可撤销的民事法律行为有五种情况，第一种是重大误解，第二种是欺诈，第三种是胁迫，第四种是显失公平，第五种是乘人之危(参见第365页脚注)。

那么我们国家有没有意思与表示不一致而导致行为无效的情形呢？也有，就是因欺诈、胁迫订立合同，损害国家利益的，合同无效。[1]

那有同学问了，碰到表示上的错误，在我们国家怎么处理？我刚才说了，碰到表示错误的情形，我们找得到适用的法条吗？找不到。找不到怎么办？类推适用重大误解。这还好。如果碰到心中保留或者碰到通谋虚假表示情形，在我们国家应该怎么办？你会发现连类推的条文都找不到。这时候我们就要讲讲民法的渊源了。民法的渊源是什么呢？理论上有这么一个说法，民法的法源有三类：第一，各种各样的法律；第二，习惯；第三，学术，也就是民法理论。[2] 有一年司法考试就考这个题目。有法律按照法律，没有法律按照习惯，没有习惯，是不是按照法学理论？标准答案是还是不是？(同学们回答：是。)是的。如果按照法学理论，心中保留以及通谋虚假表示有效无效？无效。

---

[1] 依《合同法》第52条第1项的规定，“一方以欺诈、胁迫的手段订立合同，损害国家利益”的，该合同无效。但这一规则未出现在《民法典》中。一种观点认为，删除这一规则，意味着不再区分欺诈、胁迫损害的利益类型，不管欺诈、胁迫所为的法律行为损害的是国家利益，还是集体、个人的利益，均为可撤销行为。但也有观点认为，欺诈、胁迫所为的法律行为若损害国家利益，应属违背公序良俗的行为，自不必专门规定，仍属无效行为。

[2] 《民法典》第10条规定：“处理民事纠纷，应当依照法律；法律没有规定的，可以适用习惯，但是不得违背公序良俗。”本条未如许多国家和地区的民法典那样，将法理与学说明确规定为民法的渊源。

六、法律行为的效力

下面我们开始讲法律行为的效力。

法律行为一旦成立,就发生效力,除非当事人另有约定或者法律另有规定,但法律现在基本没有这种规定。

法律行为的效力包括两个方面,一定要记住。第一,拘束力。拘束力告诉我们,法律行为一旦生效,当事人不得擅自撤销、变更、解除该法律行为。这就是罗马法上讲的法锁——锁住,钥匙扔掉!第二,发生效果意思方面的后果,也就是行为人所追求的后果。行为人所追求的后果是什么呢?民事法律关系发生、变更或消灭。这就是民事法律行为的两个效力,要把它们分开来认识。

(一)无效的行为

法律行为以有效为原则,有效力瑕疵的法律行为需要有法律的特别规定。现在我们就来看看有效力瑕疵的行为,首先是无效行为。

关于无效的民事法律行为,前面我都讲过了,这里就不一一细说了。

需要同学们注意的是,大家回去看一看《合同法》第 52 条、第 53 条以及第 54 条第 2 款,还有《民法通则》第 58 条。你们会发现《民法通则》第 58 条和《合同法》的规定不一致,[1]打架了,那该怎么办?适用什么法?(同学们回答:按照《合同法》。)《合同法》。为什么适用《合同法》?不是上位法、下位法的问题,也不是一般法、特别法的问题,而是因为后法优于先法。《民法通则》1987 年 1 月 1 日起施行,《合同法》1999 年 10 月 1 日起施行。

那么法律行为无效的,自始不发生效力,因为它没有满足法律行为的有效要件。

---

[1] 此处的不一致主要是指,依《民法通则》第 58 条第 5 项规定,一切违反法律的行为无效,《合同法》第 52 条第 5 项则规定违反法律及行政法规的强制性规定的合同无效。《合同法》第 53 条增加了免责条款无效的情形,第 54 条第 2 款则赋予了被欺诈、胁迫或乘人之危而订立合同的当事人变更或撤销合同的权利,而非依照《民法通则》第 58 条第 3 项直接认定该民事行为无效。

(二)可撤销的行为

下面我们讲法律行为的可撤销。对此,《民法通则》第 59 条和《合同法》第 54 条都有规定。同样,《民法通则》和《合同法》的规定有抵触的怎么办?按照《合同法》处理。

凡是可撤销的民事行为,当事人若欲撤销,必须向人民法院或者仲裁机关提出。提出撤销有时间限制,1 年。1 年的起算点是从当事人知道或者应当知道享有撤销权以后开始计算。这 1 年是除斥期间,不是诉讼时效期间。[1]

下面我们归纳一下无效行为和可撤销行为的区别。

第一,两者的形态不同。在《民法通则》中,无效的情形规定在第 58 条,可撤销的情形规定在第 59 条。在《合同法》中,无效的合同规定在第 52 条和第 53 条,可撤销的情形规定在第 54 条。换言之,无效行为和可撤销行为在客观的表现形态上是不同的。

第二,两者所欠缺的生效要件不同。无效的行为,要么内容违法,要么主体不合格。而可撤销行为的瑕疵都存在于意思表示层面,大多不存在内容违法、主体不合格等情形,主要的瑕疵是意思与表示不一致。当然意思与表示不一致情形中也有无效行为,比如心中保留,比如通谋虚伪表示,但意思与表示不一致的行为,大多都是可撤销的。

第三,当事人对行为效力的影响力不同。无效行为当事人的意思不能左右行为的效力,无效就是绝对、确定的无效。而在可撤销行为中,当事人的意思可不可以左右行为效力?可以。怎么左右?向法院请求让这个行为有效吗?不是。当事人抛弃形成权就行了。可撤销行为不是给予当事人一个形成权吗?他不行使,或者直接要求对方履行,不就行了吗?比如

[1] 与《合同法》规定不同,依《民法典》第 152 条,撤销权行使的期限因撤销事由不同而有差异。若因重大误解而可撤销,撤销权行使期限为"当事人知道或者应当知道撤销事由之日起九十日内";若因胁迫而可撤销,撤销权行使期限为"自胁迫行为终止之日起一年内";若因其余事由而可撤销,撤销权行使期限为"当事人自知道或者应当知道撤销事由之日起一年内"。此外,无论法律行为因何种原因而可撤销,"当事人自民事法律行为发生之日起五年内没有行使撤销权的,撤销权消灭"。

甲受乙欺诈订立了一个合同,甲就有权从知道或者应当知道受欺诈之日起1年内向法院请求撤销这个合同,如果他行使了撤销权,这个合同就会因撤销而失去效力,如果他没有在这1年里面行使撤销权,这个合同不就确定有效了吗?这说明他可以左右行为的效力。如果那1年还没到,甲也没有提出撤销,这个合同的效力确定不确定?不确定。请注意,不是待定,是不确定。大家不要随便造一个词,不确定和待定是两回事,待定另有待定的规则。

第四,是否需要当事人的主张存在区别。无效行为之无效,不需要行为人请求,无效行为是当然无效的。甲乙两个人签订走私黄金的合同,这是个无效合同,甲乙都不会去请求无效,但是行为就是无效的。而可撤销行为,如果当事人想要撤销,就必须向法院或者仲裁机构请求撤销。

第五,对于无效行为,其属当然无效,不需要法院和仲裁机构作出裁决或判决;对于可撤销行为,一定要等到法院或仲裁机构作出有效的撤销裁判,方被撤销。当事人光到法院去提一个请求是不够的,必须要有法院判决或者仲裁机关裁决。

最后,有无时间限制不同。法律行为的无效有没有时间的限制?没有,不管经过多久,无效的行为总是无效的。但可撤销行为有没有时间的限制啊?有除斥期间的限制,(当事人)没有在这个法定期间内行使撤销权,该行为就确定有效而不能撤销了。

(三)效力待定的行为

下面我们讲效力待定的行为。在我国,效力待定的行为有三种。

第一种,限制民事行为能力人所实施的超越行为能力的行为,效力待定。请注意,不是他所实施的所有的行为都是效力待定的。限制行为能力人所实施的与其年龄、智力相仿的行为,效力是否待定?(同学们回答:不待定。)已经经过父母同意的行为效力是否待定?(同学们回答:不待定。)不待定。纯获利益的行为效力是不是待定?也不是待定。这三种行为都是有效的行为。

不属于这三种情形的其他行为,要根据监护人的意愿来定性。那么监护人根据法律规定是怎么操作的呢？首先,得由行为相对人向监护人发出催告。其次,监护人需要在接到催告以后 1 个月内表示同意还是不同意,也就是追认还是不追认。表示追认的行为有效无效？(同学们回答:有效。)有效。表示不追认呢？行为有效无效？(同学们回答:无效。)无效。既没有表示同意,也没有表示追认,这算什么意思？拒绝追认！那行为有效还是无效？(同学们回答:无效。)无效。为什么要将其视为拒绝追认呢？是对当事人意志的尊重。相对人有什么资格让我回答？你凭什么给我加上一个让我回答的义务呢？我不回答,那就等于拒绝追认。

第二种,无权代理。无权代理的行为也是效力待定,待谁来定？待本人(被代理人)来确定。这个问题,我们后面(讲到代理制度时)讲,现在不展开。

第三种,无权处分。无权处分行为待谁来定？待有处分权的人来追认,或者等无权处分人未来取得处分权。需要注意的是,我们这里说的是无处分权的处分行为,而不是为负担行为时无处分权。前面已经说过了,在为负担行为时无处分权,负担行为仍然有效,不会因为无处分权而效力待定。

关于效力待定的行为,我们就讲到这里。

大家还要注意区分效力待定与效力不确定。有些行为权利义务处于不确定状态,其不属于效力待定。比如可撤销行为在尚未被撤销时,其效力状态属于不确定,而非效力待定。

七、附条件的法律行为

(一)条件概述

下面我们讲附条件的法律行为,这块很重要,但是学起来并不难。我先围绕三个例子展开,(这些例子)都非常简单,大家记一下。

第一个例子,甲乙两人签订一份合同约定,如果甲通过了当年的司法考试,乙就把房屋租给甲。第二个例子,A、B 两个工厂签订一份关于原材料的买卖合同,约定如果 A 工厂新产品试制成功,B 厂就向 A 厂提供原材料 500 吨。第三个例子,张三、李四签订一份房屋租赁合同,张三是房东,李四是房客,房东跟房客约定,房东把房屋租给房客,租期 5 年,同时还约定,如果 5 年内房东的儿子从国外回来定居的话,租赁合同(自动)解除。好,三个例子记下来了没有?(同学们:记下来了!)

我们来分析这三个案例,发现有如下几个特点。第一,每个案例都包含一种法律行为,第一个是租赁,第二个是买卖,第三个也是租赁。第二,和一般的法律行为不同,它们都附加了一个条件,有一个附款。第三,这些附加条件限制了法律行为的效力,这个效力是权利变动的效力,而不是拘束力。你们看,它有没有影响法律行为的成立啊?(同学们回答:没有。)没有,不影响法律行为的成立。好,核心在于第四个特点,这些附款中的条件。第一个附款中是什么条件?当年通过司法考试。第二个是什么条件?新产品试制成功。第三个是什么条件?儿子回国定居。

这三个附款中的条件有以下共同的特点:

1. 都是当事人约定的,而不是法定的。(如果是)法律规定的就不能认为(是)附条件的法律行为,它就是一般的法律行为。下面举个例子,大家来识别一下。甲订立一份遗嘱,写如果我死了,就把遗产捐给希望工程。这是不是附条件的法律行为?(同学们回答:不是。)为什么不是?(同学们开始七嘴八舌地回答)这是因为,被继承人死亡是遗嘱发生效力的条件,这个条件是法律规定的,而不是意定的,所以遗嘱行为不是附条件的法律行为。

2. 条件内容必须合法。张三、李四签订一份合同,双方约定,如果张三把王五杀死了,李四送给张三黄金万两。这个合同附了什么条件?张三杀人。但这个条件内容不合法,不属于我们所讲的(附条件的法律行为)。

3. 条件是将来发生的。比如 A 和 B 约定,如果甲 A 联赛中申花队赢了,A 就送给 B 房屋一套。其实甲 A 联赛现在已经结束了,结果也已经出来了，只不过A、B两人以为比赛还没有开始。那么，A、B约定的“申花队赢得比赛”这个事实能不能作为条件？“过去时”能不能作为条件？（同学们回答：不能。）不能。

4.条件能否成就是不确定的。一定能够成就的不是我们这里所讲的条件，一定不能成就的也不是我们这里说的条件。举两个例子就很清楚了。第一个例子，A和B约定，明天拂晓A把产品送给B，他们以明天拂晓为条件。这个能不能作为条件？（同学们回答：不能。）不能，因为明天拂晓一定会到来。反过来，双方约定，如果太阳从西边出来，A把某个东西送给B。太阳会从西边出来吗？不会。一定不会发生，所以这个也不能作为条件。

好，记住条件的四个特点。其一，条件是意定的；其二，条件是合法的；其三，条件是将来发生的；其四，条件能否成就是不确定的。

（二）条件的分类

下面我们分析一下条件的分类。

第一种分类是解除条件与停止条件。解除条件很容易懂，就是条件成就则法律行为自动解除。我一开始讲的三个案例中，哪个案例是条件一成就。法律行为即解除的？第三个案例。那什么叫停止条件呢？停止条件可以理解为生效条件，也就是说，条件成就，行为人所追求的后果就发生了，法律行为就生效了。我刚才讲的三个案例中，哪个案例中的条件是生效条件？（同学们回答：第一个。）第一个。第二个是不是？也是，第一个、第二个都是。那么为什么不叫它生效条件，要叫它停止条件呢？因为从法律行为成立到条件成就这段时间，法律行为的效力处于什么状态？“睡觉”状态，或者休眠状态，这不就停止了嘛？所以叫停止条件。

第二种分类是积极条件和消极条件。这种分类，只有考试中才会遇到，实践中是没有用处的。考试他会考你，什么是积极条件，什么是消极条件，或者给一个事实要你判断是哪种条件。凡是用语是肯定的，都是积极条件。我们刚才所举的例子都是积极条件，“如果通过司法考试”“如果新产品试制成功”“如果孩子从国外回来定居”,用的都是肯定的语言。凡是用否定语言的都是消极条件,譬如“如果没有通过司法考试”“如果新产品试制不成功”“如果儿子不回来了”,那就是否定的条件(消极条件)。

第三种分类是随意条件、偶成条件和混合条件。条件成就与否,当事人的意志左右不了,就叫作偶成条件。刚才我们讲“通过司法考试”,这个能不能左右啊?(同学们沉默了一会儿,开始笑了起来。这时有个女同学说:那我要是很有把握通过呢?)啊?一定能过?司法考试(通过)的概率只有 10%左右啊。[1] 当然,“我们这个班通过司法考试”,那就不是条件,为什么?因为大家一定能够通过的!(同学们开怀大笑)好,那我们不讲司法考试了,我们讲“新产品试制成功”,这个就不是一定能够成功的,因为创新总有可能会失败。“赢得足球比赛”也不是随意条件,也是偶成的,因为你的水平再高,也不见得每一场都能赢。还有,中奖是偶成的还是随意的?(同学们回答:偶成。)我运气再好,也不能确保一定中奖吧?所以,凡是以中奖为条件的都是偶成条件。此外,凡是以买股票赚大钱为条件的,也是偶成条件。如果有人这么有把握,买股票一定能赚大钱,还做什么生意那呢?

如果条件的成就可以由当事人的意志左右,就叫作随意条件。举个非常典型的例子。我把电器产品卖给客户,附一个条件,让客户试用 1 个月,1 个月内如果客户感到满意的,那么买卖生效,如果感到不满意,不生效。那么,满意不满意谁来决定的?客户决定的,这就叫随意条件,因为客户能够左右条件成就与否。如果合同的当事人不能左右条件成就的,我们就称为偶成条件。所以我说,“通过司法考试”是一个偶成条件,因为是否成就未必能够左右。但你们这么自信满满我很高兴!(同学们窃窃私语:就是这么自

[1] 在 2022 年中共中央宣传部举行的新时代全面依法治国取得的历史性成就发布会上,司法部部长唐一军表示,截至 2022 年 6 月,全国共有律师 60. 5 万人,律师事务所 3. 7 万余家。党的十八大以来,共有 102. 9 万人取得法律职业资格。参见《中共中央宣传部举行新时代全面依法治国取得的历史性成就发布会》,载国务院新闻办公室网站 2022 年 7 月 28 日,http://www. scio. gov. cn/xwfbh/xwbfbh/wqfbh/47673/48672/index. htm#1。此外,司法部副部长熊选国 2021 年 3 月 25 日在国新办新闻发布会上表示,2016 年至 2020 年间,全国共有 313 万余人报名参加法律职业资格考试(司法考试),其中 42 万余人通过考试取得法律职业资格。参见《司法部:5 年间 313 万余人报名法考 42 万余人上岸》,载新华网,http://www. xinhuanet. com/legal/2021-03/25/c_1127254607. htm。

信!)我告诉大家,华政通过率是58%,[1]全中国通过率是10%左右。但大家也不要骄傲,如果你们这一届通过率不高,很丢华政的脸啊。(同学们大笑)

接着我们来说混合条件。举个例子,未来的婆婆送给未来的儿媳妇一条金项链,但是附一个条件,什么条件呢?如果这个未来的儿媳跟我儿子结婚,金项链才是她的。首先我们考虑一下,这个"跟儿子结婚"的条件有没有违反婚姻自由?没有,因为左右不了女方(的意志)。其次,这个未来的儿媳不和我儿子结婚,她就不能得到金项链,跟我儿子结婚才能得到金项链,这涉及不涉及买卖婚姻?不涉及。这其实是一个附条件的赠与,以"跟我儿子结婚"为条件,而且这个条件对未来的儿媳妇来说是随意条件。同时,这又是一个偶成条件,因为即使这个未来的儿媳同意,我儿子也不一定同意结婚呀。所以在这个例子中,随意条件加偶成条件,组成了混合条件。其实混合条件在实践中也没有什么意义,但在学理上有这么一个分类。

(三)附条件法律行为的效力

下面我们讲附条件民事法律行为的效力。

附条件民事法律行为有什么效力?

1. 条件成就与否确定前的效力

我们回到第一个案例,甲乙约定,如果甲通过司法考试,乙就把房屋租给甲。合同是今天6月4日签订的,考试能否通过要等到10月份才知道,假设是10月1日才能知道,那么从今天到10月1日这段时间,条件成就与否是不确定的。但在这段时间内,合同有没有效?有。千万不要以为10月1日以后(合同)才会有效,这段时间就有效,那么这段时间发生什么效力呢?

第一,拘束力。前面我们讲过,拘束力有什么表现?当事人不得擅自变更、撤销、解除已经成立的法律行为。

第二,不能恶意地促使条件成就或不成就。如果恶意促使,作相反推

---

[1] 据统计,华东政法大学2020年国家法律职业资格考试的全校通过率接近68%,2021年超过72%。

定。换言之,恶意促使条件成就的,视为不成就;恶意促使条件不成就的,视为已成就。[1]

大家把司法考试那个例子给记一下。9 月份的第二个星期六开始考了,乙不想把房子租给甲了,就派人在甲赴考的路上用摩托车把甲撞伤了,接着通过“120”把甲送到医院,打完点滴再送甲到考场去。甲还没到考场,考试结束的铃声就响了,甲一门考试都没有参加,绝对不会通过司法考试。那么在这里,没通过司法考试这个结果是乙恶意促成的。既然乙恶意阻止条件的成就,就作相反推定,视为条件已成就。那么租赁关系发生了没有?发生了!

第三,附解除条件的法律行为,已经发生了行为人所追求的后果(权利义务已经开始发生效力),但是这个效力是不确定的。我们看第三个案例,房东跟房客签订合同以后,租赁关系发生效力了吗?发生了。但租期多长?一方面约定了租期为 5 年,另一方面又约定儿子回来了合同自动解除,(最终)到底是 5 年还是多少年?确定不确定?不确定。

2. 条件成就与否确定后的效力

条件成就与否总有确定的一天,当那天到来时,条件要么成就,要么不成就,就这两种结果。譬如司法考试,10 月 1 日到了,揭榜了,结果无非两种,通过,或者没有通过。

先说条件成就后的效果。如果条件成就了,假如这个条件是停止条件——刚才讲的三个案例中,前两个案例是停止条件还是解除条件?停止条件。停止条件成就,将发生行为所追求的后果。司法考试的案子,租赁关系生效;新产品试制成功的案子,原材料买卖关系生效。如果约定是解除条件,条件成就,法律行为失效。比如在第三个案例中,昨天刚签的合同,刚搬进去,(下课铃声响起)今天儿子就从国外回来了,租赁关系消灭了没有?消灭了。

---

[1] 《民法典》第 159 条规定:“附条件的民事法律行为,当事人为自己的利益不正当地阻止条件成就的,视为条件已经成就;不正当地促成条件成就的,视为条件不成就。”该条承继自《合同法》第 45 条第 2 款,无实质性变更。

好,下课休息 10 分钟,我们再继续讲。

(继续上课)上节课我们讲了附条件的民事法律行为在条件成就与否确定后的效力问题。条件成就与否的确定无非是两种情况,一种是条件成就,另一种是条件不成就。条件分为两种,一种是停止条件,另一种是解除条件。对于停止条件,条件一旦成就,行为就发生效力了;对于解除条件,条件成就以后,法律行为就解除了。

下面我们讲条件不成就的行为的效力问题。上节课我们举了三个例子。第一个例子中,没有通过司法考试则条件不成就。第二个例子中,新产品试制失败则条件不成就。第三个(例子中的是)什么?儿子回来则解除条件成就。那假如儿子在国外去世了,客死他乡,(同学们一阵唏嘘)这样是不是无法满足"儿子回来"这个条件了?儿子永远不回来了,(意味着)解除条件不成就。

如果是附停止条件的法律行为,条件不成就的,(法律行为)自始不发生效力。房了就不出租了,东西也不卖了,意味着这里的租赁合同、买卖合同自始就没有发生过效力。如果是附解除条件的法律行为,不需要条件成就,原来的法律行为就已经生效了。只不过原来的行为效力不确定,现在的效力确定不确定?(同学们回答:确定了。)确定了。原来约定租期 5 年,5 年内租赁关系还会不会改变?不变了。关于附条件法律行为的效力,我们就讲到这里。

八、附期限的法律行为

下面我们讲附期限的法律行为。附期限的法律行为和附条件的法律行为只有一个差别,就是在附款中把条件换成期限。那么这两者有什么区别呢?区别就在于期限是一定能够到来的,而条件是不一定能够成就的。

举个例子,我们班每人付 90 块钱去旅行社订一辆大巴士,班长把钱收了,跟旅行社说,如果天下雨,去周庄一游。我们班的同学有点特殊,出去玩不选择晴天,偏偏选择雨天,因为山色空蒙雨亦奇啊!(同学们放声大笑)于是班长跟巴士公司签署合同:如果天下雨,租车一辆。这是附条件的法律行为还是附期限的法律行为?(同学们回答:附条件。)

错了!这是附期限的法律行为。(同学们惊愕)不是有一句话吗?天要下雨。(同学们随口接道:娘要嫁人。)后面这句是你们说的啊。(同学们大笑)我们去江南地区周庄呀,(又不是去沙漠地区,)哪有天不下雨的。如果将天下不下雨认定为一种条件,那天下不下雨应该是不可确定的。在江南地区,天下不下雨能确定吗?(同学们回答:不能确定。)为什么不能确定?(江南地区肯定会下雨呀。)

我们稍微改一下,“如果本周内天下雨……”这是附条件还是附期限?(同学们回答:条件。)条件。(因为)本周内有可能下雨,也有可能不下雨。如果不加“本周内”这个限定,就讲“天若下雨”,那总有一天要下雨的——这一天一定会到来。(同学们恍然大悟)这个叫附期限而不叫附条件。

“儿子成年”是期限还是条件?(同学们回答:期限。)是条件,因为儿子也有可能夭折。(同学们惊呼)我为什么这么说呢?这种说法在司法实践中是没有意义的,但在司法考试中就有意义了。有些考试命题的人想不出妙招了,就总想一些奇怪的道理,脱离生活的道理。谁负责命题?老师负责,而不是法官。法官绝对不会命这种题,因为实践中碰不到这种情况。但有些老师他没有参与过实践,实践中那么丰富的案型他想不出来,于是闭门造车(造出这些怪题)。所以复习司法考试要针对闭门造车的选项做准备。

记住,期限的特点是:一定会到来。那么期限也有两种:一种是解除期限,期限到了合同解除;另一种是延缓期限,期限到了,合同开始发生效力。解除期限对应解除条件,延缓期限对应停止条件。只不过期限和条件不一样,还可以分为确定期限和不确定期限。

什么叫确定期限?“8 月 3 日”是确定期限,“2 个月以后”是确定期限,“一周以内”也是确定期限,“5 月劳动节”“10 月国庆节”,这都是确定期限。什么叫不确定期限?大家给我举个例子。(同学们此起彼伏地回答)“天若下雨”(是不确定期限)。“等儿子从国外回来”呢?大家注意,这个不属于期限,因为“儿子从国外回来”这件事情不一定会发生。万一儿子回不来呢,万一他不愿意回来呢?“天若下雨”是一个典型的不确定期限,因为天一定会下雨的,但是什么时候下雨?不清楚。

附期限法律行为的效力也可以分为期限到来前的效力和期限到来后的效力,和附条件民事法律行为的效力分为条件成就前和成就后的效力是一个道理,这里我就不说了。大家还记得我曾经讲过关于胎儿权利能力的问题吗?[1] 许多国家和地区就有采纳附条件的保护主义来立法,有的是附停止条件的,当胎儿出生时为活体的,溯及出生前取得权利能力。有的是附解除条件的,认为胎儿出生前就具有民事权利能力,若出生后为死胎的,则溯及丧失民事权利能力。那么这里的条件就是参考了附条件法律行为制度而来。

有关民事法律行为我们就讲到这里。

---

[1] 参见本书第五讲之一“自然人”之“胎儿利益的保护”部分的相关内容。

第八讲　代理

一、代理的概念

下面我们讲代理的概念。[1] 先举个例子，原告状告被告，被告到律师事务所请律师代自己与原告谈判，并签订了一份和解合同。律师的行为就是代理。

本人、代理人、第三人。（傅老师在板书上写下这三种人）代理一定会涉及这三种人之间的三面关系。本人与代理人的代理关系、代理人与第三人的行为当事人关系、本人与第三人的法律后果归属关系。在这个案例中，本人是被告，第三人是原告，律师是什么？（同学们回答：代理人。）代理人。代理人代本人和第三人谈判，签署了一份和解合同。那么和解合同在谁和谁之间发生效力？（同学们回答：本人和第三人。）本人和第三人。

在这个案例当中，本人——也就是被告——和律师是一个代理关系，律师代理本人。律师和原告是一个什么关系呢？他们是基于谈判行为、和解行为导致的关系，即行为当事人关系。和解谈判这个事情谁在做？原告和律师在做，本人在家里睡大觉，所以律师和原告是和解合同中的行为当事人关系。而这份和解合同最后谁来负责？本人，对，原告和被告，即本人和第三人之间发生代理这一法律行为后果的归属关系。这就是代理的三面关系。

---

[1] 傅老师的 PPT 中显示“概念：代理就是指代理人以被代理人的名义与第三人进行具有法律意义的行为，其行为后果直接归属于被代理人的法律制度”。

二、代理的特征

下面我们讲代理的特征。

代理的第一个特征，代理人所实施的必须是（有相对人的）且具有法律意义的行为。我代军属老妈妈打扫她家里的卫生，是不是民法中的代理行为？不是，它没有法律意义。我代别人算一算账，这也不是代理。什么叫有法律意义的行为呢？能够使民事法律关系发生、变更、消灭的行为，代理人实施这种行为才能成立民法意义上的代理。此外，代理行为一定是有相对人的行为。（比如在前面的例子中）律师的相对人就是原告，这才叫代理。

代理的第二个特征，代理需以被代理人的名义或者代理人本人的名义实施。代理有两种，第一种是以本人名义实施的代理行为。举例而言，律师从事法律业务，都是以本人（当事人）的名义实施的。第二种是以代理人（自己的）名义实施的代理行为。大家记住以下这两个条文，《合同法》第 402 条和第 403 条。[1] 这两条规定的是以代理人的名义实施的代理。大陆法系国家的代理制度都是以本人名义实施，英美法系国家代理制度可以以代理人的名义实施，而我们国家接纳了两个制度的精华，把大陆法系国家的代理制度和英美法系国家的代理制度合在一起考虑了。这是因为我们国家加入了

[1] 《合同法》第 402 条规定："受托人以自己的名义，在委托人的授权范围内与第三人订立的合同，第三人在订立合同时知道受托人与委托人之间的代理关系的，该合同直接约束委托人和第三人，但有确切证据证明该合同只约束受托人和第三人的除外。"该条为《民法典》第 925 条承继，无实质性变更。《合同法》第 403 条规定："受托人以自己的名义与第三人订立合同时，第三人不知道受托人与委托人之间的代理关系的，受托人因第三人的原因对委托人不履行义务，受托人应当向委托人披露第三人，委托人因此可以行使受托人对第三人的权利，但第三人与受托人订立合同时如果知道该委托人就不会订立合同的除外。受托人因委托人的原因对第三人不履行义务，受托人应当向第三人披露委托人，第三人因此可以选择受托人或者委托人作为相对人主张其权利，但第三人不得变更选定的相对人。委托人行使受托人对第三人的权利的，第三人可以向委托人主张其对受托人的抗辩。第三人选定委托人作为其相对人的，委托人可以向第三人主张其对受托人的抗辩以及受托人对第三人的抗辩。"该条为《民法典》第 926 条承继，无实质性变更。

《联合国国际货物销售合同公约》[1],作为成员国,我们也认为这样规定更合理。

代理的第三个特征,也是代理的核心特征,是代理人在决定效果意思方面有自由裁量的余地。在代理场合,并不是被代理人决定好了一切细节,代理人什么都不用管,完全按照被代理人说的去做。

为了加固大家对第三个特征的认识,我举个例子。暑假到来,大三的学生回老家去了,他已经成年了。他奶奶说:"孩子你来帮忙做一件事,代我去买一袋洗衣粉。"那么大三学生就说,"买什么牌子? 到哪个店?"老奶奶说,"你自己看着办,给你 100 块钱,买一袋洗衣粉就行。"

结果大三学生到哪里去呢? 到一家大卖场去! 路过了很多小的超市、便利店,他不进去,他就要到大卖场去。他说我从来没有花过那么多钱。(同学们哈哈地笑起来)他到了洗衣粉专柜,哎呀! 琳琅满目,什么牌子都有。他看花了眼。忽然一个牌子引起他的注意,叫作"活力 28"。(同学们笑)大家别笑,确实有这个牌子。不知道是"活力 28"的创始人起名时就有这个喻义,还是大三的学生太有诗意了。这个 2(乘)8 不是 16 吗? 16 岁不是正好年轻吗? 李白有一句诗:正见当垆女,红妆二八年。就是称赞二八年华少女的美丽。这个学生他很有诗意,就把活力 28 买回去了。(同学们大笑)

他抱着一大袋洗衣粉回家去了,奶奶用得很顺手,夸他,"毕竟是大学生,我从来没用过这么好的洗衣粉"。

暑期结束了,大学生要回到华政继续读书,老奶奶对他说,临走之前还得帮忙做件事。他问,干嘛? (同学们应声:买洗衣粉。)买洗衣粉。

这个时候老奶奶说了,买跟上回一模一样的,上回花了多少钱? 48。就给他 48,原来在哪个店就到哪个店(买),原来是什么牌子就买什么牌子,原来多大(容量)这次就买多大。于是不一会儿大学生又抱着一袋活力 28 回

---

[1] 经核对,《联合国国际货物销售合同公约》中并无关于代理的规定,疑为傅老师口误。有学者认为,间接代理制度主要借鉴了美国法上的被代理人姓名未特定代理(unidentified principal)以及《国际货物销售代理公约》第 12 条。参见耿林、崔建远:《未来民法总则如何对待间接代理》,载《吉林大学社会科学学报》2016 年第 3 期。

来了。

现在大家思考以下几个问题,大学生(实施)第一个行为的时候,在决定效果方面有没有裁量余地?(同学们回答:有。)有。选择品牌方面有没有裁量余地?(同学们回答:有。)有。选择容量的时候有没有裁量余地?(同学们回答:有。)实施第二个行为时,在决定效果意思上面还有没有裁量余地?(同学们回答:没有。)没有。于是法律层面认定第一个行为是代理行为,第二个行为不是代理行为。尽管大学生在第二个行为中也代老奶奶去买了洗衣粉,但是法律把它认定为什么性质的行为呢?传达行为,或者说传话行为,大学生把老奶奶的话传给营业员而已。所以,第一个行为中,大学生叫代理人,第二个行为中,大学生叫传达人或者传话人。这个事例表明,代理人在决定效果意思方面要有自由裁量余地。

那么强调这个特征有什么用?我们有的法律行为可以由他人决定效果意思,有的不能由他人决定效果意思。(如果)法律明确规定某种法律行为中的效果意思一定要由本人作出,这种行为还能不能代理?不能代理,不符合代理的要素。那么哪些行为必须由本人完全决定效果意思呢?(有同学回答:结婚。)对,结婚。能不能委托别人代理结婚?比如请某人帮我物色个对象,他喜欢的我也喜欢。(同学们笑)结婚不行,离婚也不行。大家记下来,结婚、离婚、收养关系的建立、(收养关系的)解除、立遗嘱这5种行为,法律全然要求行为人自己作出意思表示,不能代理。

下面我们来举一个例子。浙江有一个民营企业家叫王某瑶,他在上海设立一个A公司,A公司资产有几十个亿。但是它是兄弟两人的公司,王某瑶只是投资者之一,对于这几十亿资产拥有50%的股权。王某瑶因病不幸去世了,继承人有三个。一个是他的儿子,一个是他的母亲,另一个是他的配偶。配偶说先将财产一分为二,(先将夫妻共同财产中属于妻子的一半归于配偶,然后再对剩下的财产进行继承分配。)母亲说不行,“你怎么能算是他的配偶呢?你根本就没有跟他结过婚,谈不上是配偶”。什么原因呢?原来配偶跟被继承人不是原配夫妻,是再婚的后妻。我们不认为这个理由是对的,再婚夫妻也是配偶关系。但是后来请来律师,律师也说后妻不是被继承人的合法配偶,这是为什么呢?

原来,死者生前和配偶到老家去办结婚登记的时候,没有带身份证。其他手续都是齐全的,但就是因为这个身份证拿不出来,所以无法完成登记。全家人都很着急,那么登记机关回复说,拿不出来身份证,手续就不齐全,不能发结婚证。什么时候把身份证拿过来,什么时候发证。

这个大老板公务又很忙,第二天要出国,就委托乡长第二天把他的身份证拿过去代为办理结婚证。果然第二天乡长把老板的身份证带过去了,民政机关也颁发了结婚证。这个婚姻有效无效?无效,因为乡长不能代替别人来结婚。这说明一个问题,不是所有的行为都可以代理的。

代理的第四个特征,代理行为的后果归属于本人。

大家要记住代理的上述四个特征。

三、代理权的发生与行使

下面我们讲代理权的发生与代理权的行使。

代理权有两种,一种是法定代理,另一种是意定代理。

法定代理人代理权的发生根据法律的规定。哪里可以找到法律规定呢?《民法通则》。《民法通则》第 16 条规定,未成年人的父母是未成年人的监护人。[1] 我们曾经讲过,监护人的职责之一就是代理。所以父母是不是未成年人的代理人?是。他是什么代理人?法定代理人还是意定代理人?(同学们回答:法定代理人。)法定代理人。

意定代理权基于授权而产生,也就是老百姓通常所说的,委托别人做一件事。生活中的委托在民法上往往包含着授权。

意定代理权发生的依据就是授权。我们曾经讲过授权是独立的行为还是非独立的行为?(同学们支支吾吾)忘记了?授权是独立的行为。授权是有因行为还是无因行为?(有同学回答:无因行为。)授权是无因行为,这一

[1] 现为《民法典》第 27 条第 1 款。

点在有因行为、无因行为的板块中我们都讲过。我们国家认定哪两种行为是无因行为？一种是票据行为，还有一种是什么？授权（行为）。票据行为被法律规定为无因行为，授权行为的无因性是被司法实践的做法所认可的，而不是法律规定的。

但是无因行为在生活逻辑上并不是没有原因的，是法律把生活逻辑中的原因人为割裂掉了。任何一个授权行为在生活逻辑上都是有原因的，比如说亲属关系。以夫妻关系为例，夫为妻、妻为夫去买家电、去维修、去买菜，使用的是共同财产，能不能说丈夫没有经过妻子同意买回来的肉妻子就不认账？不可以。这叫什么？家事代理。你有见过卖菜的问丈夫说你买菜有没有经过你妻子的同意？他（买菜）用的是什么财产？共同财产，不会因为没有经过妻子同意而不算数。

下面我们讲其他几种授权行为发生的情形。

第一种，委托合同。本人跑到律师事务所，先跟律师事务所签订委托合同以后才进行（代理）授权，这个授权就基于委托合同。

第二种，雇佣合同。老板授权员工去进一些原材料，卖掉新产品，这里的授权就是基于雇佣合同。

第三种，承揽合同。华政跟市建五公司签订一份新楼——实训大楼——的建造合同。在建造过程当中，需要使用钢材，华政授权市建五公司去买钢材。这个授权就是基于承揽合同。建设工程合同就是一种特殊的承揽合同。

授权还可以基于其他种类的合同。任何一个授权都是有原因关系存在的。何勤华校长委托我去买民法书，他为什么不委托别人要委托我？因为我是华政的员工（有聘用合同作为基础）。

尽管生活逻辑告诉我们，授权都是建立在一定的基础关系上，但是没有这种基础关系，授权能不能够独立成立？如果基础关系都是无效的，授权是不是也变成无效的？不是。如果这些合同是可撤销的，并且因为合同的撤销而导致基础关系的消灭，授权会不会也随之被撤销了？不会。如果这些

(作为授权)基础(的)合同被解除了,授权是不是也被解除了?不是。授权依旧岿然不动。法律上把授权行为和基础关系人为地割裂了。这样做有什么好处呢?这样一来,相对人只要了解授权文书就行了,相对人还要不要进一步了解代理人是授权人的什么人?不要!这就是授权的独立性,授权行为的无因性。

下面考考大家的智商啊,这不是考法律知识,而是考智商了。

刚才说了,代理权的产生无非分为两种情形,一种是来自法律的规定,比如我是孩子他爹,我有代理权。另一种是基于授权。现在我们不讨论来自法律规定的情形,我们讨论意定代理,即代理人基于授权而享有代理权的情形。

第一个问题,代理人有没有必须实施代理活动的义务?好,大家好好思考一下。认为有必须实施代理活动义务的人举手,(傅老师停顿了一下)认为没有的举手。(同学们有些迟疑,不敢举手。)大家都不举手,我就没有办法了。那大家就蒙一下好了,考验大家的运气。(同学们嘻嘻哈哈地笑)认为有义务的举手,(小部分同学举起手)认为没有义务的举手。(剩余同学举起手)这就是运气好的同学。代理人没有必须实施代理活动的义务。想一想,我讲了,授权的后果是什么?代理权的发生,是不是就这一个?有没有说授权后产生了代理义务?没有。授权的后果就是代理权的产生。

我们说了,授权是无因行为、独立行为,授权是单方的行为还是双方的行为?(同学们回答:单方。)对。我讲过授权是双方合同吗?合同是存在于两个人之间的双方法律行为,授权是单方行为。看来大家把这一学期上过的民法课全都忘了,但是我不希望大家忘了,(因为)还要通过司法考试啊。无论如何,有四个字绝不能忘,哪四个字?(同学们齐声答:义务自主。)义务自主。义务自主说明我只能给他人权利,我能不能给他义务?(同学们回答:不能。)本人基于授权(可以给代理人以代理权),但能不能给代理人义务?(同学们回答:不能。)不能,如果能够给代理人义务,假如我授权你们某个人到大学城去给我跑一趟,买一分钱的糖果来,那你就必须去给我跑腿了。

再问大家一遍，现在是不是想通了？在意定代理中，基于单方授权，被授权的人，也就是这个律师，享有不享有代理权？（同学们回答：享有。）享有。有没有必须实施代理活动的义务？（同学们回答：没有。）没有。坚决一点！授权只发生权利，不发生义务。那么，为了防止授权之后代理人不干活，比如授权了律师之后他不肯去法庭上辩论打官司了，他们两个要签订一个什么？委托合同、雇佣合同、承揽合同、承包合同等，以合同关系保证代理人必须从事代理活动。

我们现在回答第一个例子，本人到了律师事务所，跟律所签订一份合同，要求某律师为我与原告进行谈判。现在律师有没有代理权？（同学们回答：有。）没有！委托合同不发生代理权，授权才产生代理权。意定代理中代理权的发生根据是什么？授权，而不是合同。那么合同与授权有什么区别呢？合同是双方的法律行为，授权是单方的法律行为，合同设立的是双方的债权债务，授权是给对方的一个独立的代理权。

好，在这个基础上我再提问。本人到律所和律师签了一份聘请律师的合同，又写了一份授权委托书。现在问，律师有没有代理权？（同学们回答：有。）依据是什么？（同学们回答：授权委托书。）依据是授权委托书。是不是依据合同？（同学们回答：不是。）不是。记住，授权只是基于授权委托书。律师有没有必须从事代理活动的义务？（同学们回答：有。）有。依据什么？（同学们齐声答：委托合同。）委托合同！

第三个问题，如果合同无效、被撤销或被解除了，律师还有没有代理权？（同学们回答：有。）有，为什么？（同学们回答：授权。）授权。律师还有没有代理义务？（同学们回答：没有。）没有。为什么没有？没有基础关系了。就是这个道理。

我们刚才讲的案例是律师找原告谈判，现在我们讲律师出庭。比如被告律师找到原告去商议（和解），原告不理他，说，咱们法庭上见。律师出庭了，出庭要让法官知道他是代理人啊，否则法官不让他上庭说话的。那么他要拿出什么文件，拿授权文书还是委托合同？（同学们齐声答：授权文书。）

拿授权文书,法官只看授权文书。假如现在这个律师不合格,本人要撤销对他的委托,是解除合同还是撤回授权?(同学们回答:撤回授权。)对,撤回授权。关于代理权的发生,我们就讲到这里。

现在我们都很清楚了,法定代理权的发生是根据什么?法律的直接规定,也就是只有监护人才有代理权,不是监护人是没有代理权的。意定代理权的发生是基于授权,授权是单方行为、无因行为,基于授权才能够产生代理权,但是授权不产生义务。产生义务要通过其他方式。

我们继续再看,享有代理权的,不管是法定代理人还是意定代理人,一旦他有代理权,就要行使代理权。如果代理人享有代理权却不行使,就可以按照基础关系来处理这种消极行为,没有基础关系就处理不了。但是一旦代理人行使代理权,就要妥善行使,不能利用代理的权利来损害本人的利益。不行使代理权没问题,只要行使了,代理人就应当妥善行使代理权,不能滥用代理权。什么叫妥善?就像办自己的事情一样,为本人办事。

什么叫滥用代理权?滥用代理权有三种表现形式。

第一种,自己代理。听好下面这个例子。甲委托乙代为卖出一头牛,乙本身也想买进一头牛。于是乙就代理甲为出卖方,自己为买受方,代甲签订了一个牛的买卖合同。听好,(傅老师做板书)本人委托代理人卖一头牛,代理人把自己作为第三人要买进,于是代理人就代本人与代理人自己签订一头牛的买卖合同,这样的买卖合同公道不公道?不公道,要回避吧?因为代理人是有自由裁量权的。如果你是传话人,(同时)作为第三人买进的话没问题,但是作为有自由裁量权的代理人,你应该完全站在本人(的立场上)去裁量,而你同时又是合同的相对方,你的裁量权的行使就难免会损害被代理人的利益。

这种情况叫自己代理,代理人不能自己代理。

自己代理有代理人为双方的法律行为,上述的买卖合同就是双方的法律行为,也有代理本人为单方的法律行为。

记下这个例子。汶川地震以后,有 10 个欠 A 债务的汶川居民,欠的数额不等。于是A找到代理人说，免除这10个人中的一部分债务，但是至于怎么个免除法？由代理人来决定，前提是被免除债务的人是汶川居民。

那么代理人一想我自己也欠A的债，我也是汶川的债务人，于是说把我的债全部免了。授权人所要求的是免除一部分债务，那我的债务全部免除、别人的一分不免，这当然也可以算作免除一部分债务。这就是相对人为代理人的单方行为。[1]

凡是相对人为代理人的，无论是单方还是双方，都属于自己代理，都会有问题。于是得出结论，自己代理对本人不发生效力。但是，大家记住了，本人追认(的自己代理)有效，[2]本人一旦追认，就不是自己代理了。

第二种，双方代理。本人委托代理人卖出一头牛，第三人也委托代理人买进一头牛。那么代理人代两个人签同一份合同，他既代表了第三人的利益又代表了本人的利益，这就是双方代理。双方代理搞不清楚代理人到底站在哪一方的立场上，这里会产生利益冲突，这也是要回避的。双方代理对双方的本人均不发生效力，但是经过双方本人追认的有效。[3]

第三种，恶意通谋损害本人利益。举个例子，华政要我到北京去买民法书，我到北京一看，民法书每本30块钱，华政要买2万本，于是我就跟书店说，能不能打折？对方说，可以，打7折。后来我跟对方说了，“你不要给我明面上打折，我们就按照30块钱来订立买卖合同。暗地里打七折，节省的部分，你拿一半我也拿一半”。这是不是我跟第三人有通谋了？损害了谁的利益？华政的。恶意通谋损害被代理人利益无效。(下课铃声响)

好，今天的课我们就讲到这里，下课！(教室内掌声雷动)

---

[1] 关于债务免除究为单方行为抑或双方行为，学说上历有争议。《民法典》第575条规定，“债权人免除债务人部分或者全部债务的，债权债务部分或者全部终止，但是债务人在合理期限内拒绝的除外。”该条相较《合同法》第105条，增加了“但是债务人在合理期限内拒绝的除外”这一表述，但这一增加是否明确了债务免除为双方行为，仍有疑问，就此仍未有统一见解。

[2] 《民法典》第168条第1款规定：“代理人不得以被代理人的名义与自己实施民事法律行为，但是被代理人同意或者追认的除外。”

[3] 《民法典》第168条第2款规定：“代理人不得以被代理人的名义与自己同时代理的其他人实施民事法律行为，但是被代理的双方同意或者追认的除外。”

四、复代理

(开始上课)被代理人的代理人将其代理权限的一部分或全部转托给他人,这里的“他人”就被称为“复代理人”。复代理人以本人的名义,与第三人进行法律行为,其法律后果归属于本人的一种制度,被称为复代理。

比如,何勤华(以校长的身份)委托我到北京去买1万本民法书,我转托我在北京的一个同学代华东政法大学买这1万本民法书。那么在这个例子当中,本人是华政(而不是作为自然人的何校长),我是代理人,我的同学是复代理人,北京的新华书店是第三人。我的同学与新华书店签订的购买1万本民法书的买卖合同,法律后果直接归属于华政。这就是复代理。

关于复代理制度,有五个事项需要注意。

第一,代理人只能将自己权限的一部分或全部转托他人。在刚才这个例子当中,我能转托给第三人的代理权是购买民法书。如果我对转托的第三人说,你帮华政购买1万本刑法书,可不可以?(同学们应声:不可以。)不可以。为什么不可以?代理人有没有代理买刑法书的权限?(同学们应声:没有。)没有。我可以让我的同学买5000本民法书吗?可以!我可以让我的同学买15,000本民法书吗?不可以!因为华政授权我买多少本(民法书)?1万本,我不能超越权限。假如华政授权我买1万本北大、清华或者中政大出版的(民法书),而我转托复代理人时,告诉他,你可以买北大、清华、中政大(出版的民法书),也可以买人民大学、吉林大学出版的民法书,可不可以?(同学们回答:不可以。)不可以!因为代理人的转委托不能超越权限,只能将代理权限的一部或者全部转给别人!这是第一个需要注意的事项。

第二,复代理人是代理人选任的,而不是本人选任的。代理人在选任复代理人时,是以谁的名义选任的?是以代理人的名义还是本人的名义?(同学回答:代理人的名义。)对,代理人的名义,而不是以本人的名义选任的。再强调一遍,复代理人是代理人选任的,并且以代理人的名义选任,而不是本人选任,也不是以本人的名义选任。[1]

如果是本人(选任),或者是以本人的名义选任的,那就是本代理。为什么属于本代理呢?我们来看一个模式(傅老师在黑板上画结构图),这是本人,这是代理人,如果代理人以本人的名义选择一个"复代理人",那么选择复代理人就是由本人授权的。(按这种模式)选定一个"复代理人"后,产生的后果是什么呢?后果是:"复代理人"是本人的代理人。既然"复代理人"是本人的代理人了,那么这里的"复代理人"是本人的本代理人还是复代理人?(同学们回答:本代理人。)本代理人,所以这个不叫复代理。换言之,只要代理人以本人名义选任一个代理人,不管名称叫什么,他就不是复代理人,而应当是本人的代理人,即本代理人。这是第二个要注意的事项。

第三,法定代理人有选任复代理人的权利。我们把选任复代理人的权利称为复任权。法定代理人有复任权,而意定代理人在原则上没有。为什么呢?

大家先思考一下,来做一道选择题。为什么说法定代理人有复任权而意定代理人没有?第一个选项,因为意定代理关系是建立在信任基础之上。第二个选项,因为意定代理关系只是私法上的一种关系。第三个选项,因为意定代理关系没有监护和被监护的关系。好,根据这三个选项,你认为哪一个结论是最合适的?(同学们七嘴八舌回答问题)第一个?第二个?第三个?都是?怎么可能呢!只有第一个才是最合适的。为什么何勤华校长要我到北京去买民法书,而不让刘宪权[2]去买?(同学们笑了起来)我不是说刘宪权不好,买刑法书的时候他会找刘宪权,这不是(因为)隔行如隔山嘛,所以买民法书的时候就要找我了,当然也可以找民法教研室的其他老师。(需要)买劳动法书(的时候)不会找我了,找董保华[3]去了,或者找劳动法

---

[1] 在复代理中,代理人以自己(而非本人)的名义选任复代理人,如果以本人名义选任代理人,即使名义上称其为复代理人,本质上仍属本代理人。当复代理成立后,复代理人对外以本人(而非代理人)的名义为法律行为,故该法律行为之效果归属于本人,而非代理人。

[2] 刘宪权,华东政法大学经天讲席教授,博士生导师,荷兰伊拉斯谟大学法学博士,现任华东政法大学刑事法学研究院院长。傅老师授课当时,刘宪权教授为华东政法大学法律学院院长。

[3] 董保华,时为华东政法大学教授,现为华东师范大学法学院教授,兼任上海市法学会劳动法研究会主任委员。

教研室的其他老师帮忙了。所以意定代理是建立在什么关系基础之上的？是建立在一定的信任关系基础之上的。

既然意定代理人是基于本人的信任而获得的代理权，如果代理人再找一个人，这个人本人不信任的话（怎么办）？华东政法大学何勤华校长委托我到北京去买民法书，我再转托刘宪权去买，这不是糟糕了吗？

那么为什么法定代理人有复任权？法定代理关系是建立在信任基础上，还是建立在原有的亲属关系基础之上？（同学们回答：亲属。）亲属关系（而不是信任关系）。所以从这个角度来说，意定代理人没有复任权，法定代理人（才）有复任权。

但是意定代理在三种例外情况下也会有复任权。其一，经过被代理人事先特别授权。何勤华校长告诉我，你帮我买 1 万本民法书，但如果你实在太忙没空买，你找法律学院的其他老师去买也可以。那么刘宪权老师是不是法律学院的老师？[1] 是的，所以也可以（让他买），因为有被代理人的事先特别授权。其二，事后追认。[2] 虽然何勤华校长事前没有告知我说，找法律学院的其他老师也可以，但是当他发现我找刘宪权老师来（买民法书）的时候，却说，还好你找了刘宪权（买民法书），你找别人（买）我是不同意的！那么这说明什么呢？说明他事后追认了（对于复代理人的选任）。其三，事出紧迫，为了本人的利益不得已而为之。[3] 这往往指的是什么情况呢？比如代理人生病了，代理人不能自己干活了，或者代理人遇到了突发事件了——（比如）东方之星客船翻沉，需要派（救援人员）去打捞、搜寻水下的幸存者，代理人接到命令赶赴前线拯救生命。在这种情况下，由于代理人有紧急情事，不能（为本人）干活，但又一时联系不上本人，又或者本人不知去向

[1] 傅老师授课当时，刘宪权教授为华东政法大学法律学院院长。2020 年，原刑事司法学院与法律学院的刑法学、刑事诉讼法学学科融合成立刑事法学院。刘宪权教授现任华东政法大学刑事法学研究院院长。

[2] 《民法典》第 169 条第 1 款规定："代理人需要转委托第三人代理的，应当取得被代理人的同意或者追认。"

[3] 《民法典》第 169 条第 3 款规定："转委托代理未经被代理人同意或者追认的，代理人应当对转委托的第三人的行为承担责任；但是，在紧急情况下代理人为了维护被代理人的利益需要转委托第三人代理的除外。"

了(比如本人出国了没跟我说),如果此时再不找一个人顶替一下就会影响本人的利益。因此我们说,事出紧迫,为了本人的利益,不得已而转托给第三人的情况,也是允许的。

第四,同样是选择复代理人,法定代理人的责任要比意定代理人大。刚刚说了,意定代理人原则上没有复任权,法定代理人有复任权。法定代理人的权力大,责任也大,若因复代理人的行为造成本人损失,法定代理人就得承担赔偿责任,无论法定代理人是否存在过错,都要承担赔偿责任。为什么?谁让你自己不干找别人干?所以因复代理人的过失造成本人损失的,复代理人和法定代理人都要向本人赔偿。

相比之下,意定代理人选任复代理人以后,因复代理人的过错造成本人损失的,本代理人不承担赔偿责任。但是两种情形例外,哪两种情形?其一,选任有过错。其二,监督(指示)有过错。[1] 比如何勤华校长跟我说,你到北京去买1万本民法书,如果你实在太忙,就找一个合适的(人代替你)。我的代理权是基于法定代理还是意定代理?意定代理。但我有没有复任权?(同学们回答:有。)有!事先授权了。那么如果我到了北京实在没有时间,需要选一个合适的(人代我买民法书),我至少应该选一个懂法律的人去买民法书。结果我却选择了一个不懂法律,只懂工程的院士替我去买民法书,结果他买了1万本1986年版的民法书,[2]这显然是不行的。

好,在这个例子中,本人遭受的损失,我作为一个本代理人要不要承担责任?(同学们回答:要。)为什么?因为我选任有过错。但假如我选任没有过错,监督也没有过错,就不存在(承担)责任(的问题)。

与此相反,法定代理人即使选任、监督都没有过错,也要承担责任。因为法定代理人权限范围内的事情就应该你自己来做,你可以把一些事情交给别人做,但责任还是你承担。所以法定代理人的权限不一定很大,但责任

[1] 《民法典》第169条第2款规定:“转委托代理经被代理人同意或者追认的,被代理人可以就代理事务直接指示转委托的第三人,代理人仅就第三人的选任以及对第三人的指示承担责任。”

[2] 1986年4月12日,第六届全国人民代表大会第四次会议通过《中华人民共和国民法通则》。

却很大。但在一种情形下,若因复代理人的过错造成被代理人损害,法定代理人无须承担责任。哪种情况呢?事出紧迫,法定代理人为了本人利益不得已而转托他人进行代理行为,并且在转托过程中,对选任和监督都尽职了,仍然出了问题。这个时候法定代理人要不要承担赔偿责任?(同学们回答:不要。)不要!总结一下,法定代理人因复代理人的过错造成本人损害的,原则上要承担赔偿责任,但是当且仅当他同时具备了三个条件,他就不需要承担赔偿责任了。其一,选任复代理人是事出紧迫,为本人利益不得已而为之;其二,选任没有过错;其三,监督没有过错。只有三个条件同时具备,他才不承担赔偿责任。

第五,复代理人产生以后,是否意味着本代理人的代理权消灭?不是。产生复代理人以后,本代理人的代理权还在,因为他还要对(复代理人的)整个活动进行监督。那么复代理人与第三人所进行的行为,行为后果归属于代理人还是本人?(同学们回答:本人。)本人。因为复代理人是本人的代理人,记住了,他不是代理人的代理人。关于复代理制度我们就讲到这里。

结束这个问题之前我举个例子。有一位女士离开中国到国外定居,定居的时间一长,跟中国的丈夫感情冷淡了。她想离婚,但是又不好意思直接来中国提出离婚。为什么?因为她的丈夫为了她出国,牺牲了自己的事业,做了很大的贡献。所以,基于道德上的考量,她没有胆量,不好意思(提出离婚),但是她又希望能解决感情(问题)。于是她委托自己的母亲向法院递交了诉状,并授权其成为自己离婚诉讼的代理人,状告自己的丈夫,提出离婚。但是母亲害怕官司打不赢,就到律师事务所请了一名律师,由律师代理这场离婚诉讼案件。现在问,律师有没有代理权?认为有的举手(停顿),认为没有的举手(停顿)。对,没有代理权。为什么说律师没有代理权?母亲是意定代理人还是法定代理人?(同学们回答:意定代理人。)意定代理人有没有复任权?(同学们回答:没有。)没有。她女儿有没有授权母亲说,可以找一个律师?没有。事后女儿有没有追认?也没有。这是不是事出紧迫的问题?也不是。所以说律师是没有代理权的。法院一看授权文书是母亲写的，（就知道）律师没有代理权。

好，换一个例子。6岁的孩子被人家打伤了，于是母亲带6岁的孩子状告加害人，也怕官司打不赢，于是到律师事务所请了一个律师。问题来了，第一，现在这个律师是谁授权的？母亲授权的还是6岁女儿授权的？（同学们回答：母亲授权。）母亲授权。第二，母亲以谁的名义授权？自己的名义还是女儿的名义？（同学们回答：女儿的名义。）到底谁的名义？（回答出现了分歧）如果以女儿的名义，那就是母亲代理女儿为授权行为，就是女儿在授权，而不是母亲（法定代理人）在授权，那么（律师）就是本代理人，授权来自本人（女儿）。如果是母亲在授权，那一定是以母亲的名义（而不是女儿的名义）。这两者是不一样的。

我们再捋一遍。如果以女儿的名义（授权），律师是本代理人还是复代理人？（同学们回答：本代理人。）本代理人。那么本代理谁在授权？本人授权还是代理人在授权？是本人授权！在这种情况下，是母亲在代理本人授权，还是自己在授权？代理本人在授权。如果母亲自己授权，她应该以谁的名义授权？（同学们回答：母亲的名义。）以母亲的名义授权，这个不要搞混了。在本案中，母亲是以自己的名义授权。这就引出了第三个问题，母亲还是不是代理人？（同学们回答：是。）是！因为复代理产生并不意味着本代理权的消灭。律师成为复代理人后，母亲还是代理人。律师是母亲的代理人还是女儿的代理人？女儿的代理人。如果这个律师获得的授权是特别授权，并且在打官司过程中，他（作为案件的代理人）和对方达成调解协议，调解协议归属于母亲，还是归属于女儿？（同学们回答：女儿。）好，把这两个案子搞清楚了，复代理就学会了。

五、以代理人名义实施行为的代理

下面我们讲以代理人名义实施行为的代理。

以前我讲过，在传统大陆法系国家，代理人是以本人的名义与第三人进行法律行为。而在英美法系国家，代理人可以以代理人（自己）的名义进行法律行为。而我国则是同时借鉴了这两种代理制度。

举个例子,我国某一个乡镇企业生产一种长毛绒玩具,专供出口。圣诞节到了,外国的家长要给子女们买一些礼物,就是这种中国制造的礼物。但是因为乡镇企业没有人懂外语和法律,所以就没有能力跟外商签订合同,于是委托了一家专门从事进出口贸易的进出口公司代为销售。

进出口公司有两个业务,一个业务是代理别人进行外贸,另一个业务是自己对外进行贸易。也就是说,它既可以代理本人把货卖给老外,也可以自己把货卖给老外。现在乡镇企业委托进出口公司(卖玩具),进出口公司以自己的名义,听好,以自己的名义与外商签订了一份长毛绒玩具的(买卖)合同。

那么我国《合同法》第402条规定,[1]把这个条文(序号)记一下回去查,如果代理人以自己的名义与第三人签订合同,并告诉第三人自己的代理人身份,即披露代理关系——至于本人是谁无关紧要,只要披露自己是代理人——合同所产生的后果就归属于本人,除非双方另有约定,比如合同约定即便披露代理关系,合同产生的后果也仅拘束缔约双方,也就是归属于代理人和相对人,那就另当别论。如果没有这样一个特别约定,那(法律后果)就归属于本人。

现在乡镇企业委托进出口公司卖长毛绒玩具给外商,进出口公司告诉外商,这是上海某个乡镇企业授权我跟你签的合同。外商知道了(代理关系)没有?(同学们应声:知道了。)知道了,披露了,并且没有另外的约定。合同签好了,外商钱也交了,货也发了,谁知道乡镇企业生产的长毛绒玩具,有一个玩具小熊猫里面有一枚大头针,本来是生产时用来固定的,但忘记拔出来了。结果外国小朋友在玩这个玩具的时候,用力过猛,把大头针给顶出来了,戳伤了眼睛。(同学们惊呼)外商要索赔,首先找到进出口公司,进出

[1] 《合同法》第402条规定:"受托人以自己的名义,在委托人的授权范围内与第三人订立的合同,第三人在订立合同时知道受托人与委托人之间的代理关系的,该合同直接约束委托人和第三人,但有确切证据证明该合同只约束受托人和第三人的除外。"该条为《民法典》第925条所承继,无实质性变更。

口公司说,我不是责任主体,我告诉你是某个乡镇企业(生产的)。于是外商找到某乡镇企业,乡镇企业说,我们都是微利经营的,我们也没多少钱,你让我赔,要钱没有,要命一条!现在问题来了,乡镇企业、进出口公司相互推诿,那么外商应该找谁?外商只能找谁?(同学们回答:乡镇企业。)对,应当找乡镇企业,只能找乡镇企业。好,这是《合同法》第402条。

下面我们讲《合同法》第403条。[1] 假如代理人进出口公司与第三人外商签订合同的时候,未披露自己的代理人身份或代理关系。那么在外商看来,进出口公司的身份存在两种可能,一种可能是,你是长毛绒玩具卖家的代理人,另一种可能是,你就是长毛绒玩具的卖方。那么在没有披露代理关系的时候,其法律后果是否当然归属于本人?不是的。当未披露代理关系的时候,其法律后果并不当然归属于本人。此时,有可能会产生两个方面的效果。

第一种情况,因本人的问题导致进出口公司不能向外商履行合同义务。刚才长毛绒玩具当中有一枚大头针,这是不是本人的问题啊?是的。那么因本人的问题导致进出口公司不能向第三人履行义务,法律规定,此时代理人有义务向第三人披露本人是谁。在披露以后,第三人有权在代理人和本人之间选择一个人来承受后果,建立法律关系。即第三人有选择权。那么本案中,外商肯定选择谁?选择进出口公司对外商有利,还是选择乡镇企业对外商有利?(同学们回答:进出口公司。)选择进出口公司。

第二种情况,反过来,如果因为第三人的原因不能履行合同义务(该怎么办呢)?我们讲另外一个案子,也是乡镇企业委托进出口公司,向第三人提供丝织品等做衣服的面料,面料已经提供了,但是外商耍赖不给钱。现在

[1] 《合同法》第403条规定:"受托人以自己的名义与第三人订立合同时,第三人不知道受托人与委托人之间的代理关系的,受托人因第三人的原因对委托人不履行义务,受托人应当向委托人披露第三人,委托人因此可以行使受托人对第三人的权利,但第三人与受托人订立合同时如果知道该委托人就不会订立合同的除外。受托人因委托人的原因对第三人不履行义务,受托人应当向第三人披露委托人,第三人因此可以选择受托人或者委托人作为相对人主张其权利,但第三人不得变更选定的相对人。委托人行使受托人对第三人的权利的,第三人可以向委托人主张其对受托人的抗辩。第三人选定委托人作为其相对人的,委托人可以向第三人主张其对受托人的抗辩以及受托人对第三人的抗辩。"该条为《民法典》第926条所承继,无实质性变更。

因第三人的原因造成进出口公司不能将货款给付给乡镇企业,本人(乡镇企业)有介入权。在没有披露本人身份的时候,法律关系只发生在进出口公司和外商之间,现在本人有介入权,介入你们两者关系,本人可以作为原告或者请求(权)人直接请求外商承担责任。

好,我们再看看 PPT:第三人在与代理人进行行为时,知道代理人与本人之间的代理关系,代理行为的后果直接归属于本人,但有证据证明该行为只约束行为人的除外。这里讲的是第 402 条还是第 403 条?(同学们回答:第 402 条。)第 402 条。好,如果第三人不知道代理人与本人之间的代理关系,第一种情况,代理人因第三人的原因,对本人不能履行义务时,也就是外商耍赖了,拿莫须有的理由来搪塞,不履行合同义务,这个时候本人有介入权。原本法律关系只限于进出口贸易公司和外商,现在乡镇企业可不可以作为原告起诉外商?可以的。现在乡镇企业壮大了,它有法律顾问,既懂法律又懂英语,它可以撇开进出口公司,自己去找外商(请求其履行义务)。另外一种情况,代理人因为本人的原因,比如长毛绒玩具有大头针,对第三人不履行义务的,第三人享有选择权,也就是外商在告乡镇企业还是告进出口公司之间,可以做一个选择。

关于以代理人的名义实施代理行为的代理制度,我就讲到这里。现在总结一下。我们国家代理制度当中有两种模式,一种是以本人的名义,(法律后果)直接归属于本人;另一种是以代理人的名义,这时情况就复杂了。我们首先可以考虑代理人是否披露(代理关系),如果代理人披露代理关系,这也简单,(法律效果)直接归属于本人。如果没有披露代理关系,那就发生本人的介入权和第三人的选择权,无论是介入权还是选择权,对代理人来说他都有一项义务,什么义务?披露义务!向本人告知谁是第三人,向第三人告知谁是本人。

六、无权代理

下面我们讲无权代理。无权代理有两种,一种是狭义的无权代理,另一种叫作表见代理。

（一）狭义的无权代理

我们先讲狭义的无权代理。狭义的无权代理，是没有代理权而从事的所谓的代理活动。狭义的无权代理有如下四种情形。

第一，压根就没有授权。何勤华校长没有授权我到北京买 1 万本民法书，我到北京旅游，看到民法书，感觉不错，就自说自话，以华政的名义代理华政买了 1 万本。这就是根本没有授权行为所进行的无权代理。

第二，越权代理。何勤华校长确实委托我到北京买 1 万本民法书，我在买 1 万本民法书的时候，看到法制史教科书也不错，买了 1 万本法制史（教科书），何校长说你买法制史教科书干嘛？你又不懂法制史。那么我买民法书是有权代理还是无权代理？（同学们回答：有权代理。）买法制史的教科书呢？（同学们回答：无权。）无权代理，并且属于无权代理中的越权代理。

第三，代理权消灭后继续从事的代理行为。何勤华校长委托我做三件事情，三件事情都做完了，他表示比较满意。我一高兴，继续（以华政的名义）做了（另外）三件事情，我有没有代理权？没有，所以这也是无权代理。

第四，代理期限届满以后（进行代理）。比如何勤华校长授权我一个学期的代理权。他对我说，这个学期你正好都在北京，你看到合适的民法书、公司法书、票据法书，给我们买一些回来，但只限于这个学期。然而这个学期都结束了，我还是没有看到合适的。学期结束后的放假期间，我准备回上海了，突然发现有几本上好的民法书，我就代理华政买来了。这个是不是无权代理？（同学们回答：是。）是的，期限届满了，你没有资格再做下去。

无权代理（发生的情形）其实很多。比如附停止条件的授权，条件没有成就你就开始代理行为；再比如附解除条件的授权，条件成就你还在为代理行为，这些都是无权代理。

那么无权代理所造成的法律后果是什么呢？同学们把这个后果记下来。

第一，第三人有两项权利。第一项权利是催告。前面我们讲了无权代理法律行为是有效行为、无效行为还是效力待定的行为?(同学们回答:效力待定。)对,效力待定。既然是效力待定的行为,无权代理人与第三人签订合同以后,第三人有权利向本人催告,催告本人(决定)是否追认。那么本人在接到催告以后,要作出表示。表示追认的,无权代理成为有权代理;表示拒绝追认的,所签订的合同有效无效?(同学们回答:无效。)无效。第二项权利是撤销权,撤销第三人和无权代理人所实施的行为。也有学说认为该项权利应称为撤回权。到底用“撤销”好还是“撤回”好呢?我们说,撤销是对已经生效的行为使其不发生效力,也就是使其无效。撤回是对尚未生效的行为,不让它发生效力。那么无权代理人和第三人所进行的行为,生效了没有?没有,那么应当用撤回还是撤销?撤回。现在法条中用是“撤销”[1],我的意见还是用“撤回”比较妥当,即第三人有撤回权,撤回自己与无权代理人的合同。要注意一个问题,第三人行使撤回权,必须赶在什么之前?(下课铃声响起)必须赶在被代理人追认前。因为被代理人一旦追认,这个代理行为就有效了,第三人还能撤回吗?就不能撤回了。[2]

第二,本人也有两个权利。本人的第一个权利是什么?追认,第二个权利是什么?拒绝追认。他有权追认,也有权拒绝追认。那么本人在收到催告以后,假如不作出意思表示,是视为追认,还是视为拒绝追认?拒绝追认。那为什么不将这种沉默视为追认,而要视为拒绝追认呢?因为民法的四个字(同学们应声:义务自主。),义务自主!本人有没有作出意思表示的义务啊?有没有答复的义务啊?没有的。既然没有答复的义务,现在他没有答复,就不能认为其追认了无权代理的行为。这里也有一个问题需要注意,假如本人想要追认,要赶在什么之前追认?在第三人撤回之前。人家已经撤回了你追认什么呢?毫无意义。

---

[1] 《民法典》第171条第2款规定:“相对人可以催告被代理人自收到通知之日起三十日内予以追认。被代理人未作表示的,视为拒绝追认。行为人实施的行为被追认前,善意相对人有撤销的权利。撤销应当以通知的方式作出。”该款承继自《合同法》第48条第2款,无实质性变更。

[2] 《民法典》第171条第3款增加了一项第三人的权利,即“行为人实施的行为未被追认的,善意相对人有权请求行为人履行债务或者就其受到的损害请求行为人赔偿。但是,赔偿的范围不得超过被代理人追认时相对人所能获得的利益”。

第三，现在我们讲无权代理人要承担的法律责任。造成本人损失的要赔偿，但是本人追认以后就不需要赔了，因为追认以后，（无权代理）就变成有权代理了。因此无权代理人造成本人损失的要承担赔偿责任，前提是没有追认。

如果无权代理人和第三人通谋，换句话说第三个人明知代理人是无权代理，仍然实施这个行为，造成本人损失的，第三人和无权代理人要承担连带责任。[1] 当然，本人追认就不要承担责任了，一旦本人追认，无权代理就变成有权代理了。

（二）表见代理

好，关于狭义的无权代理，我们讲到这里。那么除了狭义无权代理外，广义的无权代理还包括另一种代理，叫作表见代理。这个表见的“见”呢，严格意义上应该读“见”（xiàn），“风吹草低见牛羊”的“见”就是这个字。但是大家都读“见”（jiàn）了，你读见（xiàn）就显得有点怪怪的，所以我们都读表“见”（jiàn）代理。只是，如果把它读成表见（xiàn）代理，这四个字的意思就会非常明显——代理虽然是无权，但是表现出来的是什么？有权！所以说它是表“见”（xiàn）代理。

下面举个表见代理的例子。有一家银行分行的行长，注意不是总行啊，总行行长是法定代表人，而下面的支行、分行的行长，充其量是一个支行的负责人、代理人。这个银行的行长在银行大厅里面跟存款户说，本行要推出一项金融新产品，估计是45天以后（推出），利息很高，希望你们到时候来购买。

有很多老人听了以后，动心了，就问，什么时候开始发售？行长说，这还要等上级命令，但是当真正等到上级命令向社会披露了，你们都买不到。老人就问，为什么？行长说，因为我们这个社会有很多不正之风，即便排队，（能买到的人）那也是寥寥无几。那么老人说，你有什么办法呢？行长说，办

[1] 如无权代理人和第三人存在意思联络（通谋行为），损害被代理人利益，自应承担连带责任。若第三人对于无权代理之事实仅是知或应知，并未与无权代理人存在意思联络，则应适用《民法典》第171条第4款的规定，即“相对人知道或者应当知道行为人无权代理的，相对人和行为人按照各自的过错承担责任”。

法是有的,你现在把钱交给我保管,我开张收据给你,到时候你可以优先于其他人(认购)。于是很多人纷纷接受这个意见(并交钱),行长一下子收了3000多万元。那么他在哪里收的呢?在大堂里宣布,在行长办公室收钱。收了钱以后给老人一张收据,上面盖有银行的章,有行长签字,老人以为万无一失了。谁知道等了两个月,没有音信,到银行去看,银行说我们也不知道行长跑到哪里去了。这一下老人们着急了,打官司,要求银行还这笔钱。

银行最后披露信息,这个行长最终被逮住了,说他(是)诈骗犯,骗了老人的钱,携款逃跑。公安机关抓住了他,但钱已经被挥霍掉了。最后这个行长(数罪并罚)被判有期徒刑20多年。但老人们想,我的钱是银行拿走的,至于这个行长犯什么罪我不管,银行一定要把这个钱还给我。

法院说,你这张收据上面盖的章是假的,伪造的章,但银行行长的签字是真的。银行方面抗辩,我们银行没有这种行为,也没有这种所谓的金融新产品,我们银行从来没有授权行长收钱,也没有授权行长发布这种信息,这是行长个人的行为,跟我们没有关系。老人说,虽然你银行没做这些事,但是从他(老人)眼里,从那么多存款户眼里,行长就是代你们银行收了这笔钱。于是坚决要求银行承担责任。

最后法院判银行承担责任。那么法院判银行承担责任是什么(依据)呢?第一,发布信息的场所在哪里?银行大厅。第二,发布信息在什么时间?营业期间还是非营业期间?营业期间。第三,收取钱款的地点在哪里?银行的工作室,行长办公室。第四,收取的人有没有一定的职务关系?是清洁工在收钱,还是行长收钱?行长收钱,这是有一定职务联系的。第五,有没有行长亲笔签字?也有。根据这一系列活动,(法官)认为行长的行为已经构成了表见代理。[1]

---

[1] 依《民法典》,本案的处理结果不变,但依据可能有所不同。从傅老师所描述的事实来看,本案可直接适用《民法典》第170条("执行法人或者非法人组织工作任务的人员,就其职权范围内的事项,以法人或者非法人组织的名义实施的民事法律行为,对法人或者非法人组织发生效力。法人或者非法人组织对执行其工作任务的人员职权范围的限制,不得对抗善意相对人。")解决,而无需借道表见代理。

好,法官为什么认定行长的行为构成表见代理?我们下面讲一讲表见代理的三个构成要件。第一个要件,无权代理。行长的行为是有权代理还是无权代理?无权代理。第二个要件,具有代理的外观。法官认为,结合行为的时间、行为的地点、行为人的职务关系以及行为的内容,行长收钱发布信息有代理的外观。如果行长不是说销售金融产品、理财产品,而是说销售钢材,那么他的职务跟标的物有没有关联性?没有关联性。现在他的职务与标的物有没有关联性?有关联。基于这几个关联性,认为相对人有理由相信行为人有代理权。(上课铃声响起)第三个要件,行为人善意,不知且不应当知道(代理人的行为为无权代理)。也就是说行为人在实施这个行为时没有过错。如果在这些客户当中,有一部分人将钱交给行长,是(在)银行旁边的咖啡馆,请行长到咖啡馆喝咖啡,熟络之后,再在咖啡馆把钱交给行长,那么这一部分人法院会不会支持?不会支持!哪里有跑到咖啡馆去买金融新产品的?说明他在实施这个行为的时候是有过失的。最高人民法院明确表示,表见代理的相对人应当是善意的,应当是没有过错的。[1] 本案的当事人完全符合善意且无过错这个要件。好,记住表见代理三个构成要件。

再举一个例子,卢湾区人民法院,现在卢湾区没有了,跟黄浦区合并了[2],法院也被合并了,在合并之前存在卢湾区人民法院。有一天,在卢湾区人民法院的接待大厅里,有一个法警在宣布,说法院将于两个月内拍卖(进入)强制执行(程序)的房屋。一般来说,强制执行的房屋拍卖的价格比较低,引起了大家的心动。一传十、十传百,传开了。传开了以后,大家到法院问有没有这回事?法院的法官说我们不知道这回事,是谁说的?有人就回答,是某法警说的。法官说,那你去找他。于是大家都到了法警办公室找法警问,他就说有这回事。大家要他进一步透露信息,以防到时候来竞拍,

[1] 《民法典总则编解释》第28条第1款规定:"同时符合下列条件的,人民法院可以认定为民法典第一百七十二条规定的相对人有理由相信行为人有代理权:(一)存在代理权的外观;(二)相对人不知道行为人行为时没有代理权,且无过失。"

[2] 2011年,原上海市卢湾、黄浦两区行政区划调整方案获国务院正式批复,黄浦区、卢湾区两区建制撤销,合并设立新的黄浦区。中共一大会址就坐落在原卢湾区北部。

房屋已经没了。法警说,那你们先把钱交给我保管,我把你们名额给留住,到时候我通知你。于是不少的人都把钱交给这个法警,等待法警通知。结果法警拿了几百万,携款逃跑了。最后这个法警也被逮住了,被判刑了。那么这些交了钱的人认为,这些钱是参加竞拍支付的保证金,不是交给法警个人的,而是交给法院的,你法院拿我的保证金应该尽快归还。那么法院说,我们这两个月从来没有什么拍卖强制执行的房屋,也不会收你们的保证金。

法院拿出监控录像看,确实这个行为是法警实施的,收了很多钱。法警他收人家钱不是要写收据吗,写收据不是要盖章吗,他这个章是伪造的。这个案子虽然没有进入审判程序,但是在这个案子当中,(这个法警的行为)不被认为是表见代理。为什么这个案子不构成表见代理呢?回到表见代理的构成要件来看。第一,的确没有代理权。第二,有没有代理外观呢?(本案)没有代理外观,因为法警的工作职责不是搞拍卖活动,也不是代为收钱。其一,拍卖是执行庭的事情,跟法警没有关系。其二,拍卖必须委托一家拍卖公司,也不是由法院直接来拍卖。其三,就算要收钱,也应当是法院的财务部门收钱,跟法警也没有关系。因此可以说,这个法警所做的事情与其职责毫无关联,跟刚才那个银行的行长不一样,这里并不存在代理权的外观。第三,第三人并非没有过错。这个法警没有(代理权)外观,你怎么不仔细辨识一下?所以这个法警的例子不构成表见代理。

在表见代理的认定上,法官的确有较大的自由裁量权,因为它没有一个清晰的标准,什么叫"具有代理外观"?(这需要)具体问题具体分析。什么叫"不应当知道"(对方无代理权)?也需要具体问题具体分析。

好,如果构成表见代理,那么带来的后果是什么呢?产生有权代理的后果。如果产生有权代理的后果,本人一定会有损失,刚才那个案子中银行一定会有损失,那么本人的损失找谁去啊?找那个行长,即无权代理人。如果卢湾区人民法院这个案子构成表见代理,会造成卢湾区人民法院的损失,那么卢湾区人民法院的损失找谁啊?找那个法警。好,关于表见代理制度我们就讲到这里。整个代理制度我讲完了。

第九讲　时效制度

一、时效概述

下面我们讲时效制度。

一定的状态经过一定的时间产生一定的法律后果，这就是时效。

如果一定的事实状态经过一定的时间，使当事人取得了所有权，我们把这个时效制度叫作“取得时效”。如果一定的事实状态经过一定的时间，当事人的请求权消灭了，我们称为“消灭时效”。[1]

（一）时效的特点

不管是取得时效还是消灭时效，都有如下五个特点。

第一，时效制度是一种强行规定。反过来说，当事人不能约定时效，当事人也不能通过约定来改变时效的规则。比如我们国家的法律规定，诉讼时效期间为3年，[2]当事人约定4年不可以，约定半年也不可以。

第二，人身关系不能成为时效的客体。举个例子，大家把例子记一下。85岁的母亲状告儿子，要求儿子履行赡养义务。儿子抗辩说，时效早就过

---

[1] 从傅老师后面的授课内容可知，其此处所谓“请求权消灭”，并非指请求权这个实体权利消灭，而是指权利构成中的救济部分，即请求力的“消灭”。其在授课中明确指出，请求权罹于诉讼时效（消灭时效）的法律效果是义务人取得抗辩权。傅老师关于权利结构与诉讼时效效力关系的阐述，参见本讲之“二（一）3. 抗辩权发生主义”。

[2] 依《民法通则》第135条规定：“向人民法院请求保护民事权利的诉讼时效期间为二年，法律另有规定的除外。”《民法总则》第188条将普通诉讼时效期间修改为3年，《民法典》第188条承继之。本课程授课时《民法总则》尚未生效，故此处傅老师的原话为“2年”。为方便阅读，若无特别说明，本书中普通诉讼时效全部改为现行法规定的3年。

了,因为母亲60岁步入老年时,就可以要求成年的儿子履行赡养义务,但是母亲从来没有要求过履行赡养义务,现在85岁了,25年过去了,她一直没有要求我赡养,现在才要求我赡养,晚了,时效届满了(我不用再赡养她了)!那么我们说,要求儿子赡养的请求权受不受时效限制啊?(同学们回答:不受。)不受。人身关系不能成为时效的客体,赡养义务不受诉讼时效的影响,所以母亲这场官司打赢了。母亲打赢了这场官司,看儿子既然这么不孝,就进一步要求追索以往25年的赡养费,如果每年的赡养费是1万块钱,就是25万。同学们要注意,这种追索过往赡养费的请求权,是时效的客体,因为它不具有人身关系属性,这个钱拿过来不会再用于赡养,因为虽然没有这25万,母亲这25年也已经活下来了,所以既往赡养费的请求权,它属于时效的客体。[1]

第三,时效制度以一定的事实状态为基础。比如取得时效以占有这一事实状态为基础,而且这个占有要满足如下六个条件。(1)他必须是自主占有,即占有人把占有物当作自己的财产来占有。(2)不法占有,(即占有人的占有是)没有法律依据的占有,如果是合法占有,那就不发生时效取得的后果。(3)善意占有,(即占有人)不知道且不应当知道自己的占有为不法占有。(4)持续地占有,即没有间断过。(5)和平地占有,(即占有人)不是通过暴力抢来的(也没有以暴力的手段维持占有)。(6)公然占有,(即占有人)不是偷偷的、隐秘的占有。这六个因素结合起来(形成的事实状态),持续一定的时间,就会产生时效取得的法律效果。而在诉讼时效场合,这里的"事实状态"就是"一直未主张请求权"。

第四,要有时间的经过。比如消灭时效,我国的普通诉讼时效期间是3年。那么取得时效呢?不同的国家和地区有不同的规定,我国目前还未对取得时效作具体规定。

第五,产生一定的法律后果。如果是取得时效,取得所有权;如果是消

[1] 依《民法典》第196条第3项,请求支付赡养费的请求权不适用诉讼时效,即赡养费给付请求权不再属于诉讼时效客体。

灭时效，消灭请求权[1]。

关于时效的概念、特征我们就讲到这里，时效的种类我就不展开了。

(二)立法理由

下面我们讲时效制度的立法理由，其核心就在于两点。

第一，尊重一定的事实关系。因为一定的事实关系持续一定的时间，会造成一个社会假象，然后人们会基于这个社会假象建立各种(法律)关系，如果你要按照真相来推翻这种关系，就会造成(现有)社会秩序混乱。所以时效制度的功能之一，就是为了稳定已经形成的社会关系。

第二，督促权利人及时行使权利。权利能行使而长时间怠于行使，保护的必要性就会随之而降低，谁让你躺在权利上睡大觉呢？时效制度就意在给权利人形成一定压力，促使其及时行使权利。

好，关于时效的一般规则我们就讲到这里。

二、诉讼时效

下面我们讲我国民法中的诉讼时效制度。关于诉讼时效的概念，我不说了。大家如果看书看文章，凡是说到我国的诉讼时效，一定会出现"胜诉权"三个字，(很多人)说诉讼时效消灭的对象是胜诉权。那么胜诉权是一项什么权利？记一下，它是权利人请求人民法院依照诉讼程序强制义务人履行义务的权利。

那么从这段文字来看，胜诉权是程序法意义上的权利，还是实体法意义上的权利？(同学们回答：程序法。)程序法。但是，它又是以实体法(上的权利)为依据。那么实体法上的权利是什么呢？强制执行的请求权。如果一项权利没了请求权，权利人就不能请求人民法院依照诉讼程序强制义务人履行。所以这个定义虽然看起来是程序上的权利，但是它的本质是什么？

[1] 此处所谓"请求权消灭"，并非指请求权这个实体权利消灭，而是指权利构成中的救济部分，即请求力的"消灭"。傅老师在授课中明确指出，请求权罹于诉讼时效(消灭时效)的法效果是义务人取得抗辩权。

实体法上的请求权。那么诉讼时效的客体是什么？就是请求权。

2008 年《最高人民法院关于审理民事案件适用诉讼时效制度若干问题的规定》明确规定，诉讼时效的客体是债权请求权。请求权的种类有很多，有债权请求权，也有物权请求权、人身权请求权。我们国家诉讼时效的客体，不是泛指一切请求权，而仅仅是指债权请求权。[1] 那么我们国家诉讼时效的客体为什么是债权请求权呢？

（一）立法例

下面我们先来看看比较法上关于诉讼时效客体的立法状况。各国关于诉讼时效客体的立法例，主要有三个。

1. 诉权消灭主义

第一个是诉权消灭主义。按这种立法例，时效期间届满，（权利人）不能起诉。因为时效期间届满，诉权消灭，所以不能起诉。罗马法就是这么规定的。但这个制度很不好，不好在哪里呢？

第一，时效制度是实体法规则还是程序法规则？今天我跟你们讲的是实体法还是程序法？（同学们回答：实体法。）民法是实体法还是程序法？（同学们回答：实体法。）诉讼时效规定在民法还是规定在民事诉讼法？（同学们回答：民法。）那么时效制度属于实体法制度还是程序法制度？（同学们回答：实体法。）实体法吧！但是产生的后果是什么？诉权消灭。而诉权消灭这一后果是程序法上的后果。能想得通吗？想不通（的同学）点点头。但罗马时期想得通，罗马时期为什么能够想得通？因为罗马法诸法合一啊——既有实体制度又有程序制度，既有民事制度又有刑事制度。但是在现代，民法和民事诉讼法分离了，如果时效制度仍然采纳诉权消灭（主义），一个实体法（规则）产生一个程序法上的后果，不符合法律逻辑。所以这种立法例用现代法学（的眼光）来看是不行的。

---

[1] 《民法典》于 2020 年通过后，《时效规定（2008）》于 2020 年年底进行了修正，虽然修正后的《时效规定（2020）》第 1 条仍然维持了原来“当事人可以对债权请求权提出诉讼时效抗辩”的表述，但通过对《民法典》第 196 条的解释可知，有一种物权请求权也适用诉讼时效，即非登记的动产的返还请求权。

第二,诉权是人的基本权利,你连起诉都不让他起诉,基本权利就得不到保障。

第三,诉权是公权,不是私权,任何人不能被剥夺(该权利),也不能被放弃。你时效怎么能够消灭一个公权利呢?1922 年苏联第一部民法,(一开始)采纳的就是诉权消灭(主义),很快就改成了胜诉权消灭。为什么要改成胜诉权消灭?因为它也感觉到很不方便。你说时效满了没有?法院要审查的。法院要审查必须先受理,受理以后你才能确定诉权是否消灭。但人家的起诉你都已经受理了,你凭什么说人家诉权消灭?那么好,反过来,我不审查,我认为你时效满了,就不接受你的诉讼。那也不对,你连审查都没有审查,你凭什么不接受他起诉?这是相互矛盾的。这个矛盾,就像我年轻的时候刚刚来到华政,领导说你要上讲台,必须取得讲师资格。好,那我就申报讲师(资格)。领导又说,你要当讲师,必须上过讲台。(同学们放声大笑)没办法,没有上讲台是不能当讲师的,当不了讲师又是不能上讲台的,那你让我怎么办?这个做法就和诉权消灭说一样,时间满了,不能起诉,但是时间满不满,要起诉受理以后才知道,这不是矛盾吗?所以苏联很快把这个(规定)改了,改成胜诉权消灭。

2. 权利消灭主义

第二个是权利消灭主义,日本采用的就是权利消灭主义。按照这种立法例,诉讼时效一旦届满了,债权就没有了,整个权利都没有了。但这时义务人可能并不了解法律的规定,他认为自己的义务还在,主动向权利人还钱,权利人能不能收下来?不能收啊!你没有权利怎么收,你收下来成为不当得利了。(教室里传来嗡嗡的讨论)那么好,针对以上可能发生的情形,日本民法规定,时效的效力必须当事人援引法条以后才发生。比如在时效期间届满后,原告状告被告还钱,如果被告援引时效条文,原告的权利消灭;如果被告没有援引时效条文,原告权利不消灭。这叫作当事人主义。

与当事人主义相对的规则叫作法官职权主义,苏联民法就采用法官职权主义,如果苏联再采纳权利消灭主义,那当事人即使想还钱也不能还钱了。那么日本采纳的是当事人主义，只要被告不援引时效条文就行了。

但是又带来一个问题，原告起诉被告，被告为了打赢官司，就会援引条文，那么时效的作用发生了吗？发生了。发生以后原告的权利消灭，法院就会驳回原告的诉讼请求，判原告败诉。生效判决下来以后，第二天恰好是个礼拜天，债务人到教堂里做了一个礼拜，什么都想通了，星期一去还钱去了。但是这个时候原告能不能收这个钱？不能。于是日本人又想出一招，它说这种情况下可以比照赠与来对待。这样一来就使得原告感到很窝囊，明明是被告欠钱应当还我钱，怎么变成我领他一份情了？（同学们哈哈地笑）债务人也感觉怪怪的，我本来是来"赎罪"的，怎么我反倒变成好人了？是吧？由此可见，权利消灭主义不适合。

3. 抗辩权发生主义

第三种，抗辩权发生主义。德国和我国台湾地区的"民法"都采纳抗辩权发生主义。时效期间届满后，当权利人要求义务人履行义务时，义务人拥有了抗辩权。我在民法权利分类中讲过抗辩权，抗辩分为两种，一种是拒绝履行义务的抗辩，另一种是权利否定的抗辩。抗辩权是属于哪一种？（同学们回答：拒绝履行义务的抗辩。）拒绝履行义务的抗辩。这就意味着，我承认我有义务，我也承认你有权利，但是我有权不履行义务，这是法律给我的抗辩权。抗辩权发生以后，权利人可以行使抗辩权，也可以不行使抗辩权。一旦行使抗辩权，它就可以阻却请求权。那么阻却请求权又有两种，一种是暂时的阻却，另一种是永远的阻却。时效的抗辩权是永远的阻却还是暂时的阻却？（同学们回答：永远的阻却。）永远的阻却，发生永久阻却请求权的效力，一旦发生永久阻却请求权的效力，法院就会判原告败诉。

那么好，债务人享有抗辩权，债务人可以选择是否行使。如果债务人想阻却债权人的请求权，他可以行使抗辩权；如果债务人认账，认为欠债要还，那么他可以不行使抗辩权。德国的时效制度采纳的是当事人主义还是法官职权主义？（同学们犹豫）你想一想，抗辩权可以行使，也可以不行使，主动权是掌握在法官那里吗？不是，是掌握在当事人手里，法官说了不算。所以是什么主义？（同学们回答：当事人主义。）当事人主义。苏联采纳的是法官职权主义，日本采纳的是当事人主义，德国采纳的也是当事人主义。

相比较下来，当事人主义更体现民法精神，因为义务自主呀！权利可以行使，也可以抛弃，更体现民法精神。假如当事人没有行使抗辩权，哪怕时效过了 100 年，法官也会判被告败诉。假如被告行使了抗辩权，则原告败诉，其诉讼请求不予支持。

接着来，如果原告败诉以后，被告在礼拜天做了一次礼拜后，决定继续履行合同义务的，有没有依据？（同学们回答不一）我们分析一下债权的结构，任何一项债权主要有两部分，其他部分先不说了。（傅老师开始做板书）第一部分是权利本体，这是核心，第二部分是权利救济。债权的权利本体是“受领给付”——你欠我 5 块钱，我有权受领你给我的 5 块钱，你给别人，别人有权拿吗？没有。为什么没有？因为他没有债权，也没有受领给付的权利。如果这个社会人人守法，大家都是谦谦君子，权利只要本体部分（就足够了），不需要救济部分。但是这个社会就是有人不守法，你光有本体性的“受领给付”是没有意义的，你还要有一个救济。救济是什么呢？请求义务人为给付。这里的请求既包括诉讼上的，也包括诉讼外的。那么时效阻却的是什么呢？阻却的是救济部分，你可以把阻却想象成消灭，当然不是消灭这部分（指本体部分），而是阻却这部分（指救济部分），但是后果跟消灭一样——永久的阻却，是不是后果跟消灭一样？假如一个人脑死亡成为植物人了，就永久不会醒来了，那么现在这个人不是跟死人一样吗？（传来同学们的议论声）

这个（过了诉讼时效的）请求权就像脑死亡一样，形式上是存在的，但永远不会发生作用，相当于没有请求权。请求权过时效将被永久阻却，这是一个理论上的说法，我们可以把它简单理解为就是消灭掉了。虽然请求权是消灭掉了，但是受领给付的本体权利消灭了没有？没有。因此，如果做完一个礼拜，债务人想通了，自动还钱，债权人有没有权利受领？有。基于什么？本体部分的权利。所以受领以后能不能认为（债权人构成）不当得利？不能。(债权人)受领后,债务人要反悔还可不可以?不可以!同学们看,这个制度丝丝入扣,很严密。

所以,如果让你来立法,应当选择哪个制度呢?诉权消灭?权利消灭?还是抗辩权发生主义?抗辩权发生主义!

我们国家采纳的就是抗辩权发生主义,但是这个过程经历了漫长的时间。最初1986年《民法通则》颁布,强调的是法官职权主义,时间到了不保护,请求权消灭。这是学苏联的,因为苏联民法改了以后消灭的是请求权。到了2008年,最高人民法院司法解释出台了,它明确了以下几点。[1] 第一,时效的客体是请求权。时效的客体是权利的一部分,而不是全部。第二,时效期间届满后抗辩权发生。第三,抗辩权可以行使,也可以不行使。如果不行使抗辩权,法院就判被告败诉。第四,抗辩权行使有没有时间限制?最高人民法院也做了解释,有的。一审期间内你必须行使,一审没有行使,到了二审(原则上)是不得行使的,所以你的抗辩权行使有时间限制。第五,抗辩权如果行使,阻却了债权中的请求权(部分),债权请求权会因此消灭,但是债权受领权消灭没有?没有。所以,债务人继续履行义务,债权人有权受领,并且不被认为是不当得利,(债务人)继续履行义务的不能再反悔。第六,法官不能在审理过程中向当事人释明时效问题。也就是说,法院不能提醒被告,你如果提出抗辩权,你会胜诉,你不提抗辩权,你就要败诉了,你听懂了没有?(同学们笑)就算被告不懂法或者忘了提,法官也不能提醒被告。好,关于时效的客体我们就讲到这里。

(二)诉讼时效的种类

下面我们讲诉讼时效的种类,分为三种。

第一种,一般诉讼时效。按照《民法通则》第135条的规定,诉讼时效就是民事权利受保护的期间。这里讲的民事权利有没有特指某个具体的民事权利?没有。所以《民法通则》第135条规定的是一般诉讼时效。[2]

---

[1] 傅老师说的这六点在《民法典》生效后未发生改变。

[2] 《民法典》的一般诉讼时效规定在第188条第1款,时效期间为3年。

第二种,特殊诉讼时效。特殊诉讼时效指的是某个具体民事权利受保护的期间。比如《民法通则》第136条规定,身体受到伤害要求赔偿的、出售质量不合格的商品未声明的、延付或者拒付租金的、寄存财物被丢失或者损毁的,这些请求权的诉讼时效是1年。[1] 这个诉讼时效适用于特定的请求权,就是特殊诉讼时效。还有《合同法》中规定的对外贸易合同,诉讼时效期间是4年,[2]这也是特殊的。还有《票据法》中规定的,对出票人、承兑人以外的债务人的追索权是6个月,再追索权是3个月,[3]这些都是特殊诉讼时效,因为它们规定的都是特定权利的保护期间。

第三种,最长诉讼时效。不论是一般的诉讼时效还是特殊的诉讼时效,最长都不能超过20年。自权利受到损害之日起超过20年的,原则上人民法院不予保护。[4]

关于时效的种类,我们就讲到这里。

补充一点,就是有关诉讼时效的客体,请大家注意司法解释的第1条。该条说,我们国家诉讼时效客体是什么?是债权请求权,但是有下列情形的债权请求权除外,哪些情形呢?比如支付存款本金和利息的请求权。无论我存款半个月、1年还是100年,(到期后)时效都不计算,(无论过多久)我都可以请求银行支付。除了存款的本金和利息,还有兑付国债、金融债券、

---

[1] 依《民法通则》第136条规定,下列的诉讼时效期间为1年:(1)身体受到伤害要求赔偿的;(2)出售质量不合格的商品未声明的;(3)延付或者拒付租金的;(4)寄存财物被丢失或者损毁的。2017年《民法总则》生效后,前述请求权适用普通诉讼时效,不再适用1年诉讼时效。《民法典》未作进一步修正。

[2] 《合同法》第129条第1句规定,“因国际货物买卖合同和技术进出口合同争议提起诉讼或者申请仲裁的期限为四年,自当事人知道或者应当知道其权利受到侵害之日起计算”。《民法典》第594条承继之,无实质性变更。

[3] 《票据法》第17条第1款规定:“票据权利在下列期限内不行使而消灭:(一)持票人对票据的出票人和承兑人的权利,自票据到期日起二年。见票即付的汇票、本票,自出票日起二年;(二)持票人对支票出票人的权利,自出票日起六个月;(三)持票人对前手的追索权,自被拒绝承兑或者被拒绝付款之日起六个月;(四)持票人对前手的再追索权,自清偿日或者被提起诉讼之日起三个月。”

[4] 《民法典》第188条第2款规定:“诉讼时效期间自权利人知道或者应当知道权利受到损害以及义务人之日起计算。法律另有规定的,依照其规定。但是,自权利受到损害之日起超过二十年的,人民法院不予保护,有特殊情况的,人民法院可以根据权利人的申请决定延长。”该款承继自《民法通则》第137条,无实质性变更。

企业债券的本息,还有缴付出资的请求权,等等,这些都不是时效客体,都不受诉讼时效限制。

(三)诉讼时效的起算

下面我们讲诉讼时效的起算。

1. 一般规则

诉讼时效不管是 3 年、4 年、20 年、6 个月、3 个月,它总要有个起始时间啊,因为只有有了起始时间你才能计算诉讼时效。

无论是一般诉讼时效还是特殊诉讼时效,起始时间(计算)的总原则是:从知道或者应当知道权利被侵害时起算。[1] 那么最长(诉讼时效)呢?最长时效期间从权利被侵害时起算。这说明两者的起算点一样不一样?不一样。但是一般时效和特殊时效起算点一样不一样?这是一样的,都是从知道或者应当知道权利被侵害(以及义务人)时起算。而最长时效期间,它不是从知道或者应当知道(开始起算),而是从权利被侵害时起算的。起跑点不一样,有的起跑点在华东政法大学,有的起跑点在工技大。(傅老师把"跑"字的发音念成了二声,部分同学没听明白,其他同学笑着对傅老师的发音进行了纠正)好,换一个,始发站不一样,一个在北京始发,一个在上海始发,尽管都到深圳去,但是始发站不一样。

我们说 3 年是一般时效,20 年是最长时效。下面考一考大家,3 年的一般时效期间届满,20 年的最长时效期间还没有满,抗辩权发生了没有?(长时间沉默)认为抗辩权发生的举手(停顿),认为没有发生的举手(停顿),大家都不愿意举手?我没有说考试,不要怕。(同学们笑了起来)这不是考试,大家来蒙一下,考运气!好,重新来。认为抗辩权发生的举手(停顿),认为抗辩权没有发生举手(停顿)。还有很多人不想碰碰运气。发生了呀!怎么会没有发生?

---

[1] 《民法典》第 188 条第 2 款规定:"诉讼时效期间自权利人知道或者应当知道权利受到损害以及义务人之日起计算……"与《民法通则》相比,《民法典》关于诉讼时效的起算规则中,当事人知道或者应当知道的对象除"权利受到损害"之事实外,还增加了"义务人"这一对象。事实上,这一变化早在《时效规定(2008)》的诸多条文中得以明确体现。

对,如果3年满了抗辩权没有发生,你要那3年时效干嘛?那都(规定)20年(时效)就是了。好,换一个问题,如果3年没有满——一般诉讼时效期间3年没有满,但是最长诉讼时效20年却满了,抗辩权发生了没有?

(下课铃响。)好!下课以后思考一下。

(继续上课)上节我跟大家说,3年的一般时效期间满了,20年的最长时效期间未满,抗辩权发生了。倒过来,3年的一般时效期间未满,20年的最长时效期间满了,抗辩权发生了没有?其实也发生了,否则要20年最长时效期间干嘛?想通了没有?(许多同学说:没有。)没有?那我们举个例子,从上海坐动车到江西省南昌市,这条铁路线中学学过没有?(有同学答:没有。)你们高考考不考地理啊?(教室响起一片嘈杂的声音)

那讲一个大家熟悉的。

从华政的明法楼来到汇贤楼,有好几条道,(傅老师一边说一边在黑板上画示意图)我们就选一条道好不好?就选最外面的一条道,沿着最外面这条道走过来。明法楼就是20年的起算点。那么法律学院所在的崇法楼呢,因为离汇贤楼近,就是3年的起算点。两个起跑点位置不同,而且,起跑的时间也可能不同。

假如一个人昨天就从明法楼开始跑,另外一个人刚刚从崇法楼开始起跑。过了一天时间,昨天起跑的人肯定已经到了汇贤楼。而后一个人刚听到起跑指令,只起跑一了秒钟,肯定到不了汇贤楼。

那么就出现了这样一个状况,虽然从明法楼到汇贤楼的路比较长,从崇法楼到汇贤楼的路比较短,但是路长的那个跑得早,他可能先到;路短的那个跑得晚,可能晚到。如果两个人同一时间起跑,跑的速度一样,当然不可能从明法楼出发的人更先到达汇贤楼。但如果起跑的时间不一样,就可能会出现上述这种情况。就像龟兔赛跑一样,为什么乌龟比兔子更早到达终点呢?是因为乌龟跑得早一点,乌龟跑的时候兔子还在睡大觉,所以乌龟都跑到了,兔子还没跑到。

好,按照这个思路我们再看,最长时效期间从什么时候开始起算?从权利被侵害时起算。一般和特殊时效期间从什么时候开始计算?从知道或者应当知道(权利受到侵害以及义务人之日)起算。举个例子,张三被车撞伤了,权利被侵害了。但是张三始终不知道是谁把他撞伤的。那么关于20年的时效期间开始起算了没有?(同学们回答:开始了。)开始起算了。到了第19年,张三才知道,原来19年前把他撞伤的人是李四,这时3年的诉讼时效期间开始起算了吧?(同学们应声:开始了。)起算了1年以后,20年最长诉讼时效期间满了吧?(同学们应声:满了。)3年的时效期间满了没有?(同学们应声:没有。)没有满。大家看,是不是发生了"20年时效期间届满了而3年诉讼时效期间还没满"这种情况?因为时效的起算点不一样,就可能发生"满20年,未满3年"这种情况。

好,我们讲一个真实的案例。

甲乙夫妻两人结婚后,妻子怀孕。在儿子丙出生前1个月,丈夫甲遇车祸死亡。甲去世后,乙和儿子丙共同继承了甲的遗产——一套商品房。又过了1年,乙卖掉了这套商品房,卖掉以后又改嫁,为儿子丙找了一个继父。那么母亲这个行为有没有侵害儿子丙的权利?(同学们回答:有。)有,这套房屋并不是乙一个人所有的,而是和丙共有的,你监护人乙不能为了自己的利益处分被监护人丙的财产啊,你不能将卖房所得的钱财用来满足一己私欲。

这时,儿子丙的叔叔出来跟他嫂子乙说:"你要嫁人我不反对,但你把我的侄子留给我,让我来养。"乙说:"那最好不过了,你拿去养吧。"(同学们纷纷表示诧异)于是叔叔把侄子带去了加拿大。一晃20年过去了,叔叔把儿子带回本地,讲了20年前的往事。(同学们发出"哇"的惊叹)叔叔说,这个房屋原来是你父亲留下的遗产,其中一半原本应当是属于你的,但是全都被你狠心的母亲给卖掉了。这时候儿子才知道有这么回事,他说:"有这事的话,那我就要去告她。"叔叔说你告她要准备一些诉讼材料和证据。等丙整理完后,8个月过去了。

好,我们计算一下,从儿子的权利被侵害到起诉那一天,20年过了没有?

过了。3年过了没有？没有，因为他刚知道自己的权利被侵害不久。是不是出现了20年过了而3年没有过的现象？为什么会造成这种现象？（同学们回答：起算点不一样）起算点不一样。

其实还可能有另外一个原因。

前面跟大家说过，3年的诉讼时效期间会发生中断。在诉讼时效经过期间，债务人的承认或者债权人的催告都会导致时效重新计算。而20年最长时效期间会不会发生中断的情况呢？不发生。那么，假如每次当诉讼时效快到3年的时候都发生了中断，如此反复，中断过七次后，20年满了没有？（同学们应声：已经满了。）但3年满了没有？你们看，只要在3年的诉讼时效期间内发生中断，（3年）就会重新起算，所以，只要它一直在重新起算，就一直没有满。第七次"中断"发生在20年之后，如果我们不考虑20年的限制，仅考虑3年诉讼时效自身的中断规则，3年满了没有？（同学们回答：没有。）没有满。大家看，是不是又发生了"20年已满，3年未满"的情形？

所以，发生"20年已满，3年未满"的情形，有两个原因。其一，起算时间不一样会导致这一情形的发生。其二，3年的诉讼时效会发生中断和中止，而20年最长时效不会发生中断和中止。中断的问题刚刚讲过了，中止的具体规则待会儿我会说，现在只需要大家了解，有一些情形会导致3年的诉讼时效中止而不再继续进行了，就好比快跑到终点的时候停住不跑了，那你们说这3年会过吗？（同学们应声：不会。）但导致诉讼时效中止的事由会不会导致20年时效也中止呢？不会。这样，3年的诉讼时效停止计算了，而20年最长时效依然在计算，完全有可能在某一天，20年的最长时效满了，而3年的诉讼时效还没有满。

无论是什么原因导致"20年已满，3年未满"，债务人都将获得时效抗辩。好，这个问题我们就谈到这里。

2. 具体规则

无论是一般诉讼时效还是特殊诉讼时效，都是从知道或者应当知道权利受到损害（以及义务人）之日起算。但这个规则还是比较抽象的，在许多具体场合还得有更为具体的起算点的确定规则。

第一,债的履行期届满之日。我5月20日借给你5块钱,(和你)讲好了,6月20日归还(给我)。诉讼时效期间从哪天开始起算啊?6月20日。因为那天你可以行使权利了,时效就开始计算了。

第二,附停止条件的债务,从条件成就时起算诉讼时效。比如,我跟你签订一份买卖合同,一旦新产品试制成功,买卖合同生效,你就有义务把货交给我。现在新产品试制成功了,从成功那天起我有权要求你给货,结果你那天不给,我也没有请求,那么时效开始计算。

第三,附停止期限的债务,从期限到来时起算诉讼时效。双方签订合同,如果天下雨,供产品100吨。好,天下雨了,期限到来,卖方可以开始供货了,这个时候时效开始起算。你不请求供货的话,一天天算下来,过了3年再请求,对方就有了抗辩权。

第四,侵权行为所生之债,从债权人知道或者应当知道加害事实以及加害人时起算诉讼时效——这两个因素都要满足。刚才我举了例子,张三被人撞了,他知道不知道加害事实啊?知道。但他不知道是谁撞的,时效起算吗?不起算。假如过了20年,张三才知道当年撞他的人是李四,这时候3年的诉讼时效才起算。但问题是,20年最长时效期间满了没有?(同学们应声:满了。)所以虽然3年的诉讼时效刚起算,但李四已经取得了时效抗辩。

我们回到侵权之债的诉讼时效起算问题。这里的加害事实既包括加害行为,又包括加害结果。

最近不是出现了中东呼吸综合征吗?假如我被他人传染了中东呼吸综合征,这个加害行为就在那里了。但是中东呼吸综合征是有潜伏期的,我虽然被传染了,但是病症在当时没有显现出来,而是潜伏了一周或者两周以后才发出来。那么诉讼时效是从感染那天还是病发那天起算呢?(同学们回答:病发那天。)是从病发那天起算。

当然,如果我不知道是谁造成我被感染,诉讼时效依然不能起算。后来经过调查,发现原来是这家医院导致的。为什么会发生这样的事呢?你看韩国的中东呼吸综合征到处传播,开始也不知道是什么因素导致的,最后才知道问题出在空调上。空调怎么会导致疾病的传染呢?有一个中东呼吸综合征的病人住在病房里面,除了穿着防护服的医生护士以外,任何人都不能进来。但即便如此,医院的其他病人还是被感染了。一开始大家搞不清楚原因。后来发现,这个病毒随着空气跑到空调里面,沿着空调的管道跑到其他病房里面,又通过空气进入他人体内,于是病毒就这样通过空调的管道在医院传播。这情景好像在看抗战片《地道战》一样。在这里,传染的行为早就发生,病人感染的后果也早就知道了,但是他们不知道谁是加害人。后来经过一段时间的研究,才知道原来医院是加害人。那么诉讼时效从什么时候开始起算?从知道医院是加害人开始起算。这是在发生侵权行为的场合诉讼时效的起算规则。

第五,未约定履行期。我的表述和最高人民法院的表述是不一样的,我自认为理论上我的表述是对的,但是司法考试、法院审判都按照最高人民法院的态度处理,待会儿我会讲原因。

第六,不作为债,从债务人作为时起算诉讼时效。

以上就是一般诉讼时效和特殊诉讼时效的起算点。那么我们下面讲讲司法解释规定的起算点。[1]

1. 同一债务分期履行。司法解释说,当事人约定同一债务分期履行的,诉讼时效期间从最后一期届满之日起算。[2] 这是分期付款(傅老师边说边在黑板上画示意图)。假如我买一台宝马车,需要 60 万元。4S 店允许我分 3 年付款,每半年付 10 万,最后 10 万第 3 年才付完。现在 3 年多过去了,我一分钱都没有付,诉讼时效届满了没有?

如果从第一个半年开始计算,这(第一笔)10 万元诉讼时效已满,如果从最后一个半年开始计算,第一笔 10 万元的诉讼时效还没有过。那么应当从

---

[1] 傅老师这里讲的“司法解释”指的是《时效规定(2008)》,该司法解释中的规则部分被吸收进《民法典》,部分在《时效规定(2020)》中得到保留。

[2] 《时效规定(2008)》第 5 条规定:“当事人约定同一债务分期履行的,诉讼时效期间从最后一期履行期限届满之日起计算。”该条为《民法典》第 189 条承继,仅将“从”改为“自”。

第一个半年开始计算,还是应当从最后一个半年开始计算?“最后一期”!分期付款的,诉讼时效期间从最后一期履行期限届满之日起计算。

在这里,大家一定要把分期付款和定期金区别开来。比如成年儿子对母亲有赡养义务,儿子应当每个月定期向母亲交付 1000 块钱,这里的 1000 块钱就是定期金。和定期金类似的给付很多,比如租金是不是和定期金类似?(同学们回答:是的。)是的,一个月交一次租金,定期的。再比如保姆的酬金,一个月付一次,也是定期金性质的。

我们为什么要把分期付款和定期金性质的给付分开?因为定期金性质的给付每一期独立计算诉讼时效,分期付款则是把所有的期合在一起,统一计算诉讼时效的起算点。这个起算点是第一期届满还是最后一期届满?最后一期。定期金就不需要管第一期还是最后一期了,因为每一期都有一个独立的诉讼时效,各自分别计算。

2. 未约定履行期限。司法解释第 6 条涉及当事人没有约定履行期如何确定诉讼时效起算点的问题。举个例子,同学们把例子记下来。我借给你 50 万元,没有约定你什么时候归还,也就是没有约定履行期。或者我卖一套房子给你,价值 500 万元,没有约定你什么时候支付房款,这也是没有约定履行期。

那么《合同法》第 62 条[1]说,没有约定履行期,履行期怎么认定呢?“债权人可以随时要求债务人履行”。也就是说,我借给你 50 万元,如果没有约定履行期,今天借给你,明天就可以要求你归还,也可以 5 年后要求你归还。当然,在这个例子里,债务人也可以随时提出归还 50 万元。

既然债权人可以随时要求履行,债务人也可以随时提出履行。那么以谁为准呢?这取决于谁先提出要求。因为如果我先要求归还,你不能不履行;如果你先提出归还,我也不能拒绝你归还的请求。那假如 10 年都过去了,双方都没有提出归还的请求,那这个时效怎么算呢?最高人民法院说

[1] 《合同法》第 62 条第 4 项规定:“履行期限不明确的,债务人可以随时履行,债权人也可以随时要求履行,但应当给对方必要的准备时间。”该规则为《民法典》第 511 条第 4 项承继,无实质性变更。

了,大家看,"从债权人要求债务人履行义务的宽限期届满之日起计算"。[1]也就是我提出履行的要求后,要给你一个宽限期。至于宽限期的长短,并没有一个明确的规定。借 50 万,可能要给人家 1 个月的宽限期,借 5 分钱给他一天也就差不多了,这个宽限期跟标的相关。好,请求归还的时间加一个宽限期,宽限期满了就开始计算诉讼时效。

按照这个起算规则,假如债权人 30 年没有要求债务人归还,债务人 30 年也没有提出归还。到了第 31 年,债权人说你 30 年前欠我的钱该还了,那么诉讼时效期间从什么时候开始计算?从第 31 年他提出返还请求以后,再加上一个必要的准备时间,比如 1 个月,开始计算诉讼时效。

那么按照司法解释的这个逻辑,过了 2 万年还可不可以请求归还?也可以吧?无非是加个必要的准备时间。那么 2 万年可以,200 万年也可以。但这么一来,事情就变得没底了。所以我认为,在这种情况下,如果当事人没有约定债务履行期限,也不能通过解释确定,那么从债务关系建立那天,再加一个准备期,就应该开始起算诉讼时效了。像刚才那个例子,如果必要的准备时间是 1 个月,那就从借款之日起再加上 1 个月,就开始计算诉讼时效。

但是最高人民法院司法解释认为,这种想法不符合民间的观念,而老百姓又不是每个人都懂法的,于是网开一面,有了现在这个规则。所以司法考试还是要按照最高人民法院司法解释第 6 条(现为《时效规定(2020)》第 4 条)来计算。

3. 合同被撤销。合同被撤销后,会涉及请求返还财产、赔偿损失等问题。这些请求权的诉讼时效期间从合同被撤销之日起计算,[2]也就是从撤

---

[1] 《时效规定(2008)》第 6 条规定:"未约定履行期限的合同,依照合同法第六十一条、第六十二条的规定,可以确定履行期限的,诉讼时效期间从履行期限届满之日起计算;不能确定履行期限的,诉讼时效期间从债权人要求债务人履行义务的宽限期届满之日起计算,但债务人在债权人第一次向其主张权利之时明确表示不履行义务的,诉讼时效期间从债务人明确表示不履行义务之日起计算。"在《时效规定(2008)》于 2020 年修正后,前述第 6 条成为修正后《时效规定(2020)》的第 4 条,无实质性变更。

[2] 《时效规定(2008)》第 7 条第 2 款规定:"合同被撤销,返还财产、赔偿损失请求权的诉讼时效期间从合同被撤销之日起计算。"该款成为《时效规定(2020)》第 5 条第 2 款,无一字更改。

销合同的终审判决生效之日起计算。

4. 不当得利返还。返还不当得利请求权的诉讼时效期间,从当事人一方知道或者应当知道不当得利事实及对方当事人之日起计算。[1] 什么叫不当得利？你们要回去复习了,课时有限,我没时间跟你们仔细讲了。再下学期的债法课上会详细讲到不当得利制度。

无因管理我也不说了,结合司法解释第 9 条,你们把无因管理场合诉讼时效的起算规则记一下。这次考试不会考不当得利、无因管理。(笑声)好,关于诉讼时效期间的起算,我们就讲到这里。

(四)诉讼时效的中止

下面我们讲诉讼时效的中止。

1. 定义

有关诉讼时效中止的概念,自己查教科书,我不说了。其实,如果你把我 PPT 上写的几个要素加在一起,就是诉讼时效中止的定义。

第一,中止的时间。诉讼时效不是在任何时间都可以中止的,中止只能发生在整个诉讼时效期间的最后 6 个月。假如时效期间是 4 年的,3 年半以后才能中止。假如是 3 年的,2 年半后才能中止。假如法律规定了一个 6 个月的特别诉讼时效期间呢？那只要发生中止的事由,诉讼时效当即就中止。总而言之,中止的时间是在诉讼时效的最后 6 个月。

第二,中止的事由。即什么原因导致诉讼时效中止？记住两条。

(1)不可抗力。我们说时效制度的前提是权利能行使而又怠于行使,而一旦发生不可抗力,权利还能行使吗？不能。权利行使发生了严重障碍,时效就中止。比如一个汶川的债务人欠上海的债权人 100 万元,时效进行到最后 6 个月,汶川发生了地震,债权人打电话问债务人要钱,电话不通;写信,邮路不通;发邮件,网络不通;坐车去,交通不通。还能行使请求权吗？没法请

[1] 《时效规定(2008)》第 8 条规定:“返还不当得利请求权的诉讼时效期间,从当事人一方知道或者应当知道不当得利事实及对方当事人之日起计算。”该条成为《时效规定(2020)》第 6 条,无一字更改。

求,那么诉讼时效中止。

(2)其他原因、其他障碍。举两个例子。第一个例子是,张三欠李四100万元已经到期,但是当诉讼时效进行到最后6个月,李四突发神经病,那他有没有能力去催款？没有能力,主观上不行的。既然没有能力行使债权,那么诉讼时效就随之中止。当中止的原因消除以后,比如刚才那个地震的例子中,地震结束后,交通通了,邮路通了,邮电局可以送信了,网络也通了,电信也通了,这些无论哪个通了,诉讼时效又可以进行了,因为“不能行使权利”的事由消失了。那么现在一个人发神经病了,什么时候诉讼时效又可以进行呢？(有同学答:等他好了。)不要指望他好,(同学们笑)而是等确定好他的监护人,因为监护人可以代他行使权利,诉讼时效又可以进行了。

第二个例子,这个不是我们国家诉讼时效中止的事由,而是其他国家的制度。一男一女,女方欠男方200万元,诉讼时效已经开始起算。在催款过程中,两个人恋爱了。在诉讼时效的最后6个月,两个人结婚了,时效中止！因为夫妻之间没法讨债啊,就算想讨债,话到嘴边也咽下去了,一讨债感情就讨没了。法律也很人性化,为了维护夫妻感情,这种情况下时效中止。那什么时候时效又开始进行呢？(有同学窃窃私语,被傅老师听到了)对,离婚！(同学们哄堂大笑)但是我们国家没有这个规定。

大家也许会问,“其他障碍”到底包括哪些？最高人民法院的司法解释说,“其他障碍”主要有下面三种情况。[1]

第一种情况,监护人丧失了监护资格。刚才举了一个例子说债权人发神经病了,要为他找一个监护人,这样就消除了时效中止的事由。但是如果这个监护人自己也发神经病了,那时效还得再中止,需要再为债权人找一个

---

[1]《时效规定(2008)》第20条规定:“有下列情形之一的,应当认定为民法通则第一百三十九条规定的‘其他障碍’,诉讼时效中止:(一)权利被侵害的无民事行为能力人、限制民事行为能力人没有法定代理人,或者法定代理人死亡、丧失代理权、丧失行为能力;(二)继承开始后未确定继承人或者遗产管理人;(三)权利人被义务人或者其他人控制无法主张权利;(四)其他导致权利人不能主张权利的客观情形。”该规则被《民法典》完全吸收。《民法典》第194条第1款规定:“在诉讼时效期间的最后六个月内,因下列障碍,不能行使请求权的,诉讼时效中止:(一)不可抗力;(二)无民事行为能力人或者限制民事行为能力人没有法定代理人,或者法定代理人死亡、丧失民事行为能力、丧失代理权;(三)继承开始后未确定继承人或者遗产管理人;(四)权利人被义务人或者其他人控制;(五)其他导致权利人不能行使请求权的障碍。”

监护人。我们看条文怎么说?“无民事行为能力人、限制民事行为人没有法定代理人”的,也就是没有监护人,或者虽然有法定代理人,但“法定代理人死亡、丧失代理权、丧失行为能力”,我们刚才说的监护人疯了就是其中一种情形。

第二种情况,继承开始后,找不到继承人。因为被继承人是债权人,被继承人生前应当行使债权而未行使,但是在诉讼时效进行到最后 6 个月时,债权人死亡,又没有找到继承人(新债权人)。如果继承人没有找到或者不能确定,就无法行使债权,诉讼时效便随之中止。

第三种情况,权利人被义务人或者其他人控制无法主张权利。比如时效即将届满时,我派一个人把债权人锁在家里,坚持 2 天再把他放出来,此时时效期间届满。大家觉得我会不会因此而取得时效抗辩?(同学们应声:不会。)肯定不会。因为债权人被我控制的 2 天中,他无法行使债权,诉讼时效也会因此而中止。

除了以上三种具体情况属于“其他障碍”之外,司法解释还有一个兜底的规定,即“其他导致权利人不能主张权利的客观情形”。

2. 效力

好,接下来我们讲诉讼时效中止的效力。

诉讼时效中止的效力是什么?是诉讼时效期间暂停进行,时效期间不再计算了。假如时效是个秒表的话,“咔”一下停止不走了,时间还在流逝,但时效停顿了。什么时候继续启动呢?时效中止的原因消除以后。

刚才我们讲过一个地震的例子,当地震引起的障碍消除以后,诉讼时效继续计算。那么继续计算多久算是诉讼时效届满了呢?原来剩多久,就算多久。假如地震发生时,距离诉讼时效届满还有 5 个月,那么当地震引起的障碍消除后,再经过 5 个月,诉讼时效届满。[1]

顺便问大家,假如地震发生在诉讼时效进行的第 1 年,10 天后地震引起

---

[1] 《民法通则》第 139 条规定:“在诉讼时效期间的最后六个月内,因不可抗力或者其他障碍不能行使请求权的,诉讼时效中止。从中止时效的原因消除之日起,诉讼时效期间继续计算。”《民法典》对这一规则进行了实质性修改。依《民法典》第 194 条第 2 款规定:“自中止时效的原因消除之日起满六个月,诉讼时效期间届满。”通俗言之,中止时效的原因消除后,再经过多长时间诉讼时效届满呢?依《民法通则》的规定,时效中止时还剩多少补多少,而依《民法典》的规定,不管时效中止时还剩多少,一律补 6 个月。

的障碍就消失了，诉讼时效会不会发生中止呢？（同学们回答：不会。）对，因为地震引起的障碍并非发生在诉讼时效期间的最后6个月。

还要请同学们注意的是，诉讼时效的中止不适用20年最长诉讼时效。为什么不适用？因为20年已经够长了，没必要再去中止。

（五）诉讼时效的中断

下面我们讲诉讼时效的中断。

中断的概念不说了。我们先来关注一下，中断可以发生在哪个时间段？是整个诉讼时效期间内，不管在其中的哪一天，都可以发生中断。也就是说，在诉讼时效期间的第一天到最后一天中的任何一天都可以发生中断。为什么？我们说时效的基础是权利人能行使请求权而怠于行使，现在人家行使了，说明并未怠于行使，时效就可以重新起算了，至于已经经过的时效期间，就不用去管它了。

下面我们讲时效中断的事由。[1]

第一类事由是（权利人）请求，也就是催告。问大家，催告是意思表示还是意思通知？（同学们回答：意思通知。）是意思通知。好，权利人催告义务人履行义务，会导致诉讼时效发生中断。

第二类事由是（义务人）承认，即同意履行义务。这也会导致诉讼时效的中断。再问大家，承认是意思表示、意思通知还是观念通知？（同学们迟疑）是观念通知。

不管是意识通知还是观念通知，都是到达生效。那么到达哪里呢？请求的通知必须到达债务人或者债务人的代理人，承认的意思必须到达债权人或者债权人的代理人。向债务人的领导催告发生催告效力吗？不发生。向债务人的母亲催告发生催告效力吗？不发生。[2]（债务人）在自己的笔

---

[1]《民法典》第195条规定："有下列情形之一的，诉讼时效中断，从中断、有关程序终结时起，诉讼时效期间重新计算：（一）权利人向义务人提出履行请求；（二）义务人同意履行义务；（三）权利人提起诉讼或者申请仲裁；（四）与提起诉讼或者申请仲裁具有同等效力的其他情形。"

[2] 依《时效规定（2020）》第8条规定，权利人向义务人送交主张权利的文书，与义务人同住的具有完全行为能力的亲属可以签收，进而产生诉讼时效中断的效力。需要注意的是，傅老师此处所说并非债务人的母亲"签收主张权利的文书"，而是"向债务人的母亲催告"，两者的差异，应予识别。

记本上写上我承认我欠别人多少钱,算不算承认?不算。

请求可以请求一部分,也可以请求全部,请求一部分及于全部;承认也一样,可以承认一部分,也可以承认全部,承认一部分及于全部。比如承认本金,及于利息;承认利息,及于本金。

第三类事由是起诉,向人民法院提起诉讼。起诉是最强烈的行使权利的方式,所以起诉一定会中断时效。但问题来了,起诉以后撤诉,时效中断不中断?或者说起诉以后被法院驳回,因为不符合诉的要素被驳回了,时效中断不中断?这要看诉状副本送达了没有。如果诉状副本送达到对方,诉讼时效中断,反之,则不发生中断。[1] 进一步思考,在前述场合,如果诉讼时效随着诉状副本送达到对方而发生中断,此时中断的事由,到底是请求、承诺还是起诉?(同学们回答:起诉。)但是如果起诉被驳回或者被撤销了,(时效中断的事由)还是起诉吗?不是,而是应当按照请求来发生效力。(下课铃声响起)

好,今天的课就到这里,谢谢大家!(教室里掌声雷动)

[1] 关于"权利人起诉后、诉状副本尚未送达义务人之前撤回起诉,能否产生诉讼时效中断的效力"这一问题,实务中长期存在争议。即便《时效规定(2008)》第12条已作出明确规定,"当事人一方向人民法院提交起诉状或者口头起诉的,诉讼时效从提交起诉状或者口头起诉之日起中断"(该条现为《时效规定(2020)》第10条,条文表述与原第12条完全一致),仍不能消除这种争议,甚至最高人民法院在(2016)最高法民申3020号民事裁定书中认为,"起诉后撤诉且未送达的情况下,不能认定产生诉讼时效中断的后果"。需要注意的是,《民法典担保制度解释》第31条第2款在规范意旨上与《时效规定(2020)》第8条存在差异,该款规定:"连带责任保证的债权人在保证期间内对保证人提起诉讼或者申请仲裁后,又撤回起诉或者仲裁申请,起诉状副本或者仲裁申请书副本已经送达保证人的,人民法院应当认定债权人已经在保证期间内向保证人行使了权利。"

附录一　课堂答疑

有关意思自治

上节课下课以后,有同学说,看到书上讲意思自治、私法自治,这(两个“自治”)到底是怎么回事?我们前面讲了民法的本质,关于民法的本质有三句话。第一句话:民法是什么?(同学们回答:是人法。)

为什么说民法是人法?(同学们纷纷说出自己的理解)是因为,民法把一个生物意义上的人确定为法律意义上的人,这样一个人就具有了法律上的人格。我们讲的人格就是法律资格,我们讲的人格就是主体地位。民法把一个生物意义上的人确定为一个法律上的人,而法律上的人都是平等的。所以通过确定人格,通过法律保护生物上的人,从而实现人人平等。

所以从这个意义上来说,民法的本质是尊重每一个人,因为人人平等就是尊重每一个人,尊重每一个人是尊重他的什么呢?是尊重他的思想,尊重他的意志。

于是就有了第二句话,民法是私法。民法是私法,就意味着国家、政府(尽量)不要去干预私人的活动。因为他是人,他不是牲口,你不用去管他,你也不能把自己当作他的监护人去监护他,你得尊重他。

第三句话,既然要尊重人,你必须要有保护的手段。所以民法又是权利法。而意思自治恰恰是民法的本质,是另外一种表达方式。意思自治强调每一个人的想法和思想来自每一个人自身,还是来自别人?(同学们回答:来自自身。)

这是一个客观的存在,能不能来自他人?不能。不能来自他人这个事实也是客观的存在,不是一个权利(问题)。你这个人的能力再强,你的权力再大,你也没有办法把自己的想法强加于他人,成为他人的想法。同学们还记得吗,麦当劳那个例子,母亲本质上也没有办法把她自己的想法强加于儿子,使母亲自己的想法成为儿子的想法。这是一个客观事实,这就是事物的本质。

所以说,从事物本质来说,每个人产生的意思、思想和意志都是由其自己决定的,来自于自己,而不是来自他人。

好,由于有了这种客观的存在,我们在法律上预设承认这种客观存在,(我们就)要尊重事实,尊重客观,任何制度如果背离了客观规律终究是要被推翻的。于是产生了民法的一个制度:私法自治。私法自治是什么呢?法就是规则,私(法)就是个人之间的规则。个人之间的规则,也就是个人之间的权利义务,来自他们自己。比如青年男女谈恋爱,他们应该怎么谈,这取决于他们自己。但是在封建社会,在父母之命、媒妁之言的束缚下,(社会)不希望个人自己谈恋爱。于是就有了东方的梁山伯与祝英台,西方的罗密欧与朱丽叶这些凄婉动人的故事。他们想要建立的婚姻关系是个人之间的权利义务关系,这个关系的决定权本应在他们自己手里,父母不能包办的。但在封建制度下,社会不允许他们之间自由创设这种权利义务关系,中外在这一方面都是一样的。我们说,这种对自由恋爱、自由婚姻的干涉,是违反民法精神的。民法要求的是,个人之间的权利义务关系,来自个人自己。

那么为什么古代社会不强调私法自治,但是民法又在奴隶社会就产生了呢?这是不是矛盾?对,这是矛盾。但是要知道,在奴隶社会下民法所调整的范围是什么?商品经济是不是(它的)调整范围?(同学们犹豫)是不是呢?是的,商品经济是它的调整范围。

早期的罗马法,它解决的是一个简单的商品交换问题。为什么罗马法那么发达?而中国(古代)为什么没有像罗马法这种发达的规则?原因很清楚,两千多年前地中海沿岸一带商业急速发展,这主要是因为地中海这个平静的海面为运输提供了很大的方便。改革开放之初不是有一句话嘛,说“要致富,先修路”。那么早期的人们没有能力(长距离)修路,天然的路面就是海面、江面,有海面的地方就可以有船只来通行,船只就是一个运输工具,有了运输工具就会致富。于是地中海沿岸一带商事贸易极其发达,而罗马就在地中海这一带。那个时候地中海沿岸国家都云集到罗马来经商,频繁的商品交换超越了国与国之间的界限——因为那个时候的国家很小,商品交换很容易超越国与国的界限。

频繁的商品交换就会产生很多问题,而要解决商品交换(中产生的)问题,必须从商品交换本身来确定法律制度。这就必须排除奴隶社会的一些限制,比如民族的、宗教的、个人的干扰,单纯从商品交换本身出发,来规范商品交换的行为。

马克思说商品交换本身是什么呢?有两点:等价,有偿。那么要做到等价有偿,前提是什么?平等。你没有平等怎么做到等价?要怎样才能做到平等呢?就是把一个生物上的人确定为一个法律上的人。即便在奴隶社会,在商品交换的过程中,民法解决的也是平等主体之间的关系,民法也强调私法自治。奴隶主不会去干预私法自治,因为奴隶主很聪明,如果去干预私法自治,经济就垮掉了,自己的利益就会遭受损害。他为了维持自己的经济利益,为了能够战胜其他国家,就必须承认(自由)交换。承认(自由)交换,就是承认私法自治。

小结一下,私法自治是民法本质的另外一种表达方式。民法的本质是什么?私法自治。为什么会有私法自治?因为人的思想和意思是自由的,人的意思自治必然是私法自治。什么是私法自治?个人之间的权利义务关系来自个人,而不是来自他人。梁山伯与祝英台结不结婚,应该取决于他们两个,而不应取决于他们父母。他们的父母违反了客观规律,结果是,他们确实"结婚"了,但是双双变成了蝴蝶才结了婚,这不是他们父母想要的结果。

私法自治又必然推论出义务自主。什么叫义务自主?每个人的义务,除法律强加给你的以外,只能是自己"找来的"义务。记住,民法的精神、民法的本质、民法的理念,它们最终的落脚点就是义务自主。换句话来说,我们可以给他人权利,但不能给他人义务,为什么?因为他人的义务是"自找的”。我们给他人权利，权利和义务是对应的，他的权利就是我的义务。所以说我可以给他人权利，在这一过程中，为自己找到一个义务。义务是自主的，是民法的本质。等民法学完了，什么东西你都可以抛掉，唯独四个字不能抛掉——义务自主。讲 5 分钟的民法是讲义务自主，讲 10 年的民法也是讲义务自主，义务自主是民法的核心。

我们学法律的人知道，无论是自然人还是法人，每个人的义务，它的来源途径有两个，现在能告诉我吗？哪两个？一个是什么？（同学们回答：法律规定。）一个是法律规定。不要乱穿马路，是《交通安全法》的规定；常回家看看，是《老年人权益保障法》的规定；赡养父母，是《婚姻法》的规定；不打人骂人，是《侵权责任法》的规定。除了法律的规定，还有一个来自哪里？（同学们回答：自找的。）是“自找的”。

有一个老奶奶，她的小孙子才小学四年级。奶奶教育小孙子，不要给他人找麻烦。我在想，老奶奶讲话怎么这么经典？我说老奶奶你学过民法吗（笑声），老奶奶问，什么叫民法？可见老奶奶没有学过。大家都知道，不要给他人找麻烦，也就是不给他人找什么？（同学们回答：义务。）义务。你可以给自己找麻烦，但你不能给别人找麻烦。说明义务自主的理念是根深蒂固的，它不仅仅是民法的本质，更是一个社会理念。民法只是从哲学层面揭示了社会现象，对它进行了提升。所以什么是法律？法律就是老百姓的生活经验以及基本理念。在几千年的社会活动中，老百姓知道社会规律在哪里，只不过他们没有总结出来，民法学者把它总结出来了，并且总结成四个字：义务自主。

现在我们可以说民法是什么？就是义务自主。永远记住这四个字！民法是什么？义务自主。民法的本质是什么？义务自主。民法的精神和理念是什么？义务自主。一定要记住，当我们记住这四个字，不管你讨论什么案例，分析什么现象，只要从民法的角度去分析，那就是义务自主。先从义务自主这个角度深入下去，什么问题都可以解决。好，关于私法自治的问题，我们就讲到这里。

关于意思自治与私法自治的关系

刚才课间有同学问了几个问题,或许很多同学也有类似疑问。第一个问题,意思自治与私法自治是什么关系?意思自治表达什么含义呢?它想表达的是,无论是一个人的思想还是意志,他人都不能左右,他人唯一能做到的,就是影响你的想法,而影响你的想法就是(通过)说服教育。你看,我们从小受父母的影响,父母总在说服教育我们,但是父母代替不了你怎么想,这就是意思自治,这是客观的。“私法自治”是一个规则,一项制度。那么这项制度表明什么呢?它表明个人之间的权利义务关系由他们个人去决定,外部不要去强行干涉。举一个典型的例子就是婚姻自由。婚姻是私(的)法(律关系),是典型的个人之间的权利义务关系。因此不要去包办当事人的婚姻,要让当事人自由(决定),这就体现了私法自治。前者是一个客观现象,后者是一个法律规制。那么法律为什么要规制(疑为“规定”)私法自治呢?为了尊重人。你如果把他当人看,你一定要规制(疑为“规定”)私法自治,否则你不尊重人,你体现的就是命令与服从、支配与被支配(的关系),而无法体现人类的平等了。奴隶社会、封建社会(的法律)主要体现的就是支配与被支配,命令与被命令(的关系)。

关于义务自主

有同学问，只要是法律，都是强制的，那为什么说民法叫作义务自主？这是因为，我们这里所讲的义务自主是想说明义务的“产生”是自主的。

义务的产生，我刚才讲了，来源于哪两个途径？（同学们回答：法律规定。）法律规定有没有必要？当然有必要。如果义务的产生全部靠（当事人）自己，很多人可能就不想有义务，因为你感觉按照义务遵守规则对你不利，所以你不想有义务，（这样）你就可以乱穿马路。然而你是社会中的人，你要有法治意识，必须要学会服从。这时候，法律的强制性就体现出来了，要么你不要进入社会，你一旦进入社会，社会是有秩序的，你要服从整个社会秩序，这个义务源于法律规定。

此外，还有一部分义务源于自愿。比如说你可以不结婚，不结婚就不会建立夫妻之间的权利义务关系。你也可以结婚，你一旦结婚，那就必须找出自己的义务，什么义务？夫妻之间的义务。夫妻之间的义务是什么呢？比如夫妻应当尊重对方，夫妻一方不能把自己的姓氏强加给对方，作为对方的姓氏；再比如夫妻有相互扶养的义务，你不能抛弃对方，不管不问。当然你可以不结婚，不进入这个领域，但如果你进入（婚姻）这个领域，其中的义务就是你自己找来的，这个义务是法律上的义务，不是道义上的义务。你可以不去捡这种法律上的义务，你不捡，你在法律上就没有这个义务。义务自主就是这样一个意思。

关于公平原则

下课以后，有同学问，我们的民法教科书和《民法通则》都强调了公平原则，为什么我给的基本原则当中没有(包括)公平原则呢？这是因为，所谓公平原则，实际上就是诚实信用原则。我曾经讲过，诚实信用原则指的是什么？是老实守信，还是两个平衡？(同学们纷纷答：两个平衡。)两个平衡就体现了公平原则。公平原则是法律(或宪法)原则，不光是民法，刑法、诉讼法、行政法和税法等都要讲公平原则。我们不能把(位阶)太高的一个宪法原则拿到民法里面(作为民法自身的原则)。

那么民法又是怎样体现宪法上的公平原则的呢？通过诚实信用来体现。虽然《民法通则》用了公平原则，很多教科书都用了公平原则，但我和他们相比只是表达方式不一样，我是用诚实信用原则来表达，它体现的还是(宪法上的)公平原则。之所以我用诚实信用原则来表达，是因为在我看来，民法的基本原则就应该体现民法(自身)的特点，而公平原则并不专属于民法，它不是某一个法律部门自身的特点，它是所有法律共有的特点，是位阶更高的特点。

下课以后这位同学在讲公平原则的时候，出现了错误，错误在哪里呢？他举了一个例子，我来问问大家这个例子是不是适用公平原则？这个例子就是最近媒体报道的一个事件。有一家三口人来到一个餐馆，正坐在包厢里就餐，砰地一声响，隔壁包厢里面一个爆炸物爆炸，爆炸物威力很大，把餐馆的一堵隔墙给震塌了，这堵墙正好压到了这一家三口人，导致死的死，伤的伤。于是受害者就打官司状告餐馆,认为餐馆没有尽到安全保障义务。

警方通过立案侦查,证明了如下几件事:第一,爆炸物是装在酒瓶里面的,从酒瓶外面看不出来有什么不同,比如茅台酒,(隔着)茅台酒这个瓷瓶,你看得到里面是什么东西吗?看不到。第二,《消费者权益保护法》规定,餐馆不能拒绝用餐人自备酒水。第三,房屋的结构合理,房屋的质量合格,之所以隔墙倒塌,完全是爆炸物的威力(导致),造房子的人没有把爆炸物这个因素考虑进去,但是法律也没有要求造房子的人得考虑爆炸物这个因素。

好,通过这么一个的缜密的侦察得出一个结论,餐馆有没有过错?(同学们回答:没有。)餐馆有没有尽到安全保障职责?(同学们回答:尽到了。)尽管餐馆没有过错,也尽到了安全保障职责,但是损害还是发生了。现在,如果受害人状告罪犯,这位提问的同学认为没有意义:因为罪犯一定会判死刑,罪犯也没有钱给受害人。于是受害人状告餐馆,因为受害人要拿到的是民事赔偿。

一审法院判,餐馆没有过错且尽到了义务,所以没有任何责任。二审法院判,餐馆应当给受害人 30 万元,以此分担受害人的损失。

这位同学说,二审法院用了一个公平原则。但其实这个不叫公平原则,这个在损害赔偿领域叫作公平责任的归责原则。公平原则作为民法的基本原则和作为侵权责任法的归责原则,是两个不同的概念。按照《民法通则》的规定,公平原则是民法的基本原则之一。[1] 这是两个利益的平衡,当事人之间的利益平衡、当事人的利益和社会利益的平衡。侵权责任法的归责原则——不是(民法)基本原则——也有一个公平原则,完整地说是公平责任归责原则[2]。(有同学轻声说:哦,我懂了,我懂了。)如果一定要说这是公平原则的话,其实二审法院援引的是(侵权法的)公平责任归责原则。

---

[1] 《民法通则》第 4 条规定:"民事活动应当遵循自愿、公平、等价有偿、诚实信用的原则。"

[2] 《侵权责任法》第 24 条规定,受害人和行为人对损害的发生都没有过错的,可以根据实际情况,由双方分担损失。该条为《民法典》第 1186 条("受害人和行为人对损害的发生都没有过错的,依照法律的规定由双方分担损失。")承继,但增加了"依照法律的规定"这个要件。这一变化可能导致《民法典》第 1186 条的适用范围比《侵权责任法》第 24 条大为缩减。

这两个“原则”有什么区别呢？公平原则是一个更宏观、更大的原则。公平责任归责原则是公平原则的体现。归责原则是侵权法中的重要问题，它要解决的就是，承担责任要具备什么条件？那么公平责任归责原则要解决的是，承担公平责任这种责任要具备什么条件？

根据《民法通则》的规定，承担侵权责任的条件有三种，三种对象都不一样。第一种，过错，只有过错才承担责任，没有过错就无须承担责任。如果以过错为条件，这个餐馆要不要承担责任？（同学们果断回答：不要。）不要。第二个，无过错责任，就是说，只要是你的原因造成的（损害），哪怕你没有过错，也要承担责任。同学们可能已经发现，这两个归责原则是对立的。[1]就餐馆这个事件来说，如果适用过错责任，餐馆不用赔，而如果适用无过错责任，这里餐馆是要赔的。那么到底适用哪一个归责原则呢？

《民法通则》《侵权责任法》规定，过错责任是一般规则，无过错责任是特别规则，特别规则必须有特别规定，特别法优于一般法。

那么根据《民法通则》，哪些情况下适用特别规则呢？如果从事高度危险作业的，那就适用特别规则。[2] 那么餐馆是不是属于高度危险作业呢？（同学们回答：不属于。）在高速公路上开车是不是从事高度危险作业？是的。举个例子，有一个人在高速公路上骑自行车，（同学们笑，觉得不可思议）被汽车撞了，警察勘察以后（认定），开汽车的人没有任何过错，有过错的是谁啊？（同学们应声：骑自行车的人。）对，骑自行车的人。法院判决，开汽车的人要赔偿骑自行车的人损失。那么法院显然援引的是无过错责任还是

[1] 《民法通则》第 106 条第 2 款规定：“公民、法人由于过错侵害国家的、集体的财产，侵害他人财产、人身的应当承担民事责任。”该款规定的过错责任体现在《民法典》第 1165 条第 1 款、第 2 款：“行为人因过错侵害他人民事权益造成损害的，应当承担侵权责任。依照法律规定推定行为人有过错，其不能证明自己没有过错的，应当承担侵权责任。”《民法通则》第 106 条第 3 款规定：“没有过错，但法律规定应当承担民事责任的，应当承担民事责任。”该款规定的无过错责任体现在《民法典》第 1166 条：“行为人造成他人民事权益损害，不论行为人有无过错，法律规定应当承担侵权责任的，依照其规定。”

[2] 《民法通则》第 123 条规定：“从事高空、高压、易燃、易爆、剧毒、放射性、高速运输工具等对周围环境有高度危险的作业造成他人损害的，应当承担民事责任；如果能够证明损害是由受害人故意造成的，不承担民事责任。”《民法典》在第七编第八章“高度危险责任”中对《民法通则》第 123 条涉及的高度危险作业的责任承担进行了更详尽的规定，并且和《民法通则》一样，均为无过错责任。

过错责任？（同学们回答：无过错责任。）

再举个例子，在日本，某年的3月11日，有一个核电站突然因海啸而发生了泄漏事故。核电站厂方对此没有任何过错，完全是因为自然灾害造成的，但泄漏也确实造成了损害。对于这个损害结果，日本法院也好，政府也好，都认为核电站的业主要承担赔偿责任。在这里，显然他承担的是什么责任？（同学们回答：无过错责任。）[1]

所以说，侵权责任的归责原则，其所要解决的核心问题就是，承担责任应当具备什么条件。归责原则本质就是归责要件。一般情况下，责任的承担以过错为要件，有过错才要承担责任；特殊情况下，无过错的也要承担责任。特殊情况有哪些，都要在法条中一条条特别写明的。刚才我们讲的高速公路上运输者的责任，法条上写明了，核电站的责任，法条上也写明了，因为他们从事的行业都具有高度危险性，都要承担无过错（责任）的。为什么让你承担无过错责任？因为危险越大，获利越高。你从一个地方跑到另外一个地方，速度快了，效率高了，赚钱多了，但是危险也大了，所以“买单”也要多。所以动车发生事故，动车方面没有过错都要承担责任。

好，到目前为止，我们讲了过错责任归责原则、无过错责任归责原则，现在讲第三个，就是《民法通则》规定的公平责任归责原则。[2]《民法通则》规定，（在有些场合）如果你对于损害的发生没有过错，又不符合任何一种无过错责任的特别规定，也可以根据实际情况，适用公平责任归责原则来分担受害方的一些损失。

回到餐馆这个案件，二审法院如果适用过错责任归责原则，（餐馆）要不要承担责任？不要，因为餐馆没有过错。能不能适用无过错责任原则？也

---

[1] 就此类事件，《民法典》第1237条规定：“民用核设施或者运入运出核设施的核材料发生核事故造成他人损害的，民用核设施的营运单位应当承担侵权责任；但是，能够证明损害是因战争、武装冲突、暴乱等情形或者受害人故意造成的，不承担责任。”

[2] 《民法通则》第132条规定：“当事人对造成损害都没有过错的，可以根据实际情况，由当事人分担民事责任。”该条为《侵权责任法》第24条“受害人和行为人对损害的发生都没有过错的，可以根据实际情况，由双方分担损失”所承继，进而为《民法典》第1186条“受害人和行为人对损害的发生都没有过错的，依照法律的规定由双方分担损失”所承继。但《侵权责任法》第24条和《民法典》第1186条都未再使用“分担民事责任”的表述，而改为“分担损失”。

不能,因为就此类情形法律没有特别规定。但是法院考虑到利益的平衡,基于公平的理念,你看人家在你这里吃饭,在你这里遭受损害,所以你(餐馆)要适当“买单”,适用公平责任归责原则,分担了 30 万元。要记住,这叫(侵权法)归责原则中的公平责任,而不是(民法)基本原则中的公平原则。

需要同学们注意的是,2009 年颁布的《侵权责任法》没有再把公平责任归责原则作为一项“归责”原则。《侵权责任法》第 6 条[1]规定了过错责任的归责原则,第 7 条[2]规定了无过错责任的归责原则,并(在分则中)列举了在哪些情况下(行为人应)承担无过错责任。但《侵权责任法》没有规定公平责任的归责原则。《侵权责任法》规定了一个第 24 条[3],确定了一个(损害)分担规则,这个分担规则怎么规定呢?行为人对造成的损害没有过错时,可以根据实际情况,由行为人来分担受害人的损失。

举个分担规则的例子。小学生在体育课上进行接力跑,老师怕传递接力棒不慎会打破手,就没让学生用接力棒,而是让两个要交接的孩子以碰手的方式代替接力棒的传递,前一棒那个孩子只要碰一下后一棒那个孩子的手,就当接力棒已经交接了,后一棒那个孩子就可以接着跑了;等这个孩子再碰到下一个孩子的手,下一个孩子接着跑,以此类推。结果在这节课上,有两个孩子在碰手的时候,其中一个孩子的手指骨折了,(同学们发出惊呼,觉得不可思议)受到了伤害。造成伤害的孩子有没有过错?没有过错。受到伤害的孩子有没有过错?也没有。这个损害是两手相碰造成的,这两个人都是行为人,行为人对造成的损害都没有过错,所以最后法院判决让他们分担损失。举这个例子是要说明分担损失大概是这么一个意思。其实我不

[1] 《侵权责任法》第 6 条规定:“行为人因过错侵害他人民事权益,应当承担侵权责任。根据法律规定推定行为人有过错,行为人不能证明自己没有过错的,应当承担侵权责任。”该条为《民法典》第 1165 条承继,无实质性变更。

[2] 《侵权责任法》第 7 条规定:“行为人损害他人民事权益,不论行为人有无过错,法律规定应当承担侵权责任的,依照其规定。”该条为《民法典》第 1166 条承继,无实质性变更。

[3] 《侵权责任法》第 24 条规定:“受害人和行为人对损害的发生都没有过错的,可以根据实际情况,由双方分担损失。”该条经修改后成为《民法典》第 1186 条“受害人和行为人对损害的发生都没有过错的,依照法律的规定由双方分担损失”。

认为这个判决是对的。[1]

分担损失的规则已经说了,那么应该由谁来分担损失呢?依《侵权责任法》第24条的规定,分担损失的人是(造成损害的)行为人。我们看刚才讲的案子当中,(饭店)提供吃饭这个行为是不是造成损害事故的行为?不是,这个因果关系太远了。造成损害的行为是爆炸行为。既然饭店不是(造成损害的)行为人,就不能适用《侵权责任法》第24条让其分担损失。如果你也把它看成行为人,认为提供了吃饭的场合就成了行为人的话,那么工商局是不是行为人?你批准他开饭店的,你也是行为人嘛,工商局是不是也要承担责任?如果工商局要承担责任,工商局局长的妈妈要不要承担责任?(同学们哄堂大笑)他妈妈把局长生下来的,是吧?

所以,根据《侵权责任法》第24条,饭店不需要分担损失。但法院最后还是判决饭店要分担损失,法院显然用的是《民法通则》的公平责任,而不是《侵权责任法》第24条。那么是否可以用《民法通则》的公平责任?可以的,因为《民法通则》第132条没有将分担损失的主体限定为"行为人",它用的是"当事人",而当事人的概念更宽泛。所以按照《侵权责任法》,饭店不该分担损失;按照《民法通则》,饭店要承担公平责任。这就带来一个问题,《侵权责任法》颁布以后,并没有说《民法通则》的公平责任被废除,从这个角度,适用《民法通则》的规定进行裁判似乎没有什么不妥。但从理论上说,《民法通则》的公平责任应当不能再适用了,因为《侵权责任法》在后,《民法通则》在先,后法优于先法。当然,就这个问题,存在可争议的空间,现在我主要不在于给出一个标准答案,我只是顺便谈谈我的看法。我通过这个案子主要想说明的是,作为民法基本原则的公平原则和作为侵权责任归责原则的公平责任原则不是一个概念。

[1] 傅老师的这个观点符合《民法典》的规定。依《民法典》第1176条第1款的规定,"自愿参加具有一定风险的文体活动,因其他参加者的行为受到损害的,受害人不得请求其他参加者承担侵权责任;但是,其他参加者对损害的发生有故意或者重大过失的除外"。

关于民事法律关系的客体

前面我们分析了民事法律关系三个要素,缺一不可。大家回答我是哪三个要素? 第一,(同学们齐声答:主体。)第二,(同学们齐声答:客体。)第三,(同学们齐声答:内容。)

好,讲到客体呢,下课以后有同学问了,这里讲的客体到底是什么意思? 权利义务共同指向的对象就是客体,大家要注意,客体并不是人所指向的对象。权利义务关系有物权关系,物权关系指向的对象一定是物——动产、不动产——或者权利,它们都是物权关系的客体。权利义务关系还有人身权关系,人身权关系的对象一定是人身利益,如身体、健康、姓名、肖像等,这些人格利益就是人身权的客体。权利义务关系还有知识产权关系,其权利义务关系指向的一定是智力成果。

权利义务关系还包括债权关系,其权利义务关系指向的就是行为。有同学问,(债权关系的)客体为什么不是行为的对象(而是行为)? 好,你看,假设张三与李四签订一个合同,张三花 100 元买李四的手表。张三的权利是什么? 是要求李四给手表。李四当然也有权利,我们暂不讨论。那么这个同学问,为什么权利义务关系的客体是给付行为,而不是手表呢? 这问题问得好,于是我就跟他这么回答:民事法律关系的客体是权利义务所指向的对象,这个对象是最直接的一环。那么(在债权关系中)最直接的一环是什么? 给付,给付就是行为。行为另有(自己的)对象,行为的对象是什么? 手表。所以(债权)法律关系的客体是行为,行为的对象是手表。那么讨论手表有没有意义呢？有意义，因为要履行什么很重要。

同学们要注意区分“标的”和“标的物”这两个概念。债权债务的客体是行为，我们把这个行为叫作（债权债务的）标的。这份买卖合同的标的是什么？是行为，是给付；行为的对象是什么呢？标的物。换言之，标的是指（法律关系的）客体，标的物是行为的对象、给付的对象。

关于法律关系客体

有同学提出有的教科书认为债的法律关系的客体是物,虽然确实有教科书认为债的法律关系的客体包括物,但通说认为,债的法律关系的客体是给付行为。同样道理,通说认为,买卖的法律关系的客体也是给付行为。在买卖过程中,作为出卖人,他有义务给付标的物;作为买受人,他有义务给付金钱。从交付标的物这个债的法律关系来看,它的客体是给付行为;从交付金钱这个债的法律关系来看,它的客体也是给付行为。所以买卖的客体是给付行为,这是通说。

但是也有个别教科书持不同观点,它认为买卖的客体是什么呢?是权利义务所指向的对象,也就是给付的对象。比如买卖自行车,它的客体就是自行车;买卖民法书,它的客体就是民法书。

那么考试的时候你怎么来作答呢?如果你把这两种说法都写上去,老师不会算你错,但你在学习的时候,需要按照通说去理解。通说认为,债的法律关系的客体,即债的法律关系的标的,是给付行为;买卖合同的客体,即买卖合同的标的,也是给付行为。而自行车、民法书是给付的对象,亦可称为买卖合同的标的物。“标的”和“标的物”是不一样的。

关于法律效果发生的两种情形

刚才有一位同学说民法书上有一段话他不懂，我不记得这段话是哪个同学问的，刚刚提问的是哪位同学，举举手看看。没有？好的。（这时有一位同学举手）对，你把第几页给大家说一说。（同学说：第 107 页第 5 行。）好，他说第 107 页第 5 行这几句话看不懂。这几句话确实很难懂，因为这是一个老外的作品，能否把老外的作品翻译成中国读者习惯的表达方式，要取决于翻译者是不是专门研究民法的。如果翻译者也研究民法，他就能按照中文的意思把它意译下来；如果翻译者不是研究民法的，他就会把老外的意思直译下来，使得原本就很难读懂的民法更加百思不解。

那么这段话所表达的意思是什么呢？一句话，民事法律关系的效果就是权利和义务。这个权利和义务可以是行为人所追求的权利和义务，也可以不是行为人所追求的，而是由法律直接规定的权利和义务。

关于行为人所追求的权利和义务，我举两个例子，第一个是买卖。因买卖而建立的民事法律关系，它的效果是什么呢？出卖人有义务把标的物交付给买受人，并移转所有权；那么同时，买受人有什么义务呢？（同学们争先恐后地回答道：支付价金。）。对，给钱，支付价金。买受人的义务，也就是出卖人的什么？（同学们回答：权利。）权利，出卖人因此有权要求买受人支付价金。那么出卖人的义务也就是谁的权利？（同学们回答：买受人。）买受人有什么权利啊？有权要求出卖人给货。这就是民事法律关系的效果。这些效果是当事人所追求的、期待的，在建立买卖关系时就预想到的。在买卖关系建立后,双方当事人的目的就实现[1]了。

第二个例子。比如有一天早晨起来,我肚子很饿,想去食堂买两个包子。在走向食堂的时候有一种追求——买包子。(同学们笑)我跟食堂师傅聊了几句以后,合拍了。我问食堂师傅,包子有没有?食堂师傅说,有,要多少?我说,两个。食堂师傅说,行。那么此时买卖合同成立了没有?成立了。合同成立以后产生了什么?权利和义务。我有权要求食堂给包子,食堂有权要求我给钱。同学们可以看到,上述两个情况下的权利义务关系是行为人所积极追求的。

还有一种情况是,权利义务不是行为人所追求的,在这里我也举两个例子。第一个例子。比如你走在马路上,捡到一分钱(同学们会意地笑)。有的人捡到一分钱马上就交给警察叔叔去了;有的人捡到一分钱揣到口袋里去了。但是现在不管你怎么想,法律规定拾得遗失物必须归还失主,如果找不到失主,必须交给官方,由官方发布公告来寻找失主,所以你得交给警察叔叔。也就是说,当你拾得遗物的这一刹那,权利义务发生了。你作为拾得者,有什么义务?向失主归还遗失物的义务。作为失主来说,有什么权利?要求你归还失物(在这里就是还钱)。那么这种权利义务关系的发生是不是基于人们的一种追求?(同学们纷纷答道:不是。)不是,当事人没有追求这种权利义务。但不管你在捡到了遗失物后想交给失主,还是想据为己有,都有这么一个法律后果,所以这个法律后果是不是按照你的想法产生的呢?(同学们回答:不是。)不是,这种权利义务是法定的,不管你有没有这个想法,法律都要给你这个结果。

我们再讲一个极端的例子。有一天,一个人遇到了他的仇人,把仇人的腿给砸断了。这个时候不管他怎么想,法律后果来了,什么法律后果?加害人要不要赔偿损失?(同学们回答:要。)受害人有没有权利要求加害人赔偿?(同学们回答:有。)这种法律后果是不是行为人所追求的?(同学们回

[1] 此处目的实现是指产生了当事人所欲的权利义务关系,而非指买方实际取得了标的物、卖方实际取得了价金。

答:不是。)

那么总结一下,这段话其实就讲了一层意思,它说“民事法律关系会有后果的”,这个后果就是效果,这个效果就是权利和义务。再回顾一下我刚才所讲的买自行车、买民法书的例子,可以看出,权利义务关系有可能是行为人所追求的,也有可能不是行为人追求的,这和这段话想表达的意思是一致的。

关于民事法律关系发生的原因

刚才有位同学还问了一个问题：民事法律关系是一个现象、一个状态，那么这种现象、状态是民事法律关系本身引发出来的，还是由其他法律事实引发的？（同学们议论纷纷，但没能得出肯定的结论。）是法律事实引发的。刚才我们举了那么多例子，买民法书（场合的法律关系）是什么法律事实引发的？（同学们回答：买卖。）买包子（场合的法律关系）是什么法律事实引发的？（同学们回答：买卖。）拾得遗失物归还（场合的法律关系）是什么法律事实引发的？（同学们回答：拾得遗失物的行为。）损害赔偿（的法律关系）是什么法律事实引发的？（同学们回答：打人的行为。）因此法律后果总是需要通过一个法律事实来引发，即法律事实会引发一种权利义务关系。好，以后碰到问题来问我，我选取有代表性的跟大家解答一下。

关于意思通知

为什么我们不把意思通知认定为意思表示？首先我们看意思通知和意思表示有什么共同之处——两者都是把内心的想法告诉他人。那么意思通知和意思表示的区别又在什么地方呢？两者内心想法的内容是不一样的。意思表示的内心想法的内容是要变动权利义务关系。比如我说，送我 100 万元可不可以？说这句话之前有没有赠与关系？没有。我追求的是什么？赠与关系——当事人之间的法律关系产生变动。什么叫变动？不要把它（简单）理解为变更，变动包括发生、变更、消灭，这些都属于法律关系变动的范畴。或者再比如，我认为房价太贵了，于是就问你，能不能把我们原来合同约定的每平方米 20,000 元的房价，减到 18,000 元？这是意思表示的内容，还是意思通知的内容？（同学们回答：是意思表示的内容。）这是意思表示的内容，而不是通知的内容。

虽然意思通知也是把想法告诉你，但是这个想法的词汇、语言——想法的内容，不包含变动权利义务关系的意思。就像刚才我们说“欠我的钱可以还了”，这句话有没有包含权利义务关系的发生、变更、消灭的意思啊？（同学们回答：没有。）“欠我的钱该还了”，说明他原来就欠你钱，是不是啊？你不说这句话，他也欠你的钱。因此，这个法律关系原来存在不存在啊？（同学们回答：存在。）不是因为你说了这句话才存在，它原本就存在。

（有同学在下面提问）这位同学说如果经过债权人催告，对方把钱还了，法律关系也就消灭了，说明债权人想要消灭这个法律关系。好，我们说法律事实是法律后果的充要条件，那么法律事实是不是必然引发法律后果？（同学们回答：是。）这句“你欠我的钱该还了”，他是想要消灭这种法律关系，但是有没有引发债的法律关系消灭的后果？（同学们回答：没有。）绝对没有。如果能发生这种效果，那么我就可以一直欠钱不还，只要你说一下，“欠我的钱该还了”，我就产生了还钱的效果——法律关系变动的后果就产生了。但事实上这句话不会引发这个后果，既然不会发生这个后果，那么“欠我的钱该还了”这句话产生不产生债的消灭的后果？（同学们回答：不产生。）债的消灭，一定是某种法律事实而导致的。如果“欠我的钱该还了”这句话能够导致债权债务关系消灭，那么这句话就是一个法律事实。但是现在这句话能不能导致债权债务关系消灭？（同学们回答：不能。）那它是不是法律事实？（同学们回答：不是。）所以这句话并不会导致法律关系的变动。虽然债权人有所追求，但它依然不是一个法律事实。那么如果想要消灭这个关系，需要什么行为？还债的行为。而你这句话只是提醒他还债而已。所以说，意思通知和意思表示是有区别的，意思表示的内容是追求（法律）后果的，意思通知没有在追求（法律）后果。

当然我们可以假设，这个人就是律师，这个人就是法官。他为什么要催告债务人？目的就是为了中断时效。但是，时效是否中断，和当事人是否有这个目的之间有关联吗？换言之，法律有没有规定，只有你的目的是中断时效，才能给你中断时效的效果，如果你的目的不是中断时效，就不会产生中断时效的效果，有没有这么说？（同学们回答：没有。）法律的规定恰恰是，不管你的目的是不是中断时效，你说这句话都会产生中断时效的效果。

那么这又说明了一点，意思通知是不是以效果意思为内容呢？不是。比如，催告不以中断时效这个效果意思为内容的，只要有了这个行为就一定会发生时效中断的后果，所以说它是一个意思通知（而不是意思表示）。意思表示和意思通知，我们以后还会讲，但是现在你们要注意的是，意思表示一定包含有效果意思，因为最终的法（律）效果要根据这个效果意思来，而意思通知不需要具有效果意思，因为最终产生的法（律）效果与当事人内心的想法没有关系。什么叫效果意思？追求(具体的)权利义务关系变动的想法就是效果意思。

我们今天只是举例,说表示行为有表知行为和表意行为,表知行为有观念通知、主张权利和告知事实。比如承认债务就是一种观念通知,是一种法律事实,当然我们不能说所有的观念通知都是法律事实。

告知事实是一个通知。我上节课要求大家回去查《合同法》上的通知,在这里我就先举一个关于《合同法》中的通知的例子。《合同法》在“买卖合同”这一章写得很清楚,买卖合同建立以后,出卖人有义务把标的物交付给买受人,买受人应当在约定的检验期间内,如果没有约定,则检验期一般是2年内,买受人在对产品的质量进行检验后,如果质量有问题的可以提出异议;如果产品上有保质期的,就应当在保质期内提出异议。[1] 比如说梅林牌午餐肉保质期4年,那就可以超过2年(再提出异议)。某臭豆腐保质期2天,那就要在规定的保质期2天内提出异议,而不能是2年,2年它都发臭了,虽然它本来也是臭的。(同学们哈哈大笑)如果你(在法定或者约定的检验期间内)发出了质量不合格的通知,好,对方应当承担瑕疵担保义务,或者更换、修理、重做产品,或者退货,或者赔偿;如果你在检验期间内没有提出通知,那么哪怕这个产品质量不合格,卖方也不用负责任了。

因此,如果你通知了,对方就要负责,如果你不通知,对方就不用负责。所以通知会产生相应的后果,这个通知就是法律事实。我在此只是举例说明通知可能产生法律后果,但你不能认为在一般情况下,只要发出通知都会产生法律后果。比如,通知今天晚上停电,这能产生什么法律后果吗？不能。通知星期天休息,这个既不需要通知,也没有后果。只有法律规定某种通知会产生法律后果,这个通知才是法律事实。

---

[1] 《合同法》第158条对买卖合同场合检验期间的确定及其作用进行了规定,《民法典》第621条承继之,无实质性变更。

关于绝对权和权利的不可侵性

现在有一个同学问:配偶权是身份权,那么身份权到底是绝对权还是相对权?(同学们纷纷答:相对权。)配偶权是夫妻一方对另一方享有的权利,因此配偶权是相对权。这个同学紧接着又问:如果配偶权是相对权,那么配偶权是不是债权呢?是的,配偶权也是债权。

债有两种,一种是身份之债,另一种是财产之债。我们的教科书讲到债,都是在讲财产之债。但就体系的角度而言,配偶权也是一种债权,属于身份之债。那么身份之债和财产之债的共性在哪里?第一,二者的义务主体特定不特定?(同学们回答:特定。)特定。第二,义务主体所为的义务包括什么?包括作为和不作为。这就是他们具有的两点共性。那么它们的区别在哪里呢?区别在于,身份之债具有身份属性,财产之债仅具有财产属性。举个例子,刚才提问的同学接着问,说有个我国台湾地区的学者举办了一场讲座,他在讲座中说,夫妻(关系)就是一个契约。因为结婚需要签字,夫妻正是通过签字(这个行为)达成了一个契约,契约带来了债权债务关系。这种说法没有错,但是夫妻结婚的这种契约跟买卖契约有区别吗?(同学们回答:有。)有区别的。买卖建立的是财产关系,夫妻结婚建立的是身份关系,属于身份之债。

有一部电视剧叫作《孽债》,你们知道不知道?(同学们开始窃窃私语)你们要是不知道可以去问问你们的父母。这部电视剧讲的“孽债”就是非婚生子找上门来,要求他的父或母履行抚养义务。那么他的父或母有没有抚养义务？虽然他不是婚生子女，但婚生子女与非婚生子女在法律上应当受到同等对待，所以他的父或母必须要履行抚养义务。老百姓把这种债称为“孽债”。这说明身份关系也是一种什么？（同学们齐声答：债。）对，也是一种债。

好，谈到债，我国台湾地区学者接着又讲了，身份之债的义务主体是不特定的任何人，因为任何人都不能妨碍我对配偶行使权利。这个说法没有错。那么有没有财产之债的义务主体也是不特定的任何人呢？也有，任何人都不能妨碍我对债务人行使债权。在1853年的英国有一个经典案例：剧场的老板A与一名演员B签了一份演出合同，约定演员B于第二天晚上7点钟到老板A的剧场来演出。另一个剧场的老板C明知这一事实，又与演员B签订一份演出合同，出价是A的10倍。演员B就想，我违反（前一个）合同最多需要付2倍的代价，却可以得到10倍的报酬。于是B在计算利益之后，第二天晚上去老板C的剧场演出了，导致老板A的剧场没人演出，那么老板A就要打官司了。

根据债法的一般原理，A打官司告谁？告B，因为B是他的义务人。能不能告C？（同学们纷纷回答道：不能。）不能，C跟A没有合同关系。B也不是一个物，A支配不了他，A享有的不是绝对权，而是相对权。但是法院作出的判决认定A告C（的诉讼请求）成立。A告C成立的理由是什么呢？（同学们纷纷开始讨论，莫衷一是）其实不管是绝对权还是相对权，任何权利都有一个属性叫作不可侵害性，因此债权也可以成为侵权行为的客体。1853年之前债权从来都不是侵权行为的客体，但从1853年以后，债权也可以成为侵权行为的客体。如果债权这种相对权成为侵权行为的客体，是否意味着否定了绝对权、相对权这种权利的分类呢？不是。它揭示了一个更深刻的问题，叫作债的不可侵性。

讲债的不可侵性也是在讲权利的不可侵性，于是可以得出一个结论：任何权利都有不可侵性。既然任何权利都有不可侵性，为什么我们还区分绝对权、相对权？这就是思维方式的问题了。

我们先讲一般的思维逻辑。

人可以分为男人和女人,人和人以外的动物也有区别。那么区分人和人以外的动物的划分标准是什么？人有思维,有意志,能使用工具,制造工具,人以外的大猩猩、小猩猩、猿、猴、鸡、鸭、狗等虽然也是动物,但是它们没有人类的思维、人类的意志,因此不具有人的特征。好,那么区分人和非人的标准找出来了。

人还可以根据染色体区分为男人和女人。现在关于染色体的科学又被突破了,我们先不考虑科学的突破,今天不是讲生物学,我们就依据染色体对人进行区分,将人区分为男人和女人。假如有人说男人有意志,有思想,能够制造工具,使用工具,女人也有意志,有思想,能够制造工具,使用工具,所以男人和女人是没有区别的(同学们议论纷纷:男人和女人怎么会没有区别呢?)。能不能这么说？(同学们齐声答:不能。)不能。这说明什么呢？这说明法律概念的相对性,记住这几个字,法律概念的相对性。法律概念的相对性强调的是,我们所讨论的法律概念是在某个具体的情境下讨论的。比如我们讨论男人、女人这对概念干嘛？我们讨论男人、女人的标准干嘛？你看,男人和女人在奥运会比赛标准是不一样的,男人不能和女人一起跑 100 米,因为那样是不公平的。如果男人跑到女子竞技项目中去竞争,讲不讲道理？不讲道理。讲不讲规则？不讲规则。如果男人可以和女人一起竞争,一起跑 100 米,那变性后的男人肯定赢了,因为他的染色体和身体的强壮度没有改变,但是属性和标准改变了,这种情况下他当然跑得过别人了,而这种行为就违反了公平竞争的规则。法律对男人和女人的劳动权利的保护程度也是不一样的。女人为什么 55 岁退休？男人为什么 60 岁退休？这是对女性的保护。因此变性后的人不会按照变性后的性别进行比赛或者改变劳动权利的保护程度。你不能违反规则。这就是法律概念的相对性。也就是说,讨论男人女人的区别只有在特定情境中才有意义,而在这些情境中,男人女人的共性(区别于普通动物的作为人的特质)反而不重要了。

回到我们刚才讲的绝对权、相对权的问题上。首先,任何权利都有不可侵害的一面。其次，在这个基础上，我们找一对下位概念，绝对权和相对权。下位概念中的相对权是什么？权利的功效直接对对方发生的权利就是相对权，权利的功效不是直接对对方发生的权利就不是相对权。比如配偶权的功效直接对对方发生，所以配偶权就是相对权；所有权没有直接的对象（相对人），所以所有权就不是相对权。（同学们纷纷点头）但是无论是绝对权还是相对权，都具有不可侵害性，所以我们就不能以不可侵害性来区分一个权利是绝对权还是相对权，我们必须找一个下位概念作为区分标准。就比如说，当我们区分男人、女人的时候，以染色体是 XX 还是 XY 为标准区分，而不去看有没有思想，有没有意志。以此类推，当我们分析这个权利是绝对权还是相对权的时候，我们考虑不考虑权利是可以侵害还是不可以侵害的？（同学们纷纷回答：不考虑。）不考虑，这是因为权利一定有不可侵害性。我们应当考虑的是权利所针对的主体是不是特定的人。权利针对的主体是特定的人就是相对权，权利针对的主体不是特定的人就是绝对权。

那么好，现在回过头来讲配偶之间的身份权。举个例子，配偶的忠诚权：老婆跟丈夫说你不能有小三，配偶的忠诚权有没有特定对象？有。老婆对丈夫，丈夫就是特定的对象。如果老婆对其他一切人说，你们不要勾引我老公，这是权利的什么？（同学们回答：绝对权。）不能说是绝对权，应该是权利的不可侵害性。你找得到相对人的是相对权，找不到相对人的是绝对权。所以绝对权和不可侵性是不同的概念，绝对权与相对权是同一层级的下位概念。讲到这里，我想同学们应该明白了，不明白下课以后再交流好不好？记住，从法律概念的相对性角度去认识绝对权和相对权。

关于等价有偿原则

讲一个问题，下课以后有同学问，在你的 PPT 中，民法的基本原则包含等价有偿原则，我在任何一本教科书都找不到（这个原则），你这么说的依据在哪里？

首先要表扬这位同学，他看了很多教科书。我就跟他说，这一原则源于《民法通则》。我当老师讲民法学，不能脱离中国现行的民法。我们可以研究《民法通则》，可以评价《民法通则》，但你不能无视它的存在。我们可以评价它，可以研究它，你可以说《民法通则》这个规定得好，这个规定得不好，但是我们不能说《民法通则》不存在，这就是研究法律、学习法律的一个基本素质。

法科学生首先应该内心忠于我们的法律，如果一个教师说，法律哪个地方需要修改，需要进一步完善，他不仅仅可以在学术刊物上发表这些意见，也可以在合法的大庭广众的集会中发表这些意见。而作为法官，作为法律的适用者，不能视法律为无物。我作为老师，当我跟你们讲法律适用的时候，绝对不能抛开现行法另起炉灶。

刚才这位同学问，《民法通则》为什么要确定等价有偿原则？这就要回到 30 多年前了。30 多年前，我国实行的是计划经济体制，不允许小商品经济、小生产经济的存在。在《民法通则》颁行前，都认为小生产经济会产生资本主义的土壤，而资本主义的土壤必须被铲除掉。所以“文革”期间农民家里不得养鸡。为什么？养鸡一定会生蛋，生蛋一定会交易，交易就是资本主义。所以为了不让你交易鸡蛋,鸡也不能让你养。

我在农村当过赤脚医生,不不不,是赤脚老师,(同学们大笑)就是民办老师。小学生、中学生他们要用作业簿,要把钱交给老师,由老师统一去采购,但很多学生家里没有钱,他们就从家里拿来一个鸡蛋,折算成七分钱,买一个本子。但如果每个学生都交鸡蛋,那就产生了新的问题,这么多鸡蛋怎么处理?因为不能拿去市场上交易。这就是计划经济年代真实发生的事情。

那么改革开放以后,为了鼓励大家经商,于是就产生了个体工商户、农村承包户,商品经济出现在了日常生活中,反映在了民法里。在商品经济从无到有的过程中,就必须在民法中明确规定一个等价有偿的原则,让大家知道,交易要等价有偿。

而现在我们已经到了制定《民法典》的时代,再把等价有偿原则放进去合适不合适?已经不合适了。这是一个特定历史阶段造就的问题,我们不能隔断历史看《民法通则》。当然我们说现在不需要把这个原则写进《民法典》,并不是对等价有偿的否定。而是说,就算你没有规定这个原则,市场主体自己也会按照等价有偿来交易,作为立法者,你只要解决公平问题就行了。

附录二　民法的学习方法

各位同学,晚上好!很遗憾之前没有给大家上过课,我一直想着,一定要为大家上一次课。(这学期)我的课程一门是本科生的,一门是博士生的。本科生的(每周)4 节课,博士生的(每周)4 节课,加起来(每周)8 节课,如果再加上硕士生的 4 节课,或者(再加上)法本法硕、非法本法硕,那(这个教学任务)就没办法完成了,体力跟不上呀。我曾经给我们的民法学硕士生讲过课,也给法律硕士讲过课,但是不能每个学期都讲,(只能)一年一年轮空地讲。下一学期或者以后有机会,我会给大家讲。

今天让我来谈谈民法学的学习方法,我想这个很有意义。为什么呢?我们要授人以渔,而不是授人以鱼。如果懂得了捕鱼的道理,那么我们以后的食物——鱼——就会源源不断。

那么下面,我就从吸纳、积累和运用三个角度来谈谈民法该怎么学。

一、吸纳

第一个问题,我要讲的是吸纳。这里的"吸纳"讲的是通过学习来吸纳知识。(就此)我想讲四点。

(一)找一本好书

我们要找一本好的书,这是很重要的。如果没有一本好的书,我们学习会出很多问题。

大家一直让我推荐书,问我应该找一本什么样的书。我跟我的硕士生、博士生讲,你要读书,就读一本最正宗的、最严密的书。比如说史尚宽先生的《民法总论》《物权法论》《债法总论》《债法各论》《亲属法论》《继承法论》,一定要读他这些书。但是将近 20 年来,我的这个要求一直没有被兑现过。学生信誓旦旦买了那么多书,(说要)跟着我一起学、一起读。(笑声)我们也开一些读书会,但是,读着读着就读不下去了。

那么(史尚宽的书)读不下去不要紧,你可以读我国台湾地区学者胡长清先生的书、王伯琦先生的书、张文龙先生以及刘德宽先生等人的著作。还可以学谢在全先生的《民法物权论》,王泽鉴先生的"天龙八部",还有王泽鉴先生的《债法原理》。为什么要学王泽鉴的《债法原理》呢?(因为)王泽鉴的《债法原理》中关于"不当得利"制度讲得特别透彻。以及黄茂荣先生的著作(也推荐大家阅读)。他们的这些著作要好读一点,但我认为(如果)你要找一本好的书,首选的应当是史尚宽的书。如果你对史尚宽的书了解不够或者难以理解,可以配合学习胡长清、王伯琦这些学者的书。这又是为什么?因为史尚宽的书,带有一点文言色彩。其实带有一点文言色彩是好事,因为你们受到了影响,(以后)写文章也会带有一点文言色彩。一旦你的文章带有一点文言色彩,投稿的时候编辑会喜欢的,(笑声)你的文章就很容易被编辑采纳。当然,(书中)带有一点文言色彩,你读书的进度会缓慢很多,这对你的读书效率会有所影响。但是你只要花时间去读史尚宽的书,一定是值得的。

我为什么说你们花时间去读史尚宽的书是值得的呢?我不是为他做广告,他这本书确实是浓缩了大量的精华。

第一,他根据我国台湾地区"民法"来阐述民法学原理,而我国台湾地区"民法"容纳了德国民法、法国民法、瑞士民法之精华,又成为我们现在立法的参考。所以(史尚宽的书)对于我们现行的立法,对现行法治的理解,或者对现行法治的建设,是有意义的。

2005年,我们的《物权法(草案)》第三稿向全国"面试",让全国老百姓来提意见。其中老百姓的一个很大的意见是,你《物权法(草案)》参考我国台湾地区的内容太多。那么,这个意见到底是好还是坏?作为一个学者来说,应当是好的,(但)老百姓以为是不对的,(老百姓认为)你不能学台湾地区的,应当让台湾地区学我们。但是在法治这个问题上,我们还是要客观一点。我们大陆学学台湾地区,又有何妨呢?学了以后超过他,那不更好吗?在这方面台湾地区是走在我们大陆的前面的,从2005年《物权法》版本的趋势来看,我们目前的立法参考对象是包括我国台湾地区的。既然大陆立法参考的对象包括台湾地区,那么我们学史尚宽的书,对我们的立法,对我们法治的认识和完善是有积极意义的。

是的,我国台湾地区的(学者)对民法学的阐释是很准确的,问题(关键)就是在准确,这是一点。

第二,史尚宽在讲任何一个法律制度的时候,他都会讲其中的法理,讲一个渊源,这项制度为什么会建立?所以我们通过史尚宽这本教科书的学习,可以知道、掌握更多的知识。

第三,也就是他最可贵的一面,他用比较法的原理来阐述问题。每一项制度,他都谈到了德国是怎么做的,法国是怎么做的,瑞士又是怎么做的,日本又是怎么做的。然后,他又讲我国台湾地区是怎么做的。通过制度的比较来评判、分析为什么(在)这个问题(上)要采用法国的,这个问题采用瑞士的,那项制度是采用德国的。他每一项制度都要分析,分析到最后,他还会指出我国台湾地区的这项制度是采用哪个国家。那么这对我们学习民法是有积极意义的。我们在考虑大陆的制度建设时,到底是向台湾地区学习?还是根据国情,采用别的国家或地区的制度?通过法制的比较(就能得出合理的结论)。所以,史尚宽这一套书容纳的信息量很大,这对我们学习民法自然是有帮助的。

当然,史尚宽这套书也有局限性,那就是,他举的例子一般都来自德国,而不是他那个时代现实中的一个例子。为什么不是他那个时代现实的例子?估计史尚宽在写这本书的时候,他所处的情形也好,时代也好,商品经济还没有发展到德国、法国那个程度。所以呢,找到一本好的书后,还要找一些参考书。比如你可以找王泽鉴先生的,王泽鉴也有《民法总论》,王泽鉴也有《民法物权》,也有《债法原理》等,你可以找王泽鉴先生的这些书。找王泽鉴的这些书,他的亮点在哪里呢?他的亮点就在于,他根据我国台湾地区当前的经济发展的状况,拿出活生生的一个例子来说明相关的制度。比如某一个相关理论,相关制度,史尚宽当然论述过,但史尚宽用的例子是其他国家的例子。王泽鉴也在论述,但王泽鉴的论述用的是本土的例子,用鲜活的例子。这又是为什么?因为王泽鉴写这本书的年代和史尚宽写这本书的年代又不一样,王泽鉴可以有很鲜活的例子来说明。因此我们参考王泽鉴先生的书的意义就在这里。

而且,王泽鉴他用的语言也不像史尚宽的语言。我们刚才讲了,史尚宽的语言有更多的文言色彩,而王泽鉴的文言色彩就少了很多……跟我们拉近(了距离)。所以说找一本好书很重要。

刚才我们讲到王泽鉴他也有一系列书,我为什么不推荐王泽鉴的书呢?因为比较下来,史尚宽的书要更正宗、更深刻、更严密。从全面评价来说,我要首推史尚宽的书。那为什么还要推荐其他一些书呢?因为史尚宽的书也存在缺陷,所以我要用其他作者的书来弥补史尚宽的书的缺陷。

举个例子。

民法上有一项制度,叫作权利失效制度。我们说,任何一项民事权利的行使都有时间上的限制。这个时间上的限制,有时候法律规定受(诉讼)时效限制,有时候法律规定受除斥期间限制。但有些权利既没有(诉讼)时效限制,也没有除斥期间限制,这个权利是不是可以让它拉得很长很长,无限度地延续下去?这也不对,(因为)这违反了诚信原则。于是,德国法确定了一个权利失效制度。德国法确定的权利失效制度也是通过判例形成的,它没有见诸法条本身。

史尚宽先生在他的著作中写到了权利失效制度。史尚宽举的例子是什么?德国的例子。而王泽鉴举的例子是什么?台湾地区现成的例子。史尚宽举了一个例子说,有一个老板雇了一个雇员,老板和雇员的合同上面写得很清楚,如果雇员符合合同上的 ABC 三条中的任何一条,老板都有权炒雇员的鱿鱼——解除合同。现在服务员触及两条,B 和 C。老板完全有权解除合同,但是老板没有这么做,只是针对性地将雇员挪了一个岗位,继续雇佣。

又过了一段时间,老板就行使解除权了。那么雇员就感到很纳闷,我明明做得好好的,你凭什么来解除合同？他(老板)说,你在什么时间触犯了BC两条。那雇员说,你当时为什么不解除？老板说,解除权法律没有规定诉讼时效,也没有规定除斥期间,所以说,我在任何时间,只要合同期满以前,我都享有解除权。于是雇员就不同意,发生争讼。法官作出判决认为,你可以行使解除权,但没有行使,你继续让雇员干活,这种行为至少传递了一个信息,就是不想行使解除权了。那你现在又要行使解除权,你这种做法违反诚信原则。因此,法官判老板没有解除权。

史尚宽举的这么一个例子,并不是本土的例子。王泽鉴为了解决这个问题,等待台湾地区出现案例。等了很长时间,将近20年吧,(同学们笑)台湾地区真的有案例出来了,鲜活的一个案例出来了。这个案例是什么呢？有个地主把土地出租给承租人,那么我们都知道承租人不能(擅自)转租,(如果)转租,出租人有权解除(租赁)合同。现在承租人转租了,但出租人并没有解除合同。三五年过去了,(出租人)一直没有解除合同。现在,出租人突然提出要解除合同了。凭什么解除？(出租人说)因为5年以前你转租了。那么承租人说,5年前转租,你为什么早不解除？出租人说,法律没有规定,没有规定解除权受时效限制,也没有规定解除权受除斥期间限制,我的解除权没有受任何时间限制,现在只要你(还)在租赁期间,我都可以解除。那么同样法官就判了,按照德国的模式做了判决。于是王泽鉴就(这个)鲜活的例子专门写了一篇文章。[1]

我举这个例子想要说明什么呢？史尚宽因为受时代的限制,他讲的制度当中并不是本土的制度。王泽鉴讲的制度就是一种本土制度。那么现在

[1] 就转租场合的解除权行使期限,《房屋租赁合同解释(2009)》(2020年12月修正)第16条第1款规定:“出租人知道或者应当知道承租人转租,但在六个月内未提出异议,其以承租人未经同意为由请求解除合同或者认定转租合同无效的,人民法院不予支持。”但当时的立法并不存在解除权行使期限的一般性规定。这一问题在《民法典》第564条中得到了解决,该条规定:“法律规定或者当事人约定解除权行使期限,期限届满当事人不行使的,该权利消灭。法律没有规定或者当事人没有约定解除权行使期限,自解除权人知道或者应当知道解除事由之日起一年内不行使,或者经对方催告后在合理期限内不行使的,该权利消灭。”

我们国家改革开放用了几十年时间，超过了别人用 100 多年时间(的发展)，所以我们现在这种案子也越来越多了。原来纯粹是教科书当中编出来的例子，比如都是从德国抄来的那些例子，现在真正发生在现实中了。那么在这个基础上，如果有人针对我们这个例子，关注这些例子，写一本很好的教科书，那么这本书是值得大家看的。遗憾的是，目前我还是推荐你们看史尚宽的书，看我国台湾地区学者的那些书。

当然除了看这些书以外，还要看周枏的《罗马法原论》，以及拉伦茨、梅迪库斯、施蒂尔纳这些从德国翻译过来的著作，以及翻译过来的我妻荣的著作。这些书我们新华书店都有的买，都可以去查。

我们在座(的同学)外语好的，可以看他们的原版，为什么呢？因为这些德国丛书啊，有些翻译是有问题的。如果你们看德国丛书翻译有问题，可以看看史尚宽的书，看看我国台湾地区学者的书，再(回过头来)来认识他的书的真正意思是什么？总而言之，找一本好书，找一些有价值的书，对你们学习民法太重要太重要，为什么呢？我下面讲几个相反的例子，从中大家可以明白，如果你书选错了，对你而言，可以说是“贻害无穷”！

举个例子——双务合同。

我们看一看到目前为止，我们的教科书，不是指我们学校的哈，(同学们笑)就是很多大陆出版社出版的教科书，他讲到双务合同(时)都有误区。最早的教科书说什么呢？双务合同是双方都有义务的合同，单务合同是一方有义务、一方没有义务的合同，完全按照字面(来解释)，那就大错特错了。

举一个很简单的例子：无偿保管。你家里有一只宠物，你现在要到国外去旅游，没人看管，我帮你管，咱们乡里乡亲，还要什么钱呢？于是，无偿保管。但是养这个宠物啊，会有草料费发生，就是食物的费用。保管 1 个月以后，虽然我不收保管费，但是养宠物的成本费要不要收？要收的。好，落实到这个无偿保管合同当中，我保管人有义务妥善保管你的宠物，这是我的义务。你有义务支付什么费？(同学们回答：成本。)成本费，养宠物的成本费。那么你说这是双务合同还是单务合同？很显然，用“双务合同是双方都有义务的合同,单务合同是一方有义务、一方没有义务的合同”这个界定(标准)没办法解释这个合同(为什么是单务合同)。

那么,真正意义的双务合同是什么呢？于是又有人说了,双务合同是双方义务有关联的合同。什么叫关联？关联在法律上怎么理解？我们是要法律界定,不是哲学上的联系。所以,“双方有关联”“义务有关联”(还是)解释不清楚。于是又有人说了,双务合同是权利和义务有关联的合同。那是废话,任何权利义务都有关联的,我的权利就是你的义务,你的义务就是我的权利,哪个权利义务没有关联？所以,到后来(还是)讲不清楚。

那么应当怎么讲呢？你看看史尚宽。他用一句话讲清了,双务合同是双方的义务具有对价关系的合同。他讲的是义务的对价性。

那么什么叫对价？对价就是代价。我的义务以你的义务为代价,你的义务以我的义务为代价,彼此的义务具有代价性。比如刚才我们讲的养狗的成本,这是你的义务。你履行这个义务,我付出了什么代价呢？或者你履行你的义务,换得了什么代价呢？你履行义务没有换得代价！那么从这个角度来说,它就不是双务合同。若是买卖,情况就清楚了。买卖合同中的卖方有权要求买方给他东西,因为他付出了代价:给钱了。由此可见,义务的对价性构成双务合同(的本质特征)。如果我们一开始就准确地认识它,以后的各项制度是不会走偏的。如果一开始我们在认识上存在错误,比如有关双务和单务的问题,即使以后《民法典》出来,民法的正确认识还是没办法完成,没办法构建一个准确的民法体系。这个问题就很严重了。

再随便举一个例子。我们知道,无民事行为能力的人,他不能以自己的行为来为自己设定义务。限制民事行为(能力)的人,他的情况就不一样了,法律制度就复杂了。复杂在什么地方呢？限制民事行为能力的人可以实施纯获利的行为。那么好,什么叫纯获利益？只享有权利,不承担义务,当然是纯获利益。那么既享有权利也要承担义务,而这个义务又不是对价,算不算纯获利益？如果这个义务是对价义务,肯定不是;但这个义务不是对价义务,他也应该叫纯获利益。于是,要理解何为“纯获利益”,首先要理解“对价义务”。要理解对价义务,就必须先理解双务合同和单务合同。

第二个例子,提单。关于提单的问题,我们的教科书到现在为止,都认为提单是什么呢?有价证券,没错。同时又认为提单是什么呢?是物权证券,那就大错特错了。压根就没有物权证券!有价证券,要么反映股权,要么反映债权,没有反映物权的。那么,为什么会有这么一个概念呢?有两个原因。第一个原因,因为最初写物权证券的学者是从英文那里引过来的,他把英文中的那个权利看成是一个物权了,其实它不是一个物权。但此后大家就言之凿凿地认为它就是一个有价证券,是个物权证券。第二个原因是,他取得了一个物权,比如提单持有人对运输的货享有物权,仓单持有人对仓库里面的货也享有物权,提单转移了,仓单转移了,那么物权也随之转移。那么提单转移、仓单转移,物权也随之转移,这种外观给人们看到是什么呢?(好像)提单本身就是物权,仓单本身就是物权。其实这就是巧合了。什么巧合呢?提单转移和仓单转移,它正好是符合我国《物权法》第 26 条(《民法典》第 227 条)的规范,第 26 条的规则是指示交付,指示交付是原物返还请求权的转让。我们说,动产所有权的变动,必须要有个变动物权的合意,而且有一个交付。现在我在某个仓库存有一批货,仓库保管人给我签发一张仓单,我现在要把这批货的所有权转让给你。首先,我要跟你签订一个合同,反映转让仓储(货物)所有权的合意。紧接着我就把这张仓单交给你。我把仓单交给你,意味着什么呢?仓单是我对仓库的提货请求权,也就是原物返还请求权,我把原物返还请求权作为一个债权转让给你了,那么你取得原物返还请求权,也就取得了这批货物的所有权。为什么呢?在德国法上把它称之为返还请求权的移转。我们国家就规定在《物权法》第 26 条:指示交付。其实返还请求权的移转是一种什么?是一种观念交付。虽然观念交付是物权法上的交付,但它并不表明这个提单就是物权,它只是返还请求权的移转。假如不是提单,而是一张提货单。这张提货凭证我转让给你,你也能取得物权,你难道能够说提货单也是一个物权凭证吗?这个提货单压根就不是有价证券,这只是取货的凭证。我把取货的凭证转给你,你照样也可以取得物权。所以，物权的变动是指示交付完成的，而不是提单的反应。因为这两个方面的认知错误——一个是对原文的理解(错误)造成的翻译错误，第二个错把指示交付看成提单项下的权利——于是就把提单看成是物权，把仓单也看成物权，这就是一个误区。误区不能怪学生，要怪写文章的人，写教科书的人。所以，我要强调读一本好书很重要。

再比如物权的概念。物权的概念该如何描述？我们上课给学生讲物权的概念，讲三个要素，第一个要素是支配，第二个要素是利益，第三要素是排他。比如物权是什么？物权是民事主体支配特定物，享有利益，排除他人干涉的权利。从教学上是可以这么表达的，因为这样便于同学明白物权的含义。但是从立法的角度，这种表达就有欠缺了。为什么呢？如果仔细斟酌这个词的含义，从逻辑来考虑这个概念的准确性，物权其实只要一个要素就可以了，就是支配特定物。为什么说"支配特定物"就可以了呢？因为支配过程中当然获得利益。物权是支配权，支配包括什么？占有、使用、收益、处分。无论是哪方面的支配，都能为物权人带来利益。所以"利益"(这个要素)可以不要(专门讲)。此外，这个支配一定是垄断的支配、独占的支配、有我没他的支配，那么这种支配就一定是排他的。如果要给它(物权)下一个准确而又完整的定义，只要一个要素，即民事主体支配特定物的权利。当然我们在教学上讲三个要素，学生也能够理解。

然而，我们国家《物权法》只讲两个要素，即支配特定物、排除他人干涉的权利。第三个要素没了。为什么没有？因为他说支配本身就包括利益的获取。那么我们可以说，支配本身也包括了排除他人干涉，你为什么还要(规定)排除他人干涉呢？这是基于立法政策考虑。我们的法条不仅仅是法律概念的表述、逻辑的反映，我们的法条还有宣传作用。既然有宣传作用，我们就要把"排他性"强调出来。原本可以不写排他性，我们为了宣传意义，故意违反下定义的逻辑规则，把"排他性"反映出来。

为什么要凸显排他性？是讲给政府官员听，政府官员你不能太过分，你要知道老百姓是有物权的。因为当时，有些地方政府违反法律侵害他人的权利,这种现象还不少,于是《物权法》把它(指“排他性”)拿出来。

本来,我们就此做一个解释就行了。但是有一个大家写一篇文章说,我们的物权不应当专门规定排他性。如果从逻辑角度,你是说对了,因为前面说了,支配就包括排他。但是他阐述的理由是,有的物权具有排他性,比如登记的物权。不动产不是要登记吗?登记的物权有排他性,因为它有对抗力;没有登记的物权,就没有对抗力。比如说《物权法》第 127 条(《民法典》第 333 条),大家把条文记一下,还有《物权法》第 129 条(《民法典》第 335 条),这里讲的是土地承包经营权。承包经营权可以登记,也可以不登记,如果登记了有对抗力,没有登记,没有对抗力。《物权法》第 158 条(《民法典》第 374 条)是地役权,地役权可以登记(也)可以不登记,同样登记的有对抗力,没有登记就没有对抗力。涉及到动产的有《物权法》第 24 条(《民法典》第 225 条)、第 188 条、第 189 条(《民法典》第 403 条)。《物权法》第 24 条讲特殊动产,特殊动产登记有对抗力,没有登记没有对抗力。《物权法》第 188 条和第 189 条是讲动产抵押和浮动抵押,登记了有对抗力,没有登记,就没有对抗力。这位作者认为,既然物权有两种,一种是有对抗力的物权,另一种是没有对抗力的物权,你就不能说所有的物权都有排他性。他的观点我转述清楚了吧?但这种表达反而露馅了,错误了。他把排他性和对抗性混淆了。如果我们读他的著作,读他的教科书,就会分不清什么叫排他性,什么叫对抗性。所以,读一本好书很重要,这方面的例子太多了。

所以,选一本好书。

(二)把握基本概念

第二个问题,把握基本概念,切忌望文生义。

同学们都已经成年了,在座的都是我们研究生的同学,研究生同学对文字的理解力就比较强了。但是理解力强也会带来一个弊端,就是容易望文生义。民法上的很多概念有它的特定含义,但是这些概念往往又和我们生活中的一些概念相近似,而它反映的意思又不完全是生活中的意思,这时候你就不能望文生义。

举个例子,民法上有“责任”一词,但“责任”这个词至少有五种意思,在不同的场合反映不同的意思。所以,你千万不要用一种意思去理解它。

第一,在监护这个场合,“责任”代表的是一种职责,你是监护人,你要承担监护责任,当然这也是义务了,(在这里)责任都可以说是义务,但它更多地体现(为)职责。

第二,在票据法领域,我国《票据法》第 4 条[1]说,本法所称票据责任就是票据债务。这样一来,“责任”就变成了一个债务。

第三,如果把它放到侵权责任法当中,“责任”指的是不履行民事义务的后果。

第四,如果把“责任”放到公司法当中,有限责任和无限责任,“责任”就是指债务的保障,债务履行的担保。为什么这么说呢?古罗马时期,履行债务的担保靠人身,所以古罗马有一个债务奴隶制度。在古罗马,债权人和债务人都是平等主体,大家要么都是奴隶主,都是家长,有身份的人,或者大家都是自由民。现在一个债务人不履行债务了,你的身份就没有了,主体资格就没有了,你沦为我的奴隶了,我就可以把你杀死。这样一来,债务人当然就不敢不履行债务。为什么?因为他以人格来担保的。现在还能看到这个制度遗留下来的痕迹。班主任老师说,班干部你把这件事情做好,班干部说,放心,我一定做好!凭什么?凭我的人格!这就是人格担保制度,这就是责任。那么到了罗马法律昌明时期,查士丁尼皇帝继位以后,债务奴隶制就废除了。那么拿什么来保障债的履行呢?财产!用财产来担保债的履行。那么从这个角度来讲,“责任”指的是责任财产。于是就有了一个规则,债务人用自己的一切财产来担保他的债的履行,这叫无限责任;债务人把特定财产拿来担保他的债的履行,那是有限责任。任何人都承担无限责任,除

[1] 《票据法》第 4 条规定:“票据出票人制作票据,应当按照法定条件在票据上签章,并按照所记载的事项承担票据责任。持票人行使票据权利,应当按照法定程序在票据上签章,并出示票据。其他票据债务人在票据上签章的,按照票据所记载的事项承担票据责任。本法所称票据权利,是指持票人向票据债务人请求支付票据金额的权利,包括付款请求权和追索权。本法所称票据责任,是指票据债务人向持票人支付票据金额的义务。”

了两点。第一点,“有约定除外”,但是债权人通常没那么傻,不会与债务人约定有限责任。第二点,“法律明文规定除外”。到目前为止,法律明文规定就是一条,继承。继承人继承被继承人遗产的同时,也要继承被继承人的债务。那么继承人拿什么财产来归还呢?拿继承所得的财产来归还(并以此为限),哪怕自己还有很多钱,他都可以不还,这叫作有限责任。除此以外都是无限责任。所以,有限责任公司对自己的债务也是承担无限责任。这里所讲的就是“责任”的又一个含义:作为债的履行的保障或者担保。

第五,举证责任。谁来证明某个(待证)事实?“谁主张,谁证明;谁证明,谁举证”。这里讲的(是“责任”的另一重含义)举证责任。

你看,“责任”在民法中至少有五种意思,它在不同的语境中代表不同意思,我们不能把它们混淆起来。

再如,商法中的商行为和商主体,你怎么理解它?现在没有一本教科书把它写好。你去翻教科书好了,当他讲到什么叫商行为的时候,他说是商事主体所实施的行为,叫商行为。同样这本教科书,翻到后面几页,什么叫商主体的时候,他又说,从事商行为的人叫商主体。(同学们笑,并窃窃私语)你如果把它两章放在一起(会发现),他其实什么都没有说,但是他的书又那么厚,(同学们笑)他就以为学生不会注意到这一点,看了前面不看后面,看了后面不看前面。那么你就要去研究什么叫商主体,什么叫商行为,(通过研究)是能够揭示出来的。这里也印证了我一点,就是刚才讲的,找一本好书很重要。但是现实当中烂书太多了,所以在这个时候,书上没有讲(透)的,我们自己就要去研究,研究什么是商主体,什么是商行为。

还有一个,物权法中的“处分”。我们都在讲物权法有所有权制度,所有权的权能有四项:占有、使用、收益、处分。一讲到处分必定讲到两个处分:第一个处分是处分物,决定物的事实上的命运;第二个处分是处分权利,决定物的法律上命运。其实“处分权利”不是所有权的一个内容,任何权利都存在处分,除了一种权利(不能处分),那就是人身权。人身权原则上不得处分,其他的权利都可以处分。你看我们说到债权的权能,就没加处分这一项。所以说，这里讲的(所有权的)处分是处分物，针对物。既然是针对物，那就不要去讨论一个权利上的处分。如果是权利的处分，那么好，我们把它抽象出来，权利处分为几种？第一，权利的让渡，我的房子不要了，卖给你了，我的所有权就让渡了。第二，在权利上设定负担，比如设定用益物权，设定担保物权，那么债权也可以让渡呀，债权上也可以设定质押。第三，权利的变更，比如建设用地使用权由50年变成40年，由40年变成50年，再如，抵押权由先顺位变成后顺位，由后顺位变成先顺位。第四，权利的抛弃。由此可见，(在这个意义上谈处分)处分怎么会仅针对物权呢？一切权利都存在一个处分。

还有对侵权责任法“利益”的理解。很多人在理解《侵权责任法》的“利益”时，用《德国民法典》第823条和第826条去理解它，那就大错特错了。因为我国虽然参考了德国民法的一些相应制度，但在这个问题上，侵权法保护对象并不完全按照德国民法的规则来走。方向是一致的，折中，但并不完全相同。我们的“利益”和德国民法中的“利益”不是一个概念，不能混同。

所以说，对基本概念的认识很重要。对基本概念的认识，要从基本概念本身确切的内涵去认识它。如果对这个基本概念认知发生错误，你后面以这个为前提……基石错了，后面全都错了。

我在指导一个学生的一篇论文，(主题是)纯经济损失。这个学生在写纯经济损失的时候，他是从概念着手的，首先界定什么叫纯经济损失，而后又去揭示它的几个特征，比如它本身不是绝对权的损失，也不是绝对权损失所派生出来的问题，等等。我一看这个问题，感觉到他后面可能写不下去，果然他后面越写越糟。糟到什么(程度)？因为他给纯经济损失下了一个定义，揭示了一个概念，于是与这个定义概念相同的都叫纯经济损失，还援引了大家们的论文。

我这么讲很抽象，举个例子。

我们一讲到纯经济损失就会讲到电缆案，那么我们就举一个电缆案。A在施工过程当中把发电厂的电缆给砍断了，因为电缆被砍断，发电厂就供不了电，供不了电就造成如下四家人家的损失。

第一个是一家证券公司，这家证券公司当天没办法营业了，买进卖出做不成，造成他的营业额损失。第二个，一家养鸡场，养鸡场正在孵蛋，电一停，孵蛋机没有配（备用的）发电机，孵到一半的蛋全部都死掉了。第三个是一户人家，电停了，冰箱里的肉变质了。第四个是一个病人，正好在吸氧，电停了，赶紧叫“120”把他送到医院去。

好，四个损失怎么来界定？怎么来认定？对这样一个损失，我们不能从概念到概念去理解。纯经济损失不是一个概念问题，这根本就不是一个法律逻辑问题，而是一个立法政策问题。既然是一个立法政策问题，那就不能从概念到概念（用）法律逻辑去推，推是推不出来的。为什么这么说？英美法系国家之所以强调纯经济损失，是因为他们是判例法，判例法讲的是一个萝卜一个坑，我现在发生的新的案例跟其他案例是不是相似？如果相似的就照办，如果不相似的，我这个案例该怎么判？它没有抽象。那么德国民法是抽象的，但是只抽象到一半，它不像法国法那么抽象，德国民法又具体、又抽象，怎么叫又具体、又抽象？德国侵权法所保护的对象有三种。第一，绝对权。《德国民法典》第 823 条规定，人格权、生命权、健康权，以及物权等，当事人若因过错侵害这些权利的，应当承担责任。第二，违反法律所保护的利益的，同样受到制裁。那么好，这里讲的法律指的是公法，那么我们就要看这是不是公法所保护的对象。如果属于公法所保护的对象，那么也可以纳入侵权法。第三，故意以违背公序良俗的方法损害他人，这里没有规定损害的对象是“权利”，也不讲法律所保护的“利益”，就叫“损害他人”。

那么第三种情况就很抽象了，就交由立法政策来确定。当然，它也有限制。第一个是“故意”，第二个是“背俗”，即以违背公序良俗的方法（损害他人）。那么德国认定，对于纯经济损失，第一条解决不了，第二条解决不了，要轮到第三条来解决。等到要用第三条来解决的时候，这个才算纯经济损失，因为它是一个立法政策的问题。

那么好，我们现在依次来看上面四种情形。

第一种情形，是不是绝对权？证券交易所停止营业，不能产生利润，是不是侵害他的绝对权？不是，而是侵害他的营业权。尽管德国在以后又把绝对权扩张到营业权，但它不是所有的营业权都在里面，像刚才这个例子中的营业权还不在里面。所以，第一种情况不能纳入《德国民法典》第823条的适用范围。

第二种情形，电停了，鸡蛋变冷了，什么权利受到侵害？物权吗？是不是物权？鸡蛋是不是物权？鸡蛋是物权。那么，能不能适用第823条第1款？可以吗？侵犯他人物权有过错，现在你有过错吗？有过错。有过错侵害他人物权，如果还有因果联系，那就完全可以适用第823条。所以，第二种情形可以适用第823条，就不需要用纯经济损失来对付它了。

第三种情形，家里的肉臭掉了，这跟鸡蛋一回事吧？一回事。好，它也不算纯经济损失。

第四种情形，人身受到伤害，上气接不了下气，好，这也是第823条所要解决的，因为它是人身权嘛，也是绝对权。好，现在凡是绝对权都可以找到对象的，我们不管。

接下来我们还是看第一种情形，经营权。如果德国民法说，任何用电用户都受公法保护，只要侵害了用电用户的权利，你都要承担责任（那这个权利就属于第823条第2款所说的"法律保护的利益"）。但是德国民法又没有这么写。既然它不属于公法所保护的对象，那么只能把它放在第三种情形（背俗侵权）。所以说，纯经济损失在德国也是一个立法政策，不是一个法律逻辑，在其他保护（方式）都难以保护的时候，我就要（通过纯粹经济损失）对他进行选择性的保护。

于是，关于纯经济损失就有了两个理论。一个是洪水理论。什么叫洪水理论？就是，如果我们都保护它了，像这种情况都保护，就把它（指纯经济损失）当作一个概念来对待了，那么大量的案子就出现了，你让一个加害人承受大量的损失，能行吗？不行。那就要限制。一限制以后，又有一个理论叫做闸门理论，或者水闸理论，你这个闸一关以后，你都不保护也不对呀。

于是洪水和闸门要相互结合在一起,有的时候放一点,有的时候紧一点,什么时候放,什么时候紧,完全取决于法官,法官根据立法政策(作出判决)。所以从这个意义上来说,纯经济损失就不是一个既定概念,不能用法律逻辑来判断。

但是,(我指导的)这位学生也援引了大家的文章,把纯经济损失作为一个法律概念。于是,(他的)推断出来了,比如说,打伤了一个人,这个人的医疗费等等不是纯经济损失,这个人的误工费就是纯经济损失。凭什么说他误工费是纯经济损失呢?(侵害)绝对权所造成的损害,损害带来的间接损害、所得利益的损害都不应该属于纯经济损失。再如刚才我们所讲的养鸡场,这些蛋损失了,今年的利润就下降了,这个也可以要求赔呀。这个人本来明天就好了,可以上班了,因为你停电,于是他只能赶到医院去抢救,所以第二天还不能上班,这个损失也完全可以用第 823 条来解决的,为什么要用纯经济损失来解决呢?(之所以会用纯经济损失来解决问题)是因为对纯经济损失这个概念把握不准。所以,准确把握概念很重要。

(三)准确把握一项制度

第三个,就是要准确把握一项制度。民法制度很多很多,(有些)民法制度又很接近,比如请求权竞合和请求权聚合,这两个制度很接近,但是根本就不是一回事。这就要求我们准确把握每一项制度,切忌制度理解上的混淆。

要准确把握制度,必须做到两点。第一个,分清疑似。比如法定代表制度和代理制,代表和代理不要混淆,我们的不少判决书经常混淆这一点,说"他有权代表他",凭什么有权代表?因为有夫妻关系,丈夫就有权代表妻子,所以丈夫签的合同可以不要求妻子签字?先不说丈夫签的合同能不能、是不是可以不要求妻子签字?仅就你说丈夫有权代表妻子,这句话就写错了。代表是什么?是一个组织的代表,我们说法定代表人,叶青是华东政法大学的代表人,但叶校长在家里也不是他妻子的代表。所以很多人还是没有分清楚代表和代理。如果你要把家庭(成员间的关系)也看成是代表,那就回到古罗马去了——家长制——那更不对了。所以要把制度分清楚。至于丈夫能不能代理妻子,这要另当别论。法律中有个家事代理制度,但是家事代理也有个度(不是什么都能家事代理)。当然这不是我今天要讲的问题,我想强调的是不要混淆不同的制度。

再如请求权竞合。请求权竞合的成立要件和效力(究竟如何),到现在为止,有80%的人搞不清楚,我不希望我们华东政法大学毕业出去的研究生继续搞不清楚。

举一个例子。某人买了一瓶啤酒,啤酒瓶爆炸,把他的眼睛给炸瞎了。他的损失有三种。第一,这瓶啤酒没有喝到,花10元买的,这个损失我们给它一个名称,叫履行利益的损失,这是合同上的损失。第二,眼睛瞎了,医疗费、补助费、残疾人补助费等等加起来30万元。第三,精神损害4万元。这30万元和4万元属于固有利益损失。

如果这件事发生在《侵权责任法》颁布以前,那么它存在一个权利的竞合,他要么告对方违约,要么告对方侵权。现在法官给他出难题了:你自己选。好了,如果他选违约吧,4万元拿不到,如果他选侵权吧,10元拿不到。当然10元毛毛雨也就算了,我选侵权。结果所有的权利竞合大家都选侵权,不会去选违约。牺牲小的,获得大的。这个合理不合理?完全不合理。民法讲的是填平规则,无论是违约还是侵权,因为一方的过错造成你损害了,一定要把你的损失给填平。(只选一个)填平了没有?没有。

那么,这个是制度上的问题,还是我们认知上的问题?不是制度上的问题,是认知上的问题。因为他不知道请求权竞合的含意是什么?请求权竞合的含义我不详细展开了,有一点必须明确,同一行为产生两个权利,任何一个权利的行使,导致另外一个权利的目的实现,另外一个权利因此而消灭(这是请求权竞合的关键)。那么我们刚才举的那个例子,权利的行使,行使侵权(损害赔偿)请求权,能不能导致合同上的请求权的目的实现呢?不能,他10元拿不到。行使合同上的权利能不能导致侵权(损害赔偿)的目的实现?也不能,他4万元拿不到。总有一点缺陷。既然总有一点缺陷,已实现部分(的请求权)消灭,剩余(未实现)部分还没有消灭,所以剩余部分他还可以行使(以获得赔偿)。

但是他到法院,100个法院100个法官都说你不能行使两遍权利。那么这个问题怎么解决呢(如何获得全额赔偿)?法官会跟你说,根据2009年《侵权责任法》第41条[1],记一下第41条,你如果提起侵权之诉,履行利益也能够拿到——10元也能够拿到。那么我们就要问了,凭什么10元也能够拿到?你适用的法条是《侵权责任法》的法条,凭什么依《侵权责任法》能够获得合同履行利益的赔偿?法官会接着跟你说,虽然《侵权责任法》第41条规定的赔偿范围没有明确说到履行利益,但是我们做一个比较就比较出来了,不信你再找《产品质量法》第41条[2]。两个条文一对照就知道他想表达什么意思。[3] 但这种解释会带来一个诉讼时效方面的问题。侵权法上的时效是3年,涉外合同的诉讼时效期间是4年,你如果根据一个法条可以同时获赔固有利益损失和履行利益损失,诉讼时效到底按照3年计还是按照4年计?

问题还不限于此。就算你用《侵权责任法》第41条解决了产品质量(带来的)问题,那么服务质量(带来的问题)怎么办?我们到一个游乐场,花300元钱去游玩……不是有一个人,花2000元钱去乘坐东方之星,结果东方之星沉没了,这个人死了。他的履行利益拿到了没有?没有。他的(履行利益)损失是多少?2000元钱。那么东方之星这个案子能不能适用《侵权责任法》第41条?不能了,它不是产品质量问题。换言之,你没法通过《侵权责任法》第41条同时获赔固有利益损失和履行利益损失。你又会面临一个选择,要么告侵权,但不能获得2000元履行利益的赔偿;要么告违约,但不能获

[1] 《侵权责任法》第41条规定:“因产品存在缺陷造成他人损害的,生产者应当承担侵权责任。”该条为《民法典》第1202条承继,无一字更改。

[2] 《产品质量法》(2009年修正)第41条第1款规定:“因产品存在缺陷造成人身、缺陷产品以外的其他财产(以下简称他人财产)损害的,生产者应当承担赔偿责任。”该法于2018年再次修正,该款条文无一字更改。

[3] 此处傅老师没有进一步展开说明,法官的理由应该是,《产品质量法》第41条第1款中的“其他财产损害”涵盖了履行利益损失,故《侵权责任法》第41条中的“损害”应包括固有利益损失和履行利益损失。

得侵权损害赔偿。但这么做是不对的,他们没有真正理解什么叫请求权竞合。其实只要我们能够准确认识请求权竞合的含义,这些问题都解决了。解决了请求权竞合,可以解决民法中的无数的问题,解决不了这一点,民法中的很多问题都解决不了。因为你的成立要件不解决,你的效力不解决,其它的问题解决不了。

还有一个,王泽鉴先生写了一篇文章,叫作无效合同可以被撤销。很多人不理解,无效的合同还可以被撤销吗?但是只要轻轻一点拨,大家都明白了。我们之所以说无效合同不能被撤销,是因为什么?是因为按照生活逻辑来判断。生活上的逻辑就是自然逻辑,自然因果关系。比如这个人死了,我们为什么还要给他打青霉素?是不是没有必要?你打100针青霉素也消不了炎,因为这个人已经死了。在刑事案件中也是,这个人已经死了,你再投毒,你在他脑门上再打几枪,也不构成杀人,为什么?因为针对一个死人不构成杀人罪。

但是我们现在学的是民法,民法讲的是法律逻辑、民法逻辑。民法逻辑讲的是大前提、小前提、结论。比如就可撤销的行为而言,大前提是什么?因欺诈而实施的行为可撤销。不管你这个行为有效无效,它只是说你因欺诈而实施的可撤销。你是不是因欺诈而实施的行为?如果是,那么好,这个行为就可以撤销了,哪怕这个行为是无效的,也可以被撤销。所以,无效行为可撤销,是认知方法问题,是法理法律逻辑问题,而不是生活逻辑的(问题)。

那么好,想要准确把握制度,就需要与我们生活上的逻辑分离开来,这样就能防止混淆。这里顺便说一句,德国民法当中物权行为的无因性,讲的也是法律逻辑,而不是生活逻辑。在生活上没有无缘无故的爱,也没有无缘无故的恨。但是法律上又把它扯开了。债之合同就是债之合同,物权合同就是物权合同,没有债之合同,但照样可以有物权合同,硬把它扯开,这就是法律逻辑和生活逻辑的不同。

既然我们民法本身是讲法律逻辑的,因此,我们在学习各项民事制度的时候,一定要注意,注意什么?注意(不要)混淆。不要把民事制度和生活关系相混淆,不要把相近的民事制度相混淆。

比如说绝对权上的请求权和追究民事责任的请求权。在座的知识产权专业的学生比较多,以前我们在知识产权法的领域当中,有一个很大的问题,大量学者写文章指责侵权法,他说侵权法当中(责任承担)以过错为要件是不对的,有些责任比如像停止侵害,不需要以过错为要件,哪怕没有过错,也要停止侵害。这些学者是从版权法角度讨论这个问题,但是他没有意识到,他说的这种请求权是绝对权上的请求权,而另外一种请求权是侵权责任上的请求权。侵权法规定的是侵权责任上的请求权,而侵权责任上的请求权都以过错为条件的。当然也有少数例外,比如无过错责任。现在你可以行使绝对权上的请求权(要求停止侵害),不一定要行使侵权法上的请求权嘛。我举个例子,我家里的一个古玩被你拿走,我没办法证明你拿着我的古玩是偷的还是抢的,只要你不是善意取得的,我都可以根据《物权法》第 34 条(《民法典》第 235 条)的规定,请求你返还。如果我能够证明你是偷去的,我可以根据《侵权责任法》第 6 条(《民法典》第 1165 条)的规定请求返还。如果我援引《侵权责任法》第 6 条的规定请求你返还,是要以过错为前提;如果我援引《物权法》第 34 条的规定(请求你返还),不要求你有过错。甚至我可以援引《物权法》第 245 条(《民法典》第 462 条)的规定,不要证明我有权利,只要证明在你擅自拿走之前是我占有的,也可以(请求你返还)。

所以,不同制度,有不同的规则,不同的要件,千万不要把它们混起来。有一个学校的博士写毕业论文,就混淆了这一点,他认为没有必要搞绝对权上的请求权,请求权只有两种就可以,一个违约、一个侵权足够了。在答辩的时候,他没办法回答我这些问题。所以说还是基本制度的(精准掌握)问题。

(四)融会贯通

第四个,你精准掌握了那么多基本制度以后,还得要做到融会贯通。一定要做到融会贯通!如果你做不到融会贯通,你民法还是掌握不了的。融会贯通的目的在于你的整体认识,在此基础上才可以上升为理性的抽象和概括。

举个例子,我现在提一个问题,《物权法》颁布以后,尤其是最高人民法院关于买卖合同的司法解释[1]出台以后,《合同法》第51条还有没有适用的余地？如果你不是站在一定高度来认识这个问题,你没办法回答这个问题。

那么《合同法》第51条(的内容)是什么呢？大家都知道,依该条,无权处分他人财产的合同叫作效力待定的合同。举个例子。张三把李四的房屋卖给王五,那么张三和王五的买卖房屋的合同效力待定。如果李四同意了(这个合同就)有效,如果张三(后来)拿到李四的房屋也有效。如果上面两个条件都不具备,则无效。当时是这么规定的,1999年(的《合同法》)是这么规定的。到了2007年,《物权法》颁布了。《物权法》第15条,把合同(的效力)和物权的变动分离开了。它认为合同就是合同,合同发生债法上的效果,物权变动就是物权变动,物权变动发生物权法上的效果。那么根据《物权法》第15条规定,张三把李四的房屋卖给王五,张三和王五两个人之间,只(存在)发生债法上效果的行为,跟物权变动没有关系。既然跟物权变动没有关系,你就不能说效力待定,因为你这个不是处分行为。无权处分讲的是处分行为,而买卖合同是一个设定债权债务关系的行为。对于这个问题就有不同观点了。不同观点讲的是什么呢？讲的是,如果你买卖的是未来的物,比如汽车的生产厂家在产品还没有成型之前,先把汽车给卖出去,后来才制造出汽车来,房地产开发商在房屋还没造好的时候把房屋就卖出去,这些不存在有效无效问题。如果你交易的是现成的物、现有的物,那就是效力待定,跟买卖未来的物不同。那么是不是应该这样理解？不是。《物权法》颁布以后,司法解释出台以后,它强调的是这份合同有没有发生债法上的效力。如果这份合同仅仅旨在追求债法上的效力,就不存在无权处分。既然不存在无权处分,那就没有《合同法》第51条的适用余地了。

但是,并不是所有的合同都是仅仅发生债法上的效力,有些合同在发生

---

[1] 指《买卖合同解释(2012)》。

债法上效力的同时,也在发生权利变动,哪些合同呢?意思主义,权利变动采意思主义模式的合同。我们说,权利变动有三种模式,形式主义、意思主义和折中主义。形式主义、折中主义都要交付或者登记,意思主义不要求登记。我们国家大部分合同采用折中主义,要求登记,但也有部分合同采用意思主义,比如刚才我们讲的《物权法》第127条、第129条,土地承包经营权的设定和转让采用了意思主义;《物权法》第158条,地役权的设定和转让采用意思主义;再比如《物权法》第188条动产抵押采用意思主义,《物权法》第189条,浮动抵押采用意思主义。凡是采用意思主义的,都不存在交付和登记。于是这些合同本身有两种效力,债法上的效力和处分上的效力。在这种情况下,《合同法》第51条就可以适用了。因此,假如你处分的是别人的财产,又因为这份合同既有设定债权债务,又有处分,那么好,这份合同有两部分,关于债的效力不适用《合同法》第51条,关于处分的效力适用《合同法》第51条,效力待定。

前面我们只讲到物权法。其实在民法的其他领域也有采用意思主义的,比如债权的让与,合同权利的让与。合同权利的让与也有建立债法上的关系和变动权利的意思在里面,它采用的是意思主义。版权的转让,也采用意思主义。还有一些知识产权的转让,同样采用意思主义。在公司领域,股权的转让也同样采用意思主义。记住了,无论是物、物权、债权、股权,有限责任公司股权,还是著作权等知识产权,只要这些权利的变动采纳意思主义的,这种合同一定会有两种现象,一种是发生债的关系,不适用《合同法》第51条,另一种是处分权的行使,这时候一定适用《合同法》第51条。所以,《合同法》第51条并非没有适用的余地。那么你要理解这一点,必须站在一定的高度,全盘认知。你光谈某一个制度,是得不出整体认识的。

再举个例子,最近上海市人大在起草一个地方性法规,就是《上海市供用电条例》。这个《上海市供用电条例》碰到了一个很大的问题,就是供电企业在供电过程当中需要插电线杆,大家不要以为就是一个光光的木头的电线杆,农村的电线杆要有一个塔基,至少4平方米——因为底座有的是4平方米,有的是8平方米,很大的一个底座。现在我们先不讲走线,我们只讲一个底座,其实走线也碰到了相类似的问题。这个底座(占用的土地)是农民集体的,那么企业要使用农民集体的土地,该怎么做?

这个草案交给法学家们去讨论。他们说,你不能无缘无故地使用他人的土地呀,那么怎么办?征收,要求政府把这个底座土地使用权或者所有权征收,征收以后再出让给供电企业。但是,涉及征收难度就大了。征收嘛,我们说一片一片征收,你总不能征收4平方米,(同学们笑)如果这个电线杆就是一根木头,难道只能征收50公分吗?那也不可以呀。如果征收4平方米或者50公分,会给农民带来很大的损害。因为你征收了这4平方米后,4平方米之外的地方他根本就没办法用,他怎么用呢?所以(这些土地只能)变成待征地。而变成待征地,成本就很大了。只要电线杆所到之处,就仿佛一个大马路全部被征收。那到底该怎么做?其实他没有从整体角度想这个问题。如果从整体角度想这个问题,我们国家对物权的限制,首先有个公法上的限制。公法上能不能限制你的物权呢?举个例子,世博会召开之前,各幢大楼都要粉刷一下、清洗一下。大楼的居民说凭什么?这我的私有财产,我都不想清洗,你来清洗干嘛(笑声)?不对,这是公权力对你私权利的一个限制。前天,报纸报道了一个消息,说是上海有一个优秀历史保护建筑,是私人的,业主把这个优秀历史保护建筑外墙全部拆了,装潢一新,非常时尚。现在国家干预他了,业主说这是我的房屋,你管什么?国家说,这是公法对你的限制。因为上海有个《上海市历史风貌区和优秀历史建筑保护条例》,所以这个问题可以通过公法来解决。遗憾的是,我们国家的《电力法》没写这一条。如果写这一条,《电力法》可以说这是公法限制,农民必须让出土地。而让出土地不一定要征收土地呀,但公法没有写这一条。私法有没有这一条呢?有的,相邻关系。我们去查一下相邻管线设备铺设关系,一个供电企业,要把自己的管线铺设到最终用户,这中间要经过的一切道路,都可以用相邻关系来解决。所以你只有站在一定的高度,才能够认识到这个问题。

还有,比如共同侵权的认定标准等,因为时间关系,我就不一一详细讲了。

二、巩固和积累

下面我们讲第二大类问题,巩固和积累。

你汲取知识固然很重要,但汲取知识后你必须还要积累,要巩固。法学家们在这个问题上跟医生是一样的,医生的知识都是积累出来的,一个病例、一个病例地积累。有一回,一批中国的医生到美国去进修。这支团队一到美国,美国的带队老师吓坏了。比如一个进修医生去拜美国的一个医生为师,美国的医生说你从业了多少年?他说5年。而这个美国医生已经从业了将近50年了。那你动了多少手术?他说动了几千例。这一下子(美国医生)吓坏了,中国医生5年干的活要超过他50年干的活,美国医生说我反过来拜你为师吧,你不要拜我为师,因为你的经验比我丰富。这说明一点什么呢?积累很重要,所以我们要经常积累。

积累和巩固,有着密切联系。学而时习之,不亦乐乎。为什么不亦乐乎?你只学不习是不能巩固的。那么怎么来巩固呢?

(一)把握立法理由和依据

第一,我们必须把握每一项制度的立法理由、立法依据和政策依据。这个制度怎么出来的?你一定要找到源头。比如我在讲课的时候,讲到担保物能不能转让,我必须把制度创设的整个过程告诉学生,《民法通则》是怎么规定的?《担保法》又是怎么规定的?《担保法解释》又是怎么规定的?在这个过程当中有《合同法》的出台,《担保法》是1995年施行,《合同法》是1999年施行,《合同法》又是怎么规定的?现在《物权法》又是怎么规定的?所有的规定最后得出的结论是什么?它走了一个圈,又走到原来《民法通则》这个点上,《民法通则》如果是A,《担保法》变成B,《合同法》变成C,到了2000年《担保法解释》变成E,《物权法》变成F,这个F又跟A一模一样,又回到原点。为什么又回到原点?[1] 这里面的理论依据要告诉他,这里面的司法

[1] 关于这个问题的详细阐释,参见傅鼎生:《傅鼎生讲物权法》,上海人民出版社2017年版,第213~216页。

实践要告诉他，这么一讲，你们这么一学，这个制度就再也不会忘记了。所以一定要知道演绎的过程，要知道整个立法的理由。

比如说善意取得，我为什么要谈这个问题呢？因为我看到最高人民法院的两个判决书，让人很难理解。判的是什么呢？

比如A是名义股东，B是实质股东。现在A和B在打官司，要确认股权的归属？法院判，股权是B的，因为A是名义股东，实质是B。也就是说，法院按照实质判给了B。那么在这个案件当中又引发出另外一个案子，A欠了银行的钱，银行就要寻找责任财产。A说我没钱，要钱没有，要命一条。银行说，怎么会没有钱呢？你不是对这个公司享有股权吗？因为你享有股权，所以我才会借钱给你。A说这个股权是名义上的股权，并不是实质上的股权，法院已经判这个股权归B了，我也没办法。但最高法院最后怎么判的呢？判决书认为，虽然你拥有的是一个名义股权，不是实质股权，但是对于银行来说，银行是善意第三人，银行的债权应当得到善意保护，于是判决就出来了，要求把股权拍卖掉，用拍卖股权所得去还债。

我们说，《物权法》第106条(《民法典》第311条)的善意取得，是讲物权的取得。现在你把善意取得拓展到了责任财产，拓展的范围越来越大。那么(把善意取得的对象)拓展到责任财产的理论依据在哪里？没有的。物权善意取得的理论依据在哪里？公示公信。我们一定要把握善意取得制度的立法理由，正因为公示公信才有《物权法》第106条的出现。如果你脱离了这个理由，宽泛地讲善意保护，那就是一个简单粗暴的逻辑推论。说这个例子，我想强调的是，必须把握民法的立法依据(才能对民法规则进行准确适用)。

(二)把握制度的本质

第二，要把握民法基本制度的本质。民法任何一项制度都可以抽象出(本质)来。比如债权的本质是什么？债的相对性，没有例外！现在有很多文章写例外，其实不可能有例外，否则就不叫本质了。物权的本质是什么？垄断支配性，没有例外！(如果有)例外也不叫物权了。

我们在掌握民法基本制度的本质时,要学会逐步朝上跑。学民法先朝下伸,伸到越具体越好,王泽鉴先生讲请求权基础就讲得很具体。但是你不能光研究具体的,你还要朝上抽象。抽象就是,讲它的原理在哪里?讲事物的本质在哪里?我们会讲权利的本质是什么?权利的本质有萨维尼的自由说,也有耶林的利益说,但是你最后要选择一种学说,你不能说两种学说都对。那么我为什么选择萨维尼的自由说?因为整个法律制度是从自由角度来讨论的,整个法律是规范行为,而不是规范利益的。如果我们的法律都是从规范利益角度去设计,你可以采纳利益说。其实你讲利益说也有一定道理,但是不能在整个法律体系当中起作用,只有从自由角度才能起作用。所以,确定权利的本质在于自由很重要。由此又可以确定民法的本质是什么?民法的本质我们说是私法自治、意思自治。私法自治、意思自治最直接的表现,就是义务自主。我跟我的学生说,学了民法,7 年了,你什么都可以忘记,四个字不能忘。哪四个字?义务自主。我们每个人的义务,每个主体的义务,源于两个途径,一个途径是法定,比如常回家看看,比如不打人骂人,(这些义务都来自)法律规定,这个大家都懂的。那么第二个义务,就是自我的。你只要认识到义务是自我的,那就好了,你的民法就通了。所以你在分析案例的时候,首先意识到义务自主,然后再走下去,这就是找到了民法的源头。由此你可以认识到每一个法律条文背后的依据,从这个角度来巩固、积累你的知识。

(三)分析和解决现实问题

要做到巩固、积累你的知识,还要运用所学的知识来分析、说明、解决现实问题。

同学们必须要观察社会现象,分析社会问题,提出解决方案。现在,(包含民法问题的)社会现象太多了。以前好的例子我们找不到,现在信手拈来。比如青岛的高价虾,这个案子知道吗?青岛一个虾要卖多少钱来着?以前只是在教科书里面……教科书里面用一些很搞的案件,比如有一个菜单上面标价写得不清楚等等,现在有现实案例了,你不要拿一个假的例子来了,也不要拿德国学者制造的一个……现在直接拿现实生活中的例子。还有,新疆的什么打糕王子,(同学们笑着纠正:切糕王子。)哦,切糕王子,新疆的切糕王子他说了,我今天要以 30%的价格卖 100 份,就等于半卖半送啦。但是在网络传递过程当中(100 份)变成了 10 万份,他怎么受得了?现在他面临了一个困境,很多人要以 30%价格去买他的糕,他到底该不该履行合同义务?这都是现实的案例,对应着法律行为、意思表示,对应着具体的民法制度和民法理论,所以你们一定要根据现象来分析,一个现象出来写一篇报告,你这篇报告不管投什么杂志,任何杂志都会要。其实这对你也不难,你只不过把课堂上、课本上的东西搬过去而已。当然前提是你还是要找一本好的书,还是回到这个问题。找到一本好书,搬过去而已。最近又出现很多例子,比如在内蒙古出现一个案子,140 多个人骑着 140 多辆摩托车,成群结队在深更半夜十二点半,进入牧民承包的牧场,去采什么呢?野枸杞。车队与牧民发生了冲突。那么车队的理由是什么?野枸杞是野生的,土地是国家的,为什么我们采不得?(野枸杞)又不是承包人种的,所以我们可以采的,他无权阻拦。那么你就可以分析,野枸杞野生的,土地国家的,他到底有没有权利采野枸杞?你可以回应这个问题。

有一条船,游轮,因为大风,它不能按照原来设定的方案,不能按照原来合同约定的目的地去日本了,它只能去韩国。于是很多乘客有意见了,意见是什么呢?我乘你的游轮,就是要去日本。你到韩国,韩国有没有马桶盖?(笑声)韩国有没有电饭煲?(笑声)没有。其中有三个韩国人说,韩国是我老家,我刚刚出来准备到日本去溜达,你怎么又送我回去呢?(同学们大笑)于是这些游客都要求对方赔偿。那么这个赔偿的请求有没有依据呢?你们也可以去写。

这种(包含民法问题的)社会现象太多了。所以,你要用所学的知识分析、说明、解决问题,你在分析、说明、解决问题(过程中),你一定会去搜集大量的文章,一定会看别人的观点,一定会去查书,等你查了,你形成自己想法了,就这一点的问题上,你是专家,绝对的专家,你就巩固了、积累了知识。

你只要在校期间写10篇这样的小文章,很了不起,我不要你写很多。(同学们笑,窃窃私语)而且你每一篇都可以被登载,包你被登载。所以要用所学的知识分析、说明、解决问题。这就需要我们关注现象,关注社会。

(四)死记硬背

学民法要死记硬背,一定要死记硬背。我不讲活,没有什么活的,一定是死的,我也是死记硬背,那些条文、制度也一定是要背下来的。

首先背框架,我书包里面就是两本司法考试的书,尽管我1988年就考过了,但是我现在还有司法考试的书,一直在翻,翻什么?地铁上翻目录,《保险法》的目录是什么?《企业破产法》的目录是什么?民法的目录我可以倒背了,你翻目录就知道它的框架了。

利用短暂的时间翻目录,你会知道一个框架结构。在此基础上,你还要记住每一条制度的适用条件和适用效力,什么情况适用这个制度,什么情况适用那个制度,制度和制度之间的内在联系是什么,制度和制度会有冲突的,客观上是会冲突,但是有冲突就一定有解决方案,最终使它没有冲突。你要知道哪个制度和哪个制度冲突,解决这种冲突的方案是什么?

我举个例子,我把一台电脑交给你无偿保管,由于你的过错,我这台电脑摔坏了。现在我有两种权利,一个要求你承担合同上的责任,你有过错,要赔。但是按照《合同法》的规定只有故意或重大过失才可以请求赔偿(因为是无偿保管)。保管人有过失吧?有,但不叫重大过失,(所以)不赔。

那我现在换一个法条,换侵权法的法条。你损害了我的绝对权,就是电脑(的所有权),你有过错,要赔。也就是说,根据侵权法,你是要赔偿的。那么在这种情况下,合同法的规定和侵权法矛盾了吗?矛盾。你要把这些矛盾都找到,出现了这种矛盾怎么办?有没有解决机制?一定有的!不可能没有。你用解决机制把这个给解决了,就不矛盾了。这个解决机制是什么?你去找到它,只有这样做才能够巩固。

三、应用

最后我要讲的问题是,应用知识解决问题。我们学民法学得那么多,目的是要解决问题。我们学校有一个问题,老师总喜欢为学生包办代替。其实大学,国外的大学都是学生自己命题,自己解题。我们中国的大学和中国的中学一样,老师命题,学生解题。到了研究生阶段,你总应当自己命题自己解答了吧?同样不是,仍然是老师命题,学生解题,本科阶段写学年论文,写毕业论文,教务处会给你一长串题目,至少有300个、500个、1000个,你自己选一个去写,那叫老师命题,学生解题。(但这样是)长不大的。

到了研究生快毕业了,我的学生跟我说,老师你帮我选个题目,我开始是不愿意帮他选题的,因为只有他自己去选题才能够有长进。后来实在没办法了,再屈指一数,还有几个月要毕业了,要交论文了,于是我就给他一个命题,让他去写。其实这个是要不得的。所以到了研究生阶段,你一定要自己命题,自己解题。如果你能够发现问题了,这说明你有长进了。比如,实名制火车票遗失以后能不能退票,这就是个现实命题。有两场官司,一个是长沙的官司,另一个是浙江的官司,其中有一场官司没有打起来——浙江消保委告上海铁路运输企业,告到上海铁路运输法院,被上海铁路运输法院驳回了。那好,这足以说明一个社会现象,你能不能就这个问题用我们的民法理论去解决它。一定能解决的,不是不能解决的。

当然我们在发现现实问题的时候,还要善于发现理论问题。比如,债权性占有或者占有性债权,它有对抗力,这种对抗力是不是物权法上的对抗力?占有性债权有没有物权属性?这样讲很抽象,假如我承租了一套房屋,那么承租人的权利有没有对抗力?承租人的权利有没有物权属性?你去翻杂志,翻文章,100%的人都说有对抗力,都有物权属性。有的即便认为没有物权属性,承认这是债权,但同时认为债权也具有对抗力。那么债权哪来的对抗力?如果债权有对抗力,就和债的本质冲突了。对这种现象你研究过没有?去研究它。

我们研究理论问题,不仅要研究我们日常生活中发生的问题,还要研究改革开放中所存在的问题,比如农村集体资产制度。现在很多人在研究农村集体资产制度,那么我们是不是也去研究它?集体所有权的主体是谁?

集体所有权的客体是什么？集体所有权的内容具体又是什么？去研究它。再比如现在有很多国外资金进入中国，要用社会资金办医，社会资金能不能办？办医会带来什么问题？我们哪些法律应当完善，这也有民法中的问题要解决。现在不仅外国人要用社会资金办医，国内的国有企业、个体工商户也想办医，这个到底行不行？这些都需要我们去深入研究，用所学的民法知识去研究社会现象，通过研究社会现象，发现一些问题并提出自己的解决方案。

好，我今天要讲的就是三个问题，第一个问题是学习、吸收。第二个问题是巩固、积累。第三个问题，运用知识解决现实问题。谢谢大家！（教室内传来长时间的掌声）

附录三　《民法典》总则编与相关条文对照表

【制表说明】1. 表格左列删除部分为重要且实质性的删除内容；2. 表格右列的加粗内容为《民法典》及司法解释新增的重要内容；3. 表中下划线的内容为重要变更或更改内容，《民法通则》及《民通意见》中的“公民”在《民法典》中均被改为“自然人”，为免繁复，对这一更改，对照表中不做标记；4. 对照表中所有未带法律名称的条文均为《民法典》条文；5. 所有司法解释的条文均使用仿宋字体，以示区别。

相关条文	《民法典》总则编
	第一章　基本规定
《民法通则》第1条　为了保障公民、法人的合法的民事权益，正确调整民事关系，适应社会主义现代化建设事业发展的需要，根据宪法和我国实际情况，总结民事活动的实践经验，制定本法。	**第1条**　为了保护民事主体的合法权益，调整民事关系，**维护社会和经济秩序**，适应中国特色社会主义发展要求，**弘扬社会主义核心价值观**，根据宪法，制定本法。 **《民法典总则编解释》第1条**　民法典第二编至第七编对民事关系有规定的，人民法院直接适用该规定；民法典第二编至第七编没有规定的，适用民法典第一编的规定，但是根据其性质不能适用的除外。 就同一民事关系，其他民事法律的规定属于对民法典相应规定的细化的，应当适用该民事法律的规定。民法典规定适用其他法律的，适用该法律的规定。 民法典及其他法律对民事关系没有具体规定的，可以遵循民法典关于基本原则的规定。
《民法通则》第2条　中华人民共和国民法调整平等主体的公民之间、法人之间、公民和法人之间的财产关系和人身关系。	**第2条**　民法调整平等主体的自然人、法人和非法人组织之间的人身关系和财产关系。
《民法通则》第5条　公民、法人的合法的民事权益受法律保护，任何组织和个人不得侵犯。	**第3条**　民事主体的人身权利、财产权利以及其他合法权益受法律保护，任何组织或者个人不得侵犯。

续表

相关条文	《民法典》总则编
《民法通则》第3条 当事人在民事活动中的地位平等。	**第4条** 民事主体在民事活动中的**法律**地位一律平等。
《民法通则》第4条 民事活动应当遵循自愿、公平、~~等价有偿、~~诚实信用的原则。	**第5条** 民事主体从事民事活动,应当遵循自愿原则,按照自己的意思设立、变更、终止民事法律关系。
	第6条 民事主体从事民事活动,应当遵循公平原则,合理确定各方的权利和义务。
	第7条 民事主体从事民事活动,应当遵循诚信原则,秉持诚实,恪守承诺。
《民法通则》第7条 民事活动应当尊重社会公德,不得损害社会公共利益,扰乱社会经济秩序。	**第8条** 民事主体从事民事活动,不得违反法律,不得违背公序良俗。
	第9条 民事主体从事民事活动,应当有利于节约资源、保护生态环境。
《民法通则》第6条 民事活动必须遵守法律,法律没有规定的,~~应当遵守国家政策。~~ **《合同法解释(二)》第7条** 下列情形,不违反法律、行政法规强制性规定的,人民法院可以认定为合同法所称"交易习惯": (一)在交易行为当地或者某一领域、某一行业通常采用并为交易对方订立合同时所知道或者应当知道的做法; (二)当事人双方经常使用的习惯做法。 对于交易习惯,由提出主张的一方当事人承担举证责任。	**第10条** 处理民事纠纷,应当依照法律;法律没有规定的,**可以适用习惯,但是不得违背公序良俗**。 **《民法典总则编解释》第2条** 在一定地域、行业范围内长期为一般人从事民事活动时普遍遵守的民间习俗、惯常做法等,可以认定为民法典第十条规定的习惯。 当事人主张适用习惯的,应当就习惯及其具体内容提供相应证据;必要时,人民法院可以依职权查明。 适用习惯,不得违背社会主义核心价值观,不得违背公序良俗。
	第11条 其他法律对民事关系有特别规定的,依照其规定。
《民法通则》第8条第1款 在中华人民共和国领域内的民事活动,适用中华人民共和国法律,法律另有规定的除外。	**第12条** 中华人民共和国领域内的民事活动,适用中华人民共和国法律。法律另有规定的,依照其规定。

续表

相关条文	《民法典》总则编
	第二章 自然人 第一节 民事权利能力和民事行为能力
《民法通则》第9条 公民从出生时起到死亡时止，具有民事权利能力，依法享有民事权利，承担民事义务。	**第13条** 自然人从出生时起到死亡时止，具有民事权利能力，依法享有民事权利，承担民事义务。
《民法通则》第10条 公民的民事权利能力一律平等。	**第14条** 自然人的民事权利能力一律平等。
《民通意见》第1条 公民的民事权利能力自出生时开始。出生的时间以户籍证明为准；没有户籍证明的，以医院出具的出生证明为准。没有医院证明的，参照其他有关证明认定。	**第15条** 自然人的出生时间和死亡时间，以出生证明、死亡证明记载的时间为准；没有出生证明、死亡证明的，以户籍登记或者其他有效身份登记记载的时间为准。有其他证据足以推翻以上记载时间的，以该证据证明的时间为准。
《继承法》第28条 遗产分割时，应当保留胎儿的继承份额。胎儿出生时是死体的，保留的份额按照法定继承办理。	**第16条 涉及遗产继承、接受赠与等胎儿利益保护的，胎儿视为具有民事权利能力。但是，胎儿娩出时为死体的，其民事权利能力自始不存在。** **《民法典总则编解释》第4条** 涉及遗产继承、接受赠与等胎儿利益保护，父母在胎儿娩出前作为法定代理人主张相应权利的，人民法院依法予以支持。
《民法通则》第11条第1款 十八周岁以上的公民是成年人，具有完全民事行为能力，可以独立进行民事活动，是完全民事行为能力人。	**第17条** 十八周岁以上的自然人为成年人。不满十八周岁的自然人为未成年人。
《民法通则》第11条第2款 十六周岁以上不满十八周岁的公民，以自己的劳动收入为主要生活来源的，视为完全民事行为能力人。	**第18条** 成年人为完全民事行为能力人，可以独立实施民事法律行为。 十六周岁以上的未成年人，以自己的劳动收入为主要生活来源的，视为完全民事行为能力人。

续表

相关条文	《民法典》总则编
《民法通则》第12条第1款 十周岁以上的未成年人是限制民事行为能力人，可以进行与他的年龄、智力相适应的民事活动；其他民事活动由他的法定代理人代理，或者征得他的法定代理人的同意。 **《民通意见》第3条** 十周岁以上的未成年人进行的民事活动是否与其年龄、智力状况相适应，可以从行为与本人生活相关联的程度、本人的智力能否理解其行为，并预见相应的行为后果，以及行为标的数额等方面认定。	**第19条** 八周岁以上的未成年人为限制民事行为能力人，实施民事法律行为由其法定代理人代理或者经其法定代理人同意、追认；但是，可以独立实施纯获利益的民事法律行为或者与其年龄、智力相适应的民事法律行为。 **《民法典总则编解释》第5条** 限制民事行为能力人实施的民事法律行为是否与其年龄、智力、精神健康状况相适应，人民法院可以从行为与本人生活相关联的程度，本人的智力、精神健康状况能否理解其行为并预见相应的后果，以及标的、数量、价款或者报酬等方面认定。
《民法通则》第12条第2款 不满十周岁的未成年人是无民事行为能力人，由他的法定代理人代理民事活动。	**第20条** 不满八周岁的未成年人为无民事行为能力人，由其法定代理人代理实施民事法律行为。
《民法通则》第13条第1款 不能辨认自己行为的精神病人是无民事行为能力人，由他的法定代理人代理民事活动。	**第21条** 不能辨认自己行为的成年人为无民事行为能力人，由其法定代理人代理实施民事法律行为。 **八周岁以上的未成年人不能辨认自己行为的，适用前款规定。**
《民法通则》第13条第2款 不能完全辨认自己行为的精神病人是限制民事行为能力人，可以进行与他的精神健康状况相适应的民事活动；其他民事活动由他的法定代理人代理，或者征得他的法定代理人的同意。 **《民通意见》第4条** 不能完全辨认自己行为的精神病人进行的民事活动，是否与其精神健康状态相适应，可以从行为与本人生活相关联的程度、本人的精神状态能否理解其行为，并预见相应的行为后果，以及行为标的数额等方面认定。	**第22条** 不能完全辨认自己行为的成年人为限制民事行为能力人，实施民事法律行为由其法定代理人代理或者经其法定代理人同意、追认；但是，可以独立实施纯获利益的民事法律行为或者与其智力、精神健康状况相适应的民事法律行为。 **《民法典总则编解释》第5条** 限制民事行为能力人实施的民事法律行为是否与其年龄、智力、精神健康状况相适应，人民法院可以从行为与本人生活相关联的程度，本人的智力、精神健康状况能否理解其行为并预见相应的后果，以及标的、数量、价款或者报酬等方面认定。

续表

相关条文	《民法典》总则编
《民法通则》第 14 条 无民事行为能力人、限制民事行为能力人的监护人是他的法定代理人。	**第 23 条** 无民事行为能力人、限制民事行为能力人的监护人是其法定代理人。
《民法通则》第 19 条 精神病人的利害关系人,可以向人民法院申请宣告精神病人为无民事行为能力人或者限制民事行为能力人。 被人民法院宣告为无民事行为能力人或者限制民事行为能力人的,根据他健康恢复的状况,经本人或者利害关系人申请,人民法院可以宣告他为限制民事行为能力人或者完全民事行为能力人。	**第 24 条** 不能辨认或者不能完全辨认自己行为的成年人,其利害关系人**或者有关组织**,可以向人民法院申请认定该成年人为无民事行为能力人或者限制民事行为能力人。 被人民法院认定为无民事行为能力人或者限制民事行为能力人的,经本人、利害关系人**或者有关组织**申请,人民法院可以根据其**智力**、精神健康恢复的状况,认定该成年人**恢复**为限制民事行为能力人或者完全民事行为能力人。 **本条规定的有关组织包括:居民委员会、村民委员会、学校、医疗机构、妇女联合会、残疾人联合会、依法设立的老年人组织、民政部门等。**
《民法通则》第 15 条 公民以他的户籍所在地的居住地为住所,经常居住地与住所不一致的,经常居住地视为住所。	**第 25 条** 自然人以户籍登记**或者其他有效身份登记记载**的居所为住所;经常居所与住所不一致的,经常居所视为住所。
	第二章 自然人 第二节 监护
《婚姻法》第 21 条第 1 款 父母对子女有抚养教育的义务;子女对父母有赡养扶助的义务。 **《婚姻法》第 23 条第 1 句** 父母有保护和教育未成年子女的权利和义务。	**第 26 条** 父母对**未成年**子女负有抚养、教育和保护的义务。 **成年**子女对父母负有赡养、扶助和**保护**的义务。

续表

相关条文	《民法典》总则编
《民法通则》第16条第1款 未成年人的父母是未成年人的监护人。 **《民法通则》第16条第2款** 未成年人的父母已经死亡或者没有监护能力的，由下列人员中有监护能力的人担任监护人： （一）祖父母、外祖父母； （二）兄、姐； （三）关系密切的其他亲属、朋友愿意承担监护责任，经~~未成年人的父、母的所在单位或者~~未成年人住所地的居民委员会、村民委员会同意的。	**第27条** 父母是未成年子女的监护人。 未成年人的父母已经死亡或者没有监护能力的，由下列有监护能力的人**按顺序**担任监护人： （一）祖父母、外祖父母； （二）兄、姐； （三）其他愿意担任监护人的个人**或者组织**，但是须经未成年人住所地的居民委员会、村民委员会**或者民政部门**同意。
《民法通则》第17条第1款 无民事行为能力或者限制民事行为能力的精神病人，由下列人员担任监护人： （一）配偶； （二）父母； （三）成年子女； （四）其他近亲属； （五）关系密切的其他亲属、朋友愿意承担监护责任，经精神病人~~的所在单位或者~~住所地的居民委员会、村民委员会同意的。 **《民通意见》第11条** 认定监护人的监护能力，应当根据监护人的身体健康状况、经济条件，以及与被监护人在生活上的联系状况等因素确定。	**第28条** 无民事行为能力或者限制民事行为能力的成年人，由下列**有监护能力的**人**按顺序**担任监护人： （一）配偶； （二）父母、子女； （三）其他近亲属； （四）其他愿意担任监护人的个人**或者组织**，但是须经被监护人住所地的居民委员会、村民委员会**或者民政部门**同意。 **《民法典总则编解释》第6条** 人民法院认定自然人的监护能力，应当根据其年龄、身心健康状况、经济条件等因素确定；认定有关组织的监护能力，应当根据其资质、信用、财产状况等因素确定。

续表

相关条文	《民法典》总则编
	第29条 被监护人的父母担任监护人的，可以通过遗嘱指定监护人。 **《民法典总则编解释》第7条** 担任监护人的被监护人父母通过遗嘱指定监护人，遗嘱生效时被指定的人不同意担任监护人的，人民法院应当适用民法典第二十七条、第二十八条的规定确定监护人。 未成年人由父母担任监护人，父母中的一方通过遗嘱指定监护人，另一方在遗嘱生效时有监护能力，有关当事人对监护人的确定有争议的，人民法院应当适用民法典第二十七条第一款的规定确定监护人。 **《民法典总则编解释》第8条** 未成年人的父母与其他依法具有监护资格的人订立协议，约定免除具有监护能力的父母的监护职责的，人民法院不予支持。协议约定在未成年人的父母丧失监护能力时由该具有监护资格的人担任监护人的，人民法院依法予以支持。 依法具有监护资格的人之间依据民法典第三十条的规定，约定由民法典第二十七条第二款、第二十八条规定的不同顺序的人共同担任监护人，或者由顺序在后的人担任监护人的，人民法院依法予以支持。
《民通意见》第15条 有监护资格的人之间协议确定监护人的，应当由协议确定的监护人对被监护人承担监护责任。	**第30条** 依法具有监护资格的人之间可以协议确定监护人。**协议确定监护人应当尊重被监护人的真实意愿。**

续表

相关条文	《民法典》总则编
《民法通则》第16条第3款 对担任监护人有争议的，由~~未成年人的父、母的所在单位或者~~未成年人住所地的居民委员会、村民委员会在近亲属中指定。对指定不服提起诉讼的，由人民法院裁决。 **《民法通则》第17条第2款** 对担任监护人有争议的，由精神病人~~的所在单位或者~~住所地的居民委员会、村民委员会在近亲属中指定。对指定不服提起诉讼的，由人民法院裁决。 **《民通意见》第16条** 对于担任监护人有争议的，应当按照民法通则第十六条第三款或者第十七条第二款的规定，由有关组织予以指定。~~未经指定而向人民法院起诉的，人民法院不予受理。~~ **《民通意见》第18条** 监护人被指定后，不得自行变更。擅自变更的，由原被指定的监护人和变更后的监护人承担监护责任。	**第31条** 对监护人的确定有争议的，由被监护人住所地的居民委员会、村民委员会**或者民政部门**指定监护人，有关当事人对指定不服的，可以向人民法院申请指定监护人；**有关当事人也可以直接向人民法院申请指定监护人。** **居民委员会、村民委员会、民政部门或者人民法院应当尊重被监护人的真实意愿，按照最有利于被监护人的原则在依法具有监护资格的人中指定监护人。** **依据本条第一款规定指定监护人前，被监护人的人身权利、财产权利以及其他合法权益处于无人保护状态的，由被监护人住所地的居民委员会、村民委员会、法律规定的有关组织或者民政部门担任临时监护人。** 监护人被指定后，不得擅自变更；擅自变更的，不免除被指定的监护人的责任。 **《民法典总则编解释》第10条** 有关当事人不服居民委员会、村民委员会或者民政部门的指定，在接到指定通知之日起三十日内向人民法院申请指定监护人的，人民法院经审理认为指定并无不当，依法裁定驳回申请；认为指定不当，依法判决撤销指定并另行指定监护人。 有关当事人在接到指定通知之日起三十日后提出申请的，人民法院应当按照变更监护关系处理。
《民法通则》第16条第4款 没有第一款、第二款规定的监护人的，由未成年人~~的父、母的所在单位或者未成年人~~住所地的居民委员会、村民委员会或者民政部门担任监护人。 **《民法通则》第17条第3款** 没有第一款规定的监护人的，由精神病人~~的所在单位或者~~住所地的居民委员会、村民委员会或者民政部门担任监护人。	**第32条** 没有依法具有监护资格的人的，监护人由民政部门担任，也可以由**具备履行监护职责条件的**被监护人住所地的居民委员会、村民委员会担任。

续表

相关条文	《民法典》总则编
《老年人权益保障法》第 26 条 具备完全民事行为能力的老年人,可以在近亲属或者其他与自己关系密切、愿意承担监护责任的个人、组织中协商确定自己的监护人。监护人在老年人丧失或者部分丧失民事行为能力时,依法承担监护责任。老年人未事先确定监护人的,其丧失或者部分丧失民事行为能力时,依照有关法律的规定确定监护人。	**第 33 条** 具有完全民事行为能力的成年人,可以与其近亲属、其他愿意担任监护人的个人或者组织事先协商,**以书面形式**确定自己的监护人,在自己丧失或者部分丧失民事行为能力时,由该监护人履行监护职责。 **《民法典总则编解释》第 11 条** 具有完全民事行为能力的成年人与他人依据民法典第三十三条的规定订立书面协议事先确定自己的监护人后,协议的任何一方在该成年人丧失或者部分丧失民事行为能力前请求解除协议的,人民法院依法予以支持。该成年人丧失或者部分丧失民事行为能力后,协议确定的监护人无正当理由请求解除协议的,人民法院不予支持。 该成年人丧失或者部分丧失民事行为能力后,协议确定的监护人有民法典第三十六条第一款规定的情形之一,该条第二款规定的有关个人、组织申请撤销其监护人资格的,人民法院依法予以支持。
《民法通则》第 18 条 监护人应当履行监护职责,保护被监护人的人身、财产及其他合法权益,除为被监护人的利益外,不得处理被监护人的财产。 监护人依法履行监护的权利,受法律保护。 监护人不履行监护职责或者侵害被监护人的合法权益的,应当承担责任;给被监护人造成财产损失的,应当赔偿损失。人民法院可以根据有关人员或者有关单位的申请,撤销监护人的资格。	**第 34 条** 监护人的职责**是代理被监护人实施民事法律行为**,保护被监护人的人身权利、财产权利以及其他合法权益**等**。 监护人依法履行监护**职责产生**的权利,受法律保护。 监护人不履行监护职责或者侵害被监护人合法权益的,应当承担法律责任。 **因发生突发事件等紧急情况,监护人暂时无法履行监护职责,被监护人的生活处于无人照料状态的,被监护人住所地的居民委员会、村民委员会或者民政部门应当为被监护人安排必要的临时生活照料措施。** **《民法典总则编解释》第 13 条** 监护人因患病、外出务工等原因在一定期限内不能完全履行监护职责,将全部或者部分监护职责委托给他人,当事人主张受托人因此成为监护人的,人民法院不予支持。

续表

相关条文	《民法典》总则编
《民法通则》第18条第1款　监护人应当履行监护职责，保护被监护人的人身、财产及其他合法权益，除为被监护人的利益外，不得处理被监护人的财产。 《民通意见》第10条　监护人的监护职责包括：保护被监护人的身体健康，照顾被监护人的生活，管理和保护被监护人的财产，代理被监护人进行民事活动，对被监护人进行管理和教育，在被监护人合法权益受到侵害或者与人发生争议时，代理其进行诉讼。	**第35条**　监护人应当**按照最有利于被监护人的原则**履行监护职责。监护人除为维护被监护人利益外，不得处分被监护人的财产。 **未成年人的监护人履行监护职责，在作出与被监护人利益有关的决定时，应当根据被监护人的年龄和智力状况，尊重被监护人的真实意愿。** **成年人的监护人履行监护职责，应当最大程度地尊重被监护人的真实意愿，保障并协助被监护人实施与其智力、精神健康状况相适应的民事法律行为。对被监护人有能力独立处理的事务，监护人不得干涉。**
《民法通则》第18条第3款　监护人不履行监护职责或者侵害被监护人的合法权益的，应当承担责任；给被监护人造成财产损失的，应当赔偿损失。人民法院可以根据有关人员或者有关单位的申请，撤销监护人的资格。 《民通意见》第20条　监护人不履行监护职责，或者侵害了被监护人的合法权益，民法通则第十六条、第十七条规定的其他有监护资格的人或者单位向人民法院起诉，要求监护人承担民事责任的，按照普通程序审理；要求变更监护关系的，按照特别程序审理；既要求承担民事责任，又要求变更监护关系的，分别审理。	**第36条**　监护人有下列情形之一的，人民法院根据有关个人或者组织的申请，撤销其监护人资格，**安排必要的临时监护措施，并按照最有利于被监护人的原则依法指定监护人：** **（一）实施严重损害被监护人身心健康的行为；** **（二）怠于履行监护职责，或者无法履行监护职责且拒绝将监护职责部分或者全部委托给他人，导致被监护人处于危困状态；** **（三）实施严重侵害被监护人合法权益的其他行为。** **本条规定的有关个人、组织包括：其他依法具有监护资格的人，居民委员会、村民委员会、学校、医疗机构、妇女联合会、残疾人联合会、未成年人保护组织、依法设立的老年人组织、民政部门等。** **前款规定的个人和民政部门以外的组织未及时向人民法院申请撤销监护人资格的，民政部门应当向人民法院申请。** 《民法典总则编解释》第9条　人民法院依据民法典第三十一条第二款、第三十六条第一款的规定指定监护人时，应当尊重被监护人的真实意愿，按照最有利于被监护人的原则指定，具体参考以下因素：

续表

相关条文	《民法典》总则编
	(一)与被监护人生活、情感联系的密切程度; (二)依法具有监护资格的人的监护顺序; (三)是否有不利于履行监护职责的违法犯罪等情形; (四)依法具有监护资格的人的监护能力、意愿、品行等。 人民法院依法指定的监护人一般应当是一人,由数人共同担任监护人更有利于保护被监护人利益的,也可以是数人。
	第37条 依法负担被监护人抚养费、赡养费、扶养费的父母、子女、配偶等,被人民法院撤销监护人资格后,应当继续履行负担的义务。
	第38条 被监护人的父母或者子女被人民法院撤销监护人资格后,除对被监护人实施故意犯罪的外,确有悔改表现的,经其申请,人民法院可以在尊重被监护人真实意愿的前提下,视情况恢复其监护人资格,人民法院指定的监护人与被监护人的监护关系同时终止。
	第39条 有下列情形之一的,监护关系终止: **(一)被监护人取得或者恢复完全民事行为能力;** **(二)监护人丧失监护能力;** **(三)被监护人或者监护人死亡;** **(四)人民法院认定监护关系终止的其他情形。** **监护关系终止后,被监护人仍然需要监护的,应当依法另行确定监护人。** **《民法典总则编解释》第12条** 监护人、其他依法具有监护资格的人之间就监护人是否有民法典第三十九条第一款第二项、第四项规定的应当终止监护关系的情形发生争议,申请变更监护人的,人民法院应当依法受理。经审理认为理由成立的,人民法院依法予以支持。 被依法指定的监护人与其他具有监护资格的人之间协议变更监护人的,人民法院应当尊重被监护人的真实意愿,按照最有利于被监护人的原则作出裁判。

续表

相关条文	《民法典》总则编
	第二章　自然人 第三节　宣告失踪和宣告死亡
《民法通则》第20条第1款　公民下落不明满二年的，利害关系人可以向人民法院申请宣告他为失踪人。 **《民通意见》第24条**　申请宣告失踪的利害关系人，包括被申请宣告失踪人的配偶、父母、子女、兄弟姐妹、祖父母、外祖父母、孙子女、外孙子女以及其他与被申请人有民事权利义务关系的人。	**第40条**　自然人下落不明满二年的，利害关系人可以向人民法院申请宣告该自然人为失踪人。 **《民法典总则编解释》第14条**　人民法院审理宣告失踪案件时，下列人员应当认定为民法典第四十条规定的利害关系人： （一）被申请人的近亲属； （二）依据民法典第一千一百二十八条、第一千一百二十九条规定对被申请人有继承权的亲属； （三）债权人、债务人、合伙人等与被申请人有民事权利义务关系的民事主体，但是不申请宣告失踪不影响其权利行使、义务履行的除外。
《民法通则》第20条第2款　战争期间下落不明的，下落不明的时间从战争结束之日起计算。 **《民通意见》第28条第1款**　民法通则第二十条第一款、第二十三条第一款第一项中的下落不明的起算时间，从公民音讯消失之次日起算。	**第41条**　自然人下落不明的时间自其失去音讯之日起计算。战争期间下落不明的，下落不明的时间自战争结束之日**或者有关机关确定的下落不明之日**起计算。

续表

相关条文	《民法典》总则编
《民法通则》第21条第1款 失踪人的财产由他的配偶、父母、成年子女或者关系密切的其他亲属、朋友代管。代管有争议的,没有以上规定的人或者以上规定的人无能力代管的,由人民法院指定的人代管。 **《民通意见》第32条第2款** 失踪人的财产代管人向失踪人的债务人要求偿还债务的,可以作为原告提起诉讼。 **《民通意见》第32条第1款** 失踪人的财产代管人拒绝支付失踪人所欠的税款、债务和其他费用,债权人提起诉讼的,人民法院应当将代管人列为被告。	**第42条** 失踪人的财产由其配偶、成年子女、父母或者其他愿意担任财产代管人的人代管。 代管有争议,没有前款规定的人,或者前款规定的人无代管能力的,由人民法院指定的人代管。 **《民法典总则编解释》第15条** 失踪人的财产代管人向失踪人的债务人请求偿还债务的,人民法院应当将财产代管人列为原告。 债权人提起诉讼,请求失踪人的财产代管人支付失踪人所欠的债务和其他费用的,人民法院应当将财产代管人列为被告。经审理认为债权人的诉讼请求成立的,人民法院应当判决财产代管人从失踪人的财产中支付失踪人所欠的债务和其他费用。
《民法通则》第21条第2款 失踪人所欠税款、债务和应付的其他费用,由代管人从失踪人的财产中支付。	**第43条 财产代管人应当妥善管理失踪人的财产,维护其财产权益。** 失踪人所欠税款、债务和应付的其他费用,由财产代管人从失踪人的财产中支付。 **财产代管人因故意或者重大过失造成失踪人财产损失的,应当承担赔偿责任。**
《民通意见》第35条第2款 失踪人的财产代管人不履行代管职责或者侵犯失踪人财产权益的,失踪人的利害关系人可以向人民法院请求财产代管人承担民事责任。如果同时申请人民法院变更财产代管人的,变更之诉比照特别程序单独审理。 **《民通意见》第32条** 失踪人的财产代管人拒绝支付失踪人所欠的税款、债务和其他费用,债权人提起诉讼的,人民法院应当将代管人列为被告。 失踪人的财产代管人向失踪人的债务人要求偿还债务的,可以作为原告提起诉讼。	**第44条** 财产代管人不履行代管职责、侵害失踪人财产权益**或者丧失代管能力**的,失踪人的利害关系人可以向人民法院申请变更财产代管人。 **财产代管人有正当理由的,可以向人民法院申请变更财产代管人。** **人民法院变更财产代管人的,变更后的财产代管人有权请求原财产代管人及时移交有关财产并报告财产代管情况。**

续表

相关条文	《民法典》总则编
《民法通则》第22条 被宣告失踪的人重新出现或者确知他的下落,经本人或者利害关系人申请,人民法院应当撤销对他的失踪宣告。	**第45条** 失踪人重新出现,经本人或者利害关系人申请,人民法院应当撤销失踪宣告。 **失踪人重新出现,有权请求财产代管人及时移交有关财产并报告财产代管情况。**
《民法通则》第23条第1款 公民有下列情形之一的,利害关系人可以向人民法院申请宣告他死亡: (一)下落不明满四年的; (二)因意外事故下落不明,从事故发生之日起满二年的。 **《民事诉讼法》第191条** 公民下落不明满四年,或者因意外事件下落不明满二年,或者因意外事件下落不明,经有关机关证明该公民不可能生存,利害关系人申请宣告其死亡的,向下落不明人住所地基层人民法院提出。 申请书应当写明下落不明的事实、时间和请求,并附有公安机关或者其他有关机关关于该公民下落不明的书面证明。 **《民法通则》第23条第2款** 战争期间下落不明的,下落不明的时间从战争结束之日起计算。	**第46条** 自然人有下列情形之一的,利害关系人可以向人民法院申请宣告该自然人死亡: (一)下落不明满四年; (二)因意外事件,下落不明满二年。 因意外事件下落不明,经有关机关证明该自然人不可能生存的,申请宣告死亡不受二年时间的限制。 **《民法典总则编解释》第16条** 人民法院审理宣告死亡案件时,被申请人的配偶、父母、子女,以及依据民法典第一千一百二十九条规定对被申请人有继承权的亲属应当认定为民法典第四十六条规定的利害关系人。 符合下列情形之一的,被申请人的其他近亲属,以及依据民法典第一千一百二十八条规定对被申请人有继承权的亲属应当认定为民法典第四十六条规定的利害关系人: (一)被申请人的配偶、父母、子女均已死亡或者下落不明的; (二)不申请宣告死亡不能保护其相应合法权益的。 被申请人的债权人、债务人、合伙人等民事主体不能认定为民法典第四十六条规定的利害关系人,但是不申请宣告死亡不能保护其相应合法权益的除外。 **《民法典总则编解释》第17条** 自然人在战争期间下落不明的,利害关系人申请宣告死亡的期间适用民法典第四十六条第一款第一项的规定,自战争结束之日或者有关机关确定的下落不明之日起计算。

续表

相关条文	《民法典》总则编
《民通意见》第29条 宣告失踪不是宣告死亡的必经程序。公民下落不明,符合申请宣告死亡的条件,利害关系人可以不经申请宣告失踪而直接申请宣告死亡。但利害关系人只申请宣告失踪的,应当宣告失踪;~~同一顺序的~~利害关系人,有的申请宣告死亡,有的不同意宣告死亡,则应当宣告死亡。	**第47条** 对同一自然人,有的利害关系人申请宣告死亡,有的利害关系人申请宣告失踪,符合本法规定的宣告死亡条件的,人民法院应当宣告死亡。
《民通意见》第36条第1款 被宣告死亡的人,判决宣告之日为其死亡的日期。判决书除发给申请人外,还应当在被宣告死亡的人住所地和人民法院所在地公告。	**第48条** 被宣告死亡的人,人民法院宣告死亡的判决作出之日视为其死亡的日期;**因意外事件下落不明宣告死亡的,意外事件发生之日视为其死亡的日期**。
《民法通则》第24条第2款 有民事行为能力人在被宣告死亡期间实施的民事法律行为有效。	**第49条** 自然人被宣告死亡但是并未死亡的,不影响该自然人在被宣告死亡期间实施的民事法律行为的效力。
《民法通则》第24条第1款 被宣告死亡的人重新出现或者确知他没有死亡,经本人或者利害关系人申请,人民法院应当撤销对他的死亡宣告。 **《民事诉讼法》第193条** 被宣告失踪、宣告死亡的公民重新出现,经本人或者利害关系人申请,人民法院应当作出新判决,撤销原判决。	**第50条** 被宣告死亡的人重新出现,经本人或者利害关系人申请,人民法院应当撤销死亡宣告。
《民通意见》第37条 被宣告死亡的人与配偶的婚姻关系,自死亡宣告之日起消灭。死亡宣告被人民法院撤销,如果其配偶尚未再婚的,夫妻关系从撤销死亡宣告之日起自行恢复;如果其配偶再婚后又离婚或者再婚后配偶又死亡的,则不得认定夫妻关系自行恢复。	**第51条** 被宣告死亡的人的婚姻关系,自死亡宣告之日起消除。死亡宣告被撤销的,婚姻关系自撤销死亡宣告之日起自行恢复。但是,其配偶再婚**或者向婚姻登记机关书面声明不愿意恢复的**除外。

续表

相关条文	《民法典》总则编
《民通意见》第38条 被宣告死亡的人在被宣告死亡期间，其子女被他人依法收养，被宣告死亡的人在死亡宣告被撤销后，仅以未经本人同意而主张收养关系无效的，一般不应准许，但收养人和被收养人同意的除外。	**第52条** 被宣告死亡的人在被宣告死亡期间，其子女被他人依法收养的，在死亡宣告被撤销后，不得以未经本人同意为由主张收养行为无效。
《民法通则》第25条 被撤销死亡宣告的人有权请求返还财产。依照继承法取得他的财产的公民或者组织，应当返还原物；原物不存在的，给予适当补偿。 **《民通意见》第39条** 利害关系人隐瞒真实情况使他人被宣告死亡而取得其财产的，除应返还原物及孳息外，还应对造成的损失予以赔偿。	**第53条** 被撤销死亡宣告的人有权请求依照本法第六编取得其财产的民事主体返还财产；无法返还的，应当给予适当补偿。 利害关系人隐瞒真实情况，致使他人被宣告死亡而取得其财产的，除应当返还财产外，还应当对由此造成的损失承担赔偿责任。
	第二章　自然人 第四节　个体工商户和农村承包经营户
《民法通则》第26条 公民在法律允许的范围内，依法经核准登记，从事工商业经营的，为个体工商户。个体工商户可以起字号。	**第54条** 自然人从事工商业经营，经依法登记，为个体工商户。个体工商户可以起字号。
《民法通则》第27条 农村集体经济组织的成员，在法律允许的范围内，按照承包合同规定从事商品经营的，为农村承包经营户。	**第55条** 农村集体经济组织的成员，依法取得农村土地承包经营权，从事家庭承包经营的，为农村承包经营户。
《民法通则》第29条 个体工商户、农村承包经营户的债务，个人经营的，以个人财产承担；家庭经营的，以家庭财产承担。	**第56条** 个体工商户的债务，个人经营的，以个人财产承担；家庭经营的，以家庭财产承担；**无法区分的，以家庭财产承担。** **农村承包经营户的债务，以从事农村土地承包经营的农户财产承担；事实上由农户部分成员经营的，以该部分成员的财产承担。**

续表

相关条文	《民法典》总则编
	第三章　法人 第一节　一般规定
《民法通则》第 36 条第 1 款　法人是具有民事权利能力和民事行为能力,依法独立享有民事权利和承担民事义务的组织。	**第 57 条**　法人是具有民事权利能力和民事行为能力,依法独立享有民事权利和承担民事义务的组织。
《民法通则》第 37 条　法人应当具备下列条件: (一)依法成立; (二)有必要的财产或者经费; (三)有自己的名称、组织机构和场所; (四)能够独立承担民事责任。 **《公司法》第 6 条第 2 款**　法律、行政法规规定设立公司必须报经批准的,应当在公司登记前依法办理批准手续。	**第 58 条**　法人应当依法成立。 法人应当有自己的名称、组织机构、住所、财产或者经费。**法人成立的具体条件和程序,依照法律、行政法规的规定。** 设立法人,法律、行政法规规定须经有关机关批准的,依照其规定。
《民法通则》第 36 条第 2 款　法人的民事权利能力和民事行为能力,从法人成立时产生,到法人终止时消灭。	**第 59 条**　法人的民事权利能力和民事行为能力,从法人成立时产生,到法人终止时消灭。
《公司法》第 3 条第 1 款　公司是企业法人,有独立的法人财产,享有法人财产权。公司以其全部财产对公司的债务承担责任。	**第 60 条**　法人以其全部财产独立承担民事责任。
《民法通则》第 38 条　依照法律或者法人组织章程规定,代表法人行使职权的负责人,是法人的法定代表人。 **《民法通则》第 43 条**　企业法人对它的法定代表人和其他工作人员的经营活动,承担民事责任。	**第 61 条**　依照法律或者法人章程的规定,代表法人从事民事活动的负责人,为法人的法定代表人。 法定代表人以法人名义从事的民事活动,其法律后果由法人承受。 **法人章程或者法人权力机构对法定代表人代表权的限制,不得对抗善意相对人。**

续表

相关条文	《民法典》总则编
《民通意见》第58条 企业法人的法定代表人和其他工作人员，以法人名义从事的经营活动，给他人造成经济损失的，企业法人应当承担民事责任。 **《人身损害解释(2003)》第8条** 法人或者其他组织的法定代表人、负责人以及工作人员，在执行职务中致人损害的，依照民法通则第一百二十一条的规定，由该法人或者其他组织承担民事责任。上述人员实施与职务无关的行为致人损害的，应当由行为人承担赔偿责任。 属于《国家赔偿法》赔偿事由的，依照《国家赔偿法》的规定处理。	**第62条** 法定代表人因执行职务造成他人损害的，由法人承担民事责任。 **法人承担民事责任后，依照法律或者法人章程的规定，可以向有过错的法定代表人追偿。**
《民法通则》第39条 法人以它的主要办事机构所在地为住所。 **《公司法》第10条** 公司以其主要办事机构所在地为住所。	**第63条** 法人以其主要办事机构所在地为住所。**依法需要办理法人登记的，应当将主要办事机构所在地登记为住所。**
《民法通则》第44条第1款 企业法人分立、合并或者有其他重要事项变更，应当向登记机关办理登记并公告。 **《公司法》第7条第3款** 公司营业执照记载的事项发生变更的，公司应当依法办理变更登记，由公司登记机关换发营业执照。	**第64条** 法人存续期间登记事项发生变化的，应当依法向登记机关申请变更登记。
《公司法》第32条第3款 公司应当将股东的姓名或者名称向公司登记机关登记；登记事项发生变更的，应当办理变更登记。未经登记或者变更登记的，不得对抗第三人。	**第65条** 法人的实际情况与登记的事项不一致的，不得对抗善意相对人。

续表

相关条文	《民法典》总则编
	第66条 登记机关应当依法及时公示法人登记的有关信息。
《民法通则》第44条第2款 企业法人分立、合并,它的权利和义务由变更后的法人享有和承担。 **《公司法》第174条** 公司合并时,合并各方的债权、债务,应当由合并后存续的公司或者新设的公司承继。 **《公司法》第176条** 公司分立前的债务由分立后的公司承担连带责任。但是,公司在分立前与债权人就债务清偿达成的书面协议另有约定的除外。	**第67条** 法人合并的,其权利和义务由合并后的法人享有和承担。 法人分立的,其权利和义务由分立后的法人享有连带债权,承担连带债务,但是债权人和债务人另有约定的除外。
《民法通则》第45条 企业法人由于下列原因之一终止: (一)依法被撤销; (二)解散; (三)依法宣告破产; (四)其他原因。	**第68条** 有下列原因之一**并依法完成清算、注销登记的,**法人终止: (一)法人解散; (二)法人被宣告破产; (三)法律规定的其他原因。 **法人终止,法律、行政法规规定须经有关机关批准的,依照其规定。**
《公司法》第180条 公司因下列原因解散: (一)公司章程规定的营业期限届满或者公司章程规定的其他解散事由出现; (二)股东会或者股东大会决议解散; (三)因公司合并或者分立需要解散; (四)依法被吊销营业执照、责令关闭或者被撤销; (五)人民法院依照本法第一百八十二条的规定予以解散。	**第69条** 有下列情形之一的,法人解散: (一)法人章程规定的存续期间届满或者法人章程规定的其他解散事由出现; (二)法人的权力机构决议解散; (三)因法人合并或者分立需要解散; (四)法人依法被吊销营业执照、**登记证书,**被责令关闭或者被撤销; **(五)法律规定的其他情形。**

续表

相关条文	《民法典》总则编
《民法通则》第 47 条　企业法人解散，应当成立清算组织，进行清算。企业法人被撤销、被宣告破产的，应当由主管机关或者人民法院组织有关机关和有关人员成立清算组织，进行清算。	第 70 条　法人解散的，除合并或者分立的情形外，清算义务人应当及时组成清算组进行清算。 法人的董事、理事等执行机构或者决策机构的成员为清算义务人。法律、行政法规另有规定的，依照其规定。 清算义务人未及时履行清算义务，造成损害的，应当承担民事责任；主管机关或者利害关系人可以申请人民法院指定有关人员组成清算组进行清算。
	第 71 条　法人的清算程序和清算组职权，依照有关法律的规定；没有规定的，参照适用公司法律的有关规定。
《民法通则》第 40 条　法人终止，应当依法进行清算，停止清算范围外的活动。 《民法通则》第 46 条　企业法人终止，应当向登记机关办理注销登记并公告。	第 72 条　清算期间法人存续，但是不得从事与清算无关的活动。 法人清算后的剩余财产，按照法人章程的规定或者法人权力机构的决议处理。法律另有规定的，依照其规定。 清算结束并完成法人注销登记时，法人终止；依法不需要办理法人登记的，清算结束时，法人终止。
《公司法》第 188 条　公司清算结束后，清算组应当制作清算报告，报股东会、股东大会或者人民法院确认，并报送公司登记机关，申请注销公司登记，公告公司终止。	第 73 条　法人被宣告破产的，依法进行破产清算并完成法人注销登记时，法人终止。
《公司法》第 14 条第 1 款　公司可以设立分公司。设立分公司，应当向公司登记机关申请登记，领取营业执照。分公司不具有法人资格，其民事责任由公司承担。	第 74 条　法人可以依法设立分支机构。法律、行政法规规定分支机构应当登记的，依照其规定。 分支机构以自己的名义从事民事活动，产生的民事责任由法人承担；也可以先以该分支机构管理的财产承担，不足以承担的，由法人承担。

续表

相关条文	《民法典》总则编
《公司法解释(三)》第2条 发起人为设立公司以自己名义对外签订合同,合同相对人请求该发起人承担合同责任的,人民法院应予支持。 公司成立后对前款规定的合同予以确认,或者已经实际享有合同权利或者履行合同义务,合同相对人请求公司承担合同责任的,人民法院应予支持。 **《公司法解释(三)》第3条第1款** 发起人以设立中公司名义对外签订合同,公司成立后合同相对人请求公司承担合同责任的,人民法院应予支持。 **《公司法解释(三)》第4条第1款** 公司因故未成立,债权人请求全体或者部分发起人对设立公司行为所产生的费用和债务承担连带清偿责任的,人民法院应予支持。 **《公司法解释(三)》第5条第1款** 发起人因履行公司设立职责造成他人损害,公司成立后受害人请求公司承担侵权赔偿责任的,人民法院应予支持;公司未成立,受害人请求全体发起人承担连带赔偿责任的,人民法院应予支持。	**第75条** 设立人为设立法人从事的民事活动,其法律后果由法人承受;法人未成立的,其法律后果由设立人承受,设立人为二人以上的,享有连带债权,承担连带债务。 **设立人为设立法人以自己的名义从事民事活动产生的民事责任,第三人有权选择请求法人或者设立人承担。**
	第三章 法人 第二节 营利法人
	第76条 以取得利润并分配给股东等出资人为目的成立的法人,为营利法人。 **营利法人包括有限责任公司、股份有限公司和其他企业法人等。**

续表

相关条文	《民法典》总则编
《公司法》第 6 条第 1 句　设立公司，应当依法向公司登记机关申请设立登记。	**第 77 条**　营利法人经依法登记成立。
《公司法》第 7 条第 1 款　依法设立的公司，由公司登记机关发给公司营业执照。公司营业执照签发日期为公司成立日期。	**第 78 条**　依法设立的营利法人，由登记机关发给营利法人营业执照。营业执照签发日期为营利法人的成立日期。
《公司法》第 11 条第 1 句　设立公司必须依法制定公司章程。	**第 79 条**　设立营利法人应当依法制定法人章程。
《公司法》第 36 条　有限责任公司股东会由全体股东组成。股东会是公司的权力机构，依照本法行使职权。 **《公司法》第 98 条**　股份有限公司股东大会由全体股东组成。股东大会是公司的权力机构，依照本法行使职权。	**第 80 条**　营利法人应当设权力机构。 **权力机构行使修改法人章程，选举或者更换执行机构、监督机构成员，以及法人章程规定的其他职权。**
	第 81 条　营利法人应当设执行机构。 **执行机构行使召集权力机构会议，决定法人的经营计划和投资方案，决定法人内部管理机构的设置，以及法人章程规定的其他职权。** **执行机构为董事会或者执行董事的，董事长、执行董事或者经理按照法人章程的规定担任法定代表人；未设董事会或者执行董事的，法人章程规定的主要负责人为其执行机构和法定代表人。**
	第 82 条　营利法人设监事会或者监事等监督机构的，监督机构依法行使检查法人财务，监督执行机构成员、高级管理人员执行法人职务的行为，以及法人章程规定的其他职权。

续表

相关条文	《民法典》总则编
《公司法》第 20 条 公司股东应当遵守法律、行政法规和公司章程,依法行使股东权利,不得滥用股东权利损害公司或者其他股东的利益;不得滥用公司法人独立地位和股东有限责任损害公司债权人的利益。 公司股东滥用股东权利给公司或者其他股东造成损失的,应当依法承担赔偿责任。 公司股东滥用公司法人独立地位和股东有限责任,逃避债务,严重损害公司债权人利益的,应当对公司债务承担连带责任。	**第 83 条** 营利法人的出资人不得滥用出资人权利损害法人或者其他出资人的利益;滥用出资人权利造成法人或者其他出资人损失的,应当依法承担民事责任。 营利法人的出资人不得滥用法人独立地位和出资人有限责任损害法人债权人的利益;滥用法人独立地位和出资人有限责任,逃避债务,严重损害法人债权人的利益的,应当对法人债务承担连带责任。
《公司法》第 21 条 公司的控股股东、实际控制人、董事、监事、高级管理人员不得利用其关联关系损害公司利益。 违反前款规定,给公司造成损失的,应当承担赔偿责任。	**第 84 条** 营利法人的控股出资人、实际控制人、董事、监事、高级管理人员不得利用其关联关系损害法人的利益;利用关联关系造成法人损失的,应当承担赔偿责任。
《公司法》第 22 条第 2 款 股东会或者股东大会、董事会的会议召集程序、表决方式违反法律、行政法规或者公司章程,或者决议内容违反公司章程的,股东可以自决议作出之日起六十日内,请求人民法院撤销。 **《公司法解释(四)》第 4 条** 股东请求撤销股东会或者股东大会、董事会决议,符合民法典第八十五条、公司法第二十二条第二款规定的,人民法院应当予以支持,但会议召集程序或者表决方式仅有轻微瑕疵,且对决议未产生实质影响的,人民法院不予支持。	**第 85 条** 营利法人的权力机构、执行机构作出决议的会议召集程序、表决方式违反法律、行政法规、法人章程,或者决议内容违反法人章程的,营利法人的出资人可以请求人民法院撤销该决议。但是,营利法人依据该决议与善意相对人形成的民事法律关系不受影响。

续表

相关条文	《民法典》总则编
《公司法解释(四)》第6条　股东会或者股东大会、董事会决议被人民法院判决确认无效或者撤销的,公司依据该决议与善意相对人形成的民事法律关系不受影响。	
《公司法》第5条第1款　公司从事经营活动,必须遵守法律、行政法规,遵守社会公德、商业道德,诚实守信,接受政府和社会公众的监督,承担社会责任。	**第86条**　营利法人从事经营活动,应当遵守商业道德,**维护交易安全**,接受政府和社会的监督,承担社会责任。
	第三章　法人 第三节　非营利法人
	第87条　为公益目的或者其他非营利目的成立,不向出资人、设立人或者会员分配所取得利润的法人,为非营利法人。 **非营利法人包括事业单位、社会团体、基金会、社会服务机构等。**
《民法通则》第50条第2款　具备法人条件的事业单位、社会团体,依法不需要办理法人登记的,从成立之日起,具有法人资格;依法需要办理法人登记的,经核准登记,取得法人资格。	**第88条**　具备法人条件,**为适应经济社会发展需要,提供公益服务设立**的事业单位,经依法登记成立,取得事业单位法人资格;依法不需要办理法人登记的,从成立之日起,具有事业单位法人资格。
	第89条　事业单位法人设理事会的,除法律另有规定外,理事会为其决策机构。事业单位法人的法定代表人依照法律、行政法规或者法人章程的规定产生。
《民法通则》第50条第2款　具备法人条件的事业单位、社会团体,依法不需要办理法人登记的,从成立之日起,具有法人资格;依法需要办理法人登记的,经核准登记,取得法人资格。	**第90条**　具备法人条件,**基于会员共同意愿,为公益目的或者会员共同利益等非营利目的设立的**社会团体,经依法登记成立,取得社会团体法人资格;依法不需要办理法人登记的,从成立之日起,具有社会团体法人资格。

续表

相关条文	《民法典》总则编
	第91条 设立社会团体法人应当依法制定法人章程。 社会团体法人应当设会员大会或者会员代表大会等权力机构。 社会团体法人应当设理事会等执行机构。理事长或者会长等负责人按照法人章程的规定担任法定代表人。
《慈善法》第10条 设立慈善组织,应当向县级以上人民政府民政部门申请登记,民政部门应当自受理申请之日起三十日内作出决定。符合本法规定条件的,准予登记并向社会公告;不符合本法规定条件的,不予登记并书面说明理由。 本法公布前已经设立的基金会、社会团体、社会服务机构等非营利性组织,可以向其登记的民政部门申请认定为慈善组织,民政部门应当自受理申请之日起二十日内作出决定。符合慈善组织条件的,予以认定并向社会公告;不符合慈善组织条件的,不予认定并书面说明理由。 有特殊情况需要延长登记或者认定期限的,报经国务院民政部门批准,可以适当延长,但延长的期限不得超过六十日。	**第92条** 具备法人条件,为公益目的以捐助财产设立的基金会、社会服务机构等,经依法登记成立,取得捐助法人资格。 依法设立的宗教活动场所,具备法人条件的,可以申请法人登记,取得捐助法人资格。法律、行政法规对宗教活动场所有规定的,依照其规定。
《慈善法》第12条 慈善组织应当根据法律法规以及章程的规定,建立健全内部治理结构,明确决策、执行、监督等方面的职责权限,开展慈善活动。 慈善组织应当执行国家统一的会计制度,依法进行会计核算,建立健全会计监督制度,并接受政府有关部门的监督管理。	**第93条** 设立捐助法人应当依法制定法人章程。 捐助法人应当设理事会、民主管理组织等决策机构,并设执行机构。理事长等负责人按照法人章程的规定担任法定代表人。 捐助法人应当设监事会等监督机构。

续表

相关条文	《民法典》总则编
《公益事业捐赠法》第 21 条 捐赠人有权向受赠人查询捐赠财产的使用、管理情况，并提出意见和建议。对于捐赠人的查询，受赠人应当如实答复。	**第 94 条** 捐助人有权向捐助法人查询捐助财产的使用、管理情况，并提出意见和建议，捐助法人应当及时、如实答复。 **捐助法人的决策机构、执行机构或者法定代表人作出决定的程序违反法律、行政法规、法人章程，或者决定内容违反法人章程的，捐助人等利害关系人或者主管机关可以请求人民法院撤销该决定。但是，捐助法人依据该决定与善意相对人形成的民事法律关系不受影响。**
《慈善法》第 18 条第 1 款、第 3 款 慈善组织终止，应当进行清算。 慈善组织清算后的剩余财产，应当按照慈善组织章程的规定转给宗旨相同或者相近的慈善组织；章程未规定的，由民政部门主持转给宗旨相同或者相近的慈善组织，并向社会公告。	**第 95 条** **为公益目的成立的非营利法人终止时，不得向出资人、设立人或者会员分配剩余财产。**剩余财产应当按照法人章程的规定或者权力机构的决议用于公益目的；无法按照法人章程的规定或者权力机构的决议处理的，由主管机关主持转给宗旨相同或者相近的法人，并向社会公告。
	第三章　法人 第四节　特别法人
	第 96 条 **本节规定的机关法人、农村集体经济组织法人、城镇农村的合作经济组织法人、基层群众性自治组织法人，为特别法人。**
《民法通则》第 50 条第 1 款 有独立经费的机关从成立之日起，具有法人资格。	**第 97 条** 有独立经费的机关**和承担行政职能的法定机构**从成立之日起，具有机关法人资格，**可以从事为履行职能所需要的民事活动。**
《国家赔偿法》第 7 条第 5 款 赔偿义务机关被撤销的，继续行使其职权的行政机关为赔偿义务机关；没有继续行使其职权的行政机关的，撤销该赔偿义务机关的行政机关为赔偿义务机关。	**第 98 条** 机关法人被撤销的，法人终止，其民事权利和义务由继任的机关法人享有和承担；没有继任的机关法人的，由作出撤销决定的机关法人享有和承担。

续表

相关条文	《民法典》总则编
	第 99 条 农村集体经济组织依法取得法人资格。 **法律、行政法规对农村集体经济组织有规定的，依照其规定。**
	第 100 条 城镇农村的合作经济组织依法取得法人资格。 **法律、行政法规对城镇农村的合作经济组织有规定的，依照其规定。**
《城市居民委员会组织法》第 2 条第 1 款 居民委员会是居民自我管理、自我教育、自我服务的基层群众性自治组织。 **《村民委员会组织法》第 2 条** 村民委员会是村民自我管理、自我教育、自我服务的基层群众性自治组织，实行民主选举、民主决策、民主管理、民主监督。 村民委员会办理本村的公共事务和公益事业，调解民间纠纷，协助维护社会治安，向人民政府反映村民的意见、要求和提出建议。 村民委员会向村民会议，村民代表会议负责并报告工作。	**第 101 条 居民委员会、村民委员会具有基层群众性自治组织法人资格，可以从事为履行职能所需要的民事活动。** **未设立村集体经济组织的，村民委员会可以依法代行村集体经济组织的职能。**
	第四章 非法人组织
	第 102 条 非法人组织是不具有法人资格，但是能够依法以自己的名义从事民事活动的组织。 **非法人组织包括个人独资企业、合伙企业、不具有法人资格的专业服务机构等。**
《民法通则》第 33 条 个人合伙可以起字号，依法经核准登记，在核准登记的经营范围内从事经营。	**第 103 条 非法人组织应当依照法律的规定登记。** **设立非法人组织，法律、行政法规规定须经有关机关批准的，依照其规定。**

续表

相关条文	《民法典》总则编
《民法通则》第35条　合伙的债务,由合伙人按照出资比例或者协议的约定,以各自的财产承担清偿责任。 合伙人对合伙的债务承担连带责任,法律另有规定的除外。偿还合伙债务超过自己应当承担数额的合伙人,有权向其他合伙人追偿。 **《合伙企业法》第2条第2款**　普通合伙企业由普通合伙人组成,合伙人对合伙企业债务承担无限连带责任。本法对普通合伙人承担责任的形式有特别规定的,从其规定。 **《合伙企业法》第2条第3款**　有限合伙企业由普通合伙人和有限合伙人组成,普通合伙人对合伙企业债务承担无限连带责任,有限合伙人以其认缴的出资额为限对合伙企业债务承担责任。 **《个人独资企业法》第2条**　本法所称个人独资企业,是指依照本法在中国境内设立,由一个自然人投资,财产为投资人个人所有,投资人以其个人财产对企业债务承担无限责任的经营实体。	**第104条　非法人组织的财产不足以清偿债务的,其出资人或者设立人承担无限责任。法律另有规定的,依照其规定。**
《民法通则》第34条　个人合伙的经营活动,由合伙人共同决定,合伙人有执行和监督的权利。 合伙人可以推举负责人。合伙负责人和其他人员的经营活动,由全体合伙人承担民事责任。	**第105条　非法人组织可以确定一人或者数人代表该组织从事民事活动。**

续表

相关条文	《民法典》总则编
	第 106 条 有下列情形之一的，非法人组织解散： **（一）章程规定的存续期间届满或者章程规定的其他解散事由出现；** **（二）出资人或者设立人决定解散；** **（三）法律规定的其他情形。**
	第 107 条 非法人组织解散的，应当依法进行清算。
	第 108 条 非法人组织除适用本章规定外，参照适用本编第三章第一节的有关规定。
	第五章 民事权利
《民法通则》第 101 条 公民、法人享有名誉权，公民的人格尊严受法律保护，禁止用侮辱、诽谤等方式损害公民、法人的名誉。	**第 109 条** 自然人的**人身自由**、人格尊严受法律保护。
《民法通则》第 98 条 公民享有生命健康权。 **《民法通则》第 99 条** 公民享有姓名权，有权决定、使用和依照规定改变自己的姓名，禁止他人干涉、盗用、假冒。 法人、个体工商户、个人合伙享有名称权。企业法人、个体工商户、个人合伙有权使用、依法转让自己的名称。 **《民法通则》第 100 条** 公民享有肖像权，未经本人同意，不得以营利为目的使用公民的肖像。 **《民法通则》第 101 条** 公民、法人享有名誉权，公民的人格尊严受法律保护，禁止用侮辱、诽谤等方式损害公民、法人的名誉。 **《民法通则》第 102 条** 公民、法人享有荣誉权，禁止非法剥夺公民、法人的荣誉称号。	**第 110 条** 自然人享有生命权、**身体权**、健康权、姓名权、肖像权、名誉权、荣誉权、**隐私权**、婚姻自主权**等权利**。 法人、**非法人组织**享有名称权、名誉权和荣誉权。

续表

相关条文	《民法典》总则编
《民法通则》第 103 条 公民享有婚姻自主权,禁止买卖、包办婚姻和其他干涉婚姻自由的行为。	
《个人信息保护法》第 2 条 自然人的个人信息受法律保护,任何组织、个人不得侵害自然人的个人信息权益。 **《个人信息保护法》第 5 条** 处理个人信息应当遵循合法、正当、必要和诚信原则,不得通过误导、欺诈、胁迫等方式处理个人信息。 **《个人信息保护法》第 9 条** 个人信息处理者应当对其个人信息处理活动负责,并采取必要措施保障所处理的个人信息的安全。 **《个人信息保护法》第 10 条** 任何组织、个人不得非法收集、使用、加工、传输他人个人信息,不得非法买卖、提供或者公开他人个人信息;不得从事危害国家安全、公共利益的个人信息处理活动。	**第 111 条 自然人的个人信息受法律保护。任何组织或者个人需要获取他人个人信息的,应当依法取得并确保信息安全,不得非法收集、使用、加工、传输他人个人信息,不得非法买卖、提供或者公开他人个人信息。**
	第 112 条 自然人因婚姻家庭关系等产生的人身权利受法律保护。
《民法通则》第 75 条第 2 款 公民的合法财产受法律保护,禁止任何组织或者个人侵占、哄抢、破坏或者非法查封、扣押、冻结、没收。	**第 113 条** 民事主体的财产权利受法律平等保护。
《物权法》第 2 条第 3 款 本法所称物权,是指权利人依法对特定的物享有直接支配和排他的权利,包括所有权、用益物权和担保物权。	**第 114 条 民事主体依法享有物权。** 物权是权利人依法对特定的物享有直接支配和排他的权利,包括所有权、用益物权和担保物权。

续表

相关条文	《民法典》总则编
《物权法》第2条第2款 本法所称物,包括不动产和动产。法律规定权利作为物权客体的,依照其规定。	**第115条** 物包括不动产和动产。法律规定权利作为物权客体的,依照其规定。
《物权法》第5条 物权的种类和内容,由法律规定。	**第116条** 物权的种类和内容,由法律规定。
《物权法》第42条第1款 为了公共利益的需要,依照法律规定的权限和程序可以征收集体所有的土地和单位、个人的房屋及其他不动产。 **《物权法》第42条第3款** 征收单位、个人的房屋及其他不动产,应当依法给予拆迁补偿,维护被征收人的合法权益;征收个人住宅的,还应当保障被征收人的居住条件。 **《物权法》第44条** 因抢险、救灾等紧急需要,依照法律规定的权限和程序可以征用单位、个人的不动产或者动产。被征用的不动产或者动产使用后,应当返还被征用人。单位、个人的不动产或者动产被征用或者征用后毁损、灭失的,应当给予补偿。	**第117条** 为了公共利益的需要,依照法律规定的权限和程序征收、征用不动产或者动产的,应当给予公平、合理的补偿。
	第118条 民事主体依法享有债权。 **债权是因合同、侵权行为、无因管理、不当得利以及法律的其他规定,权利人请求特定义务人为或者不为一定行为的权利。**
《合同法》第8条第1款第1句 依法成立的合同,对当事人具有法律约束力。	**第119条** 依法成立的合同,对当事人具有法律约束力。

续表

相关条文	《民法典》总则编
《侵权责任法》第 2 条第 1 款 侵害民事权益,应当依照本法承担侵权责任。 **《侵权责任法》第 3 条**　被侵权人有权请求侵权人承担侵权责任。	**第 120 条**　民事权益受到侵害的,被侵权人有权请求侵权人承担侵权责任。
《民法通则》第 93 条　没有法定的或者约定的义务,为避免他人利益受损失进行管理或者服务的,有权要求受益人偿付由此而支付的必要费用。	**第 121 条**　没有法定的或者约定的义务,为避免他人利益受损失而进行管理的人,有权请求受益人偿还由此支出的必要费用。
《民法通则》第 92 条　没有合法根据,取得不当利益,造成他人损失的,应当将取得的不当利益返还受损失的人。	**第 122 条**　因他人没有法律根据,取得不当利益,受损失的人有权请求其返还不当利益。
《民法通则》第 94 条　公民、法人享有著作权(版权),依法有署名、发表、出版、获得报酬等权利。 **《民法通则》第 95 条**　公民、法人依法取得的专利权受法律保护。 **《民法通则》第 96 条**　法人、个体工商户、个人合伙依法取得的商标专用权受法律保护。 **《民法通则》第 97 条**　~~公民对自己的发现享有发现权。发现人有权申请领取发现证书、奖金或者其他奖励。~~ 公民对自己的发明或者其他科技成果,有权申请领取荣誉证书、奖金或者其他奖励。	**第 123 条　民事主体依法享有知识产权。** **知识产权是权利人依法就下列客体享有的专有的权利:** **(一)作品;** **(二)发明、实用新型、外观设计;** **(三)商标;** **(四)地理标志;** **(五)商业秘密;** **(六)集成电路布图设计;** **(七)植物新品种;** **(八)法律规定的其他客体。**
《民法通则》第 76 条　公民依法享有财产继承权。	**第 124 条**　自然人依法享有继承权。 **自然人合法的私有财产,可以依法继承。**
	第 125 条　民事主体依法享有股权和其他投资性权利。

续表

相关条文	《民法典》总则编
	第 126 条　民事主体享有法律规定的其他民事权利和利益。
	第 127 条　法律对数据、网络虚拟财产的保护有规定的，依照其规定。
《民法通则》第 104 条　婚姻、家庭、老人、母亲和儿童受法律保护。 残疾人的合法权益受法律保护。	**第 128 条　法律对未成年人、老年人、残疾人、妇女、消费者等的民事权利保护有特别规定的，依照其规定。**
	第 129 条　民事权利可以依据民事法律行为、事实行为、法律规定的事件或者法律规定的其他方式取得。
	第 130 条　民事主体按照自己的意愿依法行使民事权利，不受干涉。
	第 131 条　民事主体行使权利时，应当履行法律规定的和当事人约定的义务。
	第 132 条　民事主体不得滥用民事权利损害国家利益、社会公共利益或者他人合法权益。 **《民法典总则编解释》第 3 条**　对于民法典第一百三十二条所称的滥用民事权利，人民法院可以根据权利行使的对象、目的、时间、方式、造成当事人之间利益失衡的程度等因素作出认定。 行为人以损害国家利益、社会公共利益、他人合法权益为主要目的行使民事权利的，人民法院应当认定构成滥用民事权利。 构成滥用民事权利的，人民法院应当认定该滥用行为不发生相应的法律效力。滥用民事权利造成损害的，依照民法典第七编等有关规定处理。
	第六章　民事法律行为 第一节　一般规定
《民法通则》第 54 条　民事法律行为是公民或者法人设立、变更、终止民事权利和民事义务的合法行为。	**第 133 条**　民事法律行为是民事主体通过意思表示设立、变更、终止民事法律关系的行为。

续表

相关条文	《民法典》总则编
	第 134 条　民事法律行为可以基于双方或者多方的意思表示一致成立,也可以基于单方的意思表示成立。 **法人、非法人组织依照法律或者章程规定的议事方式和表决程序作出决议的,该决议行为成立。**
《民法通则》第 56 条　民事法律行为可以采用书面形式、口头形式或者其他形式。法律规定用特定形式的,应当依照法律规定。 **《合同法》第 10 条**　当事人订立合同,有书面形式、口头形式和其他形式。 法律、行政法规规定采用书面形式的,应当采用书面形式。当事人约定采用书面形式的,应当采用书面形式。 **《合同法解释(二)》第 2 条**　当事人未以书面形式或者口头形式订立合同,但从双方从事的民事行为能够推定双方有订立合同意愿的,人民法院可以认定是以合同法第十条第一款中的“其他形式”订立的合同。但法律另有规定的除外。	**第 135 条**　民事法律行为可以采用书面形式、口头形式或者其他形式;法律、行政法规规定或者当事人约定采用特定形式的,应当采用特定形式。 **《民法典总则编解释》第 18 条**　当事人未采用书面形式或者口头形式,但是实施的行为本身表明已经作出相应意思表示,**并符合民事法律行为成立条件的,**人民法院可以认定为民法典第一百三十五条规定的采用其他形式实施的民事法律行为。
《民法通则》第 57 条　民事法律行为从成立时起具有法律约束力。行为人非依法律规定或者取得对方同意,不得擅自变更或者解除。	**第 136 条**　民事法律行为自成立时生效,**但是法律另有规定或者当事人另有约定的除外。** 行为人非依法律规定或者未经对方同意,不得擅自变更或者解除民事法律行为。
	第六章　民事法律行为 第二节　意思表示

续表

相关条文	《民法典》总则编
《合同法》第16条 要约到达受要约人时生效。 采用数据电文形式订立合同,收件人指定特定系统接收数据电文的,该数据电文进入该特定系统的时间,视为到达时间;未指定特定系统的,该数据电文进入收件人的任何系统的首次时间,视为到达时间。	**第137条 以对话方式作出的意思表示,相对人知道其内容时生效。** 以非对话方式作出的意思表示,到达相对人时生效。以非对话方式作出的采用数据电文形式的意思表示,相对人指定特定系统接收数据电文的,该数据电文进入该特定系统时生效;未指定特定系统的,**相对人知道或者应当知道**该数据电文进入其系统时生效。**当事人对采用数据电文形式的意思表示的生效时间另有约定的,按照其约定。** 《民法典总则编解释》第29条 法定代理人、被代理人依据民法典第一百四十五条、第一百七十一条的规定向相对人作出追认的意思表示的,人民法院应当依据民法典第一百三十七条的规定确认其追认意思表示的生效时间。
	第138条 无相对人的意思表示,表示完成时生效。法律另有规定的,依照其规定。
	第139条 以公告方式作出的意思表示,公告发布时生效。
《民通意见》第66条 一方当事人向对方当事人提出民事权利的要求,对方未用语言或者文字明确表示意见,但其行为表明已接受的,可以认定为默示。不作为的默示只有在法律有规定或者当事人双方有约定的情况下,才可以视为意思表示。	**第140条 行为人可以明示或者默示作出意思表示。** 沉默只有在有法律规定、当事人约定**或者符合当事人之间的交易习惯时**,才可以视为意思表示。
《合同法》第17条 要约可以撤回。撤回要约的通知应当在要约到达受要约人之前或者与要约同时到达受要约人。 《合同法》第27条 承诺可以撤回。撤回承诺的通知应当在承诺通知到达要约人之前或者与承诺通知同时到达要约人。	第141条 行为人可以撤回意思表示。撤回意思表示的通知应当在意思表示到达相对人前或者与意思表示同时到达相对人。

续表

相关条文	《民法典》总则编
《合同法》第 125 条第 1 款 当事人对合同条款的理解有争议的，应当按照合同所使用的词句、合同的有关条款、合同的目的、交易习惯以及诚实信用原则，确定该条款的真实意思。	**第 142 条　有相对人的意思表示的解释，**应当按照所使用的词句，结合相关条款、**行为的性质和**目的、习惯以及诚信原则，确定意思表示的含义。 **无相对人的意思表示的解释，不能完全拘泥于所使用的词句，而应当结合相关条款、行为的性质和目的、习惯以及诚信原则，确定行为人的真实意思。**
	第六章　民事法律行为 第三节　民事法律行为的效力
《民法通则》第 55 条　民事法律行为应当具备下列条件： （一）行为人具有相应的民事行为能力； （二）意思表示真实； （三）不违反法律或者社会公共利益。	**第 143 条**　具备下列条件的民事法律行为**有效**： （一）行为人具有相应的民事行为能力； （二）意思表示真实； （三）不违反法律、**行政法规的强制性规定，**不违背公序良俗。
《民法通则》第 58 条第 1 款第 1 项　下列民事行为无效： （一）无民事行为能力人实施的； **《民通意见》第 6 条**　~~无民事行为能力人、~~限制民事行为能力人接受奖励、赠与、报酬，他人不得以行为人无民事行为能力、限制民事行为能力为由，主张以上行为无效。	**第 144 条**　无民事行为能力人实施的民事法律行为无效。
《合同法》第 47 条　限制民事行为能力人订立的合同，经法定代理人追认后，该合同有效，但纯获利益的合同或者与其年龄、智力、精神健康状况相适应而订立的合同，不必经法定代理人追认。 相对人可以催告法定代理人在一个月内予以追认。法定代理人未作表示的，视为拒绝追认。合同被追认之前，善意相对人有撤销的权利。撤销应当以通知的方式作出。	**第 145 条**　限制民事行为能力人实施的纯获利益的民事法律行为或者与其年龄、智力、精神健康状况相适应的民事法律行为有效；实施的其他民事法律行为经法定代理人**同意或者**追认后有效。 相对人可以催告法定代理人**自收到通知之日起**三十日内予以追认。法定代理人未作表示的，视为拒绝追认。民事法律行为被追认前，善意相对人有撤销的权利。撤销应当以通知的方式作出。

续表

相关条文	《民法典》总则编
	第 146 条　行为人与相对人以虚假的意思表示实施的民事法律行为无效。 **以虚假的意思表示隐藏的民事法律行为的效力，依照有关法律规定处理。**
《民法通则》第 59 条第 1 款第 1 项　下列民事行为，一方有权请求人民法院或者仲裁机关予以~~变更或者~~撤销： （一）行为人对行为内容有重大误解的； **《合同法》第 54 条第 1 款第 1 项**　下列合同，当事人一方有权请求人民法院或者仲裁机构~~变更或者~~撤销： （一）因重大误解订立的； **《民通意见》第 71 条**　行为人因对行为的性质、对方当事人、标的物的品种、质量、规格和数量等的错误认识，使行为的后果与自己的意思相悖，~~并造成较大损失的，~~可以认定为重大误解。 **《民通意见》第 77 条**　意思表示由第三人义务转达，而第三人由于过失转达错误或者没有转达，使他人造成损失的，一般可由意思表示人负赔偿责任。但法律另有规定或者双方另有约定的除外。	**第 147 条**　基于重大误解实施的民事法律行为，行为人有权请求人民法院或者仲裁机构予以撤销。 **《民法典总则编解释》第 19 条**　行为人对行为的性质、对方当事人或者标的物的品种、质量、规格、**价格**、数量等产生错误认识，**按照通常理解如果不发生该错误认识行为人就不会作出相应意思表示的，**人民法院可以认定为民法典第一百四十七条规定的重大误解。 **行为人能够证明自己实施民事法律行为时存在重大误解，并请求撤销该民事法律行为的，人民法院依法予以支持；但是，根据交易习惯等认定行为人无权请求撤销的除外。** **《民法典总则编解释》第 20 条**　行为人以其意思表示存在第三人转达错误为由请求撤销民事法律行为的，适用本解释第十九条的规定。

续表

相关条文	《民法典》总则编
《合同法》第 54 条第 2 款 一方以欺诈、胁迫的手段或者乘人之危，使对方在违背真实意思的情况下订立的合同，受损害方有权请求人民法院或者仲裁机构~~变更或者~~撤销。 **《民法通则》第 58 条第 1 款第 3 项** ~~下列民事行为无效：~~ ~~（三）一方以欺诈、胁迫的手段或者乘人之危，使对方在违背真实意思的情况下所为的；~~ **《民通意见》第 68 条** 一方当事人故意告知对方虚假情况，或者故意隐瞒真实情况，诱使对方当事人作出错误意思表示的，可以认定为欺诈行为。	**第 148 条** 一方以欺诈手段，使对方在违背真实意思的情况下实施的民事法律行为，受欺诈方有权请求人民法院或者仲裁机构予以撤销。 **《民法典总则编解释》第 21 条** 故意告知虚假情况，或者负有告知义务的人故意隐瞒真实情况，致使当事人基于错误认识作出意思表示的，人民法院可以认定为民法典第一百四十八条、第一百四十九条规定的欺诈。
	第 149 条 第三人实施欺诈行为，使一方在违背真实意思的情况下实施的民事法律行为，对方知道或者应当知道该欺诈行为的，受欺诈方有权请求人民法院或者仲裁机构予以撤销。
《合同法》第 54 条第 2 款 一方以欺诈、胁迫的手段或者乘人之危，使对方在违背真实意思的情况下订立的合同，受损害方有权请求人民法院或者仲裁机构~~变更或者~~撤销。 **《民法通则》第 58 条第 1 款第 3 项** ~~下列民事行为无效：~~ ~~（三）一方以欺诈、胁迫的手段或者乘人之危，使对方在违背真实意思的情况下所为的；~~ **《民通意见》第 69 条** 以给公民及其亲友的生命健康、荣誉、名誉、财产等造成损害，或者以给法人的荣誉、名誉、财产等造成损害为要挟，迫使对方作出违背真实的意思表示的，可以认定为胁迫行为。	**第 150 条** 一方或者第三人以胁迫手段，使对方在违背真实意思的情况下实施的民事法律行为，受胁迫方有权请求人民法院或者仲裁机构予以撤销。 **《民法典总则编解释》第 22 条** 以给自然人及其近亲属等的人身权利、财产权利以及其他合法权益造成损害或者以给法人、非法人组织的名誉、荣誉、财产权益等造成损害为要挟，迫使其基于恐惧心理作出意思表示的，人民法院可以认定为民法典第一百五十条规定的胁迫。

续表

相关条文	《民法典》总则编
《合同法》第54条第1款第2项 下列合同，当事人一方有权请求人民法院或者仲裁机构~~变更或者~~撤销： （二）在订立合同时显失公平的。 **《合同法》第54条第2款** 一方以欺诈、胁迫的手段或者乘人之危，使对方在违背真实意思的情况下订立的合同，受损害方有权请求人民法院或者仲裁机构~~变更或者~~撤销。 **《民法通则》第59条第1款第2项** 下列民事行为，一方有权请求人民法院或者仲裁机关予以~~变更或者~~撤销： （二）显失公平的。	**第151条 一方利用对方处于危困状态、缺乏判断能力等情形，致使**民事法律行为成立时显失公平的，受损害方有权请求人民法院或者仲裁机构予以撤销。
《合同法》第55条 有下列情形之一的，撤销权消灭： （一）具有撤销权的当事人自知道或者应当知道撤销事由之日起一年内没有行使撤销权； （二）具有撤销权的当事人知道撤销事由后明确表示或者以自己的行为放弃撤销权。	**第152条** 有下列情形之一的，撤销权消灭： （一）当事人自知道或者应当知道撤销事由之日起一年内、**重大误解的当事人自知道或者应当知道撤销事由之日起九十日内**没有行使撤销权； **（二）当事人受胁迫，自胁迫行为终止之日起一年内没有行使撤销权；** （三）当事人知道撤销事由后明确表示或者以自己的行为**表明**放弃撤销权。 **当事人自民事法律行为发生之日起五年内没有行使撤销权的，撤销权消灭。**

续表

相关条文	《民法典》总则编
《合同法》第52条第4项、第5项 有下列情形之一的,合同无效: (四)损害社会公共利益; (五)违反法律、行政法规的强制性规定。 **《合同法解释(二)》第14条** 合同法第五十二条第(五)项规定的"强制性规定",是指效力性强制性规定。 **《民法通则》第58条第1款第5项** 下列民事行为无效: (五)违反法律或者社会公共利益的;	**第153条** 违反法律、行政法规的强制性规定的民事法律行为无效。**但是,该强制性规定不导致该民事法律行为无效的除外。** 违背公序良俗的民事法律行为无效。
《合同法》第52条第2项 有下列情形之一的,合同无效: (二)恶意串通,损害国家、集体或者第三人利益; **《民法通则》第58条第1款第4项** 下列民事行为无效: (四)恶意串通,损害国家、集体或者第三人利益的;	**第154条** 行为人与相对人恶意串通,损害他人合法权益的民事法律行为无效。
《合同法》第56条第1句 无效的合同或者被撤销的合同自始没有法律约束力。 **《民法通则》第58条第2款** 无效的民事行为,从行为开始起就没有法律约束力。 **《民法通则》第59条第2款** 被撤销的民事行为从行为开始起无效。	**第155条** 无效的或者被撤销的民事法律行为自始没有法律约束力。

续表

相关条文	《民法典》总则编
《合同法》第56条第2句 合同部分无效,不影响其他部分效力的,其他部分仍然有效。 **《民法通则》第60条** 民事行为部分无效,不影响其他部分的效力的,其他部分仍然有效。	**第156条** 民事法律行为部分无效,不影响其他部分效力的,其他部分仍然有效。
《合同法》第58条 合同无效或者被撤销后,因该合同取得的财产,应当予以返还;不能返还或者没有必要返还的,应当折价补偿。有过错的一方应当赔偿对方因此所受到的损失,双方都有过错的,应当各自承担相应的责任。 **《民法通则》第61条第1款** 民事行为被确认为无效或者被撤销后,当事人因该行为取得的财产,应当返还给受损失的一方。有过错的一方应当赔偿对方因此所受的损失,双方都有过错的,应当各自承担相应的责任。	**第157条** 民事法律行为无效、被撤销**或者确定不发生效力**后,行为人因该行为取得的财产,应当予以返还;不能返还或者没有必要返还的,应当折价补偿。有过错的一方应当赔偿对方由此所受到的损失;各方都有过错的,应当各自承担相应的责任。**法律另有规定的,依照其规定。** **《民法典总则编解释》第23条** 民事法律行为不成立,当事人请求返还财产、折价补偿或者赔偿损失的,参照适用民法典第一百五十七条的规定。
	第六章 民事法律行为 第四节 民事法律行为的附条件和附期限
《合同法》第45条第1款 当事人对合同的效力可以约定附条件。附生效条件的合同,自条件成就时生效。附解除条件的合同,自条件成就时失效。 **《民通意见》第75条** 附条件的民事行为,如果所附的条件是违背法律规定或者不可能发生的,应当认定该民事行为无效。	**第158条** 民事法律行为可以附条件,**但是根据其性质不得附条件的除外**。附生效条件的民事法律行为,自条件成就时生效。附解除条件的民事法律行为,自条件成就时失效。 **《民法典总则编解释》第24条** 民事法律行为所附条件不可能发生,当事人约定为生效条件的,人民法院应当认定民事法律行为不发生效力;**当事人约定为解除条件的,应当认定未附条件,民事法律行为是否失效,依照民法典和相关法律、行政法规的规定认定。**

续表

相关条文	《民法典》总则编
《合同法》第45条第2款 当事人为自己的利益不正当地阻止条件成就的，视为条件已成就；不正当地促成条件成就的，视为条件不成就。	**第159条** 附条件的民事法律行为，当事人为自己的利益不正当地阻止条件成就的，视为条件已经成就；不正当地促成条件成就的，视为条件不成就。
《合同法》第46条 当事人对合同的效力可以约定附期限。附生效期限的合同，自期限届至时生效。附终止期限的合同，自期限届满时失效。	**第160条** 民事法律行为可以附期限，**但是根据其性质不得附期限的除外**。附生效期限的民事法律行为，自期限届至时生效。附终止期限的民事法律行为，自期限届满时失效。
	第七章　代理 第一节　一般规定
《民法通则》第63条第1款 公民、法人可以通过代理人实施民事法律行为。 **《民法通则》第63条第3款** 依照法律规定或者按照双方当事人约定，应当由本人实施的民事法律行为，不得代理。	**第161条** 民事主体可以通过代理人实施民事法律行为。 依照法律规定、当事人约定**或者民事法律行为的性质**，应当由本人亲自实施的民事法律行为，不得代理。
《民法通则》第63条第2款 代理人在代理权限内，以被代理人的名义实施民事法律行为。被代理人对代理人的代理行为，承担民事责任。	**第162条** 代理人在代理权限内，以被代理人名义实施的民事法律行为，对被代理人发生效力。
《民法通则》第64条 代理包括委托代理、法定代理和指定代理。 委托代理人按照被代理人的委托行使代理权，法定代理人依照法律的规定行使代理权，指定代理人按照人民法院或者指定单位的指定行使代理权。	**第163条** 代理包括委托代理和法定代理。 委托代理人按照被代理人的委托行使代理权。法定代理人依照法律的规定行使代理权。

续表

相关条文	《民法典》总则编
《民法通则》第 66 条第 2 款 代理人不履行职责而给被代理人造成损害的，应当承担民事责任。 **《民法通则》第 66 条第 3 款** 代理人和第三人串通、损害被代理人的利益的，由代理人和第三人负连带责任。	**第 164 条** 代理人不履行**或者不完全履行**职责，造成被代理人损害的，应当承担民事责任。 代理人和相对人**恶意**串通，损害被代理人合法权益的，代理人和相对人应当承担连带责任。
	第七章 代理 第二节 委托代理
《民法通则》第 65 条第 2 款 书面委托代理的授权委托书应当载明代理人的姓名或者名称、代理事项、权限和期间，并由委托人签名或者盖章。	**第 165 条** 委托代理授权采用书面形式的，授权委托书应当载明代理人的姓名或者名称、代理事项、权限和期限，并由被代理人签名或者盖章。
《民通意见》第 79 条第 1 款 数个委托代理人共同行使代理权的，如果其中一人或者数人未与其他委托代理人协商，所实施的行为侵害被代理人权益的，由实施行为的委托代理人承担民事责任。	**第 166 条 数人为同一代理事项的代理人的，应当共同行使代理权，但是当事人另有约定的除外。** **《民法典总则编解释》第 25 条** 数个委托代理人共同行使代理权，其中一人或者数人未与其他委托代理人协商，擅自行使代理权的，依据民法典第一百七十一条、第一百七十二条等规定处理。
《民法通则》第 67 条 代理人知道被委托代理的事项违法仍然进行代理活动的，或者被代理人知道代理人的代理行为违法不表示反对的，由被代理人和代理人负连带责任。	**第 167 条** 代理人知道**或者应当知道**代理事项违法仍然实施代理行为，或者被代理人知道**或者应当知道**代理人的代理行为违法未作反对表示的，被代理人和代理人应当承担连带责任。
	第 168 条 代理人不得以被代理人的名义与自己实施民事法律行为，但是被代理人同意或者追认的除外。 **代理人不得以被代理人的名义与自己同时代理的其他人实施民事法律行为，但是被代理的双方同意或者追认的除外。**

续表

相关条文	《民法典》总则编
《民法通则》第68条 委托代理人为被代理人的利益需要转托他人代理的,应当事先取得被代理人的同意。事先没有取得被代理人同意的,应当在事后及时告诉被代理人,如果被代理人不同意,由代理人对自己所转托的人的行为负民事责任,但在紧急情况下,为了保护被代理人的利益而转托他人代理的除外。 **《合同法》第400条第3句** 转委托经同意的,委托人可以就委托事务直接指示转委托的第三人,受托人仅就第三人的选任及其对第三人的指示承担责任。 **《民通意见》第80条** 由于急病、通讯联络中断等特殊原因,委托代理人自己不能办理代理事项,又不能与被代理人及时取得联系,如不及时转托他人代理,会给被代理人的利益造成损失或者扩大损失的,属于民法通则第六十八条中的"紧急情况"。	**第169条** 代理人需要转委托第三人代理的,应当取得被代理人的同意或者追认。 转委托代理经被代理人同意或者追认的,被代理人可以就代理事务直接指示转委托的第三人,代理人仅就第三人的选任以及对第三人的指示承担责任。 转委托代理未经被代理人同意或者追认的,代理人应当对转委托的第三人的行为承担责任;但是,在紧急情况下代理人为了维护被代理人的利益需要转委托第三人代理的除外。 **《民法典总则编解释》第26条** 由于急病、通讯联络中断、**疫情防控**等特殊原因,委托代理人自己不能办理代理事项,又不能与被代理人及时取得联系,如不及时转委托第三人代理,会给被代理人的利益造成损失或者扩大损失的,人民法院应当认定为民法典第一百六十九条规定的紧急情况。
《个人企业独资法》第19条第4款 投资人对受托人或者被聘用的人员职权的限制,不得对抗善意第三人。	**第170条 执行法人或者非法人组织工作任务的人员,就其职权范围内的事项,以法人或者非法人组织的名义实施的民事法律行为,对法人或者非法人组织发生效力。** 法人或者非法人组织对执行其工作任务的人员职权**范围**的限制,不得对抗善意相对人。

续表

相关条文	《民法典》总则编
《合同法》第 48 条 行为人没有代理权、超越代理权或者代理权终止后以被代理人名义订立的合同,未经被代理人追认,对被代理人不发生效力,由行为人承担责任。 相对人可以催告被代理人在一个月内予以追认。被代理人未作表示的,视为拒绝追认。合同被追认之前,善意相对人有撤销的权利。撤销应当以通知的方式作出。 **《民法通则》第 66 条** 没有代理权、超越代理权或者代理权终止后的行为,只有经过被代理人的追认,被代理人才承担民事责任。未经追认的行为,由行为人承担民事责任。~~本人知道他人以本人名义实施民事行为而不作否认表示的,视为同意。~~ 代理人不履行职责而给被代理人造成损害的,应当承担民事责任。 代理人和第三人串通,损害被代理人的利益的,由代理人和第三人负连带责任。 第三人知道行为人没有代理权、超越代理权或者代理权已终止还与行为人实施民事行为给他人造成损害的,由第三人和行为人负连带责任。	**第 171 条** 行为人没有代理权、超越代理权或者代理权终止后,仍然实施代理行为,未经被代理人追认的,对被代理人不发生效力。 相对人可以催告被代理人**自收到通知之日起**三十日内予以追认。被代理人未作表示的,视为拒绝追认。行为人实施的行为被追认前,善意相对人有撤销的权利。撤销应当以通知的方式作出。 **行为人实施的行为未被追认的,善意相对人有权请求行为人履行债务或者就其受到的损害请求行为人赔偿。但是,赔偿的范围不得超过被代理人追认时相对人所能获得的利益。** 相对人知道**或者应当知道**行为人无权代理的,相对人和行为人按照各自的过错承担责任。 **《民法典总则编解释》第 27 条** 无权代理行为未被追认,相对人请求行为人履行债务或者赔偿损失的,由行为人就相对人知道或者应当知道行为人无权代理承担举证责任。行为人不能证明的,人民法院依法支持相对人的相应诉讼请求;行为人能够证明的,人民法院应当按照各自的过错认定行为人与相对人的责任。

续表

相关条文	《民法典》总则编
《合同法》第49条 行为人没有代理权、超越代理权或者代理权终止后以被代理人名义订立合同，相对人有理由相信行为人有代理权的，该代理行为有效。	**第172条** 行为人没有代理权、超越代理权或者代理权终止后，仍然实施代理行为，相对人有理由相信行为人有代理权的，代理行为有效。 **《民法典总则编解释》第28条** 同时符合下列条件的，人民法院可以认定为民法典第一百七十二条规定的相对人有理由相信行为人有代理权： （一）存在代理权的外观； （二）相对人不知道行为人行为时没有代理权，且无过失。 因是否构成表见代理发生争议的，相对人应当就无权代理符合前款第一项规定的条件承担举证责任；被代理人应当就相对人不符合前款第二项规定的条件承担举证责任。
	第七章　代理 第三节　代理终止
《民法通则》第69条 有下列情形之一的，委托代理终止： （一）代理期间届满或者代理事务完成； （二）被代理人取消委托或者代理人辞去委托； （三）代理人死亡； （四）代理人丧失民事行为能力； （五）作为被代理人或者代理人的法人终止。	**第173条** 有下列情形之一的，委托代理终止： （一）代理期限届满或者代理事务完成； （二）被代理人取消委托或者代理人辞去委托； （三）代理人丧失民事行为能力； （四）代理人**或者被代理人**死亡； （五）作为代理人或者被代理人的法人、**非法人组织**终止。
《民通意见》第82条 被代理人死亡后有下列情况之一的，委托代理人实施的代理行为有效： （1）代理人不知道被代理人死亡的； （2）被代理人的继承人均予承认的； （3）被代理人与代理人约定到代理事项完成时代理权终止的； （4）在被代理人死亡前已经进行、而在被代理人死亡后为了被代理人的继承人的利益继续完成的。	**第174条** 被代理人死亡后，有下列情形之一的，委托代理人实施的代理行为有效： （一）代理人不知道**且不应当知道**被代理人死亡； （二）被代理人的继承人予以承认； （三）授权中明确代理权在代理事务完成时终止； （四）被代理人死亡前已经实施，为了被代理人的继承人的利益继续代理。 **作为被代理人的法人、非法人组织终止的，参照适用前款规定。**

续表

相关条文	《民法典》总则编
《民法通则》第 70 条 有下列情形之一的,法定代理或者指定代理终止: (一)被代理人取得或者恢复民事行为能力; (二)被代理人或者代理人死亡; (三)代理人丧失民事行为能力; (四)指定代理的人民法院或者指定单位取消指定; (五)由其他原因引起的被代理人和代理人之间的监护关系消灭。	**第 175 条** 有下列情形之一的,法定代理终止: (一)被代理人取得或者恢复**完全**民事行为能力; (二)代理人丧失民事行为能力; (三)代理人或者被代理人死亡; (四)法律规定的其他情形。
	第八章 民事责任
《民法通则》第 106 条第 1 款 公民、法人违反合同或者不履行其他义务的,应当承担民事责任。	**第 176 条** 民事主体依照法律规定或者按照当事人约定,履行民事义务,承担民事责任。
《侵权责任法》第 12 条 二人以上分别实施侵权行为造成同一损害,能够确定责任大小的,各自承担相应的责任;难以确定责任大小的,平均承担赔偿责任。	**第 177 条** 二人以上依法承担按份责任,能够确定责任大小的,各自承担相应的责任;难以确定责任大小的,平均承担责任。
《侵权责任法》第 13 条 法律规定承担连带责任的,被侵权人有权请求部分或者全部连带责任人承担责任。 **《侵权责任法》第 14 条** 连带责任人根据各自责任大小确定相应的赔偿数额;难以确定责任大小的,平均承担赔偿责任。 支付超出自己赔偿数额的连带责任人,有权向其他连带责任人追偿。	**第 178 条** 二人以上依法承担连带责任的,权利人有权请求部分或者全部连带责任人承担责任。 连带责任人的责任份额根据各自责任大小确定;难以确定责任大小的,平均承担责任。实际承担责任超过自己责任份额的连带责任人,有权向其他连带责任人追偿。 **连带责任,由法律规定或者当事人约定。**

续表

相关条文	《民法典》总则编
《民法通则》第134条 承担民事责任的方式主要有： （一）停止侵害； （二）排除妨碍； （三）消除危险； （四）返还财产； （五）恢复原状； （六）修理、重作、更换； （七）赔偿损失； （八）支付违约金； （九）消除影响、恢复名誉； （十）赔礼道歉。 以上承担民事责任的方式，可以单独适用，也可以合并适用。 人民法院审理民事案件，除适用上述规定外，还可以予以训诫、责令具结悔过、收缴进行非法活动的财物和非法所得，并可以依照法律规定处以罚款、拘留。	**第179条** 承担民事责任的方式主要有： （一）停止侵害； （二）排除妨碍； （三）消除危险； （四）返还财产； （五）恢复原状； （六）修理、重作、更换； **（七）继续履行；** （八）赔偿损失； （九）支付违约金； （十）消除影响、恢复名誉； （十一）赔礼道歉。 **法律规定惩罚性赔偿的，依照其规定。** 本条规定的承担民事责任的方式，可以单独适用，也可以合并适用。
《民法通则》第107条 因不可抗力不能履行合同或者造成他人损害的，不承担民事责任，法律另有规定的除外。 **《民法通则》第153条** 本法所称的"不可抗力"，是指不能预见、不能避免并不能克服的客观情况。	**第180条** 因不可抗力不能履行民事义务的，不承担民事责任。法律另有规定的，依照其规定。 不可抗力是不能预见、不能避免且不能克服的客观情况。

续表

相关条文	《民法典》总则编
《民法通则》第128条 因正当防卫造成损害的，不承担民事责任。正当防卫超过必要的限度，造成不应有的损害的，应当承担适当的民事责任。 **《侵权责任法》第30条** 因正当防卫造成损害的，不承担责任。正当防卫超过必要的限度，造成不应有的损害的，正当防卫人应当承担适当的责任。	**第181条** 因正当防卫造成损害的，不承担民事责任。 正当防卫超过必要的限度，造成不应有的损害的，正当防卫人应当承担适当的民事责任。 **《民法典总则编解释》第30条** 为了使国家利益、社会公共利益、本人或者他人的人身权利、财产权利以及其他合法权益免受正在进行的不法侵害，而针对实施侵害行为的人采取的制止不法侵害的行为，应当认定为民法典第一百八十一条规定的正当防卫。 **《民法典总则编解释》第31条** 对于正当防卫是否超过必要的限度，人民法院应当综合不法侵害的性质、手段、强度、危害程度和防卫的时机、手段、强度、损害后果等因素判断。 经审理，正当防卫没有超过必要限度的，人民法院应当认定正当防卫人不承担责任。正当防卫超过必要限度的，人民法院应当认定正当防卫人在造成不应有的损害范围内承担部分责任；实施侵害行为的人请求正当防卫人承担全部责任的，人民法院不予支持。 实施侵害行为的人不能证明防卫行为造成不应有的损害，仅以正当防卫人采取的反击方式和强度与不法侵害不相当为由主张防卫过当的，人民法院不予支持。

续表

相关条文	《民法典》总则编
《民法通则》第129条 因紧急避险造成损害的,由引起险情发生的人承担民事责任。如果危险是由自然原因引起的,紧急避险人不承担民事责任或者承担适当的民事责任。因紧急避险采取措施不当或者超过必要的限度,造成不应有的损害的,紧急避险人应当承担适当的民事责任。 **《侵权责任法》第31条** 因紧急避险造成损害的,由引起险情发生的人承担责任。如果危险是由自然原因引起的,紧急避险人不承担责任或者给予适当补偿。紧急避险采取措施不当或者超过必要的限度,造成不应有的损害的,紧急避险人应当承担适当的责任。	**第182条** 因紧急避险造成损害的,由引起险情发生的人承担民事责任。 危险由自然原因引起的,紧急避险人不承担民事责任,可以给予适当补偿。 紧急避险采取措施不当或者超过必要的限度,造成不应有的损害的,紧急避险人应当承担适当的民事责任。 **《民法典总则编解释》第32条** 为了使国家利益、社会公共利益、本人或者他人的人身权利、财产权利以及其他合法权益免受正在发生的急迫危险,不得已而采取紧急措施的,应当认定为民法典第一百八十二条规定的紧急避险。 **《民法典总则编解释》第33条** 对于紧急避险是否采取措施不当或者超过必要的限度,人民法院应当综合危险的性质、急迫程度、避险行为所保护的权益以及造成的损害后果等因素判断。 经审理,紧急避险采取措施并无不当且没有超过必要限度的,人民法院应当认定紧急避险人不承担责任。紧急避险采取措施不当或者超过必要限度的,人民法院应当根据紧急避险人的过错程度、避险措施造成不应有的损害的原因力大小、紧急避险人是否为受益人等因素认定紧急避险人在造成的不应有的损害范围内承担相应的责任。
《民法通则》第109条 因防止、制止国家的、集体的财产或者他人的财产、人身遭受侵害而使自己受到损害的,由侵害人承担赔偿责任,受益人也可以给予适当的补偿。 **《侵权责任法》第23条第2句** 侵权人逃逸或者无力承担责任,被侵权人请求补偿的,受益人应当给予适当补偿。	**第183条** 因保护他人民事权益使自己受到损害的,由侵权人承担民事责任,受益人可以给予适当补偿。没有侵权人、侵权人逃逸或者无力承担民事责任,受害人请求补偿的,受益人应当给予适当补偿。 **《民法典总则编解释》第34条** 因保护他人民事权益使自己受到损害,受害人依据民法典第一百八十三条的规定请求受益人适当补偿的,人民法院可以根据受害人所受损失和已获赔偿的情况、受益人受益的多少及其经济条件等因素确定受益人承担的补偿数额。

续表

相关条文	《民法典》总则编
	第 184 条 因自愿实施紧急救助行为造成受助人损害的,救助人不承担民事责任。
《英雄烈士保护法》第 25 条第 1 款 对侵害英雄烈士的姓名、肖像、名誉、荣誉的行为,英雄烈士的近亲属可以依法向人民法院提起诉讼。	**第 185 条** 侵害英雄烈士等的姓名、肖像、名誉、荣誉,**损害社会公共利益的**,应当承担民事责任。
《合同法》第 122 条 因当事人一方的违约行为,侵害对方人身、财产权益的,受损害方有权选择依照本法要求其承担违约责任或者依照其他法律要求其承担侵权责任。	**第 186 条** 因当事人一方的违约行为,损害对方人身权益、财产权益的,受损害方有权选择请求其承担违约责任或者侵权责任。
《侵权责任法》第 4 条 侵权人因同一行为应当承担行政责任或者刑事责任的,不影响依法承担侵权责任。 因同一行为应当承担侵权责任和行政责任、刑事责任,侵权人的财产不足以支付的,先承担侵权责任。	**第 187 条** 民事主体因同一行为应当承担民事责任、行政责任和刑事责任的,承担行政责任或者刑事责任不影响承担民事责任;民事主体的财产不足以支付的,优先用于承担民事责任。
	第九章 诉讼时效
《民法通则》第 135 条 向人民法院请求保护民事权利的诉讼时效期间为二年,法律另有规定的除外。 **《民法通则》第 137 条** 诉讼时效期间从知道或者应当知道权利被侵害时起计算。但是,从权利被侵害之日起超过二十年的,人民法院不予保护。有特殊情况的,人民法院可以延长诉讼时效期间。 **《民法通则》第 136 条** ~~下列的诉讼时效期间为一年:~~	**第 188 条** 向人民法院请求保护民事权利的诉讼时效期间为三年。法律另有规定的,依照其规定。 诉讼时效期间自权利人知道或者应当知道权利受到损害**以及义务人**之日起计算。法律另有规定的,依照其规定。但是,自权利受到损害之日起超过二十年的,人民法院不予保护,有特殊情况的,人民法院可以**根据权利人的申请决定**延长。 **《民法典总则编解释》第 36 条** 无民事行为能力人或者限制民事行为能力人的权利受到损害的,诉讼时效期间自其法定代理人知道或者应当知

续表

相关条文	《民法典》总则编
~~(一)身体受到伤害要求赔偿的;~~ ~~(二)出售质量不合格的商品未声明的;~~ ~~(三)延付或者拒付租金的;~~ ~~(四)寄存财物被丢失或者损毁的~~。 **《民通意见》第175条** 民法通则第一百三十五条、第一百三十六条规定的诉讼时效期间,可以适用民法通则有关中止、中断~~和延长~~的规定。民法通则第一百三十七条规定的"二十年"诉讼时效期间,可以适用民法通则有关延长的规定,不适用中止、中断的规定。 **《时效规定(2008)》第6条** 未约定履行期限的合同,依照合同法第六十一条、第六十二条的规定,可以确定履行期限的,诉讼时效期间从履行期限届满之日起计算;不能确定履行期限的,诉讼时效期间从债权人要求债务人履行义务的宽限期届满之日起计算,但债务人在债权人第一次向其主张权利之时明确表示不履行义务的,诉讼时效期间从债务人明确表示不履行义务之日起计算。 **《时效规定(2008)》第8条** 返还不当得利请求权的诉讼时效期间,从当事人一方知道或者应当知道不当得利事实及对方当事人之日起计算。 **《时效规定(2008)》第9条** 管理人因无因管理行为产生的给付必要管理费用、赔偿损失请求权	道权利受到损害以及义务人之日起计算,但是法律另有规定的除外。 **《民法典总则编解释》第35条** 民法典第一百八十八条第一款规定的三年诉讼时效期间,可以适用民法典有关诉讼时效中止、中断的规定,不适用延长的规定。该条第二款规定的二十年期间不适用中止、中断的规定。 **《时效规定(2020)》第4条** 未约定履行期限的合同,依照民法典第五百一十条、第五百一十一条的规定,可以确定履行期限的,诉讼时效期间从履行期限届满之日起计算;不能确定履行期限的,诉讼时效期间从债权人要求债务人履行义务的宽限期届满之日起计算,但债务人在债权人第一次向其主张权利之时明确表示不履行义务的,诉讼时效期间从债务人明确表示不履行义务之日起计算。 **《时效规定(2020)》第6条** 返还不当得利请求权的诉讼时效期间,从当事人一方知道或者应当知道不当得利事实及对方当事人之日起计算。 **《时效规定(2020)》第7条** 管理人因无因管理行为产生的给付必要管理费用、赔偿损失请求权的诉讼时效期间,从无因管理行为结束并且管理人知道或者应当知道本人之日起计算。 本人因不当无因管理行为产生的赔偿损失请求权的诉讼时效期间,从其知道或者应当知道管理人及损害事实之日起计算。

续表

相关条文	《民法典》总则编
的诉讼时效期间,从无因管理行为结束并且管理人知道或者应当知道本人之日起计算。 本人因不当无因管理行为产生的赔偿损失请求权的诉讼时效期间,从其知道或者应当知道管理人及损害事实之日起计算。	
《时效规定(2008)》第5条 当事人约定同一债务分期履行的,诉讼时效期间从最后一期履行期限届满之日起计算。	**第189条** 当事人约定同一债务分期履行的,诉讼时效期间自最后一期履行期限届满之日起计算。
	第190条 无民事行为能力人或者限制民事行为能力人对其法定代理人的请求权的诉讼时效期间,自该法定代理终止之日起计算。 《民法典总则编解释》第37条 无民事行为能力人、限制民事行为能力人的权利受到原法定代理人损害,且在取得、恢复完全民事行为能力或者在原法定代理终止并确定新的法定代理人后,相应民事主体才知道或者应当知道权利受到损害的,有关请求权诉讼时效期间的计算适用民法典第一百八十八条第二款、本解释第三十六条的规定。
	第191条 未成年人遭受性侵害的损害赔偿请求权的诉讼时效期间,自受害人年满十八周岁之日起计算。

续表

相关条文	《民法典》总则编
《民法通则》第 138 条　超过诉讼时效期间,当事人自愿履行的,不受诉讼时效限制。 《时效规定(2008)》第 22 条　诉讼时效期间届满,当事人一方向对方当事人作出同意履行义务的意思表示或者自愿履行义务后,又以诉讼时效期间届满为由进行抗辩的,人民法院不予支持。 《时效规定(2008)》第 21 条　主债务诉讼时效期间届满,保证人享有主债务人的诉讼时效抗辩权。 保证人未主张前述诉讼时效抗辩权,承担保证责任后向主债务人行使追偿权的,人民法院不予支持,但主债务人同意给付的情形除外。	**第 192 条　诉讼时效期间届满的,义务人可以提出不履行义务的抗辩。** 诉讼时效期间届满后,义务人同意履行的,**不得以诉讼时效期间届满为由抗辩**;义务人已经自愿履行的,不得请求返还。 《时效规定(2020)》第 19 条　诉讼时效期间届满,当事人一方向对方当事人作出同意履行义务的意思表示或者自愿履行义务后,又以诉讼时效期间届满为由进行抗辩的,人民法院不予支持。 当事人双方就原债务达成新的协议,债权人主张义务人放弃诉讼时效抗辩权的,人民法院应予支持。 超过诉讼时效期间,贷款人向借款人发出催收到期贷款通知单,债务人在通知单上签字或者盖章,能够认定借款人同意履行诉讼时效期间已经届满的义务的,对于贷款人关于借款人放弃诉讼时效抗辩权的主张,人民法院应予支持。 《时效规定(2020)》第 18 条　主债务诉讼时效期间届满,保证人享有主债务人的诉讼时效抗辩权。 保证人未主张前述诉讼时效抗辩权,承担保证责任后向主债务人行使追偿权的,人民法院不予支持,但主债务人同意给付的情形除外。
《时效规定(2008)》第 3 条　当事人未提出诉讼时效抗辩,人民法院不应对诉讼时效问题进行释明及主动适用诉讼时效的规定进行裁判。	**第 193 条　人民法院不得主动适用诉讼时效的规定。** 《时效规定(2020)》第 2 条　当事人未提出诉讼时效抗辩,人民法院不应对诉讼时效问题进行释明。

续表

相关条文	《民法典》总则编
《民法通则》第139条 在诉讼时效期间的最后六个月内,因不可抗力或者其他障碍不能行使请求权的,诉讼时效中止。从中止时效的原因消除之日起,诉讼时效期间继续计算。 **《时效规定(2008)》第20条** 有下列情形之一的,应当认定为民法通则第一百三十九条规定的"其他障碍",诉讼时效中止: (一)权利被侵害的无民事行为能力人、限制民事行为能力人没有法定代理人,或者法定代理人死亡、丧失代理权、丧失行为能力; (二)继承开始后未确定继承人或者遗产管理人; (三)权利人被义务人或者其他人控制无法主张权利; (四)其他导致权利人不能主张权利的客观情形。	**第194条** 在诉讼时效期间的最后六个月内,因下列障碍,不能行使请求权的,诉讼时效中止: (一)不可抗力; (二)无民事行为能力人或者限制民事行为能力人没有法定代理人,或者法定代理人死亡、丧失民事行为能力、丧失代理权; (三)继承开始后未确定继承人或者遗产管理人; (四)权利人被义务人或者其他人控制; (五)其他导致权利人不能行使请求权的障碍。 自中止时效的原因消除之日起满六个月,诉讼时效期间届满。
《民法通则》第140条 诉讼时效因提起诉讼、当事人一方提出要求或者同意履行义务而中断。从中断时起,诉讼时效期间重新计算。 **《民通意见》第173条** 诉讼时效因权利人主张权利或者义务人同意履行义务而中断后,权利人在新的诉讼时效期间内,再次主张权利或者义务人再次同意履行义务的,可以认定为诉讼时效再次中断。 权利人向债务保证人、债务人的代理人或者财产代管人主张权利的,可以认定诉讼时效中断。	**第195条** 有下列情形之一的,诉讼时效中断,从中断、**有关程序终结**时起,诉讼时效期间重新计算: (一)权利人向义务人提出履行请求; (二)义务人同意履行义务; **(三)**权利人提起诉讼**或者申请仲裁;** **(四)与提起诉讼或者申请仲裁具有同等效力的其他情形。** **《民法典总则编解释》第38条** 诉讼时效依据民法典第一百九十五条的规定中断后,在新的诉讼时效期间内,再次出现第一百九十五条规定的中断事由,可以认定为诉讼时效再次中断。 权利人向义务人的代理人、财产代管人或者遗产管理人等提出履行请求的,可以认定为民法典第一百九十五条规定的诉讼时效中断。

续表

相关条文	《民法典》总则编
《时效规定(2008)》第10条 具有下列情形之一的，应当认定为民法通则第一百四十条规定的"当事人一方提出要求"，产生诉讼时效中断的效力： (一)当事人一方直接向对方当事人送交主张权利文书，对方当事人在文书上签字、盖章或者虽未签字、盖章但能够以其他方式证明该文书到达对方当事人的； (二)当事人一方以发送信件或者数据电文方式主张权利，信件或者数据电文到达或者应当到达对方当事人的； (三)当事人一方为金融机构，依照法律规定或者当事人约定从对方当事人账户中扣收欠款本息的； (四)当事人一方下落不明，对方当事人在国家级或者下落不明的当事人一方住所地的省级有影响的媒体上刊登具有主张权利内容的公告的，但法律和司法解释另有特别规定的，适用其规定。 前款第(一)项情形中，对方当事人为法人或者其他组织的，签收人可以是其法定代表人、主要负责人、负责收发信件的部门或者被授权主体；对方当事人为自然人的，签收人可以是自然人本人、同住的具有完全行为能力的亲属或者被授权主体。 **《时效规定(2008)》第14条** 权利人向人民调解委员会以及其他依法有权解决相关民事纠纷的	**《时效规定(2020)》第8条** 具有下列情形之一的，应当认定为民法典第一百九十五条规定的"权利人向义务人提出履行请求"，产生诉讼时效中断的效力： (一)当事人一方直接向对方当事人送交主张权利文书，对方当事人在文书上签名、盖章、按指印或者虽未签名、盖章、按指印但能够以其他方式证明该文书到达对方当事人的； (二)当事人一方以发送信件或者数据电文方式主张权利，信件或者数据电文到达或者应当到达对方当事人的； (三)当事人一方为金融机构，依照法律规定或者当事人约定从对方当事人账户中扣收欠款本息的； (四)当事人一方下落不明，对方当事人在国家级或者下落不明的当事人一方住所地的省级有影响的媒体上刊登具有主张权利内容的公告的，但法律和司法解释另有特别规定的，适用其规定。 前款第(一)项情形中，对方当事人为法人或者其他组织的，签收人可以是其法定代表人、主要负责人、负责收发信件的部门或者被授权主体；对方当事人为自然人的，签收人可以是自然人本人、同住的具有完全行为能力的亲属或者被授权主体。 **《时效规定(2020)》第12条** 权利人向人民调解委员会以及其他依法有权解决相关民事纠纷的国家机关、事业单位、社会团体等社会组织提出保护相应民事权利的请求，诉讼时效从提出请求之日起中断。 **《时效规定(2020)》第13条** 权利人向公安机关、人民检察院、人民法院报案或者控告，请求保护其民事权利的，诉讼时效从其报案或者控告之日起中断。 上述机关决定不立案、撤销案件、不起诉的，

续表

相关条文	《民法典》总则编
国家机关、事业单位、社会团体等社会组织提出保护相应民事权利的请求，诉讼时效从提出请求之日起中断。 **《时效规定(2008)》第15条** 权利人向公安机关、人民检察院、人民法院报案或者控告，请求保护其民事权利的，诉讼时效从其报案或者控告之日起中断。 上述机关决定不立案、撤销案件、不起诉的，诉讼时效期间从权利人知道或者应当知道不立案、撤销案件或者不起诉之日起重新计算；刑事案件进入审理阶段，诉讼时效期间从刑事裁判文书生效之日起重新计算。 **《时效规定(2008)》第16条** 义务人作出分期履行、部分履行、提供担保、请求延期履行、制定清偿债务计划等承诺或者行为的，应当认定为民法通则第一百四十条规定的当事人一方"同意履行义务"。 **《时效规定(2008)》第17条** 对于连带债权人中的一人发生诉讼时效中断效力的事由，应当认定对其他连带债权人也发生诉讼时效中断的效力。 对于连带债务人中的一人发生诉讼时效中断效力的事由，应当认定对其他连带债务人也发生诉讼时效中断的效力。 **《时效规定(2008)》第18条** 债权人提起代位权诉讼的，应当认定对债权人的债权和债务人的债	诉讼时效期间从权利人知道或者应当知道不立案、撤销案件或者不起诉之日起重新计算；刑事案件进入审理阶段，诉讼时效期间从刑事裁判文书生效之日起重新计算。 **《时效规定(2020)》第14条** 义务人作出分期履行、部分履行、提供担保、请求延期履行、制定清偿债务计划等承诺或者行为的，应当认定为民法典第一百九十五条规定的"义务人同意履行义务"。 **《时效规定(2020)》第15条** 对于连带债权人中的一人发生诉讼时效中断效力的事由，应当认定对其他连带债权人也发生诉讼时效中断的效力。 对于连带债务人中的一人发生诉讼时效中断效力的事由，应当认定对其他连带债务人也发生诉讼时效中断的效力。 **《时效规定(2020)》第16条** 债权人提起代位权诉讼的，应当认定对债权人的债权和债务人的债权均发生诉讼时效中断的效力。 **《时效规定(2020)》第17条** 债权转让的，应当认定诉讼时效从债权转让通知到达债务人之日起中断。 债务承担情形下，构成原债务人对债务承认的，应当认定诉讼时效从债务承担意思表示到达债权人之日起中断。 **《时效规定(2020)》第11条** 下列事项之一，人民法院应当认定与提起诉讼具有同等诉讼时效中断的效力： (一)申请支付令； (二)申请破产、申报破产债权； (三)为主张权利而申请宣告义务人失踪或死亡； (四)申请诉前财产保全、诉前临时禁令等诉前措施； (五)申请强制执行；

续表

相关条文	《民法典》总则编
权均发生诉讼时效中断的效力。 **《时效规定(2008)》第19条** 债权转让的,应当认定诉讼时效从债权转让通知到达债务人之日起中断。 债务承担情形下,构成原债务人对债务承认的,应当认定诉讼时效从债务承担意思表示到达债权人之日起中断。 **《时效规定(2008)》第13条** 下列事项之一,人民法院应当认定与提起诉讼具有同等诉讼时效中断的效力: (一)申请仲裁; (二)申请支付令; (三)申请破产、申报破产债权; (四)为主张权利而申请宣告义务人失踪或死亡; (五)申请诉前财产保全、诉前临时禁令等诉前措施; (六)申请强制执行; (七)申请追加当事人或者被通知参加诉讼; (八)在诉讼中主张抵消; (九)其他与提起诉讼具有同等诉讼时效中断效力的事项。	(六)申请追加当事人或者被通知参加诉讼; (七)在诉讼中主张抵销; (八)其他与提起诉讼具有同等诉讼时效中断效力的事项。
	第196条 下列请求权不适用诉讼时效的规定: (一)请求停止侵害、排除妨碍、消除危险; (二)不动产物权和登记的动产物权的权利人请求返还财产; (三)请求支付抚养费、赡养费或者扶养费; (四)依法不适用诉讼时效的其他请求权。

续表

相关条文	《民法典》总则编
《时效规定(2008)》第2条 当事人违反法律规定，约定延长或者缩短诉讼时效期间、预先放弃诉讼时效利益的，人民法院不予认可。	**第197条** 诉讼时效的期间、**计算方法**以及**中止、中断的事由**由法律规定，当事人约定无效。 当事人对诉讼时效利益的预先放弃无效。
《仲裁法》第74条 法律对仲裁时效有规定的，适用该规定。法律对仲裁时效没有规定的，适用诉讼时效的规定。	**第198条** 法律对仲裁时效有规定的，依照其规定；没有规定的，适用诉讼时效的规定。
《时效规定(2008)》第7条 享有撤销权的当事人一方请求撤销合同的，应适用合同法第五十五条关于一年除斥期间的规定。对方当事人对撤销合同请求权提出诉讼时效抗辩的，人民法院不予支持。 合同被撤销，返还财产、赔偿损失请求权的诉讼时效期间从合同被撤销之日起计算。	**第199条** **法律规定或者当事人约定的撤销权、解除权等权利的存续期间，除法律另有规定外，自权利人知道或者应当知道权利产生之日起计算，不适用有关诉讼时效中止、中断和延长的规定。存续期间届满，撤销权、解除权等权利消灭。** **《时效规定(2020)》第5条** 享有撤销权的当事人一方请求撤销合同的，应适用民法典关于除斥期间的规定。对方当事人对撤销合同请求权提出诉讼时效抗辩的，人民法院不予支持。 合同被撤销，返还财产、赔偿损失请求权的诉讼时效期间从合同被撤销之日起计算。
	第十章 期间计算
《民法通则》第154条第1款 民法所称的期间按照公历年、月、日、小时计算。	**第200条** 民法所称的期间按照公历年、月、日、小时计算。
《民法通则》第154条第2款 规定按照小时计算期间的，从规定时开始计算。规定按照日、月、年计算期间的，开始的当天不算入，从下一天开始计算。	**第201条** 按照年、月、日计算期间的，开始的当日不计入，自下一日开始计算。 按照小时计算期间的，自法律规定**或者当事人约定**的时间开始计算。
	第202条 **按照年、月计算期间的，到期月的对应日为期间的最后一日；没有对应日的，月末日为期间的最后一日。**

续表

相关条文	《民法典》总则编
《民法通则》第 154 条第 3 款 期间的最后一天是星期日或者其他法定休假日的,以休假日的次日为期间的最后一天。 **《民法通则》第 154 条第 4 款** 期间的最后一天的截止时间为二十四点。有业务时间的,到停止业务活动的时间截止。	**第 203 条** 期间的最后一日是法定休假日的,以法定休假日结束的次日为期间的最后一日。 期间的最后一日的截止时间为二十四时;有业务时间的,停止业务活动的时间为截止时间。
《民通意见》第 199 条 按照日、月、年计算期间,当事人对起算时间有约定的,按约定办。	**第 204 条** 期间的计算方法依照本法的规定,但是**法律另有规定或者**当事人另有约定的除外。

附录四　缩略语表

简称	全称	效力
《民法通则》	《中华人民共和国民法通则》	失效
《民通意见》	《最高人民法院关于贯彻执行〈中华人民共和国民法通则〉若干问题的意见》(试行)[法(办)发〔1988〕6号]	失效
《民法总则》	《中华人民共和国民法总则》	失效
《民法典》	《中华人民共和国民法典》	**有效**
《民法典总则编解释》	《最高人民法院关于适用〈中华人民共和国民法典〉总则编若干问题的解释》(法释〔2022〕6号)	**有效**
《时效规定(2008)》	《最高人民法院关于审理民事案件适用诉讼时效制度若干问题的规定》(法释〔2008〕11号)	失效
《时效规定(2020)》	《最高人民法院关于审理民事案件适用诉讼时效制度若干问题的规定》(法释〔2020〕17号)	**有效**
《物权法》	《中华人民共和国物权法》	失效
《担保法》	《中华人民共和国担保法》	失效
《担保法解释》	《最高人民法院关于适用〈中华人民共和国担保法〉若干问题的解释》(法释〔2000〕44号)	失效
《民法典担保制度解释》	《最高人民法院关于适用〈中华人民共和国民法典〉有关担保制度的解释》(法释〔2020〕28号)	**有效**
《合同法》	《中华人民共和国合同法》	失效
《合同法解释(二)》	《最高人民法院关于适用〈中华人民共和国合同法〉若干问题的解释(二)》(法释〔2009〕5号)	失效
《买卖合同解释(2012)》	《最高人民法院关于审理买卖合同纠纷案件适用法律问题的解释》(法释〔2012〕8号)	失效
《房屋租赁合同解释(2009)》	《最高人民法院关于审理城镇房屋租赁合同纠纷案件具体应用法律若干问题的解释》(法释〔2009〕11号)	失效

续表

简称	全称	效力
《民间借贷解释（2015）》	《最高人民法院关于审理民间借贷案件适用法律若干问题的规定》（法释〔2015〕18号）	失效
《婚姻法》	《中华人民共和国婚姻法》	失效
《婚姻法解释（三）》	《最高人民法院关于适用〈中华人民共和国婚姻法〉若干问题的解释（三）》（法释〔2011〕18号）	失效
《继承法》	《中华人民共和国继承法》	失效
《继承法意见》	《最高人民法院关于贯彻执行〈中华人民共和国继承法〉若干问题的意见》[法（民）发〔1985〕22号]	失效
《侵权责任法》	《中华人民共和国侵权责任法》	失效
《人身损害解释（2003）》	《最高人民法院关于审理人身损害赔偿案件适用法律若干问题的解释》（法释〔2003〕20号）	失效
《精神损害解释（2001）》	《最高人民法院关于确定民事侵权精神损害赔偿责任若干问题的解释》（法释〔2001〕7号）	失效
《公司法》	《中华人民共和国公司法》	**有效**
《公司法解释（三）》	《最高人民法院关于适用〈中华人民共和国公司法〉若干问题的规定（三）》（法释〔2020〕18号）	**有效**
《公司法解释（四）》	《最高人民法院关于适用〈中华人民共和国公司法〉若干问题的规定（四）》（法释〔2020〕18号）	**有效**
《合伙企业法》	《中华人民共和国合伙企业法》	**有效**
《个人独资企业法》	《中华人民共和国个人独资企业法》	**有效**
《企业破产法》	《中华人民共和国企业破产法》	**有效**
《产品质量法》	《中华人民共和国产品质量法》	**有效**
《老年人权益保障法》	《中华人民共和国老年人权益保障法》	**有效**
《保险法》	《中华人民共和国保险法》	**有效**
《慈善法》	《中华人民共和国慈善法》	**有效**
《公益事业捐赠法》	《中华人民共和国公益事业捐赠法》	**有效**
《英雄烈士保护法》	《中华人民共和国英雄烈士保护法》	**有效**
《个人信息保护法》	《中华人民共和国个人信息保护法》	**有效**
《民事诉讼法》	《中华人民共和国民事诉讼法》	**有效**

续表

简称	全称	效力
《仲裁法》	《中华人民共和国仲裁法》	有效
《国家赔偿法》	《中华人民共和国国家赔偿法》	有效
《城市居民委员会组织法》	《中华人民共和国城市居民委员会组织法》	有效
《村民委员会组织法》	《中华人民共和国村民委员会组织法》	有效
《旅游纠纷司法解释》	《最高人民法院关于审理旅游纠纷案件适用法律若干问题的规定》	有效
《交通安全法》	《中华人民共和国道路交通安全法》	有效
《消费者权益保护法》	《中华人民共和国消费者权益保护法》	有效
《文物保护法》	《中华人民共和国文物保护法》	有效
《票据法》	《中华人民共和国票据法》	有效
《反不正当竞争法》	《中华人民共和国反不正当竞争法》	有效
《外商投资法》	《中华人民共和国外商投资法》	有效

后　记

这是傅老师授课实录的第二本。

第一本授课实录《傅鼎生讲物权法》出版于五年前傅老师过世后的三个月。当时,《民法总则》尚未生效。如今,《民法典》生效已近两年,与之配套的司法解释群中最后一个重要部分——《民法典》合同编通则部分的司法解释——正在向全社会征求意见过程中。

本授课实录的录音为傅老师 2015 年春季的民法学总论课程。从一开始,我们的目标就不仅是留存一份授课的历史资料,而要使其成为初学者学习《民法典》的教科书。原本,这似乎是一件不可能完成的任务,但从试读效果来看,我们的目标已完全实现。

之所以如此,最重要的原因在于,傅老师的授课不仅限于对法条的解读,更侧重于法条背后民法原理的阐释。

想必大家听过一种夸张的说法,“法律修改一个字,整座图书馆变成一堆废纸”。如果书籍仅限于对法律的字面解读,这种说法或能成立。但若所思所述的是原理性内容,则不管法律如何变化,都在射程之内。

举个例子。

民法总论的重心在于法律行为制度。《民法典》关于法律行为制度最重要的变化在于取消了合法性要件。在 2015 年的授课中,傅老师就已经详细阐述了是否应将合法性作为法律行为构成要件的各种学说并进行评价,同时指出未来的《民法典》应取消这一要件。[1] 此外,《民法典》中关于法律行为的一些新增规则,如第三人欺诈、第三人胁迫、通谋虚伪表示等在课中都有讲解。不仅如此,由于傅老师在授课中提出的合理的立法和修法建议并未体现在《民法典》中,从某种程度上说,他已提前对《民法典》(不仅限于总则编)的不足提出了批评。

其实,本授课实录不仅在当下可以作为学生学习民法总论的教科书,还可以成为青年教师开展课堂教学的示范课。傅老师的课,语言生动、思路清晰、重视培养学生从专业视角分析现实问题。

近几年,课程思政在短时间内成为超高频词汇。但在课程思政尚处于初步探索阶段的 2015 年,专业素养、职业道德、公民品格、家国情怀、道路自信这些被今天的课程思政教学指南所提炼出来的诸多思政元素,就已在傅老师的课堂上得到了自然融汇。这显然不是傅老师的刻意为之。我一直认为,好的课程思政就是连老师自己都没有意识到自己在做这件事。傅老师的教学看上去似乎有点超前,事实上,他是在尽着一个优秀教育者的本分。

本授课实录的整理始于 2021 年年初,历时一年有余。之所以整理耗时远超《傅鼎生讲物权法》,主要有三个原因。其一,傅老师讲授的物权法学是 2 课时的课程(现已调整为 3 课时),民法学总论是 3 课时的课程,容量比前者大。其二,因本课程讲授于《民法典》颁行前,故对于差异部分进行了全面仔细比对,并进行了必要的说明。相较于物权法学课程的整理,这是项额外的工作。其三,本课程的录音质量不如物权法课程(从诸多细节察之,录音器械应位于教室侧后方),许多内容进行反复细听才能辨识内容。即便如此,还有许多部分未能听清。

此外,尚需稍作说明的是:

第一,与物权法授课实录整理一样,此次整理最大的遗憾也在于无法让傅老师亲自审读,对于部分录音不清部分无法补充,对于少量可能的口误也无法请傅老师确认。这些我们都在书中做了标记。

---

[1] 参见本书第七讲之“一、民事法律行为定义”中的相关论述。

第二，全书涉及的法条均与《民法典》做了比对，对于《民法典》新增及作出实质性变化的规则，均在脚注中体现。对于一些技术性变化，在脚注中做了说明后，直接在正文中做了相应调整，以便于阅读。比如普通诉讼时效从2年变为3年，正文中直接改为3年；再如《民法典》取消了“可变更行为”，正文中直接删除了“可变更”的表述等。

第三，授课实录的整理以最大限度保留授课原貌为原则，但考虑阅读体验，对于部分表述进行了优化，如删除了部分重复性语句、以括号方式增补了一些口头表达中省略的内容等。

第四，本书各级标题均为整理者所加，意在便于读者阅读和检索。

本授课实录共有11位华政的同学协助参与整理，分工如下：

基础整理：王嘉怡、孙豪杰、潘星辰、乔阅微、吴一鸣；

优化整理：吴一鸣、王嘉怡、乔阅微、任卿、周与同、陈一嘉；

全文审校：乔阅微、吴一鸣；

条文对照表：范外楼、吕敬平、陆诗祺、任卿、吴一鸣。

此外，傅老师指导的博士朱奕奕先生参与了本书的校对。

这些参与授课实录整理的同学都是“95后”、“00后”的硕士生或本科生，即便傅老师尚在世，也因为年龄原因不会给这些同学授课。但出于当下这个机缘，他们的生命有了奇妙的交集。这些同学在授课实录整理中展现出扎实的法学功底、令人惊喜的文字驾驭能力以及令人感动的细心。比如，傅老师在举例时提到“宝石”牌手表，一位同学竟然专门进行了检索，发现并不存在这个牌子的手表，疑为“宝石花”牌的口误。几位“00后”同学在整理时原汁原味地保留了课堂中同学们的“嘀咕”，让文稿显得生动活泼、妙趣横生。此外，我们在整理过程中，一方面要保留傅老师授课中表达的顺序和逻辑，另一方面要尽量减少口头表达转化为文字表述过程中的“冗余”，这的确不是一项单纯的技术性工作，其中的心血，唯有经过，方有体会。年轻的同学们为此付出的耐心与诚意，令人感佩！

感谢法律出版社解锟博士、编辑金姗老师对本书编辑付出的辛劳，正是因为她们高效率的工作,使这本因我的拖延而被耽搁许久的授课实录能够以最快的速度出版。

傅老师是一个宽厚无私的人,他用自己的行动践行着民法的理念和宗旨。孙维飞老师对傅老师的评价是“身教胜于言传”,这是一个准确的概括。傅老师曾经无私地帮助过无数认识或不认识的人,他的德行会被永远铭记。而对一位教师最好的铭记方式,就是让他精彩的课堂教学为更多的学子分享。

愿善良生生不息!

吴一鸣

二〇二二年十一月十五日

整理者

吴一鸣

华东政法大学法律学院副教授，曾获首届上海高校青年教师教学竞赛一等奖、上海市五一劳动奖章，七次被评为华东政法大学“我心目中的最佳教师”。

协调整理者

孙豪杰　华东政法大学2020级民商法专业硕士研究生

潘星辰　华东政法大学2021级民商法专业硕士研究生

周与同　华东政法大学2021级民商法专业硕士研究生

范外楼　华东政法大学2022级民商法专业硕士研究生

王嘉怡　华东政法大学法律学院2019级本科生

陈一嘉　华东政法大学国际法学院2019级本科生

乔阅微　华东政法大学国际金融法律学院2020级本科生

任　卿　华东政法大学国际法学院2020级本科生

吕敬平　华东政法大学国际法学院2021级本科生

陆诗祺　华东政法大学法律学院2021级本科生